GESCHICHTE DER CHRISTLICHEN SPIRITUALITÄT

Band 2: Hochmittelalter und Reformation

Geschichte der christlichen Spiritualität

Zweiter Band

Hochmittelalter und Reformation

Herausgegeben von Jill Raitt
in Verbindung mit
Bernard McGinn und John Meyendorff

Mit einem Vorwort von Josef Sudbrack

echter

Aus dem Amerikanischen übersetzt von Cordula Drossel Brown, Maria Ottl und Elisabeth Tocha-Ring.

Die Deutsche Bibliothek – CIP-Einheitsaufnahme

Geschichte der christlichen Spiritualität / hrsg. von Jill Raitt
in Verbindung mit Bernard McGinn und John Meyendorff. –
Würzburg : Echter.
Einheitssacht.: Christian spirituality <dt.>
Bd. 1 hrsg. von Bernard McGinn
NE: Raitt, Jill [Hrsg.]; McGinn, Bernard; EST
Bd. 2. Hochmittelalter und Reformation / Mit einem Vorw.
von Josef Sudbrack. [Aus dem Amerikan. übers. von Cordula
Drossel Brown ...]. – 1995
ISBN 3-429-01657-6

verlags gruppe engagement

Umschlag: Klemens Holdener (Umschlagbild: Caravaggio, *Mahl zu Emmaus*)
Gesamtherstellung: Echter Würzburg
Fränkische Gesellschaftsdruckerei und Verlag GmbH
ISBN 3-429-01657-6

Inhaltsverzeichnis

TEIL 2: THEMEN

Vorwort

Von Josef Sudbrack

Herausgeber dieser wichtigen Veröffentlichung, wie Loris Sturlese mich in ihrer wohlwollenden und lobenden Besprechung des ersten Bandes der *Geschichte der christlichen Spiritualität* bezeichnet hat[1], bin ich zwar nicht; doch da ich die Übersetzung von Anfang an intensiv begleitet habe, sei eine Hinführung auch zu dem zweiten Band gestattet.

1) *Zum Redaktionellen:* Da muß zunächst den Übersetzerinnen Dank ausgesprochen werden für ihre mitunter mühsame Arbeit, sich stets von neuem auf Texte unterschiedlichster Art (und literarischer Qualität) einzulassen und diesen eine gut lesbare Fassung zu geben, ohne den Sprachduktus des Originals zu verraten. Für die ursprünglich deutschsprachigen Beiträge haben sich die jeweiligen Autoren selbst verbürgt.[2] – Die Anmerkungen wurden übernommen, so wie sie im Original stehen. Einige, die mit [JS] gekennzeichnet sind, habe ich hinzugefügt, um Nicht-Theologen das Verständnis zu erleichtern. – Auf die Wiedergabe der Bibliographien, die viele Autoren (nicht alle!) ihren Beiträgen beigaben, wurde bewußt verzichtet. Sie sind sehr unterschiedlich zusammengestellt worden: äußerst knapp oder ausführlich, bewußt populär für den englischsprachigen Leser oder – sehr selten wie bei Caroline W. Bynum – mit wissenschaftlichem Anspruch.

2) *Zum Inhaltlichen:* Das Anliegen der dreibändigen *Geschichte der christlichen Spiritualität* wird deutlich im Vergleich mit der *Mystik im Abendland,* die B. McGinn, der Mitherausgeber des ersten Bandes der *Geschichte der christlichen Spiritualität* zu veröffentlichen beginnt.[3] Die vorliegende Arbeit stellt demgegenüber eine Art von »Mentalitäts-Geschichte«[4] christlicher Geistigkeit dar. Wie sehr darin auch die spezielle Geschichte der Mystik eingeschlossen ist, zeigt der Originalbeitrag des Schweizer Germanisten Alois M. Haas über die »Schulen spätmittelalterlicher Mystik«. In ihrem Schluß- und zum nächsten Band überleitenden Beitrag »Heilige und Sünder: Römisch-katholische und protestantische Spiritualität im 16. Jahrhundert« zeigt die Herausgeberin Jill Raitt, wie wichtig es ist, diese Entwicklungsgeschichte von ihren kulturellen und auch politischen Gründen her zu erforschen und wie schwierig es ist, dies mit einem Wort wie »Spiritualität« zu umreißen. Vorbildlich scheinen mir in dieser Hinsicht z. B. die Beiträge über die Spiritualität der Dominikaner, der Franziskaner und der Karmeliten zu sein; die Spiritualität der Augustiner wird auch manchem Fachgelehrten durch die Fülle der Zeugen überraschen. Richard Kieckhefer ist es gelungen, den Reichtum und die bunte Vielfalt mittelalterlicher Volksfrömmigkeit in übersichtlicher Ordnung vorzustellen. Hinzuweisen ist auch auf die Darstellungen über Renaissance und Humanismus, über die spätmittelalterliche Scholastik und die Devotio Moderna. Darin wird –

hoffentlich endgültig – die Meinung widerlegt, die seit Jacob Burckhardts berühmter *Geschichte der Renaissance in Italien* in den Köpfen steckt: Es sei eine Epoche gewesen, »in der gebildete Männer und Frauen wenig Interesse an der traditionellen Religion zeigten«. Das Gegenteil ist wahr! Aber die Mentalität, die Spiritualität ist eine andere geworden. Und eben zu deren Verständnis möchte vorliegendes Buch hinführen.

Daß dies nur durch ein Team von Autoren gelingen kann, wird besonders deutlich mit den Beiträgen über Luther, Zwingli, Bullinger, Calvin und besonders über die »Spiritualität der Radikal-Reformation«. Es zeigt sich aber auch z. B. an der unterschiedlichen Beurteilung Meister Eckharts durch Simon Tugwell und durch Alois M. Haas sowie aus den Versuchen, die Frauenspiritualität zu würdigen und einige Akzente der ostkirchlichen Mentalität herauszuarbeiten. Die Gründe für die ungewohnte Epochen-Zuordnung (einschließlich der Reformation, aber ohne Ignatius von Loyola) legt die Herausgeberin in ihrer Einleitung selbst vor. Hier sei besonders auf den Beitrag über die »Radikal-Reformation« hingewiesen, der – mit innerer Sympathie geschrieben – einen Aspekt der Reformation hervorhebt, der im deutschsprachigen Raum zu wenig berücksichtigt wird und die Reformation enger mit der spätmittelalterlichen Frömmigkeit verbindet.

Die abschließenden »Themen-Artikel« sind insgesamt überaus hilfreich und in ihrer übersichtlichen und zugleich genauen Darstellung zum Verständnis des mittelalterlichen Christentums unersetzlich.

Dem Buch – mit seinen ausführlichen Registern – sind viele Leser zu wünschen. Es erschließt den Reichtum des christlichen Lebens und der christlichen Spiritualität in oft überraschender, neuer Weise und sollte fruchtbar werden für die Weiterentwicklung der gegenwärtigen christlichen Spiritualität.

Anmerkungen

1 in: Frankfurter Allgemeine Zeitung vom 16. 9. 94

2 A. Zumkeller, »Die Spiritualität der Augustiner«; A. M. Haas, »Schulen spätmittelalterlicher Mystik (14. und 15. Jahrhundert)«; F. Büsser, »Spiritualität in der Zürcher Reformation bei Zwingli und Bullinger«; O. Gründler, »Devotio Moderna«.

3 Bd. 1: *Ursprünge*, Freiburg 1994.

4 Vgl. dazu den 1. Band der »Beiträge zur Mentalitätsgeschichte«, Frankfurt 1993: S. Tanz, E. Werner, *Spätmittelalterliche Laienmentalitäten im Spiegel von Visionen, Offenbarungen und Prophezeiungen;* und P. Dinzelbacher, *Europäische Mentalitätsgeschichte. Hauptthemen in Einzeldarstellungen,* Stuttgart 1993 (mit reicher Literatur).

Einführung

Denn alle, die sich vom Geist Gottes leiten lassen, sind Söhne Gottes. Röm 8, 14

Der zweite Band der Trilogie zur Geschichte der christlichen Spiritualität behandelt eine Zeit vielschichtiger Bewegungen, der Unruhe und der Veränderung – alles Erscheinungen, die durch die Notwendigkeit ausgelöst wurden, sich auf den Zusammenbruch des Feudalsystems und die Forderungen einer wachsenden bürgerlichen Schicht einzustellen. Das Papsttum reagierte auf diese Veränderungen mit einer Verstärkung seiner Bürokratie und seiner Zentralmacht. Die Päpste sahen sich in den eigenen Reihen der Opposition der Konziliaristen[1] gegenüber. Politisierende Theoretiker wie Marsilius von Padua und Wilhelm von Ockham unterstützten sowohl konziliaristische Kardinäle als auch die mächtiger werdenden Staatsoberhäupter, um der spirituellen Hegemonie und den territorialen Ansprüchen von Päpsten und Kurie Widerstand entgegenzubringen. An der Basis suchten die Menschen nach Alternativen für einen zunehmend wirkungslosen Klerus und eine unverständliche Liturgie. Einige Bewegungen wie die des Petrus Waldes waren erfolglos und gingen unter, tauchten aber im 16. Jahrhundert wieder auf; einige mündeten in der Häresie wie die Albigenser; wieder andere entwickelten neue Orden wie die Dominikaner und Franziskaner, die die päpstliche Zustimmung erhielten. In der Zwischenzeit absorbierten Kreuzzüge und Pilgerfahrten einen Teil der Kräfte Westeuropas, aber im Gegenzug schufen sie die Nachfrage nach Waren aus dem Osten, kurbelten den Handel an und weckten Interesse für östliches Gedankengut. Im östlichen Christentum waren die Patriarchen[2] damit beschäftigt, ihre Kirchen vor dem Eindringen des Islam aus dem Süden und den habgierigen Kreuzrittern aus dem Westen zu schützen. Die östliche Christenheit verlor tatsächlich beständig an Boden, bis ihr größtes Juwel, Konstantinopel, 1453 fiel. Angesichts solcher ständiger Bedrohung behielt die östliche Christenheit ihre mittelalterlichen Formen über die Zeit hinaus, die in diesem Band dargestellt wird, bei. Ihre Kraft war der Gebrauch der Landessprache in der Liturgie, ihr verheirateter Klerus und die Ganzheit eines Kosmos', den sie ihren Gläubigen in Architektur, Ikonen, Sprache und Liturgie bot. Es gab jedoch auch ähnliche Auseinandersetzungen wie im Westen um die Armut und das religiöse Leben, die inmitten oder gegen einen politischen Hintergrund geführt wurden.

Im Westen jedoch führten die gescheiterten Erneuerungsversuche in der katholischen Kirche zu einer Reform, die in weniger als zwei Jahrzehnten die dauerhafte Abspaltung der »Protestierer«, der Protestanten, von der römisch-katholischen Kirche zur Folge hatte. Die Reformation des 16. Jahrhunderts, die von Martin Luther ausgelöst worden war, hatte weiterreichende Folgen, als Luther vorhersehen konnte, und führte zu den drei Hauptrichtungen des europäischen Protestantismus: Lutheraner, Reformierte und Wiedertäufer. Von diesen Entwicklungen wachgerüttelt, organisierte die römisch-katholische Kirche schließlich ein Reform-orientiertes Konzil, das Konzil von Trient. Da die tridentinische Reform die Wurzel der Spiritualität der nachfolgenden Jahrhunderte bildete, wird sie erst im dritten Band dieser Reihe behandelt.

Somit beschäftigt sich dieser Band mit drei ganz unterschiedlichen Traditionen. Die römisch-katholische Kirche und die östlichen orthodoxen Kirchen trennten sich im 11. Jahrhundert; die protestantische Reformation spaltete die westliche Christenheit im 16. Jahrhundert. In allen drei Traditionen muß der Begriff »Spiritualität« unterschiedlich aufgefaßt werden und spiegelt die verschiedenen Möglichkeiten wider, die christliche Berufung anzunehmen, Erbe und Nachfolger Christi und Teilhaber am Leben im Geist zu sein. Für Katholiken bedeutet es keine juristische Fiktion, daß Gott den in der Taufe Neugeborenen »adoptiert«, sondern eine wirkliche Veränderung im getauften Menschen. Auf der Grundlage dieser Wandlung, dieser Aufnahme in Christus, können die Christen der Gnade antworten und bei ihrer Heiligung mitwirken. In Übereinstimmung mit Praktiken der Mönche und Laien, wie sie im ersten Band der »Christlichen Spiritualität« dargelegt wurden, suchten in den folgenden Jahrhunderten Frauen und Männer die Vereinigung mit Gott. Die westliche Christenheit, die sich in besonderer Weise den neuen Bedürfnissen sich verändernder Gesellschaften anpaßte, entwickelte noch einen weiteren Weg, einen »Mittelweg«. In den aufblühenden Städten und im Wirkungskreis der Universitäten des Hochmittelalters verbanden die Orden der (Minder)-»Brüder«[3] das aktive und kontemplative Leben miteinander. Ihre Gründer versuchten, die Kraft und die Freude, die sie aus dem Gebet schöpften, in Predigt und Lehre weiterzugeben. Frauen, die diesen neuen Orden angegliedert waren, durften aber am Wanderleben der Brüder nicht teilhaben, durften auch nicht lehren und predigen. Sie fanden jedoch Möglichkeiten, sich den Geist der Ordensgründer anzueignen, und lehrten und predigten trotz ihres Lebens in klösterlicher Abgeschiedenheit. Ihr Einfluß war tatsächlich oft sehr weitreichend, wie beispielsweise bei Katharina von Siena.

Orthodoxe Christen betonten ebenfalls das Geschenk des göttlichen Lebens, das Gott mit denen teilt, die durch die Taufe vergöttlicht werden. Diejenigen, die sich Gott durch Gebet und Askese hingaben, hofften auf das Geschenk der *theosis* oder Vergöttlichung, so daß sie wahre Abbilder Gottes in der Welt sein konnten. Die Laien fanden eine schlüssige Spiritualität, die sich ihnen in der Liturgie und Ikonographie ihrer mit reicher Symbolik ausgestalteten Kirchen bot. Dort erhielten die byzantinischen Christen durch Gebete und Gesänge in ihrer Sprache und durch das Hören der Schrift und der Predigten geistige Nahrung.

Nicht alle Christen im Westen oder Osten suchten Heiligkeit. Das Ausnutzen der Religion für Geld, Macht und Ansehen war im Mittelalter nicht weniger verbreitet als heute. Tatsächlich wuchsen bis zum 13. Jahrhundert die Mißstände in der Leitung der römisch-katholischen Kirche so stark an, daß Papst Innozenz III. 1215 ein Reformkonzil einberief, das 4. Laterankonzil. Als sich seine Reformen als unwirksam erwiesen, unternahmen Reformkardinäle zusammen mit gleichermaßen Reform-orientierten Laien und Geistlichen den Versuch, die Leitung der Kirche in die Hände von regelmäßig einzuberufenden Konzilien zu legen. Die »konziliare« Bewegung hatte im 14. Jahrhundert beinahe Erfolg, scheiterte aber in der 2. Hälfte des 15. Jahrhunderts. Die Reform der westlichen Christenheit wurde im frühen 16. Jahrhundert von einem bemerkenswerten Augustiner namens Martin Luther beschleunigt. Bemühungen auf seiten des Kaisers Karl V., der deutschen Fürsten und Theologen, die Kirche in ihrer Ganzheit zu retten, schlugen fehl, als Philipp Melanchthon 1530 dem Kaiser seine »Augsburger Konfession« präsentierte und diese abgelehnt wurde.

Luthers Verständnis von Christsein unterschied sich völlig von den vorherrschenden Auffassungen der östlichen sowie auch der westlichen Christenheit. Für Luther macht der sündige Zustand des Menschen diesen – sogar mit Gnade – unfähig, überhaupt irgend etwas zu tun, um mit Gott zusammenzuarbeiten.[4] Vielmehr wird den Sündern, wenn sie ihre Sündhaftigkeit erkennen und Gott um Erbarmen anrufen, das Heil in Jesus Christus angeboten. Wenn die Sünder glauben, daß Jesus Christus *für sie* gestorben und auferstanden ist, dann sind sie durch diesen Glauben gerechtfertigt. Die Rechtfertigung durch Christus selbst ist ihnen zugeschrieben[5], und ihre Sünden werden zugedeckt. Sie bleiben zwar Sünder, aber sie sind in Christus gerechtfertigt. Ihre Dankbarkeit für solch ein großes Geschenk sollte sie dazu führen, ein Leben als guter Christ zu führen, der aktiven Dienst am Nächsten leistet.

Die Kapitel in diesem Band befassen sich mit Formen von Spiritualität, die auf der einen oder anderen dieser drei fundamentalen Visionen beruhen, wie den Christen Erlösung und Heiligung durch Gott dargeboten wird. Aber bevor ein Ausblick auf den Inhalt dieses Bandes gegeben wird, mag sich vielleicht der Leser mit Recht fragen, warum die Jahre 1150–1600 gewählt wurden und warum keine (römischen) Katholiken des 16. Jahrhunderts dargestellt werden. Jede Einteilung oder Periodisierung der Vergangenheit hängt von mehr oder weniger willkürlichen Entscheidungen der Historiker ab. In diesem Fall wurde von den Herausgebern verlangt, die christliche Geschichte so aufzuteilen, daß sich Material für drei Bände ergibt. Der erste Band endet beim Hochmittelalter und seinen Kreuzzügen, Handelsaktivitäten, Städten, Universitäten, großen Kathedralen, Pilgerzügen und all dem geschäftigen Treiben einer Welt, die erfolgreich aus dem Chaos wiederholter Invasionen aufgetaucht ist. Die alten Klöster blieben, wie auch ihre klassische Spiritualität. Aber es entwickelte sich eine neue Form; und deshalb bietet das 12. Jahrhundert wohl einen günstigen Zeitpunkt für den Anfang des Buches.

Dieser Band stimmt auch mit denjenigen überein, die Kontinuitäten zwischen dem Mittelalter und der Reformation sehen. Auch wenn der Bruch durch die Reformation schmerzlich war – und bleibt –, so begann diese doch als eine Reformbewegung innerhalb der »alten Kirche« und führte erst zur endgültigen Trennung, als alle Möglichkeiten zur Versöhnung fehlgeschlagen waren und sich die Unterschiede in den politischen Verhältnissen verfestigten, die der Augsburger Frieden von 1555 geschaffen hatte. Der vorliegende Band hätte auch das Jahr 1555 als Enddatum wählen können, wenn es nicht notwendig gewesen wäre, den Protestantismus in seinen radikalsten Ausprägungen darzustellen, die erst gegen Ende des 16. Jahrhunderts deutlich wurden.

Andererseits nahm die römisch-katholische Spiritualität als Reaktion auf die Reformation neue Formen an, die sich im 17. Jahrhundert fortsetzten. Der dritte Band dieser Reihe wird sich deshalb mit Ignatius von Loyola und den Jesuiten, dem Konzil von Trient und seinen Reformen, Teresa von Avila, Johannes vom Kreuz und Franz von Sales, die alle im 16. Jahrhundert lebten, befassen.

Wie der erste Band, so ist auch der vorliegende in zwei Teile gegliedert, die sich allerdings, was die Länge angeht, nicht so entsprechen wie in jenem. Vielmehr ist Teil 1, »Schulen und Bewegungen«, viel länger als Teil 2, »Themen«. Dies hängt eher mit der Vielfalt zusammen, die in Teil 1 behandelt werden muß, und weniger mit einem Mangel an Themen, die ausführlich in Teil 2 besprochen werden könnten.

Teil 1, »Schulen und Bewegungen«, befaßt sich mit den vielen neuen Orden und Reformbewegungen der Zeit von 1150 bis 1500 und wendet sich dann der Spiritualität der protestantischen Reformation zu. Der Leser mag es eigenartig finden, daß das 16. Jahrhundert aufgeteilt und die Reformation der Spiritualität des Mittelalters zugerechnet wird, während die ignatianischen, tridentinischen und karmelitischen Reformen der römisch-katholischen Seite dem dritten Band dieser Reihe vorbehalten bleiben. Doch jede Periodisierung oder Aufteilung kann in Frage gestellt werden. Menschen leben nicht in diesem oder jenem Zeitalter. Sie leben in einem zusammenhängenden Ablauf von Ereignissen, die von Historikern zum Zwecke der Begriffsbildung getrennt werden; außerdem muß, so wie in diesem Fall, an irgendeinem Punkt ein Einschnitt gemacht werden.

Die Kontinuitäten, die die Herausgeber der Reihe herausstellen möchten, sind die von Reform und spiritueller Verwandtschaft. Man macht es sich zu einfach, wenn man die protestantische Reformation als etwas völlig Neues ansieht und die gemeinsamen Wurzeln von Protestanten und römischen Katholiken nicht beachtet. Vorliegende Auswahl ist – wenigstens zum Teil – von ökumenischen Anliegen bestimmt. Genauso problematisch ist es, die römisch-katholische Spiritualität des 16. Jahrhunderts aus ihrem zeitgenössischen Rahmen und ihrem Verhältnis zum Protestantismus des 16. Jahrhunderts herauszulösen. Die Herausgeber wollten mit dieser Entscheidung deutlich machen, daß die römisch-katholischen Reformen des 16. Jahrhunderts die Wurzeln der spirituellen Entwicklungen der Neuzeit bilden. Die Herausgeber hoffen, daß solch eine Gliederung der fruchtbaren Reflexion mehr dient als der endlosen Debatte über den »Beginn der Neuzeit«.

Das Reformthema wird im ersten Kapitel von dem Kirchenhistoriker George Tavard beleuchtet. Mönchs- und Nonnenklöster blieben weiterhin Horte des Gebetes und der Unruhe, aber es entwickelten sich auch neue Orden, und man vernahm neue Stimmen im 13. Jahrhundert, das zu Beginn unter dem Einfluß des 4. Laterankonzils stand. Auf das Übergangskapitel zwischen dem ersten und zweiten Band dieser Reihe folgt Teil 1, »Schulen und Bewegungen«, mit dem Kapitel über die wichtigsten Bettelorden. Obwohl es Ähnlichkeiten zwischen den »Brüder«-Orden gab, setzten sie in ihrer jeweiligen Spiritualität unterschiedliche Schwerpunkte und entwickelten unterschiedliche Schulen; und dies beeinflußte ihre Beziehung zu Städten, Universitäten, Königen und dem Kaiser des Heiligen Römischen Reiches und ihre Aufgaben in Europa und sogar der moslemischen Welt. Simon Tugwells Beitrag zeigt den Grad spiritueller Flexibilität, der von der dominikanischen Sorge für Predigt und Lehre herrührte. Wayne Hellmann beschreibt Franziskus von Assisi, den Zeitgenossen des Dominikus, als einen Reformer, dessen Person und Leben ein starkes Element der franziskanischen Spiritualität bildeten. Er läßt den Leser dann miterleben, wie die Franziskaner die Forderung des Franziskus interpretierten, daß alle Brüder sich bemühen sollten, »der Demut und Armut Unseres Herrn Jesus Christus nachzufolgen«, und wie sie sich über ihre Interpretationen entzweiten. Zwei Bettelorden entstanden durch die Initiative einzelner Heiliger, des Dominikus und des Franziskus. Zwei entstanden aus der Veränderung bestehender Gruppen, die Augustiner und die Karmeliten, wobei die Usprünge der Karmeliten am wenigsten bekannt sind. Daher beginnt der Beitrag von Keith Egan mit den Worten: »Die Ursprünge der Karmeliten liegen im dunkeln...« Aus dieser Dunkelheit heraus nahm der Karmelitenorden im Heiligen Land Gestalt an und wanderte zu verschiedenen Zeiten im 13. Jahrhundert nach Europa. Etwa 1247 wurde die Karmeliterregel von Papst Innozenz IV. bestätigt. Die Verbindung von kontemplativem und von aktivem Leben, die die Bettelorden kennzeichnete, war weiterhin voller Spannungen, da einige Karmeliten das Einsiedlerleben bevorzugten. Die Kontemplation blieb also in der karmelitischen Spiritualität mehr als in den anderen drei Orden eine starke Kraft und sollte im 16. Jahrhundert in der Reform Früchte tragen, die von den beiden großen karmelitischen Mystikern, Teresa von Avila und Johannes vom Kreuz, angeführt wurde.

Einen sanfteren Übergang vom Eremitenleben zum Bettelorden bildete die Anerkennung des Ordens der Augustinereremiten 1256. Er entstand aus dem Zusammenschluß italienischer Eremitengemeinschaften, die nach der *Regel des hl. Augustinus* lebten. Sie folgten dem, was sie in den Werken Augustinus' für wichtig hielten: die Ausübung des göttlichen Geschenkes der Liebe, der Liebe zu Gott und zum Nächsten. Adolar Zumkellers Beitrag hebt die brüderliche Liebe hervor, die das Gemeinschaftsleben bestimmte und die in Predigt und Lehre der Augustiner einging. Die Betonung der Gnade und des Handelns Gottes im Christen bildete die Grundlage der Reformtheologie eines Augustiners des 16. Jahrhunderts, Martin Luther.

Mit dem 3. Kapitel, »Hauptströmungen des spätmittelalterlichen Frömmigkeitswesens«, beginnt Richard Kieckhefer eine Reihe von Beiträgen, die den Spiritualitätsformen des 14. und 15. Jahrhunderts gewidmet sind. Kieckhefer gelingt es, das komplexe Bild verbreiteter Frömmigkeitsformen zu zeigen, die sich in einer Fülle von verschiedenen und nicht leicht zugänglichen Texten und Zeugnissen finden. Er sieht Elemente der Volksfrömmigkeit in der Liturgie, d. h. in der Messe und im Stundengebet, und ebenfalls in den Festtags-Feiern, die sich auf christliches Leben oder Frömmigkeit beziehen, z. B. Fronleichnam oder die Feste zu Ehren bekannter Heiliger. Kieckhefers Quellen sind nicht nur schriftlicher Art, sondern auch Ikonographie, Architektur und Drama. Einige der wichtigsten Themen, die Kieckhefer behandelt, werden ausführlicher in Teil 2, »Themen«, dargestellt, beispielsweise die Passion Christi, die Marienverehrung und die Eucharistie.

Die akademische Seite des mittelalterlichen Lebens wird in William Courtenays Beitrag »Spiritualität und Spätscholastik« dargestellt. Courtenay blickt »unter die Oberfläche der vertrauteren Aspekte des Universitätslebens«, um dessen Spiritualität aufzuzeigen. Er befaßt sich mit der Rolle der biblischen Studien, mit dem Leben der Gelehrten und dem Gemeinschaftsleben der Magister und Studenten in den »Kollegien«, die von Orden, Diözesen oder Landsmannschaften eingerichtet worden waren.

Obwohl die Frauen vom Wanderleben der Mönche ausgeschlossen waren und auch keinen Zugang zu den Universitäten hatten, entwickelten sie im Mittelalter dennoch Formen religiösen Lebens, die ebenso einflußreich und bedeutsam waren wie die ihrer weniger eingeschränkten Brüder. Caroline Bynum stellt in ihrem Aufsatz »Religiöse Frauen im Spätmittelalter« fest, daß »sich zum ersten Mal in der christlichen Geschichte eine Frauenbewegung erkennen läßt – die Beginen – und man von spezifisch weiblichem Einfluß auf die Entwicklung der Frömmigkeit sprechen kann.« Sie befaßt sich mit der wachsenden Anzahl von Frauen, die ein Leben führten, das dem christlichen Gebet und Dienst gewidmet war. Daraus rekrutierten sich die immer zahlreicheren weiblichen Heiligen. Mehr Freiheiten fanden Frauen auch in Gruppierungen, die man als häretisch bezeichnete, ein Umstand, der an die Bedingungen der frühen Christenheit erinnert. Im Rahmen der orthodoxen Formen christlichen Lebens, meistens in Klöstern, wurden Frauen zu spirituellen Führerinnen; ihre Lebensgeschichten wurden von ihren Beichtvätern oder Anhängern veröffentlicht. Bynum richtet ihr Augenmerk auf die Art und Weise, wie Frauen ihren Weg in einer männlich dominierten religiösen Welt fanden, und sie arbeitet sorgfältig die Besonderheiten der weiblichen Spiritualität im Rahmen einer Kirche heraus, die von Männern regiert wurde.

Der Einfluß der Frauenmystik ist Teil der Geschichte der spätmittelalterlichen Mystik in Europa, auf dem Kontinent und in England. Die Geschichte auf dem Kontinent beschreibt in bewundernswerter Weise Alois Maria Haas, und eine besonders einflußreiche Entwicklung, die *devotio moderna*, wird von Otto Gründler behandelt. Bernard McGinn bietet einen Überblick über die englische Mystik.

Haas beginnt seinen Beitrag »Schulen spätmittelalterlicher Mystik« mit der frühen Frauenmystik, die die großen Mystiker und Mystikerinnen des 14. und 15. Jahrhunderts beeinflußte. Er stellt die Zisterzienserin Beatrijs von Nazareth und die Begine Hadewijch vor, danach Mechthild von Magdeburg, die zuerst als Begine lebte und dann Zisterzienserin wurde. Dieser Teil endet mit Marguerite von Porète, deren Themen der Vernichtung und der Freiheit denen Meister Eckharts ähnelten. Haas wendet sich dann der dominikanischen Mystik und dem umstrittenen Meister Eckhart zu sowie dessen Schülern Tauler und Seuse und den Nonnen, die von ihren männlichen Gegenüber angeleitet wurden, aber auch umgekehrt diese inspirierten. Abschnitte über die »Freunde Gottes« und die *Theologia deutsch* (die später vom jungen Martin Luther übersetzt wurde) gehen der Haas'schen Abhandlung über die franziskanische Mystik, der eklektischen, aber einheitlichen Spiritualität Ruusbroecs und der Mystik der Kartäuser voraus. Haas überquert dann die Alpen und befaßt sich mit den drei Katharinas – von Siena, von Bologna und von Genua. Am Ende seines Beitrags stellt er zwei große Theologen vor, die ebenfalls Mystiker waren: Johannes Gerson und Nikolaus von Kues.

Gerhard Grote von Deventer in den Niederlanden baute seine Reform auf einer christuszentrierten Frömmigkeit auf und regte damit im späten 14. Jahrhundert die Gründung der Brüder und Schwestern vom Gemeinsamen Leben an. Otto Gründler stellt die Entwicklung dieser »modernen Frömmigkeit« von ihren Ursprüngen her dar durch ihr bekanntestes Buch, *Die Nachfolge Christi*. Der Geist der *devotio moderna*, so führt er aus, sei der monastischen Tradition zu verdanken und »war nicht deshalb ›modern‹, weil sie mit irgendeiner *devotio antiqua* gebrochen hatte, sondern weil sie für die *gegenwärtige* Ausübung der letzteren sowohl innerhalb als auch außerhalb des Klosters eintrat.«

Der Reichtum an Mystik im 14. Jahrhundert beschränkte sich nicht nur auf den Kontinent. Statt von der Eigengestalt der englischen Mystik spricht man besser von der Eigengestalt der englischen Mystiker. Richard Rolle und Margery Kempe waren von ganz eigener Art. Walter Hilton stand in der augustinischen Tradition, während sein Zeitgenosse, der anonyme Autor der *Cloud of Unknowing* (Wolke des Nichtwissens), sich auf Pseudo-Dionysius stützte. Juliana von Norwich »ist das große Original unter den englischen Mystikern«, schreibt McGinn; ihre »Schauungen« und ihre Theologie sind bemerkenswert originell und theologisch fundiert; originell vor allem hinsichtlich des Sündenfalls, der Erlösung und der Mutterschaft Christi als Gott.

Im orthodoxen Osten wandte man sich im 14. Jahrhundert auf unterschiedliche Weise anderen Fragen zu. In Thessaloniki verschrieb sich der Hesychast Gregor Palamas dem Gebet und der Liturgie. Als die hesychastische Methode der Kontemplation im 14. Jahrhundert Gegenstand der Auseinandersetzung wurde, verfaßte Palamas eine Verteidigungsschrift der Kontemplation. Die christliche Kirche wurde so nicht nur durch eine klare Darlegung orthodoxer Spiritualität bereichert, sie profitierte auch von den Erklärungen, die das Wesen einer theologischen Spiritualität und einer spirituellen Theologie von der Bibel und den griechischen Kirchenvätern her entfalteten. George Mantzaridis erläutert die theologische Basis der Abhandlungen des Palamas und die griechische Antwort auf das Problem, wie begrenzte Geschöpfe vom strahlenden Glanz eines unendlichen Gottes wissen, ja sogar daran teilhaben können.

Die Kontroverse innerhalb des Mönchtums in Rußland erstreckt sich vom Spätmittelalter bis zum 16. Jahrhundert. Sergei Hackel diskutiert das Problem der »Besitzer und Besitzlosen«, das auf eigenartige Weise die europäischen Debatten über die franziskanische Armut widerspiegelt. Das russische Problem konzentriert sich jedoch auf die Lehre des Klosterältesten Nil Maikov, der wollte, daß die Klöster zur Armut der Wüstenväter zurückkehrten. Da die Frage des Landbesitzes nicht nur eine religiöse, sondern auch eine politische Frage war, beteiligte sich an dieser Auseinandersetzung auch Ivan III., Großfürst von Moskau; er war (wie sein naher Zeitgenosse Heinrich VIII.) daran interessiert, den Staat durch die Enteignung der Klöster zu bereichern. Den Hintergrund dieser Debatte bilden die Mongoleneinfälle des 13. Jahrhunderts und die spirituellen Schriften der Mönche des 14. Jahrhunderts, die die zerstörten Klöster wiederaufbauten. Hackel führt den Leser durch diese komplexe Welt zu den Beschlüssen der Synode von 1503, die den Besitz in den Händen der Klöster beließ und dadurch die russische Kirche als politische, weil grundbesitzende Macht im Moskauer Staat begründete.

Zwei Aufsätze über die Spiritualität des Renaissance-Humanismus verknüpfen das Spätmittelalter mit der Reformation des 16. Jahrhunderts in Europa. Viele der Humanisten strebten eine Reform in Kirche, Staat und Gesellschaft sowie auch in der Literatur an. William Bouwsma richtet seine profunde Kenntnis der Denkbewegungen der Renaissance auf die Spiritualität von deren wichtigsten Persönlichkeiten: Petrarca, Salutati und Valla. James Tracy untersucht den humanistischen Gebrauch der Heiligen Schrift als geistige Nahrung bei Erasmus und Lefèvre d'Étaples mit besonderem Augenmerk auf die *Paraphrase* des Erasmus zum Lukas-Evangelium.

Damit ist die Bühne jetzt für die Reformation bereitet. Marc Lienhard behandelt Luther und das Luthertum und untersucht die theologische Quelle dieser Frömmigkeit, die, wie verändert sie in anderen protestantischen Traditionen auch sein mag, dennoch der Schlüssel für alle ist: Rechtfertigung allein durch den Glauben. Aus dieser Überzeugung resultierte nicht nur Luthers Widerstand gegen viele römisch-katholische Lehren und Praktiken, sondern auch die Lehre, die die Protestanten dazu inspirierte, auf Gott zu vertrauen und ihrem Nächsten zu dienen.

Während Luther seine biblisch inspirierte Theologie noch ausarbeitete, predigte Huldrych Zwingli in Zürich ebenfalls Reform und Rechtfertigungslehre. Nachdem er die Reformation dort verankert hatte, wurde er 1531 getötet, aber sein Platz wurde von Heinrich Bullinger eingenommen, der in Zürich bis zu seinem Tod 1575 maßgebend war. Inzwischen waren die Schule von Zürich und Bullingers Theologie in ganz Europa bekannt, vor allem in England, wo die *Dekaden* Bullingers zur Pflichtlektüre in puritanischen Seminaren wurden. Die auf Christus zentrierte Spiritualität dieser Zürcher Reformer ist in Fritz Büssers Beitrag vorzüglich dargelegt. Fünfzehn Jahre später legte ein junger Franzose auf seinem Weg nach Straßburg in Genf einen Zwischenaufenthalt ein; das war jedenfalls seine Absicht. Aber Johannes Calvin blieb und wurde der große Reformer in Genf. William Bouwsma findet die Wurzeln der Spiritualität Calvins in einer zielbewußten Hingabe an Gott, die ihre Nahrung in der Heiligen Schrift sucht und auf den Glauben an Christus und das Wirken des Heiligen Geistes gründet. Von besonderem Interesse sind die humanistischen Einflüsse, die Bouwsma im komplexen Seelenleben Calvins ausmacht.

Gejagt von Katholiken, Lutheranern und den Schweizer Reformierten gleichermaßen, erfuhren die Gruppen, die man unter der Bezeichnung »Radikal-Reformation« zusammenfaßt, was es bedeutet, verfolgt zu werden. Es ist kein Wunder, daß die Passion Christi ihnen so viel bedeutete und ein Hauptthema ihrer Meditation war. Die Quellen für seinen Artikel fand Timothy George in den Schriften, die die Menschen selber verfaßten und gebrauchten: Gebete, Geschichten über Märtyrer, Briefe, Katechismen. Die Radikal-Reformation hatte nur wenige Führer, die so hervortraten wie Luther, Zwingli oder Calvin. Sie gründeteten auch keine Akademien und lehrten nicht in Universitäten. Diese Menschen führten ein ganz einfaches Leben und versuchten leidenschaftlich, »eine neue Gemeinschaft nach christlicher Ordnung« aufzubauen.

Der Mittelpunkt der Spiritualität all der Gruppen, die in Teil 1 dargestellt werden, ist Christus. Im 12. und 13. Jahrhundert richtete sich das Augenmerk zunehmend auf den leidenden Menschen Christus. Auf Kruzifixen wurde immer deutlicher sein Todeskampf dargestellt und nicht mehr sein Sieg über das Kreuz. Die Gläubigen erhielten immer mehr Anstöße, über die Liebe nachzudenken, die Christus in seiner Passion verleiblicht hat. Ewert Cousins untersucht diese Verehrung des gekreuzigten Christus bei Franziksus von Assisi und Bonaventura. Sein Aufsatz befaßt sich einfühlsam mit der Ausbreitung einer Spiritualität, die auf das Menschsein und die Passion Christi gerichtet war.

Unter dem Kreuz stand Maria, die Mutter Jesu. Die Marienverehrung nahm im Mittelalter erheblich zu und drückte sich in Hymnen wie dem »Salve Regina« und dem »Stabat Mater« aus, in Praktiken wie dem Rosenkranz und dem Angelusläuten[6], ebenso ikonographisch – in vielen Formen also. Man feierte Maria als Jungfrau, als Mutter, als Beschützerin und Fürsprecherin. Christus lag sowohl als Kind als auch als ihr gekreuzigter Sohn auf ihrem Schoß. Maria hatte eine heroische Haltung oder fiel unter dem Kreuz in Ohnmacht, oder sie stand triumphierend auf dem Kopf eines Drachen, mit Sternen gekrönt. Über all diese Bilder hinaus verfolgt Elizabeth Johnson die Formen und auch die negativen Auswüchse der Marienverehrung in der westlichen Kirche.

Im Mittelpunkt der Liturgie der christlichen Kirchen im Westen wie im Osten steht die Eucharistie. Die reichhaltige Liturgie der byzantinischen Kirchen wird von Robert Taft untersucht, und James McCue müht sich, liturgischen Fehlformen wie geglückte Bräuche aufzuzeigen, die sich mit der Eucharistie der westlichen Kirche verbanden.

Den beklagenswerten Bruch zwischen Osten und Westen, die Versuche zur

Wiedervereinigung und die theologischen Unterschiede, die die westlichen und die östlichen Christen weiterhin voneinander trennen, werden von John Meyendorff sorgfältig beschrieben. Sein Beitrag liefert einen Überblick über die östliche Perspektive mittelalterlicher Ereignisse bis zur Eroberung Konstantinopels 1453.

Der letzte Beitrag betrachtet die Abweichungen und Übereinstimmungen der mittelalterlichen und der reformatorischen Spiritualität unter dem Titel »Heilige und Sünder«. Dieses Kapitel blickt zurück auf den vorliegenden Band und bietet einen Ausblick auf den folgenden letzten. Zentral in Jill Raitts Aufsatz ist die Art und Weise, wie die verschiedenen Theologien sich Rechtfertigung und Heiligung vorstellen und wie sie demzufolge ihre Anhänger zu einer engeren Nachfolge Christi veranlassen unter Inspiration des Heiligen Geistes, dem Ursprung und Vollender jeglicher christlichen Spiritualität.

Jill Raitt

Anmerkungen

1 Konziliaristen wurden die Bischöfe und Theologen genannt, die die Autorität des Konzils über die des Papstes stellten. In den theologischen und juristischen Debatten des 15. Jahrhunderts spielten sie als Opposition zu den Papalisten eine wichtige Rolle. [JS]

2 Die ostkirchlichen Patriarchen sahen, sehen sich als gleichberechtigt neben dem römischen Papst. [JS]

3 Kirchenrechtlich sind die neuen Orden der Franziskaner und Dominikaner den Mönchen gleichgestellt. Doch Franziskus wählte bewußt den neuen Namen der »Minderbrüder«, »Fratres Minores«, um seinen Neuansatz zu dokumentieren. Dominikus schloß sich ihm weitgehend an. [JS]

4 Das Wort »Synergismus«, Zusammenarbeit von Mensch und Gott, von Wirken und Gnade, ist seit Luther in der westlichen Theologie verpönt; die ostkirchliche Theologie aber benutzt es in Anlehnung an die griechischen Kirchenväter ganz selbstverständlich. [JS]

5 «Justitia, Jusificatio imputata«, »zugeschriebene, angerechnete Rechtfertigung, Gerechtigkeit« aufgrund der Verdienste Jesu, statt einer im Sein verankerten und gleichsam besessenen Gnade war eines der Kampfworte der Reformation gegen die traditionelle Auffassung. [JS]

6 Dreimal am Tag hielt der Fromme inne und betete den Gruß des Engels (Angelus) an Maria nach Lukas 1. [JS]

Apostolisches Leben und Kirchenreform

Von George H. Tavard

Der Ausdruck »Renaissance des 12. Jahrhunderts« ist allgemein anerkannt.[1] Er meint den Aspekt, der im 12. Jahrhundert neue Bewegungen und Kräfte in der lateinischen Theologie und Spiritualität hervorgebracht hat.

Viele der wichtigsten Autoren starben zwar bereits um das Jahr 1150. So liegen die Todesjahre von Rupert von Deutz, Hugo von St. Victor, Wilhelm von St. Thierry, Bernhard und Petrus Venerabilis zwischen 1141 (Hugo) und 1156 (Petrus). Doch gab es auch in den folgenden Jahren des Jahrhunderts einflußreiche Persönlichkeiten, und einige der Ereignisse, die sich nach 1150 zutrugen, wurden für die Zukunft bestimmend. Dazu gehört die Gründung des Karmelitenordens durch Berthold (gest. 1195) um 1154 in Palästina; der Orden erhielt 1209 seine erste Regel durch Albertus von Vercelli, dem lateinischen Patriarchen von Jerusalem.

Es war auch in anderer Hinsicht eine bemerkenswerte Zeit. Petrus Lombardus, der Vater der scholastischen Theologie, beendete um 1150 seinen *Sentenzenkommentar;* er starb 1164. Das mittelalterliche kanonische Recht wurde im Decretum Gratiani 1150/51 zusammengefaßt. Dominikus und Franziskus von Assisi erblickten in dieser Zeit das Licht der Welt; Dominikus predigte 1206 in Südfrankreich, und Franziskus erhielt 1208 den Anstoß für seine Bewegung. Im Jahr 1163 setzte in Paris mit dem Baubeginn der Kathedrale Notre-Dame, welcher der Abteikirche St. Denis folgte, der Siegeszug der gotischen Architektur ein.[2] Um ein Ereignis ganz anderer Art handelte es sich beim 4. Kreuzzug, der mit der üblichen Begeisterung begonnen hatte und am 13. April 1204 mit dem Angriff der Kreuzritter auf Konstantinopel ein verhängnisvolles Ende fand.

Der Zeitraum zwischen den Jahren 1150 und 1215 ist zweifellos in spiritueller und theologischer Hinsicht eine Periode des Übergangs. Ein Zeichen dafür ist die Tatsache, daß man leicht zwei recht unterschiedliche Richtungen im spirituellen Schrifttum jener Zeit erkennen kann. In der zweiten Hälfte des 12. Jahrhunderts entstand nämlich eine umfangreiche spirituelle Literatur. Sie setzte zum größten Teil die Haupttendenzen der vorausgegangenen Jahrhunderte fort. Diese Literatur wird oft »monastisch« genannt, einfach deshalb, weil sie in Klöstern entstanden ist. Sie hatte in erster Linie die Aufgabe, die Bedürfnisse der Mönche und Nonnen zu befriedigen, deren Ordensleben kontemplativ ausgerichtet war. Der kleinere Teil des damaligen Schrifttums jedoch enthielt etwas Neues, nämlich die Tendenz zu einer eschatologischen, mehr oder weniger prophetischen Vision des christlichen Lebens. Diese prophetische Bewegung hatte zwei Formen: Die eine war theologisch-literarischer Art und fand sich in theologischen Schriften und in Bibelkommentaren; die andere war volksnah, zum großen Teil nicht theologisch, und richtete ihre Aufmerksamkeit mehr auf Orthopraxie[3] als die Entwicklung einer Theorie. Aus diesen drei Richtungen der

Literatur jener Zeit ergeben sich die ersten drei Abschnitte des vorliegenden Kapitels. Ein weiterer Abschnitt über das 4. Laterankonzil wird hinzugefügt, da manche Anliegen der genannten Richtungen und Bewegungen in diesem Konzil zusammenliefen. Es wurde einberufen, um sich insbesondere mit einigen Aspekten der hier zu behandelnden Zeit zu befassen, die am meisten Unruhe stifteten.

1. Die kontemplative Literatur

Viele monastische Autoren setzen die spirituellen Traditionen der großen Orden fort. Guigo II. (gest. 1188), der Kartäuser in der Grande Chartreuse in den Alpen, beschreibt in seinem *Brief über das kontemplative Leben* die vier Stufen der spirituellen Leiter: Lesung, Meditation, Gebet, Kontemplation. Seine zwölf *Meditationen* liefern eine Anleitung, wie man durch diese vier Stufen zu spirituellem Wachstum gelangen kann. In ähnlicher Absicht verfaßte der Zisterzienser Aelred von Rievaulx (1110–1167) in England seine Schrift *De Institutione Inclusarum* (Regel für Reklusen): Das waren Frauen (und auch einige wenige Männer), die im Dienste einer bestimmten Kirche und deren Gemeinde ihr Leben in Gebet und Einsamkeit verbrachten und auf diese Weise das Ideal von Aktion und Kontemplation verwirklichten.

Andere, wie der niederländische Prämonstratenser Philipp von Harvengt (gest. 1183), schrieben Kommentare zum Hohenlied. Sie interpretierten es als eine Allegorie für die Seele, die ungeduldig die Wiederkunft Christi erwartet. Wieder andere, wie der englische Zisterzienser und Erzbischof von Canterbury, Baldwin von Ford (gest. 1190), erläuterten die spirituelle Dimension der eucharistischen Texte aus dem Neuen Testament. Adam Scotus (gest. um 1210), der sich den Kartäusern anschloß, nachdem er vorher Prämonstratenserabt gewesen war, verfaßte einige Abhandlungen über die Kontemplation. Vor der Morgendämmerung des 13. Jahrhunderts scheint dieser Reichtum an spiritueller Literatur geradezu das Wesen des westlichen Europa zum Ausdruck zu bringen; man muß sich nur bewußt machen, daß auch die jüdische Literatur der Mystik dieser Epoche hier beheimatet ist: Es ist die Zeit des großen Maimonides von Cordoba (1135–1204) in Spanien. Auch die mystische Literatur der Moslems war damals in Südspanien zu Hause: Abu-Madyan von Sevilla (gest. 1193) wird als einer der Gründer der *Sadili*-Schule angesehen, die in Nordafrika zur Entfaltung kommen sollte.

Der Ehrenplatz unter all den spirituellen Autoren gebührt jedoch dem großen Richard von St. Victor (gest. 1173), einem Schotten, der Prior der Kanonikergemeinschaft von St. Victor in der Nähe von Paris wurde. Richard trat dort die Nachfolge seines geistlichen Lehrers, Hugo von St. Victor, an. Seine bekannteste mystische Schrift ist wohl die Abhandlung *Über die vier Stufen machtvoller Liebe.* Aber sein grundlegendes Werk sind die beiden Bände mit dem Titel *Benjamin.* Dieser Titel beruht auf der Annahme, daß Benjamin, der jüngste Sohn Jakobs, ein Beispiel für kontemplatives Leben sei. Diese Auffassung stammt aus der Vulgata-Übersetzung des Psalm 68, 28 (»Da, der junge Benjamin, in geistiger Ekstase...«).[4] In *Benjamin Minor* bereitet Richard die Seele durch Selbsterkenntnis auf die Kontemplation vor. Diese Selbsterkenntnis hat sowohl psychologischen als auch spirituellen Charakter und fällt auf dem Höhepunkt mit der Gotteserkenntnis zusammen. Im größeren Werk *Benjamin Major* wird die Seele zur Gnade und Erfahrung der Kontemplation geführt. Nach Richard gibt es sechs Stufen der Kontemplation. Die ersten vier sind natürlicher oder psychologischer, die beiden letzten sind mystischer Art: Sie »gehen über das Menschliche hinaus und übersteigen menschliches Denken oder menschliches Fassungsvermögen«. Mit anderen Worten: Die beiden letzten Stufen der Kontemplation werden durch die Gnade Gottes geschenkt, da die Seele in die Lage versetzt wird, sich über sich selbst zu erheben.

2. Seher und Propheten

Kreativer und origineller in ihrem Ansatz und ihren Methoden für ein Leben in Gebet ist Hildegard von Bingen (1098–1179). Hildegard wurde von der Einsiedlerin Jutta von Spanheim auf dem Disibodenberg (Nahe) erzogen. Sie war nicht akademisch gebildet und hatte keine entsprechende Erziehung genossen, aber sie verfügte über ein umfassendes Allgemeinwissen. Durch ihre Schriften und ihre umfangreiche Korrespondenz mit Bischöfen, Äbten, Adligen und gewöhnlichen Menschen wurde sie so berühmt, daß sie den Beinamen »die Sybille vom Rhein« erhielt. 1136 wurde sie Äbtissin im Kloster vom Disibodenberg. Von dort zog sie einige Jahre später gegen den Widerstand der Mönche mit ihrer Gemeinschaft nach Bingen am Rhein. Später gründete sie ein zweites Kloster bei Rüdesheim. Ihre Visionen brachten ihr bereits zu Lebzeiten den Ruf einer Seherin ein und machten sie berühmt. Mithilfe einiger Schreiber, sowohl Nonnen als auch Priester, verfaßte sie einige Abhandlungen auf dem Gebiet der Volksmedizin und, nachdem sie 1141 einen göttlichen Anstoß erhalten hatte, besonders über geistlich-theologische Themen. Außerdem schrieb und vertonte sie eine Reihe von Prosagedichten mit überwiegend liturgischem Inhalt und ein Mysterienspiel *Ordo virtutum* (Die Ordnung der Tugenden).
Das Buch *Scivias* (d. h. *Sci vias lucis,* Kenne die Wege des Lichtes) ist ihr wichtigstes theologisches Werk. Es wurde vor 1151 abgeschlossen und ist ein spirituelles Handbuch, das in einer frühen Handschrift mit vielen farbigen Miniaturen ausgestaltet ist. Diese Bilder, die zweifellos von ihren Visionen inspiriert waren und anscheindend der Buchmalerei, die zu jener Zeit verbreitet war, nachempfunden sind, haben vielleicht verschiedene Künstler unter ihrer Aufsicht gezeichnet. Hildegard mag durch ihre Kenntnisse der Volksmedizin die therapeutische Kraft von Bildern und Symbolen erfahren haben. Diese Bildhaftigkeit prägt auch ihre Theologie und ihre Frömmigkeitslehre. Sowohl die Gegenstände als auch die Farben haben

symbolische Bedeutung. Der traditionelle Inhalt und Zweck ihrer spirituellen Schriften stellen sie in eine Reihe mit den großen orthodoxen Mystikern ihres Jahrhunderts. Ihre Spiritualität ist trinitarisch, auch wenn sie oft ungewöhnliche Symbole benutzt, um ihre Auffassung vom innertrinitarischen Leben zu vermitteln. Die Visionen ihres großen Werkes *De operatione Dei* (Vom Wirken Gottes), entstanden 1170, stellen das Universum als eine Art kosmischen Kreis dar, der ein menschliches Lebewesen enthält und selbst im Schoße Gottes ruht. Eine frühe Handschrift dieses Werkes ist ebenfalls mit Bildern ausgestattet worden, die von noch höherem künstlerischen Rang sind als die in *Scivias;* sie wurden nach Hildegards Tod hinzugefügt, entsprechen aber den Beschreibungen, die sie in ihrem Text gegeben hat. Hildegard faßt Gott als die absolute Liebe auf. Ihre unkonventionelle Art des Lehrens läßt sie als eine Wegbereiterin neuer Methoden erscheinen. Hildegard, die sich dessen bewußt gewesen sein mußte, betrachtete sich selbst als Prophetin, die sich wie selbstverständlich Bilder der Propheten des Alten Testamentes und der Apokalypse zu eigen machte. Und auch ihre Umwelt betrachtete sie als Seherin.

Als Autorin auf dem Gebiet der Theologie und der Frömmigkeit kann Hildegard mit ihrer Vorgängerin Hroswitha von Gandersheim (ca. 1000) und ihren Nachfolgerinnen Gertrud von Helfta (1256–1302), den beiden Mechthilds (von Magdeburg, 1210–1295, und von Hackeborn, 1241–1299) und den vielen Mystikerinnen des 14. und 15. Jahrhunderts verglichen werden. Ihre Religiosität ist tiefer als die Hroswithas, sie ist kreativer als Gertrud, aber sie ist vielleicht keine so tiefsinnige Mystikerin wie diese.

Hildegard stand in direktem Kontakt mit einer anderen bemerkenswerten Mystikerin ihrer Zeit, mit Elisabeth von Schönau (1129–1164), einer Benediktinerin im Doppelkloster Schönau. Ihr Bruder, Eckbert von Schönau (1132–1184), wurde Mönch in derselben Abtei und schließlich sogar Abt. Er war ihr geistlicher Lehrer und schrieb später ihre Biographie. Elisabeths Werk *Buch der Gotteswege* ist möglicherweise von der *Scivias* inspiriert.[5] Ihre Visionen, die nach einer Erkrankung im Jahre 1157 auftraten, haben eine Tendenz zum Phantastischen. Sie schrieb sie mit Hilfe ihres Bruders auf. Eckbert selbst war ein bemerkenswerter spiritueller Autor. Er verfaßte u.a. den *Stimulus amoris,* der oft irrtümlicherweise Bernhard oder Anselm zugeschrieben wird.

Einige Interessen, die Hildegard hatte, verbinden sie indirekt mit der »Prophetie« Joachims von Fiore (ca. 1135–1202).[6] Es gibt keinen direkten Einfluß. Allerdings betonte Joachim genau wie Hildegard die Dreifaltigkeit in Theologie und Spiritualität; und ebenso wie bei Hildegard war seine Auffassung vom spirituellen Leben eschatologisch ausgerichtet. Aber er zog aus beidem andere Konsequenzen.

Joachim, der aus Kalabrien stammte, trat nach einer Pilgerreise ins Heilige Land dem Zisterzienserorden bei. Er verließ den Orden 1196 mit der Erlaubnis Papst Zölestins III., einen neuen Orden zu gründen, den Floriazenserorden. Die erste Niederlassung entstand in Fiore in Kalabrien. Als Joachim starb, war der Orden auf 60 Klöster angewachsen, von denen sich

38 in Süditalien befanden. Das spirituelle Vorbild dieser Mönche blieb Bernhard von Clairvaux, aber Joachim verband mit der Ordensgründung eine neue Idee, die der zisterziensischen Tradition unbekannt war. Seine Schriften weisen ihn als einen Bibelkommentator aus, der seinen Glauben sehr orthodox vertrat. Doch darüber hinaus fand er in den Worten der Schrift einen neuen, tieferen Sinn über ein anderes Auslegungsprinzip. Der neue Sinn beruhte auf der Auffassung, daß der eigentliche Zweck der Bibelinterpretation ein prophetischer sei. Die Vergangenheit sei eine Art Symbol für die Zukunft. Wenn wir uns intensiv mit der Vergangenheit befassen, kennen wir auch die Zukunft. Diese Zukunft versuchte Joachim zu beschreiben. Das neue Prinzip bestand darin, daß die Apokalypse den Schlüssel zum biblischen Verständnis – in heutiger Sprache »den Kanon im Kanon« – darstellt. Das Interesse an der Apokalypse war im Mittelalter nichts Ungewöhnliches. Joachim unterschied sich von anderen jedoch dadurch, daß er in der Apokalypse die Verheißung für ein neues Zeitalter fand, für das Zeitalter des Geistes, das auf das Zeitalter des Sohnes (das dem Neuen Testament entspricht) folgen und an seine Stelle treten solle, so wie dieses bereits auf das Zeitalter des Vaters (das dem Alten Testament entspricht) gefolgt war und es abgelöst hatte. Daraus zog Joachim grundlegende Schlußfolgerungen für das Verständnis von Geschichte und Natur der Kirche. Dies macht die Bedeutung Joachims für die Geschichte der Spiritualität aus; denn diese Schlußfolgerungen setzten einen neuen Akzent in der christlichen Frömmigkeit: eine neue Auffassung der Beziehungen zwischen der Hl. Dreifaltigkeit und der geschaffenen Welt.

Eines von Joachims Hauptanliegen war die Erforschung der Beziehungen zwischen Altem und Neuem Testament. Demzufolge sollten die sieben Zeitalter, die er in Anlehnung an Augustinus in der Entwicklung des Alten Testaments entdeckte, ihre Entsprechung in der Geschichte des Neuen Testaments haben, das meint: in der Entwicklung der Kirche. Aber im Unterschied zu Augustinus suchte er den tieferen Sinn dieses siebenfachen Schemas in einem noch umfassenderen Modell, das er nach dem himmlischen Vorbild der drei Personen entwarf. Seine Ideen beeindruckten Papst Lucius III. 1184 so sehr, daß dieser ihn beauftragte, zwei größere Werke zu verfassen, seine *Concordia* (Übereinstimmung des Alten und Neuen Testaments) und sein *Kommentar zur Apokalypse.* Joachim benutzte sein Dreier-Modell, um den theologischen Abriß der Geschichte, der von Augustinus übernommen worden war, neu zu interpretieren: gemäß sechs Weltzeitaltern (oder sieben, je nachdem, ob das siebte Zeitalter, das dem Sonntag der Schöpfungsgeschichte entspricht, als parallellaufend zum sechsten angesehen wird oder darauf folgt). Nach Joachim erreicht die Welt nach dem sechsten Zeitalter ihr Ende. Nach der Periode der Laien (das Alte Testament und Gott Vater) und der Kleriker (das Neue Testament und das fleischgewordene Wort) wird in naher Zukunft das Zeitalter der Mönche anbrechen (der Zustand der Vollkommenheit und des Hl. Geistes). Ein neuer religiöser Orden soll entstehen. Joachim prophezeite auch – natürlich irrte er dabei –, daß Papst Urban III. keinen Nachfolger haben würde! Auf jeden Fall legte Joachim den

1. *Innenraum der Kathedrale von Durham*

2. *Innenraum der Kathedrale von Chartres*

Grundstein für eine Spiritualität der Erwartung, die durch die Apokalypse Nahrung erhielt; man erwartete Visionen der bevorstehenden Zeit, und aus dieser Erwartungshaltung heraus sind vielleicht solche auch imaginativ entstanden. Die Kirche als eine Institution, die auf dem Klerus aufgebaut ist, würde in dieser Form aufhören zu bestehen und von einer reinen Geistkirche nach monastischem Vorbild ersetzt werden; deren Mittelpunkt wäre die erfahrene Gegenwart und das Wirken des Hl. Geistes.

Ob Joachim selbst Mystiker war, dem die Gnade spiritueller Einsichten zuteil wurde, erscheint fraglich. Er war sicherlich ein begabter Pädagoge. Die reichlichen Illustrationen seiner Werke rücken ihn tatsächlich in die Nähe Hildegards und ihres Anliegens, einen ganzheitlichen Zugang zum spirituellen Leben zu finden. Joachims Bilder sind sowohl von Architekturzeichnungen der Gotik als auch von der Buchmalerei beeinflußt. Man könnte sie eine heilige Geometrie nennen: Da gibt es ineinander verschlungene Kreise, Adler, die die Form von Bäumen haben, Dreiecke, Kreise, Quadrate und gerade Linien, das Ganze durchzogen von Namen und Worten aus der Heiligen Schrift. Joachim liebt Laub und Blätter, aber er zeichnet auch wilde Tiere, echte oder mythische, wie Drachen, Schlangen, siebenköpfige Ungeheuer. Seine Bilder sprechen aber die Seele im Grunde genommen nicht an. Sie dienen eher als Gedächtnisstützen und sind keine »Mandalas«[7], die noch unbekannte Perspektiven eröffnen wollen. Sie trugen aber zweifellos zum erstaunlichen Erfolg seiner Ideen und Bücher bei. Doch sie zeigen auch, warum Joachim letztendlich nach seinem Tod in Vergessenheit geriet: Unabhängig davon, wie sein persönlicher Glaube wohl war, verändern seine Darlegungen Wesenszüge am orthodox-christlichen Glauben und an der Theologie. Seine Bilder und seine Visionen von der Geschichte sprechen den Verstand an, nicht das Herz. Sie können den Verstand befriedigen, aber sie geben ihm keine Lebensnahrung. Ein tieferer Sinn der Heiligen Schrift kann durchaus aus späterer Erfahrung, Meditation und Einsicht erwachsen, aber er kann nicht mit intellektuellem Scharfsinn erfunden werden. Und Joachim war scharfsinnig.

3. Die Kirche der Armen

Hildegards Interesse am Leben und den Erfahrungen des einfachen Volkes steht in Verbindung mit dem wachsenden Streben nach spiritueller Einfachheit und Armut, das an verschiedenen Orten der westlichen Christenheit auftauchte. Es gab im 12. Jahrhundert vor allem auf dem Lande kleine Gruppen, die ein einfaches Christentum suchten. Die erste Bewegung dieser Art entstand am Anfang des Jahrhunderts in Norditalien. Sie wurde von Johannes Oldrado von Meda nach Klostervorbild organisiert und folgte der *Regel des hl. Benedikt.* Die Gruppe ist als Humiliaten (die »Demütigen«) bekannt. Viele Laien in Norditalien, die von ähnlichen Idealen inspiriert waren, führten in den lombardischen Städten ein einfaches Leben als Handwerker und widmeten sich dem Schenken von Almosen und der Meditation.

Die bekannteste Bewegung dieser Art ist die von Petrus Waldes.[8] Soweit man bei ungesicherter Quellenlage weiß, war Waldes ein reicher Kaufmann aus Lyon, der nach einem spirituellen Erlebnis ein Leben in Armut und Einfachheit führte. Dabei beeinflußte ihn teilweise die Legende vom hl. Alexius.[9] Dies geschah in den 70er Jahren des 12. Jahrhunderts und hatte möglicherweise etwas mit der großen Hungersnot des Jahres 1176 zu tun. Waldes hatte bald einige Anhänger, die ihm wahrscheinlich den Namen Petrus gaben. Man führte ein Wanderleben, lebte von Almosen, predigte und versuchte, ein Beispiel christlicher Liebe zu geben. Man wollte die 72 Jünger Jesu nachahmen, die jeweils paarweise von Jesus ausgesandt worden waren, um das Reich Gottes zu verkünden. Man lebte nicht nach einer bestimmten Regel, predigte in der Öffentlichkeit und forderte die Menschen zu Bescheidenheit und Armut auf. Als in Rom das 3. Laterankonzil stattfand (1179), zog Waldes mit einigen seiner Gefährten dorthin, vermutlich um den Papst um Schutz und um die Erlaubnis zum Predigen zu bitten. Der Papst kannte sie als »die Armen von Lyon« und empfing sie wohlwollend. Er stimmte ihrer Lebensführung im großen und ganzen zu, aber verweigerte ihnen die Erlaubnis zum Predigen, es sei denn, Priester würden sie dazu auffordern, denn sie selbst verfügten über keinerlei theologische Ausbildung. Im Jahre 1180 wurde Waldes auf einem regionalen Konzil in Lyon ein Glaubensbekenntnis vorgeschrieben, das streng trinitarisch war. Er akzeptierte es ohne Schwierigkeiten, erhielt aber immer noch nicht die Erlaubnis zum Predigen. Es ist nicht sicher, ob er selbst weiterhin predigte, sicherlich taten es viele seiner Anhänger. Gelegentlich predigten bei den Waldensern auch Frauen, aber das blieb die Ausnahme.
Auf dem Regionalkonzil von Verona 1184 wurde nun die Bewegung der Waldenser wie auch die der Humiliaten vom Papst Lucius III. als häretisch verurteilt (Bulle *Ad Abolendam,* vom 4. Nov. 1184). Auf dem gleichen Konzil wurden auch Maßnahmen gegen die Katharer ergriffen, die besonders in Norditalien und Südfrankreich zahlreich waren.[10] Die Armen von Lyon wurden schon bald von Bischof Johannes von Canterbury aus der Diözese Lyon vertrieben, was aber nur zu ihrem Wachstum beitrug. Sie verschmolzen mehr oder weniger mit Humiliatengruppen in der Lombardei und sind später in weiten Teilen Ost- und Südfrankreichs, in den Niederlanden, in Süddeutschland und Österreich und in großen Gebieten Nord- und Mittelitaliens zu finden. Sie gerieten in den Ruf, Ketzer zu sein, vielleicht weil sie sich dem Predigtverbot für Laien widersetzt hatten oder auch weil sie mit den Katharern verwechselt wurden, deren Lehren sie jedoch eindeutig ablehnten. Zu Beginn ihrer Bewegung waren sie in jeder Hinsicht orthodox. In Konflikt mit der kirchlichen Hierarchie gerieten sie erst aufgrund ihres unbedingten Wunsches zu predigen, obwohl sie ungebildet waren und die meisten von ihnen keine kirchliche Weihe hatten. Die Armen von Lyon nahmen in vielerlei Hinsicht die franziskanische Bewegung vorweg, aber ihr Konflikt mit den Bischöfen wegen der Laienpredigt machte sie zu einer Randgruppe, die schließlich in der Heterodoxie endete.

4. Das 3. und 4. Laterankonzil

Das 3. Laterankonzil, ein Reformkonzil, wurde 1179 von Alexander III. (1159–1181) hauptsächlich deswegen einberufen, um das Schisma zu beenden, das nach dem Tod Papst Hadrians IV. 1159 entstanden war, als zwei verschiedene Päpste von rivalisierenden Kardinalsfraktionen gewählt wurden. Es ist hier lediglich deshalb zu erwähnen, weil es einerseits die Bewegung der Katharer streng verurteilte, andererseits aber nichts gegen Waldes und seine Gefährten bestimmte: Zwischen den beiden Gruppen wurde also immer noch unterschieden. Die Katharer waren die Ketzer, die Armen von Lyon waren orthodox.

Einfachheit, Armut, Reinheit: Die Armen von Lyon strebten nach den ersten beiden Idealen. Das dritte aber war in leibfeindlicher Radikalität die Losung der Katharer, eine religiöse Bewegung, die vom Grundansatz her unorthodox und vielleicht von einer alten dualistischen Tradition beeinflußt war. Extrem dualistisch – das Materielle als Feind des Geistigen – war die von dem Perser Mani begründete Weltanschauung des Manichäismus zur Zeit des frühen Christentums. Ähnlich dachten und lebten die Bogomilen in Südosteuropa. Von ihnen her hatte sich wohl der Katharismus während des 1. Kreuzzuges nach Westen hin ausgebreitet.[11] Trotz einiger regionaler Verurteilungen hatte diese Bewegung in Südfrankreich und einigen Teilen Mittel- und Norditaliens großen Zulauf. Darüber hinaus gab es, vor allem in Italien, einzelne, mehr revolutionäre Gruppen: die Amalrikaner (die Anhänger Amalrichs von Bena, gest. ca. 1206), die eine Art Pantheismus lehrten; die Arnoldisten (Schüler des Arnold von Brescia, der 1155 hingerichtet worden war), die glaubten, daß die römische Kirche jegliche Autorität verloren habe; die Speronisten (gegründet von Hugo Speroni, einem Juristen in Brescia), die eine strenge Prädestinationslehre[12] vertraten; in ihrem Glauben, daß die wahre Kirche sich ganz in der Innerlichkeit des Gewissens befindet, vertraten sie etwas Ähnliches wie zu unserer Zeit die Quäker.[13]

In tiefer Besorgnis wegen der Radikalisierung solcher Bewegungen und ihrer zum großen Teil unkontrollierten Ausbreitung berief Papst Innozenz III. (1198–1216) ein weiteres »allgemeines Konzil des Westens« ein,[14] das 4. Laterankonzil 1215; es sollte der wachsenden Herausforderung für die Orthodoxie begegnen. Doch hatte der Papst eine noch weitergehende Absicht: Er wollte durch eine Reform der Kirche eine der Ursachen für solche Bewegungen beseitigen. Außerdem wollte er die Bischöfe und christlichen Herrscher dazu überreden oder sogar verpflichten, eine gemeinsame Front gegen jede Art der Heterodoxie zu bilden. In diesem Sinne formulierte das Konzil ein Bekenntnis des katholischen Glaubens und ergriff Maßnahmen gegen die trinitarischen Entwürfe des späten Joachim von Fiore und gegen die »Häretiker«, nämlich die anti-lateinischen Griechen und die Juden. Es versuchte auch, sich der Ausbreitung neuer Gemeinschaften entgegenzustemmen, indem es die Bildung neuer Orden verbot. Die pastorale Arbeit sollte verbessert werden, und dies hauptsächlich durch die Empfehlung, die

Priester sorgfältig in liturgischen Angelegenheiten zu unterweisen und bei Priestern, die für eine Kirchengemeinde zuständig waren, Lebensführung und Bildung zu überprüfen. Es versuchte auch, Mönche und Geistliche strenger zu kontrollieren, indem Maßnahmen gegen diejenigen ergriffen werden sollten, die im Konkubinat lebten oder sich kriegerisch betätigten. Die Waldenser wurden jetzt zu den Häretikern gezählt, ebenso auch andere Bewegungen mit deutlicherer heterodoxer Ausrichtung.

Genau zu dem Zeitpunkt aber, als die Armen von Lyon wegen ihres Ungehorsams gegenüber der kirchlichen Autorität verstoßen wurden, zeigte die katholische Kirche als Kirche der Armen ihre Kraft: Dominikaner und Franziskaner entstanden als die Bewegungen der Zukunft.

Im Laufe des 13. Jahrhunderts verlagerte sich der Schwerpunkt der theologischen Autorität von den Klöstern auf die Universitäten; der Schwerpunkt der Wirtschaftsmacht wanderte vom landwirtschaftlichen Grundbesitz zum verstärkten Handel und zu den Märkten der großen Städte; die politische Macht ging allmählich von den ländlichen Feudalherrschaften zum Hof des Königs in einer Hauptstadt über. Zwischen den Jahren 1150 bis 1215 vollzog sich auch ein Übergang von der eher monastischen zur scholastischen Theologie. Die vorhergehende Periode ging zu Ende, und eine neue christliche Kultur wurde eingeleitet. In Hinblick auf die Spiritualität war die vorhergehende Epoche von den Klöstern und den meditativen Schriften der Mönche beherrscht. Naturgemäß waren Spiritualität und Theologie eng miteinander verbunden, ja zum Teil sogar identisch. Als die Theologie ein eigenes Fach an den Universitäten zu werden begann, die Phase der scholastischen Theologie, setzte eine Trennung von Theologie und Spiritualität ein, die ihren Schlußpunkt am Ende des Mittelalters erreichte und zu Beginn der Neuzeit als selbstverständlich angesehen wurde. In der Übergangsperiode gab es jedoch noch Gruppen, die eine spirituelle Theologie oder theologische Spiritualität in ihren Klöstern pflegten: In diesem Kontext laufen beide Begriffe auf die gleiche Sache hinaus. Es zeigten sich in der Übergangszeit wie dann auch in der Zukunft, die sie ankündigte, Tendenzen, die eine Art Psychologie ins Gewebe der spirituellen Meditation einbrachten. In den Bewegungen der Kirche der Armen wurde sogar die Unterscheidung zwischen Theologie und spiritueller Erfahrung, Orthodoxie und Orthopraxie[15], beiseite geschoben.

Es ist natürlich wenig sinnvoll, 800 Jahre danach Schuldzuweisungen für die Irrtümer und Fehler der Vergangenheit auszusprechen. Doch trotz allem kommt man nicht umhin, ein gewisses Bedauern darüber zu verspüren, daß diejenigen, die damals an der Macht waren, nicht in der Lage gewesen sind, die Zeichen der Zeit zu erkennen, bis es dann zu spät war und drastische Maßnahmen nach dem Vorbild des 4. Laterankonzils unumgänglich wurden.

ANMERKUNGEN

1 Dies ist der Titel eines Klassikers, H. Haskins, *The Renaissance of the Twelfth Century*, Cambridge, MA 1927.

2 Es gibt zahlreiche Untersuchungen zur mittelalterlichen Kunst; als Überblick siehe A. Martindale, *Gothic Art*, London 1967; A. Mitchell, *Cathedrals of Europe*, London 1968; *Larousse Encyclopedia of Byzantine and Medieval Art*, hg. von R. Hyughe, New York 1968.

3 Das Wort entstand in der Diskussion um eine »Theologie der Befreiung« und meint, in Polarität zur »Orthodoxie« = reine Lehre, die richtige und gute Tätigkeit (Praxis) = Ortho (richtig), praxie (Tätigkeit). [JS]

4 Korrekt (Ps. 68, 28): »Voran der kleine Stamm Benjamin, im Zug die Fürsten von Juda.«

5 Es gibt einen Briefwechsel zwischen den beiden Seherinnen; doch der Unterschied in ihren Schauungen ist überaus groß. [JS]

6 Henri de Lubac hat sich mit Joachims Prinzipien der biblischen Exegese befaßt in *Exégèse mediévale: Les quatres sens de l'écriture*, Bd. 3, Paris 1961, Kap. 6. Joachims Einfluß war weitverbreitet; de Lubac hat ihn sowohl in religiösen als auch in säkularen Bewegungen bis in unsere Zeit verfolgt (*La Postérité spirituelle de Joachim de Flore*, 2 Bde., Paris 1978, 1981.

7 Das Mandala ist eine hauptsächlich im Tantrismus beheimatete Meditationsvorlage, die als Zeichnung von Kreisen und Quadraten mit entsprechenden Geistern und Göttern dem Meditierenden die kosmischen Kräfte nahebringen soll. [JS]

8 Sein Name wird auch als Valdès angegeben, darf aber nicht mit Johannes von Valdès verwechselt werden, einem spanischen spirituellen Autor des frühen 16. Jahrhunderts, der mit der Bewegung der »Katholischen Evangelikalen« verbunden war. Den Todestag des Petrus Waldes kennen wir nicht, aber er scheint lange gelebt zu haben, weit bis ins 13. Jahrhundert hinein, und wurde von der Verehrung seiner Anhänger getragen.

9 In einer griechischen Legende, die zum ersten Mal im 9. Jahrhundert erwähnt wird, wird die Geschichte eines reichen Bürgers erzählt, des Sohns eines römischen Senators, der im 5. Jahrhundert am Hochzeitstag seine Frau verließ und daraufhin als armer Einsiedler lebte. Die Legende verbreitete sich im Westen. In einigen Varianten kehrt dieser Heilige, der Alexis heißt, nach 17 Jahren als Bettler nach Hause zurück und lebt dort weitere 17 Jahre als Diener unerkannt bis zu seinem Tod. Man glaubte, daß er in Edessa (Syrien) begraben liegt. Der hl. Alexis wird im römischen Kalender am 17. Juli gefeiert.

10 Die Katharer (der Name bedeutet »die Reinen«) tauchen in Frankreich im 11. Jahrhundert auf (Kirchenbann auf dem Konzil von Orléans im Jahr 1022). In den Quellen werden sie auch als Albigenser bezeichnet (nach der Stadt Albi in Frankreich) und als Patariner (anscheinend aufgrund einer Verwechslung: Die Patariner, Anhänger des Ariald, einem Geistlichen in Mailand um 1056, hatten darauf bestanden, daß der Klerus rein leben muß und sich des Konkubinats enthält). Die Katharer vertraten eine dualistische Lehre, in der Materie und Körper mit dem Bösen gleichgesetzt wurden. Sie können mit den Bogomilen (in Bulgarien, 8. Jahrhundert) verwandt gewesen sein, die eine ähnliche Lehre vertraten. Zu Beginn des 13. Jahrhunderts waren die Katharer in Südfrankreich so zahlreich, daß zu einem Kreuzzug gegen sie aufgerufen wurde.

11 Die von Mani, einem Priester im Iran im 3. Jahrhundert, verbreitete Lehre war eine Mischung aus Christentum und Zoroastrismus (die Religion des iranischen Propheten Zoroaster oder auch Zarathustra aus dem 6. Jahrhundert v. Chr.). Mani nahm ein substantiell Gutes und ein substantiell Böses an und schrieb sie verschiedenen Schöpfern zu. Der Manichäismus war eine der Haupthäresien in der patristischen Zeit (der hl. Augustinus war elf Jahre lang Manichäer). Sowohl die Bogomilen als auch die Katharer hielten sich an eine Art des Dualismus nach manichäischem Vorbild; die historischen Verbindungen ihrer Bewegungen mit der des Mani sind jedoch im dunkeln geblieben.

12 Nach dieser Lehre hat Gott fast willkürlich von Anfang an die einen Menschen zum Himmel, die anderen zur Hölle vorherbestimmt (»praedestiniert«). [JS]

13 Wörtlich »Zitterer« (von ihren ekstatischen Gottesdiensten her), ins Leben gerufen durch George Fox (1624–1691) gegen die erstarrte anglikanische Staatskirche.

[14] Der Ausdruck stammt von Papst Paul VI.; vgl. G. Tavard, *Welche Elemente bestimmen die Ökumenizität eines Konzils?*, in: Concilium (1983), 531–535.

[15] Hier hat das Wort »Orthopraxie« nicht den heutigen, »politischen« Sinn, sondern heißt nur rechtes (moralisches) Tun. [JS]

TEIL 1

SCHULEN UND BEWEGUNGEN

Die Bettelorden

I. Die Spiritualität der Dominikaner

Von Simon Tugwell

1. Der Predigerorden

Der Dominikanerorden wurde offiziell 1216 von Dominikus Guzmán (ca. 1170–1221) gegründet, um »ein ›Predigerorden‹ zu sein und genannt zu werden«. »Predigerorden« ist auch der offizielle Name des Ordens. In einem wichtigen Anhang zur Verfassung von 1220 heißt es: »Unser Orden ist bekanntermaßen gegründet worden mit dem Zweck zu predigen und Seelen zu retten, und unsere Anstrengungen sollten mit Begeisterung vor allem darauf gerichtet sein, den Seelen unserer Mitmenschen nützlich sein zu können.« In der einen oder anderen Weise ist diese Erklärung bis zum heutigen Tag Bestandteil der Verfassung des Dominikanerordens geblieben.

Eine Neubelebung der Predigt war in der Kirche des frühen 13. Jahrhunderts ein allgemeines Bedürfnis. Die Bischöfe als die offiziellen Diener des Wortes Gottes waren zu oft »stumme Hunde, die nicht bellen«, wie sich Innozenz III. beschwerte. Das 4. Laterankonzil erkannte, daß die Priester in der Tat oft durch andere Verpflichtungen vom Predigen abgehalten wurden, und verlangte, daß in jeder Diözese Hilfsprediger zu ihrer Unterstützung ernannt werden sollten. Vermutlich war dieses Dekret von einem Experiment beeinflußt, das im gleichen Jahr etwas früher in der Diözese Toulouse stattgefunden hatte, wo nämlich Bischof Fulko Dominikus und seine ersten Gefährten zu offiziellen Predigern ernannt hatte.

Dominikus selbst begann jedoch bereits in größeren Dimensionen zu denken. Er hatte die Vorstellung, daß seine Mitbrüder – unabhängig von den Diözesen – paarweise in die Welt hinausgingen, so wie Jesus seine Jünger ausgesandt hatte. Im Jahr 1216 bestätigte Honorius III., daß die Dominikaner als Predigerorden nicht auf eine Diözese begrenzt und für die Predigterlaubnis nicht von irgendeinem Bischof abhängig seien. Von jetzt an waren die Dominikaner nicht einfach nur Mönche, die zum Predigen zur Verfügung standen, sondern sie waren von Rechts wegen und mit ausdrücklicher Zielsetzung Prediger.

Dominikus hielt diese Aufgabe für so dringend, daß er, obwohl er anfangs nur wenige Mitbrüder hatte, die zudem zum überwiegenden Teil jung und eher ungebildet waren, diese voll Zuversicht zum Predigen aussandte, sie dabei mit seinen Gebeten begleitete und um Gottvertrauen bat. Mehr noch: Statt seine erste Niederlassung in Toulouse auszubauen, schickte er seine Mönche fort, damit sie predigten und selbst neue Niederlassungen gründeten.

a) Arme Prediger

Wenn man nach den damals maßgeblichen monastischen Normen urteilt, so war die Vorgehensweise des Dominikus tollkühn. Die Dominikaner wie auch die Franziskaner mußten sich jahrzehntelang gegen die Anschuldigung verteidigen, daß ihr Lebensstil »überaus gefährlich« sei. Es wurde als höchst unziemlich angesehen, daß Ordensmänner, insbesondere junge Ordensmänner, im Land umherzogen, anstatt in der disziplinierten Welt ihres Klosters zu leben. Die Dominikaner entgegneten, daß Jesus weder Benediktiner noch Karmeliter gewesen sei, sondern ein armer Prediger, und sie würden gern seinem Beispiel folgen. Wenn sie »Gyrovagen«[1] seien, gut und schön. Der hl. Paulus sei es auch gewesen. Und wenn ihr Leben, menschlich gesprochen, großen Risiken ausgesetzt sei, würden sie darauf vertrauen, daß Gott und die Mutter Gottes sie beschützten.

Der fünfte Ordensgeneral, Humbertus Romanus (ca. 1200–1277), einer der entschiedensten Exponenten dominikanischen Lebens, vertrat die Überzeugung, daß für jemanden, der über die »Gnade zu predigen« verfüge, die Predigt das Wichtigste sei, wichtiger als alle anderen spirituellen Praktiken wie Gebet und das Feiern der Sakramente. Ein solcher Mensch würde falsch handeln, wenn er nicht predigen und lieber ein ruhiges Leben im Kloster führen wolle. Sogar wenn der Prediger zu Hause sei und sich von seinen Predigtreisen erhole, solle er sich darauf vorbereiten, seine Aufgabe wiederaufzunehmen.

Der englische Dominikanerprovinzial Robert Kilwardby drückt in einem um 1270 verfaßten Brief, in dem er seine Novizen zum Durchhalten ermutigt, das von Stolz geprägte Selbstverständnis seines Ordens aus:

> Ihr solltet euch die Nützlichkeit unserer Lebensweise vor Augen halten, meine geliebten Novizen. Was die Nützlichkeit betrifft, so sollte nach objektiver Einschätzung unsere Lebensweise, wenn ich mich nicht irre, allen anderen vorgezogen werden. Denn alle unsere Kapitel und Diskussionen und Debatten und die gesamten Studien des Ordens zielen auf nichts anderes hin als darauf, Menschen vorzubereiten und sie zu befähigen, Seelen zu retten. Und wenn sie vorbereitet und mit ihrer Lebensweise vertraut und mit Wissen ausgestattet sind, werden sie in ihre Aufgabe eingeführt, Sünder zu bekehren. Ich glaube, daß kein anderer Orden so hart für dieses Anliegen arbeitet wie unserer oder so viel durch seine Arbeit erreicht. Deshalb sollten diejenigen, die solch eine Berufung verspüren, sich mit Recht freuen, denn es ist ja bekannt, daß beim Jüngsten Gericht die Belohnung danach bemessen wird, was die Menschen durch ihre geleistete nützliche Arbeit verdienen.[2]

Kilwardby war sich zweifellos dessen bewußt, daß nach traditioneller Lehre der Lohn (der ewigen Seligkeit) von der eingegossenen Gnade der Liebe abhängt, aber diese Liebe gewinnt Gestalt in eben dem Anliegen, für andere nützlich sein zu wollen. Predigen selbst ist ein Tun, das durch Liebe motiviert wird. Dominikus sehnte sich danach, sich ganz für das Heil der anderen hinzugeben, weil er glaubte, daß er nur so ein Glied des Leibes Christi sei. Einige seiner Anhänger hatten Gewissensbisse, wenn sie ihr Abendessen einnahmen und an diesem Tag nicht wenigstens vor einem Menschen gepredigt hatten. Ein Leben, das ganz dem Predigen verschrieben war, galt auf seine Art als ebenso hervorragend wie das Martyrium oder das Leben in Jungfräulichkeit.

b) Gebildete Prediger

Im 13. Jahrhundert wurde recht genau zwischen lehrmäßiger Predigt, die den Priestern vorbehalten war, und erbaulichen Worten unterschieden. Die Dominikaner befaßten sich mit ersterem. Das bedeutete, daß sie geistig auf diese Aufgabe vorbereitet werden mußten. Das Laterankonzil erkannte darin ebenfalls ein Hauptanliegen für die Kirche und verlangte die Gründung von theologischen Schulen in den Diözesen. Dominikus hatte einmal mehr das Konzil vorweggenommen. Sobald seine erste Gemeinschaft 1215 in Toulouse entstanden war, besuchte er mit seinen Mitbrüdern den Unterricht, den dort ein englischer Theologe, Alexander Stavensby, erteilte. Dominikus erwirkte vom Papst sogar eine Bulle, nach der Magister der Theologie aus Paris in Toulouse dozieren sollten. Allerdings machte Dominikus von dieser Bulle nie Gebrauch. Statt dessen schickte er 1217 einige seiner Mitbrüder zum Studium an die Pariser Universität. In Bologna, wo sich die Mönche 1218 niederließen, gab es keine theologische Fakultät, aber die Dominikaner studierten jeden Tag gemeinsam unter der Anleitung eines Mönches aus ihrer Mitte.
Das Studium war von Anfang an ein wesentlicher Bestandteil dominikanischen Lebens. Jedes Haus sollte in der Kommunität einen Theologiedozenten haben; viele Dominikanerklöster wurden Zentren für theologische Studien. Im Jahre 1221 unterstützte der Bischof von Metz die Gründung einer Niederlassung in seiner Diözese, damit auch seine Geistlichen die theologische Unterweisung der Mönche nutzen könnten.
Die ersten Gefährten des Dominikus allerdings zeichneten sich mehr durch Eifer als durch intellektuelle Fähigkeiten aus, aber bald begannen sich auch gebildetere Männer für den Orden zu interessieren. Dominikus' Nachfolger, Jordan von Sachsen (gest. 1237), hielt die Universitäten für die wichtigste Rekrutierungsstätte des Ordensnachwuchses. Er war so erfolgreich im Anwerben von Studenten, daß er als »Hure der Schulen« galt. Es scheint einige Spannungen gegeben zu haben zwischen denen, die mehr an Frömmigkeit als an Studien interessiert waren, und denen, die das Studium für das Wichtigste in der Ordenstätigkeit hielten. Aber es gibt keinen Zweifel, auf welcher Seite die Ordensoberen standen. In einem Rundschreiben aus dem Jahr 1233 mahnt Jordan an, daß sogar das Leben der Menschen durch fehlende Studierbereitschaft der Brüder in Gefahr sei. Humbertus Romanus spricht mißbilligend von einem Bruder, der »dumm« wurde »durch übertriebene Frömmigkeit«.
Seit der Mitte des 13. Jahrhunderts entwickelte der Orden ein sehr umfassendes Erziehungsprogramm mit komplizierten akademischen Strukturen, auch wenn nicht immer genug qualifizierte Lehrer zur Verfügung standen.

Aus dem Orden gingen einige der bedeutendsten Theologen der Epoche hervor, wie z. B. Albertus Magnus (ca. 1200–1280) und Thomas von Aquin (ca. 1225–1274).

Als der Orden in immer engere Beziehung zu den Universitäten trat, führte dies unvermeidlich zu einer intellektuelleren Art der Verkündigung. Eines der theologischen Anliegen der Zeit war die ernsthafte Auseinandersetzung mit der aristotelischen Lehre, die als eine große Bedrohung für die Orthodoxie angesehen wurde. Besonders Thomas und Albertus trugen zur Erhellung der eigentlichen Lehre des Aristoteles[3] bei und zeigten, wie diese der orthodoxen Theologie neue Impulse geben konnte. Später trat im Zusammenhang mit dem neuen Humanismus der italienischen Renaissance ein ähnliches Problem auf, und wieder waren Dominikaner an herausragender Stelle involviert. Selbst diejenigen, die unverhohlen viele seiner Aspekte ablehnten wie Johannes Dominici (ca. 1355–1419) und Savonarola (1452–1498), standen unter dem Einfluß des Humanismus.

Albertus und Thomas traten für eine radikal intellektuelle Betrachtung des christlichen Lebens ein. Danach vollzieht sich die Verbindung mit Gott über den Intellekt, und der kontemplative Aufstieg zu Gott ist ein intellektueller Prozeß, auch wenn er durch Liebe motiviert werden und eine affektive Komponente haben muß. Gegenüber der vorherrschenden nicht-intellektuellen, sogar anti-intellektuellen Vorstellung vom »kontemplativen Leben« benutzt Thomas diesen Ausdruck zur Bezeichnung eines Lebens, in dem spekulative Interessen vorherrschen. In diesem Sinn – so meint er realistisch – lieben kontemplativ lebende Menschen Gott weniger als diejenigen, die ein aktives Leben führen, obwohl sie von Gott mehr geliebt werden; denn ihr Leben ist dem himmlischen Leben ähnlicher.

c) Apostolische Prediger

Obwohl das intellektuelle Element in Form des Predigens wichtig war, wurde am Anfang auch auf die Nachahmung der Lebensführung der Apostel großer Wert gelegt. Der Predigerorden entstand aus einer Predigtkampagne gegen die Ketzer in Südfrankreich, in der Dominikus und sein Bischof Diego 1206 engagiert waren. Diego erkannte, daß die Ketzer, seien es Albigenser oder Waldenser, vor allem deshalb Anhänger fanden, weil sie allem Anschein nach ihren Lebensstil viel stärker am Evangelium orientierten als der katholische Klerus. Deshalb schlug Diego vor, daß die katholischen Missionare ebenfalls »in allem die Lebensweise der Apostel nachahmen« sollten.[4] So entwickelten er und Dominikus eine Form der apostolischen Wanderpredigt, die in der Kirche zuvor mit großem Mißtrauen betrachtet worden war.

Diese Erfahrung hat bei Dominikus eine bleibende Liebe zur Armut bewirkt, die fast so extrem war wie bei Franziskus von Assisi. Seine erste Gemeinschaft in Toulouse verfügte über ein bestimmtes Einkommen, aber die Mönche sollten kein Geld oder irgendwelche Vorräte mit auf ihre Reisen nehmen. 1220 überzeugte er den Orden, noch weiterzugehen und auf das

gesamte Eigentum zu verzichten außer auf die Gebäude, in denen die Brüder lebten. Der gesamte Orden hatte sich danach ausschließlich durch Betteln zu finanzieren.
Dominikus selbst wollte, daß die Armut der Mönche in der Einfachheit ihrer Gebäude und ihrer Kleidung zum Ausdruck käme, aber es ist nicht sicher, ob die Mitbrüder in dieser Frage genauso dachten. Es galt als selbstverständlich, daß es innerhalb der Gemeinschaft kein Privateigentum für die Mönche gab; das wesentliche Merkmal der dominikanischen Armut aber war der Verzicht auf feste Einkünfte. Im Gegensatz zu allen anderen religiösen Gemeinschaften, auch der der Franziskaner, versuchten die Dominikaner niemals, ihren Lebensunterhalt durch bezahlte Arbeit zu verdienen oder sich durch irgendeine Form körperlicher Arbeit selbst zu versorgen. Die Dominikaner waren von Anfang an ein Bettelorden.
Im Laufe der Jahre wandelte sich allerdings die Form der Armut. So stellte man als erstes fest, daß das tägliche Betteln für den Lebensunterhalt zu viel Zeit in Anspruch nahm. Deshalb beschloß das Generalkapitel im Jahre 1240, daß Vorräte für ein Jahr im Haus aufbewahrt werden durften. Als es sich dann als immer schwieriger erwies, den Orden durch Betteln zu finanzieren, wurde es ab dem frühen 14. Jahrhundert üblich, daß einige Häuser Schenkungen erhielten, die ein sichereres Einkommen darstellten, oder sogar Ländereien, die Geld einbrachten. Diese Praxis wurde von den Rechtsgelehrten und Theologen des Ordens als realistische Anpassung gerechtfertigt. Sie argumentierten, daß die Ordensoberen das Recht hätten, jede Art von Dispens zu erteilen, einschließlich des Dispenses, mit Betteln den Lebensunterhalt verdienen zu müssen. Schließlich gab der Papst 1475 der Forderung des Generalkapitels statt und erlaubte dem Orden, Besitz zu haben. Die Begründung lautete, daß das Betteln die Arbeit des Ordens in unzumutbarer Weise beeinträchtigen würde.
Die Armut war anfangs aus apostolischen Gründen gewählt worden; möglicherweise haben auch viele andere, eher ideologisch ausgerichtete Motive eine Rolle gespielt. Bereits in der Mitte des 13. Jahrhunderts deuteten Autoren wie Thomas von Aquin und Kilwardby die dominikanische Armut fast vollständig unter dem Gesichtspunkt der Zweckmäßigkeit. Deshalb überrascht es nicht, daß der Orden schließlich beschloß, das Betteln zugunsten des Studierens und Predigens aufzugeben.
Das Bettelwesen selbst bewirkte eine Änderung des traditionellen Prinzips der Gütergemeinschaft. Es lag in der Natur der Sache, daß einige Schenkungen jeweils einzelnen Mönchen gemacht wurden. Üblicherweise kümmerten sich dann diejenigen Brüder, die aufgrund dieser ihrer persönlichen Kontakte dazu in der Lage waren, beispielsweise selbständig um ihre eigene Kleidung. Das führte zu großer Ungleichheit in der Versorgung der Mönche, und am Ende des 13. Jahrhunderts finden wir Hinweise auf »arme« Mitbrüder, womit jene ohne persönlichen Wohltäter gemeint waren.
Darüber hinaus erkannte man bald, daß Gelehrte ihre eigenen Bücher brauchen und daß es deshalb recht nützlich sei, wenn sie Geldmittel zur Anschaffung von Büchern zur Verfügung hätten. In der Mitte des 14. Jahrhun-

derts gab es de facto (tatsächlich) umfangreichen Privatbesitz im Orden, auch wenn de iure (rechtlich) alles der Gemeinschaft gehörte. Bereits Thomas wies darauf hin, daß sich um Dinge, die allen gehören, keiner kümmern würde. Dieses Argument wurde später von Raphael von Pornassio (gest. 1467) aufgegriffen, um das Prinzip der Gütergemeinschaft, das zu seiner Zeit vernachlässigt wurde, zu verteidigen.

d) Gehorsame Prediger

Im Jahr 1215 begann der Orden als Institution, als sich nämlich zwei Toulouser Bürger Dominikus »übergaben«. Vorher hatte sich niemand durch ein Gehorsamsgelübde an ihn gebunden, obwohl er viele Predigtgefährten gehabt hatte. Als der Orden vom Papst anerkannt wurde, blieb das Gehorsamsversprechen gegenüber Dominikus die Grundlage. Bis zum heutigen Tag enthält die dominikanische Gelübdeformel nur das Gehorsamsversprechen. Die Dominikaner übernahmen niemals einen formalen Gelübde-Ritus, wie ihn die anderen Mönche und Kanoniker kennen. Die Betonung liegt auf dem personalen Element der Unterordnung des neuen Mitbruders unter den »Ordensmeister«.
Im Gegensatz zu den Mitgliedern der traditionellen Orden unterstellten sich die Dominikaner in erster Linie nicht der Ordnung eines religiösen Hauses, sondern dem »Predigtmeister«. Die Ordensregeln waren selbstverständlich wichtig, und Dominikus erwartete und forderte ein hohes Maß an Gehorsam. Aber man hielt sie weder für das wesentliche Element dominikanischen Lebens noch für ein Mittel, um die Schwachheit und Verderbtheit des menschlichen Charakters im Zaum zu halten. Prediger, die viel Zeit außerhalb der Klostermauern verbringen mußten, waren für sich selbst verantwortlich. Den Dominikanern waren somit persönliche Verantwortung und vor allem Großzügigkeit wichtiger als die traditionellen Vorsichtsmaßregeln.
Dominikus hatte sein religiöses Leben als reformierter Kanoniker in Osma begonnen. Da sein neuer Orden gemäß einem Beschluß des Laterankonzils eine der vorhandenen Regeln übernehmen mußte, überrascht es nicht, daß er und seine Gefährten die *Regel des hl. Augustinus* wählten, die Regel der Kanoniker. Sie übernahmen ebenfalls einige der strengeren Bräuche der reformierten Kanoniker, die sich auf die Konstitutionen der Prämonstratenser stützten. In gewisser Weise betrachteten sie sich als den reformierten Kanonikern verwandt. Aber sie übernahmen nicht den genauen Plan für den Tagesablauf, der charakteristisch für diese Reform-Gemeinschaften war. Sie sahen auch in noch nie dagewesener Weise die Möglichkeit vor, sich von der genauen Beachtung der Regel entbinden zu lassen, um so Studium und Predigt für die einzelnen zu erleichtern.
So war es nicht zu vermeiden, daß in einem Dominikanerkloster viel weniger Sinn für Disziplin herrschte, als man in einer traditionellen religiösen Gemeinschaft erwartete. Trotz seiner Vorliebe für Uniformität gab Humbertus Romanus zu, daß es bei der dominikanischen Regelobservanz kein

3. *Die Geburt Jesu und sechs Dominikaner* (Italien, ca. 1275)

solches Maß an Einheitlichkeit geben könne. Den Predigern und noch mehr den Lehrern sei ein beträchtliches Maß an Freiheit zuzugestehen, wenn sie ihre Aufgabe ordentlich erledigen sollten. Man mußte damit rechnen, daß einige Ordensleute diese Freiheit mißbrauchen würden. Bezeichnenderweise versuchte Humbertus nicht, die Disziplin zu straffen, vielmehr bemühte er sich sicherzustellen, daß die Novizen von Anfang an positive Verhaltensweisen übernahmen, die Gesellschaft der leichtfertigeren Mitbrüder mieden und lernten, wie sie ihre Zeit sinnvoll nutzen konnten.

Offensichtlich litt das Gemeinschaftsleben beträchtlich unter den zunehmenden Pflichtentbindungen, die den Brüdern gewährt wurden. Wo das hinführen konnte, zeigt uns eine Bestimmung aus einem deutschen Kloster im frühen 14. Jahrhundert, die besagt, daß die Mönche an den Tagen, an denen sie die Kommunion empfingen, gemeinsam im Refektorium essen müßten, d. h. ungefähr fünfzehnmal im Jahr! In der Mitte des Jahrhunderts legten Reformkapitel fest, daß wenigstens die Hälfte der Mitglieder der Gemeinschaft jeden Tag im Refektorium zu essen hatte. Außerdem versuchte man, die Zahl der Mönche, die einen Dispens für das gemeinsame Chorgebet erhielten, zu begrenzen.

Es herrschte damals ganz allgemein die Auffassung, daß religiöse Regeln in gewisser Weise die Autorität eines göttlichen Gesetzes hätten und so für das Gewissen verpflichtend seien. Die Dominikaner fügten 1236 ihren Konstitutionen einen Satz an, der dies ausdrücklich verneinte. Dominikus selbst soll gesagt haben, daß er jede Abschrift der Konstitutionen eigenhändig zerstören würde, wenn er den Eindruck hätte, die Mitbrüder würden sie als bindend für ihr Gewissen ansehen. Das Prinzip, daß die dominikanische Regel nur menschliches Gesetz sei, dem keine übernatürliche Verpflichtung innewohne, wird von den Dominikanern des 13. Jahrhunderts herausgestrichen. Dies soll die Menschen von unangemessener Furcht befreien und Raum für persönliche Motivation lassen. Aber durch die Betonung dieses Prinzips meinten am Ende des 14. Jahrhunderts einige Menschen, die dominikanische Regel würde die Mönche überhaupt nicht verpflichten und wäre nur eine Art Empfehlung. Was helfen sollte, die Menschen zur Gewissensentscheidung zu befreien, wurde in eine Rechtfertigung für Beliebigkeit abgewandelt.

Allerdings wurde das Prinzip des persönlichen Gehorsams gegenüber dem Oberen als wesentliches Element des dominikanischen Gehorsams beibehalten. Das war jedoch nicht so zu verstehen, daß man diesen ständig um irgendwelche Anweisungen angehen sollte, und noch weniger, daß die Freiheit der individuellen Urteilsfindung verlorenging. Typischer dominikanischer Gehorsam bestand darin, die Aufgabe, die einem gestellt war, so gut wie möglich zu erfüllen, auch wenn man der Meinung war, daß der Obere sich irrte. Eine Aufgabe übertragen zu bekommen bedeutete, daß einem die Verantwortung für die Erfüllung übertragen worden war. Die Oberen sollten sich dann aber nicht unnötigerweise in die Art und Weise einmischen, wie die Mönche ihre Aufgabe erfüllten. Im Lauf der Zeit wurde dann doch die Aufgabe des Oberen, über den religiösen Gehorsam der Brüder zu wachen, stärker betont. Aber das war oft nicht sonderlich wirksam, da die

Oberen bezüglich der Regelobservanz anscheinend nicht gewissenhafter waren als die ihnen anvertrauten Brüder.

e) Aktive Prediger

Dominikanisches Leben bestand gleichsam aus vielen Einzelelementen, und die sich daraus ergebende Einheit war nicht sehr stabil. Es kam, wie bereits erwähnt, zu Spannungen zwischen Armut und Studium und zwischen den Anforderungen einer persönlich zu erfüllenden Aufgabe und denen des gemeinsamen Klosterlebens. Es gab auch kein eindeutiges Vorbild, wie diese Einzelelemente zusammengehalten werden konnten. Während die Mönche und die reformierten Kanoniker sich ohne große Schwierigkeit auf das Beispiel der frühen Kirche in Jerusalem berufen konnten, so wie es in der Apostelgeschichte dargestellt wird, lieferte das erwählte dominikanische Vorbild, Christus als armer Wanderprediger, keinen Anhaltspunkt, wie Wanderpredigt und Klosterleben zusammengefügt werden konnten. Die Franziskaner gaben anfangs das Klosterleben auf, um so ein Beispiel des apostolischen Lebens nach dem Vorbild von Matthäus, Kapitel 10, geben zu können; aber die Dominikaner lebten von Anfang an in Klöstern. Sie unternahmen auch keinen ernsthaften Versuch, in Dominikus selbst das Vorbild und die die Verkörperung der dominikanischen Berufung zu sehen. Die ersten Biographen beschreiben ihn als unnachahmlich. Dominikus selbst hatte seine Mitbrüder auch nicht dazu ermuntert, ihn als Vorbild zu betrachten. Er hatte ihnen die volle Verantwortung übertragen, zusammen mit ihm die Strukturen und Regeln des Ordens zu entwickeln; gelegentlich hatten die Mitbrüder es gewagt, seinen Ideen nicht zuzustimmen. Der Orden sollte sich neuen Situationen anpassen können; deshalb konnte es keine feste Struktur geben, die für alle Zeiten gültig war, genausowenig wie es feste Statuten für alle Zeiten geben konnte.
Demzufolge gab es auch kein Konzept »dominikanischer Spiritualität«, das eine systematische Untersuchung darüber verlangen würde, in welcher Beziehung die verschiedenen Elemente zueinander stehen. Die Dominikaner waren in ihren erbaulichen Schriften nicht besonders originell, auch wenn diese für ihre Mitbrüder gedacht waren. Humbertus' *Brief über das religiöse Leben* stammt zum großen Teil aus zisterziensischen Schriften oder denen der Regularkanoniker. Die Abhandlung über Novizen, die gegen Ende des 13. Jahrhunderts vom Toulouser Novizenmeister verfaßt wurde, ist in ähnlicher Weise abgeschrieben. Genauso finden wir im 17. Jahrhundert Dominikaner, die die gängigen Frömmigkeitsnormen übernehmen, z. B. »geistiges Gebet« und spirituelle Übungen (sie »predigten« sogar die *Exerzitien* des hl. Ignatius), ohne darüber nachzudenken, wie und ob solche religiösen Praktiken überhaupt mit der dominikanischen Spiritualität in Beziehung stehen. Deshalb liefern uns dominikanische Quellen auch nur unzusammenhängende und zufällige Informationen darüber, wie die wenig reflektierte Synthese, die die Gründungsväter des Ordens hinterließen, nun weiterhin funktionieren soll.

Wenn Predigt und Studium ernsthaft betrieben werden sollen, muß es den Mönchen gestattet sein, ihrem eigenen Rhythmus zu folgen, unabhängig vom zeitlichen Ablauf des Klosterlebens. Dies war fast von Anfang an in Form von Dispensen zugunsten der Arbeit zugestanden worden. Aber da diese immer mehr alle Kräfte beanspruchte, blieb nur wenig Zeit und Energie übrig, sich moralisch und spirituell weiterzubilden, was doch als das eigentliche Ziel religiösen Lebens galt, wenig Energie auch für die Aufgaben, die das Gemeinschaftsleben mit sich bringt. Doch auch das wurde von Humbertus zugestanden. Prediger sollten nur in geringem Maß von den klösterlichen Verpflichtungen betroffen sein und von den Lasten des Gemeinschaftslebens befreit werden. Lehrer sollten verwöhnt werden, und man sollte von ihnen nicht erwarten, am Chorgebet teilzunehmen, auch wenn sie sich in dieser Zeit von ihrer Tätigkeit erholen würden.

Man hielt es im allgemeinen für unmöglich, ein ernsthaftes, aktives Leben zu führen und gleichzeitig ein vorbildhafter, frommer Mensch zu sein. Humbertus stimmte dem zu. Er warnte vor einer Einschränkung der Predigttätigkeit aus solch einem trivialen Grund wie der Furcht vor den »Sünden, die man unvermeidlicherweise begeht.« In ähnlicher Weise erzählt Jordan von Pisa (ca. 1260–1311) zu Beginn des 14. Jahrhunderts den Menschen, daß sie nicht darüber überrascht sein sollten, daß Dominikaner nicht perfekt sind: Die Städte mit all ihren Versuchungen seien kein geeigneter Ort für die Ordensmänner, aber »wir sind um eures Wohles wegen hier«.[5] Die Erschöpfung, die mit einem regen apostolischen oder akademischen Leben einherging, machte es beinahe unmöglich, die Entbehrungen zu ertragen, die normalerweise von Mönchen erwartet wurden, und ließ wahrscheinlich manchmal einige Gemüter aufbrausen. Nach Humbertus' Auffassung war das einfach das Risiko, das man eingehen mußte. Das Gute, das dem apostolischen Dienst am Nächsten innewohne, genüge, um jeglichen Makel der Sünde wegzuwaschen, den der Prediger auf sich geladen haben könnte.

Seit der Zeit des Jordan von Sachsen finden wir bekannte Dominikaner, die sich darüber beklagen, daß sie kaum jemals beten könnten. Deshalb bitten sie Nonnen, für sie zu beten. Sie folgern aber daraus nicht, daß sie ihre Tätigkeit aufgeben sollten.

Der »Kollaps« des Ordenslebens, über den sich die Kapitel in der Mitte des 14. Jahrhunderts immer wieder beschwerten, läßt sich nicht einfach auf einen Verlust an religiösem Eifer zurückführen. Auch wenn das Maß an Privatleben inakzeptabel und die ursprüngliche Strenge zum größten Teil verschwunden war, war die Situation wenigstens zum Teil das Ergebnis der legitimen Bevorzugung der Tätigkeit des Ordens. Das Problem verschärfte sich, als viele Mönche dem Schwarzen Tod zum Opfer fielen. Mit einer drastisch reduzierten Mitgliederzahl war es noch schwieriger, ein gemeinsames Ordensleben aufrechtzuerhalten. Mit beklagenswert rüden Rekrutierungsmethoden wurde versucht, das Nachwuchsproblem zu lösen. Am Ende des 14. Jahrhunderts hielten viele die Situation für unerträglich.

f) Reformierte Prediger

Die verschiedenen Versuche im 14. Jahrhundert, das Klosterleben des Ordens zu reformieren, scheinen wenig erfolgreich gewesen zu sein. In den 80er Jahren war damals die Rede davon, wenigstens ein Kloster zu gründen, in dem die Rückkehr zu einer strengen und umfassenden Ordensregel möglich war. 1389 wurde in Colmar die erste reformierte Gemeinschaft gegründet. Ein Jahr später verkündete man ein Programm, wonach ein solches Kloster in jeder Provinz zu gründen sei; sie sollten unter der Jurisdiktion der Provinzialoberen stehen, aber doch beträchtliche Unabhängigkeit genießen. Später wurden die Klöster der Zuständigkeit der Provinzialoberen entzogen und dem Ordensgeneral unterstellt, der sie durch eigens ernannte Stellvertreter verwalten ließ. Im Lauf der Zeit begannen reformierte Klöster auch, sich zu reformierten Gemeinschaften mit zum Teil nahezu vollständiger Unabhängigkeit, sogar vom Ordensgeneral, umzuwandeln. Die verschiedenen Reformen im Orden, so gut gemeint und notwendig sie auch gewesen sein mögen, illustrieren die vage Gestalt der ursprünglichen dominikanischen Synthese.

Die Reformer träumten zuallererst von einem ruhigen Haus auf dem Land, wo die Brüder nicht von ihrem kontemplativen und klar geregelten Leben abgelenkt würden. Daraus wurde nichts, jedoch tauchte dieser Plan später, vor allem in Spanien, wieder auf. Natürlich beabsichtigte diese Art von Reform, die Dominikaner zu besseren Ordensmännern zu machen, allerdings auf Kosten ihres Sendungsauftrags und manchmal auch ihrer Studien. Auch bei einer weniger extremen Vorgehensweise verhinderte die Betonung der klösterlichen Disziplin die uneingeschränkte Hingabe an Predigt und Studium, da doch die üblichen Dispensen und die relative Unabhängigkeit, die die Brüder vorher genossen hatten, eingeschränkt wurden. Die Regelobservanz wurde zum Selbstzweck und dem Sendungsauftrag einfach übergestülpt, so daß dominikanisches Leben nicht als ein ausgeprägtes »apostolisches« Leben, sondern eher als »gemischtes Leben« von Kontemplation und Apostolat betrachtet wurde.

Bezüglich der Armut hatten die Reformer unterschiedliche Meinungen. Einige, wie z.B. Johannes Dominici und Savonarola, wiesen jegliche Vorschläge zurück, daß der Orden das Betteln aufgeben sollte. Andere waren damit beschäftigt, die Gelder und Güter, die in der Verfügungsgewalt einzelner standen, abzuschaffen oder drastisch zu reduzieren. Es war aber auch nicht klar, ob das Betteln wirklich noch eine brauchbare Option darstellte. Savonarola schlug vor, seine reformierte Gemeinschaft mit Hilfe von Laienbrüdern zu finanzieren, die durch Miniaturmalerei Geld verdienen sollten. Das war der ursprünglichen dominikanischen Praxis aber genauso entgegengesetzt wie die anderen vorgeschlagenen Lösungen. Tatsächlich war, wie Raphael von Pornassio betonte, das individuelle Geldbesorgen das einzige Element, das dem ursprünglichen Bettelwesen des Ordens noch irgendwie entsprach. Er hatte wahrscheinlich recht mit seinem Gedanken, daß eine Kombination von einem bestimmten Maß an Eigentum mit einem gewissen Angewiesensein auf Almosen, unabhängig davon, ob sie dem einzelnen oder der Gemeinschaft gewährt wurden, am ehesten der eigentlichen dominikanischen Praxis entsprach. Eine rigorose Ablehnung von individueller Verfügungsgewalt über materielle Dinge entsprach eher den Regularkanonikern als den frühen Dominikanern.

Auch bezüglich der Gehorsamsfrage gab es Probleme. Wie wir gesehen haben, wurde das Prinzip, daß die dominikanische Regel das Gewissen nicht bindet, mißbraucht. Aber das entgegengesetzte Prinzip, dessen bekanntester Verfechter Johannes Dominici war, nämlich daß die dominikanische Regel für das Gewissen verpflichtend sei, stand in eklatantem Gegensatz zur Absicht des Dominikus.

Die Reformer griffen schnell zu einer Praxis, die dem Geist des Dominikus ebenso nicht entsprach; sie suchten Hilfe von außen und verließen sich weitgehend auf päpstliche Dekrete und sogar auf Hilfe durch Laien, um sich gegen ihre eigenen Oberen abzusichern. Als die Kommunität von Padua zwei bekannte Juristen wegen der Reform um Rat fragte, zögerten diese nicht, sie als dominikanischem Recht zuwiderlaufend zu erklären. Zweifellos leistete die Reform einiges, um den im Orden weitverbreiteten Exzessen entgegenzutreten. Aber langfristig konnte sie nicht das unterdrücken, was ein grundlegendes dominikanisches Wesensmerkmal zu sein scheint, nämlich die recht ungezwungene Art des religiösen Lebens und eine großzügige und milde Auffassung von Humanität, die von den Menschen nur dann solche Höchstleistungen wie Selbstverleugnung und Heroismus verlangt, wenn äußere Umstände es erfordern.

Die dominikanische Auffassung vom Ordensleben hat offenbar zwei Tendenzen: Entweder ist sie mit Rücksicht auf die Aufgabe des Ordens zurückhaltend oder sie greift auf Kosten dieser Aufgabe stark in die persönliche Entscheidung ein.

2. Das spirituelle Leben

a) Thomas von Aquin

Obwohl die Dominikaner hinsichtlich ihrer asketischen und spirituellen Lehre wenig originell waren, leisteten sie einige wichtige und unverwechselbare Beiträge zum Verständnis vom spirituellen Leben. Thomas von Aquin ist – natürlich – ein unvergänglicher Zeuge dafür, daß geistiges Leben, wenn es nur in voller Ernsthaftigkeit geführt wird, eine echte Form der Frömmigkeit sein kann, vorausgesetzt, es ist durch Liebe und durch den Wunsch motiviert, anderen Menschen die Wahrheit zu verkünden. In den folgenden Jahrhunderten, als die Intellektuellen in frommen Kreisen auf wachsende Ablehnung stießen, leisteten die Dominikaner ihren Teil, um die Balance wiederherzustellen.

So hebt Thomas von Aquin bezüglich bestimmter Punkte der Lehre in bemerkenswerter Weise hervor, daß christliche Vollkommenheit die Vollkommenheit der Liebe bedeute; das aber sei strenggenommen nur im Himmel möglich. Hier auf Erden gebe es ein Minimum an »Spiritualität«, das genüge, um zu Gott zu kommen; darüber hinaus gebe es auch eine Vorstellung von Vollkommenheit, die sich in den evangelischen Räten der Ordensleute verkörpert. Aber der Ordensstand könne nur in dem Sinne ein »Stand der Vollkommenheit« genannt werden, als es ein Stand (weil durch öffentliches Gelübde geschaffen) ist, in dem ein Mensch sich zu drei Haltungen (den drei evangelischen Räten) verpflichtet, die aus sich heraus *Mittel* zur Vollkommenheit der Liebe sind. Demzufolge lehnt Thomas beispielsweise die Lehre des Franziskaners Thomas von York ab, daß Vollkommenheit darin *besteht*, arm zu sein. Und deshalb kann er auch dem damals nahezu allgemein anerkannten Prinzip widersprechen, daß ein entbehrungsreicheres Leben notwendigerweise auch vollkommener sein müsse. Es gehe vielmehr darum, die Mittel wie eine Medizin in angemessener Dosierung anzuwenden, statt in möglichst großer. Thomas schließt ebenfalls die Möglichkeit aus, daß es in der Kirche verschiedene Arten der Vollkommenheit gebe, z. B. daß Ordensleute (oder Mystiker) eine andere Vollkommenheit hätten oder anstrebten als die allen Christen gemeinsame Zielvorstellung der vollkommenen Liebe.

Thomas' Lehre über das Gebet ist ebenfalls beachtenswert. Er legt in einer meisterhaften Abhandlung den traditionellen (und allgemein verbreiteten) Sinn des Betens als Bitten dar. Indem wir unsere Absichten in ein Bittgebet einbringen, bringen wir unseren planenden Intellekt Gott zum Opfer dar – ein beachtliches Opfer, wie er betont. Wir erkennen an, daß alles Gute von Gott stammt und daß ihm alle Pläne unterworfen sein müssen. Wir lernen, daß wir uns immer an ihn wenden können, und werden durch Eingebung des Heiligen Geistes zu Mitarbeitern bei der Ausführung der Absichten Gottes. Diese vernünftige und überzeugende Lehre zeigt, weshalb wir uns vor dem freimütigsten Bittgebet nicht zu scheuen brauchen und nicht zu scheinbar »spirituelleren« Gebetsformen Zuflucht nehmen müssen. Thomas erklärt auch sehr einsichtig, warum es oft nützlich sein kann, seine Gebete laut zu sprechen. In Übereinstimmung mit der alten mönchischen Tradition sagt er sogar, daß wir uns nicht zwingen sollten, weiterzumachen, wenn es anfängt, uns zu langweilen, obwohl wir auch länger beten können, wenn wir wollen und nichts Wichtigeres ansteht. Wir sollen das häufige, kurze Gebet pflegen (*Summa Theologiae* II–II q. 83; vgl. I q. 23 a.8).

Thomas von Aquin interessiert sich nicht sehr für übernatürliche Phänomene außer für Prophezeiungen (die für alle Theologen jener Zeit »auf der Tagesordnung« standen). Er betont jedoch, daß echte übernatürliche Vorgänge niemals der Arbeit unserer natürlichen Kräfte widersprechen, außer im extremen Fall der Ekstase (und er rechnet dazu nur zwei bekannte Fälle: Moses und Paulus). Jedes übernatürliche Phänomen, das im Widerspruch zu unseren natürlichen Kräften steht, ist dem Teufel zuzuschreiben, nicht dem Heiligen Geist (*Super Evangelium Matthaei* 849; Ausgabe Marietti). Das wahre Kriterium für das Übernatürliche ist Liebe, nicht aber außergewöhnliche Phänomene. Das gleiche Prinzip findet sich später auch bei Heinrich Seuse (ca. 1295–1366) und dessen Interesse an übernatürlichen Erfahrungen (*Horologium Sapientiae* 2.5; hg. von Künzle, S. 581). Es ist der entscheidende Grund für die Abneigung der Dominikaner gegenüber den mystischen Lehren, die im 16. und 17. Jahrhundert weit verbreitet waren.

b) Meister Eckhart

Meister Eckhart (ca. 1260–1328) ist zweifellos einer der großen Namen der dominikanischen Spiritualität; aber über die Interpretation seiner Lehre wird viel diskutiert, weil sein Denken zumindest teilweise deutliche Unklarheiten aufweist. Er verbrachte zuviel Zeit mit Menschen, die ihn unkritisch bewunderten, ihn aber nicht verstanden, so daß er nicht gezwungen war, seine Gedankengänge in aller Klarheit darzulegen.[6]

Es ist typisch für sein Denken, daß er seine Spiritualität überwiegend aus metaphysischen Betrachtungen ableitete. Sein Interesse an frommen Praktiken oder Erfahrungen war gering. Für ihn ist *Abgeschiedenheit* eine äußerst wichtige Tugend. Dieser Begriff ist in erster Linie ein philosophischer und bedeutet wörtlich »Abstraktion«; so wie der Philosoph von Einzelheiten abstrahiert, müssen wir uns in unserem Leben »diesem und jenem« entwöhnen. Gott ist in allem gleichermaßen anwesend, und Gottes Wille zeigt sich in allem, was geschieht. Wenn wir Gott auf einem bestimmten Weg suchen, schauen wir auf den Weg und lassen von Gott ab. Sogar »Gott« darf nicht als etwas Besonderes verstanden werden. Er kann nur als »Gott« erkannt werden im Vergleich mit anderen Wesen, die nicht Gott sind. »Gott« aber, *als ein Beziehungs-Begriff*, reicht nicht aus für unsere Seligkeit. Wir dürfen uns auch nicht wünschen, etwas Besonderes zu sein, zu besitzen oder zu wissen. Wir sollten danach streben, so zu sein, wie wir waren, bevor wir erschaffen wurden, als wir sozusagen in Gott, noch ohne in eigener Existenz da zu sein, »präexistierten«. Gott ist »nicht etwas«, und auch wir müssen ein »nicht etwas« werden, um eins mit ihm zu sein.

Anstatt zu versuchen, sich zu Gott zu erheben, müssen wir anerkennen, daß er unterschiedslos in allem ist, und müssen aus der gesamten Lebenserfahrung lernen, was es heißt, mit ihm eins zu sein. So kehrt Eckhart in einer Predigt das gebräuchliche Beispiel von Maria und Martha um, um zu zeigen, daß Martha die eigentlich reife Christin ist, weil sie aus dem Leben mit all seinen Höhen und Tiefen gelernt hat.

Das Wesentliche ist, daß wir aus dem Urgrund Gottes leben, der zugleich unser Grund ist. Wir müssen mit dem Vater Gottes Sohn gebären, was bedeutet, ihn durch spontanes Tun zu gebären aus dem Grund, der eins ist mit Gott. Das Leben hat keine andere Ursache, um da zu sein; es lebt einfach. Jede wahre Tugend zeichnet sich durch die gleiche Spontaneität und das Fehlen einer funktionalen Zweckhaftigkeit aus.

Eckhart wollte seine Lehre sicher nicht antinomistisch[7] verstanden wissen. Spontan zu leben hieß für ihn, sein Leben und alle dazugehörigen Phänomene einfach anzunehmen. Als Mönch etwa bedeutet das, innerhalb des Rahmens zu leben, den diese Form des religiösen Lebens mit sich bringt. Es überrascht aber nicht, daß einige seiner Lehren in antinomistischen Kreisen Anklang fanden und einige seiner unbedachteren Äußerungen verurteilt wurden. Seine mutmaßlichen Schüler, Seuse und Johannes Tauler (gest. 1361), vertraten eine erheblich gemäßigtere Fassung seiner Lehre, mit mehr Moral- und Erbauungselementen, dafür aber mit weniger spekulativer Beweglichkeit.

c) Johannes vom Kreuz

In Spanien waren es im 16. Jahrhundert anscheinend überwiegend Dominikaner, die der aufblühenden neuen Spiritualität mit ihrem ausgeprägten Interesse an Innerlichkeit und Leidenschaft entgegentraten. Insbesondere der Dominikaner Johannes vom Kreuz (der dem Orden 1524 beitrat), lehnt die Verwendung von »Geist«-Wörtern zur Beschreibung von innerer Leidenschaft und hohlem Pathos ab und betont, daß jeder Christ, der die ihm gestellten Aufgaben bereitwillig und engagiert auf sich nimmt, »spirituell« ist. Nächstenliebe drücke sich in allen Werken des christlichen Lebens aus, und nicht alle Menschen hätten eine spezielle Begabung für stilles Gebet oder inbrünstige Anbetung.[8]

Die dominikanischen Theologen hielten an der traditionellen intellektuellen Bedeutung von »Kontemplation« fest gegenüber der neuen Bedeutung: »eine lange Zeit im Zustand der Verzückung zu verbringen und an nichts zu denken« (wie es besonders von Osuna empfohlen wird).[9] Sie hielten auch an der ursprünglichen Bedeutung von »Gebet«, nämlich »Bitte«, fest, ohne scharfe Unterscheidungen zwischen stillem und gesprochenem Gebet zu machen. Sie lehnten ab, daß es bezüglich des Gebetes »Güteklassen« gibt, und anerkannten nur zwei Klassen: das Gebet eines Menschen, der sich im Zustand der Gnade befindet, und das Gebet eines Menschen, der sich nicht im Zustand der Gnade befindet. Diese Lehre wurde von Bartolomé Carranza (gest. 1576) in den offiziellen römischen Katechismus übernommen, der zum größten Teil das Werk von Dominikanern war.

Gegen die immer häufiger anzutreffende Innerlichkeit betonten die Dominikaner, daß das zählt, was man tut, nicht das, was man dabei fühlt, während man es tut. Das Besuchen der heiligen Messe drücke Frömmigkeit aus, unabhängig davon, ob man nun davon inspiriert werde oder nicht. Ein Gebet zu sprechen mit der ernsten Absicht, sich Gott zuzuwenden, ist ein wirkliches Gebet, auch wenn der Geist dabei abschweift und man keine Andacht verspürt. Auf diese Weise versuchten die Dominikaner, die Integrität der Praxis des christlichen Lebens vor einer restriktiver werdenden Auffassung dessen, was als »spirituell« angesehen werden kann, zu schützen.

ANMERKUNGEN

[1] Gyrovagen nennt die Benediktus-Regel die »schlechten« Mönche, die nicht an ein Kloster gebunden leben, sondern umher (gyro)-schweifen (vagen).
[2] S. Tugwell, *Early Dominicans*, New York 1982, 150.
[3] Zur Zeit der Kirchenväter galt Aristoteles als ein »Ur-Häretiker« (weil vom Häretiker Arius in seiner logischen Genauigkeit »benutzt«). Das Bekanntwerden der Schriften des Aristoteles im Mittelalter brachte eine Krise mit sich, deren Überwindung und die damit verbundene Integration des logischen Denkens des Aristoteles die typische Scholastik konstituierte. [JS]
[4] S. Tugwell, *Early Dominicans*, 87.
[5] Jordan von Pisa, *Prediche*, hg. von D. M. Manni, Florenz 1739, 9; vgl. auch Tugwell, *Way of the Preacher*, Springfield, IL 1979, 50–51.
[6] Vgl. damit die sehr andere Bewertung durch A.M. Haas in »Schulen spätmittelalterlicher Mystik« in diesem Band. [JS]
[7] Antinom(ist)isch bedeutet jenseits von oder gar gegen das Gesetz (nomos).
[8] Johannes vom Kreuz, *Dialogo sobre la Necesidad de la Oracion Vocal*, hg. von V. Beltran de Heredia, in: *M. Cano, D. Soto, J. de la Cruz: Tratados Espirituales*, Madrid 1962.
[9] F. de Vitoria, *Commentarios a la Secunda secundae de Santo Tomas*, q. 182 a 4, hg. von V. Beltran de Heredia, Salamanca 1952, 312. Vgl. F. de Osuna, *Abecedaris espiritueal*, tr. 21, Kap. 5.

II. Die Spiritualität der Franziskaner

Von J. A. Wayne Hellmann

Die Schriften des hl. Franziskus von Assisi sind eine der grundlegenden Quellen der franziskanischen Spiritualität.[1] In ihnen tritt uns jemand entgegen, der von den Ereignissen der geistigen Bewegungen und der Spiritualität eines aus der Gregorianischen Reform hervorgegangenen Zeitalters geformt wurde. Seine Antwort auf diese Zeit und seine Ansichten zu vielen Themen offenbaren uns nicht nur seine spirituellen Einsichten, sondern ebenso die Entwicklung seiner spirituellen Erfahrung.

Franziskus ist zwar für die franziskanische Spiritualität grundlegend, doch diese umfaßt mehr als nur seine Person. Die Erinnerung an seine spirituelle Erfahrung wurde reflektiert, interpretiert und weitergetragen durch die große Schar von Männern und Frauen, die ihn durch die Jahrhunderte im 1., 2. oder 3. Orden folgten, also als Brüder, als Klarissen und als Laien. Die spirituelle Erfahrung und Sichtweise des Franziskus von Assisi ist dabei auf mannigfaltige Weise erweitert und bereichert worden. Im folgenden sollen die Verschiedenheit und die Gemeinsamkeit der spirituellen Erfahrung des Franziskanischen erläutert werden. Als Beispiele dienen die hl. Klara von Assisi, Thomas von Celano, die selige Angela von Foligno, der hl. Bonaventura. Zudem wird ein Blick geworfen auf die Spiritualen und die Konventualen und die von ihnen ausgelösten Reformen im 1. Orden, die dann ausmünden in getrennte und und rechtlich selbständige Ordenszweige: Observanten (OFM), Konventualen (OFMConv) und Kapuziner (OFMCap).

1. Franziskus von Assisi

a) Einflüsse auf Franziskus von Assisi

Franziskus von Assisi wurde 1181/1182 in Mittelitalien geboren. Die grundlegende Erziehung, u. a. Latein, erhielt Franziskus in seiner Heimatkirche St. Giorgio in Assisi. Dort kam er auch mit anderen kirchlichen Entwicklungen in Berührung. Die monastische Reformbewegung, die 910 in Cluny ihren Anfang genommen hatte und 1098 in Citeaux eine Fortführung erfuhr, und natürlich die Lehren der Einsiedlerheiligen Romuald (gest. 1027) und Petrus Damiani (gest. 1072) waren wegweisend bei dem Versuch einer Erneuerung der Kirche. So kann man denn auch Spuren der *Regel des hl. Benedikt* und Grundsätze der frühchristlichen monastischen Bewegung im Text der Regel, die Franziskus später verfaßte, finden.
Als Franziskus 15 Jahre alt war, wurde 1198 der 3. Kreuzzug ausgerufen. Franziskus entflammte in Liebe zu dem Land, über das Jesus gewandelt war. Das Menschsein Christi, schon durch Romuald hervorgehoben und von Bernhard von Clairvaux (gest. 1153) in seinen Predigten herausgestellt, wurde schnell zum Angelpunkt seines Bestrebens, ein christliches Leben zu führen. Die *fuga mundi* oder Weltflucht wurde nicht mehr als Flucht in die Geordnetheit eines monastischen Lebens, sondern in das unbehauste Leben von Pilgerreisen und Kreuzzügen verstanden. Franziskus faßte die Unstetigkeit des Lebens auf der Straße im 6. Kapitel der *Bestätigten Regel* unter dem Stichwort »Pilger und Fremdlinge« zusammen: »Die Brüder sollen nichts erwerben, kein Pferd und keinen Grundbesitz, noch sonst irgend etwas. Laßt sie statt dessen als Pilger und Fremdlinge, die dem Herrn in Armut und Demut dienen, in dieser Welt voll Vertrauen um Almosen betteln gehen.«
Franziskus betrachtete die Laienbewegungen seiner Zeit, denen es um das Evangelium und um Buße ging, von einem Standpunkt aus, der innerhalb der hierarchisch strukturierten Kirche angesiedelt war.[2] Im Geiste dieser Laienbewegung ermutigte er seine Brüder in der *Nichtbestätigten Regel:* »Laßt uns also die Worte, das Leben und die Lehre und das heilige Evangelium dessen festhalten, der sich herabgelassen hat, für uns seinen Vater zu bitten« (22. Kapitel). Dabei »sollen die Brüder katholisch sein, katholisch leben und reden« *(Nichtbestätigte Regel,* Kapitel 19). Die Betonung des Katholischen in Franziskus' Leben nach dem Evangelium wird besonders in den letzten Kapiteln seiner *Nichtbestätigten Regel* offenkundig, die den Einfluß der Bestimmungen des 4. Laterankonzils von 1215 auf seine Lebensweise zeigen.[3]

Franziskus wurde geprägt durch und reagierte auf die vielen spirituellen, politischen und kirchlichen Konflikte am Ausgang des 12. und zu Beginn des für die Spiritualität so wichtigen 13. Jahrhunderts. Seine Schriften zeigen, daß er eine klare Kenntnis dieser Umwälzungen besaß, aber auch seine Hochschätzung der biblischen und liturgischen Texte. Leicht nahm er auf, verband und versöhnte er, was viele als unvereinbare Fragmente betrachteten. Das Geheimnis seiner Spiritualität, die diese Synthese bewirkte, wird im 22. Kapitel der *Nichtbestätigten Regel* deutlich beschrieben: »Geben wir acht, wir Brüder alle, was der Herr sagt: ›Liebet eure Feinde und tut Gutes, die euch hassen‹, denn unser Herr Jesus Christus, dessen Fußspuren wir folgen müssen, hat seinen Verräter Freund genannt und sich freiwillig denen überliefert, die ihn kreuzigten.« Franziskus ist und bleibt in seiner großherzigen Antwort auf jede Situation die *forma minorum*[4] für franziskanisches Leben und franziskanische Spiritualität.

b) Die spirituelle Erfahrung des hl. Franziskus

Bezogen auf den Zeitraum von 1205/06, den frühesten Jahren seiner Bekehrung, bis zu seinen letzten Lebensmonaten 1226, hinterließ Franziskus ein Vermächtnis von 28 Schriften, zusätzlich zu Briefen, die er diktiert hatte, oder Segenswünschen, die in verschiedenen biographischen Quellen zu finden sind. Aus diesen Schriften sind die *Nichtbestätigte Regel,* die *Bestätigte Regel* und das *Testament* zusammen mit seinem *Sonnengesang* die wichtigsten; doch ohne Beachtung seiner Briefe, Ermahnungen und Gebete ist er kaum zu verstehen. Alle zusammen zeichnen sie ein Porträt von Franziskus, das seine Erfahrungen, seine Visionen und seine Weisheit als echte Verkörperung des Evangeliums Jesu Christi enthüllt.
In den ersten Zeilen seines *Testamentes,* das kurz vor seinem Tod geschrieben wurde, überdenkt Franziskus seinen Lebensweg:

> So hat der Herr mir, dem Bruder Franziskus, verliehen, das Leben in Buße zu beginnen: denn, da ich in Sünden war, erschien es mir unerträglich bitter, Aussätzige anzublicken. Und der Herr selbst hat mich unter sie geführt, und ich habe ihnen Barmherzigkeit erwiesen. Und während ich fortging von ihnen, wurde mir gerade das, was mir bitter schien, in Süßigkeit der Seele und des Leibes verwandelt. Und danach verweilte ich nur kurze Zeit und verließ die Welt.[5]

Die Grundlage seiner Bekehrung war die Erfahrung des Herrn als jemand, der ihn unter die Aussätzigen führte. Es war eine Erfahrung der Gnade, die sein Herz zu einer neuen Art von tiefem Mitleid bewegte. Zum ersten Mal war er den ausgestoßenen Brüdern und Schwestern zugewandt, und indem er diese umarmte, wurde er selbst umarmt. Er erkannte, daß es der Herr war, der ihn führte. Sein Zusammensein mit den Aussätzigen war seine Antwort auf Gottes heilige und wahre Forderung. Im 9. Kapitel der *Nichtbestätigten Regel* ermutigte Franziskus seine Mitbrüder, sich auf die gleiche Erfahrung einzulassen: »Und sie müssen sich freuen, wenn sie mit gewöhnlichen und verachteten Leuten verkehren, mit Armen und Schwachen und

4. *Der hl. Franziskus vor dem Kreuz* (Stefano di Giovanni, ca. 1437–1444)

Aussätzigen und den Bettlern am Weg.« Im selben Kapitel gibt er den Grund für seine Freude an: Alle Brüder sollten danach streben, »der Demut und Armut unseres Herrn Jesus Christus nachzufolgen«.
Indem Franziskus zu den Aussätzigen geführt wurde, wurde er zu Christus geführt. Aber die heroische Tat der Überwindung seiner Abscheu und seiner Vorurteile schrieb sich Franziskus nicht selbst zu. Es war vielmehr das Werk Gottes in ihm, das ihn antrieb und bewegte; er war erfüllt von der Gabe des Heiligen Geistes. Aber wesentlicher als seine Erfahrung der Gnade und der neuen Süße in der Begegnung mit den Aussätzigen war sein wissendes Fühlen, daß Gott selbst es war, der ihn dahin führte. Er unterwarf seinen eigenen Willen dem Willen des Vaters, des Vaters seines Herrn Jesus Christus. Damit machte er sich frei von seinem eigenen Willen und von den weltlichen Wegen, um die göttliche Erleuchtung und die Gaben des Herrn durch den befreienden Geist zu empfangen. Es ist verständlich, daß er in Kapitel 10 der *Bestätigten Regel* schreibt, die Brüder »müßten sich vor allem anderen danach sehnen, den Geist des Herrn zu haben und seine heilige Art des Wirkens«.
Der Geist, den Franziskus begehrte, machte ihn dem geschundenen und getöteten Leib des erniedrigten Christus gleich. Und er gab Franziskus die Kraft, verletzlich zu sein und frei von jedem Begehren nach Selbst-Glorifizierung, nach Herrschaft oder Kontrolle über andere. Der Geist tötete Franziskus' eigenen Leib ab und ließ ihn bei den Verachteten zu Hause sein. Durch den Geist, der in ihm Platz griff, wurden Franziskus' Augen auf »den guten Hirten, der das Kreuz erlitt, um seine Schafe zu retten«, gerichtet *(Ermahnung 4).* Armut, Geduld, Demut, Weisheit und Gottesliebe, die Franziskus erfuhr, waren ein Wissen und eine Erfahrung der Kreuzesleiden, die ihm vom Geist Gottes gegeben wurden.
Brüderlichkeit und die Brüder selbst sind Gaben des Heiligen Geistes. »Der Herr gab mir Brüder«, so steht es im *Testament.* Ihre Einheit, ihre Gemeinschaft und ihre Liebe zueinander sind Gaben, und als solche bestimmen sie die Beziehung untereinander. Gemäß Kapitel 5 der *Nichtbestätigten Regel* soll »kein Bruder einem anderen Böses tun oder Böses sagen; ja, vielmehr sollen die Brüder durch die Liebe des Geistes einander freiwillig dienen und gehorchen«. Die Erfahrung von Brüderlichkeit bedeutet, das Leben Christi, der den letzten Platz wählte, zu leben. »Der eine soll dem anderen die Füße waschen« *(Nichtbestätigte Regel,* Kapitel 6). Dies ist der liebende Gehorsam untereinander.
Diese Haltung des hl. Franziskus zu Gott und den Mitbrüdern illustriert sein spirituelles Charisma und seinen Lebensentwurf. Es ist seine *minoritas,* sein »Minder«-Sein, vor beiden, vor dem Schöpfer wie vor dem Geschöpf. Hierin liegt der Schlüssel zu seinem tiefen Sinn für innere und persönliche Armut, was eng verbunden ist mit seiner Wertschätzung echter Demut. »Selig der Knecht, der sich nicht für besser hält, wenn er von den Menschen laut gepriesen und erhoben wird, als wenn er für unbedeutend, einfältig und verächtlich gehalten wird. Denn was ein Mensch vor Gott wert ist, das ist er und nicht mehr« *(Ermahnung 19).* Franziskus hatte zu allen, gleichgültig

ob Heilige, Sünder, Ungläubige oder Verfolger, die gleiche Einstellung. Den Brüdern, die unter den hitzköpfigen Sarazenen und unter Feinden des Christentums wirkten, riet er, sie sollten sich »nicht auf Zank oder Streit einlassen, sondern jeder menschlichen Kreatur um Gottes willen untertan sein« *(Nichtbestätigte Regel,* Kapitel 16).
Franziskus betrachtete sein ganzes Leben und das Leben seiner Brüder als das »Leben der Frohbotschaft Jesu Christi«. In seinem *Testament* schreibt er, daß der Geist des Herrn, der ihn zu den Aussätzigen geführt hatte, ihm auch enthüllte, er solle »leben nach der Art des Heiligen Evangeliums«. Sein Respekt vor der Heiligen Schrift, in der er »Geist und Leben« fand, und seine Liebe zu ihr zeigte sich nicht nur in seinem Lebenswandel, sondern ebenso in seiner Hochachtung vor dem geschriebenen Wort selbst. »So, wie das geschriebene Wort des Herrn an unschicklichen Plätzen gefunden werden kann, so muß es gesammelt und an einem Ort bewahrt werden, der schicklich ist« *(Brief an die Kleriker).* Für Franziskus war das Wort der Schrift die Stimme des Gottessohnes, und daher galt für ihn, sich in seinem Leben fest an die heiligen Worte zu halten.
Der Christus des Evangeliums, der sich demütig den Henkern auslieferte und auch für seine Feinde Worte der Liebe fand, war in den glaubenden Augen des hl. Franziskus auch in der Eucharistie, im Sakrament des Leibes und Blutes Christi, gegenwärtig. In der ersten *Ermahnung* spricht Franziskus vom Glauben an dieses Sakrament »gemäß dem Geist«. Derselbe Glaube, der von denen gefordert war, die mit Jesus umherzogen und ihn berührten, als er noch auf Erden wandelte, ist nun von jenen gefordert, die sich der Eucharistie nähern. Das Mysterium der Demut Gottes ist immer dasselbe; nur wer die Demut umarmt, kann in die eucharistische Begegnung eintreten. Demut läßt den Geist des Herrn in jemandem wohnen, damit er so »den hl. Leib und das hl. Blut des Herrn« empfangen kann. Nur mit den Augen des Hl. Geistes kann man den Herrn wahrnehmen; und nur mit dessen Kraft kann man ihn empfangen, ihn, der sich selbst in den Gestalten von Brot und Wein erniedrigt, um immer unter uns gegenwärtig zu sein. Entsprechend der ersten *Ermahnung* vernimmt man durch den Hl. Geist die göttliche Stimme im Evangelium und sieht man Jesus Christus in der Eucharistie:

O seht doch, täglich erniedrigt Er sich, wie Er einst »vom königlichen Thron herab« (Weish 18, 15) in den Schoß der Jungfrau stieg. Täglich kommt Er selber zu uns und zeigt sich in Demut, täglich steigt Er in den Händen des Priesters aus dem Schoße des Vaters herab auf den Altar. Und wie Er sich den heiligen Aposteln in wirklichem Fleische zeigte, so zeigt Er sich uns heute im heiligen Brote. Und wie diese beim Anblick seines Fleisches nur Sein Fleisch sahen, aber an Ihn als dem Herrn und Gott glaubten, weil sie Ihn mit geistigen Augen anschauten, so laßt auch uns, die wir mit leiblichen Augen das Brot und den Wein erblicken, auch schauen und zuversichtlich glauben, daß es wahrhaftig und lebendig sein heiligster Leib und sein Blut ist.[6]

Durch den Herrn Jesus Christus des Evangeliums und der Eucharistie war Franziskus ebenso an das Wort wie an die Kirche gebunden. Er konnte nicht getrennt von den Dienern der Kirche Roms leben. »So laßt uns alle erkennen, daß niemand gerettet werden kann, außer durch die heiligen Worte und das Blut unseres Herrn Jesus Christus, welche die Geistlichen im Gottesdienst sprechen und verkünden. Nur diese allein dürfen das Sakrament spenden, niemand sonst« *(2. Version des Briefes an die Gläubigen).* Franziskus' Schriften fördern auf diese Weise häufig den Repekt für liturgische Vollzüge und Vorschriften. Seiner Liebe zum göttlichen Offizium (= Stundengebet) ist ein tiefer kirchlicher Zug zu eigen. In der *Nichtbestätigten Regel,* der *Bestätigten Regel* und dem *Brief an den gesamten Orden* betonte er das Stundengebet. Franziskus' eigene Dichtung, das *Offizium vom Leiden des Herrn,* belegt, daß er in der jüdisch-christlichen Gebetstradition der Psalmen wurzelt. Indem er Texte aus liturgischen Gesängen einbezieht und aufgreift, zeigt er seine Vertrautheit mit den biblischen und liturgischen Gebeten.

Der Geist des Herrn, der Franziskus zu den Aussätzigen geführt hatte, öffnete sein Herz dem Wort Gottes, gab ihm Vertrauen in die Kirche und ist derselbe Geist, der ihn zum Berg La Verna führte, wo er, vertieft in das Gebet, im September 1224 – zwei Jahre vor seinem Tod – die Stigmata der fünf Wundmale des gekreuzigten Christus empfing. Dies wird von allen Quellen des 13. Jahrhunderts bezeugt, ein Ereignis, das im Zusammenhang mit der Erscheinung eines sechsflügligen Engels beschrieben wird. Bonaventura erzählt in seiner *Vita des hl. Franziskus,* daß Franziskus in der Stigmatisation »völlig umgewandelt worden sei, dem gekreuzigten Christus gleich, aber nicht durch die Leiden des Fleisches, sondern durch das Feuer der Liebe, die seine Seele verzehrte« (13.12).

Kurz nach dieser Gotteserfahrung am La Verna dichtete Franziskus seinen großartigen *Sonnengesang.*[7] Dieser poetische Gesang ist ein Lobpreis des Allerhöchsten von einem Menschen, der erfüllt war von Friede und Gleichklang mit allen Elementen der Schöpfung und des ganzen Kosmos; und dies, obwohl er nahezu blind war und unter schweren Unterleibsschmerzen litt. Alle Elemente sind Schwestern und Brüder und spiegeln den gemeinsamen Lobpreis der Kirche mit der Mutter Maria und allen Engeln und Heiligen wider. In diesem Hymnus wird Franziskus vom Lobpreis für den Allerhöchsten davongetragen; er ist in Harmonie mit der inneren Natur aller kosmischen Elemente; sie sind, so Franziskus, in der innersten Tiefe ihres Seins ein Chor von Stimmen zum Preise Gottes. Im Sonnengesang klingt des Franziskus totale Demut und sein liebender Gehorsam wider. Wenn er den Bruder Tod grüßt, singt er: »Gepriesen bist du, mein Herr, durch unseren Bruder, den leiblichen Tod; ihm kann kein Mensch lebend entrinnen. Wehe jenen, die in schwerer Sünde sterben. Gesegnet die, die sich in deinem heiligen Willen finden, denn der zweite Tod wird ihnen kein Leid tun.« Das letzte Testament seines Lebens und seiner Geisteshaltung ist uns überliefert in der einfachen Aufforderung, die er am Abend des 3. Oktober 1226, seines Todestages, in seinem geliebten Portiunkula, der Kirche der hl. Maria von den Engeln, äußerte: »Lobet und preiset meinen Herrn, und erweist ihm Dank, und dient ihm mit großer Demut.«

2. Die hl. Klara von Assisi

Die hl. Klara von Assisi, Clara di Offreduccio, wurde 1193/94 geboren, war also ungefähr 12 Jahre jünger als Franziskus von Assisi und lebte bis zum August des Jahres 1253, also nahezu 27 Jahre länger als ihr geistlicher Lehrer und Führer. Klara kannte Franziskus länger als die meisten seiner Gefährten und bewahrte sein Andenken über viele Jahre hinweg. Sie wurde am Palmsonntag, dem 19. März 1212, in der Kirche Santa Maria degli Angeli durch Franziskus mit dem Habit der Armut eingekleidet. Kurz darauf siedelte sie nach San Damiano über, wo sie den Rest des Lebens verbringen sollte. Klara hatte wohl schon wesentlich früher, vielleicht im Jahr 1206, von Franziskus gehört, kurz nachdem er sein Leben der Umkehr und Buße begonnen hatte. In ihrer 1253 nach Jahren des Kampfes bestätigten *Regel* beanspruchte sie, »die kleine Pflanze des hochgesegneten Vaters Franz« zu sein (Kapitel 1). Ihre langen Jahre der Treue an das Andenken und die Vision des Franziskus zeugen von einer tiefen spirituellen Verwandtschaft zu ihm.

Quellen bezüglich der Spiritualität Klaras gibt es nur wenige, dafür aber sehr ergiebige. Ihre *Regel* und ihr *Testament,* fünf Briefe – vier davon an die selige Agnes von Prag und einer an Ermentrudis von Brügge – und ein Segenswunsch für Agnes, sind alles, was uns überliefert ist. Am Beginn ihres Lebens als Nonne erhielt Klara von Franziskus eine Lebens-Ordnung. Nach dem Dekret des 4. Laterankonzils, das neue Regeln verbot, bekam Klara jedoch von Kardinal Hugolin, dem späteren Gregor IX., eine Regel, die nach der *Regel des hl. Benedikt* gestaltet war. Später, 1247, verfaßte Innozenz IV. eine weitere Regel – eine Modifikation der Regel Hugolins. Klara wies die traditionelle monastische Lebensordnung viele Jahre lang zurück, nicht wegen der Vorschriften zu einem Leben in Klausur, sondern weil sie ihre eigene Regel haben wollte, die eine strenge und absolute Armut beinhalten sollte, das »Privileg der Armut«, wie sie es nannte. Am 9. August 1253 schließlich, zwei Tage vor ihrem Tod, wurde ihr Lebenswunsch erfüllt, als Innozenz IV. ihre eigene Regel bestätigte.

Das Hauptvermächtnis, das Klara von Franziskus erhalten hatte, war das der Armut, die Erfahrung gegenseitiger Liebe und der gemeinsamen Betrachtung des »Herrn, der ganz arm in der Krippe lag, der arm in der Welt lebte, der nackt am Kreuz hing« *(Testament).* Ihre Briefe, die sie in den späteren Lebensjahren schrieb, spiegeln die langen Jahre gewonnener spiritueller Weisheit wider, die sie in der Stille von San Damiano erworben hatte. Ihre Liebe zur Armut diente nicht der Predigt oder der Buße, sondern der Kontemplation; dies befähigte sie, Christus zu sehen, zu erkennen und zu berühren. Armut ist der Schlüssel der bräutlichen Vereinigung mit dem armen Christus. Im *Zweiten Brief an Agnes* schreibt Klara:

> Umfange als arme Jungfrau den armen Christus. Sieh auf den, der um Deinetwillen verachtenswert geworden ist, und folge ihm nach, verachtenswert geworden um seinetwillen in dieser Welt. Deinen Bräutigam, schöner als Menschenkinder (vgl. Ps 44, 3) um Deines Heiles willen der niedrigste der Menschen geworden, verachtet,

zerschlagen und am ganzen Körper vielfältig gegeißelt, sogar in Kreuzesnöten gestorben, ihn, vieledle Königin, schaue an, betrachte, beschaue und begehre nachzuahmen.

Die Themen der Armut und Kontemplation verschmolzen zu einem Licht, das das Charisma des Franziskus erhellte. In Klara spiegelte sich die Tiefe von Franziskus' eigenem Herzen wider. Ohne Klara wären die Tiefe und die Schau von dessen Leben und Charisma verschwommen geblieben. »In Klara«, schrieb Alexander IV. in der Bulle zu ihrer Kanonisierung, »ist uns ein klarer Spiegel geschenkt«.

3. Thomas von Celano

Weniger als zwei Jahre nach seinem Tod wurde Franziskus durch seinen Freund Kardinal Hugolin, den neugewählten Papst Gregor IX., mit einer Feier in Assisi zur Ehre der Altäre erhoben. Bei dieser Gelegenheit, im Juni 1228, legte Papst Gregor IX. nicht nur den Grundstein für die spätere großartige Basilika San Francesco; er gab auch eine offizielle Version des Lebens des Heiligen in Auftrag. Diese *Erste Lebensbeschreibung* von Thomas von Celano wurde die Grundlage für die spätere literarische Tradition, die sich in Hinblick auf den Heiligen entwickelte. Dieses Werk wird die *Erste Lebensbeschreibung* genannt; während des Generalkapitels von 1246 wurde nämlich Thomas beauftragt, eine *Zweite Lebensbeschreibung* zu schreiben. Seine Trilogie zu Franziskus wurde 1253 mit dem *Mirakelbuch* vervollständigt, das alle bekannten wunderbaren Begebenheiten, die dem Heiligen zugeschrieben wurden, sammelte.
Thomas von Celano zeigt die Spiritualität des Franziskus als eine Erneuerung der Frömmigkeit des Evangeliums, wodurch wiederum die Kirche erneuert wurde. Demut und Nächstenliebe sind die zwei Haupttugenden, die dem Wort des Evangeliums unseres Herrn Jesus Christus entsprechen. In der Meditation über das Evangelium »war sein Denken in so besonderer Weise durch die Demut der Menschwerdung und durch die durch sein Leiden bewiesene Liebe in Beschlag genommen, daß er kaum noch an etwas anderes denken wollte« (*Erste Lebensbeschreibung* = I *Celano* 84). Es ist nicht überraschend, daß Teil 1 von Celanos *Erster Lebensbeschreibung* mit der Geschichte endet, mit der Franziskus das Andenken an das in Bethlehem geborene Kind wiedererweckte. In Greccio wurde das Kind Jesus, das vergessen worden war, »zum Leben erweckt durch seinen Diener Franziskus« (I *Celano* 86).[8]
Der zweite Teil der *Ersten Lebensbeschreibung* entfaltet die Liebe zur Passion. In diesem Teil, der die letzten Jahre des Franziskus behandelt, sprechen für Franziskus alle Worte des Evangeliums vom Leiden und der Passion Jesu. Franziskus ist, indem er von der Passion Jesu hört, überwältigt von der Liebe, wie sie in dem Seraph, der im Moment der Stigmatisation erscheint, dargestellt ist. »Dies ist ein großes Geheimnis und zeigt die Erha-

benheit des Vorrechts der Liebe« (I *Celano* 90). Im Hören, Beten, Leben und Lehren der Botschaft des Evangeliums von der Demut und Armut des fleischgewordenen Wortes zeigt Thomas einen Franziskus, der die große Liebe des gekreuzigten Christus entdeckt. Er ist umgestaltet zu »einem gekreuzigten Diener des gekreuzigten Herrn« (I *Celano* 95). Beides, die Demut von Greccio und die liebende Hingabe von La Verna, sind Zeichen dafür, daß Franziskus seiner Berufung treu blieb, »die ganze Erde mit dem Evangelium Christi zu erfüllen« (I *Celano* 97).

4. Die selige Angela von Foligno

Die selige Angela von Foligno (1248–1309) illustriert die Entwicklung der franziskanischen Spiritualität, wie diese die Bußbewegungen des späten 13. Jahrhunderts beeinflußt hat. Angela wurde 1291 als büßende Witwe in den Dritten Orden aufgenommen. Diese franziskanische Form christlichen Lebens entwickelte sich besonders erfolgreich unter Frauen; so lebten in dieser Weise nicht nur Angela, sondern ebenso die hl. Elisabeth von Ungarn (gest. 1231), die hl. Rosa von Viterbo (gest. 1252), die hl. Margareta von Cortona (gest. 1297), die hl. Klara von Montefalco (gest. 1308) und die hl. Dauphine von Puimichel (gest. 1360). Während Elisabeth in der Tradition des Dienstes an den Armen stand, tendierten die anderen eher in Richtung Mystik und Betonung des inneren Lebens.
Bei diesen Frauen des Dritten Ordens erfolgte die Suche nach mystischer Einheit auf dem Weg intensiver Meditationen über das Leiden Christi, welches das Lieblingsthema der Meditation des hl. Franziskus war. Durch mystische Erfahrung wurden diese Frauen, denen nicht gestattet war, das Wort zu verkünden, spirituelle Lehrerinnen für ihre Beichtväter und geistlichen Begleiter und auf diese Weise sogar Lehrerinnen des spirituellen Lebens ihrer Zeit. Angela folgte der Praxis anderer Mystikerinnen ihrer Zeit, in der geistliche Begleitung und die Beichte üblich waren. Ihrem franziskanischen Beichtvater, Bruder Arnaldo, ist es zu verdanken, daß Angelas Weg der intensiven spirituellen Erfahrung aufgezeichnet wurde. In zahllosen Begegnungen zwischen 1290–1296 eröffnete sie ihm ihre Seele und diktierte ihm die Stadien und Kämpfe ihrer Bekehrung, Verzweiflung und Ekstase. Im *Memorial* des Arnaldo wird ihre geistliche Pilgerschaft, die je nach Schematik in bis zu dreißig Stufen aufgeteilt ist, beschrieben.
Angelas Bekehrung beginnt mit ihrer Bitte an den hl. Franziskus um einen Beichtvater. Nachdem sie Arnaldo gefunden hatte, legte sie »eine Lebensbeichte« ab. Von da an und mit der Übernahme eines Lebens in Buße begann sie auf das Kreuz zu schauen und zu realisieren, wie Christus für sie gestorben war. Sie begann, ihre Sünden mit Blick auf den Gekreuzigten und seiner Liebe zu ihr zu erkennen. Dies veranlaßte sie eines Tages, sich vor dem Kreuz völlig zu entkleiden und Christus »dauernde Keuschheit ihres ganzen Körpers zu versprechen, wobei sie jeden Körperteil der vergangenen Verfehlungen anklagte«.

Durch das Kreuz als Inspiration ihrer Gebete und ihrer Visionen entdeckte sie eine neue Fähigkeit, zu sehen, zu schmecken, zu fühlen und zu riechen. Sie erhielt die Fähigkeit, dem gekreuzigten Christus die Liebe, die er ihr geschenkt hatte, zu erwidern. Dabei erfuhr sie das Kreuz von innen her, gleich Christus, der sich »seiner Freunde, seiner Verwandten und seiner selbst bis zur Hilflosigkeit entäußert hatte«. In der 6. und 7. Stufe des *Memoriale* verfällt Angela angesichts der absoluten Armut und Hilflosigkeit Christi am Kreuz »in furchterregende Dunkelheit« und Leiden:

> Ich kann einfach keinen anderen Vergleich finden als den eines Mannes, der am Hals aufgehängt worden ist, der mit seinen gefesselten Händen und verbundenen Augen am Galgen baumelt und noch lebt – ohne Hilfe, ohne Unterstützung, ohne Aussicht auf Rettung, ohne Abhilfe (Nr. 97).

Ihr Schrei nach dem Tod, den sie anflehte, »mich ohne Verzögerung in die Hölle zu schicken«, war ihr Abstieg in den Abgrund der Dunkelheit, wo sie mit dem letzten aller Feinde, dem Stolz, kämpfte. Aber von dort her gelangte sie in den Zustand der Verzückung, die 7. und letzte Stufe, in der sie einen »Zustand unsäglicher Freude erfuhr. In ihm wußte ich alles, was ich wissen wollte, besaß ich alles, was ich besitzen wollte. Ich sah das allumfassende Gute. In diesem Zustand erfreut sich die Seele am allumfassenden Guten.«

In Angelas Beschreibung ihrer eigenen Erfahrungen, besonders in der 6. und 7. Stufe, hatte sie Anteil an der vollständigen Selbstentäußerung des gekreuzigten Christus, den sie angenommen hatte und dem sie gefolgt war. In einer radikal neuen Gotteserfahrung berührte sie das ungeschaffene und allumfassende, dem menschlichen Geist verborgene Gute, welches durch geschaffene Kategorien eingeschränkt wird. In ihrer spirituellen Entwicklung gibt es etwas, das mit dem verwandt ist, was Bonaventura am Ende seines *Itinerarium mentis in Deum* (Reise der Seele zu Gott) so ausdrückt: »Mit Christus gekreuzigt, laßt uns aus dieser Welt zum Vater gehen, so daß, wenn uns der Vater gezeigt wird, wir mit Philippus sagen können: Es ist genug für uns« (7.6.).

5. Der heilige Bonaventura

Der hl. Bonaventura, geboren um 1217 in Bagnoreggio, trat 1243 in Paris in den Franziskaner-Orden ein. In diesem bedeutenden Bildungszentrum schrieb er seine Kommentare zur Hl. Schrift und zu den *Sentenzen*. Er wurde 1257 Rektor der Franziskanerschule und im selben Jahr, nur 31 Jahre nach dem Tod des Franziskus, zum Generalminister des Ordens gewählt. Es war eine turbulente Zeit in der Geschichte des Ordens, und er diente seinen Brüdern als Generalminister bis in seine letzten Lebensjahre. Im Mai 1273 wurde er zum Kardinal erhoben und zum Bischof von Albano geweiht. Während seiner Arbeit als Bischof und Kardinal auf dem Konzil von Lyon starb er am 15. Juli 1274.

Als Generalminister schrieb er einige Werke, die für die franziskanische Spiritualität bedeutsam sind; darunter sind seine *Quaestiones disputatae de perfectione evangelica*, die *Apologia pauperum* und als sein letztes Werk die *Collationes in Hexaemeron*. In den *Quaestiones disputatae* verteidigt Bonaventura die Armut, die eng mit der Demut verbunden ist, als die Basis der Evangeliumsnachfolge. Die *Apologia pauperum* verfolgt dasselbe Hauptthema, aber in den *Collationes* präsentiert Bonaventura eine franziskanische Eschatologie, die einige Elemente der Gedanken Joachims von Fiore[9] enthält. Hier wird Franziskus als die Erfüllung des eschatologischen Zeitalters angesehen und behauptet, daß seine Evangeliumsnachfolge ihn schon in die seraphische Ordnung als Erfüllung der Geschichte einreihe, während seine Gefährten, von Franziskus an Vollkommenheit unterschieden, in der cherubischen Ordnung verblieben. Der Orden der Franziskaner sei von der Vorsehung auf die letzten Tage ausgerichtet und verweise die Kirche auf die Endzeit, in die Franziskus bereits auf dem Berg La Verna eingetreten sei – ganz und gar durch die Stigmata umgestaltet in die Gestalt des gekreuzigten Christus.

Obwohl Bonaventura eine Unterscheidung macht zwischen Franziskus und den Franziskanern, beziehen sich die meisten seiner Werke als Generalminister ausdrücklich auf die Beziehung der Brüder zu Franziskus. Bonaventura selbst hatte eine tiefe innere Beziehung zu Franziskus, obwohl er ihn nie kennengelernt hatte. Sein bedeutendstes spekulatives und mystisches Werk, das *Itinerarium mentis in Deum*, wurde 1259, kurz nach seiner Wahl zum Generalminister, geschrieben. Bonaventura erlebte in der Abgeschiedenheit des La Verna eine bewußte Vergegenwärtigung des hl. Franziskus, als er die Stufen des franziskanischen mystischen Weges meisterhaft beschrieb. Im Prolog schrieb Bonaventura:

> Während ich darüber nachdachte, auf welch verschiedenen Wegen die Seele sich zu Gott erhebt, kam mir das Wunder, das dem gesegneten Franziskus an diesem Ort widerfahren war, zu Bewußtsein: die Vision des geflügelten Seraph in der Gestalt des Gekreuzigten. Während ich darüber nachdachte, erkannte ich auf einmal, daß diese Vision die Hingabe unseres Vaters in der Kontemplation zeigt und den Weg, auf dem diese Hingabe erreicht wird.

Kontemplation ist beides, Ziel und Weg. Die verwandelnde Verzückung durch die Kontemplation, die Franziskus auf dem La Verna erfuhr, und der Weg zu dieser Verzückung werden erfahren in der Kontemplation, daß der dreieine Gott mit seiner Gegenwart wohnt in der Schöpfung, in der Tiefe des Selbst und in der gnadenvollen Erfahrung der Tugend, den Gaben des Hl. Geistes. Dies ist der Höhepunkt und die Erfüllung der Berufung des Franziskus. Alle, die an seiner Berufung teilhaben, sind zu diesem kontemplativen Weg aufgerufen. Bonaventura glaubte, daß Kontemplation etwas für alle Männer und Frauen sei, und richtete so eine Botschaft an alle: »Öffnet eure Augen, wachsam sei das Ohr eures Geistes, öffnet eure Lippen und bereitet eure Herzen, so daß ihr in aller Schöpfung euren Gott sehen, hören, preisen, lieben und anbeten, verherrlichen und ehren könnt, damit nicht die ganze Welt sich gegen euch erhebt.«

Der kontemplative Weg auf den Berg beginnt mit der Liebe zum gekreuzigten Christus:

> Es gibt keinen anderen Pfad als durch die brennende Liebe zum Gekreuzigten, eine Liebe, die Paulus, als er in den dritten Himmel entrückt wurde, so in Christus verwandelte, daß er sagen konnte: »Mit Christus bin ich gekreuzigt. Ich lebe, aber nicht ich lebe, sondern Christus lebt in mir.«

Die Vollendung des Weges in kontemplativer Verzückung ist Vertrautheit mit dem gekreuzigten Christus, und eben diese Vertrautheit ist die Erfüllung des Weges, den Franziskus ging. Aber sie ist nicht nur der spirituelle Weg der Franziskaner, sondern vielmehr die Erfüllung aller christlichen Pilgerschaft und der menschlichen Berufung überhaupt; denn sie entspricht der franziskanischen Theologie vom fleischgewordenen Wort, das alles geschaffen hat: »Mit Christus gekreuzigt, laßt uns aus dieser Welt zum Vater gehen, so daß, wenn uns der Vater gezeigt wird, wir mit Philippus sagen können: Es ist genug für uns.« Die Nachfolge Christi findet ihre Erfüllung in der Kontemplation; und sie tritt ein in das Paschamysterium als Hinübergang Christi zum Vater.[10]

Eine weitere Schrift Bonaventuras, die für die franziskanische Spiritualität bezeichnend ist, ist die *Legenda Maior* oder *Große Vita des hl. Franziskus*. Sie wurde auf Bitten des Generalkapitels von 1260 geschrieben; innerhalb von nur drei Jahren war diese theologische Interpretation und Darstellung des Lebens des hl. Franziskus vollendet. 1266 wurde Bonaventuras theologische Biographie die offizielle Vita, die überall im gesamten Orden verbreitet wurde. Jeder Bruder sollte eine Abschrift haben, andere Biographien und Legenden jedoch sollten vernichtet werden. So wurde dieser Text einer der am weitesten verbreiteten Werke der spätmittelalterlichen Literatur. Sein Einfluß auf die spirituelle Bildung der Brüder und auf die franziskanische Literatur, auf die Kunst und Volksfrömmigkeit ist enorm.

Bonaventura entwickelt eine Spiritualität, indem er das Leben des Franziskus thematisch gliedert und dabei den Aufbau und die Einsichten der an Dionysius angelehnten spirituellen Tradition von Läuterung, Erleuchtung und Vervollkommnung verwendet. Innerhalb dieser Struktur ist die zentrale spirituelle Erfahrung des Franziskus das Mit-Leiden: Sowohl seine Bekehrung wie seine Vollendung des Weges in der Kontemplation sind Erfahrungen des Mit-Leidens. Mit-Leiden ist gleichbedeutend mit Leben und Liebe des hl. Franziskus. Seine Spiritualität wird so in der Beziehung zum Menschsein seines Bruders, des Aussätzigen, und seines Bruders, Jesus am Kreuz, realisiert. Mit-Leiden ließ Franziskus auf dem Gipfel des La Verna in die seraphische Ordnung eintreten: »Glühendes Verlangen trug ihn wie ein Seraph zu Gott empor, und inniges Mit-Leiden gestaltete ihn dem ähnlich, der aus übergroßer Liebe den Kreuzestod auf sich nahm« (*Legenda Maior* 13.3). Im Mit-Leiden erreichte Franziskus die innerste Tiefe der Gottesebenbildlichkeit, und dies geschah, indem er die menschliche Armut und Demut Christi teilte.

Für Bonaventura sind die Stigmata des Franziskus maßgebend für das Verständnis des Geheimnisses des Herrn, wie es in dem Armen von Assisi enthüllt wurde. Mit dem Zeichen des Kreuzes in seinem Fleisch wurde Franziskus selbst eine Offenbarung des Geheimnisses von Gottes unendlicher Liebe. Obwohl in der *Legenda Maior* das Bindeglied zwischen der Erfahrung des Franziskus mit dem Aussätzigen und seiner Erfahrung auf dem Berg La Verna das Mit-Leid ist, hob Bonaventura in seinen Predigten zu Franziskus die Grundlage des Mit-Leids, nämlich die Demut, hervor: »Christi Kreuz ist das Zeichen der vollendetsten Demut«. Indem sich Franziskus mit dem Kreuz Christi auf dem La Verna identifizierte, offenbarte er die Demut Christi. In den Stigmata ist Franziskus der wahre »mindere Bruder«. Diese Spiritualität gilt jedoch nicht nur für die Franziskaner. Bonaventura glaubte, daß die demütige Hingabe an den gedemütigten Christus am Kreuz wesentlich für die Erlösung aller sei. In seiner Predigt zum Fest des hl. Franziskus im Jahr 1255 unterstreicht Bonaventura die universale Bedeutung franziskanischer Spiritualität: »Obwohl es nicht jedermanns Sache ist, den Habit anzuziehen und das Gelübde auf die Ordensregel der Minderbrüder abzulegen, ist es notwendig für jedermann, der gerettet werden will, Minderbruder im Sinne der Sanftmut und Demut zu sein.«

6. Die Spiritualen

Ein Aufsatz über die Entwicklung der franziskanischen Spiritualität darf die innerfranziskanische Bewegung nicht übergehen, die besonders zwischen den Jahren 1274 und 1322 auflebte, also zwischen dem Todesjahr Bonaventuras und dem Jahr, als Johannes XXII. die Bulle *Ad conditorem canonum* erließ. Diese Bulle war die radikale Zurückweisung der früheren Versuche der päpstlichen Autorität, in den ordensinternen Diskussionen über die Interpretation der Regel bezüglich der Frage der Armut zu vermitteln. 1230 hatte Gregor IX. in *Quo Elongati* das Testament des Franziskus mit dessen Verfügung, die Regel ohne Interpretation und Deutung, »sine glossa«, zu beachten, als nicht bindend erklärt. Schon zu dieser Zeit gab es Brüder, die über die päpstliche Einmischung unglücklich waren. Manchen Brüdern schien das Verständnis von Armut in dem Sinne, »weder ein Haus noch einen Ort, noch sonst etwas zu besitzen«, von zwei Seiten grundsätzlich unterlaufen, d. h. gemildert: seitens der Ordensoberen und seitens der päpstlichen Kurie. Die Minderheit, die mit diesen Entwicklungen unzufrieden war, lebte vor allem in den Einsiedeleien Mittelitaliens und in der Provence in Südfrankreich.

1254 kam es zum ersten Zerwürfnis aufgrund der Verurteilung des *Liber introductoris in evangelium aeternum* (Einführung in das Ewige Evangelium) von Gerard von Borgo San Donnino, welches die Werke des Joachim von Fiore als wegweisend für das neue Zeitalter ansah. Trotz der Verurteilung hatten die Gedanken Joachims bereits bei denen, die eine strengere Beachtung der Regel anstrebten, Eingang gefunden. Wo sonst konnte man des Triumphs Christi auf Erden besser ansichtig werden als in dem neuen Ereignis der Stigmatisation des Franziskus und dem neuen Orden der Armut, der durch Franziskus gestiftet worden war? In der Kombination der Gedanken Bonaventuras, der das Wunder der Stigmatisation als zentral für das Verständnis des Franziskus ansah, mit dem Gedanken Joachims bezüglich des Anbruchs des neuen Zeitalters der Vollendung im Hl. Geist fand eine neue eschatologische Spiritualität ihre theologische Grundlage in der radikalen Neuheit der Stigmatisation des Franziskus.

Die am häufigsten genannten Lehrer und Führer der kompromißlosen Brüder, die als Spiritualen bekannt wurden, sind Johannes Olivi (gest. 1298) und sein Schüler während seiner Lehrtätigkeit in Florenz, Ubertino von Casale (gest. ca. 1329–1341). Jacopone von Todi (gest. 1306) neigte in seinen *Laude* (Lobgesänge) der Armut dem Mystischen zu, und Angelo Clareno (1245–1337) kam in öffentlichen und politischen Auseinandersetzungen mit Bonifaz VIII. und Johannes XXII. in Konflikt, nachdem er zuvor die Gunst des nur kurzzeitig regierenden, von seinem Amt als Papst zurückgetretenen Coelestin V. genossen hatte. Obwohl die Bewegung der Spiritualen nicht länger existierte, als ihre Führungspersönlichkeiten lebten, hatte ihre Lehre Einfluß auf das Erbe der Franziskaner und wurde besonders bedeutsam in der Observantenbewegung des folgenden Jahrhunderts und hinsichtlich einiger späterer Werke wie dem *Speculum Perfectionis* (Spiegel der Vollendung) und den *Fioretti*.

Das Werk von Johannes Olivi, besonders seine *Postilla in Apocalypsim*, inspirierte die Vision und die Schriften des Ubertino von Casale. Als der Generalminister Matthäus von Acquasparta im Jahr 1287 Olivi zum Lektor in Santa Croce in Florenz ernannte, sog Ubertino über seinen Lehrer sowohl die Ansichten Joachims von Fiore wie das radikale franziskanische Ideal der Armut auf. 1299, im Jahr nach dem Tod von Johannes Olivi, als dessen Bücher von einem Ordenskapitel verurteilt wurden, war es Ubertino, der die Sache der Spiritualen weiterhin vertrat. Dies führte ihn schließlich ins Exil; er wurde von seinen Oberen angewiesen, sich in die Einsiedelei auf dem La Verna zurückzuziehen. Dort vollendete er sein klassisches Werk *Arbor Vitae Crucifixae Jesu*.

In diesem Werk, dem *Lebensbaum des gekreuzigten Christus*, findet man das Schema von Bonaventuras *Lignum vitae* (Das Holz des Lebens) und weite Teile von Olivis *Postilla* wieder; es ist eine quasi-autobiographische Darstellung des Lebens Jesu mit dem Beginn in Jesu ungeschaffenem Sein beim Vater. Zentral in diesem Text ist der gekreuzigte Christus als Ausgangs- und Endpunkt. Die Meditation führt in das innere Leiden Christi, so als ob man durch seine Seitenwunde in das Herz Christi treten würde. Im Prolog bemerkt Ubertino, daß es dabei darum geht, »das unermeßliche Leid seines geheiligten Herzens zu betrachten«. Das abschließende Buch verherrlicht den Triumph des gekreuzigten Christus: »Das fünfte und letzte Buch handelt von der zahlreichen Nachkommenschaft der christlichen Kirche, die durch ein neues Martyrium mit Jesus verbunden ist und sich bis zum ewigen Hochzeitsmahl einer gänzlich erlösten menschlichen Natur erstreckt.«

Franziskus ist es, der durch ein neues Martyrium mit Jesus verbunden ist, der so durch eine seraphische Liebe zu Christus die menschliche Natur wiederherstellt und das dritte Zeitalter eröffnet. Franziskus, gezeichnet mit den Stigmata, ist der Engel des sechsten Siegels (Offb 3, 7–13). Diese neue Welt der seraphischen Liebe des Geistes ist gekennzeichnet durch eine äußerste Armut, durch Zeichen der Demut, Ekstasen der Kontemplation und durch eine innige Gemeinschaft aller Heiligen. Die Spiritualen suchten die endgültige Vollendung der Kirche voranzubringen, indem sie an der verwandelnden Kraft der biblischen Armut festhielten, wie sie von Franziskus in seiner »seraphischen« Regel realisiert worden ist. Das ihnen Eigentümliche war eine eschatologische Spiritualität, die auf der Führung des Geistes hin zu einer revolutionierenden Armut beruhte. Die seraphische Regel wurde als Geschenk Gottes zur Erneuerung der Welt betrachtet. Daher verstanden sich die Spiritualen in ihrer getreuen Befolgung der Regel als die Prototypen wahren Christseins. Sie sahen sich nicht als Abweichler innerhalb des Ordens oder der Kirche, sondern vielmehr als der »heilige Rest«.[11]

Ausgehend von der Gleichsetzung der absoluten Armut mit dem Inbegriff evangeliumsgemäßer Nachfolge, erhob sich die Frage nach der Armut Christi, die dann ebenfalls eine absolute sein mußte. Diese Position wurde von Johannes XXII. als häretisch verurteilt. In dem darauf folgenden Konflikt mit Johannes XXII. griffen Angelo Clareno und seine kleine Zahl von Anhängern, die einst die Gunst von Coelestin V. als dessen arme Einsiedler genossen hatten, direkt in die Debatte ein. Obwohl von Johannes XXII. verurteilt, klammerten sie sich an ihr von Coelestin erworbenes Privileg und wurden als Fraticelli bekannt. Auf dem Höhepunkt des Konfliktes und dem Wendepunkt zum Niedergang der Spiritualen beendete Angelo 1325 seine berühmte *Geschichte der sieben Leiden*; sie beschreibt die Auseinandersetzungen der treuen Befolger der *Regel* mit dem Orden, beginnend mit dem Generalat von Bruder Elias. Angelo schuf dieses Werk, verbannt und getrennt vom Orden als Mönch in Sacro Speco von Subiaco; der kurzlebige Kampf der Spiritualen endete mit seinem Tod.

7. Die Spiritualität der Konventualen und Observanten

Am Beginn des 15. Jahrhunderts legte die Reformbewegung des Ordens, die als die der Observanten bekannt ist, besonderen Wert auf eine strengere Interpretation der Regel mit Betonung des Dienstes als wandernde Volksprediger. Dies führte im folgenden Jahrhundert zu einer Trennung innerhalb des Ordens zwischen denen, die den Observanten, und denen, die der Tradtion der Konventualen folgten.

Der Begriff »Konventuale« leitet sich ab von den größeren städtischen Konventen von mindestens 13 Brüdern, die an Kirchen (für den Seelsorgedienst) oder an Studienzentren angegliedert waren. Bruder Thomas Ecclestons Chronik *The Coming of the Friars Minor to England* (Bericht von der

Ankunft der Minderbrüder in England) gibt Zeugnis von einer Spiritualität, die sich unter den Brüdern schon um 1230 oder 1240 entwickelt hatte und der die Entwicklung größerer Konvente und Ordenskapitel, das Studium und das liturgische Leben mehr am Herzen lag als die strikte Interpretation der Armut.

Die Observanten hingegen pflegten das einfache Leben und kultivierten die Tradition, die in den ländlichen oder eher eremitischen Klöstern lebte. Ihre Position verbesserte sich mit dem Auftreten von vier Brüdern, die außergewöhnliche geistliche Führungskraft hatten: der hl. Bernhardin von Siena im Jahre 1402, Johannes von Capestrano 1415, Albert von Sarteano 1415 und Jakobus von der Mark 1416. Zentral in ihrem Denken und Predigen war Franziskus, der *alter Christus*, der andere Christus. *Der Lebensbaum des gekreuzigten Christus* Ubertinos von Casale sowie *De conformitate vitae b. Francisci ad vitam Domini Iesu* (Das Buch der Angleichung des Lebens des Franziskus an das Leben des Herrn Jesus), geschrieben um 1390 von Bartholomäus von Pisa, waren zwei Werke, die die Spiritualität dieser Männer, besonders Bernhardins von Siena (1380–1444), beeinflußten.

Bernhardin ist bekannt für seine Verehrung des hl. Namens Jesu und seine Predigten dazu. Diese Verehrung war nicht originär bernhardinisch – sie war schon verbreitet in den Schriften des englischen Mystikers Richard Rolle (gest. 1349) –, aber sie stimmt im wesentlichen überein mit der Liebe, die Franziskus für das Menschsein Christi in sich trug, wie es Bonaventura in seiner Predigt *Die 5 Feste des Jesuskindes* bezeugt: »O, wie fruchtbar und gesegnet ist der Name, ausgestattet mit einer so großen Kraft und Wirkung!«

In der 49. Predigt mit dem Titel *Der glorreiche Name unseres Herrn Jesus Christus* zeigt Bernhardin, wie der Name Jesu im Alten Testament vorhergesagt, vom Engel angekündigt, in der Beschneidung Christi enthüllt und schließlich nach der Auferstelung verkündet wurde. Der Name Jesu umspannt die ganze Heilsgeschichte, folglich enthält sein Name eine Spiritualität der Menschheits- und der persönlichen Geschichte. Im Namen Jesu liegt alles, was zum Heil und zur Verklärung am Ende der Zeiten gehört. Insofern ist die Mitte jedes Gebetes und das Zentrum jeder religiösen Erfahrung in reiner und einfacher Form verwurzelt im Sprechen und Auskosten des Wortes der Erlösung: »Jesus«. »O glorreicher Name, o huldvoller Name, o lieblicher und wertvoller Name. Durch dich sind Sünden abgewaschen, Widersacher überwunden, die Kranken erlöst und diejenigen, die Bedrängnis erleiden, gestärkt und getröstet.«

8. Die Spiritualität der Kapuziner

Im Jahr 1525, kurz nachdem Papst Leo X. mit der Bulle *Ite et Vos* die Observanten und Konventualen endgültig und rechtlich getrennt hatte, machte sich der Observantenbruder Matthäus von Bascio (gest. 1552) aus der Mark Ancona nach Rom auf, um die Erlaubnis einzuholen, ein stärker eremitisches franziskanisches Leben zu führen. 1528 erließ Clemens VII. die Bulle *Religionis zelus*, in der er der kleinen Gruppe, die von Matthäus von Bascio gegründet worden war, aber von Ludwig von Fossombrone (gest. 1560) organisiert und geführt wurde, Autonomie und einen rechtlichen Status zubilligte. Innerhalb von 10 Jahren wuchs ihre Zahl auf 700 an, verstreut über 12 Provinzen. Der Erfolg dieser Minderbrüder des eremitischen Lebens, später Kapuziner genannt, wurde früh durch fähige Führer wie Franz von Jesi (gest. 1549), Johannes von Fano (gest. 1539) und Bernhard von Asti (gest. 1554) gefördert.

Die Spiritualität dieser frühen Jahre gründete in einer Sehnsucht nach ursprünglicher evangelischer Schlichtheit, die ihren Ausdruck fand in kontemplativem einsamen Gebet und einem strikten Leben in Armut. Als volkstümliche Prediger nahe am Herzen des einfachen Volkes wurden sie Förderer des inneren Gebetes bei den Gläubigen. Johannes von Fanos *L'Arte de la unione*, veröffentlicht in Brescia 1536, zählt zu den ersten einer Reihe populärer mystischer Werke. Als die Kapuziner nach Frankreich gingen, setzte sich diese Tradition in Benedikt von Canfields (gest. 1610) 1609 in Paris veröffentlichter berühmter mystischer Abhandlung *Regula perfectionis* fort. Seine Vorliebe für das Affektive als dem Weg zur inneren Einheit mit Gott wird entfaltet in der Verehrung der Passion Christi, der Eucharistie und Marias als dem sicheren Weg zu Christus.

Der hl. Laurentius von Brindisi (1559–1619), manchmal als der größte Kapuziner bezeichnet, war eine überragende Gestalt der katholischen Reform nach dem Konzil von Trient. Mutig erschloß er neue Wege für die Kapuziner nördlich der Alpen, als er hussitische, calvinistische und lutherische Hochburgen betrat, um den katholischen Glauben zu fördern. 1601 begab er sich sogar auf das Schlachtfeld in Mittelungarn, um die zahlenmäßig schwächeren christlichen Truppen gegen die Türken zu bestärken. Daß die Christen siegten, wurde seiner Gegenwart zugeschrieben. Selbst inmitten dieser Aktivitäten pflegte er ein innerliches mystisches Leben, das ihm in seinen Bemühungen, gegen die Häretiker zu predigen und die bedrängten Katholiken in der Schlacht zu stärken, Kraft gab. Seine Mystik ist entschieden marianisch.

In dem ersten Band der 15bändigen gesammelten Werke des Laurentius kann man einen der kostbarsten Schätze marianischer Abhandlungen finden, die je von einem einzelnen Menschen geschaffen wurden. Es ist sein *Mariale*, das aus 84 Einzelabhandlungen besteht. Sein Lobpreis der Jungfrau Maria gilt ihrer Einwilligung in das Geheimnis des fleischgewordenen Wortes und ihrer Teilhabe daran. Mit diesem Lobpreis steht Laurentius in der Tradition des hl. Franziskus von Assisi; dieser pries ja »das Wort des Vaters – so wertvoll, so heilig und ruhmvoll – im Schoß der heiligen und ruhmreichen Jungfrau Maria, von der (das Wort) das Fleisch der Menschlichkeit und unserer Schwachheit erhalten hatte« (*Zweite Fassung des Briefes an die Gläubigen*). Bonaventura baute darauf auf, als er schrieb, daß Franziskus »die Mutter des Herrn mit einer unbeschreiblichen Liebe umfing, da sie aus dem Herrn der Herrlichkeit unseren Bruder gemacht hatte« (*Legenda Maior* 9.3). Laurentius faßte das Wertvollste aus nahezu 400 Jahren franziskanischer marianischer Theologie und Frömmigkeit zusammen. Im Zentrum seines marianischen Denkens steht die Mutterschaft, und der Grund dafür liegt in Marias freier Zustimmung und ihrer Entscheidung, empfänglich zu sein für die Macht des Wortes Gottes: »Wie bedeutsam war das ›fiat‹ der Jungfrau! Denn als sie es aussprach, wurde das Wort Fleisch« (*Sermo* 7).

Franziskanische Spiritualität ist in erster Linie auf die Passion Jesu Christi ausgerichtet und berührt das Herz der menschlichen, kosmischen und göttlichen Wirklichkeit. Franziskanische Spiritualität ist nicht einfach eine Betrachtung des Kreuzes, sondern ein Eintreten in die Erfahrung der Armut des Kreuzes, um darin aus der Mitte Gottes heraus die mitfühlende Weisheit Gottes zu erfahren. Franziskanische Weisheit besteht darin, Gott in der Armut des Kreuzes zu erkennen, so wie Jesus in seiner Identifikation mit den Leidenden und Ausgestoßenen den Vater erkennt. Es ist die Weisheit, die Bonaventura in seiner 2. Predigt über die Geburt des Herrn beschreibt als eine Einheit, in der »Unermeßlichkeit gemäßigt wird durch Kleinheit, Kraft durch Schwäche, Klarheit durch Dunkelheit, Unsterblichkeit durch Sterblichkeit, Göttlichkeit durch Menschlichkeit und Reichtum durch Armut«. Kleinheit, Menschlichkeit und Armut sind das reiche Vermächtnis des Franziskus von Assisi. Seine Spiritualität verkündet eine radikale Absage an die Macht in einer machthungrigen Welt. Franziskanische Liebe zu dem gekreuzigten Christus schenkt allem mitfühlende Zärtlichkeit und Freundlichkeit und gibt ein Zeugnis für das, was in einer von Krieg und Entfremdung zerrissenen Welt möglich ist.

Anmerkungen

1 Der ursprüngliche lateinische Text ist vorzüglich herausgegeben in *Opuscula Sancti Patris Francisci Assisiensis*, hg. von K. Esser, O.F.M., Grottaferrata 1978.

2 Bezüglich des Einflusses der Laienbüßerbewegung auf Franziskus vgl. *Dossier de l'ordre de la penitence au XIIIe siècle*, hg. von G. G. Meersseman, Fribourg 1961 und A. Pompei, O.F.M. Conv., »Il movimento penitenziale nei sec XII–XIII«, in: *Atti del Convegno di Studi Francescani*, Assisi 1973.

3 Franziskus von Assisi war kein geweihter Priester. Zur Betrachtung der Frage seines Diakonates vgl. M. D'Alatri, O.F.M. Cap., *San Francesco d'Assisi diacono nella Chiesa*, Rom 1977.

4 Forma minorum: Gestalt der Geringen. »Minores« = »mindere«, »Minder«-Brüder ist die Selbstbezeichnung der Franziskaner. [JS]

5 Zitiert nach D. Flood, *Die Regula non bullata der Minderbrüder*, Werl 1967.

6 Wie Anm. 4.

7 Vgl. dazu u. a. E. Leclercq, *The Canticle of Creatures: Symbols of Union*, Chicago 1978.

8 Es handels sich um die figürliche Weihnachtskrippe, die Franziskus in Greccio aufstellte. [JS]

9 Nach dem Zeitalter des Sohnes, der hierarchischen Kirche, soll bald das Zeitalter des hl. Geistes, der geistbeseelten christlichen Gemeinschaft, beginnen. Auch Bonaventura deutete Franziskus als einen Neubeginn des christlich-kirchlichen Lebens. [JS]

10 Pascha wörtlich übersetzt: Weiter-, Hinübergang. [JS]

11 Das Wort vom »heiligen Rest« lehnt sich an alttestamentliche Propheten an, die im heiligen Rest Israels den Beginn des neuen Reichs der Endzeit sahen. [JS]

III. Die Spiritualität der Karmeliten

Von Keith J. Egan

Die Ursprünge der Karmeliten liegen im dunkeln; dies berührte das Selbstverständnis der mittelalterlichen Karmeliten auf tiefgreifende Weise. Anders als die Benediktiner, Dominikaner oder Franziskaner entbehrten die Karmeliten im Mittelalter einer allseits bekannten und charismatischen Gründerpersönlichkeit und früher heldenhafter Gestalten. Nicht einer der Karmeliten der Gründerzeit ist uns namentlich bekannt; erst im späten 14. Jahrhundert begann man, die Abkürzung »B.« des Priors der ältesten bekannten Karmelitenkommunität als Brocard zu lesen. Überdies wird auch Simon Stock, der vermeintlich kraftvolle Ordensgeneral der Karmeliten aus der Mitte des 13. Jahrhunderts und angeblich visionäre Empfänger des braunen Skapuliers[1], erst durch die gleichen Legenden des späten 14. Jahrhunderts bekannt. Für ihn, der einst eine Schlüsselgestalt der karmelitanischen Tradition war[2], fehlen sichere zeitgenössische Zeugnisse. Durch das Fehlen von »Helden« fühlten sich die Karmeliten während des späten Mittelalters dazu gezwungen, den Propheten Elija zu ihrer Gründergestalt zu küren, auf dessen Berg sie ihre Wurzeln hatten und der lange als Modell für das Mönchsein gedient hatte. Ja, die Karmeliten des Mittelalters betonten darüber hinaus eine Verbindung zur Jungfrau Maria auf Wegen, die sogar den mittelalterlichen Sensus für das Außergewöhnliche strapazierte. Die neuzeitliche Aufdeckung des legendarischen Charakters vieler Überlieferungen erlaubt es, sich auf die Ereignisse und Dokumente zu konzentrieren, die in der Tat wichtiger für das Verständnis des spirituellen Lebens der mittelalterlichen Karmeliten sind als bestimmte Randthemen, auch wenn diese mit Schlüsselsymbolen der karmelitanischen Spiritualität verbunden sind.

1. Ursprünge

Man kann die Ursprünge der Karmeliten bis in die Zeit zurückverfolgen, die unmittelbar der Anerkennung ihrer Ordensregel, der *vitae formula* (1206–1214), durch Albert, den Patriarchen von Jerusalem, vorausging. Diese kurze Regel beschreibt eine Lebensordnung hauptsächlich für Laien, die Buße tuend in kleinen Einzelzellen, rund um eine Kapelle angeordnet, wohnten; eine Einrichtung, die an die frühen Einsiedlerlauren (-zellen) in Palästina erinnert. Die Spiritualität dieser ersten Karmeliten war die der mittelalterlichen lateinischen Eremitentradition, einer Tradition, die bald von der erstarkenden Bettelorden(Mendikanten)-Bewegung verdrängt werden sollte. Wie andere Eremiten des Mittelalters lebten die Karmeliten ein Leben des Gebetes (hauptsächlich der Psalmen), der Stille, der persönlichen Einsamkeit (aber in einer größeren Siedlung gemeinschaftlich wohnend) und der Buße mit besonderer Betonung der intensiven Beziehung zu

Jesus Christus *(in obsequio Jesu Christi,* wie es in ihrer Ordensregel heißt).[3] Jeder der Brüder sollte stets in seiner Zelle oder in ihrer Nähe verweilen, Tag und Nacht die Gesetze des Herrn bedenken und im Gebet wachen. Wenn möglich – vielleicht war das von der Verfügbarkeit eines Priesters abhängig – kam man täglich zur Feier der Eucharistie zusammen. Diese Regel sah keine gemeindliche Seelsorge durch die Brüder vor. Die ersten Karmeliten waren schlicht und einfach Eremiten, die unter ihren Zeitgenossen kaum bekannt waren. Der dänische Karmelitengelehrte Victor Roefs hat pointiert formuliert: »Der Ruhm des Karmelitenordens ist seine auffallende Anonymität.«[4] Das Eremitentum der Regel enthält jedoch einen gemeinschaftlichen Zug, der die Einsiedler befähigte, den Lebensstil der Mendikanten anzunehmen, nachdem sie nach Europa ausgewandert waren.[5]
Nur fünf Kilometer südlich des mittelalterlichen Hafens von Haifa angesiedelt, am Wadi 'Ain es-Siah in einer Schlucht mit Blick auf das Mittelmeer, konnten sich die ursprünglichen karmelitanischen Einsiedler nicht lange ihrer Einsamkeit erfreuen. Im Jahre 1291 sollten sie aus dem Heiligen Land vertrieben werden, aber bereits um 1238 waren einige von ihnen nach Europa ausgewandert.[6] Diese früheren Auswanderer machten sich auf nach Zypern, Sizilien, England und Südfrankreich. Während dieser ersten Jahre in Europa, allerdings nicht länger als ein Jahrzehnt, ergaben sich unüberwindbare Schwierigkeiten für die Fortführung des eremitischen Lebensstiles. Ein Generalkapitel zu diesem Thema im englischen Aylesford entsandte zwei Vertreter, Reginald und Peter von Folsham, zum Hl. Stuhl, wo sie um eine Neugestaltung der Regel nachsuchen sollten. Mit der Revision wurden zwei frühere Dominikaner betraut, Kardinal Hugo von St. Cher und Wilhelm von Reading, Bischof von Tortosa.[7] Die Wahl gerade dieser beiden früheren Dominikaner und andere uns unbekannte Faktoren bewirkten, daß die Konstitutionen der Karmeliten denen der Dominikaner sehr ähnlich wurden. Am 1. Oktober 1247 bestätigte Innozenz IV. die überarbeitete Fassung, die mit seiner Bestätigung eine kirchenrechtliche Regel, *Regula,* wurde.
Die Überarbeitung hatte bleibende Auswirkungen auf die Spiritualität der Karmeliten. Nun waren sie nicht länger gehalten, sich nur in Gegenden niederzulassen, die ein eremitisches Leben möglich machten. Nun konnten sie Neugründungen errichten, wo immer sich ihnen die Möglichkeit dazu bot, solange diese mit ihrer Regelobservanz in Übereinstimmung zu bringen waren. Die Revision verlangte ein gemeinsames Refektorium und verkürzte das absolute Stillschweigen auf die Zeit vom frühen Abend bis zum folgenden Morgen. Den Karmeliten war nun erlaubt, auch fleischhaltige Gerichte zu essen, so daß sie ihren Gastgebern nicht mehr zur Last fielen. Diejenigen, denen es möglich war, sollten das Stundengebet gemeinsam verrichten.[8] Die Veränderungen im Regeltext mögen nicht gravierend erscheinen, aber ihre Implikationen bewirkten eine neue Identität der Eremiten vom Berg Karmel. Sie führten zu einer raschen Ausbreitung des Ordens in den Städten Europas, wo Dominikaner und Franziskaner angesiedelt waren, zu einer stärker gemeinschaftlichen Lebensform und zu einer Klerikalisierung der Brüder. Sie führten die Karmeliten geradewegs zu einer Identität als Bettelmön-

che. Die Revision von 1247 erzeugte auch die Spannung, die seitdem für die Karmeliten charakteristisch ist: auf der einen Seite der Ruf zu kontemplativer Einsamkeit und andererseits die Verpflichtung zum seelsorgerlichen Dienst im Kontext gemeinschaftlichen Lebens. Die vordem einfachen Eremiten hatten sich darauf vorzubereiten, zu predigen, zu lehren und die Sakramente zu spenden – sie mußten also auf die religiösen Bedürfnisse ihrer Nächsten eingehen, so wie es die Dominikaner und Franziskaner taten. Die Bettelmönche »ritten« damit auf einer volkstümlichen Welle der Evangelisation, die durch das 4. Laterankonzil (1215) ausgelöst worden war; unfähig, dem erfolgreichen Trend zu widerstehen, schlossen sich die Karmeliten der Lebensart der Mendikanten an. Es sollte aber noch bis 1326 dauern, ehe die Karmeliten durch Johannes XXII., der die Bestimmungen des Schreibens von Bonifaz VIII., *Super Cathedram,* auf sie ausweitete, alle Privilegien der Mendikanten erhielten.[9] Nichtsdestoweniger begannen die Karmeliten aber bereits unmittelbar nach dieser Änderung der ursprünglichen eremitischen Lebensordnung in eine Ordensregel im Jahr 1247 wie Bettelmönche zu leben; durch diese Änderung wurde den Karmeliten, die erst einige Jahre zuvor als Eremiten nach Europa gekommen waren und die nun die Ideale der Bettelmönche verfolgten, eine neue Lebensart ermöglicht.[10]

Die Angleichung der Karmeliten an die Mendikanten ging nicht unangefochten vor sich, weder ordensintern noch nach außen. Die unfreundliche Haltung gegenüber den Mendikanten beim Weltklerus und die Besorgtheit der Dominikaner und Franziskaner über ihren nachlassenden Einfluß in der Kirche gipfelte in der Konstitution *Religionum diversitatem* des 2. Konzils von Lyon (1274). Dieses Dokument ließ die Festlegung des endgültigen Status der Karmeliten und der Augustiner-Eremiten bis zu einer späteren Entscheidung in der Schwebe.[11] Die kirchenamtliche ambivalente Haltung gegenüber dem Bettelordentum der Karmeliten wurde erst mit Bonifaz VIII. beseitigt, als dieser 1298 den Wortlaut von *Religionum diversitatem* änderte, so daß die Karmeliten und Augustiner-Eremiten nicht länger fürchten mußten, ihre Identität als Bettelorden sei in Gefahr.[12]

Ordensintern stammten die gewichtigsten Bedenken gegen die Wandlung der Karmeliten von einem Eremiten- in einen Brüderstatus von Nikolaus dem Franzosen (Gallicus), Generaloberer ab 1266; er schied 1271 aus dem Amt, vielleicht aus Protest gegen das neue Selbstverständnis seiner Brüder. In seinem Rundbrief mit dem Titel *Ignea sagitta* (Der feurige Pfeil) tadelte Nikolaus diejenigen, die das Leben in der Stadt anstelle der früheren Einsamkeit gewählt hatten.[13] Er verurteilte sie dafür, daß sie die Aufgaben der Mendikanten übernommen hatten, nämlich Lehre, Predigt und geistliche Begleitung. Dieses Klagelied ist in der Tat ein verspätetes Totenglöcklein zum strengen Einsiedlerleben des Ordens der Karmeliten. Während der Lebenszeit des Nikolaus hatten seine Mitbrüder bereits die Schritte getan, wodurch sie für das restliche Mittelalter und darüber hinaus zu Chaucers »ordres foure« (vier Orden) gehörten.[14] Sogar Teresa von Jesus, deren Reform von den Einsiedlern vom Berg Karmel inspiriert war, entwickelt ein coenobitisches, d. h. auf Gemeinschaft beruhendes Lebensmodell für die Nonnen und Mönche.[15] Ja, mehr noch: Teresa dachte nie an eine Beendigung der Seelsorgsarbeit der Brüder. Nach der Revision von 1247 gab es kein Zurück mehr von dem, was die beständige und grundlegende Polarität der karmelitanischen Spiritualität sein würde: kontemplative Einsamkeit und seelsorgerlicher Gemeinschaftsdienst und manchmal – wie für Teresas Nonnen – Einsamkeit und Gemeinschaft. Teresa fühlte, daß der Drang zum öffentlichen, weltbezogenen Dienst für sie selbst und ihre Schwestern im 16. Jahrhundert nicht verwirklicht werden könne.[16]

Die kontemplative Ausrichtung ist nicht nur in der ursprünglichen Regel offensichtlich; sie wird auch in den frühesten noch erhaltenen Konstitutionen, denen von 1281 und 1294, ausdrücklich erwähnt. Diese erinnerten die jüngeren Ordensmitglieder daran, daß ihre Vorgänger in der Einsamkeit des Berges Karmel himmlische Dinge betrachtet hatten.[17] Die kontemplative Ausrichtung der karmelitanischen Spiritualität während des Mittelalters hatte aber nicht die stark mystische Komponente, die in den Schriften der Teresa von Jesus und des Johannes vom Kreuz aus jeder Zeile sprechen. Ein Interesse am spezifisch Mystischen kam während dieser Zeit nur gelegentlich auf. Aber die *Institutio primorum monachorum,* Die Gründung der ersten Mönche (1379–1391) und die Erinnerung an die Einsamkeit der ersten Karmeliten legte den Grundstein für die Mystik einer Teresa und eines Johannes im 16. Jahrhundert sowie die darauf folgende karmelitanische Reform von Touraine.[18]

Das erste der zwei Schlüsseldokumente der mittelalterlichen karmelitanischen Spiritualität, die Lebensregel, 1247 als *Regel* bestätigt, wurde in Teilen bereits besprochen. Obwohl der von Innozenz IV. bestätigte Text der *Regel* unverändert blieb, wurden mildernde Zusätze angefügt. Der bedeutendste stammt von Eugen IV. im Jahr 1432, der damit einer Eingabe der Karmeliten entsprach. Darin wurde den Karmeliten gestattet, an drei Tagen während der Woche Fleisch zu essen (außer im Advent und der Fastenzeit). Darüber hinaus wurde die Verpflichtung, sich in oder nahe der Zelle aufzuhalten, abgemildert.[19] Während des späten 15. Jahrhunderts kamen weitere Zugeständnisse bezüglich der Ernährung hinzu. Obwohl diese Zugeständnisse ein generelles Nachlassen der Spiritualität andeuten, zeigt doch die Gewissenhaftigkeit, mit der die Karmeliten diese Erleichterungen suchten – wie unbedeutend sie der modernen Betrachtungsweise auch erscheinen mögen –, zugleich den großen Respekt, mit dem der Buchstabe der Regel bewahrt wurde.

Die Teresianische Reform richtete sich hauptsächlich gegen die Lockerungen durch Eugen IV. Teresa sprach von den Brüdern, die sich der Reform nicht anschlossen, als »verweichlichten Brüdern«.[20] Man muß dabei beachten, daß Teresa ihre Reform als Erneuerung dessen verstand, was sie für die *Erste Regel* oder *Einfache Regel* hielt.[21] In der Tat kannte Teresa nur den Text der von Innozenz IV. bestätigten *Regel.*[22] Wichtig ist, zu erkennen, daß Teresa und ihre karmelitanischen Vorfahren im Mittelalter einen bleibenden Respekt vor dem Text der *Regel* hatten. Diese Verehrung der verschiedenen Regeln, nach denen sie lebten, wurde durch Jahrhunderte hindurch von Frauen und Männern im abendländischen Mönchtum geteilt.

Gleich nach der *Regel* kam für die karmelitanische Spiritualität während des

5. »Die Initiale zum Introitus der Messe für die Weihe der Kirche«, *Karmelitisches Missale*, Add. Ms. 29704 f. 68, Fragment Nr. 89

späten Mittelalters die *Institutio primorum monachorum,* die Otger Steggink als »Hauptwerk der spirituellen Literatur im Karmelitenorden« bis zum 17. Jahrhundert bezeichnet hat.[23] Die Karmeliten der Neuzeit haben diesen Text, der der erste Teil eines vierteiligen Werkes des späten 14. Jahrhunderts ist und mit größter Wahrscheinlichkeit von Philip Ribot, dem katalanischen Karmelitenprovinzial, verfaßt wurde, vernachlässigt. Ribot gab das Werk als eine Sammlung früherer Schriften aus, die er lediglich herausgab.[24] Der vorgebliche Autor der *Institutio* ist Johannes XLIV., der angeblich als Patriarch von Jerusalem im Jahre 412 diesen Text auf Griechisch geschrieben hat.[25] Die *Institutio* erzählt von der Gründung der Karmeliten durch den Propheten Elija und von der phantastischen Geschichte des Ordens in der vor- und frühchristlichen Zeit. Unglücklicherweise hat der legendarische Charakter dieses Dokumentes die Leser der Neuzeit im großen und ganzen daran gehindert, diesen Text zu benutzen. Als Konsequenzen sind die spirituellen Inhalte der *Institutio* bezüglich der personalen Gotteserfahrung in der karmelitanischen Tradition den meisten Forschern karmelitanischer Spiritualität unzugänglich geblieben. Bis heute gibt es noch keine kritische Ausgabe der *Institutio* oder der anderen drei Teile des Dokuments, das der Einfachheit halber als Ribot-Sammlung bezeichnet werden kann.

Die *Institutio primorum monachorum* zeichnet die karmelitanische Spiritualität als einen Rückzug von der sonst üblichen Lebensausrichtung und als Eintritt in die Einsamkeit, als Reinigung des Herzens und als Empfang des Geschenkes der liebenden Vereinigung mit Gott. Der Höhepunkt des karmelitanischen Lebens ist nach der *Institutio* die Erfahrung der Einheit mit Gott. Gelebt wird dieser karmelitanische Weg im prophetischen Geist Elijas. Diese Themen der *Institutio* sind sowohl eine Manifestation der geistlichen Lehre über die personale Gotteserfahrung, wie sie im Mittelalter den Karmeliten als Ideal vorgestellt wurde, als auch ein Präludium zu der nachreformatorischen mystischen Lehre der Teresianischen Reform wie der Reform von Touraine, die auf so schöpferische Weise auf der geistlichen Lehre der *Institutio* aufbauen.[26] Welchen Einfluß diese Lehre auf die Karmeliten im Spätmittelalter hatte, ist jedoch nur wenig bekannt.

Nach 1247 entwickelten die Karmeliten, wie die anderen Bettelorden auch, enge Beziehungen zu den Laien, sowohl Männern wie Frauen, die auf verschiedenen Stufen das geistliche Leben der Karmeliten-Eremiten teilten. Obwohl behauptet wurde, daß karmelitanische Schwesternschaften in Italien schon im 13. Jahrhundert existierten, scheint es historisch wahrscheinlich zu sein, die Einführung des weiblichen Karmelitenordens als einer offiziellen kirchlichen Gruppierung später zu datieren.[27] So gab das Papsttum erst 1452 mit der Bulle *Cum nulla* die Zustimmung zur Aufnahme von Frauen in den Karmelitenorden.[28] Das Wachstum der karmelitanischen Schwesternschaft im späten Mittelalter ist in großem Maße der Fürsorge und den Reformaktivitäten des seligen Johannes Soreth, des Generalpriors des Ordens von 1451–1471, zu verdanken.[29] Was die Spiritualität der Laien, die sich dem Karmelitenorden während des Mittelalters verbunden hatten, und das Leben der Karmelitinnen nach 1452 angeht, so sind noch weitere

Forschungen nötig. Diese karmelitanischen Schwestern waren sowohl Vorgängerinnen Teresas von Jesus als auch anderer weiblicher Karmelitinnen, die an der Teresianischen Reform nicht teilhatten. Es gibt keine plausible Theorie für das Fehlen einer offiziellen karmelitanischen Schwesternschaft vor 1452, zumal es seit dem 13. Jahrhundert Dominikanerinnen und Franziskanerinnen gab. In der nachreformatorischen Kirche wurden Karmelitinnen in einer Weise bekannt, wie es während des Mittelalters nicht der Fall war. Vielleicht gibt es eine ausgereifte Form karmelitanischer Spiritualität, die sich weitherzig an Frauen wendet, erst mit Teresa von Jesus. Was auch immer die Gründe sein mögen – in der mittelalterlichen karmelitanischen Spiritualität nahmen Frauen nicht den Platz ein, den sie schließlich nach dem Auftreten Teresas von Jesus besetzten.

2. Reformen

Reformen lagen während des späten Mittelalters innerhalb der religiösen Orden des Abendlandes in der Luft und wurden viel diskutiert. Im ganzen gesehen gibt es während dieser Zeit keine lang andauernden und weitreichenden Reformen trotz zahlreicher tapferer Versuche zur Erneuerung des religiösen Lebens, insbesondere durch die Reformbewegungen der Observanten.[30] Die Reformer richteten ihr Augenmerk vor allem auf den Verfall in der Beachtung des Gemeinschaftslebens und auf Verstöße gegen die persönliche und gemeinschaftliche Armut. Die Karmeliten waren sich, wie die anderen Bettelorden auch, ihres Fehlverhaltens in diesen Angelegenheiten sehr wohl bewußt und unternahmen verschiedene Reformversuche. Einige dieser Bemühungen, z. B. in Italien und Frankreich, waren nicht unbedeutend. Die Sehnsucht nach Reformen zeigte sich bei den Karmeliten auf verschiedene Weise. So begann im Jahre 1413 eine bedeutende Reformbewegung unter den Karmeliten Norditaliens, die als Kongregation von Mantua bekannt und 1442 von Papst Eugen IV. bestätigt wurde. Darin wurden die Erleichterungen der *Regel* rückgängig gemacht, die derselbe Papst 1432 erlaubt hatte; sie förderte, an das ursprüngliche karmelitanische Ideal der Einsamkeit erinnernd, den Sinn für das Leben in Einsamkeit und suchte, wie andere Reformen der Zeit, eine Wiederbelebung der Beachtung des Gemeinschaftslebens und der Armut.[31] Das bekannteste Mitglied der Kongregation von Mantua war der selige Baptist Spagnoli (1447–1516), bekannt als der Mantuaner.[32] Unglücklicherweise wurde die Mantuaner Kongregation aus vermeidbaren Gründen eine eigene, sich abspaltende Bewegung, wodurch es ihr dann auch nicht gelang, einen bedeutenden Einfluß auf den Karmelitenorden insgesamt zu gewinnen.[33]
Der wirkungsvollste Reformer des Karmelitenordens vor dem 16. Jahrhundert war der selige Johannes Soreth aus der Normandie[34], der Generalprior des Karmelitenordens von 1451–1471. Soreth bemühte sich um die getreue Beachtung der *Regel* und der Konstitutionen des Ordens. Er schrieb sogar einen bedeutenden Kommentar zur *Regel,* der vieles von seiner eigenen persönlichen Erfahrung als Karmelit enthüllt.[35] Äußerst bedeutsam ist jedoch,

daß Soreth unter den Brüdern wie auch unter den Karmelitinnen, die er dem Orden anschloß, einen Geist der Sammlung und Besinnung (recollectio) förderte, der an den einfachen Geist der Einsamkeit erinnert.[36] Soreths unmittelbare Nachfolger im Amt waren an Änderungen jedoch nicht sehr interessiert. Folglich verloren Soreths tatkräftige und anhaltende Bemühungen um eine Reform den Schwung, den sie unter seiner fähigen Führung gehabt hatten. Gemessen an dem, was die Reformer anstrebten, mag man die Reformbemühungen des 15. Jahrhunderts gering veranschlagen. Man sollte dabei jedoch nicht übersehen, daß diese Reformen neben Johannes Soreth und Baptist von Mantua eine imponierende Reihe an Karmeliten hervorbrachte, die seliggesprochen wurden: Angelus Mazzinghi (gest. 1438), Franziska von Amboise (gest. 1485), Aloysius Rabatà (gest. 1490), Johanna Scopelli (gest. 1491), Bartholomäus Fanti (gest. 1495) und Arcangela Girlani (gest. 1495).[37] Das Leben dieser bekannten engagierten Karmelitinnen und Karmeliten und das Leben jener, die für ihre Heiligkeit nicht öffentlich geehrt werden, sind das wertvollste Ergebnis der Reformversuche während des ganzen 15. Jahrhunderts und belegen den Wert des karmelitanischen Lebens für eine Zeit, die nicht für herausragende Erscheinungen des religiösen Lebens bekannt ist. Soreth fand schließlich in Nikolaus Audet, der in seiner langen Zeit als Generalprior (1524–1562) kraftvoll an der Reform des Karmelitenordens arbeitete, einen würdigen Nachfolger.[38] Audet hatte die Energie einer Teresa von Jesus, aber nicht ihre Kreativität. Er suchte wie Teresa eine Rückkehr zum einfachen Leben des Ordens, aber Audet fehlte die Gabe Teresas, intuitiv zu erfassen, was die Mitbrüder und -schwestern stimulieren könnte, in revolutionärer Weise so wie die ersten Eremiten vom Berg Karmel ein Leben in Einsamkeit zu führen.[39]

3. Karmelitanische Spiritualität

Es ist noch viel Forschungsarbeit zu leisten, bevor so etwas wie ein grundlegendes Verständnis der mittelalterlichen karmelitanischen Spiritualität möglich sein wird. Die literarische Aktivität der Karmeliten kam bis zum 2. Viertel des 14. Jahrhunderts nicht recht in Gang.[40] Während des restlichen Mittelalters und weit darüber hinaus war die karmelitische Literatur thematisch sehr begrenzt und verstrickt in Apologetik bezüglich der karmelitanischen Identität. Oft fixiert auf die Verteidigung der Legende, der Prophet Elija habe den Orden gegründet, waren diese Schriften auch beschäftigt mit der Verbreitung der Vision des Simon Stock und fiktiver Geschichten über die Frühzeit und die ersten Jahre des Ordens. Viel Energie, die eigentlich für andere Bemühungen sinnvoller genutzt worden wäre, wurde in die Kontroverse um diese Ansprüche des Ordens investiert. Es wäre aber auch verfehlt, die apologetische Literatur der mittelalterlichen Karmeliten leichtfertig abzutun. Gründungsdaten, Daten über das Anwachsen der Gemeinschaften und konstitutionelle Vorschriften enthüllen alle etwas davon, was es bedeutete, im Mittelalter ein Karmelit zu sein. Diese Schriften, die der Leidenschaft des Herzens entsprangen, tragen in sich ein Potential zur Aufdeckung der Bedeutung karmelitanischer Spiritualität, das bis jetzt nicht ausgeschöpft worden ist. Die legendarischen Geschichten um Elija, Maria und Simon Stock ebenso wie andere sollten analysiert, aber nicht über Bord geworfen werden. Elija und Maria sind unschätzbare archetypische Symbole des spirituellen karmelitanischen Weges.[41] Elija rief den Karmeliten ihre Ursprünge am Berg Karmel und ihren kontemplativen Auftrag in der Kirche ins Bewußtsein. Maria verband sie innigst mit Jesus. Diese innige Verbundenheit mit Jesus war das Kennzeichen mittelalterlichen Eremitenlebens und ein charakteristisches Merkmal der *Regel* der Karmeliten.[42]

Mittelalterliche karmelitanische Spiritualität wurzelt in der *Regel,* von der oft als *Regel des hl. Albert* gesprochen wird, in Anlehnung an den Patriarchen von Jerusalem, der die Regel bestätigte. Diese Verwurzelung geht weit über die übliche Beziehung eines Bettelordens zu seiner jeweiligen Regel hinaus. Die Dominikaner und Augustiner-Eremiten sahen wesentlich mehr auf ihre Konstitutionen als auf die ihnen gemeinsame *Regel des hl. Augustinus.* Die Franziskaner suchten die Inspiration wesentlich eher bei Franziskus selbst als in seiner/seinen *Regel(n).* Die mittelalterlichen Karmeliten jedoch gründeten ihre Spiritualität auf der *Regel,* wie sie sie von Albert erhalten hatten und wie sie 1247 in den Text überführt worden war, der dem Institut der Bettelorden entsprach. Die *Regel* der Karmeliten bleibt der zentrale und grundlegende Text karmelitanischer Spiritualität. Wichtig für eine Interpretation dieser Spiritualität ist ein Verständnis dieses Lebensentwurfes und seiner Weiterentwicklung zu der Regel von 1247, die vom Impuls der Bettelorden geprägt war. So zeigen neuere Forschungen, daß die Brüderlichkeit/Gemeinschaftlichkeit bereits in der ursprünglichen Regel-Fassung ein entscheidender Punkt war, also schon bevor die Änderung in Richtung einer Bettelorden-ähnlichen Identität das Gemeinschaftselement stärker betonte.[43] Es muß deshalb festgehalten werden, daß die Grundspannung karmelitanischer Spiritualität – Einsamkeit und Gemeinschaft – bereits in den Anfängen des Ordens aufscheint.

Nach der *Regel* ist das wichtigste Dokument der mittelalterlichen karmelitanischen Spiritualität die *Institutio primorum monachorum* mit ihren Anregungen zu einer mystischen Lehre. Das Hervorstechendste bezüglich ihres Selbstverständnisses der Karmeliten während des Mittelalters war jedoch ihre gründliche Angleichung an die Idee der Bettelorden. Von der 2. Hälfte des 13. Jahrhunderts an konnte sie niemand mehr für etwas anderes als Bettelbrüder halten. Dieses mendikantische Selbstverständnis betraf nicht nur kirchenrechtliche Fragen, sondern das gesamte Leben der Karmeliten. Bekannt auch als die »weißen Brüder«, waren die Karmeliten überall in Europa zu finden. Sie waren wie die anderen Bettelorden beliebte Prediger, Lehrer und geistliche Führer. Ihre Spiritualität war einfach und anspruchslos. Die überaus starke Verehrung für Maria, ihre spezielle Patronin, nach der sie auch Brüder der Hl. Maria vom Berg Karmel genannt wurden, entsprach der mittelalterlichen Mentalität.[44] Allerdings blieb auch die Inspiration zu einem intensiven Leben der Einsamkeit und des Gebetes im

Karmelitenorden stets lebendig. Irgendwo unter der Oberfläche karmelitanischen Bewußtseins lag – teils halbvergessen, teils bewußt – das Erbe der einfachen Laienbüßer, die auf dem Berg Karmel Einsamkeit gesucht hatten. Gerade diese schwer faßbare Erinnerung gab auch den Anstoß zu verschiedenen, wenn auch ergebnislosen Reformen während des Mittelalters. Schlußendlich inspirierte diese Erinnerung an den Geist der ursprünglichen Karmeliten die herausragende Teresianische Reform und die spätere, wenn auch weniger beachtete Reform von Touraine.
Die kontemplative Ausrichtung erscheint im Mittelalter als das bleibende und besonders kennzeichnende Charakteristikum der karmelitanischen Spiritualität – zuerst in dem allgemeinen Sinne eines monastischen Empfinden für einen kontemplativen Lebensstil und später in der Entwicklung der Kontemplation als einer persönlichen und wahrnehmenden Erfahrung Gottes. Nach 1247 jedoch wandelte sich der kontemplative Charakter karmelitanischer Spiritualität im Sinne der Brüder, die die Kontemplation als Basis des seelsorgerlichen Auftrags innerhalb der Kirche an sahen. Diese Haltung wurde von Thomas von Aquin formuliert: Es ist besser, die Früchte der Kontemplation mit anderen zu teilen, als nur in Kontemplation zu verharren (*Summa Theologiae* II-II, 188.6). Das Paradox der Berufung zur Einsamkeit und gleichzeitig zu einer seelsorgerisch tätigen Gemeinschaft war während des Mittelalters und darüber hinaus die wesentliche Quelle der Lebendigkeit karmelitanischer Spiritualität.

Anmerkungen

[1] Skapulier: Als Teil einer Ordenstracht sind es zwei verbundene lange Tuchbahnen, die über Brust und Rücken herunterhängen; nach der Legende hat Simon Stock 1251 eines solches von der Muttergottes erhalten. Es wird in verkleinerter Form in Laiengemeinschaften der Orden (3. Orden) vielfältig gepflegt. [JS]

[2] *Santi del Carmelo*, hg. von L. Saggi, Rom 1972, 320–23; K. J. Egan, »An Essay toward a Historiography of the Origin of the Carmelite Province in England«, *Carmelus* 19 (1972), 92–96.

[3] Zum lateinischen Text der *Regel* siehe *Constitutiones Ordinis Fratrum B. V. Mariae de Monte Carmelo ... praemissa Regula S. Alberti*, Rom 1971.

[4] V. Roefs, »The Earliest Evidence concerning the Carmelite Order«, engl. Übs. von S. O'Leary, *The Sword* 19 (1956), 244.

[5] *Carmelite Rule*, hg. von O. Steggink, J. Tigcheler, K. Waaijman (Almelo, Niederlande, Privatdruck, 1979), 4–5. Vgl. auch O. Steggink, »Fraternità e possesso in commune: L'ispirazione presso i mendicanti«, *Carmelus* 15 (1968), 5–35.

[6] K. J. Egan, »An Essay«, 67.

[7] Ebd., 91.

[8] Ebd., 91 f.

[9] *Bullarium Carmelitanum* (Rom 1715), 1:56–57.

[10] Vgl. K. J. Egan, »Medieval Carmelite Houses, England and Wales«, *Carmelus* 16 (1969), 188, 164, 224, 211, 158, 208, 143 (mit chronologisch geordneter Liste der Gründungsdaten in England).

[11] Johannes Dominic Mansi, *Sacrorum conciliorum nova et amplissima collectio*, 24:96–97. *Religionum diversitatem* wurde den Karmeliten am 31. März 1275 bekanntgegeben (*Bullarium Carmelitanum* 1:34–35).

[12] *Bullarium Carmelitanum* 1:48–49. Zum definitiven Charakter der Bestimmung von 1298 siehe S. Kuttner, »Conciliar Law in den Making: The Lyonese (1274) Constitutions of Gregory X«, *Miscellanea Pio Paschini*, Rom 1949, 2:74 und Nr. 116.

[13] Zum Text siehe »Nicolai Prioris Generalis Ordinis Carmelitarum *Ignaea sagitta*«, hg. von A. Staring, *Carmelus* 9 (1962), 237–307.

[14] Geoffrey Chaucer (1340–1400) hat in seinen *Canterbury-Tales* eines der gültigsten, oft sarkastisch gehaltenen Sittenbilder für das späte Mittelalter verfaßt. [JS]

[15] Teresa von Jesus, *Der Weg der Vollkommenheit*, in: Sämtliche Schriften, 6 Bde., übs. von A. Alkofer, München 1956–1963.

[16] Vgl. dazu *Der Weg der Vollkommenheit* und *Die innere Burg*.

[17] »...sancti patres tam veteris quam novi testamenti ejusdem solitudinem pro contemplatione celestium tamquam veri amatores...« (»Constitutiones capituli Londinenis anni 1281«, hg. von L. Saggi, *Analecta Ordinis Carmelitarum* 15 (1950), 208; »Constitutiones capituli Burdigalensis anni 1294«, hg. von L. Saggi, *Analecta Ordinis Carmelitarum* 18 (1953), 131).

[18] Eine Auflistung der Ausgaben der *Institutio* findet sich bei O. Steggink, *La reforma del Carmelo espanol: La visita canónica del general Rubeo y su encuentro con Santa Teresa (1566–1567)*, Rom 1965, 357–58. Zur Reform siehe J. F. Smet, *The Carmelites*, Darien IL 1975–1982, Bd. 3, Teil 1, 36–62 (dt. *Die Karmeliten*, Freiburg 1981).

[19] Zum Text siehe L. Saggi, »La mitigazione del 1432 della Regola Carmelitane, tempo e persone«, *Carmelus* 5 (1958), 20–22.

[20] Vgl. dazu Teresa von Jesus, *Das Buch der Gründungen*, in: Sämtliche Schriften (Anm. 15).

[21] Zu Teresas Gebrauch dieser Bezeichnungen siehe O. Steggink, *La reforma* (Register).

[22] J. F. Smet, *The Carmelites*, 2:33.

[23] O. Steggink, *La reforma*, 357; (vgl. Anm. 18).

[24] K. J. Egan, »An Essay«, 79–80.

[25] O. Steggink, *La reforma*, 357–59; F. F. Smet, *The Carmelites*, 1:63.

[26] Bruno (von Jesus), *St. John of the Cross*, New York 1932, 25–70; O. Steggink, *La reforma*, indexes: *Liber de institutione*, Ribot; L. Saggi, »Santa Teresa ›Carmelitana‹«, *Carmelus* 18 (1971), 42–63; L. Saggi, »Agiografia Carmelitana«; *Santi del Carmelo*, indexes, Riboti.

[27] C. Catena, *Le Carmelitane: Storia e spiritualità*, Rom 1969, 410–16.

[28] J. F. Smet, *The Carmelites*, 1:104–5; *Santi del Carmelo*, 325.

[29] *Santi del Carmelo*, 324–25.

[30] Die Observantenbewegung war besonders im Franziskanerorden eine Reformbewegung; etwa Mitte des 14. Jahrhunderts entstanden. [JS]

[31] L. Saggi, *La Congregatione Mantovana dei Carmelitani*, Rom 1954; J. F. Smet, *The Carmelites*, 1:87–90.

[32] Santi del Carmelo, 326–28.

[33] J. F. Smet, *The Carmelites*, 1:89–90.

[34] *Santi del Carmelo*, 324–25.

[35] J. Soreth, *Expositio paraenetica in regulam Carmelitarum*, Paris 1625; *Santi del Carmelo*, 324–25.

[36] J. F. Smet, *The Carmelites*, 1:92–109.

[37] *Santi del Carmelo*, 295–96, 211–12, 312, 319, 210, 249.

[38] A. Staring, *Der Karmelitengeneral Nikolaus Audet und die Katholische Reform des XVI. Jahrhunderts*, Rom 1959.

[39] K. J. Egan, »Teresa of Jesus: Daughter of the Church, Woman of the Reformation«, *Carmelite Studies* 3 (1984), 84–87.

[40] R. Hendriks, »La succession héréditaire (1280–1451)«, in: *Elie le Prophète* 2:41–81, *Études Carmelitaines* 35 (1956).

[41] Bruno von Jésus-Marie, Ch. Baudouin, C.-G. Jung, R. Laforgue, »Puissance de l'Archétype«, *Elie le Prophète* 2:11–33.

[42] R. Hendriks, »De primogenia ordinis Carmelitarum inspiratione in regula expressa«, *Carmelus 15* (1968), 46–53.

[43] *Carmelite Rule*, 4–5 (siehe Anm. 5). Siehe auch O. Steggink, »Fraternità«, 12–20.

[44] L. Saggi, »Santa Maria del Monte Carmelo«, in: *Santi del Carmelo*, 109–35.

IV. Die Spiritualität der Augustiner

Von Adolar Zumkeller

Der Orden der Augustiner *(Ordo eremitarum sancti Augustini,* heute *Ordo fratrum s. Augustini)* entstand aus dem Zusammenschluß einer Reihe italienischer Eremitenverbände des 12. und 13. Jahrhunderts auf der Grundlage der *Augustinusregel (Regula sancti Augustini).* Die Entstehung fand 1256 auf einem Generalkapitel in Rom durch die sog. *Magna Unio* (große Vereinigung) ihren Abschluß und wurde durch die gleichzeitige Bulle *Licet Ecclesiae* Papst Alexanders IV. bestätigt. Bereits bei dieser Union wurden gegen fünf Ordensprovinzen in Italien und je eine für Deutschland, England, Frankreich und Spanien gegründet. Die weitere Ausbreitung vollzog sich rasch. So zählte man in Deutschland am Ende des 13. Jahrhunderts schon gegen 80 Konvente, die neben den Franziskanern und Dominikanern die Seelsorgsarbeit in den aufblühenden Städten übernahmen. Vorbedingung dafür war eine gute religiös-theologische Formung der Mitglieder. Sie wurde ihnen in ordenseigenen Studienhäusern, den sog. *studia generalia* vermittelt; nicht wenige besuchten auch die Universitäten von Paris, Oxford und Cambridge oder eine der zahlreichen Neugründungen des 14. und 15. Jahrhunderts. Im Studium der Theologie sah man das »Fundament des Ordens« *(Constitutiones, Kap. 17).*

1. Quellen und Charakteristika der Spiritualität

Die Spiritualität der Augustiner wurde von Anfang an durch den Geist Augustins und seiner Regel nachhaltig geprägt. Gerade weil an der Wiege des Ordens keine überragende Gründergestalt stand, wählte man Augustinus, den Regelvater, als »Vorbild und Regel all unseres Tuns« *(Jordanus I, 11).* Auch bildete sich frühzeitig die Legende, die Gründung des Ordens sei auf Augustinus selbst zurückzuführen.[1]

Die Augustinusregel ist stark biblisch inspiriert und ganz auf die »caritas«, die Gottes- und Nächstenliebe, ausgerichtet. Das eigentliche Ziel des klösterlichen Lebens sieht Augustinus in der Verwirklichung einer in Gott gegründeten Gemeinschaft der Liebe nach dem Vorbild der Güter- und Liebesgemeinschaft der ersten Christen: »Ein Herz und eine Seele auf Gott hin« *(Regel I, 3;* vgl. Apg 4, 32. 35).[2] Eine solche Gemeinschaft reift nach Augustinus im gemeinsamen Gebet, in der Gemeinsamkeit von Tisch und Wohnung und nicht zuletzt durch die Pflege der religiösen Hochachtung voreinander: »Ehrt in euch gegenseitig Gott, dessen Tempel ihr geworden seid« *(Regel I, 9).* Durch Rücksichtnahme und Geduld miteinander, durch bereitwilliges Verzeihen bei Zwistigkeiten und durch den täglichen selbstlosen Einsatz für die Gemeinschaft soll sich die Liebe im klösterlichen Alltag bewähren. Auch persönliche Armut und Gütergemeinschaft werden als

Ausdruck der Liebe verstanden. Ebenso ruht das Verhältnis von Oberen und Untergebenen auf Liebe und gegenseitigem Vertrauen. Die Regel Augustins atmet in allem den Geist der Milde und Diskretion und zeigt eine starke Tendenz zur Vergeistigung und Verinnerlichung des klösterlichen Lebens. Nachdrücklich betont Augustinus, daß man die Vorschriften in christlicher Freiheit befolgen solle: »nicht wie Sklaven unter dem Gesetz, sondern wie Freie unter der Gnade« *(Regel VIII, 48).* Auch mahnt er, daß die treue Erfüllung der Regel zum Dank gegen Gott verpflichtet, weil alles Gute im Menschen letztlich nur Gottes Geschenk sei *(Regel VIII,* 49). Diese Grundgedanken der Augustinusregel hat schon Jordan von Sachsen um 1350 in seinem *Liber Vitasfratrum* (Das Leben der Brüder) als das tragende geistliche Fundament für das klösterliche Leben der Augustiner herausgearbeitet.
Andere Schriften Augustins, die maßgebend auf die klösterliche Spiritualität der Augustiner eingewirkt haben, sind das kleine Werk *De opere monachorum* (Die Handarbeit der Mönche), mit dem Augustinus gegenüber gewissen arbeitsscheuen Mönchen seiner Zeit das klösterliche und christliche Arbeitsethos theologisch begründet; ferner die *Sermones* 355 und 356, mit denen er das klösterliche Leben seines »Klerikerklosters« *(monasterium clericorum)* in Armut und Gütergemeinschaft verteidigt; und schließlich der *Brief* 48, in dem er die Mönche eines beschaulichen Klosters auf der Insel Capraria mahnt, ihre Muße der Notlage der Kirche nicht vorzuziehen und dieser den Dienst nicht zu versagen, wo sie ihn nötig hat. Tatsächlich war die enge Verbindung von apostolischer Tätigkeit und kontemplativem Leben im Sinn Augustins (vgl. *De civitate Dei XIX, 19)* dem neuen Orden von Anfang an eigen, wobei auch die von der kirchlichen Reformbewegung des Hochmittelalters propagierten Ideale der »evangelischen Armut« und der »apostolischen Bruderschaft« Einfluß gewannen. Dementsprechend verstehen sich die Augustiner als eine Gemeinschaft von »Brüdern« und sehen auch in den Ämtern der Oberen nur einen Dienst der Liebe an der Gemeinschaft: »Der Obere soll sich nicht glücklich schätzen, weil er kraft seines Amtes gebieten, sondern weil er in Liebe dienen kann« *(Regel VII,* 46). Auch sonst waren für die Augustiner in ihrer spirituellen Lehre neben der Heiligen Schrift die Werke des hl. Augustinus von Anfang an eine Hauptquelle. Gewiß ist zuzugeben, daß Augustinus auf die Spiritualität der Christenheit ganz allgemein Einfluß ausgeübt hat. Doch finden sich darüber hinaus bei den geistlichen Lehrern der Augustiner gewisse gemeinsame Auffassungen, die dazu berechtigen, von einer dem Orden eigenen augustinischen Spiritualität zu sprechen. Schon daß die Theologen des Ordens ziemlich übereinstimmend den Primat des Willens vor dem Intellekt lehrten, daß sie ferner mit Augustinus in der Liebe das besondere Ziel der Theologie sahen und diese deshalb nicht als spekulative oder praktische, sondern als affektive Wissenschaft bezeichneten, mußte naturgemäß die Spiritualität des Ordens beeinflussen. Im einzelnen lassen sich folgende Charakteristika der spirituellen Lehre des Ordens feststellen[3], die freilich nicht bei jedem Autor in gleicher Klarheit hervortreten:

(1) Entsprechend der Lehre der Heiligen Schrift besteht die christliche Vollkommenheit wesentlich in der Liebe (caritas). Dies ist ein Punkt, der von den geistlichen Schriftstellern des Ordens im Sinn Augustins mit starken Akzenten versehen wird. Erst die Gottes- und Nächstenliebe verleiht allen anderen Tugenden Leben und Wachstum. Ziel, Wesen und Stufen des christlichen Lebens werden gern erläutert mit der klassischen Formulierung Augustins *(De natura et gratia 70, 81):* »Beginnende Liebe ist beginnende Gerechtigkeit; fortschreitende Liebe ist fortschreitende Gerechtigkeit; große Liebe ist große Gerechtigkeit; vollendete Liebe ist vollendete Gerechtigkeit ... Doch wird die Liebe in unsere Herzen nicht ausgegossen durch Werke der Natur oder des Willens, die uns zu eigen sind, sondern ›durch den Heiligen Geist, der uns gegeben wurde‹ (Röm 5, 5).«[4]
(2) Wenn auch jede Richtung christlicher Spiritualität lehrt, daß das geistliche Leben einerseits in der Gnade Gottes wurzelt und andererseits die freie Mitwirkung des Menschen zur Voraussetzung hat, so zeigen sich doch charakteristische Unterschiede in der Art, wie das eine oder andere hervorgehoben wird. Ganz im Sinn Augustins – man vergleiche etwa das vorstehende Zitat – liegt bei den Augustinern der Nachdruck auf dem göttlichen Wirken. So schreibt Ägidius Romanus, der erste große Theologe des Ordens (gest. 1316), in seinem Sentenzenkommentar *(lib. II, dist. 28 qu. 2 art. 2* [Venedig 1581], 374):

Wollen wir schlechte Werke meiden, gibt es für uns kein anderes Heilmittel, als daß wir – im Besitz der göttlichen Gnade – es geschehen lassen, daß Gott selbst uns anregt, bewegt und führt ... Denn sobald wir uns von unserem eigenen Empfinden bewegen lassen wollen .., erlahmen wir im Gutestun. Wenn wir also im Guten ausharren wollen, laßt uns mehr /von Gott/ in Bewegung gebracht werden, als daß wir uns selbst in Bewegung versetzen (magis agamur quam agamus).

Auch der Erfurter Augustinertheologe Johannes Klenkok (gest. 1374) spricht wiederholt davon, daß der menschliche Wille bei allem guten Handeln von Gottes Gnade wie ein Reittier geleitet und getrieben wird *(regitur – agitur)* und stützt sich dafür auf die nachaugustinische Schrift »Hypomnesticon« *(III, 11, 20).*[5] Johannes Zachariae (gest. 1428), einer der ersten Augustinerprofessoren der Erfurter Universität, gibt zu dem Schriftwort: »Nötige sie, hereinzukommen!« (Lk 14, 23) die Erläuterung: Dies geschehe »durch eine Nötigung, die Wohlgefallen erzeugt (compulsione complacentiae), nicht durch eine gewaltsame Nötigung ... Gott wirkt auf die Seele so ein, daß der Mensch in Freiheit nach dem Guten streben will. Ganz ähnlich heißt es bei Johannes (vgl. Joh 6, 44): ›Niemand kommt zu mir, wenn nicht mein Vater ihn zieht‹, d.h. wenn nicht mein Vater seinen Willen verwandelt hat« *(Collecta super Lucam,* Ms. Soest 10, pag 373a).
(3) Der tiefere Grund, warum von den Augustinern die Notwendigkeit der göttlichen Gnadenhilfe im geistlichen Leben nachdrücklich hervorgehoben wird, liegt in ihrer Überzeugung, daß der Mensch durch den Sündenfall in seiner Erkenntnis- und Willenskraft sehr geschwächt ist. Schon Ägidius Romanus spricht in seinem Sentenzenkommentar *(lib. II, dist. 21 qu. 1 art.*

2, 124) von einer Verwundung des Menschen in seiner Natur: »Er ist in seinen natürlichen Kräften verwundet worden, nicht weil er diese eingebüßt hätte ..., sondern ... weil diese natürlichen Kräfte zum Gutestun unfähig und zum Sündigen fähig wurden.«[6] Was darunter im einzelnen zu verstehen ist, erläutern die Augustinertheologen mit dem Begriffspaar »Verdunkelung des Verstandes und Schwächung des Willens« *(ignorantia et difficultas)* aus Augustins *De libero arbitrio* (Der freie Wille *III, 18, 52):* Der Verstand sei so verdunkelt, daß er Falsches für Wahrheit hält, und die Willenskraft so geschwächt, daß das Tun des Guten ihr sehr erschwert ist. Ägidius schreibt: »Wegen der widerstrebenden Tätigkeit der Sinne und weil wir ein Gesetz in unseren Gliedern spüren, das dem Gesetz des Geistes widerstreitet (vgl. Röm, 7, 23), ist es für uns schwer, gut zu handeln. Denn es herrscht in uns, mögen wir noch so gut sein und noch so sehr in der Gnade leben, ein unaufhörlicher Kampf mit der Sünde«.[7] In ähnlichem Sinn lehrt Johannes Zachariae unter Berufung auf Augustinus, das beständige Aufbegehren des Fleisches gegen den Geist sei der Grund, warum Gott vom Menschen auf Erden noch nicht aus ganzem Herzen *(ex toto)* geliebt werde *(Expositio in Apocalypsim,* Ms Trier 106/1086, fol. 138vb–139ra).

(4) Dementsprechend heben die Ordensautoren die Mängel der guten Werke bisweilen sehr nachdrücklich hervor und warnen vor falscher Selbstgerechtigkeit, die sich ihrer Werke rühmt und auf ihre Verdienste vertraut. Der italienische Ordenstheologe Albert von Padua (gest. 1323 oder 1328) schreibt in seinen »Predigten über die Sonntagsevangelien« *(Liber predicationum super evangeliis dominicalibus, Venedig 1476, fol. s. 1v–2r):*

Kein Mensch, und besäße er noch so große Verdienste, darf auf seine gerechten Werke sein Vertrauen setzen, und zwar aus vier Gründen: Erstens, weil unsere gerechten Werke unsicher sind; denn niemand kann sicher wissen, ob seine Werke wahrhaft gerecht sind ... Zweitens, weil unsere gerechten Werke nicht rein sind, sondern stets einen Sündenmakel an sich tragen ... Drittens darf man auf die eigene Gerechtigkeit nicht vertrauen, weil sie noch nicht gefestigt ist; denn seine Gerechtigkeit verlieren, indem er zu Fall kommt ... Viertens, weil unsere gerechten Werke noch nicht anerkannt sind, sondern noch der Prüfung beim strengen Gericht Gottes bedürfen.

Das sind Gedanken, die auch eine Reihe deutscher Augustinertheologen und -prediger übernommen haben.[8] Aber auch der große spanische Prediger, der hl. Thomas von Villanova (gest. 1555), warnt nachdrücklich vor Selbstruhm und Vertrauen auf die eigene Gerechtigkeit:

Selig, wem der Herr verleiht, gut zu handeln und sich auf seine Werke nichts zugute zu tun, sondern sich in Christus Jesus zu rühmen ... Allein auf ihn muß unsere Hoffnung gegründet sein, der auch unsere toten Werke mit seiner Gnade strahlend macht, so daß sie des ewigen Lebens würdig sind ... Geringzuschätzen ist demnach unsere Gerechtigkeit und die Gerechtigkeit Gottes hochzuerheben. Denn wieviel dem eigenen Verdienst genommen wird, soviel wird der Gnade zuerkannt; und je mehr einer sich selbst mißtraut und sich Gott anheimgibt, desto mehr gewinnt er Sicherheit. Voll Eifer tut er in Liebe Gutes und vergißt in Demut eben diese guten Werke, damit sie von Gott nicht vergessen werden *(Opera I,* Manila 1881, 179).

(5) Ohne die Verdienstlichkeit der guten Werke vor Gott zu leugnen, berufen sich die Augustiner doch gerne auf die Lehre Augustins, daß alle unsere »guten Verdienste *(merita)* nur Gottes Geschenke sind« *(Augustinus, Enchiridion 107, 28)*[9]; etwa die deutschen Augustinertheologen Hermann von Schildesche (gest. 1357), Johannes Zachariae und Johannes von Dorsten (gest. 1481).[10]

2. Bedeutende geistliche Schriftsteller

Der Orden hat eine nicht geringe Zahl geistlicher Schriftsteller hervorgebracht und durch sie auf das religiöse und kirchliche Leben des Mittelalters und der beginnenden Neuzeit teilweise bedeutsamen Einfluß ausgeübt. Nur die wichtigsten dieser Autoren können hier erwähnt werden.

Augustinus von Ancona (gest. 1328) hat seiner weitverbreiteten *Summa de ecclesiastica potestate* als letzten Teil eine Abhandlung über das geistliche Leben beigegeben und in seinem Traktat. *De amore Spiritus Sancti* (Von der Liebe des Heiligen Geistes) auch über die Gaben des Heiligen Geistes, mit Einschluß der mystischen Gnadengaben, gehandelt. Michael von Massa (gest. 1337) hat neben einem im Mittelalter sehr geschätzten *Tractatus de passione Domini* (Buch vom Leiden Christi) und mehreren anderen aszetischen Schriften eine *Vita Christi* in Form von Meditationen verfaßt (Ms. Leipzig 800); sie wurde neuestens als »wichtigste und unmittelbarste Quelle« des gleichnamigen einflußreichen Werkes des Kartäusers Ludolf von Sachsen (gest. 1378) erwiesen und hat damit indirekt die ganze Frömmigkeit des Spätmittelalters und der beginnenden Neuzeit bis hin zum Exerzitienbüchlein des hl. Ignatius von Loyola beeinflußt.[11] Von großem Einfluß auf die spätmittelalterliche Frömmigkeit, zumal in Deutschland, wurde der selige Simon Fidati von Cascia (gest. 1348), ein vorbildlicher Führer im geistlichen Leben. Sein umfangreiches, später auch mehrfach gedrucktes Hauptwerk *De gestis Domini Salvatoris* (Das Leben unseres Herrn und Heilandes) ruft zur Gleichförmigkeit mit Christus auf, der das vollkommene Vorbild für das sittliche und geistliche Leben jedes Menschen darstellt. Der Aufstieg des Menschen zu Gott mittels der christlichen Tugenden wird in neun aszetisch-mystischen Stufen geschildert.

Neben diesen bedeutenden geistlichen Schriftstellern unter den italienischen Augustinern verdient als spirituelles Zentrum das kontemplative Kloster Lecceto bei Siena Erwähnung. Einige Mitglieder dieses Klosters gehörten zu dem religiösen Kreis, der sich um die hl. Katharina von Siena (gest. 1380) bildete, nämlich der englische Augustinertheologe Wilhelm Flete (gest. 1388), der die letzten 30 Jahre seines Lebens in Lecceto verbrachte und 1367–73 Seelenführer Katharinas war; er hinterließ eine Abhandlung *De remediis contra tentationes* (Heilmittel gegen Versuchungen). Ferner Felix Tancredi von Massa (gest. 1386), der Katharina 1376 nach Avignon begleitete; er ist Verfasser des Gedichtes *La fanciullezza de Gesu* (Die Kindheit Jesu). Der langjährige Prior des Klosters Philipp Agazzari

6. *Augustinus wird Bischof* (ca. 1490)

(gest. 1422) wurde bekannt durch seine, auch wegen ihrer sprachlichen Schönheit geschätzten *Assempri*, eine Sammlung von frommen Legenden aus jener Zeit. Eine Reihe volkstümlicher aszetischer Schriften hinterließ auch Hieronymus von Siena (gest. 1420), der durch Simon von Cascia beeinflußt erscheint.

Die deutschen Augustiner besaßen schon in der ersten Hälfte des 14. Jahrhunderts einige bedeutende geistliche Schriftsteller, die von der damaligen Deutschen Mystik stark beeinflußt waren. Es sind die Mitglieder der sächsisch-thüringischen Ordensprovinz Heinrich von Friemar der Ältere (gest. 1340), Hermann von Schildesche (gest. 1357) und Jordan von Quedlinburg (gest. 1370 oder 1380). Alle drei wirkten längere Zeit am Generalstudium ihres Ordens in Erfurt, d.h. in jener Stadt, wo Eckhart ca. 1294–1300 Prior im Dominikanerkloster war. Heinrich zählt zu den angesehensten geistlichen Schriftstellern des spätmittelalterlichen Deutschland. Neben seinem sehr verbreiteten *Tractatus de decem praeceptis* (Über die zehn Gebote) erfreuten sich großer Hochschätzung sein *Tractatus de occultatione vitiorum sub specie virtutum*, in welchem er zu zeigen suchte, wie sich die Laster nicht selten als Tugend tarnen, und sein *Tractatus de quatuor instinctibus* (Die vier Einsprechungen), die erste umfassende Abhandlung über die Kriterien zur Unterscheidung der Geister; hier läßt er eine typisch augustinische Einstellung erkennen, wenn er dem sog. *instinctus naturalis* und auch der heidnischen Philosophie mit erheblichen Reserven begegnet. Einen wertvollen Beitrag zur Theologie der Mystik hat Heinrich durch seine Traktate *De adventu Verbi in mentem* (Von der Empfängnis des Wortes in der Seele) und *De adventu Domini* (Von der Ankunft des Herrn) geleistet. Die mystische Gottvereinigung wird nach Heinrich begleitet und vollendet von einer besonderen Art der Gottesliebe, die er als einen *amor consumptivus, vulnerativus et constrictivus* (Liebe, die verzehrt, verwundet und enge Bindung schafft) kennzeichnet. Vielleicht gegen Eckhart wendet er sich, wenn er betont, daß diese *unio mystica* (mystische Vereinigung) nicht »im Sinn einer Identität der realen Existenz« *(secundum identitatem realis existentiae)*, sondern »im Sinn einer gewissen Ähnlichkeit durch Gleichförmigkeit und Umgestaltung« *(secundum quandam conformitatis et transformationis similitudinem)* zu verstehen sei.[12] Hermann von Schildesche hat neben anderen aszetischen Traktaten ein umfangreiches spirituelles Handbuch für Klosterleute mit dem Titel *Claustrum animae* (Kloster der Seele) hinterlassen. Darin und auch in seiner *Postilla super Cantica* (Predigten über das Hohelied) handelt er unter dem Bild des »geistlichen Klosters« *(claustrum spirituale)* bzw. unter allegorischer Ausdeutung des Hohenliedes vom Gnaden- und Tugendleben des Christen, auch von der eingegossenen Beschauung und der mystischen Gotterfahrung. Jordan von Quedlinburg (oder von Sachsen), eine starke religiöse Persönlichkeit, hat sowohl durch den schon erwähnten *Liber Vitasfratrum* (Leben der Brüder) als auch durch seine schon frühzeitig ins Deutsche übersetzten *Meditationes de passione Christi* (Betrachtungen über das Leiden Christi) die Frömmigkeit des spätmittelalterlichen Deutschland stark beeinflußt. Auch in seinen weitverbreiteten Predigtwerken sind aszetische und mystische Stoffe verarbeitet. In einigen dieser Predigten hat er den Johanneskommentar Eckharts als Quelle benützt. Wiederholt setzt er sich mit der pantheistischen Mystik der »Brüder des freien Geistes« auseinander.

Wie die mitteldeutschen Augustiner wurden auch die des Straßburger Klosters vom Strom der Deutschen Mystik erfaßt. Davon zeugten die zahlreichen mystischen Predigten eines unbekannten Augustiners, deren Manuskripte leider 1870 beim Brand der Straßburger Stadtbibliothek zugrunde gingen. In enger Verbindung zum Kreis der sog. »Gottesfreunde« um den Straßburger Laien Rulman Merswin stand Johannes von Schaftholzheim (gest. nach 1381), von dem die lateinische Bearbeitung des »Neunfelsenbuches« Merswins stammt. Johannes von Rynstett (gest. 1421) verfaßte mit wohltuender Sachlichkeit, Klarheit und Prägnanz eine Vita des »seligen Bruder Heinrich«, eines sonst weiter nicht bekannten Straßburger Gottesfreundes.[13]

Daß schließlich auch die norddeutschen Augustiner an der mystischen Bewegung Anteil nahmen, beweisen neben einem mystischen Sermo des Kölner Universitätsprofessors Gyso von Köln (gest. nach 1409)[14] die umfangreichen aszetisch-mystischen Werke *De triplici adventu Verbi* (Über die dreifache Ankunft des Wortes) des Matthäus von Zerbst (oder von Sachsen; gest. nach 1390) und *Invitatorium exulantis animae tendentis ad caelestem Jerusalem* (Einladung an die Seele in der Verbannung, die sich nach dem himmlischen Jerusalem sehnt) des Johannes von Höxter (gest. nach 1419).

Andere angesehene spirituelle Schriftsteller unter den deutschen Augustinern entstammten der klösterlichen Reformbewegung des 15. Jahrhunderts. Es sind die Nürnberger Oswalt Reinlein (gest. nach 1466) und Konrad von Zenn (gest. nach 1460)[15], die Erfurter Universitätsprofessoren Johannes von Dorsten (gest. 1481) und Johannes von Paltz (gest. 1511)[16] und die Oberen der deutschen Reformkongregation der Augustiner, Andreas Proles (gest. 1503) und der Generalvikar und geistliche Führer des jungen Augustiners Martin Luther, Johannes von Staupitz (gest. 1524).[17] Der *Liber de monastica vita* (Buch über das klösterliche Leben) des Zenn zählt zu den umfangreichsten klösterlichen Reformschriften jener Zeit. Weiteste Verbreitung im Druck erlangten die *Coelifodina* (Himmlische Fundgrube) und das *Supplementum Coelifodinae* (Ergänzung zur himmlischen Fundgrube) des Paltz, die vorwiegend der rechten Gestaltung des christlichen Lebens im Volk dienen wollten. Dorsten hat unter anderem 1465 eine *Quaestio quodlibetalis de tertio statu mundi* (Quodlibet über das dritte Weltzeitalter) verfaßt – ein Thema, das 1486 bei einem anderen Erfurter Quodlibet von Paltz abermals aufgegriffen wurde. Beide Augustiner richten sich gegen zeitgenössische joachimitische Zukunftserwartungen. Doch ist die Vermutung unbegründet, daß im damaligen Erfurter Augustinerkloster derartige Erwartungen lebendig waren. Unhaltbar ist auch die von M. Reeves vertretene These, in der gesamten Spiritualität des Ordens habe sich eine dauernde, aus seiner Eigenart erklärliche Disposition für spiritualistische und joachimitische Gedankengänge gezeigt.[18]

Ein angesehener geistlicher Schriftsteller des mittelalterlichen England war Johannes Waldeby (gest. um 1372), bei dem der Einfluß der damaligen englischen Mystik spürbar ist. Unter den französischen Autoren des Ordens erlangte große Bedeutung Jacobus Legrand (Magni, gest. 1414/15) durch sein weitverbreitetes *Sophilogium,* einem originellen Versuch, den Menschen der Renaissance Christi Wahrheit und Gnade in einer zeitgemäßen Sprache nahezubringen. Er handelt auch ausführlich von den Tugenden und Lastern sowie von der rechten Lebensführung der Geistlichen.

Die spanischen Augustiner haben schon am Beginn des 14. Jahrhunderts in Bernhard Oliver (gest. 1348) einen angesehenen geistlichen Schriftsteller hervorgebracht, dessen *Excitatorium mentis ad Deum* (Erweckungsschrift der Seele für Gott) die oben erwähnten charakteristischen Merkmale augustinischer Spiritualität aufweist. Bei den zahlreichen spanischen Augustinerautoren des 16. Jahrhunderts muß man von einer eigentlichen geistlichen Schule sprechen, deren Lehre durch ihre Christozentrik und durch ihre Verankerung in der Bibel und den Schriften der Väter, zumal des hl. Augustinus, charakterisiert ist.[19] Ihre Hauptvertreter sind der hl. Thomas von Villanova (gest. 1555), der durch seine beispielhafte Persönlichkeit und seine Predigttätigkeit einen nachhaltigen Einfluß auf die Spiritualität seiner Zeit ausübte. Seine oft gedruckten *Conciones* (Predigten) bedeuten einen wesentlichen Beitrag zur geistlichen Literatur Spaniens. Einer der meistgelesenen mystischen Schriftsteller jener Zeit war der selige Alfons von Orozco (gest. 1591), dessen zahlreiche spanische Werke wiederholt gedruckt und auch in andere Sprachen übersetzt wurden. Eine noch stärkere Verbreitung fanden die *Trabalhos de Jesus* (Die Wunden Jesu), Betrachtungen über das Leiden Jesu von mystischer Innigkeit und dichterischer Sprache, die der Portugiese Thomas de Andrade oder de Jesus (gest. 1582) in maurischer Gefangenschaft verfaßte. Als einen »Höhepunkt in der religiösen Literatur« überhaupt hat man schließlich die Schrift *De los nombres de Cristo* (Die Namen Christi) des spanischen Lyrikers Luis von Leon (gest. 1591) bezeichnet – biblisch tief fundierte Darlegungen, welche den Leser Christus tiefer erkennen und lieben lehren möchten.

Die Bedeutung der Augustiner für die Spiritualität des christlichen Mittelalters dürfte der der anderen Mendikantenorden gleichkommen. Ihre stark an Augustinus ausgerichtete geistliche Lehre betonte nachdrücklich die zentrale Stellung der Liebe (caritas), die Notwendigkeit der helfenden Gnade zu allem guten Handeln, die bleibenden Folgen des Sündenfalls, die Mängel der guten Werke und den Geschenkcharakter der menschlichen Verdienste *(merita).* Durch ihre geistlichen Schriften wirkten einige weit über ihren Orden und ihre Heimatländer hinaus: im 14. Jahrhundert die Italiener Michael von Massa und Simon von Cascia und die Deutschen Heinrich von Friemar und Jordan von Quedlinburg, im 16. Jahrhundert die Spanier Thomas von Villanova, Alfons von Orozco, Luis von Leon und der Portugiese Thomas de Jesus.

ANMERKUNGEN

[1] Vgl. Henricus de Frimaria, *Tractatus de origine et progressu ordinis fratrum eremitarum sancti Augustini* (1334), hg. von R. Arbesmann, in: *Augustiniana* 6 (1956), 37–145,v.a. 90–110; und Jordanus de Saxonia, *Liber Vitasfratrum,* New York 1943.

[2] Die gültige kritische Edition der »Regula sancti Augustini« (=Praeceptum) bietet L. Verheijen in *La Règle de Saint Augustin*, Paris 1967, 1:417–37.

[3] Vgl. D. Gutiérrez, »Ermites«, in: *Dict. Sp.* 4, Sp. 1004–6.

[4] »Caritas ergo inchoata, inchoata iustitia est; caritas provecta, provecta iustitia est; caritas magna, magna iustitia est; caritas perfecta, perfecta iustitia est; ... non tamen diffunditur in cordibus nostris vel naturae vel voluntatis opibus quae sunt in nobis, sed ›per Spiritum Sanctum qui datus est nobis‹...« *Sancti Aurelii Augustini: De natura et gratia* 70.84 (Corpus Scriptorum Ecclesiasticorum Latinorum 60), Wien und Leipzig 1913, 298–99.

[5] A. Zumkeller, *Erbsünde, Gnade, Rechtfertigung und Verdienst nach der Lehre der Erfurter Augustinertheologen des Spätmittelalters*, Würzburg 1984, 87, 90–94, 98.

[6] »Fuit autem vulneratus in naturalibus, non quod naturalia perderet..., sed... quia ipsa naturalia fuerunt inhabilitata ad bene agendum et habilitata ad peccandum«.

[7] Aegidius lib. II, dist. 28 qu. 1 art. 2, dub. 1 later.: 1. c. 363 - Ähnlich lehrten die Erfurter Augustinertheologen Angelus Dobelinus (gest. nach 1420), Johannes von Dorsten (gest. 1481) und Johannes von Paltz (gest. 1511); siehe A. Zumkeller, *Erbsünde, Gnade*..., 147, 333, 355 und 397f.

[8] Vgl. A. Zumkeller, »Das Ungenügen der menschlichen Werke bei den deutschen Predigern des Spätmittelalters«, in: *Zeitschrift für katholische Theologie 81* (1959), 265–305; ders., *Erbsünde, Gnade*, 288–90, 379–85.

[9] Ähnlich *Epistula* 194.5.19.

[10] Vgl. A. Zumkeller, *Erbsünde, Gnade*, 289, 378. Für Hermann von Schildesche siehe ders., in: *Augustinianum* 1 (1961), 270f.

[11] Vgl. W. Baier, *Untersuchungen zu den Passionsbetrachtungen in der Vita Christi des Ludolf von Sachsen* (Analecta Cartusiana 44.1–3), Salzburg 1977.

[12] Henricus de Frimaria, *Tractatus ascetico-mystici I*, hg. von A. Zumkeller, Würzburg 1975. Vgl. auch A. Zumkeller, »Ein Zeitgenosse Eckeharts zu Fehlentwicklungen in der damaligen mystischen Bewegung«, *Würzburger Diözesan-Geschichtsblätter* 37/38 (1975), 229–38.

[13] Vgl. A. Zumkeller, *Manuskripte der Autoren des Augustiner Eremitenordens in mitteleuropäischen Bibliotheken*, Würzburg 1966, Nr. 577, 581–83, 656, 860.

[14] Vgl. A. Zumkeller, »Neuentdeckte Sermones des Augustinermagisters Gyso von Köln«, in: *Wahrheit und Verkündigung. M. Schmaus zum 70. Geburtstag*, München und Paderborn 1967, 1121–40.

[15] Vgl. A. Zumkeller, *Manuskripte*, Nr. 223–26.

[16] Vgl. A. Zumkeller, »Der Predigtband Cod. Berolinensis Lat. Fol. 851 des Johannes von Dorsten«, in: *Augustiniana 27* (1977), 402–30; 28 (1978), 34–90; siehe auch ders., *Erbsünde, Gnade*, 307–431.

[17] Vgl. D. Steinmetz, *Luther and Staupitz: An Essay in the Intellectual Origins of the Protestant Reformation*, Durham, NC 1980.

[18] Vgl. A. Zumkeller, »Joachim von Fiore und sein angeblicher Einfluß auf den Augustiner-Eremitenorden«, in: *Augustinianum* 3 (1963), 382–88.

[19] Vgl. D. Gutiérrez, »Asceticos y misticos agustinos de Espana, Portugal y Hispano-america«. In: *Sanctus Augustinus*, 2:147–238, v. a. 224–38.

Hauptströmungen der spätmittelalterlichen Frömmigkeit

Von Richard Kieckhefer

Die vielleicht wichtigste Erscheinung im spätmittelalterlichen Christentum ist das Entstehen des »Devotionalismus«, einer Weise von Frömmigkeit, deren individuelle und affektbezogene Art hier zu beschreiben sind. In einer noch nie dagewesenen Fülle entstanden in den letzten Jahrhunderten des Mittelalters alle möglichen Formen von Frömmigkeit: Wallfahrten, Reliquienverehrung, Marienverehrung, Meditationen über die Passion Christi, Bußübungen usw. Die Entwicklung des Rosenkranzes ist im wesentlichen ein spätmittelalterliches Phänomen, und auch der Kreuzweg mit seinen Stationen, die ihre noch heute gültige Form am Ende des 16. Jahrhunderts erhielten, entstand aus Frömmigkeitsübungen des Spätmittelalters. Ebenfalls stammen eucharistische Frömmigkeitsformen, die oft mit dem Fronleichnamsfest verbunden waren, dieser Zeit. Das Bild vom Herzen Jesu in literarischen und künstlerischen Darstellungen läßt sich bis in die Jahrhunderte vor der Reformation zurückverfolgen. Frömmigkeitsliteratur breitete sich schon vor der Erfindung des Buchdruckes rasch aus, und später um so rascher: Klassiker wie *Die Nachfolge Christi* und eine Myriade anderer Werke, die weniger bekannt waren und oft nicht veröffentlicht wurden. Die erbauliche Kunst stand ebenfalls in ihrer Blütezeit. Es war die Zeit üppig verzierter Stundenbücher, die von reichen Mäzenen in Auftrag gegeben wurden, kleiner Tafelbilder aus Elfenbein für die private Andacht, billiger und im großen und ganzen einfacher Holzschnitzereien für den allgemeinen Gebrauch sowie komplizierter Polyptychen[1] zur Ausschmückung der Hoch- und Seitenaltäre in Kirchen und Kapellen. Motive von herausragender Bedeutung für die »Andachts«-Kunst[2] in Europa, wie beispielsweise die Pietà, entstanden in dieser Zeit. Andere, wie der Schmerzensmann, erreichten eine neue Popularität. Diese Explosion an Frömmigkeitsformen veränderte zweifelsohne den Stil christlichen Lebens.

Die Entstehung eines Devotionschristentums, in dem die persönliche, affektive Frömmigkeit blühte, ist sowohl positiv als auch negativ beurteilt worden. Johan Huizinga betrachtete die Vermehrung dieser Formen als ein Element der allgemeinen Verschwommenheit der spätmittelalterlichen Kultur; zur »extremen Sättigung der religiösen Atmosphäre« gehörten die Anhäufung von Segenssprüchen, Amuletten, Heiligenkulten, Festtagen usw. in immer größerem Überfluß. Huizinga zitiert zeitgenössische Autoren wie Petrus von Ailly als Kritiker der Zunahme von Festen, Bildern, Fastenzeiten, Hymnen und anderen Bräuchen. Auf der anderen Seite weist Bernd Moeller auf die große Nachfrage nach solchen Frömmigkeitsformen hin, die ein Zeichen von »Kirchlichkeit« im vorreformatorischen Deutschland gewesen seien. Die Deutschen im ausgehenden Mittelalter waren alles andere als kirchenfern und hatten ein unstillbares Verlangen nach den Wohltaten der Kirche.[3]

Das Phänomen erbauliche Religiosität ist recht diffus und entzieht sich deshalb einer genauen Definition. Gleichwohl läßt es sich irgendwo zwischen den liturgischen und den kontemplativen Elementen des Glaubens einordnen. Das *liturgische* Zeremoniell ist öffentlich und offiziell; es bildet den Kern der gemeinsamen Glaubenserfahrung in der Kirche. Auch zu den Zeiten, da Vielfalt und Experimentieren im Vordergrund stehen, ist durch sein Wesen gewährleistet, daß es in seinen Strukturen im großen und ganzen konstant bleibt. Die Messe und das Stundengebet bilden die Grundlage des liturgischen Lebens der Kirche. *Kontemplative* Frömmigkeit dagegen ist grundsätzlich privat, nicht offiziell und unstrukturiert. Es ist das, was der einzelne Mensch tut, wenn er allein mit Gott ist. Diese Frömmigkeit gedeiht am besten in Einsamkeit, und die bekannten kontemplativ lebenden Menschen des Spätmittelalters waren genauso wie in den Jahrhunderten zuvor Mönche oder Einsiedler. Als die Dominikaner und andere Bettelorden zu einer kontemplativen Frömmigkeit tendierten, gab es zum Teil große Spannungen zwischen kontemplativer Lebensweise und aktivem Engagement.

Die *erbauliche* Form der Frömmigkeit stellt ein Zwischenphänomen dar. Sie kann von kleineren oder größeren Gruppen wie von Einzelpersonen gepflegt werden. Eine Gemeinde oder Bruderschaft begeht das Fest irgendeines Schutzpatrons mit besonderer Inbrunst; anderswo befindet sich möglicherweise eine Reliquie in der Privatsammlung eines sich glücklich schätzenden Laien. Eine solche Frömmigkeitsform kann oft ohne großes Aufheben aus dem Bereich der nichtoffiziellen Glaubensausübung in den der offiziellen übergehen, wie zum Beispiel die Fronleichnamsprozession. (Es ist in der Tat einer der interessantesten Aspekte des Frömmigkeitswesens, wie sich aus ihm offizielle kirchliche Feste entwickeln, oder umgekehrt, oder andere Formen entstehen, die in irgendeiner Beziehung zur offiziellen liturgischen Observanz stehen.) Solche Frömmigkeitsformen müssen nicht überall akzeptiert werden, aber oft verbreiten sie sich weithin, sei es von der Basis her (wie beispielsweise die Verehrung der 14 Nothelfer), sei es durch offizielle Zustimmung (wie beim Fronleichnamsfest und den damit verbundenen Praktiken). Mit steigender Popularität erhalten sie möglicherweise eine immer starrer werdende Struktur, aber sie können genausogut immer vielfältiger werden. Es ist schwierig, sie genau zu umreißen. Im Unterschied zu Liturgie und Kontemplation definieren sich diese Frömmigkeitsformen eher durch ihren Inhalt als durch ihre Gestalt: Gegenstand der Verehrung ist gewöhnlich ein bestimmter Heiliger, die Jungfrau Maria, der leidende Christus, die Eucharistie oder irgend etwas anderes. Auf jeden Fall ist ihre Bedeutung für die Christen des Spätmittelalters außerordentlich groß. Vom 12. Jahrhundert an breiteten sich Andachts- und Frömmigkeitsformen rasch aus, gewannen in den folgenden Jahrhunderten an Tragweite und faszinierten gleichermaßen Geistliche wie Laien.

1. Erscheinungsformen der Frömmigkeit

Frömmigkeit drückte sich auf drei grundlegende Weisen aus: in der Literatur, in der künstlerischen Darstellung, in Handlungen. Mit anderen Worten: Die Menschen lasen erbauliche Texte oder hörten zu, wenn diese vorgelesen oder gesungen wurden; sie betrachteten erbauliche Themen in der Kunst; und sie führten selbst Frömmigkeitsübungen durch. Beispiele für die literarische und künstlerische Ausgestaltung finden sich leicht: Zahlreiche Texte, Gemälde, Statuen und andere Werke dieser Art sind erhalten geblieben. Lange Zeit waren diese Zeugnisse Hauptgegenstand des Interesses von Wissenschaftlern, sei es als Quelle für allgemeine Tendenzen und historische Zusammenhänge, sei es wegen der religiösen oder künstlerischen Qualität, die dem einzelnen Werk innewohnt. Weitaus schwieriger ist es dagegen, eine fromme, erbauliche Handlung zu erfassen. Man kann sich ihr nur indirekt über gegenständliche Quellen (wie z. B. Gebetsschnüre) oder schriftliche Zeugnisse nähern. Bevor einige spezifische Frömmigkeits-Richtungen analysiert werden, ist es notwendig, sich mit den Ursprüngen dieser verschiedenen Ausdrucksformen der Frömmigkeit vertraut zu machen.

a) Devotionsliteratur

Literarische Quellen finden sich in zahlreichen verschiedenen Formen. Es gibt erstens die meditativen Werke (Gebete, moralische Ermahnungen, Betrachtungen über das Leben Christi etc.), die hauptsächlich zum Privatgebrauch gedacht waren. Sie sollten als Hilfen zum Nachdenken über den eigenen Seelenzustand oder über die Güte Gottes dienen. In diese Kategorie gehören z. B. Abhandlungen aus dem 15. Jahrhundert über »die Kunst des Sterbens«[4] wie auch Meditationen über die Leidensgeschichte oder die Privatbriefe von Persönlichkeiten wie Katharina von Siena. Zweitens gab es Werke, die vor allem für eine öffentliche Aufführung oder einen Vortrag gedacht waren. Um das 14. Jahrhundert herum entwickelte sich das religiöse Drama als eine literarische Form außerhalb seines ursprünglich liturgischen Kontextes. Die Schauspieler waren Laien, und die Stücke, gespielt auf Freilichtbühnen, reihten biblische Szenen aneinander oder stellten das Leben von Heiligen dar.[5] Eine andere Form dieser Art bilden lyrische Texte, die von oder für Laien vorgetragen wurden. So haben Franziskaner und andere volksnahe Prediger möglicherweise an Straßenecken vor einer Menschenmenge fromme Lieder gesungen.[6] In einigen Teilen Europas entstanden sogar Bruderschaften zum Singen frommer Lieder wie beispielsweise italienische Bruderschaften für den Gesang der *laudi*.
In Zusammenhang mit dieser zweiten Kategorie steht eine dritte, nämlich die der Predigt, die entweder in der Kirche (im Rahmen eines Gottesdienstes) oder im Freien gehalten wurde. Sie ist in vielerlei Hinsicht die wichtigste Kategorie, da die religiöse Kultur des späten Mittelalters zu einem großen Teil eine Predigtkultur war. Obgleich es viele Laien gab, die die sich

immer stärker ausbreitende Erbauungsliteratur hätten lesen können, waren diejenigen in der Überzahl, die lieber eine Predigt hören wollten. An Sonntagen, an wichtigen Festtagen und manchmal an jedem Tag in der Fastenzeit wurde vor großen und interessierten Menschenmengen gepredigt. Die Texte, die uns überliefert sind, stellen manchmal vollständige Fassungen der Predigt dar, meistens sind es allerdings nur Notizen oder grobe Entwürfe, die dann in mündlicher Darbietung ausformuliert wurden, oder Niederschriften, die einer der Zuhörer angefertigt hat. Einige Predigten sind in einem volksnahen Stil verfaßt, andere waren eher durchkonstruiert und scholastisch. Die italienischen Predigten des Bernhardin von Siena zum Beispiel wimmeln von volkstümlichen Anekdoten, sind in einer anschaulichen Sprache geschrieben und werden oft unterbrochen, um Leute in der Gemeinde aufs Korn zu nehmen, die vor sich hindösen oder schwätzen. Im Gegensatz dazu sind die lateinischen Predigten desselben Verfassers genau gegliedert und enthalten komplizierte Abhandlungen, in denen beispielsweise erklärt wird, auf welche Weise die Jungfrau Maria dem Morgenstern gleicht.[7] Normalerweise beruhte eine Predigt auf einem schon vorliegenden Text.[8] Die Verbindung zwischen Text und Predigt mag allegorisch und nach heutigen Maßstäben sehr schwach gewesen sein, aber solche Vorgehensweisen ermöglichten kreative Überlegungen hinsichtlich autoritativer Texte wie denen der Bibel.

Die Kompilation stellt die vierte Kategorie der literarischen Quellen dar. Sie war üblicherweise als Fundgrube für den Prediger gedacht, der daraus das Passende entnehmen konnte. Sammlungen von Predigtmodellen (oder Anekdoten) sind das deutlichste Beispiel des betreffenden Genres. Eine Abhandlung über Laster und Tugenden wie die des Wilhelm Peraldus, eine Reihe theologischer Trostbücher für Menschen, die sich in verschiedenen Notlagen befinden, wie Johannes von Dambachs *Trost der Theologie*, eine Sammlung von Heiligenbiographien wie der Klassiker des Jakobus von Voragine, die *Legenda aurea*, oder eine Lebensbeschreibung Christi des Ludolph von Sachsen – alle diese Sammlungen lieferten reichhaltiges Material für den Prediger. Sie hatten zum Teil die lockere Struktur eines Florilegiums, zum Teil ähnelten sie einer streng gegliederten Summa. Werke dieser Art waren im späten Mittelalter sehr verbreitet. Zwar konnten sie auch für den Privatgebrauch genutzt werden, in erster Linie zeugen sie aber von der Bedeutung der Predigt in dieser Zeit und von der Mühe, die darauf verwendet wurde, neues Material für die Erbauung und Unterhaltung der Gemeinde zur Verfügung zu stellen.

In dem Maße, wie immer mehr Laien lesen und schreiben konnten und gebildeter wurden, war Erbauungsliteratur in den jeweiligen Landessprachen erhältlich. Ein Beispiel aus dem 13. Jahrhundert sind die Predigten des Franziskaners Berthold von Regensburg um 1250, die zu den wichtigen frühen Zeugnissen der deutschen Prosa gehören. Im 14. Jahrhundert war der Gebrauch der Landessprache bereits üblich. Vor allem mußten natürlich Werke, die öffentlich aufgeführt werden sollten, in der Landessprache abgefaßt sein. So ist die mittelenglische Literatur zu einem beträchtlichen

Teil religiöse Literatur: Originaldichtungen, Übersetzungen oder Bearbeitungen älterer lateinischer Gedichte oder Prosatexte und Mysterienspiele. Einige dieser öffentlich vorgetragenen Werke enthielten jedoch noch lateinische Fragmente, was den klerikalen Einfluß auch in den für die Laien verfaßten Werken deutlich macht. »Makkaronische« (mischlateinische) Weihnachtslieder dieser Zeit, wie »In dulci iubilo« mit seinem Wechsel von Deutsch und Latein, sind gute Beispiele dafür. Die Kompilationen selbst wurden sehr selten in der Landessprache verfaßt. Das Material daraus wurde ja ohnehin übersetzt oder bearbeitet, wenn es in Predigten eingebaut wurde, und man wollte sich den internationalen Markt nicht verderben, indem man sich an das Publikum eines bestimmten Landes in dessen Sprache wandte.

b) Andachtskunst

Literarische Texte sind zum Verständnis der Frömmigkeitstendenzen im Spätmittelalter unbedingt notwendig; gleichermaßen stellt aber auch die Kunst dieser Zeit eine reichhaltige Informationsquelle dar.[9] Dies gilt insbesondere für die Tafelbilder, bei denen der Künstler die Freiheit hatte, beliebige primäre oder sekundäre Motive aufzugreifen. Die flämische Malerei des 15. Jahrhunderts beispielsweise ist bekannt für ihre kunstvolle Symbolik: Nicht nur die konventionellen Details wie Heiligenattribute, sondern auch bestimmte Gewänder der Engel erhielten symbolischen Wert. Der Maler einer Verkündigungsszene etwa konnte aus verschiedenen Arten von symbolischen und expressiven Ausdrucksformen schöpfen: Gefühlsschattierungen konnten im Gesichtsausdruck oder in der Haltung der Jungfrau Maria wiedergegeben werden; der Maler konnte den Zusammenhang zwischen Altem und Neuem Testament andeuten, indem er Maria mit einer an der Stelle eines prophetischen Textes geöffneten Bibel darstellte; vielleicht hing auch ein anachronistisches (oder prophetisches) Bild Jesu an der Wand hinter seiner werdenden Mutter; auch eine Trinitätstheologie konnte hierbei Gestalt finden, indem man Gott Vater schwebend über dieser Szene darstellte, während der Heilige Geist als Taube entlang einem Strahl himmlischen Lichts vom Vater zur Gottesmutter flog; schließlich konnte der Künstler auch Blumen, Kerzen und andere Gegenstände mit ihrem festen Symbolwert benutzen.
Im späten Mittelalter hatte die Tafelmalerei mehr und mehr die Aufgabe, neben statischen Einzelbildnissen (oder Ikonen) narrative Szenen darzustellen[10]: Beliebte narrative Motive waren Szenen aus dem Leben Christi, die Legende der Jungfrau Maria und Heiligengeschichten. Die Anhäufung von symbolischen, ikonischen und narrativen Elementen gelangte zu ihrer vollen Entfaltung, als einzelne Tafelbilder zu großen oder kleinen Diptychen, Triptychen oder Polyptychen[11] zusammengesetzt wurden. Das *Genter Altarbild* von Hubert und Jan van Eyck ist eines der bekanntesten Beispiele. Leider sind viele der Tafelbilder, die ursprünglich für Polyptychen geschaffen wurden, in alle Winde zerstreut, aber die Originalfassung läßt

sich oft hypothetisch oder durch Vergleich mit noch vorhandenen Tafelbildern in verschiedenen Museen rekonstruieren.

Andere Kunstformen waren in mehrerlei Hinsicht beschränkt. Skulpturen (aus Stein, Elfenbein, Holz oder Alabaster) sind für die Geschichte der Frömmigkeitsformen wichtig, denn an der Häufigkeit eines Motivs läßt sich seine Bedeutung ablesen; Madonnen z. B. waren überall zu finden. Aber die Möglichkeiten zur Entfaltung eines Motivs waren beschränkt. Der Steinmetz konnte die Madonna als stehend oder auf dem Thron sitzend darstellen, huldvoll geneigt oder steif aufrecht, mit oder ohne Krone, aber er konnte sie nicht in einem ganzen Ensemble abbilden (wie z. B. einem Rosengarten) und sie auch nicht einfach mit anderen Figuren in Beziehung setzen (z. B. mit Johannes dem Täufer), wie das dem Maler möglich war. Bei der Reliefschnitzerei fielen diese Beschränkungen weniger ins Gewicht, aber diese Kunstrichtung ist nicht so häufig anzutreffen, außer bei den kleinen Elfenbeintafelbildern, die im 14. Jahrhundert sehr beliebt waren. Wieder anderen Beschränkungen hatten sich Miniaturmaler, die sich mit der Buchmalerei befaßten, zu unterwerfen: Ihnen stand nur ein begrenzter Raum zur Verfügung (oft nur Daumennagelgröße), und die Wahl ihres Stoffes war weitestgehend vom Text vorgegeben. Glasmalerei und Holzschnitte, die sich zwar in vielem voneinander unterscheiden, hatten die Beschränkung gemeinsam, daß ausdrucksvolle Umrisse notwendig waren, sei es wegen der deutlichen Sichtbarkeit oder um das Erkennen zu erleichtern. Keines dieser Medien darf in einer Geschichte der Frömmigkeit vernachlässigt werden, aber trotzdem erreichten sie in ihren Darstellungen selten den Reichtum und das Niveau der Tafelbilder.

In den letzten Jahrhunderten des Mittelalters vergrößerte sich die Palette der Motive, die dem Künstler zur Verfügung stand. Im 12. und 13. Jahrhundert gab es, auch wenn noch auf andere Themen zurückgegriffen wurde, eine Reihe von dominierenden Grundthemen, vor allem die Madonna mit dem Kind und die Kreuzigung. Im 15. Jahrhundert erweiterten sich aufgrund der größeren Betonung des Erzählerischen die Wahlmöglichkeiten; so wurde Christus beispielsweise öfter als der Schmerzensmann gezeigt, und Ereignisse wie die Himmelfahrt Mariens oder ihre Krönung als Himmelskönigin wurden in so unterschiedlichen Medien wie Tafelbildern oder Alabasterskulpturen dargestellt.

Die Rolle der Kunst in der mittelalterlichen Frömmigkeitskultur ist ohne Kenntnis der Einrichtung des Mäzenatentums nicht zu verstehen. Ein literarisches Werk konnte zwar auch von einem Mäzen in Auftrag gegeben werden, aber das geschah nicht oft; und sogar ein Brief, der nur an eine bestimmte Person gerichtet war, konnte schnell und wie zufällig ein größeres Publikum erreichen. Ein Gemälde oder ein Stundenbuch aber wurde normalerweise immer für eine bestimmte Person oder einen bestimmten Ort geschaffen. Der Künstler erhielt von einer Privatperson oder einer Gruppe (oft einer Bruderschaft oder einer Gilde) den Auftrag, ein bestimmtes Kunstwerk zu schaffen, das dann im Prinzip dem Mäzen gehörte oder einer Kapelle oder Kirche gestiftet wurde. Oft war der Mäzen im Werk selber mit

7. *Andachts-Diptychon* (Italien, spätes 14. Jahrhundert)

zum Gebet gefalteten Händen abgebildet. Er oder sie waren dann kleiner als die Heiligen dargestellt, die das Werk dominierten. Das änderte sich im 15. Jahrhundert, als die Mäzene in voller Größe den geweihten Raum mit ausfüllten, genauso wie die Laien zu jener Zeit immer fordernder ihren Platz im religiösen Leben beanspruchten.

c) Frömmigkeitsübungen

Die Literatur und die Kunst, die wir bereits beschrieben haben, waren für die Menschen des Mittelalters zweifellos wertvoll, aber sie waren nicht das Wichtigste. Beides half ihnen bei ihrer Frömmigkeitspraxis, aber es machte nicht deren Wesen aus. Frömmigkeit manifestierte sich in erster Linie nicht in dem, was man las, sondern in dem, was man tat. Fromme Christen sprachen ihre Gebete, nahmen an Wallfahrten teil, fasteten, zogen in Prozessionen mit, beteiligten sich an Aktivitäten von Bruderschaften, trugen härene Gewänder, gaben Almosen, hörten Predigten und vollzogen andere fromme Handlungen. Die Taten selbst waren dann vorüber und beendet. Wir wissen nur indirekt etwas über sie: Von ihnen wird in Chroniken, in Heiligenlegenden, in Erzählungen oder in Briefen berichtet; sie werden in der Kunst dargestellt (z. B. in Gemälden, die Bernhardin von Siena zeigen, wie er auf der Piazza predigt); bestimmte Gegenstände legen Zeugnis von ihnen ab (wie beispielsweise die Zeichen aus Blei, die Pilger an der Wallfahrtsstätte bekamen); in idealer Weise werden sie skizziert in Handbüchern (Abhandlungen, wie man betet, Anleitungen für Pilger u. ä.).

Zwar konnte man einige Frömmigkeitsformen überall ausüben, aber die wichtigsten waren normalerweise mit einer bestimmten Örtlichkeit verbunden. Liturgische Religion zeichnet sich durch die Beachtung bestimmter Zeiten aus, kontemplative Religion durch das Bemühen, Raum und Zeit zu überschreiten, aber an Frömmigkeit orientierte Religion ist vor allem auf die Verehrung von heiligen Stätten oder von den Gegenständen, die diese Stätten heilig machen, bezogen. Reliquien, figürliche Darstellungen oder geweihte Hostien sind die Stütze dieser Frömmigkeitspraxis. Sogar meditative Lektüre verhilft zur Meditation, so daß sich die Aufmerksamkeit auf eine Darstellung richtet, vielleicht auf ein Elfenbeindiptychon oder ein Tafelbild aus Privatbesitz. Das Kruzifix wird in Heiligenlegenden am häufigsten als Gegenstand der Meditation erwähnt. Geheiligte Dinge finden sich im eigenen Haus, manchmal in speziellen Räumen (einem Oratorium) oder einer bestimmten Ecke. Durch das Kruzifix oder einen anderen Gegenstand wurde aus einem ansonsten profanen Raum ein für Andachten besonders geeigneter Raum. Außerhalb des Hauses gab es überall heilige Stätten: an den Straßen, in Kapellen an abgelegenen Punkten usw. Die meisten Andachtsräume fanden sich allerdings in der Regel in einer Kirche, sei es in einer Pfarrkirche, Klosterkirche oder Kirche eines Bettelordens. Im späten Mittelalter war die Kirche oft in mehr oder weniger abgeschlossene, kleinere Räume unterteilt. Der Altarraum war vom Kirchenschiff durch einen Lettner abgetrennt, und Seitenkapellen dienten unabhängig von der Liturgie zu verschiedenen Andachtszwecken. Durch den Besuch einzelner Kirchen oder Kapellen oder heiliger Stätten konnten Ablässe erworben werden. Manchmal wurden diese Stätten in Anlehnung an solche im Heiligen Land errichtet, wie z. B. das Grab Christi (nach Quellen des 15. Jahrhunderts die wichtigste heilige Stätte in Jerusalem). Denjenigen, die wahrhaft fromm und andächtig sein wollten, genügten häusliche Gebetsstätten und Kirchen in der Nähe nicht. Für diese Menschen stellte der Weg zu einer Wallfahrtsstätte, sei es ein paar Kilometer außerhalb der Stadt oder jenseits der Alpen oder des Meeres, ein Tun dar, das es ihnen ermöglichte, ihr Gehen zum Zielort als etwas Besonderes und Geheiligtes anzusehen.

Viele dieser Quellen für die Ausübung von Frömmigkeit sind demzufolge »archäologischer« Natur: Es sind konkrete Gegenstände oder Bauten, die zur Andacht benutzt wurden. Erhaltene Kapellen oder heilige Stätten legen ein wichtiges Zeugnis ab, obwohl man oft nicht weiß, welche Form sie damals hatten oder wie sie im Mittelalter ausgestattet waren. Kunstwerke, sofern sie einen Bezug zur Frömmigkeitsausübung hatten, erlauben Einsicht in Vollzug und Praxis der Frömmigkeit. Man braucht nur vor einem Werk zu stehen wie Memlings großartigem *Johannesaltar* in Brügge, um zu verstehen, wie faszinierend ein solches Gemälde sein kann und welch wirkungsvollen Zugang zur Meditation es dargestellt haben könnte. Aufgestellte Monstranzen mit Hostien oder Reliquien – kunstvoll verzierte Gefäße, meist aus Silber – geben eine Vorstellung davon, was andächtige Christen zu sehen sich bemühten.

Literarische Aufzeichnungen über Frömmigkeitsausübung sind – abgesehen von den Heiligenlegenden und Handbüchern – nicht so verbreitet wie archäologische Quellen, obwohl es einige Beispiele gibt: Die aus dem 13. Jahrhundert stammende, anonym verfaßte *Suche nach dem Heiligen Gral* beispielsweise bezeugt in eloquenter Weise das Aufkommen der eucharistischen Frömmigkeit. Die Zusammenstellung nicht-fiktionaler Texte geschah normalerweise dann, wenn ein bestimmter Andachtsort aus irgendeinem Grund eine große Menschenmenge anzog. Die klassischen Fälle sind die Jubeljahre, die ganze Pilgerscharen nach Rom brachten, die sich einen Ablaß erhofften. Als Papst Bonifaz VIII. das erste Jubeljahr für 1300 verkündete, war die Menge so groß, daß einige Menschen erdrückt wurden, und Giovanni Villani berichtet, daß während des ganzen Jahres 200000 Menschen in der Stadt waren. Während des Jubeljahres 1450 war die Menschenmenge einmal so dicht, daß sich auf einer überladenen Brücke ein Unglück ereignete: Der Tritt eines Maultieres führte zu einer allgemeinen Panik, bei der schließlich 200 Menschen ihr Leben verloren (Mittelalterliche Chronisten scheinen recht häufig die Bedeutung eines Ereignisses nach der Zahl der Toten, die es dabei gab, zu beurteilen!). In der Mitte des 14. Jahrhunderts erregten in ähnlicher Weise die Bußübungen der Flagellanten das Interesse manch eines Chronisten.[12]

Ein anderes wichtiges Element der Frömmigkeitsübung war die Predigt. Wir haben uns bereits mit der Predigt als Text befaßt. Darüber hinaus ist eine Predigt auch als ein Ereignis zu betrachten. Um zu verstehen, wie eine

Predigt oder eine Reihe von Predigten zu einem vielbeachteten Ereignis wurde, muß man sehen, daß sie manchmal einen offiziellen Charakter bekamen und entsprechende Beachtung bei den örtlichen Chronisten fanden. Wenn Vincent Ferrer predigte, strömten die Menschen scharenweise herbei. Seine Predigten stellten eine Art erbauliche Abwechslung für die Menschen dar, deren Leben hauptsächlich aus ein und derselben Arbeit bestand. Es wird behauptet, daß nach einer fünfstündigen Predigt Johannes Brugmans die Zuhörer nach mehr verlangten. Sowohl Dominikaner als auch Franziskaner widmeten sich ihrer homiletischen Mission mit Eifer. Sie predigen zu hören bildete einen wichtigen Teil der spätmittelalterlichen Frömmigkeitspraxis. Dies zeigt sich nicht nur in den Berichten der Chronisten, sondern in einigen der überlieferten Predigten selbst, in denen der Prediger sich an die anwesenden Menschen wendet. Während einer Fastenpredigt rief Bernhardin von Siena seine Zuhörer dazu auf, den Gefangenen im Stadtgefängnis, die dort vor sich hinvegetierten, Nahrung und Kleidung zu schicken – und auch Bettzeug und Matratzen, so daß sie etwas zum Hinlegen hätten, nachdem sie gefoltert worden waren. Bei seiner nächsten Predigt bemerkte er, daß seine Aufrufe bisher nur zwei Hemden, zwei Paar Unterhosen und ein zerschlissenes Paar Strümpfe eingebracht hätten, und er wiederholte seinen Appell. Auf diese oder auch auf andere Weise schaffte er sich Zugang zum religiösen, politischen und sozialen Leben der Stadt. Von Bernhardin ist bekannt, daß er ein Befürworter der Verehrung des heiligen Namens Jesu war. In der zeitgenössischen Kunst wird er mit einer Tafel dargestellt, auf der die Buchstaben IHS (für die griechische Form von »Jesus«) in einem Medaillon angebracht sind, das von Lichtstrahlen umgeben ist. Solch eine Tafel war normalerweise schon ein Gegenstand meditativer Frömmigkeit. Die Art, wie Bernhardin sie bei seinen Predigten einsetzte, war so eine Möglichkeit, persönliche Andacht bei einer öffentlichen Versammlung zu pflegen. Das Emblem bildete auch Bernhardins eigenen Ersatz für Banner u. ä., die von den sich bekriegenden politischen Gruppierungen getragen wurden.[13] Die spätmittelalterliche religiöse Kultur kann als eine in erster Linie auf der Predigt beruhende Kultur bezeichnet werden, und zwar deshalb, weil eine Predigt alle Aspekte des religiösen Lebens der Zuhörer beeinflußte – oder die Prediger sich zumindest *bemühten*, solch einen umfassenden Einfluß auszuüben.

Obwohl der Zugang zur Frömmigkeitspraxis nur ein indirekter ist, zeigen die Quellen deutlich, daß auch hier wie bei der Devotionsliteratur und -kunst die Inbrunst und die zur Verfügung stehenden Möglichkeiten in den späteren Jahrhunderten des Mittelalters zunahmen.

2. Die Hauptthemen der Frömmigkeit

Wir wenden uns nun nach den Ausführungen über die Form der spätmittelalterlichen Frömmigkeit deren Inhalt und den spezifischen Themen zu, die das religiöse Leben der Epoche beherrschten. Die Bandbreite spätmittelalterlicher Frömmigkeitsmotive war groß, aber die Umrisse der spätmittelalterlichen Religiosität lassen sich in den vier wichtigsten Frömmigkeitsthemen erkennen: die Passion Christi, Maria, die Heiligen und die Eucharistie.

a) Die Passion Christi

Die Verehrung der Leidensgeschichte war in der spätmittelalterlichen Frömmigkeit überall verbreitet.[14] Es handelte sich hierbei um etwas, bei dem frommer Eifer bei weitem die liturgische Notwendigkeit übertraf. Im liturgischen Gedenken war die Leidensgeschichte an bestimmte Zeiten gebunden: Jede Messe im Laufe eines Jahres konnte eine Erinnerung an das Opfer von Golgatha sein, aber besonders während der Karwoche, am Ende der Fastenzeit, stand die Passionsgeschichte im Mittelpunkt. Es gab Tage im Mai und September, an denen der Kreuzfindung und -erhebung gedacht wurde; die Kreuzerhebung beging man als Fest von drei Tagen, die dem eigentlichen Feiertag vorausgingen; doch waren diese Ereignisse von eher untergeordneter Bedeutung. Messen zum Gedenken an die Leidensgeschichte konnten an Freitagen das ganze Jahr über gelesen werden, aber diese wöchentliche Meßfeier war eher der Ausdruck eines religiösen Bedürfnisses als eine liturgische Norm. Während die Leidensgeschichte zwar eine wichtige, aber doch begrenzte Rolle in der Liturgie spielte, durchdrang sie die Frömmigkeit, die sich außerhalb der Liturgie vollzog, ganz und gar.

Im 12. Jahrhundert förderten Bernhard von Clairvaux und andere eine Art von Spiritualität, die sich ganz auf die Meditation über die menschliche Natur Christi gründete. Neben anderen waren es besonders die Franziskaner, die dem in späteren Jahrhunderten einiges an Schärfe und Intensität hinzufügten. Franziskus von Assisi verfaßte ein *Offizium (Stundengebet) zur Passion*, und seine Stigmatisierung bildete *das* einzigartige Ereignis in seinem Leben, das für die spätere franziskanische Tradition überaus wichtig wurde. Bedeutende franziskanische Autoren wie z. B. Bonaventura bereicherten die vorhandene Literatur zu diesem Thema. Auch wenn Nicht-Franziskaner diese Verehrung teilten, so waren es doch vor allem die Franziskaner, die sie verbreiteten.

Wie die meisten Formen war auch diese Frömmigkeit gekoppelt an die Vorstellung eines heiligen Ortes. Der Ort, der mit der Passionsgeschichte natürlicherweise in Verbindung gebracht wurde, war Jerusalem, die Stätte der großen, allen anderen als Vorbild dienenden Pilgerzüge. Eine Wallfahrt dorthin war ein beschwerliches und gefährliches Unterfangen. Seit 1187 befand sich die Stadt unter moslemischer Herrschaft. Im späten Mittelalter übernahmen die Franziskaner die Rolle von Wächtern und mehrsprachigen Führern zu den dortigen heiligen Stätten.

Seit dem späten 13. Jahrhundert konzentrierte sich die »Standard«-Wallfahrt durch Jerusalem auf eine Reihe von »Stationen« oder Orten, die in der Passionsgeschichte oder allgemein im christlichen Altertum eine Rolle gespielt hatten: die Stelle, an der Simon von Cyrene gezwungen wurde, das Kreuz zu tragen, der Platz, wo Maria in Ohnmacht fiel, als sie ihrem Sohn begegnete, Marias Haus, sogar ein Haus, das als das des Dives (des reichen Mannes nach dem Gleichnis, Lk 16) ausgegeben wurde! Andere Stationen wurden später hinzugefügt, so wie beispielsweise das Haus Veronikas. Eine Zusammenstellung aus dem 15. Jahrhundert zählt über 100 solcher Stationen auf. Die wichtigste Stätte war jedoch die Grabeskirche, auf deren Gelände sich verschiedene Grabstellen und Kapellen befanden. Dazu gehörte auch die Kapelle an der Stelle, wo Jesus vermutlich gekreuzigt worden war. Felix Fabri, der im Jahre 1480 die Pilgerfahrt nach Jerusalem unternahm und einen ausführlichen Bericht verfaßte, spricht mit Ehrfurcht und Erregung von den nächtlichen Stunden, die er dort verbracht hat. Er ist auch Zeuge für die Bedeutung der Ablässe: Pilger zu den heiligen Stätten erhielten einen Ablaß, wenn sie dort beteten, sie mit einem Kuß oder Kniefall ehrten. Seit dem 14. Jahrhundert glaubte man, daß diese Ablässe durch Papst Silvester I. auf Bitten von Kaiser Konstantin und seiner Gattin Helena gewährt worden waren.[15]

Einige Menschen, die solch eine Pilgerreise unternommen hatten oder es gerne getan hätten, errichteten zu Hause Kopien dieser heiligen Stätten. Im Jahr 1378 baute ein Augustinermönch namens Johannes von Schaftolsheim eine Nachbildung des Ölberges und der Grabeskapelle. Als im frühen 15. Jahrhundert zwei Ritter aus Jerusalem zurückkehrten, schufen sie in Brügge eine Kopie des Heiligen Grabes. Etwas später im gleichen Jahrhundert baute eine Klarissin in Italien Nachbildungen verschiedener heiliger Stätten (das Haus Marias, den Raum, in dem das Letzte Abendmahl stattfand, den Garten von Gethsemane, das Praetorium des Pilatus, Golgatha etc.), in denen sie ihre täglichen Meditationen verrichtete. Ein Pilger aus Nürnberg mit Namen Martin Ketzel stellte nach seiner Rückkehr einen Bildhauer ein, um die Kreuzwegstationen zu schaffen, an denen Christus zu Boden fiel. Autoren des späten 15. und frühen 16. Jahrhunderts verfaßten Betrachtungen über diese Stationen, die zur Meditation gebraucht werden konnten, während eine Person von einem Bild zum anderen schritt. Zu den wichtigsten dieser Autoren gehörte der belgische Karmelit Jan Pascha, der im frühen 16. Jahrhundert eine Reihe von vierzehn Stationen ersann, die denen in der heutigen Andacht entsprechen.[16]

Diese an der Leidensgeschichte orientierten Frömmigkeitsformen geben ein Beispiel dafür, wie Literatur, Kunst und Aktion verbunden werden konnten. Kunstwerke wie Statuen oder Relieftafeln, auf denen die Stationen dargestellt waren, dienten als Mittelpunkt für Andachten. Literatur wie die des Johann Pascha unterwies den frommen Christen an diesen Stationen in der Meditation, und schriftliche Zeugnisse wie die des Felix Fabri und anderer liefern Informationen darüber, was sich tatsächlich an Andachtsorten ereignete.

Das Kreuz oder Kruzifix hatte zentrale Bedeutung sowohl für die Liturgie als auch für die Frömmigkeit. Gemälde von Cimabue, Giotto und Fra Angelico stellen die Messe dar, wie sie an Altären gefeiert wird, die nur mit

Kreuzen geschmückt sind. Wie bereits erwähnt, waren Kruzifixe der wichtigste Gegenstand privater Frömmigkeit; Bildstöcke am Wegesrand bestanden oft aus einem Kruzifix. Darüber hinaus bildete die Kreuzigung eines der häufigsten Themen in der Kunst des Mittelalters.

In den letzten Jahrhunderten des Mittelalters gab es vier Entwicklungsstufen in der künstlerischen Darstellung der Leidensgeschichte. Zuerst, vor allem im 15. Jahrhundert, bestand wachsendes Interesse an der Reihenfolge der Ereignisse, einschließlich dessen, was vor der Kreuzigung geschah (die Todesangst im Garten, die Gefangennahme, die Geißelung, der Abdruck des Gesichts Christi auf Veronikas Schweißtuch etc.) und was sich hinterher ereignete (die Abnahme vom Kreuz, die Trauer, das Begräbnis). Danach wurde die Darstellung, auch die der Kreuzigung, komplexer. Eine ganze Reihe von Personen trat auf: nicht nur Jesus, Maria und Johannes, sondern auch Maria Magdalena (ihre Arme um das Kreuz geschlungen), die Gefährtinnen Marias (die sie stützen, als sie beinah in Ohnmacht fällt), und eine Menge Soldaten und amtlicher Personen. Gegen Ende des Mittelalters fügten die Künstler üblicherweise die beiden Schächer, anonyme Menschenmengen und sogar eine Reihe von nachbiblischen Heiligen hinzu. Engel konnten dargestellt werden, wie sie Christus anbeteten oder sein Blut in Kelchen auffingen, ein klares eucharistisches Symbol. Andere symbolische oder allegorische Motive waren der Schädel Adams am Fuß des Kreuzes, der Pelikan, der sein Junges mit seinem eigenen Blut füttert, die Sonne, der Mond u. a.

Als drittes kamen einige Elemente der Nachkreuzigungs-Szenerie hinzu, die in zunehmendem Maß für die ikonische Darstellung ausgewählt wurden. So war die Pietà, Christus hingestreckt auf den Schoß seiner Mutter, in der deutschen Holzschnitzkunst des 14. Jahrhunderts weit verbreitet. In den folgenden Jahren erschien sie in verschiedenen Regionen und verschiedenen Ausführungen, gemalt wie auch in Stein gehauen. Die Darstellung des Schmerzensmannes, auf der der verstorbene Christus seine Wundmale zeigt, wurde als Motiv beinahe so verbreitet wie die Kreuzigung selbst. Gemalte Versionen des Schmerzensmannes stellten Christus normalerweise in seinem Grab stehend dar, aber als noch Leidenden und sogar als Toten, der noch nicht auferstanden ist. Eine ähnliche Freiheit im Umgang mit biblischen Erzählungen zeigt sich im vierten Entwicklungsschritt: Vor allem im 15. Jahrhundert hatte man eine Vorliebe für bestimmte Erscheinungen der Leidensgeschichte, die entweder einzeln oder in Kombination mit anderen auftraten: die Geißel, mit der Christus ausgepeitscht wurde, die Dornenkrone, das Schweißtuch Veronikas, die Kreuzigungswerkzeuge, die Wundmale etc. Eine der häufigsten dieser »Waffen Christi« war sein durchstochenes Herz. Eine Holzschnitzerei aus dem 15. Jahrhundert zum Beispiel stellt ein großes Herz dar (mit deutlich sichtbarer Aorta), das am Kreuz hängt; in den Ecken befinden sich Medaillons mit durchstochenen Händen und Füßen, und ein Speer, der von links kommt, durchstößt das Herz. In diesen Darstellungen ist die Wunde wichtiger als das Herz. Dies gilt auch für diejenigen Stellen in der frühen Literatur, die sich auf die Wunde beziehen, in die der fromme Christ durch tiefe Meditation mystisch eintritt.

Literatur zur Leidensgeschichte findet sich in ganz unterschiedlichen Genres und ist in Form und Inhalt überaus vielfältig. Zwei typische Texte, der eine eine Reihe von Meditationen, der andere eine Predigt, sollen eine Vorstellung von dieser Vielfalt vermitteln.

Die Meditationen stammen von einem anonymen Autor aus der Zeit um 1300, obwohl sie im Spätmittelalter Beda Venerabilis zugeschrieben wurden (*PL* 94, 561–68). Das Vorwort wendet sich an einen bestimmten Leser, der Meditationen zur Leidensgeschichte gefordert hatte, die den sieben kanonischen Stunden entsprechen. Der Autor sagt, daß er die Grundprinzipien darlegen möchte, ohne zu sehr ins Detail zu gehen, »weil die kontemplativ und spirituell ausgerichtete Seele viel aus wenigen Dingen schöpft, wohingegen die rohe und nach sinnlichen Begierden verlangende Seele in vielen Dingen nur wenig versteht.« Wenn der Leser es mit der Meditation ernst meine, müsse er (oder sie) allerdings darauf verzichten, übermäßig zu essen und zu trinken, überflüssige Worte zu äußern, zu spielen und zu feiern, denn »fleischlicher Trost und Meditation über das Leiden und Sterben des Herrn gehören nicht zusammen.« (Der Autor benutzt die Wörter »Meditation« und »Kontemplation« in gleicher Bedeutung.) Die Leser werden auf diese Weise moralisch vorbereitet und sollen sich vorstellen, daß sie dem realen Ablauf der Passion beiwohnen, und sie sollen eine solche Trauer verspüren, als ob sich die Leidensgeschichte vor ihren Augen vollziehe.

Das Schema für diese Meditationen war verbreitet und ähnelte dem der einflußreichen Pseudo-Bonaventura-Meditationen über das Leben Christi: Zur Komplet soll der Leser über das letzte Abendmahl, die Todesangst im Garten und die Gefangennahme Christi meditieren; nach etwas Schlaf soll er zum Morgenlob erwachen, noch mit Tränen und Kummer der vorherigen Meditation erfüllt, und über den Beginn der Verhandlung gegen Christus nachdenken; ähnliches wird zu allen kanonischen Stunden anbefohlen. Den Abschluß bildet die Meditation über das Begräbnis Christi zur Zeit der Vesper. Der Autor verbindet jeden Abschnitt mit bestimmten Intentionen. Das Gebet Christi im Garten Gethsemane wird eine Unterweisung, wie man beten soll: Christus betete beispielsweise dreimal, und so sollten auch wir nicht nur einmal, sondern oft beten. Es gibt anschauliche Details, z. B. stellt sich der Autor bei der Gefangennahme Christi vor, daß die Jünger sich auf den Boden geworfen und wie Waisen geschrien haben. Im Verlauf der Verhandlung sollen sich die Leser vorstellen, daß sie die Amtspersonen bitten, die Mißhandlungen Christi zu beenden, daß sie Jesus umarmen und sich selbst an seiner Stelle für die Schläge zur Verfügung stellen. Als die Juden sich entfernen, um schlafen zu gehen, wird Jesus allein gelassen, geschwächt und frierend (denn es ist Winter). Der Leser soll sich neben ihn setzen, seine Hände, Füße und Ketten küssen und eine Schulter anbieten, auf die Christus sein müdes Haupt sinken lassen kann.

Maria wird als eine der Hauptfiguren in dem Drama dargestellt, ein »Beispiel der Trauer all derjenigen, die Christus lieben.« Sie wird von älteren Frauen gehalten, als ob sie tot sei, und als sie ihren Sohn sieht, fällt sie leblos zu Boden. Vom Kreuz herab vertraut Christus ihr nicht nur Johannes an, sondern seine ganze Kirche. Als er stirbt, stößt sie ein eloquentes Klagelied aus und fällt dann zu Boden. (Die wiederholten Stürze, die, wie wir gesehen haben, bereits in frühen Kreuzwegstationen betont wurden, unterstreichen nicht nur den Schmerz und das Leiden Christi und seiner Mutter, sondern die völlige Machtlosigkeit all derjenigen, die auf die Mittel der Macht verzichtet haben.)

Während Pseudo-Beda, der Verfasser der Meditationen, das konkrete Detail in der Passionsgeschichte hervorhebt, befaßt sich Thomas Brinton in einer Karfreitagspredigt mehr mit allegorischen und moralischen Überlegungen.[17] Die Textgrundlage für diese Predigt findet sich in Joh 19, 34: »Und sogleich floß Blut heraus«; aber das Wesentliche ist nicht das historische Ereignis der Passion Christi. Brinton geht statt dessen sofort zu moralischen Ermahnungen über. Wir dürften es nicht wagen, den Vater um Verzeihung zu bitten, wenn unsere eigenen Hände blutverschmiert von Sünden gegen seinen Sohn seien. Leider wimmele es in England von Dieben, Mördern und anderen Verbrechern, die nicht bereuten und nicht bestraft würden. Wie Hosea in 4, 1f sagt, gebe es Sünden im ganzen Land, »und Blut hat Blut berührt.« Brinton nennt als Beispiel einen Priester, der es wagte, die Messe zu lesen, nachdem er mit seiner Geliebten geschlafen hatte. Als er in den Kelch blickte, sah er, daß die geweihten Elemente pechschwarz geworden waren. Er überlegte kurz, ob er sie einfach ausschütten sollte, verzehrte sie dann aber mit großer Angst und stellte fest, daß sie ganz bitter schmeckten. Nach der Messe eilte er zu seinem Bischof und beichtete seine Sünde. Brinton erzählt dann noch von anderen Wundern, die mit dem Blut Christi zu tun hatten. Der größte Teil der Predigt befaßt sich allerdings mit den sieben Ereignissen, bei denen Christus Blut vergoß: bei seiner Beschneidung, in Gethsemane, bei der Geißelung, beim Aufsetzen der Dornenkrone und bei der Durchbohrung seiner Hände, Füße und seiner Seite. All diesen Ereignissen wird eine allegorische oder moralische Interpretation zuteil. Weil beispielsweise die Hände Werke bedeuten, stellt das Durchbohren der Hände Christi das Läutern der schuldigen Seele durch gute Werke dar. Die Predigt ist reich an alttestamentlichen Bildern. Lev 16, 14, wo vom siebenfachen Verspritzen von Kalbsblut als Sühneopfer gesprochen wird, kündigt danach das siebenmalige Blutvergießen Christi an. Im ersten Buch der Makkabäer 6, 34 wird gesagt, daß man den Elefanten den Saft von Trauben und Maulbeeren vorhielt, um sie zum Kampf zu reizen; genauso werde das Blut Christi gezeigt, um die Einsatzbereitschaft im geistigen Kampf zu fördern, besonders bei der Verteidigung der Freiheiten der Kirche. Typologische Vorbilder von Christus werden im ganzen Alten Testament gefunden: Christus wird danach im übertragenen Sinne in Abel getötet, in Noah entblößt, in Isaak an das Holz gebunden, in Jakob verfolgt, in Joseph verkauft, in Ijob bespien und geschmäht, in Jeremia gegeißelt und in Jona bestattet. Während Pseudo-Beda das anschauliche Detail benutzt, um frommes Mitleid zu erregen, setzt Brinton seine allegorische Interpretation ein, um eine moralische Erneuerung in Gang zu setzen. Gemeinsam ist beiden die sorgsame Punkt-für-Punkt-Meditation an den biblischen Texten entlang. Brinton verwendet in seiner Predigt allerdings die traditionellere Hermeneutik, und Pseudo-Beda ist eher ein Vertreter der spätmittelalterlichen Autoren, die das historische Leiden Christi selbst mit Faszination und Mitgefühl betrachten.

Eine der bedeutendsten Entwicklungen in der spätmittelalterlichen Literatur über die Passion ist das Entstehen des volkssprachlichen Passionsspiels, das im Freien hauptsächlich von Laien aufgeführt wurde.[18] Frühere lateinische Passionsspiele hatten sich aus dem liturgischen Drama entwickelt, das innerhalb des Kirchengebäudes aufgeführt wurde. Um das 14. Jahrhundert herum legten diese Spiele ihren liturgischen Charakter ab – aber nicht völlig, denn unter den verschiedenen Quellen, die für diese Spiele gebraucht wurden, befanden sich die liturgischen Texte der Karwoche. Die Spiele entnahmen einen großen Teil ihres Stoffes den Erzählungen des Evangeliums, aber benutzten auch liturgische Formulierungen und machten beträchtliche Anleihen bei den apokryphen Evangelien, bei Kommentaren und Abhandlungen und anderen Quellen. In phantasievoller Ausschmückung entwarfen sie eine ganze Reihe von Charakteren, wichtige und weniger wichtige. Das Yorker Passionsspiel stellt Herodes als jemanden dar, der in Begeisterung gerät, als Jesus vor ihm erscheint: »Oh, mein Herz springt vor Freude, jetzt diesen Propheten zu sehen.« In der französischen *Palast-Passion* treten vier Soldaten als große Angeber auf, die beispielsweise damit prahlen, wie sie jeden, der versuchen sollte, den Körper Christi zu stehlen, behandeln würden. Im gleichen Stück tritt ein Schmied auf, dessen Hände auf wundersame Weise verletzt wurden, als er die Nägel für die Kreuzigung schmieden sollte; seine boshafte Frau muß dies dann erledigen. Zu der Zeit also, als auf den Tafelbildern ein neues Interesse an einer Ansammlung von Persönlichkeiten auf Golgatha und an den anschaulichen Details der gesamten Leidensgeschichte erkennbar wurde, zeigten sich die gleichen Tendenzen im Drama.

Die Verarbeitung der Passion in Kunst und Literatur wird oft jedoch nicht so sehr von Sachinteresse bestimmt als vielmehr von einer Leidenschaftlichkeit des Gefühls, die den heutigen Zuschauer und Leser erschreckt. Deutsche Kruzifixe des 14. Jahrhunderts stellen den Körper Christi in einer grotesk verzerrten Weise dar, wobei das Blut aus seinen Wunden strömt. Ungefähr die gleiche Wirkung ruft eine Vision Julianas von Norwich von der Kreuzigung hervor, bei der der Körper Christi eine kaleidoskopartige Wandlung von verschiedenen Blau-, Braun- und Schwarztönen durchmacht, als ein schneidend kalter Wind seinen Körper eintrocknen läßt. Am vielleicht auffälligsten in dieser Richtung sind aber die Berichte von den barbarischen Grausamkeiten, die Christus von seinen Peinigern zugefügt werden – Berichte, die ihre künstlerische Parallele in den Bildern von Hieronymus Bosch und seinen Nachfolgern haben. So war der fromme Umgang mit der Passionsgeschichte von einer fieberhaften Intensität geprägt, die in der spätmittelalterlichen Frömmigkeit weit verbreitet war.[19]

b) Marianische Frömmigkeit

Neben der Frömmigkeit, die mit der Passionsgeschichte verbunden war, waren marianische Themen im spätmittelalterlichen Christentum weit verbreitet und standen oft auch in Zusammenhang mit der Passionsfrömmigkeit.[20] Reliquien, Gebetsstätten, Wallfahrten, Festtage, Hymnen, Motetten, Legenden, Spiele, Gemälde und Statuen, Patronate von Kirchen und Klöstern, Predigten, religiöse Abhandlungen, Visionen, Theologie – Maria war in all diesen Bereichen nicht nur gegenwärtig, sondern spielte eine ganz wesentliche Rolle. Marianische Frömmigkeit war so umfassend und diffus, daß es schwierig ist, allein die Hauptentwicklungsrichtungen zu verfolgen. Wenn man nach der wachsenden Betonung der Demut Marias sucht, findet man reichlich Material. Aber wenn man sich mit dem Thema ihrer Würde befaßt, ihrer Erhebung zur Königin, ihrer einmaligen Vollkommenheit, findet man auch dazu genügend Quellen. In der marianischen Kunst entwickelten sich spezielle Motive – Maria zusammen mit Christus und der hl. Anna, Maria mit Weizenkörnern auf ihrem Umhang usw., – aber dadurch wurden in keinster Weise frühere Themen ersetzt. Wollte man bezüglich der Marienfrömmigkeit des späten Mittelalters ein Prinzip ausfindig machen, so wäre es das der Anhäufung. Wirklich alles, was Maria zu Ehren gesagt, gesungen, gezeigt oder gedacht werden konnte, fand seinen Platz in dieser bunten Mischung.

Marienfrömmigkeit entstand vor dem Hintergrund einer reichen liturgischen Entwicklung. Im Frühmittelalter gab es vier Marienfeiertage: Mariä Reinigung[21], die Verkündigung, die Himmelfahrt und die Geburt Marias. Ein Fest zu Ehren der Heimsuchung enstand in einigen Teilen der westlichen Christenheit im 13. Jahrhundert. In dem Bestreben, dieses Fest überall zu verbreiten, gehörte eine Bulle von Papst Bonifaz IX. aus dem Jahr 1389 und eine Vorschrift des Baseler Konzils 1441. Im 14. Jahrhundert wurde allmählich ein Fest zur Darstellung Marias im Tempel aus der Ostkirche übernommen. Im folgenden Jahrhundert versuchte man, die Verlobung als Feiertag zu begehen. Johannes Gerson schlug dies vor, um beide, Maria und Joseph, zu ehren. Bereits im 11. Jahrhundert war es weit verbreitet, an Samstagen eine Votivmesse zu Ehren der Muttergottes zu feiern, entweder weil sie bereits vor der Auferstehung an die Göttlichkeit ihres Sohnes geglaubt hatte oder weil der Samstag für Gott Ruhetag war und Marias Schoß den Ruheplatz Christi darstellte. Alle diese Feiertage, die über das ganze Jahr verteilt waren, brachten liturgische Texte hervor mit Hymnen, Antiphonen und Motetten. Ein »kleines Offizium (Stundengebet)« von Maria, das sich auf eine monastische Praxis des 8. Jahrhunderts zurückführen läßt, wurde ein wichtiger Teil für private Laienfrömmigkeit im Spätmittelalter.

Es mag seltsam erscheinen, daß die wichtigsten heiligen Stätten der mittelalterlichen Christenheit keine Stätten marianischer Verehrung enthalten: Canterbury, Santiago und Rom waren die Zentren der Heiligenverehrung, und Jerusalem war das ersehnte Ziel all derer, für die die Passionsgeschichte eine besondere Bedeutung hatte, aber Gebetsstätten für Maria waren normalerweise regional und hatten weniger Bedeutung. Es gab kein mittelalterliches Lourdes oder Fatima. Aber darin lag auch die große Stärke der Marienfrömmigkeit. Thomas Becket stand in enger Verbindung zu Canterbury, und andere Heilige brachte man mit den Orten in Zusammenhang, wo sie begraben lagen oder wo sie zu Lebzeiten gewirkt hatten, aber Maria war die alles umfassende Patronin. Die Zisterzienser, die Wert darauf legten, sich nicht zu eng mit irgendeinem Teil der Christenheit zu verbinden, hatten Maria zu ihrer Schutzheiligen erwählt, weihten ihr alle Klöster und benannten viele nach ihr. Die Franziskaner teilten und verbreiteten diese Sicht Marias als der universalen Schutzheiligen. Auf diese Weise fanden sich überall marianische Gebetsstätten.

Nach dem Prinzip, daß eine Stätte der Verehrung ein im Mittelpunkt stehendes Objekt haben muß, gab es dort Reliquien und bildhafte Darstellungen. Marias leibliche Himmelfahrt aber war die Voraussetzung für die Universalität ihres Kultes: Weil kein Platz auf Erden ihre sterblichen Überreste beanspruchen konnte, war sie überall gleichermaßen gegenwärtig. Nichtsdestoweniger gab es Stätten, die Strähnen ihrer Haare aufbewahrten (meistens blond), Gefäße mit ihrer Milch, Fetzen ihres Schleiers oder sogar den Gürtel, den sie der Legende nach dem zweifelnden Thomas als Beweis ihrer Himmelfahrt in den Schoß warf. Manchmal erhoben sich auch skeptische Stimmen. Ein Prediger wandte ein, daß alle Kühe der Lombardei nicht so viel Milch geben könnten, wie sie der Jungfrau zugeschrieben wurde. Aber auch, wenn es überhaupt keine Reliquien gegeben hätte, so gab es alle möglichen bildhaften Darstellungen.

Die künstlerischen Darstellungen Marias lassen sich in zwei allgemeine Klassen unterteilen: ikonische Darstellungen der Madonna und Szenen aus ihrem Leben. Die Madonna war eines der häufigsten Motive in der mittelalterlichen Kunst, sowohl in der Malerei als auch in der Bildhauerei. Die gemalte Madonna saß normalerweise auf einem Thron, während die in Stein gehauene entweder auch auf dem Thron saß oder stand. Im späten Mittelalter, als ihr Status als Königin selbstverständlich war, trug sie immer eine Krone. Die interessanteste Entwicklung des Madonnenmotivs findet sich in der Tafelbildmalerei, wo Engel und Heilige die Jungfrau begleiten und Umgebungen (Räume, Gärten etc.) immer kunstvoller werden.

Häufig wird die Jungfrau oder ihr Kind mit einem Gegenstand in der Hand dargestellt (oft ein Buch, Obst, eine Blume, sogar ein Vogel), nicht einfach nur, um die Szene realistischer erscheinen zu lassen, sondern als ein Symbol für die Erlösung oder für die Sünde, die Erlösung erforderlich macht.

Die Szenen aus dem Leben Marias, die vor allem in der Tafelbildmalerei des Spätmittelalters verbreitet waren, lassen sich in vier Hauptgruppen unterteilen: diejenigen, die mit dem »Protoevangelium« zusammenhängen bzw. der Erzählung von Ereignissen in Marias Kindheit (ihre Empfängnis und Geburt, Darstellung, Verlobung); diejenigen, die sich auf die Kindheit Christi beziehen (Verkündigung, Heimsuchung, Geburt usw.); diejenigen, die sich mit der Leidensgeschichte befassen (die Kreuzigung mit Maria am Fuß des Kreuzes, die Pietà und detailliertere Klageszenen, das Begräbnis);

und diejenigen, die mit dem in Zusammenhang stehen, was man als »Post(Nach)evangelium« bezeichnen könnte, die Ereignisse also, die nach dem eintraten, wovon die kanonischen Evangelien berichteten (vor allem Marias »Schlaflegung« oder Tod, Himmelfahrt und Krönung im Himmel). Das Interesse an den Jahren zwischen der Kindheit Jesu und seiner Leidensgeschichte war begrenzt, zum Teil deswegen, weil Maria keine wichtige Rolle im Wirken Christi gespielt hatte, zum Teil auch, weil Darstellungen von Christus selber aus dieser Zeit nicht üblich waren (Maria ist auf den nicht sehr häufigen Gemälden der Hochzeit von Kana zu sehen.)

Die wachsende Würde Marias ist auf Darstellungen des 15. Jahrhunderts daran zu erkennen, daß sie nicht nur von ihrem Sohn gekrönt wird, sondern von der gesamten Dreifaltigkeit. Andererseits zeigen Geburtsszenen aus dieser Zeit Maria, wie sie anbetend vor ihrem Sohn kniet, der normalerweise auf dem Boden liegt (nach einer Vision der hl. Brigitta von Schweden). Ihre Rolle als Beschützerin wird höchst wirkungsvoll in den Gemälden und Statuen der Gnadenmadonna herausgearbeitet, deren ausgebreiteter Mantel sich über die dicht aneinanderkauernden Gläubigen legt. Oft befanden sich unter den so Beschützten auch Vertreter der verschiedenen gesellschaftlichen Stände (Papst, König, Bischof, Bürger etc.); manchmal sind die auffälligsten Figuren Kapuzen tragende Mitglieder von Bußbruderschaften, die dieses Kunstwerk in Auftrag gaben.

Die gleiche Themenvielfalt findet sich in den Legenden über die Jungfrau, die in der christlichen Antike entstanden (vgl. *Das Protoevangelium von Jakobus*) und in späteren Sammlungen wie der *Legenda aurea* bewahrt wurden. Das Spätmittelalter fügte diesen Legenden über Marias Leben in erster Linie Wundergeschichten hinzu, die ihre Sorge für die, die sie verehrten, beschrieben. Geschichten dieser Art waren u. a. von Gregor I. und Gregor von Tours erzählt worden. Solche Sammlungen fanden vor allem im Hochmittelalter eine große Verbreitung. Oft standen Wunder im Mittelpunkt, die sich an einem bestimmten Ort ereignet hatten. Sehr häufig gehörten auch die Sündenvergebung dazu und der Zutritt zum Himmel für Sünder, deren Schuld durch ihre Verehrung der Jungfrau gemildert wurde – ein Thema, das Prediger wirkungsvoll ausbreiten konnten, indem sie solche Geschichten als Beispiele in ihren Predigten benutzten. Eine andere wichtige literarische Entwicklung war das poetische »Klagelied Marias«, in dem die Mutter Christi ihrem Schmerz freien Lauf läßt, als sie ihren Sohn erblickt, wie er vom Kreuz abgenommen und zum Begräbnis bereit liegt. Eng damit verbunden war der poetische »Disput zwischen Maria und dem Kreuz«, in dem Maria das Schicksal beklagt, dem ihr Sohn durch das Kreuz unterworfen ist, und das Kreuz legt als Antwort die Notwendigkeit dieses Opfers dar. Ubertino von Casale verfaßte im frühen 14. Jahrhundert eine lateinische Version eines solchen Gedichtes, der volkssprachliche Fassungen folgten. In diesen und anderen literarischen Werken wurde Maria als Beispiel für Erbarmen und als »coredemptrix« (Miterlöserin) dargestellt, die an dem Erlösungswerk ihres Sohnes teilhat. Andere Gedichte, Abhandlungen und Predigten ehrten die Jungfrau auf diese oder jene Weise.

Es gab zahlreiche Gebete zur Muttergottes. Vom 12. Jahrhundert an war das wichtigste und bekannteste davon der Engelsgruß (Lk 1, 28), das Ave Maria, dem der Ausruf Elisabeths (Lk 1, 42) bereits hinzugefügt worden war. Handschriften aus dem 12. Jahrhundert berichten von einer Nonne, die sich jeden Tag vor ein Marienbild kniete und einhundertfünfzigmal das Ave Maria betete, bis Maria selbst erschien und der Nonne mitteilte, sie solle das Gebet nur fünfzigmal sprechen, aber langsamer und mit mehr Andacht. Solch eine Vervielfachung von Gebeten, die mit Gebetsperlen gezählt wurden, führte im Spätmittelalter zur Ausbildung des Rosenkranzes. Vor allem die Dominikaner pflegten diese Praxis. Im frühen 15. Jahrhundert verband man dieses Sprechen von Gebeten mit einem Meditationssystem über Ereignisse aus dem Leben Marias. Später in diesem Jahrhundert förderten die Dominikaner die Bildung spezieller Bruderschaften, die diese Gebets- und Meditationsübung durchführten.

Die Bedeutung der Marienfrömmigkeit für spätmittelalterliche Musik läßt sich am Beispiel des Jakob Obrecht ablesen: Von seinen 24 Motetten, die überliefert sind, behandelt gut ein Viertel marianische Texte. Das Old-Hall-Manuskript, eine Sammlung englischer Musik aus dem späten 14. und frühen 15. Jahrhundert, enthält 26 Motetten, von denen ungefähr zwei Drittel marianisch sind. Eine der nicht-marianischen Motetten dieser Sammlung, ein Stück für Allerheiligen, beginnt mit den Worten »Christus ist in den Himmel aufgefahren und hat seiner allerreinsten Mutter einen Platz der Unsterblichkeit bereitet«. Während eigenartigerweise eine auf die Passion bezogene Musik nicht verbreitet war, manifestierte sich die Marienfrömmigkeit in allen möglichen Formen.

c) Der Heiligenkult

Wie die Marienfrömmigkeit so war auch die Verehrung der Heiligen fest in der liturgischen Praxis verwurzelt.[22] In der Tat war der Heiligsprechungsprozeß, der eine verstorbene Person zu einem Heiligen machte, im wesentlichen eine Festlegung, daß diese Person öffentliche Verehrung in der Liturgie der Gesamtkirche verdient. In den frühen christlichen Jahrhunderten war dieser Beschluß von der Gemeinde, die das tugendhafte Leben und heroische Martyrium des Heiligen miterlebt hatte, gefaßt worden. Während des Frühmittelalters überwachten Bischöfe und Synoden diesen Prozeß. Um das Jahr 1200 herum beanspruchte dann der Papst das alleinige Recht zur Heiligsprechung – und da die päpstliche Kanonisation der wirkungsvollste Weg zur Sicherstellung eines weitverbreiteten Kultes war, waren diejenigen, die die Verehrung eines zukünftigen Heiligen förderten, gerne bereit, den päpstlichen Anspruch zu unterstützen. Was dabei herauskam, war ein komplizierter quasi-juristischer Prozeß, zu dem die Überprüfung der Zeugen wie auch die Zusammenstellung einer Biographie oder Vita der betreffenden Person gehörte. (In vielen Fällen wurde eine Vita verfaßt, bevor der Prozeß begann, die aber oftmals das nötige Interesse für eine Heiligsprechung hervorrufen sollte.) Nach der Kanonisierung konnte man die neuen Heiligen mit der ganzen Bandbreite der liturgischen und religiösen Auszeichnungen verehren. Man konnte sie in öffentlichen Gebeten anrufen, Kirchen nach ihnen benennen, die Liturgie ihnen zu Ehren an ihren Feiertagen feiern, ihre Reliquien in kostbaren Gefäßen aufbewahren und zur Verehrung ausstellen, und man konnte sie in der Kunst mit ihrem vollen Heiligenschein darstellen. Vor ihrer Heiligsprechung war es nur möglich, sie privat oder regional als »Ehrwürdige« oder *beati* zu verehren, ein Ausdruck, der sich im Spätmittelalter lediglich auf zukünftige Heilige bezog, die vom Papst noch nicht kanonisiert worden waren.

Es gab weitaus mehr als 365 anerkannte Heilige. Deshalb mußten auch einzelne für bestimmte Orte ausgewählt werden, die man an jedem Tag des Jahres verehren konnte. Während des Mittelalters wurde dies flexibel gehandhabt. Bischöfe konnten in ihren Diözesen Feiertage einrichten, und bestimmte Kirchen oder Klöster hatten freie Hand, die »Heiligensektion« in ihrem liturgischen Kalender aufzustellen und zu verändern. Es wurde nicht jeder Tag als Feiertag eines Heiligen begangen. Im 13. und den folgenden Jahrhunderten erfolgte eine gewisse Standardisierung im Kalender, allerdings mit viel Lückenfüllerei; die Heiligenfeste wurden nämlich in zunehmendem Maße als Datierung auf Urkunden benutzt – ein System, das eine gewisse Uniformität erforderlich machte. Trotzdem blieb ein großer Spielraum bei der Entscheidung, welche Heiligen Vigilen, Oktaven oder spezielle Ehrungen wie eine öffentliche Prozession oder Rituale außerhalb der Kirche verdienten.[23]

Die Reliquien des Heiligen bildeten fast immer einen religiösen Mittelpunkt. Oft wurden der ganze Körper oder das Skelett in einem Schrein aufbewahrt, aber theoretisch war selbst das kleinste Teilchen dem *corpus* des Heiligen gleichbedeutend (wie die geweihte Hostie in Teilstücken stets den ganzen Christus enthält). Wenn der Kult zum Zeitpunkt des Todes des Heiligen schon anerkannt war, wurde der Körper sofort in einen Sarkophag innerhalb der Kirche gelegt, wo die Gläubigen ihre Verehrung bekunden konnten. In anderen Fällen überführte man den Körper von seinem Grab zu einem zugänglichen Verehrungsort. Menschen, die den Heiligen um einen Gefallen bitten wollten, brachten Opfergaben mit. Wenn sie dem Heiligen ein Gelübde geschworen hatten und dann ihr Wunsch erfüllt worden war, brachten sie zu der Stätte *»ex voto«*-Opfergaben (d. h. symbolische oder bildhafte Reräsentationen der Erhörung) als Entschädigung für die erwiesene Hilfe. Diejenigen, die sich Heilung erhofften, verbrachten die Nacht am Grab des Heiligen, eine Praxis, die in der allgemeinen Religionsgeschichte Inkubation genannt wird. Grabstätten mit den Überresten besonders bekannter Heiliger zogen Pilger aus nah und fern an, vor allem, wenn sich die Reliquien ausschließlich in dieser einen Grabstätte befanden. Da die Reliquien der Heiligen jederzeit »verfügbar« waren, war deren künstlerische Darstellung weniger wichtig, als es andernfalls zweifellos der Fall gewesen wäre. Aber trotzdem waren die Heiligen beliebte und verbreitete Motive in der Kunst. Wie bei Maria konnte man sie entweder in einem Einzelbildnis darstellen oder in narrativen Szenen, die man ihren Legenden entnahm. Ein detailliertes System von Attributen half dem Betrachter, den dargestellten Heiligen zu erkennen: Petrus erschien immer mit seinem Schlüssel, Katharina von Alexandria wurde mit dem mit Nägeln versehenen Rad dargestellt, auf dem sie gefoltert worden ist usw. Es gab auch gattungsmäßige Attribute wie z. B. die Palme, die ein Märtyrer trug. Während des gesamten Mittelalters bildeten die klassischen Heiligen der frühen Kirche das bevorzugte Thema in der Kunst, obwohl auch einige »moderne« Heilige wie Franziskus von Assisi Popularität gewannen. Eine Studie an 700 italienischen Tafelbildern vom späten 11. bis zum 14. Jahrhundert ergab, daß Christus auf 35 % von ihnen abgebildet war, die Jungfrau Maria auf 55 %, nicht identifizierte Heilige auf 15 % und identifizierte Heilige auf 9 %. Bei den letzteren war Franziskus von Assisi der am häufigsten Dargestellte. Andere, die oft dargestellt wurden, waren die Apostel und frühen Märtyrer, auch Klara von Assisi und Dominikus. Ähnliche Studien an anderen Orten und für einen anderen Zeitraum zeigen ein ähnliches Ergebnis, eine Vorliebe für klassische – und männliche – Heilige.[24]

Die Liebe zu den Heiligen zeigt sich auch in der Übernahme von Heiligennamen. Dies war ein alter Brauch, aber vor allem im Spätmittelalter fand er große Verbreitung. So zeigt eine Studie über die Genueser Herrscher, daß im 12. Jahrhundert nur ungefähr 12 % von ihnen Heiligennamen trugen, wohingegen es im 13. Jahrhundert bereits 23 % und im 14. Jahrhundert 67 % waren. Es ist sicher kein Zufall, daß der Brauch, bei der Taufe einen Namen zu geben, zur gleichen Zeit große Verbreitung fand.[25] Abgesehen von diesem Tauf-Brauch wurde in einigen Teilen Europas erwartet, daß sich jeder einen Apostel als Namenspatron auswählen sollte. Die Einhaltung dieses Brauches konnte sogar ein Kriterium der Rechtgläubigkeit sein. Ein Deutscher erheiterte offensichtlich einen Inquisitor, als er diesem erzählte, daß sein Namensapostel der Erzengel Michael sei.[26]

Schutzheilige waren nicht auf Kirchen und Einzelpersonen beschränkt. Auch Organisationen konnten einen Heiligen als ihren Schutzpatron erwählen, wie das bei Bruderschaften in einigen Teilen Europas üblich war. Mitglieder dieser Bruderschaften trafen sich zum Gedenken an den Feiertag ihres Heiligen. In dieser Hinsicht war beispielsweise in Norddeutschland die heilige Anna besonders wichtig.

Die Verehrung der Heiligen in der Literatur spielte ebenfalls eine bedeutende Rolle. Jakobus von Voragines *Legenda aurea* (ungefähr 1270 zusammengestellt) bildete eine der wichtigeren Sammlungen von frommen Legenden in der mittelalterlichen Literatur. Ihre Rezeption von älterer Hagiographie, besonders der Legenden über frühe christliche Heilige, lieferte Material für spätere Autoren und Prediger. Während diese Standardsammlung die Legenden von 159 Heiligen enthielt, waren spätere Werke oft umfassender, auch um den Preis der Oberflächlichkeit. Peter Calos *Heiligenlegenden* aus dem 14. Jahrhundert behandeln 853 Personen, wiederum meist klassische. Diese Heiligen feierte man auch in Schauspielen. Vor allem im 15. Jahrhundert wurden die Legenden der hl. Barbara, des hl. Sebastian und anderer klassischer Heiliger aufgeführt.[27]

Das Leben zeitgenössischer Heiliger wurde selten auf diese phantasievolle Weise bearbeitet, aber es gab andere interessante Entwicklungen in der Behandlung dieser Personen. Da der Kanonisierungsprozeß strenger wurde, verfaßte man im 13. und 14. Jahrhundert die Viten für zukünftige Heilige mit mehr Sorgfalt, ausführlicher und mit mehr Betonung der Tugenden der Heiligen als der Wunder, die diese zu Lebzeiten vollbracht hatten. Listen posthumer Wunder, die den verbreiteten Heiligenkult und die göttliche Billigung dieses Kultes bezeugen sollten, wurden der Vita angefügt. Andererseits lag seit dem 13. Jahrhundert die Betonung oft auf den mystischen Erfahrungen und allgemein dem Seelenleben der Heiligen. Einen Präzedenzfall dafür stellen die Berichte der Heiligen selbst über ihre Visionen dar. Die Betonung der Innerlichkeit fand sich vor allem in solchen Biographien und Viten, die von den geistigen Lehrern und Beichtvätern der Heiligen verfaßt wurden. Die Biographie Heinrich Seuses und die Vita Katharinas von Siena stellen ein Beispiel für diese Richtung dar.[28]

Dem Heiligenkult kommt in der Geschichte der Frömmigkeit eine besondere Bedeutung zu, weil er im frühen Mittelalter, vor dem 12. Jahrhundert, *die* zentrale Rolle in der christlichen Frömmigkeit spielte. Außerliturgische Gebräuche, halböffentlich und halbprivat, wurden vor allem dem Kult heiliger Männer und Frauen hinzugefügt. Bevor sich die Passionsfrömmigkeit großer Beliebtheit erfreute und bevor eine zunehmende Literarisierung und der Aufstieg der Bettelorden neues Interesse an verschiedenen Frömmigkeitsformen hervorrief, bildeten die Heiligenreliquien fast überall in Europa das zentrale Frömmigkeitsobjekt. Das Interesse an Heiligen verschwand im Spätmittelalter nicht, aber es gab andere reizvolle fromme Betätigungsfelder, denen man sich bei der immer reicher werdenden Auswahlmöglichkeit mit Begeisterung zuwenden konnte.

d) Die Eucharistie

Die Entwicklung von Frömmigkeitsformen aus früherer liturgischer Praxis läßt sich nirgends leichter zeigen als an der eucharistischen Frömmigkeit des Spätmittelalters.[29] Als der Franziskaner Johannes von Winterthur im 14. Jahrhundert sagte, daß die Eucharistie das Sakrament sei, aus dem die Frömmigkeit seiner Zeitgenossen hauptsächlich bestehe, meinte er nicht, daß es eine neue Begeisterung für deren liturgische Feier gebe. Vielmehr wies er auf eine rasch wachsende Faszination der geweihten Hostie hin, sei es innerhalb oder außerhalb der Liturgie.

Das erste klare Anzeichen für diese Art der Frömmigkeit zeigte sich im frühen 13. Jahrhundert, als das Hochheben der Hostie nach der Wandlung in der Messe ziemlich rasch große Verbreitung fand. Das früheste Beispiel stammt aus der Diözese Paris aus der Zeit um 1200. Bis zur Mitte des Jahrhunderts hatte sich dieser Brauch in der westlichen Christenheit verbreitet. Er war eine Antwort auf das allgemeine Bedürfnis, die auf wunderbare Weise verwandelte Hostie zu sehen. Die Transsubstantiationslehre, die im Gefolge einer Kontroverse im 11. Jahrhundert geklärt worden war, wurde formal vom 4. Laterankonzil 1215 verkündet. Eucharistische Frömmigkeitsformen mögen auch von der Geistlichkeit gefördert worden sein, um dieser Lehre Nachdruck zu verleihen, aber das allgemein verbreitete Verlangen nach Wundern war sicher ein wichtigerer Faktor. Ab Ende des 13. Jahrhunderts gewährten viele Bischöfe für die Verehrung der erhobenen Hostie einen Ablaß. Die Glocken wurden geläutet, um die Menschen im Moment des Erhebens zur Aufmerksamkeit zu rufen. Es wird behauptet, daß für viele Christen der Sinn des Meßbesuchs darin bestand, die erhobene Hostie zu sehen. Gottschalk Hollen äußerte sich im 15. Jahrhundert folgendermaßen über solche Leute: »Sie kommen, wenn sie die Glocke läuten hören, betreten die Kirche, um die Erhebung zu sehen, und wenn es vorbei ist, verlassen sie die Kirche so schnell, als ob sie den Teufel gesehen hätten.«

Bald reichte es nicht mehr aus, die Hostie nur im Augenblick des Hochhebens zu sehen. An manchen Orten wurde sie auch außerhalb der Liturgie in einer Monstranz ausgestellt, die meistens auf dem Altar stand. Diese Praxis begann im 14. Jahrhundert in Nordeuropa. Die Monstranz selbst war früheren Ausstellungsbehältnissen für Reliquien nachgebildet. Sie hatte normalerweise die Form eines Turmes oder Kreuzes, war manchmal eine menschliche oder engelgleiche Gestalt und enthielt einen Glasbehälter für die Hostie. Umrahmt von solch einer Monstranz und für jedermann sichtbar auf dem Altar ausgestellt, bildete die Hostie einen Mittelpunkt für Andacht und Frömmigkeit. Dorothea von Montau, die der eucharistischen Frömmigkeit leidenschaftlich ergeben war, konnte die Hostie einhundertmal am Tag gesehen haben, ohne daß ihr Verlangen gestillt war. Im 14. und 15. Jahrhundert hatte man die Vorstellung, daß der bloße Akt des Sehens der geweihten Hostie auch eine magische Wirkung haben konnte: Schutz vor einem plötzlichen Tod war nur eine der Gnaden, die sie gewährte. Eine Gegenbewegung bildete die Verehrung der Eucharistie im geschlossenen Tabernakel. Dieser Brauch begann im 15. Jahrhundert und wurde an einigen Orten durch die Gewährung von Ablässen gefördert.

Den größten Anstoß zur eucharistischen Frömmigkeit, sowohl der liturgischen als auch der außerliturgischen, war die Einrichtung eines eigenen eucharistischen Festes, des Fronleichnamsfestes. Die Inspiration kam von der belgischen Seherin Juliana von Cornillon (1192–1258), die berichtete, daß die Einführung eines solchen Festes der Wille Christi sei. Man hätte annehmen können, daß schon der Gründonnerstag ein Fest zu Ehren der Eucharistie sei und im Grunde jede Messe eine Feier dieses Sakramentes darstelle. Solche Einwände wurden von Zeitgenossen angeführt. Juliana traf mit ihrem Vorschlag auf erbitterten Widerstand bei denen, die ihn als überflüssig betrachteten. Trotzdem wurde das Fest 1246 in der Diözese Lüttich eingeführt, und im Jahr 1264 verkündete es Urban IV. (der aus der Diözese stammte) für die gesamte Kirche. Allerdings wurde erst im 14. Jahrhundert mit Unterstützung der Dominikaner der Versuch unternommen, dem Dekret Geltung zu verschaffen.

Die Praxis, eine Hostie als Mittelpunkt in einer Fronleichnamsprozession zu verehren, stammte aus Nordeuropa, wo sie um die Mitte des 14. Jahrhunderts verbreitet wurde. Solche Prozessionen waren Anlässe für eine freudige und triumphale Demonstration. Während man die Hostie von Kirche zu Kirche trug, wurde gesungen und wurden die Glocken geläutet. Es gab viel Altarschmuck, Banner und Statuen. Schnell brachen Streitigkeiten zwischen dem Klerus und Zünften und Bruderschaften aus, die miteinander um die Ehrenplätze in der Prozession rangen. An einigen Orten nahm die Feier mit Spielen und Vergnügungen aller Art einen marktähnlichen säkularen Charakter an. Auch in anderer Hinsicht wich man von der ursprünglichen Absicht ab, als man nämlich begann, die Prozession als eine Art Segen hinaus in die Felder zu führen, um gegen Unwetter geschützt zu sein.

Das Prinzip der Vervielfältigung kam weiter zur Anwendung: Zusätzlich zur eigentlichen Fronleichnamsprozession gab es während der Oktav des Festes noch andere Prozessionen. Im Anschluß daran wurde die Monstranz mit der geweihten Hostie auf dem Altar ausgestellt (Dies war die Hauptquelle für die außerliturgische Verehrung der Hostie, nachdem der Brauch des Zur-Schau-Stellens der Hostie während der Fronleichnamszeit einmal entstanden war, wurde er das ganze Jahr über zur Gewohnheit). Nikolaus von Kues, päpstlicher Legat in Deutschland in der Mitte des 15. Jahrhunderts, versuchte, diese Tendenzen zu zügeln, indem er die Zur-Schau-Stellung der Hostie auf das Fronleichnamsfest und seine Oktav beschränken wollte. Nach seinen Worten war die Eucharistie »als Nahrung, nicht als Ausstellungsgegenstand gestiftet worden«. Aber das, wogegen er sich aussprach, war eine schon weitverbreitete und anerkannte Tradition. Im Grunde wandte er sich vergeblich gegen das Anwachsen der Frömmigkeit außerhalb der Liturgie – gegen die Verlagerung des Schwerpunktes von der geheiligen Zeit (die Feste des liturgischen Kalenders) zum geheiligten Raum (wobei der Altar durch die Gegenwart der ausgestellten Hostie besonders heilig wird).

Die bekanntesten eucharistischen Hymnen wurden für das Fronleichnamsfest komponiert. »Pange lingua« und »Verbum supernum prodiens« (auch bekannt als »Tantum ergo« und »O salutaris hostia«), die man Thomas von Aquin zuschreibt, wurden verfaßt, als Urban IV. das Fest einführte. »Adoro te devote«, das ebenfalls Thomas zugeschrieben wird, wenn auch aufgrund zweifelhafter Indizien, stammt aus derselben Zeit, war aber nicht für das Fronleichnamsfest bestimmt. Dieser Hymnus ist in vielerlei Hinsicht der subtilste von den dreien. Er betont die Verborgenheit der Gegenwart Christi in der Eucharistie und erklärt, daß man durch das Hören Zugang zu der geheimnisvollen Wahrheit über das Sakrament gewinnt, während Sehen, Fühlen und Schmecken durch die Gestalt des Brotes getäuscht werden.

Die eucharistische Frömmigkeit erhielt durch Berichte von Wundern, die mit ihr in Verbindung standen, großen Auftrieb. Dies waren außergewöhnliche Wunder, die man als Bestätigung der Wunderhaftigkeit der Eucharistie ansehen konnte, die aber auch vom eigentlichen Wunder der Transsubstantiation ablenken konnten. Eines der berühmtesten dieser Ereignisse soll sich im Jahre 1263 in Bolsena zugetragen haben, obwohl der früheste Bericht erst aus der Zeit um 1340 stammt. Ein Priester, der von Zweifeln über die Transsubstantiation geplagt war, sah, wie die Hostie sich während der Messe in sichtbares Fleisch verwandelte, von dem Blut auf das Korporale in Form eines blutenden Gesichtes herabtropfte. Urban IV. wurde benachrichtigt und ließ die Wunderhostie nach Orvieto bringen, wo sie mit einer Prozession empfangen wurde. Bald gab es viele andere Wunderhostien, die in Westeuropa verehrt wurden. Eine Studie zählt 117 heilige Stätten in Deutschland auf (vor allem Wallfahrtskirchen in Bayern), wo eucharistischer Wunder gedacht wurde. Die Legenden, die sich mit diesen Orten verbinden, beginnen typischerweise alle mit der Geschichte einer entweihten Hostie. Irgendein Bösewicht (meistens ein Jude) stiehlt die Hostie, mißhandelt sie (indem er sie durchsticht oder schlägt) und ist höchst erstaunt, wenn sie wundersame Eigenschaften zeigt (normalerweise Bluten). Der Missetäter versucht, die Hostie zu verstecken, aber sie wird entdeckt (meistens durch ein wunderbares Licht, das auf sie fällt oder durch Tiere, die sie verehren), woraufhin an diesem Ort eine Wallfahrtsstätte errichtet wird. Legenden dieser Art entstanden bereits im späten 12. Jahrhundert, aber ihren Höhepunkt fand diese Entwicklung um 1300.[30]

Obwohl sich die eucharistische Frömmigkeit nicht oft in der Kunst niederschlug (abgesehen von der Gebrauchskunst bei der Herstellung der Monstranzen), gab es hin und wieder im Spätmittelalter Gemälde, die eucharistische Wunder darstellten. Eine Reihe von Bildtafeln aus Regensburg, entstanden um 1476, zeigt einen Dieb, der eine gestohlene Hostie in einen Keller wirft. Dabei wird sie von zwei schwebenden Engeln bewacht. Die fehlende Hostie wird dann entdeckt und in einer feierlichen Prozession von Priestern zurückgeholt, begleitet von Bannern und den genannten Engeln.[31] Typischer als dies war die Darstellung der »Messe des hl. Gregor«, auf der Christus als Schmerzensmann erscheint, während der Heilige die Messe liest.

Das Leben spätmittelalterlicher Heiliger, vor allem von Frauen, hat oft etwas mit eucharistischen Wundern zu tun: Manchmal blicken die Heiligen während der Messe zum Altar und sehen nicht die Hostie, sondern Christus in Form eines kleinen Kindes. In anderen Fällen wird die Hostie auf wundersame Weise von einem Engel zu den Heiligen gebracht. Die besondere Eucharistiefrömmigkeit der Frauen hat man als Kompensation für ihren Ausschluß von den Weihen interpretiert. Wenn Frauen schon nicht die Hostie weihen durften, konnten sie wenigstens durch ihre Visionen und durch wundersamen Kontakt eine außergewöhnlich enge Beziehung zu ihr haben.[32] Dabei muß auch betont werden, daß die meisten dieser Mystikerinnen die Hostie nicht nur sehen, sondern so oft wie möglich empfangen wollten. Auch Mystiker wie Johannes Tauler in seinen Fronleichnamspredigten und in einem geringeren Ausmaß Meister Eckhart sprachen sich für den Empfang der Eucharistie aus anstelle außerliturgischer Zur-Schau-Stellung und Verehrung. In dieser Angelegenheit gab es also so etwas wie eine Allianz der kontemplativen und liturgischen Frömmigkeit, die frömmlerischen Tendenzen entgegenwirkte.

Es läßt sich nicht beurteilen, wie erfolgreich Tauler, Nikolaus von Kues u. a. darin waren, Leute dazu zu überreden, das Sakrament lieber zu empfangen, als es zu verehren. Das 4. Laterankonzil verlangte die jährliche Kommunion. Aufgrund der uns vorliegenden Quellen kann man vermuten, daß nur wenige die Kommunion viel öfters als einmal im Jahr empfingen, wenn überhaupt so oft. Am Ende des Mittelalters benutzte man die Eucharistie möglicherweise eher als Frömmigkeitsmittelpunkt denn als Sakrament.

3. Allgemeine Richtungen des Frömmigkeitswesens

Dieser kurze Überblick kann bei weiten nicht alle Formen der spätmittelalterlichen Frömmigkeit abdecken. Trotzdem lassen sich daraus einige allgemeine Schlußfolgerungen ziehen.

1. Die Entwicklungen, die sich in der spätmittelalterlichen Frömmigkeit vollzogen, waren ihrem Wesen nach kumulativ. Nur wenig Bedeutsames ging verloren, und vieles wurde im Lauf der Zeit hinzugefügt. Die Jungfrau Maria trat als Himmelskönigin auf, aber auch als demütige Dienerin Gottes. Die Leiden Christi wurden anschaulich dargestellt, aber manchmal erschien Christus auch als königlicher Überwinder des Todes. In Predigten und religiösen Abhandlungen gebrauchte man erzählerische Details, um Mitleid zu erwecken, doch daneben bestanden auch frühere Formen der allegorischen Interpretation. Aus diesem Grund ist es irreführend, die aufkommende Frömmigkeit des späten Mittelalters als Übergang von einer Richtung zur anderen zu bezeichnen. Was man statt dessen findet, ist eine ständig wachsende Zahl von Variationen traditioneller Themen.

2. Es waren oft nachahmende Frömmigkeitsformen, die sich herausbildeten. Der Rosenkranz, Meditationen zur Passion und Stundenbücher etwa waren Nachahmungen des mönchischen Stundengebets durch Laien. Die Kreuzwegstationen stellten ursprünglich einen Ersatz für die Pilgerfahrt nach Jerusalem dar. Diejenigen, die solch eine Reise unternehmen konnten, vor allem die Christen der sozialen und geistlichen Elite, gingen größere fromme Verpflichtungen ein; für arme Leute (oder die Mittelklasse) bildeten neue Andachtsformen oft ganz einfach den Ersatz für andere fromme Übungen.

3. Alle Frömmigkeitsformen neigten dazu, sich als Zentrum irgendeine Art geheiligen Raum zu suchen, sei es öffentlich oder privat. Den Mittelpunkt solch einer Stätte bildete ein Gegenstand, der zur Verehrung bestimmt war und der dieser Stätte unverkennbar ihren heiligen Charakter verlieh: eine Reliquie, eine geweihte Hostie, ein Kunstwerk. Der Rosenkranz konnte überall gebetet werden, aber es ist kein Zufall, daß jene Nonne aus der Legende, die jeden Tag 150 Ave Maria betete, dies vor einem Bild der Jungfrau tat. Typische Umgebungen für die Frömmigkeitsausübung waren Kirchen oder Kapellen, aber ebenso konnten auch Statuen und Gemälde einen Teil des Hauses in einen improvisierten Gebetsraum verwandeln.

4. Die Zwischenstellung der Frömmigkeitsformen zwischen dem öffentlichen Akt der Liturgie und dem privaten der Kontemplation trug nicht nur zu ihrer Flexibilität bei, sondern auch zu einem Gefühl der Verbindung zwischen Kirche und Haus. So wie katholische Kinder Messe-Feiern spielen, so konnten fromme Christen des Spätmittelalters ihre »Kirchlichkeit« zeigen, indem sie das mit nach Hause brachten, was sie in Kirchen und Kapellen gesehen hatten. Dies war allerdings eine zweischneidige Sache: Indem die Menschen ihre Verbindung mit der Kirche so demonstrierten, machten sie sich in gewissem Maße unabhängig von ihr. Häusliche Andachtsausübung konnte entweder ein Gefühl der Zugehörigkeit zur Kirche hervorrufen oder ein Gefühl der Distanz. In dieser Perspektive überrascht es nicht, daß ein Land wie Deutschland mit einem so extrem hohen Maß an »Kirchlichkeit« die Wiege der Reformation werden konnte.

5. Das Frömmigkeitswesen ging oft Hand in Hand mit dem Partikularismus. Eine Bruderschaft mit ihren besonderen Frömmigkeitsübungen war eine Art Miniaturkirche – eine *ecclesiola in ecclesia*, wie ein Wissenschaftler es ausdrückte.[33] Frömmigkeitsformen konnten auf diese Weise symbolisch die sozialen und politischen Grenzen innerhalb der Gesellschaft verstärken. Eine Stadt, die einen bestimmten Heiligen verehrte, kultivierte *ihren* Heiligen als ein Symbol bürgerlichen Stolzes. Sogar bei der Fronleichnamsprozession wetteiferten die Zünfte und Bruderschaften mit ihren Bannern und anderen »Demonstrationsobjekten«. Frömmigkeitsformen konnten auch dazu dienen, die Kirche zu einigen: Marienfrömmigkeit verband Gläubige der gesamten Christenheit, und Pilger, die vom römischen Jubeljahr zurückkehrten, konnten einen tieferen Bezug zur Heiligen Stadt und sogar zu ihrem Bischof mit »nach Hause bringen«. Wahrscheinlich war jedoch der spaltende Effekt größer.

6. Frömmigkeitsformen stellen eine Mischung aus geistlicher und laizistischer Initiative dar. Es ist allgemein nicht möglich zu sagen, woher die eigentliche Initiative kam. Waren es Laien, die den Kult für einen bestimmten Heiligen vorantrieben, während die Geistlichen nur darauf mit Begeisterung reagierten? Waren es die Geistlichen, die ein bestimmtes Stück verfaßten und die Aufführung überwachten, während die Menschen dann nur als Schauspieler und Zuschauer daran teilnahmen? Wir können nur selten eindeutige und vollständige Antworten geben. Das vielleicht beste Symbol dieser Mischkultur sind die makkaronischen Gedichte, in denen das Latein der Geistlichen von der Volkssprache der Laien durchsetzt ist, obwohl Werke dieser Art vermutlich von Geistlichen für Laien geschrieben wurden. Eine der verbreitetsten Möglichkeiten des Klerus, Frömmigkeitsformen zu fördern, war die Gewährung eines Ablasses: Beten, Pilgerreisen unternehmen, eine geweihte Hostie verehren oder andere fromme Handlungen vollbringen – all das konnte man wegen des ihnen selbst innewohnenden Wertes tun, aber auch wegen des damit verbundenen Ablasses. Ursprünglich stellte das Ablaßwesen eine Art Anreiz für die Kreuzfahrer dar, Krieg zu führen, aber als Bonifaz VII. den Ablaß für das Jubeljahr 1300 verkündete, war die Praxis des Frömmigkeitsablasses schon längst fest etabliert.

4. Exkurs: Busse und Reue

Ob man genaugenommen von einer »Bußfrömmigkeit« sprechen kann, ist eine schwierige Frage. Wenn man Frömmigkeitsformen in bezug auf ihren Gegenstand definiert, würde die Buße nicht dazugehören: Man kann gleichermaßen von andächtiger Hingabe an die Jungfrau Maria oder an einen Heiligen sprechen, aber nicht von andächtiger Hingabe an die Buße. Und doch deutet die Verbindung von Frömmigkeitsformen und Ablaß auf ein starkes Element der Buße im spätmittelalterlichen Frömmigkeitswesen hin. Es gab viele Gründe, an religiösen Übungen teilzunehmen, aber eines der stärksten Motive war die Gewinnung eines Ablasses, um so die Strafe für seine Sünden erlassen zu bekommen. Frömmigkeitsformen und Buße überschnitten sich auch auf andere Weise. Eine der Hauptaufgaben Marias war es, Sünder zu schützen und für sie bei Gott um Gnade zu bitten. Auf der anderen Seite verstärkte die Passionsfrömmigkeit das Bewußtsein der eigenen Sündhaftigkeit: Wegen der Sünden der Menschheit, einschließlich der des andächtigen Gläubigen, mußte Christus sein Martyrium auf sich nehmen. Auch wenn die Spiritualität der Buße im Spätmittelalter an sich keine eigene Frömmigkeitsform darstellt, so ist sie doch ein wichtiger Bestandteil des Frömmigkeitswesens jener Zeit.[34]

Die Grundlagen für die spätmittelalterliche Bußpraxis wurden 1215 beim 4. Laterankonzil gelegt. Der 21. Kanon dieses Konzils, *Omnis utriusque sexus*, ist als der »vielleicht wichtigste Gesetzgebungsakt in der Geschichte der Kirche« bezeichnet worden.[35] Er verlangte von allen Gläubigen die jährliche Beichte und unterwarf somit die Laien der Autorität des Klerus. Das gab den Geistlichen mehr Gelegenheit als je zuvor, etwas über das Leben der Menschen zu erfahren und sie zu leiten. Es sind im wesentlichen sechs Bestimmungen dieses Kanons, die bedeutsam sind: 1. Jeder gläubige Christ, der das Alter erreicht hat, in dem er nach eigenem Ermessen handeln kann, muß seine Sünden wenigstens einmal im Jahr beichten und die Buße ausführen, die ihm der Priester auferlegt hat. 2. Jedem, der dies nicht befolgt, wird der Zugang zur Kirche verweigert (oder im Todesfall das kirchliche Begräbnis). 3. Diese Bestimmung sollte oft in den Kirchen verkündet werden, so daß sich niemand mit deren Unkenntnis herausreden kann. 4. Die Beichte muß vom zuständigen Priester abgenommen werden. Nur mit seiner Erlaubnis kann auch bei einem anderen Priester gebeichtet und die Absolution empfangen werden. 5. Der Priester muß diskret und einfühlsam sein. Er soll wie ein erfahrener Arzt Wein und Öl (vgl. Lk 10, 34) in die geistigen Wunden des Büßers gießen, und er soll sich über die Entstehung der Sünde und die Lebensumstände des Sünders informieren, so daß er einen angemessenen Ratschlag erteilen und ein passendes Mittel gegen die Gewohnheit der Sünde empfehlen kann. 6. Der Priester muß sorgfältig darauf achten, daß er das Beichtgeheimnis nicht verletzt. Wenn er jemanden um Rat fragen muß, so darf er den Namen des Sünders dabei nicht nennen. Geschieht dies doch und er verrät eine Sünde, die ihm in der Beichte anvertraut worden ist, so wird er seines priesterlichen Amtes enthoben und zu lebenslänglichem Gewahrsam im Kloster verurteilt. Die erste Bestimmung, die die Pflichten der Gläubigen festlegte, und die fünfte Bestimmung, die die Aufgaben der Priester aufführte, sind die wichtigsten.

Dieses Gesetz rief eine Fülle an Literatur über die Beichte hervor, die sowohl Priestern als auch Laien zeigen wollte, wie man seinen Anforderungen gerecht werden konnte. Einiges davon war Fachliteratur, die von Theologen und Kirchenrechtlern verfaßt wurde: So befassen sich sieben Fragen (die 40 Artikel enthalten) in der Ergänzung der *Summa Theologiae* des Thomas von Aquin mit dem Bußsakrament. Viele Einzelheiten in der Diskussion des heiligen Thomas über Tugend und Laster sind eindeutig von den Bedürfnissen der Menschen im Beichtstuhl inspiriert. Wichtiger für das hier behandelte Thema sind jedoch die Werke, die für Laien und Prediger geschrieben wurden und die in ihrem belehrenden Ton sehr an die Frömmigkeitsliteratur jener Zeit erinnern.

In der Mitte des 15. Jahrhunderts veröffentlichte ein deutscher Priester namens Johannes Wolff eine Untersuchung über das Gewissen.[36] Seine Schrift ist beispielhaft für die Art von Bußliteratur, die zu seiner Zeit verbreitet war. Er erteilt Kindern Ratschläge, die gerade das Beichten lernen. Er leistet Erwachsenen Hilfestellung, die vermutlich in der Kunst des Beichtens, wenn nicht auch der des Sündigens, weiter fortgeschritten sind. Kindern, die darüber nachdenken, ob sie das Gebot »Du sollst nicht töten« gebrochen haben, empfiehlt er zu überlegen, ob nicht eine der folgenden Tatsachen auf sie zuträfe: »Ich habe zweimal mit Steinen und Schneebällen auf meine Freunde geworfen. Viermal habe ich mit ihnen gerauft, wurde handgreiflich, habe sie verprügelt und geschlagen. Lange Zeit habe ich in meinem Herzen Ärger, Neid und Feindschaft gegen sie verspürt... Ich habe mit Gegenständen nach den Hühnern, Gänsen und Enten anderer Leute geworfen. Ich habe den Kaiser mit einer Streitaxt erschlagen.« An dieser Stelle soll der Priester unterbrechen: »Paß auf, daß du die Wahrheit sagst!« Unter der Überschrift »Du sollst nicht stehlen« können die jungen Sünder über noch mehr Möglichkeiten nachdenken: »Ich habe meinen Freunden siebenmal Stifte, Papier, Holzschuhe etc. gestohlen. Ich habe meiner Mutter dreimal Birnen, Äpfel, Nüsse, Käse, Brötchen weggenommen...Ich habe eine kleine Geldmünze gefunden und sie behalten... Ich habe dem Frankfurter Stadtrat 10000 Gulden gestohlen.« Und wieder unterbricht der Beichtvater: »Paß auf, daß du nicht lügst!«

Eines der unterhaltsamsten Handbücher über die Beichte ist das dritte Buch des Caesarius von Heisterbach *Dialog über Wunder*. Caesarius erzählt darin Geschichten, die die Kraft der Beichte veranschaulichen sollen: Manchmal verfügen die, die gerade gebeichtet haben, über wundersame Fähigkeiten wie beispielsweise die, starke Feinde im Zweikampf zu besiegen. Häufiger beschreiben seine Geschichten, wie man seine Sünden richtig oder falsch beichtet, die Gefahren einer nicht ausgeführten auferlegten Buße usw. Eines der Beispiele, die Caesarius erwähnt, handelt von einer Frau in Köln, die in der Fastenzeit zur Beichte ging, aber nur von ihren guten Taten sprach. Die Frage, warum sie denn nicht ihre Sünden mitteile, brachte sie aus der Fassung und sie behauptete, sie hätte keine begangen. Der Priester fragte sie dann, wie sie denn ihren Lebensunterhalt verdiene, und sie antwortete, sie verkaufe Alteisen. Der Beichtvater fragte sie, ob sie jemals kleinere Eisenstückchen zusammen mit größeren verpackt hätte, um ihre Kunden zu täuschen. Als sie dies bejahte, teilte er ihr mit, dies sei eine Todsünde. Gleichermaßen würde sie für jede Lüge, jeden Meineid, jede üble Nachrede über ihre Rivalen, Neid gegenüber denen, die erfolgreicher seien als sie, in der Hölle braten, es sei denn, sie bereue aufrichtig.

Verschiedene Quellen geben uns eine Vorstellung davon, wie eine Beichte ablief. Normalerweise kniete der Sünder an einem öffentlichen Platz (nicht im Beichtstuhl) vor dem Priester, grüßte den Priester fromm und erhielt die Antwort »Der Herr sei mit dir.« Falls notwendig, konnte der Priester durch eine einleitende Befragung einige Grundinformationen erhalten, wie Familienstand, Beruf, Wohnort. Eine kurze katechetische Unterweisung folgte, bei der der Priester feststellte, ob der Sünder das Vaterunser, das Ave Maria und das Credo kannte. Dann ermahnte ihn der Beichtvater, alle seine Sünden ohne Scham zu bekennen. Nach diesen Vorstufen beichtete der Sünder alle Sünden, an die er sich erinnern konnte. Normalerweise tat er dies in einer abgewandelten Form des Confiteor[37] (oder liturgischen Sündenbekenntnisses). Der Beichtvater gab sich jedoch mit dieser Aufzählung von Sünden nicht zufrieden und forschte weiter. Er sollte herausfinden, ob der Sünder nicht diese oder jene Sünde vergessen hätte, und benutzte dazu eines der verschiedenen Sündenregister (die Zehn Gebote, die sieben Todsünden etc.). Aber er sollte nicht so detailliert nachfragen, daß er dem Beichtenden Anregungen für spätere Sünden lieferte. (Ein Beichthandbuch, das Richard Rolle zugeschrieben wird, weist den Priester an, einen männlichen Sünder zu fragen, ob er seinen Samen »in irgendeiner anderen Weise als der natürlichen mit seiner Frau« ausgestoßen habe. Aber falls der Sünder ein Beispiel wünsche, was der Priester meine, so solle dieser sofort seine Augen schließen und »vorsichtig zu einem anderen Thema übergehen«.) Dann sprach der Priester die Buße aus und erteilte die Absolution. Beim Verlassen des Beichtplatzes wurde vom Sünder erwartet (aber nicht gefordert), daß er dem Priester ein Almosen gab und ihn um seine Gebete bat.[38]

Man kann die Buße, die bei der Beichte auferlegt wurde, als eine Art Frömmigkeitsübung ansehen: das waren Gebete, mindestens ein paar, oder bei schweren Sünden vielleicht eine Pilgerreise. Im allgemeinen fiel die Buße eher mild aus. Richard Rolle legt dem Beichtvater nahe, daß er den Sünder daran erinnern solle, wie streng die Kirche früher in diesen Angelegenheiten gewesen sei, als Buße aber nur ein Vaterunser oder ein Ave Maria auferlegen; oder das Ertragen der alltäglichen Mühen und Entbehrungen solle die Buße sein, für den Rest solle der Sünder dann ins Fegefeuer gehen. »Es ist viel besser, eine milde Buße aufzuerlegen, die der Sünder auch ausführt und so ins Fegefeuer kommt, als eine schwere und mühsame Buße, die der Sünder nicht ausführen kann und so in die Hölle kommt.« Er zitiert dann Christus als Beispiel. Christus erlegte nie schwere Bußen auf, sondern sagte sogar zur Ehebrecherin bloß: »Geh und sündige nicht mehr.« Auf diese oder andere Weise solle auch der Beichtvater den seine Sünden bekennenden Christen trösten und auf den rechten Weg bringen.[39]

Nahezu alle Formen der Frömmigkeit, die wir untersucht haben, waren im 16. Jahrhundert äußerst umstritten. Einer der Mißbräuche, die Martin Luthers Zorn erregten, war ein Ablaß, der für den Besuch einer Reliquienausstellung gewährt wurde. Als er sich daranmachte, die Kirche von bestimmten Auswüchsen zu befreien, war das Frömmigkeitswesen eines seiner Ziele – obwohl es natürlich immer auch im Protestantismus Frömmigkeitsformen gegeben hat. Er fand sie für sein eigenes Leben zwar unnütz, gab ihr jedoch eine Praxis (aber keine theoretische Verankerung im Glaubensdogma), die er für andere festlegte. Er konnte die Vorstellung von Heiligkeit akzeptieren, aber nicht die Verehrung von Heiligen, wie sie ihm in seiner Jugend gelehrt worden war. Er behielt die Einrichtung der Beichte bei, aber befreite sie von ihrem sakramentalen und disziplinierenden Charakter. Er hielt an der Lehre von der realen Gegenwart Christi in der Eucharistie fest, wies aber die Transsubstantiationslehre zurück – zum Teil wegen der zauberischen Deutungen, die sie erzeugt hatte. Wie frühere Kritiker meinte auch er, daß durch das Frömmigkeitswesen die Aufmerksamkeit unangemessen auf äußerliche Formen gerichtet werde. Anders als die meisten seiner Vorgänger vertrat er aber eine Theologie, die äußerlichen Taten keinen inneren Wert für Heiligung oder Erlösung beimaß. Werke der Selbstbeherrschung und der Nächstenliebe blieben als Manifestationen des inneren Glaubens wichtig, aber das übliche Frömmigkeitswesen habe nur eine pelagianische [40] Suche nach Erlösung durch Taten gezeitigt. Die anderen Reformer teilten diese Ansichten mit Luther, auch wenn sie in anderen Fragen nicht mit ihm übereinstimmten.

Im Katholizismus jedoch blieb der Eifer für Frömmigkeitsübungen bestehen und erfuhr in der Gegenreformation bis hin zur Moderne weitere Entwicklungen. Eine der auffälligsten Wirkungen der Reformen nach dem 2. Vatikanischen Konzil war die heftige Reaktion gegen diesen weiterbestehenden Frömmigkeitskult. Aber ob das Zusammenspiel von Frömmigkeitsübungen und puritanischer Reinheit von allen äußeren Formen einen linearen oder zyklischen Prozeß darstellt, ist eine Frage jenseits der rein historischen Forschung.

Anmerkungen

1 Das Wort ist gebildet nach »Triptychon« und bezeichnet Altarbilder mit nicht nur drei (tri-), sondern vielen (poly-) einzelnen Bildern. [JS]

2 In der breiten Diskussion bedeutet Kultbild ein weniger biographisch ausgerichtetes Bild für den liturgischen Vollzug; Andachtsbild ist für die persönliche Frömmigkeit gedacht und hat stärker biographische Züge. [JS]

3 J. Huizinga, *Der Herbst des Mittelalters*, Stuttgart [11]1975; B. Moeller, »Frömmigkeit in Deutschland um 1500«, *Archiv für Reformationsgeschichte* 56 (1965), 5–31.

[4] R. Rudolf, *Ars moriendi: Von der Kunst des heilsamen Lebens und Sterbens*, Köln 1957.
[5] F. Edwards, *Ritual and Drama: The Mediaeval Theatre*, Guildford 1976.
[6] D.L. Jeffrey, *The Early English Lyric and Franciscan Spirituality*, Lincoln 1975.
[7] Bernhardin von Siena, *Opera omnia*, Quaracchi 1950–65.
[8] Man nahm also z. B. eine Bibelstelle, die man dann in der Predigt in verschiedener Weise auslegte.
[9] H.H. Hofstätter, *Spätes Mittelalter*, Baden-Baden 1967, (München 1988); E. Mâle, *Religious Art*, Princeton, NJ 1982; G. Schiller, *Ikonographie der christlichen Kunst*, Gütersloh 1966ff.
[10] Das zeigt den Wandel vom Kult- zum Andachtsbild. [JS]
[11] Vgl. oben Anm. 1. [JS]
[12] H.Ch. Lea, *A History of Auricular Confession and Indulgences in the Latin Church*, Philadelphia 1896, Bd. 3.
[13] Orlandis Ausgabe enthält verschiedene Predigten, die die Bedeutung des heiligen Namens betonen (z. B. Nr. 18) und die Übel der Splitterparteien und ihrer Banner (z. B. Nr. 17).
[14] K. Richstaetter stellt dieses Thema in einen breiteren Kontext in *Christusfrömmigkeit in ihrer historischen Entfaltung: Ein quellenmäßiger Beitrag zur Geschichte des Gebetes und des mystischen Innenlebens der Kirche*, Köln 1949.
[15] Vgl. dazu insbesondere H. Thurston, *The Stations of the Cross: An Account of their History and Devotional Purpose*, Reprint, London 1914, 1–61.
[16] Vgl. insbesondere ebd., 46–95.
[17] *The Sermons of Thomas Brinton, Bishop of Rochester (1373–1389)*, hg. von Schwester M. Aquinas Devlin, London 1954, 1:87–94.
[18] Sr. J. Sullivans *A Study of the Themes of the Sacred Passion in the Medieval Cycle Plays*, Washington, DC 1943 ist nützlich vor allem hinsichtlich der Quellen für den Stoff der Spiele.
[19] R. Kieckhefer, *Unquiet Souls*, Chicago 1984, Kap. 4.
[20] Vgl. insbesondere S. Beissel, *Geschichte der Verehrung Marias in Deutschland während des Mittelalters: Ein Beitrag zur Religionswissenschaft und Kunstgeschichte*, Freiburg 1909. Nützliches Material findet sich auch bei M. Warner, *Alone of All Her Sex: The Myth and the Cult of the Virgin Mary*, New York 1976. Zur marianischen Theologie vgl. insbesondere H.C. Graef, *Mary: A History of Doctrine and Devotion*, New York 1963–65.
[21] Es erinnert an die Begegnung Marias mit Simeon und Anna im Tempel (Lk 2). [JS]
[22] E.W. Kemp, *Canonization and Authority in the Western Church*, London 1948; A. Vauchez, *La sainteté en occident aux dernières siècles du moyen âge, d'après les procès de canonisation et les documents hagiographiques*, Rom 1981; D. Weinstein und R.M. Bell, *Saints and Society: The Two Worlds of Western Christendom, 1000–1700*, Chicago 1982; eine besonders nützliche Bibliographie findet sich in *Saints and Their Cults: Studies in Religious Sociology, Folklore and History*, hg. von S. Wilson, Cambridge 1983.
[23] Vgl. die Dissertation von M.G. Dickson, »Patterns of European Sanctity: The Saints in the Later Middle Ages (with Special Reference to Perugia)«, Edinburgh University, 1975, 1:333, 136–37.
[24] Ebd., Tabellen zwischen S. 85 und 86.
[25] Ebd., 95, 99–100.
[26] D. Kurze, »Zur Ketzergeschichte der Mark Brandenburg und Pommerns, vornehmlich im 14. Jahrhundert: Luziferianer, Putzkeller und Waldenser«, *Jahrbuch für die Geschichte Mittel- und Ostdeutschlands* 16/17 (1985), 85 und 189.
[27] Dickson, »Patterns«, 292–302.
[28] Dies ist ein wichtiges Thema bei Kieckhefer, *Unquiet Souls*.
[29] P. Browe, *Die Verehrung der Eucharistie im Mittelalter*, München 1933; besonders zur Theologie vgl. auch D. Dumoutet, *Le désire de voir l'hostie et les origines de la dévotion au Saint-Sacrament*, Paris 1926.
[30] R. Bauerreiss, *Pie Jesu: Das Schmerzensmann-Bild und sein Einfluß auf die mittelalterliche Frömmigkeit*, München 1931, 15–107.
[31] Im Germanischen Nationalmuseum in Nürnberg

[32] C. Bynum, *Jesus as Mother: Studies in the Spirituality of the High Middle Ages*, Berkeley and Los Angeles 1982, v. a. 256–58.

[33] O. Clemen, *Die Volksfrömmigkeit des ausgehenden Mittelalters*, Dresden und Leipzig: Studien zur religiösen Volkskunde, 1937, 7.

[34] Lea, *History of Auricular Confession*; etwas neuer T.N. Tentler, *Sin and Confession on the Eve of the Reformation*, Princeton, NJ 1977; und N. Bériou, »Autour de Latran IV (1215): La naissance de la confession moderne et sa diffusion«, in: Group de la Bussière, *Pratiques de la confession des Pères du désert à Vatican II: Quinze études d'histoire*, Paris 1983, 73–136.

[35] Lea, *History*, 1:230.

[36] Clemen, *Volksfrömmigkeit*, 38–41.

[37] Confiteor (»Ich bekenne...«) ist die Form des liturgischen Sündenbekenntnisses.

[38] Tentler, *Sin and Confession*, 82–95; J.Ph. Daly, *An Edition of the* Judica Me Deus *of Richard Rolle*, Salzburg 1984, 54–55, 106.

[39] Daly, *Edition*, 56–57, 106. Die Verbindung von Disziplin und Trost ist ein Hauptthema bei Tentler, *Sin and Confession*.

[40] Die von Augustinus bekämpfte Irrlehre des Pelagius schrieb dem Menschen die Kraft zu, sich ohne die Hilfe der Gnade Gottes Verdienste für den Himmel zu erwerben. [JS]

Spiritualität und Spätscholastik

Von William J. Courtenay

Nur wenige Bereiche des spätmittelalterlichen Lebens scheinen von Spiritualität so weit entfernt zu sein wie die Lehrsäle der spätscholastischen Universitäten. Die hoch abstrakte, rationale, an der Logik orientierte Theologie des Spätmittelalters oder die berufsbezogenen Ziele eines durchschnittlichen Studenten der Künste[1], der Theologie und des Kirchenrechtes scheinen in einem deutlichen Gegensatz zum tief emotionalen, religiösen Engagement zu stehen, das mit der monastischen Spiritualität oder den verschiedenen Formen der Volksfrömmigkeit verbunden ist. Als Reformer des 16. Jahrhunderts die lähmende Wirkung der aristotelischen Logik und des Kirchenrechts auf die christliche Theologie beklagten, beklagten sie in einem hohen Maß den Lehrplan und den inhaltlichen Schwerpunkt der spätmittelalterlichen Universitäten, die die Studenten in einer Form der Scholastik ausbildeten, die anscheinend bar jeglicher Spiritualität war. Folglich muß man, wenn man bei den Spätscholastikern nach Frömmigkeit sucht, unter die Oberfläche der vertrauteren Aspekte des Universitätslebens blicken. Dieser Artikel untersucht deshalb, wenn auch nur sehr kurz, die Stellung des Bibelstudiums, Biographien einzelner Studenten und Merkmale der Spätscholastik, die diese eng mit der Spiritualität der spätmittelalterlichen Mystik und der *devotio moderna* verbinden.

1. Religiöses Leben innerhalb der Universität

Die Mehrzahl der Universitätsstudenten vor dem 16. Jahrhundert strebte nach dem Studium eine Laufbahn innerhalb der Kirche an, auch die, die nur mit dem akademischen Grad des Magisters abschlossen. Ein Student zu sein bedeutete, ein Geistlicher zu sein und unter der Autorität und dem Gesetz der Kirche zu stehen. Einige Studenten waren schon Mitglied in einem Orden, waren von diesem an die Universität geschickt worden und kehrten nach dem Studium dorthin zurück. Andere erhofften sich eine kirchliche Zukunft, sei es als Gemeindepfarrer oder als Empfänger einer Pfründe durch die Mitarbeit bei irgendeinem Prälaten oder sonstigen Amtsträger. Unabhängig davon, wie weltlich solche späteren Laufbahnen dann auch sein mochten, vollzogen sie sich doch in einer Institution, die auch Träger des religiösen Lebens und der Spiritualität für die christliche Welt war.
Was erwartete man vom religiösen Leben der Universitätsstudenten? Wahrscheinlich weit mehr, als geleistet wurde. In den Kirchen auf dem Universitätsgelände wurde täglich die Messe gelesen. Ihre Glocken läuteten zu Beginn und Ende der Vorlesungen und der Disputationen[2]. In den Kirchen fanden Prüfungen, Promotionen und Magistertreffen statt. Man erwartete von den Studenten, daß sie regelmäßig am Gottesdienst teilnähmen. Theo-

logiestudenten befaßten sich mit dem Studium der Bibel, der Moraltheologie sowie auch der spekulativen Theologie, die sich auf die *Sentenzen*[3] des Petrus Lombardus konzentrierte.

Zusätzlich zum Bibelstudium mußten die Theologiestudenten auf verschiedenen Stufen ihrer akademischen Laufbahn predigen. Die Ausbildungszeiten zum biblischen Bakkalaureus und Bakkalaureus der *Sentenzen* begannen und endeten mit einer Predigt des Kandidaten. Die Einführung als Magister war normalerweise ebenfalls mit der Verpflichtung zu einer Predigt verbunden. Vor dem späten 14. Jahrhundert hatten jedoch alle diese Predigten eher akademischen als religiösen Charakter, weil der Kandidat in erster Linie sein Wissen und seinen Verstand demonstrierte und nicht das Maß seines religiösen Verständnisses, seiner Tiefe oder seines Engagements.

Domschulen, in geringerem Maße auch säkulare Bildungsstätten, förderten und gewährleisteten eine Art religiöses Gemeinschaftsleben inmitten einer weltlichen Umgebung. Die Bettelorden richteten mit ihrer Zulassung zum akademischen Leben in den Universitätsstädten Konvente ein. Später im 13. Jahrhundert reagierten die Orden auf die Befürfnisse der jungen Mönche, die bereits studierten, indem sie Studienhäuser schufen, um ihren Nachwuchs vor den Gefahren zu schützen, die in den Straßen und Wohnheimen von Bologna, Paris oder Oxford lauerten. Kollegien waren ursprünglich gegründet worden, um armen Studenten Unterkunft, Verpflegung und eine geeignete Studieratmosphäre zu gewähren, aber bald dienten sie auch dem zusätzlichen Zweck, die moralischen Werte zu schützen und ein religiöses Gemeinschaftsleben zu ermöglichen, dessen Mittelpunkt die Kollegiumskapelle bildete.

Bei all diesen Möglichkeiten und Sicherungen des spirituellen Lebens der Studenten und Magister spielte die Heilige Schrift in der theologischen Fakultät eine überaus wichtige Rolle, denn um ihre Stellung und Bedeutung ging es in der Krise, in die das spirituelle Leben der Universität geriet.

2. Die Stellung der Bibel in der Spätscholastik

Es ist bekannt, daß mit dem Zugang der Bettelorden zu den Universitäten um ca. 1230 bis zu den letzten Jahrzehnten des 14. Jahrhunderts die Orden das Bibelstudium an den Universitäten bestimmten.[4] Weltliche Theologen und Augustinerchorherren, die im 12. Jahrhundert so viel dazu beigetragen hatten, verlegten im 13. Jahrhundert ihre Aufmerksamkeit nicht, wie manchmal behauptet wird, auf die scholastische Theologie, Bibelstudien und Exegese den Bettelorden überlassend. Vielmehr waren die herausragendsten Theologen in der Zeit von 1230 bis 1280 bis auf wenige Ausnahmen alle Angehörige der Bettelorden, die sich sowohl mit spekulativer Theologie als auch mit Bibelkommentaren beschäftigten, während ihre weltlichen Kollegen auf beiden Gebieten vergleichsweise wenig verfaßten.

Man muß bei der Beurteilung der sich verändernden Stellung des Bibelstudiums an den Universitäten Nordeuropas in den folgenden zwei Jahrhunderten sorgfältig unterscheiden zwischen dem, was durch den regulären Lehrbetrieb vermittelt wurde, dem, was in Manuskriptform verbreitet wurde, und dem, was davon bis heute erhalten geblieben ist. Jede Universität, die über eine theologische Fakultät verfügte, forderte von ihren Studenten, sowohl von den weltlichen als auch von denen aus einem Orden, einige Jahre lang Vorlesungen über die Bibel zu hören, bevor sie ein Bakkalaureus der Theologie wurden. Ebenso war es für die Magister der Theologie verpflichtend, solche Vorlesungen zu halten – ihre Hauptlehrverpflichtung. Es gibt keinen Grund, zu bezweifeln, daß die meisten diese Aufgabe auf die ein oder andere Weise erfüllten. Zahlreiche Bibelzitate und Analogien, die in den scholastischen Werken des Spätmittelalters gebraucht wurden, zeugen davon, wie umfassend vertraut fast jeder spätmittelalterliche Theologe mit dem Inhalt der Bibel war.

Vielleicht zeigen die Fälle von Oxford und Paris im frühen 14. Jahrhundert am besten das relative Ungleichgewicht zwischen der tatsächlichen Bedeutung der Bibel und der ihr von den theologischen Bakkalaureaten gewidmeten Zeit. In Paris bestand der erste Grad des Bakkalaureats aus einem oder mehreren Jahren als biblischer *cursor* (so nannte man den Bakkalaureus, der Pflichtvorlesungen über die Bibel hielt). Erst nachdem man das erfolgreich abgeschlossen hatte, durfte man über die *Sentenzen* Vorlesungen halten. In Oxford dozierte ein gerade examinierter Bakkalaureus über die *Sentenzen* und erst dann über die Bibel, wobei im 14. Jahrhundert diese Vorlesung auf ein Semester oder eine kurze Vorlesungsreihe während der Sommerferien reduziert wurde. Auf den ersten Blick scheint das Bibelstudium in Oxford für die Studenten weniger wichtig gewesen zu sein und der Schwerpunkt des theologischen Lehrplans auf der spekulativen Theologie gelegen zu haben, der man sich mit Hilfe der Logik und der Physik näherte. Der Unterschied zwischen Paris und Oxford war jedoch vermutlich nicht so groß. Ungefähr dieselbe Menge an Zeit, die man in Vorlesungen über die Bibel verbrachte, die gleiche Anzahl an Bibelvorlesungen der Magister, die umfassende Bibelkenntnis, die sich in den meisten scholastisch-theologischen Abhandlungen, Kommentaren, *quaestiones* und Summen zeigt, und die beeindruckenden Bibelkommentare, die von den Oxforder Magistern verfaßt wurden – wenngleich bis in die 70er Jahre des 14. Jahrhunderts nur von Angehörigen der Bettelorden –, legen nahe, daß die Bibel im spätmittelalterlichen theologischen Lehrplan in Oxford ein genauso wichtiger Bestandteil war wie auf dem Kontinent.

Es ist jedoch anzumerken, daß das Verfassen und Verbreiten von Bibelkommentaren (nicht unbedingt Bibelunterricht und -studium) bei den Gelehrten im 14. Jahrhundert abnahm, sogar auch bei den Angehörigen der Bettelorden. Von Gottfried von Fontaines bis einschließlich Nicolaus Oresme sind keine Bibelkommentare von weltlichen Pariser Theologen erhalten. Walter Burleigh, Richard Fitzralph und Thomas Bradwardine hinterließen kein spezifisch biblisch ausgerichtetes Werk. Noch bemerkenswerter ist, daß es von führenden Universitätstheologen in den religiösen Orden jener Zeit nur sehr wenige Bibelkommentare gibt. Das überrascht

nicht bei denen, die nie den Doktorgrad erreichten (Wilhelm von Ockham und, wahrscheinlich, Johannes von Mirecourt), oder bei denen, deren Lehrtätigkeit vorzeitig durch den Tod abgebrochen wurde (Johannes Duns Scotus), aber es überrascht, daß wir keine Bibelkommentare oder sich mit der Bibel befassende Werke von Durandus von S. Porciano, Franziskus von Maironis, Thomas von Straßburg, Gregor von Rimini oder Hugolin von Orvieto in Paris haben und auch nicht von Wilhelm von Alnwick, Johannes von Reading, Johannes von Rodington, Walter Chatton oder Robert von Halifax in Oxford. Mystische Autoren am Rande oder außerhalb der Universitäten wie beispielsweise Rudolf von Biberach und Richard Rolle schrieben erheblich mehr. Die ersten drei Jahrzehnten des 14. Jahrhunderts erlebten die für einige Zeit letzte umfassende Bibelarbeit bei den Pariser Bettelmönchen: Alexander von Alexandria, Petrus Aureoli und Gerard Odonis bei den Franziskanern; Petrus Palude, Jakobus von Lausanne und Meister Eckhart bei den Dominikanern; Augustinus Triumphus und Michael von Massa bei den Augustinern und Johannes Baconthorp bei den Karmelitern. Die einzigen bemerkenswerten Bibelkommentatoren aus einem Bettelorden zwischen den Jahren 1330 und 1370 waren Engländer, und von diesen war der einzige von hohem Rang, dessen Werke bekannt genug waren, um in vielen Handschriften überliefert zu werden, Robert Holcot.[5]
Als im dritten Viertel des 14. Jahrhunderts wieder Bibelkommentare von Universitätstheologen erschienen, kam der Anstoß gleichermaßen von den weltlichen wie den monastischen Theologen, und eher aus Prag und Oxford als aus Paris. (Eine weitere Veränderung ist die Zahl der Bakkalaureusvorlesungen zu biblischen Texten, die überliefert sind.) Die Liste beginnt mit Heinrich Totting von Oytas Bakkalaureusvorlesungen in Prag 1362–1367 über das Markusevangelium; bald darauf folgten die Magistervorlesungen des Augustiners Johannes Klenkok zum Matthäusevangelium und zur Apostelgeschichte, die wahrscheinlich beide in Prag in den Jahren 1365–1372 gehalten wurden. Zur gleichen Zeit hielt der italienische Karmeliter Michael Aiguani während seines Ordinariats in Paris (1362–1379) und Bologna (1380–1400) Vorlesungen über das Lukasevangelium, den Paulusbrief an die Römer und über Psalmen. Paris behielt jedoch seine wiedergewonnene Bedeutung als Zentrum für biblische Studien. Petrus von Ailly hielt dort als theologischer Bakkalaureus zwischen 1374 und 1381 Vorlesungen über die Einleitungskapitel des Buches Genesis, über Psalmen und das Hohelied. Er verfaßte verschiedene Abhandlungen, Quaestiones und Predigten, die sich auf die Heilige Schrift bezogen. Darüber hinaus begann 1381 der Augustinereremit Petrus Gracilis seine ausführlichen Vorlesungen zum Lukasevangelium, und Petrus von Candia, ein Franziskaner und der spätere Papst Alexander V., las über die Apokalypse. Die vorherrschende Beschäftigung mit den Büchern des Alten Testamentes in der ersten Hälfte des 14. Jahrhunderts, vor allem mit der Weisheitsliteratur, wurde im späten 14. Jahrundert von einem neu erwachten Interesse am Neuen Testament abgelöst.
Die bedeutendsten Ereignisse in der Entwicklung des Bibelstudiums im

8. *Der hl. Thomas von Aquin als Personifikation der Weisheit* (Andrea Orcagna, Sta. Maria Novella, Florenz, ca. 1354–1357)

späten 14. Jahrhundert waren die Abhandlungen und Kommentare John Wyclifs, vor allem die über die Evangelien und die paulinischen Briefe, die in den Jahren 1375–1384 entstanden, und seine Übersetzung von Teilen der Bibel ins Englische. Trotz seines orthodoxen Umgangs mit der Heiligen Schrift entfachten andere seiner Meinungen in Verbindung mit seiner gründlichen Bibelkenntnis einen Aufruhr. Man fürchtete, die Bibel könnte das Medium für die Verbreitung von Häresien werden, vor allem, wenn die orthodoxen Theologen an den Universitäten ihr nicht genügend Aufmerksamkeit widmeten.

Der Tod Wyclifs im Jahre 1384 stellte einen Wendepunkt dar, was die neu erwachte Beschäftigung mit der Bibel an den Universitäten angeht, vor allem bei den weltlichen Theologen. Heinrich Totting von Oyta hielt in Prag (1381–1384) und Wien (1384–1397) umfassende Vorlesungen über das Johannesevangelium und die Psalmen. Ein Prager Zeitgenosse Oytas, Matthäus von Janov, der auch in Paris lehrte und der in Prag in den Jahren 1389–1392 die sechs Bücher seines Werkes *De regulis novi et veteris testamenti* (Über die Regeln des Neuen und Alten Testaments) verfaßte, brachte eine spirituelle Bindung an die Bibel zum Ausdruck, die weit über die historischen und anagogischen Kommentare des 13. und frühen 14. Jahrhunderts hinausgingen. Heinrich Heimbuch von Langenstein begann seine ausführlichen Vorlesungen über das Buch Genesis im Jahre 1385 in Wien. Wien entwickelte sich neben Prag (im späten 14.) und Krakau (im 15. Jahrhundert) zu einem Zentrum für Bibelkommentare. Aber auch andere Universitäten leisteten ihren Beitrag. Um die Wende zum 15. Jahrhundert erschienen die großen exegetischen Werke des Johannes Gerson in Paris, des Marsilius von Inghen in Heidelberg, des Nikolaus von Dinkelsbühl in Wien und des Jakobus von Soest in Prag und Köln. Die Herausforderung durch die hussitische Bewegung in der ersten Hälfte des 15. Jahrhunderts verlieh dieser Beschäftigung mit orthodoxer Exegese noch mehr Bedeutung.

Das Verfassen von Schriftkommentaren setzte sich im ganzen 15. Jahrhundert auf dem nahezu gleichen Niveau des späten 14. Jahrhunderts fort. Dabei waren Wien und Krakau die beiden aktivsten Universitätszentren, obwohl Heidelberg auch einen beträchtlichen Beitrag leistete. Die meisten Kommentatoren waren weltliche Theologen, in der Mehrzahl Deutsche. Bei allen genoß das Neue Testament gegenüber dem Alten einen geringen Vorzug, und wie bei den früheren Generationen waren nach wie vor die Psalmen, das Matthäusevangelium und die Apokalypse am beliebtesten.

3. Gegen die eitle Neugier

Während des gesamten 14. Jahrhunderts blieb die Bibel eine Quelle der scholastischen Theologie, und bei vielen von Scholastikern verfaßten Bibelkommentaren – z. B. bei denen Holcots – wurden die Techniken und Fragen der Schulen dieses Jahrhunderts angewandt, um biblische Texte zu interpretieren oder zu bearbeiten. Darüber hinaus spiegelten die vielen Kommentare des späten 14. und frühen 15. Jahrhunderts die Welt mit ihren sozialen, politischen, wissenschaftlichen und theologischen Ansichten wider. Aber bei diesen Kommentaren der Universitätsgelehrten blieb das religiöse Leben des Autors oder des Lesers meist ohne Beachtung. Dieses Auseinanderklaffen zwischen der religiösen Botschaft der Hl. Schrift und der demgegenüber gleichgültigen, ja manchmal sogar gegensätzlichen Aneignung und Sprache des Hörsaals machte vielen in den Jahren nach ihrer Universitätszeit zu schaffen, selbst jenen, die keine Bibelkommentare schrieben. Thomas Bradwardine erinnerte sich während seiner Zeit als Kanzler zu St. Paul in London während der frühen 40er Jahren des 14. Jahrhunderts an sein Philosophiestudium in Oxford, das er mit eben solch einer Einstellung absolvierte.

Ich war faul und wußte wenig von Gott, als ich Philosophie studierte und von einem unorthodoxen Irrtum [sic!] in Versuchung geführt wurde. Ich hörte manchmal, wie sich Theologen mit der Frage [der Gnade] befaßten, und die Position des Pelagius erschien mir dabei als die der Wahrheit nächstliegende zu sein... An den Philosophieschulen hörte ich selten etwas über Gnade, außer in vager Form. Aber den ganzen Tag lang hörte ich, daß wir die Freiheit hätten, unsere Handlungen zu bestimmen, daß es unsere eigene Entscheidung sei, Gutes oder Schlechtes zu tun, tugendhaft oder sündig zu sein, und viele derartige Dinge... Und wenn ich manchmal hörte, wie Paulus in der Epistel, die in der Kirche verlesen wurde, die Gnade als etwas Großes darstellte und den freien Willen einschränkte, wie es im Römerbrief 9 der Fall ist: »Also kommt es nicht auf das Wollen und Streben des Menschen an, sondern auf das Erbarmen Gottes«, und viele ähnliche Dinge, dann mißfiel mir diese Sicht von Gnade, undankbar wie ich war.
Jedoch noch bevor ich Theologiestudent wurde [ca. 1325], erlebte ich den erwähnten Text wie eine Gnadenerleuchtung, und in einer geistigen Erkenntnis von Wahrheit dachte ich, daß ich aus der Ferne sähe, wie die Gnade Gottes allen guten Werken zeitlich und wesensmäßig vorausgeht: das heißt, der gütige Wille Gottes, der in beiden Weisen im voraus möchte, daß der, der gute Taten vollbringt, gerettet wird, und der schon naturgegeben die Werke des Menschen früher tut als der Mensch selber; denn bei allen Bewegungen ist er der erste Beweger.[6]

Die oft zitierte Beobachtung von Richard Fitzralph, einem Zeitgenossen, die er um 1340 am päpstlichen Hof in Avignon niederschrieb, trifft sogar noch mehr ins Schwarze:

Auch warst du, o reine Wahrheit, von mir in diesen sechs Jahren [am Hof in Rom] nicht abwesend, sondern hast aus deiner Heiligen Schrift auf mich geschienen wie aus einem strahlenden Spiegel; wohingegen du in meinen früheren Jahren in den Trivialitäten der Philosophen vor mir versteckt warst wie in einer dunklen Wolke. Denn früher dachte ich, daß ich durch die Lehren des Aristoteles und durch bestimmte Argumente, die nur für solche Menschen gehaltvoll sind, die voller Eitelkeit stecken, zur Tiefe deiner Wahrheit mit den Bewohnern deines Himmels vorgedrungen sei; bis du, o reine Wahrheit, auf mich in deinen Schriften deinen Strahl gesandt und die Wolke meines Irrtums zerschmettert und mir gezeigt hast, wie ich in den Sümpfen mit den Kröten und Fröschen quakte. Denn bis du, o Wahrheit, mich führtest, hatte ich den Tumult der Philosophen, die gegen dich schwätzten, gehört, aber nicht verstanden; die hartnäckigen Juden, die stolzen Griechen, die sinnlichen

Sarazenen und die ungebildeten Armenier....Schließlich hast du, o reine Wahrheit, mich von oben so beschienen, daß ich mich verzehrte, dich zu greifen und zu halten, die Wahrheit, die Jesus uns im Gesetz und in den Propheten versprochen hat. Und als mich im Durcheinander der Rechtsprozesse ein Zauber der Gelassenheit anlächelte, suchte ich dich in deinen geheiligten Schriften, gründlich und beharrlich, nicht nur durch Lesen, sondern auch durch das Gebet, bis du mir voll Freude auf deine Weise begegnetest.[7]

Diese biographischen Reflexionen stehen im Gegensatz zur Welt der Universitätsphilosophie und spätmittelalterlichen Spiritualität. Sie drücken nicht nur eines der tief empfundenen Bedürfnisse aus, die eine leidenschaftlichere Erforschung der Bibel innerhalb der spätmittelalterlichen Universitäten anregten, sondern stellen auch ein Kapitel des ständig wiederkehrenden mittelalterlichen Themas der religiösen Weisheit *(sapientia)* gegenüber Spekulation um ihrer selbst willen *(contra vanam curiositatem*, gegen die eitle Neugier) dar, was auf dem alten augustinischen und monastischen Gegensatz zwischen Weisheit, die Demut hervorbringt *(sapientia-humilitas)*, und Wissen, das Stolz zur Folge hat *(scientia-superbia)*, beruht.[8] Das 14. Jahrhundert war eine besonders brisante Zeit für diese Frage. 1344 kritisierte das Generalkapitel der Dominikaner, wahrscheinlich Paris meinend, diejenigen, die bei der Vorlesung in die Torheit der eitlen Rede und Neugier verfallen *(hanc vaniloquii et curiositatis stultitiam)*, und im Jahr 1346 wurde der Angriff auf das nicht lehrplangebundene Studium *(de scientiis vanis et curiosis*, über die eitlen und neugierigen Wissenschaften) erneuert.[9] Später im selben Jahr empfahl Clemens VI. in einem Brief an die Pariser Universität, daß das Theologiestudium den Text der Bibel als Grundlage nehmen sollte, »wo man keine schädliche Eitelkeit und Spekulation findet« *(ubi plane nulla vanitatis et curiositatis noxia reperitur)*.[10]
Das Problem bestand nicht in der Begriffs-Logik oder der mathematischen Physik für sich betrachtet, auch nicht im Gebrauch theologischer Sophismata (geistreich zugespitzte Sätze), der sich zuerst in der englischen Theologie (ca. 1328) und dann in Paris (ca. 1340) ausbreitete.[11] Die Schwierigkeit lag im Zugang zur Theologie, der anscheinend die Bedeutung der orthodoxen Lehre vernachlässigte, die Absicht der Schrift übersah oder sich vom religiösen und moralischen Interesse entfernte. Die Empfindungen, die von Fitzralph und Bradwardine ausgedrückt werden, die Bibelkommentare Holcots und Oytas und die spirituellen Schriften Aillys und Gersons reflektieren die Wirklichkeit einer Durchdringung der rigorosen und kritischen *scientia* (Wissenschaft) der Spätscholastik mit der erneuerten religiösen Sensibilität dieses Zeitalters. Gersons Vorlesung an der Pariser theologischen Fakultät im Jahre 1402, *Contra curiositatem studentium* (Gegen die Neugier der Studierenden), zeigt die Vereinbarkeit der neuen kritischen Philosophie und der mit dem Nominalismus verbundenen Theologie mit der spirituellen Erneuerung, die ein grundlegendes Merkmal der *devotio moderna* war.[12] Der Einfluß, den Gersons Abhandlung über die *curiositas* auf die *Imitatio Christi* (III.4.3) ausübte, ist nur eines von vielen Beispielen.

4. Vita Contemplativa – Vita Activa

Mit Gerson haben wir nicht nur die Grenze zwischen dem 14. und 15. Jahrhundert erreicht, sondern auch eine Persönlichkeit, die mehr als sonst jemand die kritische analytische Dimension der Spätscholastik mit einer tiefgreifenden Hingabe an das mystische Leben verbunden zu haben scheint. Gerson war wie Petrus von Ailly in der Logik ein Verfechter des Terminismus und Nominalismus[13] gegen die *Modistae* und *Scotistae* seiner Zeit. Viele seiner theologischen Grundannahmen gleichen denen Ockhams und Aillys. Aber gleichzeitig wird er als einer der wichtigsten spirituellen Führer des frühen 15. Jahrhunderts eingeschätzt.

Wie man die Durchdringung von Nominalismus und Mystik bei Gerson zusammendenken oder wie man diese Verbindung verstehen kann, bleibt eine der kritischen Fragen an die Forschung des Spätmittelalters.

In der ersten Hälfte unseres Jahrhunderts fand Walter Dress die Verbindung in den dürftigen Aussagen der Ockhamisten (Nominalisten) zur natürlichen Theologie; die Unfähigkeit, Gott durch den Verstand zu beweisen und zu erkennen, habe die dürstende Seele des »modernen« Theologen in die *via negativa* (negativer Weg des Schweigens vor Gott) der Pseudo-Dionysischen Mystik getrieben.[14] Wenn es keine letzte Identität von göttlicher Vernunft und den physischen und moralischen Strukturen dieser Welt gab, dann war die *vita contemplativa* (der kontemplative Weg) der einzige Weg zu Gott. Im Gegensatz dazu entwickelte Heiko Oberman eine positivere Verknüpfung.[15] Die Theologie Ockhams mit ihrer Betonung des Willens und der menschlichen Fähigkeit, nach Gott zu greifen, indem man sein Bestes gibt (*facere quod in se est*)[16], die vertragsartige Beziehung Gottes mit der Welt und das Verhältnis eines Einzelnen zu Gott sollen Gersons Mystik zu einer affektiven, auf den Willen bezogenen, bußfertigen und nicht-elitären Art von Mystik gestaltet haben, die für die spirituellen Autoren des 15. Jahrhunderts im Gegensatz zu denen des 14. Jahrhunderts typisch ist. Unlängst hat Steven Ozment daran erinnert, daß letztlich jede mystische Erfahrung – auch die von Gerson selbst – von der direkten Verbindung mit dem Göttlichen abhängt: wenn sie nämlich das nur-verbale Übereinstimmen, das vertragsartige Verhältnis der Welt zu Gott übersteigt.[17] Die Welt des »normalen Willens« Gottes (*potentia ordinata*), die Ockham genügte, wird transzendiert in der mystischen Erfahrung, bei der man Gott von Angesicht zu Angesicht begegnet.

An dieser Stelle ergeben sich zwei Fragen. Die eine ist abstrakter oder begrifflicher Natur: Ist die Mystik Gersons mit den nominalistischen Voraussetzungen vereinbar, und wenn ja, wie? Die zweite Frage ist historischer Art: Auf welchen Gebieten und bis zu welchem Maß war Gerson ein Nominalist? Beginnen wir mit der zweiten Frage. Gerson war ebenso wie Petrus von Ailly ein Verteidiger der terministischen Logik. Diese Tatsache und seine enge Verbundenheit mit seinem ockhamistischen Lehrer, Freund und ehemaligem Kanzler Petrus von Ailly haben dazu geführt, daß die meisten Wissenschaftler annahmen, Gerson sei in einem Großteil seines Denkens ein Nominalist. Das Problem, dem sich jedoch der Historiker gegenübersieht, besteht darin, daß der Hauptteil von Gersons Schriften sich zum Verständnis der philosophischen und theologischen Themen, die man normalerweise unter dem Begriff »Nominalismus« diskutiert, nicht so gut eignen, wie dies die Werke Ockhams oder des Petrus von Ailly tun.

Was die Begrifflichkeit angeht, so scheint die Vereinbarkeit von Nominalismus und Mystik ein geringeres Problem zu sein, als von Ozment angenommen. Die Ansichten von Dress und Oberman schließen sich nicht gegenseitig aus, obwohl sie verschiedene Aspekte des Nominalismus herausheben (negativ in bezug auf die nominalistische Erkenntnistheorie; positiv in bezug auf die nominalistische Theologie). Sie bestärken sich eher gegenseitig, indem sie die logische Möglichkeit einer solchen Vereinbarkeit anerkennen. Darüber hinaus muß einen die mystische Erfahrung nicht in eine Art verwirklichter *potentia absoluta*[18] jenseits des Bereichs der *potentia ordinata* hineinführen. Da jedes unerklärliche Aussetzen der normalen Wirkung der von Gott eingesetzten Gesetze genauso wie irgendeine über den normalen Verlauf der religiösen Erfahrung hinausgehende *raptus*- (»Entrückungs-«) Erfahrung von Gott geplant und vorhergesehen ist, fällt es also unter die Gesamtheit des vorherbestimmten Willens Gottes und stellt nur eine besondere Bestimmung in Absetzung vom normalen Ablauf der Dinge dar. Es gibt nichts in Ockhams Weltsicht, das einen »Nominalisten« mit seiner »potentia ordinata« auf die Welt der Alltagsordung beschränkt oder auf religiöse Möglichkeiten, die allen offenstehen.

Die Dimension der praktischen Frömmigkeit, die in den meisten Werken Gersons, sogar in den akademischen Arbeiten, die er als Magister verfaßt hat, erkennbar ist, wird von den meisten Scholastikern des 15. Jahrhunderts geteilt. Das gilt für jene, die wie der Kartäuser Dionysius Ryckel und Antoninus von Florenz in der Theologie dem Beispiel des Thomas folgen, wie auch für diejenigen, die dem theologischen Ansatz Ockhams und des Petrus von Ailly zustimmen, wie beispielsweise Gerson, Eggelinus Becker von Braunschweig und Gabriel Biel. Die beiden letztgenannten zeigen vielleicht besser als andere die spätmittelalterliche Durchdringung von Scholastik und Spiritualität. Becker hielt um 1450 nach seiner Ausbildung in Erfurt und Köln Vorlesungen vor dem Kathedralkapitel in Mainz über den Text der Messe, Vorlesungen, die von Gabriel Biel in Tübingen gegen Ende des Jahrhunderts abgeändert und neu gehalten wurden. Biels *Expositio canonis missae* (Erklärung des Meßkanons) stellt eine umfassende und ausgewogene Synthese von nominalistischer Theologie und spätmittelalterlicher Spiritualität dar. Sowohl Becker als auch Biel pflegten ihre Spiritualität außerhalb des Universitätsbetriebes. Becker war nach seinen Jahren in Mainz Beichtvater und spiritueller Ratgeber bei Kartäuser- und Dominikanerkonventen in Straßburg. Biel, der in den meisten Fragen seiner Philosophie und Theologie ein Ockhamist war und einige Zeit als Professor an der neu gegründeten Universität von Tübingen lehrte, war die meiste Zeit seines Lebens ein bekannter Prediger – zuerst in Mainz, dann im Rheingau, in Butzbach, und in Tübingen – und ein Oberer der Brüder des Gemeinsamen

Lebens in Süddeutschland. Biels »doppelte Heimat« in der *via moderna* und der *devotio moderna* zeigt die Vereinbarkeit der zwei Bewegungen.[19] Becker und Biel bildeten am Vorabend der Reformation zwei der vielen Beispiele für die Verbindung von Spätscholastik und Spiritualität – eine Verbindung, die schon bei Fitzralph und Franziskus von Maironis sichtbar wurde, die von den englischen Karmelitern und von Petrus von Ailly ausgebaut wurde und die ihre Blütezeit im 15. Jahrhundert in den Schriften Gersons, Ryckels und Biels erlebte.

Anmerkungen

1 »Artes«, Künste, hat im Mittelalter einen weiteren Sinn als heute und umfaßt den nichttheologischen Lehrstoff der Universitäten: Artes liberales im Gegensatz zu den Artes mechanicae. [JS]

2 Die offiziellen, gelehrten Streitgespräche. [JS]

3 Der Sentenzenkommentar des Petrus Lombardus (gesammelte und geordnete Aussprüche und Sätze der theologischen Quellen) war das offizielle Lehrbuch der Theologie. [JS]

4 B. Smalley, *The Study of the Bible in the Middle Ages*, Notre-Dame, IN 1964, 196–373; dies., »The Bible in the Medieval Schools«, in: *The Cambridge History of the Bible*, Bd. 2, hg. von G.W.H. Lampe, Cambridge 1969, 197–220.

5 Zu den Kommentaren und Handschriften der genannten Personen vgl. F. Stegmüller, *Repertorium Biblicum Medii Aevi*, 11 Bde., Madrid 1940–80; für Holcot vgl. B. Smalley, *The English Friars and Antiquity in the Early Fourteenth Century*, Oxford 1960, 133–202.

6 Thomas Bradwardine, *Summa de causa Dei contra Pelagium*, hg. von H. Savile, London 1618, 308, zit. in: H. Oberman, *Archbishop Thomas Bradwardine, A Fourteenth-Century Augustinian*, Utrecht 1958, 14–15.

7 zit. nach W.A. Pantin, *The English Church in the Fourteenth Century*, Notre-Dame 132–22.

8 A. Cabassut, »Curiosité«, in: *Dict. Sp.* 2, Sp. 2654–61; H.A. Oberman, *Contra vanam curiositatem*, Zürich 1974.

9 *Chartularium Universitatis Parisiensis*, hg. von H. Denifle und E. Chatelain, Paris 1891, 2:550 *(091); 2:591 (*127).

10 Ebd., 2:588.

11 Zum Verhältnis von Philosophie und Theologie im 14. Jahrhundert und insbesondere zur Entwicklung eines sophistischen Zuganges zur Theologie vgl. J.E. Murdoch, *«Mathesis in philosophiam*: The Rise and Development of the Application of Mathematics in Fourteenth Century Philosophy and Theology«, in: *Arts libéraux et philosophie au moyen age: Actes du quatrième congrès international de philosphie médiévale*, Montreal und Paris 1969, 215–54; ders.; »From Social into Intellectual Factors: An Aspect of the Unitary Character of Late Medieval Learning«, in: *The Cultural Context of Medieval Learning*, hg. von J.E. Murdoch und E.D. Sylla, Dordrecht 1975, 271–348; ders., *«Subtilitates Anglicanae* in Fourteenth-Century Paris: John of Mirecourt and Peter Ceffons«, in: *Machaut's World: Science and Art in the Fourteenth Century*, hg. von M.P. Cosman und B. Chandler (Annals of the New York Academy of Sciences 314), New York 1978, 51–86; N.W. Gilbert, »Richard de Bury and the 'Quires of Yesterday's Sophisms'»,in: *Philosophy and Humanism: Renaissance Essays in Honour of Paul Oskar Kristeller*, hg. von E.P. Mahoney, New York 1976, 229–57; W.J. Courtenay und K.H. Tachau, »Ockham, Ockhamists, and the English-German Nation at Paris, 1339–1341«, *History of Universities* 2 (1982), 53–96.

12 J. Gerson, *Oeuvres complètes*, hg. von P. Glorieux, Bd. 3, *L'oeuvre magistrale*, Paris 1962, 224–49; S. Ozment, *Jean Gerson* (Textus Minores 38), Leiden 1969, 26–45, 82–84.

13 Die »Terministen« beschäftigen sich mit der logischen Struktur von Sätzen und Satzgliedern; die »Nominalisten« verneinten den Realbezug der Allgemeinbegriffe; in etwa:

»Baum« kann nur diesen, im Augenblick gemeinten Baum bezeichnen, nicht aber etwas, das nun für alle »Bäume« gilt. [JS]

14 W. Dress, *Die Theologie Gersons*, Gütersloh 1931.

15 H.A. Oberman, *The Harvest of Medieval Theology*, Cambridge, MA 1963, 323–60.

16 «Das tun, was aus sich zu tun ist«; dieser Satz wurde in der Reformationszeit heiß diskutiert und ihm unterstellt, der Mensch könne sich aus eigenen Kräften (also ohne Gnade) den Himmel verdienen. [JS]

17 S. Ozment, »Mysticism, Nominalism and Dissent«, in: *The Pursuit of Holiness in Late Medieval and Renaissance Religion: Papers from the Univesity of Michigan Conference*, hg. von C. Trinkaus und H. Oberman, Leiden 1974, 67–92.

18 «Potentia absoluta« ist dasjenige, was Gott eigentlich machen könnte, »Potentia ordinata« ist die Schöpfungs-Erlösungs-Ordnung, auf die sich Gott frei festgelegt hat: Das ist eine »nominalistische« Unterscheidung. [JS]

19 H.A. Oberman, *Masters of the Reformation: The Emergence of a New Intellectual Climate in Europe*, hg. von D. Martin, Cambridge 1981, 45: Die ersten drei 'Modernisten' in Tübingen, Gabriel Biel, Wendelin Steinbach und Peter Braun, waren auch Brüder vom Gemeinsamen Leben und gehörten dadurch gleichzeitig der *via moderna* und der *devotio moderna* an.« (*via moderna* ist der sprachlogische Weg der Nominalisten; *devotio moderna* ist die Frömmigkeit der Brüder vom Gemeinsamen Leben.) [JS]

Religiöse Frauen im Spätmittelalter

Von Caroline Walker Bynum

Im späten Mittelalter, vor allem in der Zeit vom späten 12. bis zum frühen 14. Jahrhundert, nahmen die Möglichkeiten für Frauen, bestimmte religiöse Rollen einzunehmen, erheblich zu, und auch die verfügbaren Rollentypen vermehrten sich beträchtlich. Die Zahl der weiblichen Heiligen stieg deutlich an. Frauenfrömmigkeit – sei es die von Nonnen oder von Laiinnen – bekam bestimmte typische Merkmale, die von einflußreichen Männern, sowohl von Geistlichen als auch von Laien, manchmal mit Respekt, manchmal mit Mißtrauen zur Kenntnis genommen wurden. Zum ersten Mal in der christlichen Geschichte läßt sich eine Frauenbewegung erkennen – die Beginen – und kann man von spezifisch weiblichem Einfluß auf die Entwicklung der Frömmigkeit sprechen. Tatsächlich war diese affektive Spiritualität, gegen die sich sowohl die protestantische Reformation als auch die römisch-katholische Gegenreformation wandten – eine Spiritualität, die sich auf ein übermäßiges Vertrauen in die Fähigkeit des Menschen gründet, Christus nachzufolgen –, zum Teil ein Werk der religiösen Frauen des spätmittelalterlichen Europa.

1. Neue Formen des religiösen Lebens

Eine Nonne zu sein war fast die einzige näher bezeichnete religiöse Rolle, die eine Frau im Frühmittelalter einnehmen konnte. (Kanonissen, die es seit der karolingischen Zeit gab, waren den Nonnen sehr ähnlich, legten aber ein weniger strenges Armutsgelübde ab.) Die Geschichte der frühmittelalterlichen Nonnen ist komplex, und jüngere Forschungsergebnisse legen nahe, daß es im Lauf der Zeit mehr Möglichkeiten gab, als frühere Historiker meinten, sowohl was den Einfluß der Nonnenklöster (und Äbtissinnen) auf die umgebende Gesellschaft angeht als auch das Ansehen, das die Frömmigkeit der verheirateten Laiinnen in der Gesellschaft genoß. Aber wie einflußreich einige Damen als Äbtissin oder fromme Königin auch gewesen sein mochten, bestimmte religiöse Rollen für Frauen waren normalerweise auf den Hochadel beschränkt. Im 10. und frühen 11. Jahrhundert – einer Zeit des Krieges und der Not in Westeuropa – wurden nur wenige Frauenklöster gegründet, und die religiösen Führer zeigten wenig Interesse daran, die Religiosität von Frauen zu fördern. Die wichtigste Klosterreform dieser Zeit, Cluny, gründete vor 1100 Hunderte von Männerklöstern, aber nur ein Nonnenkloster. Es sollte als Zufluchtsort für die Frauen dienen, deren Männer Cluniazensermönche werden wollten. Obwohl wir nicht wissen, wie hoch – gemessen an der Größe der mittelalterlichen Bevölkerung – der Anteil derer war, die einem Ordenshaus angehörten, so steht doch fest, daß die Zahl der Mönche die der Nonnen vor 1200 weit übertraf. Dies änderte sich im Laufe des 12. und 13. Jahrhunderts, vor allem im Rheinland und in den Niederlanden.

Die größer werdende Zahl von Wanderpredigern im späten 11. und 12. Jahrhundert, deren Anhänger entschlossen waren, »das apostolische Leben« in Armut und Buße »nachzuahmen«, hatte einen so großen Einfluß auf Frauen, daß zeitgenössische Chronisten dieses Phänomen gleichermaßen mit Beklommenheit und Bewunderung kommentierten. Frauen folgten den Wanderpredigern, wie beispielsweise Norbert von Xanten (gest. 1134) und Robert von Arbrissel (gest. ca. 1116–1117), in Scharen nach; und diese Prediger, die der Wanderpredigt und damit der eigenen Tätigkeit ambivalent gegenüberstanden, sie aber als Form weiblicher Frömmigkeit entschieden ablehnten, gründeten Klöster für Frauen. Doppelklöster (d. h. Gemeinschaften mit Häusern für Männer und Frauen, oft nebeneinander) entstanden auch in England, wo es einen beträchtlichen Anstieg an »Reklusen« gab (Einsiedlerinnen, die gelobten, ein zurückgezogenes Leben in einer Zelle zu führen, die einer Kirche angeschlossen war). Auf dem Kontinent fanden die zwei angesehensten »neuen Orden« des 12. Jahrhunderts, die Prämonstratenser und die Zisterzienser, daß die Zahl der Frauenhäuser in ihren Reihen mit beängstigender Geschwindigkeit zunahm. Die Geschichte weiblicher Begeisterung, die im strengen Klosterwesen institutionalisiert wird, wiederholte sich im frühen 13. Jahrhundert, als Klara von Assisi (gest. 1253) versuchte, Franziskus mit einem Wanderpredigerleben nachzufolgen, aber gezwungen wurde, ein klausuriertes Leben zu führen.

Frauen waren nicht nur Anhängerinnen, die von starken Klerikerpersönlichkeiten in ihren religiösen Ideen beeinflußt und eingeschränkt wurden. Sie waren auch Anführerinnen und Reformerinnen. Als im 13. Jahrhundert das benediktinische Klosterwesen (für Männer) von den Mönchen entstellt wurde, gründete eine Italienerin, Santuccia Carabotti, ein Kloster in der Nähe von Gubbio, sorgte dort für eine strenge Interpretation der benediktinischen Regel, reformierte und beaufsichtigte später 24 andere Klöster und stellte sie unter ihre Leitung. Im frühen 15. Jahrhundert reformierte Coletta von Corbie, die ihr religiöses Leben als Einsiedlerin begonnen hatte, viele Klöster der Armen Klarissen in Frankreich und Flandern und gründete neue, indem sie eine streng gesinnte Gruppe von Franziskanerinnen schuf, von denen in vielen Teilen der Welt noch heute einige existieren.

Die starke Vermehrung von Frauenklöstern belastete die Möglichkeiten der neuen Orden, die Geistliche für die spirituelle Führung der Frauen und deren sakramentale Bedürfnisse bereitstellen mußten. Die Prämonstratenser waren die ersten, die Gesetze zur Einschränkung von Frauenklöstern verabschiedeten. Historiker des 20. Jahrhunderts, darunter R. W. Southern in einem einflußreichen Lehrbuch, haben auf den Frauenhaß hingewiesen, der hinter dieser Reaktion steckte. Aber die jüngere Forschung hat gezeigt, daß männlicher Unwille und Widerstand das Wachstum des religiösen Lebens der Frauen wenig beeinträchtigen konnte. In östlich gelegenen Gegenden (wie Franken und Bayern) schlossen sich Frauen sogar weiterhin dem Prämonstratenserorden an. Das zisterziensische Dekret von 1228, das die Gründung von weiteren Klöstern verbot, stand nur auf dem Papier, und während des gesamten 13. Jahrhunderts vermehrten sich die zisterziensischen Frauenklöster (oft mit Hilfe der örtlichen Dominikaner) in den Niederlanden und am Niederrhein. Obwohl einige Mönche, Kanoniker und Brüder sich weigerten, die pastorale Versorgung der Nonnen zu übernehmen, erhielten die Frauenklöster Unterstützung und Stiftungen durch eine Reihe von kirchlichen Autoritäten, vom Papst bis zum örtlichen Klerus, und von einigen herausragenden Laien. Sowohl Santuccia als auch Coletta beispielsweise wurden von Päpsten und päpstlichen Legaten beträchtlich gefördert. Im 13. und 14. Jahrhundert bildeten diese Frauenklöster untereinander einflußreiche spirituelle Netzwerke und sammelten Berichte über das Leben und die Visionen der Schwestern, die in Frauen- und auch Männerklöstern oft als eine Art spiritueller Ratgeber gelesen wurden. In einigen Gegenden Europas, in denen die ökonomische Grundlage und der religiöse Eifer der Männerklöster nach dem 13. Jahrhundert fast kontinuierlich schwand oder zumindest nachließ, bildeten die Nonnen bis zum 15. Jahrhundert die Mehrheit der in Klöstern lebenden Ordensleute.

Im 12. und 13. Jahrhundert entwickelten sich neben den alten benediktinischen Frauenklöstern und den weiblichen Klöstern der neuen Orden auch neue Formen des religiösen Lebens für Frauen. Einige der religiösen Frauengruppen waren heterodox[1], und die Historiker diskutieren immer noch darüber, in welchem Maß Frauen in den wichtigsten Häresien der Zeit vom 12. bis zum 14. Jahrhundert überrepräsentiert waren: Dualisten oder Albigenser, antipriesterliche Reformer (z. B. die Waldenser und Humiliaten) und die abwegigen Mystiker, die man allgemein als Freigeistige[2] bezeichnet. Es scheint festzustehen, daß Frauen von solchen Bewegungen stark angezogen wurden, wenigstens in der Anfangsphase, bevor diese auch hierarchische Strukturen entwickelten, die dazu neigten, weibliche Führung auszuschließen. Aber es scheint auch sicher zu sein, daß diese Bewegungen, die anfangs oft aus kirchenpolitischen Gründen – nicht aus Gründen der Lehre – als »häretisch« eingestuft wurden, viele der Grundthemen artikulierten, die sich in der orthodoxen Form der Frauenreligiosität fanden: ein Bemühen um affektive religiöse Antwort, eine extreme Form der Bußaskese, eine Betonung sowohl des Menschenseins Christi als auch der Inspiration durch den Geist und ein Umgehen der klerikalen Autorität. Danach folgten die Frauen den Häresien wahrscheinlich nicht deshalb in Scharen, weil sie sich von der Kirche vernachlässigt fühlten oder ihr entfremdet waren; sondern bestimmte spirituelle Impulse, die sowohl für heterodoxe als auch orthodoxe Bewegungen typisch waren, sprachen vermutlich besonders Frauen an und gingen zu einem großen Teil von ihnen aus.

Tatsächlich schafften dieselben Impulse, die aus den verschiedenen häretischen Bewegungen hervorgingen, neue quasi-religiöse Rollen für Frauen innerhalb der Kirche. Diese Rollen bestanden weniger in neuartigen institutionellen Einbindungen als vielmehr einfach in Formen, die dem Alltagsleben der Frauen einen religiösen Sinn verliehen. Vor allem in Nordfrank-

9. *Die heilige Katharina und der Bettler* (Giovanni di Paolo, 15. Jahrhundert)

reich, den Niederlanden, der Schweiz und dem Rheinland finden sich Frauen, die »Beginen« genannt werden. (Die Herkunft des Wortes ist unklar, vielleicht ist es ein Schimpfwort, das von »Albigenser« - d. h. häretisch - abgeleitet wurde.) Diese Frauen wollten sich durch ein Leben in Strenge, Armut und Keuschheit von der Welt abheben, ein Leben, bei dem körperliche Arbeit und Dienst am Nächsten zur Ehre Gottes verbunden waren (was aber nicht so streng vorgeschrieben war wie in Klöstern). Zumindest am Anfang standen sie in großem Gegensatz zum traditionellen Ordenswesen, weil sie keine Gelübde ablegten und keine komplizierte Organisation und Regeln hatten, keine Ordensstruktur, die ihre Häuser miteinander verband, keine Ämterhierarchie, keine wohlhabenden Gründer oder Anführer. In Südeuropa (vor allem in Italien) finden wir, vergleichbar mit den Beginen, die »Tertiarinnen« – Einzelpersonen, die »in der Welt leben«, sich einem der großen Bettelorden angeschlossen haben (meist Franziskaner oder Dominikaner) und ein Leben in Bußaskese, Dienst am Nächsten und Gebet führen. In Spanien waren die Frauen in einem solchen quasi-religiösen Status bekannt als beatas. In ganz Europa fanden auch ganz gewöhnliche Frauen, manchmal in der befristeten Form der Pilgerreise, eine Möglichkeit, sich den Anforderungen der Welt durch eine bestimmte religiöse Rolle mit Frömmigkeit, Dienst und Buße zu entziehen.

Zu Beginn unseres Jahrhunderts vertraten einige Historiker die Meinung, die (heterodoxen und orthodoxen) Wanderprediger des 12. Jahrhunderts, die Bettelorden, die Tertiarinnen, Beginen und Freigeistigen des 13. und 14. Jahrhunderts seien Protestbewegungen der neuen städtischen Unterschicht gewesen. Diese Historiker betrachteten die Tertiarinnen und Beginen als weibliche Zünfte mit hauptsächlich ökonomischen Funktionen. In jüngerer Zeit haben Wissenschaftler den religiösen Charakter dieser Bewegungen ernst genommen und die These zurückgewiesen, daß die Mitglieder hauptsächlich aus der Unterschicht stammten. Aber es scheint auf der Hand zu liegen, daß die neuen Gruppierungen mit einem bestimmten sozialen Status in Zusammenhang gebracht werden können. Während die neuen Orden und Bewegungen des 12. Jahrhunderts mit adligen Klerikern begannen und Nachwuchs aus der Stadt und vom Land rekrutierten, kamen die Beginen, die Tertiarinnen und sogar ein Teil der Zisterzienserinnen des 13. Jahrhunderts wohl mehr aus dem neuen Bürgertum oder aus dem niederen Adel, der mit den Städten in Verbindung stand. Demzufolge kamen Frauen, die sich dem ihnen im 13. und 14. Jahrhundert offenstehenden religiösen Leben anschlossen, oft aus aufsteigenden sozialen Gruppen, die sich wegen ihres neuerworbenen Wohlstandes und Status' unsicher fühlten. Ihr Ideal war – worauf ihr hervorragendster Historiker, Herbert Grundmann, vor Jahren hingewiesen hat – nicht lediglich strenge Einfachheit, sondern eher Verzicht auf Annehmlichkeiten und Wohlstand. Frauen aus dem alten Adel neigten dazu, in traditionelle Klöster einzutreten (Benediktinerinnenklöster oder Kanonissenhäuser), die von den Eintretenden eine hohe Mitgift verlangten.

In letzter Zeit haben sich zwei Erklärungen für das Entstehen neuer Formen weiblichen religiösen Lebens verbreitet. Die eine führt demographische Gründe an: Wegen der Töchter, für die kein Ehemann gefunden werden konnte. Die andere behauptet, daß die Frauen, die Beginen, Tertiarinnen oder Häretikerinnen wurden, sich einfach aus Menschen rekrutierten, deren religiöser Drang nicht erfüllt wurde und die den Versuch unternahmen, ein quasi-religiöses Leben zu führen, nachdem die Prämonstratenser und Zisterzienser ihre Türen vor ihnen verschlossen hatten und die Bettelorden ihre seelsorgerlichen Pflichten nicht auf eine große Zahl Nonnen ausdehnen wollten. Beide Erklärungen sind plausibel. Es standen tatsächlich hinter allen spätmittelalterlichen religiösen Bewegungen demographische Faktoren. Die Struktur der mittelalterlichen Familie und des Erbschaftswesens machte für einen großen Teil der Bevölkerung Alternativen zu Ehe und Kindererzeugung notwendig. Und im 13. und 14. Jahrhundert stieg der Preis der Mitgift erheblich an und machte dadurch das Verheiraten von Töchtern (oder das Stiften eines Platzes für sie in einem der traditionellen Klöster) manchmal unerschwinglich teuer. Darüber hinaus gibt es spätmittelalterliche Belege für männlichen Widerstand gegen die Versorgung von Nonnen und männliches Mißtrauen gegenüber weiblicher Mystik. Trotzdem scheint es falsch zu sein, wenn man die Beginen, Tertiarinnen und Häretikerinnen des Spätmittelalters hauptsächlich als »überflüssige« Frauen interpretiert, die sich quasi-religiöse Rollen suchten, weil weder Ehemann noch Kloster für sie zu finden waren. Es gibt im Gegenteil viele Fälle, bei denen adlige Frauen, die sich den Eintritt in ein Kloster hätten leisten können, dem Leben als Begine oder Tertiarin den Vorzug gaben. Neue Untersuchungen von John Freed haben gezeigt, daß Brüder und örtliche Geistliche die Frauenklöster unterstützten und keineswegs behinderten. Unklar ist, ob es einen Mangel an Plätzen gab; wenigstens in Zisterzienserklöstern gab es ihn nicht. Danach scheint es also so zu sein, daß die Beginen weniger das unbeabsichtigte Ergebnis nachlässiger Pastoral waren als vielmehr wegen ihres Gegensatzes zum traditionellen Klosterleben eine neue und attraktive Alternative. Außerdem ließ bei vielen jungen Frauen die Anwesenheit, nicht die Abwesenheit, eines zukünftigen Bräutigams den Wunsch nach lebenslanger Keuschheit aufkommen. Obwohl es zweifellos junge Frauen gab, die gerne das Kloster verlassen hätten, in das sie geschickt worden waren, so wurden auch viele Töchter in eine Ehe gezwungen oder von einer Ehe bedroht. Für diese bedeutete das Kloster eine Möglichkeit des Entkommens. Die Gefahren einer Geburt und die Brutalität in vielen Ehen – Nachteile, auf die von mittelalterlichen Moralisten hingewiesen wurde – veranlaßten einige Frauen, dem zölibatären Leben den Vorzug zu geben. Aber wichtiger war die Tatsache, daß Jungfräulichkeit sowohl von Männern als auch von Frauen als ein positives und attraktives religiöses Ideal angesehen wurde. Von der Welt durch unversehrte Grenzen abgetrennt, ihr Fleisch von gewöhnlichem Fleisch unberührt, war die Jungfrau (wie die Mutter Christi, die ewige Jungfrau) ebenfalls eine Braut, die für eine Erfüllung auf höherer Ebene ausersehen war. Sie strahlte Fruchtbarkeit und Macht aus. In ihren Körper strömte wie in das eucharistische Brot auf dem Altar die Inspiration des Geistes und die Fülle des Menschseins Christi.

In der Zeit von 1100 bis 1400 entstanden nicht nur neue Formen des religiösen Lebens für Frauen. Die Zahl der weiblichen Heiligen (sowohl der kanonisierten als auch derjenigen, die einfach im Ruf standen, Heilige zu sein) stieg ebenfalls an – ein klares Anzeichen für die wachsende Bedeutung der Frauen als Spiegelbild von und Ursache für Frömmigkeit. Es gab auf seiten der Kirche immer Widerstand bei der Heiligsprechung von Frauen. Obwohl die Zahl der Nachfragen nach Heiligsprechungen von Frauen anstieg, wurde beständig nur ein kleinerer Prozentsatz von Frauen, die für die Kanonisierung in Betracht gezogen waren, heiliggesprochen, als es bei den Männern der Fall war. Aber jüngste wissenschaftliche Untersuchungen – sei es zu tatsächlich vorgenommenen Heiligsprechungen, sei es über Listen von den Heiligen, die vom Volk verehrt wurden – haben ergeben, daß der Prozentsatz der weiblichen Heiligen von weniger als 10 % im 11. Jahrhundert auf ca. 28 % im 15. Jahrhundert anstieg. Nach Donald Weinstein und Rudolph Bell erfolgte der große Anstieg zwischen dem 12. und 13. Jahrhundert, als sich der Prozentsatz der weiblichen Heiligen verdoppelte (von 11,8 % auf 22,6 %); und der Anstieg setzte sich bis ins 15. Jahrhundert fort (auf 27,7 %), die Gesamtzahl der Heiligen abnahm. Im 16. und 17. Jahrhundert, als die Gesamtzahl der Heiligen wieder geringfügig anstieg, sank der Anteil der Frauen erheblich (auf 18 % im 16. Jahrhundert, auf 14,4 % im 17. Jahrhundert). Zwischen dem 12. und 13. Jahrhundert stieg nicht nur der Prozentsatz der weiblichen Heiligen erheblich an, sondern auch der Anteil der verheirateten Heiligen. Während des ganzen Zeitraums befanden sich unter den verheirateten Heiligen mehr Frauen als Männer; obwohl D. Weinstein, R. Bell und A. Vauchez vertreten dabei aufgrund guter Quellen allerdings die Meinung, daß sich im 15. Jahrhundert eine neue ambivalente Haltung gegenüber der Ehe entwickelte. Der Anstieg der Zahl und des Prozentsatzes der weiblichen Heiligen entspricht auch einer Ausweitung der sozialen Herkunft der Heiligen (obgleich der Prozentsatz heiliger Frauen aus der Oberschicht höher war als der heiliger Männer in dieser Gruppe) und einem Anstieg sowohl des Anteils der Heiligen aus ländlichen Gegenden als auch solcher, die mit einem Bettelorden verbunden waren (wobei aber die Frauen aus Bettelorden mit ihrer Heiligsprechung auf großen Widerstand stießen). Der Anstieg der weiblichen Heiligen entspricht jedoch vor allem dem Anstieg der Heiligen, die Laiinnen waren. Gegen Ende des Mittelalters war der heiligegesprochene männliche Laie tatsächlich verschwunden. Nonnen (die einzige weibliche Rolle, die keine Laienrolle war) wurden natürlich weiterhin heiliggesprochen; aber bis zum 16. Jahrhundert waren diejenigen Männer, die kanonisiert wurden, beinah ausschließlich Geistliche, und das Vorbild für heiligengleiches Verhalten, das den katholischen Laien angeboten wurde, war beinahe ausschließlich ein weibliches Vorbild. Nach Vauchez waren im 13. Jahrhundert 50 % der heiliggesprochenen Laien Frauen und nach 1305 dann 71,4 %.

Mit dem Entstehen neuer quasi-religiöser Betätigungsbereiche für Laiinnen und der wachsenden Verehrung bestimmter Laiinnen als heilig sind zwei andere Tendenzen verbunden: der Rückgang und das Verschwinden quasiklerikaler Rollen für Frauen und vom 14. Jahrhundert an das gestiegene Mißtrauen gegenüber eben den prophetischen und visionären Fähigkeiten heiliger Frauen, die im direkten Gegensatz zur männlich-klerikalen Autorität standen, die sich auf die Ordination stützte. In der Kirche des 10. bis 12. Jahrhunderts füllten Frauen noch einige »klerikale« Rollen aus: predigen, die Beichte der Nonnen unter ihnen hören, den Segen geben und manchmal die Kommunion unter sich austeilen nach Ritualen, die als »Messen ohne Priester« bekannt waren. Aber solche Praktiken wurden immer mehr kritisiert und unterdrückt. Der Kirchenrechtler Bernhard von Parma vertrat in seinem Kommentar (ca. 1245) die Auffassung, daß, was auch immer man als frühere Praxis gefunden habe, Frauen nicht lehren oder predigen könnten, keine heilige Gefäße berühren dürften, Nonnen nicht den Schleier geben, sie von ihren Gelübden entbinden oder richterliche Urteile fällen könnten und daß »ganz allgemein das Amt eines Mannes für Frauen verboten ist«.[3] Die einflußreichen Äbtissinnen des Frühmittelalters findet man in der späteren Zeit nur noch selten. Diejenigen Doppelklöster, die von Frauen geleitet wurden, sind bis zum 13. Jahrhundert meist aufgelöst. Obwohl die weltlichen Frauen, die man als Heilige verehrte, der Tendenz nach mehr als die heiligen Männer aus den obersten sozialen Schichten stammten, waren die im Kloster als Heilige verehrten Frauen oft nicht mehr Äbtissinnen oder Priorinnen, sondern vielmehr gewöhnliche Schwestern, die mit paramystischen[4] und seherischen Gaben gesegnet waren. Demzufolge finden wir vom 14. Jahrhundert an religiöse Frauen, die zwar die Rollen verloren, die männlicher klerikaler Autorität glichen oder sie nachahmten; aber sie gewannen neue Möglichkeiten, ihre eigenen religiösen Erfahrungen in Laiengemeinschaften zu gestalten, und lebten eine klare Alternative – die prophetische Alternative – zur männlichen Rolle, die auf der Macht des Amtes beruhte.

Kaum hatte die weibliche religiöse Rolle klare Gestalt angenommen, begegnete man ihr mit Mißtrauen. Nach dem 14. Jahrhundert gab es vermehrt Feindschaft gegenüber den Formen und Themen der weiblichen Religiosität. Im Jahre 1310 wurde eine Mystikerin mit Namen Marguerite Porète der freigeistigen Ketzerei angeklagt und in Paris verbrannt. Die Beginen wurden vom Konzil von Vienne (1311–1312) unterdrückt, auch wenn das entsprechende Dekret einige Jahre lang nicht in Kraft gesetzt wurde; nach der Jahrhundertmitte wurde die Frauenbewegung (in einer weit stärker monastischen, d. h. institutionalisierten Form) wieder erlaubt. Die geistigen Bindungen und Vernetzungen zwischen Frauen aus dem 13. und frühen 14. Jahrhundert wurden mit fortschreitender Zeit schwächer. Von Frauen verfaßte Sammelbiographien über Frauen verschwanden. Immer weniger heilige Frauen waren schriftstellerisch tätig. Männliches Mißtrauen gegenüber Seherinnen artikulierte sich in einer Reihe einflußreicher Arbeiten von Johannes Gerson und anderen über die »Unterscheidung der Geister«[5]. Sogar weiblicher Eifer bezüglich der Eucharistie wurde manchmal von

Theologen beschnitten oder abgelehnt, wie von Albertus Magnus, der die Meinung vertrat, daß der häufige Empfang der Kommunion bei Frauen Oberflächlichkeit der geistigen Antwort hervorrufen könne, da Frauen von Natur aus zur »Leichtfertigkeit« neigten.[6] In den Hagiographien des späten 14. und frühen 15. Jahrhunderts werden Frauen immer isolierter und männlich-orientiert dargestellt. Ihre Lebensgeschichte wird jetzt normalerweise von ihrem Beichtvater erzählt. Und auf der einen Seite dominieren sie diese Beichtväter als geistige Mütter, auf der anderen Seite hängen sie an ihnen als verletzliche Ratsuchende, die der Bestätigung der Rechtgläubigkeit bedürfen. Obwohl heilige Frauen bis zum 14. und 15. Jahrhundert häufig Laiinnen und verheiratet waren, inmitten der Welt lebten und durch Pilgerfahrten die Möglichkeit zu beträchtlicher geographischer Mobilität hatten, waren sie auch stärker das Ziel männlicher Überprüfung und eher der Gefahr ausgesetzt, wegen Häresie oder Hexerei angeklagt zu werden. Bis zur Zeit Katharinas von Siena (gest. 1380), Brigittes von Schweden (gest. 1373) und Johannas von Orléans (gest. 1431) hing der Einfluß – sogar das Überleben – der frommen Frauen fast vollständig vom kirchen- und weltpolitschen Erfolg ihrer männlichen Anhänger ab.

Im Mißtrauen den prophetischen Frauen gegenüber spiegelte sich das allgemeine Mißtrauen des 14. Jahrhunderts gegenüber weit verbreiteten religiösen Bewegungen und der Mystik wider. Die Zeit war prophetischen und mystischen Männern ebenso feindlich gesonnen. Aber die ambivalente Haltung der Kirchenbehörden und Theologen gegenüber Mystikerinnen war auch ein Abbild des starken Frauenhasses – ein Frauenhaß, der sich sowohl in den konkreten Hexenprozessen als auch in der Hexenjagdtheologie des 15. Jahrhunderts manifestierte. Bis 1500 war in der Tat das Bild der weiblichen Heiligen, die sowohl allgemein verehrt als auch offiziell kanonisiert wurden, in vielerlei Hinsicht das Spiegelbild der Vorstellung, die die Gesellschaft von einer Hexe hatte. Man hielt beide für besessen, sei es von Gott oder von Satan; jede schien in den Köpfen und Herzen anderer mit unheimlicher Genauigkeit lesen zu können; von jeder dachte man, daß sie durch die Lüfte fliegen könne, sei es am Hexensabbat oder durch heiligengemäßes Schweben oder »Bilocatio« (Anwesenheit an zwei Orten zugleich). Darüber hinaus trug jede geheimnisvolle Wundmale an ihrem Körper, seien es Stigmata oder Spuren eines Dämons. Die Ähnlichkeiten zwischen Hexen und Heiligen – zumindest in den Augen der Theologen, Kirchenrechtler, Inquisitoren und männlichen Verfasser von Hagiographien (die im 15. Jahrhundert fast unsere einzige Quelle für deren Leben bilden) – legen nahe, wie bedrohlich beide für die kirchlichen Behörden waren. Eine Reihe von weiblichen Heiligen wurde der Hexerei oder der Besessenheit von einem Dämon verdächtigt, z. B. Katharina von Siena, Lidwina von Schiedam (gest. 1433) und Columba von Rieti (gest. 1501). Die religiöse Rolle der Frau als inspiriertes »Gefäß« erschien als vollkommen verschieden von der des Mannes als Priester, Prediger und Führer kraft seines geistlichen Amtes. Und weil die weibliche Rolle so andersartig zu sein schien, erregte sie Interesse – und wurde sowohl gefördert als auch gefürchtet.

2. Weibliche Spiritualität: Unterschiede und Gemeinsamkeiten

Kanonissen, Nonnen der »alten« und »neuen« Orden, Beginen, Tertiarinnen, Reklusen, Albigenserinnen, Waldenserinnen, Pilgerinnen, gewöhnliche Laiinnen auf dem Markt oder in der Küche – es gab viele verschiedene Arten von frommen Frauen im Spätmittelalter in Europa. Doch der wachsende Gegensatz zwischen weiblichen Laienheiligen und männlichen geistlichen Heiligen legt nahe, daß hinter der großen Vielfalt der Rollen für Frauen eine Gemeinsamkeit gefunden werden kann. Tatsächlich können wir einige durchgängige Unterschiede zwischen männlicher und weiblicher religiöser Erfahrung festmachen.

Zumindest einige der weiblichen Lebensformen (z. B. Tertiarinnen, Beginen) waren weniger institutionalisiert als die der Männer. Allerdings hat die Tendenz späterer Historiker, die frommen Frauen mit einem bestimmten Orden zu identifizieren, die Tatsache verdunkelt, daß vor allem im 13. Jahrhundert institutionelle Zugehörigkeit und Struktur für Frauen unbedeutend waren oder sich ständig änderten. Die hl. Juliana von Cornillon aus dem 13. Jahrhundert beispielsweise wanderte von einem Ordenshaus zum anderen. Christina die Wunderbare (gest. 1224) war – trotz späterer Versuche, sie als Benediktinerin, Zisterzienserin oder Prämonstratenserin zu vereinnahmen – einfach eine Laiin, die Christus und den Heiligen nachzufolgen versuchte. Margarete von Ypres (gest. 1237), obwohl sie sich am Rande von dominikanischen Kreisen bewegte, suchte keinen bestimmten Orden mit seinen festgelegten Zielen, sondern einen männlichen Beschützer, den sie lieben und auf den sie sich verlassen konnte. Allein die Tatsache, daß männliche Chronisten meinten, sie müßten die Geschichte der Entstehung der Beginen so erzählen, als ob der »Orden« eine Leitung und eine Regel hätte wie die zeitgenössischen monastischen oder die Bettel-Orden, läßt vermuten, daß die weniger formale Art der Frauen, dem Alltagsleben eine religiöse Bedeutung zu geben, nach männlichem Verständnis merkwürdig und gefährlich zu sein schien.

Darüber hinaus zeigen die Lebensmuster heiliger Frauen grundlegende Unterschiede zu denen von Männern. In ihrer neuen quantitativen Studie von Heiligenleben haben Weinstein und Bell gezeigt, daß im allgemeinen die Berufung zur Heiligen bei Frauen in der Kindheit und Jugend allmählich heranwuchs. Ungeachtet der Tatsache, daß sowohl Keuschheit als auch die Ehe wichtigere Themen in den *Vitae* (schriftliche Lebensläufe) der Frauen als in denen der Männer waren, war es bei männlichen Heiligen wahrscheinlicher, daß sie in ihrer Jugend eine plötzliche Bekehrung erfuhren, die Verzicht auf Wohlstand, Macht, Ehe und Sexualität einschloß. Krisen und endgültige Wendungen sind während des ganzen späten Mittelalters auffallendere Motive in den männlichen *Vitae* als in den weiblichen. Der Grund hierfür bestand teilweise darin, daß die Männer im Mittelalter eher als Frauen die Möglichkeit hatten, ihren Lebensweg selber zu bestimmen. So wurden beispielsweise Maria von Oignies (gest. 1213) und Klara von Assisi, die auf Besitz verzichten wollten, mehr oder weniger gezwungen, Einkommen und Diener beizubehalten. Heilige wie Margareta von Cortona (gest. 1297), Umiliana dei Cerchi (gest. 1246) und Angela von Foligno (gest. 1309) mußten warten, bis ihre Ehemänner oder Geliebten gestorben waren, bevor sie sich ein Leben in Keuschheit erwählen konnten. Frauen wie die heilige Invalide Lidwina von Schiedam oder die Dichterinnen Hadewijch und Mechthild von Magdeburg wurden am Ende ihres Lebens genauso grausam verfolgt und vernachlässigt wie während der Kindheit und der bewegten Zeit ihrer Berufung in ihrer Jugend. Verfasser von Hagiographien operierten in der Tat mit einem etwas widersprüchlichen Doppelmodell des weiblichen Jugendlichen. Das tugendhafte Mädchen kann seine Tugendhaftigkeit entweder dadurch zeigen, daß es heroisch auf der Keuschheit besteht (und dadurch gegen seine Familie rebelliert), oder es heiratet gehorsam nach dem Willen der Eltern (und zieht sich dadurch von dem zurück, was nach Auffassung der Kirche ein höheres Gut darstellt). In den *Vitae* der Heiligen tat sie oft beides, ohne daß erklärt worden wäre, was der Wechsel von einem Verhalten zum anderen für sie bedeutete oder sie kostete. Da Frauen nicht über ihren Reichtum und Familienstand bestimmen konnten, enthielten ihre Biographien in geringerem Umfang heroische Gesten der Aufgabe von Geld, Besitz und Familie. Aber das Leben der Frauen scheint auch weniger durch radikalen Verzicht und Umkehr geprägt gewesen zu sein, denn Frauen neigten dazu, ihre alltäglichen Erfahrungen (von Machtlosigkeit, von Dienen und Erziehen, von Krankheit etc.) als Symbole zu benutzen, in die sie immer tiefere und paradoxere Bedeutungen hineingossen; und beide, Männer wie Frauen, neigten dazu, weibliche Heilige als Vorbild für Leiden zu sehen, männliche als Vorbild für Aktion.

Wenn wir die Schriften und auch die *Vitae* von Männern und Frauen vergleichen, läßt sich feststellen, daß es keine ausschließlich weiblichen oder männlichen frommen Übungen oder Themen gibt, obwohl bestimmte Wunder nur von Priestern erfahren werden (weil sie mit priesterlichen Funktionen verbunden sind) und bestimmte Wunder (z. B. Stigmata oder körperliches Wachsen) häufiger bei Frauen auftreten. Männer und Frauen dachten in denselben Metaphern – denn sie lasen dieselben heiligen Schriften und spirituellen Abhandlungen und hörten oft dieselben Predigten – und viele spirituelle Themen, von denen moderne Kommentatoren dachten, sie seien geschlechtsspezifisch (z. B. die Vision, wie das Jesuskind gestillt wird oder das Schwangersein mit Jesus) finden sich im Mittelalter in den Visionen und Schriften beider Geschlechter.[7] Aber jüngste vergleichende Studien der Visionsliteratur, der Heiligenleben und mystischen Abhandlungen von Männern und Frauen legen nahe, daß es unterschiedliche Muster in der männlichen und weiblichen Spiritualität gibt.

Mystik spielte in der weiblichen Religiosität und in weiblichen Anforderungen an Heiligkeit eine zentralere Rolle als in der männlichen, und paramystische Phänomene (Trance, Levitation, Stigmata, wundersame *Inedia,* d. h.Nahrungslosigkeit, etc.) waren in der Frauenmystik weiter verbreitet. Der Ruf von Frauen, heilig zu sein, gründete sich häufiger auf übernatürliche charismatische Autorität, vor allem auf Visionen und übernatür-

10. *Der Tod der heiligen Klara* (Meister von Heiligenkreuz, frühes 15. Jahrhundert)

liche Zeichen. Frauenfrömmigkeit zeichnete sich stärker durch Bußaskese aus, durch zum Teil selbst auferlegtes Leiden, extremes Fasten und mit Geduld ertragene Krankheiten. Die Schriften von Frauen waren im allgemeinen affektiver, obwohl auch die Werke von Männern übervoll waren mit Tränen und Empfindsamkeit. Erotische, eheliche Themen, die zuerst von Männern artikuliert worden waren, wurden in ihrer ganzen Fülle in der Frauendichtung ausgearbeitet. Auch bestimmte Schwerpunkte in der Frömmigkeit, vor allem Christus als leidender Mensch und die Eucharistie (allerdings nicht, wie oft gesagt wird, die Jungfrau Maria), waren typisch für die Handlungen und Worte von Frauen. Es war eine Frau, Juliana von Cornillon, die veranlaßte, daß das Fronleichnamsfest dem liturgischen Kalender hinzugefügt wurde, und der Kult des Herzen Jesu hatte seine Ursprünge in den Frömmigkeitsformen bestimmter frommer Frauen in Flandern und Sachsen.

Einige Mystikerinnen (z. B. die Zisterzienserin Ida von Leuven, die vallombrosische (eine Benediktiner-Kongregation) Äbtissin Margareta von Faenza und die Kartäuserin Margarete von Oingt) hatten Visionen, wie sie das Christuskind an sich drücken oder stillen. Einige (z. B. die Begine Hadewijch, die Zisterzienserin Beatrijs von Nazareth, die dominikanische Tertiarin Katharina von Siena und die englische Laiin Margery Kempe) vereinigten sich mit dem schönen jungen Bräutigam Jesus in einem Rausch, den sie selbst als Orgasmus oder Wahnsinn beschrieben. Einige (z. B. die Begine Maria von Oignies, die englische Seherin und Theologin Juliana von Norwich und die deutsche Nonne Lukardis von Oberweimar) verbanden sich mit den Todesqualen des Körpers am Kreuz, indem sie um eine Krankheit oder den Tod beteten oder ihren Körper in Form der Wunden Christi verletzten. Die Beschreibung, die Jakobus von Vitry im frühen 13. Jahrhundert von frommen Frauen in den Niederlanden gibt, läßt sich zur Darstellung der Frömmigkeit europäischer Nonnen, Beginen, Tertiarinnen während der nächsten beiden Jahrhunderte heranziehen:

> Einige dieser Frauen lösten sich in solch einer besonderen und wunderbaren Liebe zu Gott auf, daß sie sich vor Sehnsucht verzehrten und jahrelang kaum in der Lage waren, sich von ihren Betten zu erheben. Sie litten an keiner anderen Krankheit als der, daß ihre Seelen vor Verlangen nach ihm zerschmolzen, und als sie im Geiste getröstet waren und süß mit dem Herrn ruhten, waren sie körperlich geschwächt...Die Wangen von einer welkten dahin, während ihre Seele sich vor der Größe ihrer Liebe verflüssigte. Viele spürten deutlich den Geschmack von Honig in ihrem Mund, denn sie hatten das Geschenk der geistigen Süße in ihren Herzen... Andere wurden von solch einem Rausch des Geistes befallen, daß sie einen ganzen Tag in heiliger Stille verharrten...,so daß Lärm sie nicht störte oder sie keine Schläge spürten...Einige erhielten nicht nur eine Stärkung in ihrem Herzen, als sie das Brot dessen empfingen, der vom Himmel herabgestiegen ist, sondern auch einen spürbaren Trost in ihrem Mund, der süßer als Honig und die Bienenwabe war...[Sie] verzehrten sich mit solch einer Sehnsucht nach dem Sakrament, daß sie nur bei Kräften gehalten werden konnten, wenn ihre Seelen häufig von der Süße seiner Nahrung gestärkt wurden.[8]

Solch eine verzehrende Sehnsucht nach dem Körper Gottes verbot aber nicht den sehr aktiven Dienst am Nächsten. Gleichermaßen typisch für weibliche Frömmigkeit ist die Geschichte des Brotkorbes einer Frau für die Armen, der sich in Rosen verwandelte, als der Ehemann (oder Vater) ihre Großzügigkeit nicht billigte – eine Geschichte, die apokryphisch von wenigstens fünf mittelalterlichen Frauen erzählt wurde. Die bekannteste davon war die der heiligen Elisabeth von Ungarn (gest. 1231). Frauen sahen tatsächlich ihre Hilflosigkeit und ihr Leiden als eine *imitatio Christi* (Nachahmung Christi) an, die sowohl dem Nächsten als auch sich selber Heil brachte. Alice von Schaerbeke (gest. 1250) sagte angeblich zu ihrer geliebten Gefährtin, nachdem sie durch Lepra ihr rechtes Auge verloren hatte: »Liebe Schwester, gräme dich nicht [meinetwegen]; und denke nicht, daß ich wegen meiner eigenen Sünden leide oder sie sühne; ich leide vielmehr für die, die schon tot und an dem Platz der Buße [d. h. im Fegefeuer] sind, und für die Sünden der Welt...«[9]

Die neueste Forschung zeigt, daß der Geschlechtsunterschied alle anderen Faktoren bei der Herausformung der weiblichen Frömmigkeit übergreift (wie etwa Chronologie, Unterschiede in sozialem und ökonomischem Status etc.). Eine fromme Bauersfrau und eine fromme Adelige waren sich in ihrer Religiosität ähnlicher als jede von ihnen dem männlichen Heiligen ihres jeweiligen sozialen Standes. Aber es lassen sich auch Unterschiede zwischen den Frauen zeigen. Neue Arbeiten legen z. B. bestimmte regionale Merkmale nahe. Wissenschaftler wie Weinstein, Bell, Vauchez und Kieckhefer stimmen darin überein, daß weibliche Heilige in Nordeuropa eher aristokratisch und kontemplativ waren – sie neigten dazu, Nonnen oder Einsiedlerinnen zu sein und eine Basis für ihre Heiligkeit im Rückzug aus der Welt und im Gebet zu finden –, wohingegen weibliche Heilige aus Südeuropa, vor allem aus Italien (von dort stammte ungefähr ein Drittel der Heiligen des späteren Mittelalters) der Tendenz nach aus der Stadt und aus der Mittelschicht kamen und sich aktiver in Werken der Nächstenliebe einsetzten. Einsiedlerinnen waren in England zahlreicher; mystische Gemeinschaften, in denen viele Nonnen die gleichen oder ähnliche Visionen hatten, waren vor allem rechts- und linksrheinisch verbreitet (vor allem im 13. Jahrhundert); Dienst am Nächsten, vor allem Fürsorge für die Armen und Kranken, traf man besonders bei den italienischen Frauen an, die dem Dominikaner- oder Franziskanerorden angeschlossen waren.

Darüber hinaus wies die weibliche Spiritualität Unterschiede auf, die von den unterschiedlichen religiösen Ständen und Lebenserfahrungen herrührten. Eine Untersuchung der von den Frauen selbst verfaßten Schriften zeigt, daß Frauen, die weltlich lebten (entweder als Tertiarin, Begine oder Laiin), und solche, die als Erwachsene zu einer religiösen Lebensform fanden, sich von Nonnen, die in Klöstern erzogen worden waren, durch ihren ausgeprägteren Sinn für die männlich-weiblichen Unterschiede abhoben sowie ihre Auffassung vom »Weiblichen«, die näher am negativen Stereotyp der frauenfeindlichen klerikalen Tradition lag, und ihr weniger ausgeprägtes Gemeinschaftsgefühl. Frauen in der Welt oder solche, die als Erwachsene zu einer Form religiösen Lebens gefunden hatten, waren sich eher des Verbotes sakramentaler Funktionen und der Lehrtätigkeit für Frauen bewußt, neigten zu einer Sicht des Weiblichen als schwach und verletzlich, waren stärker männlich-orientiert (d. h. hingen von Beichtvätern oder überzeugenden männlichen religiösen Führern ab, ganz zu schweigen von Ehemännern und Vätern) und befaßten sich mehr mit männlicher Macht und männlichen Rollen (auch wenn das oft als Kritik geschah). So sprach beispielsweise die italienische Tertiarin Angela von Foligno viel häufiger von ihren spirituellen »Söhnen« (d. h. den Mitbrüdern) als von irgendwelchen weiblichen Gefährtinnen. Sie hatte als Erwachsene ihr Bekehrungserlebnis, nachdem ihre Mutter, ihr Ehemann und ihre Kinder gestorben waren, und konzentrierte ihre mütterlichen und spirituellen Gefühle und Eingebungen darauf, die örtlichen Franziskaner zu kritisieren und sie zu beraten. Die deutsche Begine Mechthild von Magdeburg, die als junge Erwachsene vor ihrer Familie und ihren Freunden geflüchtet war, benutzte ihre beträchtlichen rhetorischen Fähigkeiten dazu, den örtlichen Diözesanklerus und die Mönche zu geißeln. Im Leben der Einsiedlerin Christina von Markyate aus dem 12. Jahrhundert, die in ihrer Hochzeitsnacht weggelaufen war, bezogen sich die meisten ihrer Visionen und Prophezeiungen auf einflußreiche Männer. Und im 14. und 15. Jahrhundert waren die Tertiarin Katharina von Siena und so unterschiedliche Laiinnen wie Brigitta von Schweden (später eine Nonne) und Johanna von Orléans Ratgeberinnen und Führerinnen von Männern. Im Unterschied dazu hatten Frauen in Klöstern oder in Beginenhöfen, vor allem wenn sie dort erzogen worden waren, einen ausgeprägten Sinn für spirituelle Vernetzungen oder »Familien« von Frauen. Michael Goodich hat darauf hingewiesen, daß Mystikerinnen im 13. und 14. Jahrhundert – vor allem in Deutschland und den Niederlanden – in Gruppen lebten, wohingegen Mystiker oft isoliert und weniger einflußreich waren. Das Zusammenleben von Mystikerinnen in Gruppen verbreitete sich bis zum frühen 14. Jahrhundert so sehr, daß Zeitgenossen begannen, Häuser wie Töss und Engelthal zu verehren statt individuelle Frauen. Für diejenigen, die solch eine Gemeinschaft erfahren hatten, wie die flämische Begine Hadewijch, die ihren Beginenhof verlassen mußte, war der Schmerz über den Verlust der Gefährtinnen groß und heilte niemals.

Man sollte jedoch die regionalen Unterschiede oder die Unterschiede zwischen Nonnen und Quasi-Nonnen, zwischen kindlichen Oblaten[10] und erwachsenen Konvertiten nicht überbetonen. Bestimmte Städte in den Niederlanden und im Rheinland brachten im 13. Jahrhundert eine Frömmigkeit hervor, die derjenigen der italienischen weiblichen Tertiarinnen mehr ähnelte, als die Arbeiten von Vauchez, Weinstein und Bell vermuten lassen. Der scharfe Gegensatz zwischen einer eher kontemplativen und mystischen Rolle für die Frauen im Norden und einer eher an tätiger Nächstenliebe orientierten bei den Frauen im Süden verschwimmt, wenn man die Schriften der Frauen selbst liest und dabei feststellt, daß die Betonung von Dienst *und* ekstatischer Begegnung beiden Lebensformen zugrunde lag.

Darüber hinaus unterschieden sich die mittelalterlichen Frauen, wie querköpfig und apologetisch einige von ihnen gelegentlich auch erscheinen (und diese Eigenschaft nimmt im 15. und 16. Jahrhundert zu), in ihrem Selbstbildnis relativ wenig, und ihre Verletzlichkeit beeinträchtigte selten ihr Vertrauen, mit dem sie sich Gott näherten. Frauen im Kloster benutzten ebenso leicht wie Frauen in der Welt graphische »häusliche« Bilder für ihr Verhältnis zu Christus. Frauen (wie Gertrud von Helfta), die als kleine Mädchen ins Kloster gekommen waren, glichen in bezug auf ihre mütterliche Zärtlichkeit gegenüber dem Baby Jesus und in ihren erotischen Sehnsüchten nach dem schönen jungen Christus den weltlich lebenden Frauen (wie Gertrud van Oosten oder Margery Kempe). Zwar war es bei den Nonnen wahrscheinlicher, daß sie diese Bildersymbolik androgyn verstanden und mit Selbsbewußtsein von ihrer Ratgeberrolle sprachen, aber Tertiarinnen und Laiinnen geißelten mit der gleichen Hingabe und Wirkung andere mit Kritik, erteilten Ratschläge und bestärkten andere. Doch die frommen Frauen hielten es, unabhängig von ihrem Zustand oder Grad der Verletzlichkeit, nicht für notwendig, im Laufe ihrer spirituellen Reise metaphorische Männlichkeit zu erwerben. Männliche Biographen lobten die Frauen oft für ihre »Männlichkeit«, und Frauen wie Katharina von Siena forderten manchmal andere Frauen (und Männer) auf, sich »männlich« zu benehmen. Aber die kunstvollsten Selbstbilder der Frauen waren entweder weiblich (»Mutter« von geistigen Kindern, »Braut« Christi) oder androgyn (»Kind« eines Gottes, der Mutter und Vater war, »Richter« und »Pfleger« der Seelen in ihrer Obhut).

3. Methodologische Bemerkungen

Der größte Teil unseres Wissens von spätmittelalterlichen Frauen stammt von männlichen Biographen und Chronisten. Es stellt sich demzufolge das drängende Problem der Perspektive. Einige der Geschichten, die Männer gerne von Frauen erzählten, zeigen nicht so sehr, was die Frauen taten, sondern was die Männer bewunderten oder verabscheuten. Männliche Biographen beschrieben weibliche Tugend romantischer und sentimentaler als männliche, vor allen durch Schilderungen von überhöhter und erotischer Metaphorik (so wie Jakobus von Vitry in dem oben zitierten Abschnitt). Ihnen lag es auch viel näher, der weiblichen Natur, und nicht so sehr der männlichen, die sexuelle oder körperliche Verführung zuzuschreiben (das sexuelle Verlangen der Männer konnte immer der Gegenwart einer Frau als Verführerin angelastet werden!) und das Ringen der Frau zu beobachten, wie sie erfolglos versuchte, das Fleisch zu überwinden. Es ist außerordentlich wichtig, die sentimentalen Darstellungen oder Züchtigungen des Weiblichen, in denen die mittelalterlichen Männer schwelgten, nicht als das Bild der Frauen von sich selbst anzusehen. Wenn wir verstehen wollen, was es für Frauen im Mittelalter bedeutete, »Bräute Christi« zu sein oder Symbole für entweder Gnade oder Fleischeslust, müssen wir besonders auf das

achten, was Frauen sagten und taten, und nicht einfach annehmen, sie hätten damit nur die Rhetorik von Theologen, Beichtvätern oder Ehemännern verinnerlicht.
Darum ist es für zukünftige Historiker besonders wichtig, sich mit einer genauen Untersuchung derjenigen Werke zu befassen, in denen Frauen von ihren eigenen Visionen und mystischen Erfahrungen und über das Zusammenleben mit den Schwestern in ihren Haushalten, Beginenhöfen und Klöstern schrieben. Solche Werke – Briefe, Sammlungen von Visionen, Nonnenbücher oder Gemeinschaftsbiographien, Hagiographie, Regeln, religiöse Dichtung, Abhandlungen über spirituelle Unterweisung, und sogar Autobiographien – gab es zahlreich, vor allem im 13. Jahrhundert, als die Verbreitung der geschriebenen Landessprache den Frauen einen Zugang zu literarischem Schaffen ermöglichte, obwohl sie von der theologischen Ausbildung an den Universitäten ausgeschlossen waren. Historiker, die sich mit der spätmittelalterlichen Religion befassen (vor allem des 13. und frühen 14. Jahrhunderts) besitzen einen direkten Zugang zu den Erfahrungen von Frauen, haben davon aber bisher zu wenig Gebrauch gemacht.
Es ist alles andere als einfach, die Vorstellungen und Erfahrungen von Frauen in der spätmittelalterlichen Frömmigkeit zu klären und dabei die unterschiedlichen Sichtweisen von Männern und Frauen bezüglich dieser Dinge gebührend zu beachten. Aber die jüngste Forschung hat viel zur Wiederherstellung von Frauen-Geschichten und Beschreibung der weiblichen Spiritualität beigetragen. Allerdings neigt sie dazu, den Schwerpunkt auf den Verzicht von Wohlstand, Privilegien und Sexualität bei der weiblichen wie männlichen Religiosität zu legen. Der Grund liegt darin, daß die Arbeit aus zwei Perspektiven geleistet wurde - der feministischen und der des traditionellen Mediävisten. Die feministische Forschung hat sich auf die negative Stereotypisierung der weiblichen Sexualität und auf das Fehlen weiblicher Macht und priesterlicher Autorität konzentriert. Denn diese Probleme stoßen gerade heute auf großes Interesse. Die Arbeit traditioneller Mediävisten hat, obwohl sie sich bemühte, die Sichtweise der mittelalterlichen Menschen als Grundlage zu nehmen, die männliche Religiosität als Maßstab gewählt. Wenn sie sich mit Frauen befaßt haben, haben sie einfach die Antworten von Frauen auf Fragen genommen, die man üblicherweise an Männer zu stellen pflegt – Fragen, die in erster Linie durch das Studium männlicher Religiosität entstanden sind. Die Männer im Mittelalter waren für sich und für die Frauen sehr mit dem Verzicht auf sexuelle Befriedigung und ökonomische und politische Macht befaßt. So wurden neueste Forschungsarbeiten oft stark von männlichen Maßstäben und gegenwartsbezogenem Problembewußtsein beeinflußt. Die religiöse Bedeutung von Nahrung, Krankheit und Körper – Aspekte menschlicher Erfahrung, die für Frauen von besonderer Bedeutung waren – ist vernachlässigt worden, während Sexualität und Wohlstand sowohl als religiöse Vorstellungen wie auch als religiöse Verzichtsleistungen wiederholt erforscht worden sind. Die Aufgabe zukünftiger Historiker besteht nicht nur darin, die Texte von Frauen einer ausführlichen Untersuchung zu unterziehen, sondern

auch die ganze Bandbreite an Phänomenen zu beachten, die darin enthalten sind, ganz egal, wie masochistisch oder altruistisch, unattraktiv oder heroisch, eigenartig, amüsant oder bezaubernd diese Phänomene nach heutigem Standard oder nach dem mittelalterlicher Männer auch sein mögen.

Anmerkungen

1 «Heterodox« im Gegensatz zu »orthodox«; also »falsch« - statt »richtig«-gläubig. [JS]

2 Brüder und Schwestern vom »freien Geist«.

3 Zitiert nach F. Cardman, »The Medieval Question of Women and Orders«, *The Thomist* 42 (1978), 596.

4 »Paramystisch« sind die körperlichen Begleiterscheinungen der Mystik, wie Stigmata usw., die zumindest auch auf körperlich-geistigen, also natürlichen Fähigkeiten beruhen, aber durch eine Gotteserfahrung ausgelöst werden können. [JS]

5 »Unterscheidung der Geister« (o. ä.) ist die vom frühen Mönchtum und dann besonders in den Exerzitien des Ignatius von Loyola entwickelte Kunst, die inneren Bewegungen des Menschen zu »unterscheiden« (gut – bös; von Gott – von einem selbst usw.). [JS]

6 Albertus Magnus, *Commentarii in IV Sententiarum,* dist. 13, art. 27, in: *Opera omnia,* hg. von A. Borgnet, Paris 1894, 29:378–80, und *Liber de sacramento Eucharistiae,* dist. 6, tract. 4, Kap. 3, in: *Opera omnia,* 38:432 (1899).

7 Einem Mönch in Villers soll in einer Vision das Christuskind an der Brust gelegen haben; vgl. E.W. McDonell, *Beguines und Beghards in Medieval Culture,* 1954 (Repr. New York 1969), 328; und P. Browe, *Die Eucharistischen Wunder des Mittelalters* (Breslauer Studien zur historischen Theologie, n. F. 4), Breslau 1938, 106. Caesarius von Heisterbach berichtet von einem Priester, der in einer geistigen Schwangerschaft dick wurde; Caesarius, *Dialogus miraculorum,* hg. von J. Strange, 2 Bde., Köln 1851, Buch 9, Kap. 32, II:189.

8 Jakobus von Vitry, Vita von Maria von Oignies, Prolog, 6-8, in: J. Bollandus und G. Henschenius, *Acta sanctorum...editio novissima,* hg. von J. Carnandet u.a., Paris 1863-, June 5 (1867), 548; vgl. auch McDonnell, *Beguines and Beghards,* 330.

9 Vita von Alice von Schaerbeke, 3.26 in: *Acta sanctorum,* Juni 2 (Paris und Rom 1867), 476.

10 »Oblati« – »Dargebotene« sind Personen, die nach dem alten Brauch schon als Kinder für den zukünftigen Mönchs- oder Nonnen-Stand einem Kloster übergeben wurden. [JS]

Schulen spätmittelalterlicher Mystik (14. und 15. Jahrhundert)

Von Alois M. Haas

1. Deutsch-niederländische Mystik des 14. Jahrhunderts

Nach den großen Mendikantenbewegungen der Franziskaner und Dominikaner im 13. Jahrhundert, die sich vor allem in den romanischen Ländern stark zu profilieren vermochten, verlagert sich seit dem 14. Jahrhundert das spirituelle Zentrum mit innovatorischer Energie zusehends in germanischsprachige Länder, nach England, aber vor allem nach Deutschland (darin eingeschlossen Elsaß, Österreich, die Schweiz und die Niederlande), wo die Mendikantenspiritualität mit ihren scharfen Akzenten auf Armut und nackter Nachfolge Christi eine spezifische Radikalisierung im mystischen Sinn erfuhr: Nach den auf die konkrete Lebensgestaltung abhebenden Armutsstreitigkeiten der Franziskaner dominiert jetzt die Frage nach Rang und Art der *contemplatio* (mystische Beschauung) im geistlichen Leben, nach deren Erfahrungsbasis in den Seelenkräften Willen (Liebe) oder Vernunft. Das heißt, daß sich ein theoretisches Interesse der Gestaltung der Lebenspraxis annimmt und diese zu durchformen versucht. Insbesondere im dominikanischen Bereich wird ein starkes philosophisches Ferment in der mystischen Theologie wirksam, so daß neben den affektiven Formen der Liebes-Mystik sich immer intensiver eine auf Erkenntnis und Vernunft abgestützte Wesens-Mystik ausformt, die sich der in diesem Zeitraum bekannt werdenden neuplatonischen Denkmodelle begierig annimmt.

a) Ältere Frauenmystik

Es gäbe ein falsches Bild, wenn man die sogenannte Deutsche Mystik losgelöst von den spirituellen Interessen und Bestrebungen der älteren Frauenmystik, wie sie die Zisterzienserinnen und Beginen im flämischen und norddeutschen Raum im 13. Jahrhundert zum Teil recht eigenwillig ausgestalteten, betrachten wollte. In der Kombination traditionell zisterziensischer und neuartiger mystischer Motive finden sich hier Vorwegnahmen der eckhartschen Wesensmystik, deren Herkunft rätselhaft und deren Formulierung erstaunlich anmutet. Zudem sind es diese Frauen, die als erste über ihr Gottesverhältnis in der Volkssprache berichten und damit – auf eine bisher nicht geklärte Art – der Beginen- und Begardenbewegung, aber auch überhaupt der spätmittelalterlichen Stadtspiritualität, ein Vokabular und eine Nomenklatur für geistliche Erfahrung liefern, die so bisher nur in monastischen Kreisen üblich und so kühn überhaupt neuartig war.

Exponenten dieser Beginenmystik im niederländischen Brabant waren Beatrijs van Nazareth (um 1200–1268) und Hadewijch (Mitte 13. Jahrhundert). Die eine starb als Priorin eines Zisterzienserinnenklosters, die andere gehörte mit hoher Wahrscheinlichkeit dem Beginenstande an. Beide haben literarisch von ihren Gotteserfahrungen Zeugnis abgelegt: Beatrijs in Form einer (zur Gänze nur lateinisch, in einem Teil – *Die sieben Grade der Liebe* – aber volkssprachlich vorliegenden) Autobiographie, Hadewijch in Form von Gedichten, Sendbriefen und Visionsschilderungen. Beatrijs' Grunderfahrung besteht – im thematischen Anschluß an die bernhardische und viktorinische Mystik und die Minneanschauungen der höfischen Kultur – in einer als maßlos erfahrenen Gottesliebe und Liebessehnsucht, welche die Seele *sonder enich waeromme* (ohne Warum) in den Dienst nimmt, Leid ertragen, ja sie lebendig sterben und in *naheit te gode* (Nähe zu Gott) versinken läßt und da – ambivalent – als eigentliche Liebeswut oder beruhigte Freiheitserfahrung in Gott zur Erfüllung im *gebruken der minnen* (Genuß der Liebe) führt. In solcher Minnetheorie ist nach Thematik, Vokabular und Syntax schon überraschend eine äußerst starke mystische Erfahrung auf den (vorläufigen) Begriff gebracht.

Hadewijch, die nach eigenem Zeugnis eine gesellschaftliche Randexistenz führte, aber um ihre hohe Bildung und Einsicht sehr genau wußte, vertritt in Poesie und Prosa eine auf die Trinität und die Gottesminne abzielende, vor allem auch in der Form von Brautmystik ausgestattete Spiritualität. Energisch betont sie die Einheit in der Dreiheit der göttlichen Personen, die sich je als Minne bezeugt: »... die Einheit, die Vollendung der Minne und das wahrhafte Sichselbstumfassen in einer Person als eine einzige Minne und sonst nichts: ach Gott, welch erschreckendes Wesen ist das, das solches Hassen (aller Gespaltenheit) und solches Lieben (aller Einheit) als ein einziges Wesen in sich vereint.« Diese Liebe schließt die Mystikerin aber nicht aus, sondern sie nimmt sie in sich hinein in Form einer eigentlichen Raserei (*orewoet,* ein Wort, das schon Beatrijs für die Liebesekstase gebraucht hat). Die von Gott also Geliebte wird in ihn hineingenommen in einem Vorgang, der die exemplaristische Mystik Meister Eckharts schon vorausnimmt, so etwa in der 14. Vision, da sich Hadewijch auf den göttlichen Thron versetzt sah und »tat wie Gott«. Zeichen und Symbol des göttlichen Ideenschoßes ist ein »abgrundtiefes, weites und ganz dunkles Rad«, in dem alle Dinge enthalten sind und der Seherin zu großen Teilen gezeigt werden. So eröffnet sich ihr die Sichtbarkeit Gottes als eine Sichtbarkeit ihrer selbst und der Schöpfung in Gott, ganz ähnlich wie später Eckhart das Auge, das in Gott hineinsieht, als das Auge Gottes selbst erkannt hat. Die Sichtbarkeit Gottes vor sich selbst ist seine Trinität, die bis hin zur Inkarnation dem Menschen nichts anderes ist als eine göttliche Selbsteröffnung, die mit den beiden Augen – Minne und Vernunft – wahrgenommen werden kann. Das geht nicht ohne Leid und Resignation, denn das Leben in der Minne ist schrecklich, ist Höllenerfahrung, da »das verlangende Entbehren« des Genusses »der süßeste Genuß ist« *(dat ghebreken van dien ghebrukene dat es dat suetste ghebruken).* Sie findet für diese Erfahrung kein Deutsch *(dietsch)*

mehr, und doch umwirbt sie es in erstaunlichen Formulierungen. Ihr wichtigstes Vehikel, die Paradoxie von Erfahrung und Nicht-Erfahrung auszudrücken, ist die Vision, in der sie einer ihr auf rätselhafte Weise zugeflossenen Theologie, mit einer intensiven Bildwelt kombiniert, Gestalt gibt.
Im elbostfälischen Raum verfaßte Mechthild von Magdeburg (1207–1282) im dritten Viertel des 13. Jahrhunderts ihr *Fließendes Licht der Gottheit* in niederdeutscher Sprache; erhalten ist es uns nur in einer alemannischen Übersetzung. Dieses Werk dokumentiert eine ähnliche soziale Gefährdung seiner Verfasserin, die während langer Jahre in frei gewählter Verbannung als Begine lebte und sich erst in höherem Alter (1271) in das Zisterzienserinnenkloster Helfta bei Eisleben zurückzog, wo sie in Gertrud der Großen (1256–1302/03) und Mechthild von Hackeborn (1241–1298/99) eine stark im Kirchenjahr eingebundene, liturgisch geprägte Mystik vorfand. Dem Dominikaner Heinrich von Halle, ihrem Seelsorger, kommt das Verdienst einer tätigen Anteilnahme an ihrem Leben und Werk zu. Ihr Werk aber ist in einem exklusiv augustinischen Sinn auf Gott und die Seele zentriert, so daß sie einerseits sagen kann: *got selber sprichet du wort* (Gott selber spricht die Worte) und andererseits: *ez* (das Buch) *bezeichent alleine mich* (meint einzig mich). Gattungsmäßig ist diese Seelengeschichte, die sich formal in kapitelmäßig geordneten Abschnitten (die Bucheinteilung ist mehr oder weniger unwichtig) der Biographie entlangtastet, nicht einzuordnen. Die Prosa steigert sich immer wieder zu lyrisch autonomen Sprachgebilden, in denen sich eine authentische Brautmystik einzigartig mündig und konsequent ausformt. Gegenüber derjenigen Hadewijchs sind hier die Töne etwas leiser und sanfter, nichtsdestoweniger ist Mechthilds Gottesminne mit Verlassenheitserfahrungen konterkariert, die sich als eigentliche *gotsvroemdunge* (Entfremdung zu Gott) darstellt. Das Hohelied mit seinen Dialogen zwischen Bräutigam und Braut schlägt sich stilistisch als *heimlicheit* (Verborgenheit) von Seelenereignissen nieder, in denen die Unmittelbarkeit der mystischen Vereinigung der Seele mit Gott als sinkende und stürzende Demut und Liebe affektiv gefeiert wird (als *minnesturm,* Liebesrasen). Die Thematik des Fließens und Sinkens, kombiniert mit allen Konnotationen einer Verdemütigungstheologie, gewinnt so in hymnisch und lyrisch gestalteten Ausbrüchen eine Autonomie religiösen Sprechens, wie sie kaum anderswo zu finden ist. Die Enteignung der Seele in Gott hinein ist ihr aber letztlich ein Geschehen in Hoffnung und Glaube.
Marguerite Porete (gest. 1310), beginische Verfasserin eines ins Englische und Italienische übersetzten »Lehrbuchs der Liebesmystik« (K. Ruh) mit dem Titel *Miroir des simples âmes* (Spiegel der einfachen Seelen), wurde am 31. Mai 1310 auf der Place de Grève in Paris öffentlich als Ketzerin verbrannt. Das Buch, 139 kurze Kapitel umfassend, schildert das Leben ihrer Seele vom Tal der Demut zum Berg der Kontemplation. Dieser Weg ist ein Weg innerer Befreiung: Sobald die Seele eine *âme anientie* (eine vernichtete Seele) geworden ist, ist sie auch eine *âme franche* (freie Seele), die nicht mehr unter dem Diktat des Tugendgesetzes zu stehen braucht. Im Sinne eines mystischen Exemplarismus versteht sie diese Befreiung – die den Inqui-

sitoren insbesondere als dogmatisch unvertretbar galt – als eine Rückkehr ins erste Sein, darin ihr Nichts alles geworden war. Die Seele ist, wie die Flamme ins Feuer, in ihr eigentliches Sein zurückgekehrt. Das hier angewandte literarische Verfahren ist das einer allegorischen Rollenrede: Einzelne allegorische Sprecher (»Seele«, »Liebe« usw.) vertreten – eher monologisch – einzelne Aussagen. Dementsprechend fehlen denn auch die eher lyrischen Partien. Meister Eckhart muß interessanterweise von dem Inquisitionsverfahren um Marguerite Porete Kenntnis bekommen haben, denn ein Jahr nach ihrem Tod hielt er sich in Paris auf.

b) Dominikanermystik

In der Spiritualität der frühen Dominikaner sind nicht allzu viele Züge festzustellen, die auf mystische Intentionen hinweisen. Der Predigerorden war nach seiner Gründung (1216) durch Dominikus (1170–1221) von seiner missionarischen Stoßrichtung her – die Seelsorge und die Ketzerbekämpfung durch Predigt und gutes Beispiel in der Nachfolge Christi war die entscheidende Intention – kaum auf die besondere Pflege eines »inneren Lebens« ausgerichtet; die kontemplative Seite jedenfalls spielte eine Rolle nur im Zusammenhang mit ihrem Gegenteil, der *vita activa* (aktives Leben). Dieses neue Missionierungs- und Lebensmodell, in dem die *vita contemplativa* (beschauliches Leben) in einen inneren Konnex mit der *vita activa* gezwungen wurde, entbarg aber mit der Zeit neue Energien zur Ausformung mystischen Lebens mit neuer Zielrichtung: *contemplata aliis tradere* (das in der Beschauung Wahrgenommene anderen weitergeben) – diese thomanische Formel einer *vita mixta* (gemischte Lebensform) entbindet über das Vehikel der Predigt Formen der geistig-geistlichen Unterweisung, die nach ihrer spirituellen Ausrichtung auf eine christliche Lebenspraxis durchaus die alten Formen der Kontemplationsmystik in sich zu integrieren fähig war, allerdings so, daß sich diese oft neuen Tendenzen und Motiven zu unterstellen hatten. Anstatt Traktate über das geistliche Leben zu schreiben, verfassen die ersten Dominikaner Anweisungen über die richtige Art der Predigt, wie zum Beispiel Humbertus Romanus (um 1200–1277) in seinem *De eruditione praedicatorum* (Über die Unterrichtung von Predigern), oder geben wie Jakobus de Voragine (1228/30–1298) in seiner *Legenda aurea* (Goldene Legende) exemplarische Hinweise auf heiliges Leben. Da die *cura animarum* (Seelsorge) ohne sicheres Wissen in Glaubensdingen nahezu unmöglich ist, legen die Dominikaner ein außerordentliches Gewicht auf das *studium,* auf gelehrtes Wissen zunächst im Bereich der biblischen Wissenschaft und der Theologie, sodann aber auch im Bereich weltlicher Wissenschaft *(trivium* [Grammatik, Rhetorik, Dialektik] oder *quadrivium* [Arithmetik, Geometrie, Musik, Astronomie]). Philosophisches und theologisches Wissen wird im 13. Jahrhundert von ihnen wesentlich zu methodisch abgesicherten Wissenschaften eigenen Rechts ausgeformt (Albert der Große, um 1193–1280; Thomas von Aquin, 1224/25–1274), während der Stand allen verfügbaren Wissens der Zeit von ihnen auch in Enzyklopä-

dien gesammelt wird (Thomas von Cantimpré, 1201–1263/72; Vinzenz von Beauvais, 1184/94–1264). Mystische Theologie findet sich in solchen Werken allenfalls in Form gelehrter Quaestio (Frage), wird aber kaum in direkter erbaulicher Absicht vorgetragen. Diese findet sich allerdings in neuer Direktheit in den zahlreichen dominikanischen Predigtsammlungen, allenfalls auch in seelsorglichen Briefen wie bei Jordan von Sachsen (um 1185–1237), dem Ordensgeneral nach Dominikus. Wichtig ist zudem eine Lebenshaltung, die sich trotz der Zuwendung zur Stadt und ihren spirituellen Bedürfnissen an den Formen des ältesten Mönchtums orientiert, und eine Gebetsweise, die neben dem gemeinsamen Chorgebet den *orationes secretae* (stumme Gebete nach der Mette und nach der Komplet, aber auch tagsüber auf Reisen, vor allem aber nachts) im Anschluß an alte benediktinische Übungen einen außerordentlichen Rahmen zugesteht. Aber auch diese Gebetsformen stehen im Dienst immer effizienterer Seelsorge und Predigt. So ist es denn durchaus erklärlich, daß die von Dominikanern entwickelte mystische Theologie entweder spekulativ-intellektualistisch oder dann seelsorglich begründet wird. Wenn beide Konzepte zusammenkommen, dann entsteht eine Mystik, die zwar mit der älteren monastischen Kontemplationsmystik viele Formen und Motive gemeinsam hat, diese aber im Sinne der am Nächsten und seinen religiösen Bedürfnissen orientierten Interessen zu einer in der Stadtkultur des späteren Mittelalters möglichen religiösen Erfahrung umformt.
Spezifiziert wird diese Ausformung einer Mystik nach ihrer theoretischen und praktischen Seite hin durch die für die ältere Frauenmystik schon wichtig gewordene Frauenbewegung des 13. und anfangenden 14. Jahrhunderts. In noch wenig gestalteten Beginengemeinschaften organisiert, waren diese Gruppierungen, die in Deutschland besonders stark waren, darauf aus, in Anschlüssen an die alten und neuen Männerorden inneren und äußeren Halt zu erlangen. Die Bettelorden versuchten zunächst, sich dieser Bewegung zu entziehen und die Seelsorge in Frauenklöstern zu verweigern. In Deutschland aber war die Bewegung so mächtig geworden, daß sie ihre Seelsorgewünsche bei der päpstlichen Kurie in Rom (in den achtziger Jahren des 13. Jahrhunderts) durchzusetzen vermochte, und nach langwierigen Verhandlungen mußten sich die Dominikaner und Franziskaner fügen. Ende des 13. Jahrhunderts sind dem Dominikanerorden in Deutschland über 80 Frauenklöster inkorporiert – mehr als in den 17 übrigen Ordensprovinzen zusammen und bei weitem mehr als Männerklöster in Deutschland. Die dominikanischen Frauengemeinschaften unterscheiden sich von den ca. 40 kleinen Klarissinnenklöstern durch eine ungleich höhere Belegung (ca. 80–100 Schwestern). Daß sich in solchen Milieus Tendenzen und Interessen mystischer Erfahrung – an sich ja in allen Ordensgruppierungen immer präsent – steigern und intensivieren konnten, liegt wohl daran, daß diese Frauenklöster eine relativ strenge Klausur hatten und daher weder durch kirchliche noch sektiererische Interessen abgelenkt wurden. Dazu kommt der Glücksfall, daß in der *cura monialium* (Nonnenseelsorge) außerordentliche Männer eingesetzt wurden.

Es ließe sich im einzelnen zeigen, wie dieser Zusammenhang zwischen Dominikanerinnen und Predigerbrüdern sich nicht bloß punktuell zu einer *cura monialium* ausgestaltete, sondern daß ein durch gleiche Interessen und Tendenzen geistlichen Lebens gefestigtes, inneres Band entstand, das sich aus einem eigentlichen Zusammenwirken ergab. Sichtbar wird diese Kooperation vor allem im Trend, lateinisch geschriebene theologische Werke in die Volkssprache zu übersetzen. So wurde Albert der Große (vor 1200–1280), der im Gefolge des Pseudo-Dionysius eine stark neuplatonisch geprägte Form der mystischen Theologie schuf und damit die spekulative deutsche Mystik recht eigentlich begründete, ins Deutsche übersetzt *(Super Missam* [Über die Messe], *Predigten, Sprüche).* Andere Dominikaner wie etwa Ulrich Engelberti von Straßburg (gest. 1277), der in seiner neuplatonisch gefärbten *Summa de summo bono* (Summa über das höchste Gute) auch Fragen des mystischen Gebetslebens besprach, oder Dietrich von Freiberg (um 1250 bis nach 1310), der sicherlich mit Meister Eckhart in persönlichem Kontakt stand und eine Fülle von naturwissenschaftlichen, philosophischen und theologischen Schriften auf neuplatonischer Grundlage verfaßte und damit Eckhart tief beeinflußte, fanden den Weg in die Volkssprache dagegen nicht. Hier mag die hohe Technizität ihrer wissenschaftlich ausgerichteten Arbeiten maßgebend gewesen sein. Damit ist aber keineswegs behauptet, diese Männer hätten nicht seelsorglichen Einfluß auf die Nonnen gehabt. Von Dietrich jedenfalls ist ein solcher mit großer Wahrscheinlichkeit anzunehmen (aufgrund von Zeugnissen der Nonnen selbst).

(1) Meister Eckhart (um 1260–1328)

Eckhart, in einem nicht näher bekannten Hochheim um 1260 bei Erfurt oder Gotha geboren, ist zunächst ganz im Rahmen des dominikanischen Ordenslebens und dessen Spiritualität zu sehen. Er durchläuft das übliche Ordensstudium, lernt in Köln Albert den Großen noch persönlich kennen, studiert in Paris die Artes (1277), wird 1290–1300 Prior des Erfurter Konvents und Vikar von Thüringen, 1293/94 weilt er als Bakkalar wiederum in Paris, wo er noch zweimal ein Magisterium als Professor ausüben wird (1302, 1311/12). 1303 wird Meister Eckhart Provinzial der neugegründeten Provinz Saxonia (des nördlichen Teils der alten Teutonia). Nicht weniger als 47 Konvente und eine Anzahl von Frauenkonventen unterstanden so seiner Oberaufsicht. 1307 wählten ihn die Elektoren der Teutonia gar zu ihrem Vikar, eine Wahl, die das Generalkapitel von Neapel 1311 nicht bestätigte, weil es Eckhart nach Paris *ad legendum* (zur Vorlesungstätigkeit) zu senden gedachte. Vermutlich ab Ende 1313 weilt Eckhart in Straßburg, von wo aus er unter anderem als Visitator von Frauenklöstern gewirkt haben dürfte. Seit 1323 amtet er als Seelsorger und Lehrer des ordenseigenen Studium generale in Köln. Hier war ihm keine längere Zeit des ungetrübten, ruhigen Unterrichtens gegönnt, da der Erzbischof von Köln, Heinrich von Virneburg, aus Gründen ordensinterner Anschuldigungen gegen den Meister ein Inquisitionsverfahren eröffnete. Die Anklage lautete auf die Verbreitung häretischer Lehren. Wohl um dem Verfahren des Erzbischofs zuvorzukommen, hatte der Orden selbst 1325/26 unter Nikolaus von Straßburg, Lektor in Köln und Vikar der Teutonia, Eckharts Rechtgläubigkeit geprüft und anerkannt. Seit dem 26. September 1326 veröffentlichte die erzbischöfliche Kommission zunächst eine und dann eine zweite Liste mit (49 und 59) Eckhart belastenden Sätzen. Eckhart bezweifelte in seiner *Rechtfertigungsschrift* die Legitimität der ihn begutachtenden Kommission (da für ihn als Angehörigem des Dominikanerordens nur die Pariser Universität oder der Papst selbst zuständig seien) und verteidigte dann rigoros die beanstandeten Sätze. Weitere Listen (insgesamt müssen es vier oder fünf gewesen sein) mit häresieverdächtigen Sätzen folgten. Am 24. Januar 1327 beklagt Eckhart beim Papst die Verschleppung seines Prozesses. Am 13. Februar desselben Jahres wendet sich Eckhart in einer öffentlich in der Dominikanerkirche von Konrad von Halberstadt verlesenen lateinischen Erklärung mit deutschem Kommentar ans Volk und bezeugt vor Gott, jeden Verstoß gegen Glauben und Sittlichkeit zeit seines Lebens vermieden haben zu wollen. In Köln kam es zu keinem Urteil. Der Fall gelangte vor die Kurie in Avignon, wohin Eckhart persönlich gereist war, um seine Sache zu vertreten. Daselbst oder auf der Rückreise muß Eckhart gegen Ende 1327 oder im Frühjahr 1328 gestorben sein. In seiner Verurteilungsbulle *In agro dominico* vom 27. März 1329 verurteilt Papst Johannes XXII. 28 Sätze des Meisters, davon 17 als eindeutig häretisch, 11 als verwegen und häresieverdächtig.

Was für das Leben Meister Eckharts gilt, darf ohne Abstriche auch von Eckharts Werken gesagt werden: Sie stehen völlig im Kontext dieses dem Leben als Predigerbruder gewidmeten Daseins. Sie sind erwachsen aus Eckharts Lehrtätigkeit oder seiner Seelsorge an Nonnen und Bürgern. Das lateinisch hinterlassene Werk – von Eckhart selber wenigstens im Projekt als ein *Opus tripartitum* konzipiert: eine Sammlung von 1000 Thesen, ein *Opus quaestionum* (Werk der Fragen) und ein *Opus expositionum* (Werk der Auslegungen) – ist ein Torso geblieben: Vorhanden sind die Vorreden zu den einzelnen Werkteilen, einige Quaestionen und viele Predigtentwürfe (*Opus sermonum,* Werk der Predigten), dazu Kommentare zu Genesis, Exodus, Sapientia und zum Johannesevangelium und der Komplex der Rechtfertigungsschrift. Das deutschsprachige Werk – seelsorglichen Intentionen verpflichtet – umfaßt drei Traktate *(Das Buch der göttlichen Tröstung, Vom edlen Menschen, Von Abgeschiedenheit)* und gegen 100 Predigten, an deren schriftlicher Abfassung Eckhart wohl sehr viel mehr persönlichen Anteil hat, als das die ältere Forschung vermutete.

Seiner eingestandenen Absicht nach möchte Eckhart in seinen lateinischen Veröffentlichungen »die Lehren des heiligen christlichen Glaubens und der Schrift beider Testamente mit Hilfe der natürlichen Gründe der Philosophen auslegen«[1]. Dem theologischen Ziel der Schriftauslegung ist mithin eine philosophische Methode eingeschrieben, die es Eckhart leicht macht, neuplatonische Gedanken in hochentwickeltem Abstraktionsgrad in seine Texte einzubringen. Seine Intention für seine Traktate und Predigten in deutscher Sprache formuliert er mehr als *lebmeister* (Lehrer): Das kerygmatische Thema – die Einheit zwischen Gott und Mensch – wird hier in schärfster Monotonie in vierfacher Modulation entfaltet.

Wenn ich predige, so pflege ich zu sprechen von Abgeschiedenheit und daß der Mensch ledig werden soll seiner selbst und aller Dinge. Zum zweiten, daß man wieder eingebildet werden soll in das einfaltige Gut, das Gott ist. Zum dritten, daß man des großen Adels gedenken soll, den Gott in die Seele gelegt hat, auf daß der Mensch damit auf wunderbare Weise zu Gott komme. Zum vierten von der Lauterkeit göttlicher Natur – welcher Glanz in göttlicher Natur sei, das ist unaussprechlich.[2]

Der Akzent der Rede hat hier gewechselt: Statt der distanzierend-objektivierenden Rede der wissenschaftlich lateinischen Schriften herrscht hier die Unmittelbarkeit engagierter und intentionaler Sprache. Deren Voraussetzung ist, wie Eckhart einmal versichert, eine Form des Verstehens, die Identifikation ist: Die ewige Wahrheit läßt sich nur verstehen von dem, der ihr gleich geworden ist. Der Sprechende, der Predigermönch Eckhart selber, spricht aus dieser Einheit mit der Wahrheit heraus. Eine solche Redeform, die den Redenden als einen exemplarischen Fall dessen, was er sagt, präsentiert, führt dann zu einer mystischen Sondersprache, wenn das Thema die Einheit des Menschen mit Gott ist: Der Sprechende begreift sich dann als Zeugen der Einheit, zu welcher er andere bekehren möchte.
Die vier Predigtthemen Eckharts sind irgendwo synonym in ihrer Zielrichtung. So ist die »Abgeschiedenheit« als ein Freiwerden von sich selbst und allen Dingen nichts anderes als die Gleichheit, die *daz blôze wesen gottes* (das reine Sein Gottes) – das auch nichts anderes ist als Abgeschiedenheit – vom Geschöpf verlangt, damit Einheit möglich sei. Die Wiedereinbildung in Gott ist die Ratifikation jener Einheit, die vom geschöpflichen Status des Menschen her ohnehin gegeben ist: Der Mensch ist von sich her nichts, da er alles Sein von Gott empfängt; soll er seiend sein, dann nur im Sein Gottes; Sein aber ist Einheit zwischen geschöpflichem Nichts und dem alles durchwirkenden Sein Gottes (Gott unterscheidet sich von allem Geschaffenen darin, daß er von nichts unterschieden ist!). Der »Adel« in der Seele des Menschen ist die währende, seinsspendende Gegenwart Gottes in ihm, ist die vorgegebene Einheit. Die »Lauterkeit göttlicher Natur«, die als unaussprechliche immer wieder besprochen werden muß, ist jener triumphale Gehalt eckhartscher Predigt, der in seiner ganzen undurchschaubaren Größe sichtbar gemacht werden soll. Weshalb? Weil Gott als Glanz alles Seiende seinsspendend durchwirkt. Damit aber diesem Geheimnis sein Geheimnischarakter gelassen bleibe, braucht es eine stark entwickelte negative Theologie, in der die je größere Einheit zwischen Mensch und Gott in je größere Unterschiedenheit zwischen beiden überführt wird. Von seiten des Geschöpfs wird so gefordert, Gott selber zu lassen, damit die Gottheit – Gott im Aspekt seiner Einheit – gegenwärtig werde. Der Grundakkord in Eckharts Lehre ist damit der der Einheit, der gnadenhaft gewährten Einheit zwischen dem allgewaltigen Gott und dem nichtigen Menschen.
Die einzelnen Punkte von Eckharts Predigtprogramm lassen sich aber

doch – im Sinne von Variationen des einen Themas – etwas näher ausfalten. 1. Abgeschiedenheit ist »Weiselosigkeit«, »Ledigkeit« (Freiheit), geistige Armut, Selbstlosigkeit, »Gelassenheit«. Der spirituelle Mensch soll – in Form einer Angleichung an Gott – von allen Weisen, Übungen und Techniken, Gott zu finden, frei sein. Gott wird ihm die richtige Weise geben. Denn Gott selber ist durch »Weiselosigkeit«, »Abgeschiedenheit« zu charakterisieren. Gott ist – so sehr ist er sein Sein – *negatio negationis,* Verneinung der Verneinung um der Größe und Macht seines Seins willen. Daher: Wer aller Kreatur leer ist, der ist Gottes voll und gelangt in die größte Gleichheit zu Gott. Abgeschiedenheit ist daher nicht eine bestimmte asketische Praxis, sondern ein Totalverzicht, der Eckharts Forderung, darauf zu achten, wie man zu *sein,* und nicht darauf, was man zu tun hat, Genüge leistet. Abgeschiedenheit ist aber auch keine stoische Tugend, die den Menschen unempfindlich gegen das Leid machen würde, sondern meint eine letzte Wehrlosigkeit gegen Gott, der den Menschen mit sich eins haben will. Diese Einheit ist aber nur möglich aufgrund einer bestimmten Konzeption der Analogielehre: Nach Eckhart ist das Geschöpf *unum purum nihil,* ein reines Nichts, das *swebet an der gegenwerticheit gotes,* das völlig an die Seinsgegenwärtigkeit Gottes gebunden ist. Das Geschöpf »hat« Sein nur in der Weise des Nicht-Habens, weil Gott es ist, der ihm je neu Sein verleiht. Das Geschöpf ist wie das Spiegelbild vor dem Urbild; zieht sich dieses zurück, so verschwindet jenes ins Nichts, das es von sich her ist.
2. Die Wiedereinbildung des Menschen in Gott ist eine Form der theologischen Bildtheologie, die im Sinn der genannten Spiegelontologie gedeutet werden muß: Das Bild vermag nur in der Rückkehr in sein Urbild zu sein. Da aber im Urbild seit Ewigkeit alles Geschaffene als Schöpfungsgedanke ruht – als Gott in Gott –, ist es naheliegend, daß der Mensch sein *esse causale* (ursprüngliches Sein) von seinem nichtigen *esse formale* (konkretes Sein) her mittels der Gnade zurückzugewinnen sucht. Der mystische Weg – falls bei Eckhart von einem solchen gesprochen werden kann – ist der jetzt erfolgende *Durchbruch* des geschöpflichen Abbilds in seine Exemplarursache. Das vereinzelte *ens hoc et hoc* (Einzelsein) muß ins *ens* (Sein) schlechthin zurück, ohne das es nichts ist. Die Existenzweise des Geschöpfs als Gott in Gott und als Schöpfungsgedanke ist nach einer alten christlichen, vom Neuplatonismus her kräftig geförderten Überlieferung edler *(eminentius)* als jene flüchtige in der irdischen Existenz. Dem *ûsvliezen* (Ausfließen) aus Gott – wie Eckhart den Schöpfungsvorgang neuplatonisch umschreibt – entspricht also komplementär und notwendig *der durchbruch in den grunt, in den bodem, in den river und in die quelle der gotheit.* So wird der Mensch derselbe, »der er war, bevor er war«. Die christliche Schöpfungsvorstellung wird so *sub specie aeternitatis* (in der Perspektive des Überzeitlichen) ihrer zeitlichen Dimension stark entzogen und schrumpft zum Punkt, darin auch die Menschwerdung Gottes aufgehoben ist. Dann, wenn im Menschen die Geburt Gottes in der Seele stattfindet, wird sowohl der Schöpfungsvorgang wie die Inkarnation existentiell und gleichzeitig ewigkeitlich eingelöst: *Creatio* (Erschaffung) und *incarnatio*

(Menschwerdung) erweisen sich als zwei Seiten der einen vereinigenden Zuwendung Gottes zum Menschen. Denn was einst in Bethlehem geschah – die Geburt Gottes – geschieht im Menschen jederzeit inwendig als ein Ernstnehmen der göttlichen Seinsverleihung, die nichts anderes ist als ein Sich-Hineingebären Gottes in die Seele. Dieser Vorgang, in dem Gott sich die Seele anverwandelt, ist ein Hineintreten in die Ewigkeitsdimension Gottes, darin Schöpfung, Inkarnation und menschliche Existenz ihrer bloßen zeitlichen Bestimmung enthoben sind. Eckhart hält sich bei seiner Vorstellung der Gottesgeburt in der Seele stark an alte patristische Vorstellungen, radikalisiert sie aber im Sinne seines Exemplarismus. Die Einheit bei der Wiedereinbildung der Seele in Gott ist nie eine statische Einheit, sondern eine Einheit im Vollzug: *Got und ich wir sint ein in disem gewürke* (Wirkzusammenhang); *er wirket und ich gewirde* (werde). Gott erweist sich in dem Maße, da er ein ewiger Gott ist, als *ein got der gegenwerticheit* (Gegenwart) für die Seele.

3. Der »Adel der Seele« ist ihre Abgeschiedenheit, in deren Leere Gott als Fülle gegenwärtig ist. Gott, der Seinsspender, ist in der menschlichen Seele als *grunt der sêle,* als *vünkelin der redelicheit* (Fünklein der Vernunft), als »Haupt«, »Mann«, »Hut«, »Wesen« (= Sein), »Bürglein« (vgl. Teresa von Avilas *Seelenburg*), »Wirbel«, »Licht«, »Kraft«, »Etwas« in der Seele, »oberster Wipfel« usw. gegenwärtig. Die Kategorien »Geschaffenheit« oder »Ungeschaffenheit«, welche die Inquisitoren an diese flexiblen und dynamischen Verhältnisbestimmungen herantrugen, mußten in jedem Fall fehlgreifen. Es geht bei Eckhart immer ums »inquantum«: *Sofern* die Seele reiner Intellekt ist, ist und wird sie göttlich durchformt. Daher Eckharts Vorliebe zu den sogenannten *perfectiones generales* (Allgemeinbegriffen) wie »Einheit«, »Sein«, »Gerechtigkeit« usw. Sie signalisieren jene umfassende Seinsheit, Güte und Gerechtigkeit Gottes, in die der Mensch zurückzukehren hat. Da Christus in der Menschwerdung zudem eine bloße allgemeine Menschennatur angenommen hat – auch das ein patristischer, damals noch ekklesiologisch verstandener Gedanke! –, muß der Mensch sich seiner individuellen Bestimmungen entschlagen, ein allgemeiner Mensch werden, damit er »gottförmig«, d. h. eins mit Gott wird. All das aber geschieht *sunder warumbe* (ohne Warum), d. h. aus Gnade letztlich. Denn Gott ist allem Seienden innerlicher, als es sich selber ist, wie Eckhart mit Augustin unermüdlich zu wiederholen liebt. Ideal des allgemein in Gott gewordenen Menschen ist bei Eckhart – gegen die Überlieferung der älteren Kontemplationsmystik – Marta, nicht Maria, weil sie im täglichen *gewerbe* (Handel und Wandel) – vereint mit Gott – jene Spontaneität des Handelns und Seins gefunden hat, die gereifter Lebenserfahrung, Besonnenheit und Übung entspricht.

4. Das Worumwillen aller eckhartschen Bestrebungen ist eine radikale Gottesmystik, genauer Gottheitsmystik. »Gott« ist Gott unter dem Aspekt seiner sich nach außen ausfaltenden Dreifaltigkeit, »Gottheit« ist Gott unter dem Aspekt der Einheit. Gottes Größe besteht nun gerade in dieser überschwenglichen, vereinigenden Grundlosigkeit seiner dynamisch sich

steigernden Einheit. Man wird die begriffliche Trennung von Gott/Gottheit nicht kategorial nehmen dürfen, sondern muß sie als zwei Formen der einen Gegenwart Gottes verstehen. Gott, der dreipersönliche, nimmt den Menschen in der Gottesgeburt in der Seele in sich hinein und überführt ihn im Maße der Abgeschiedenheit in seine Einheit. Er ist »das einige Ein«. Daher die Anweisung an den Menschen: *dar ûf setze al dîn studieren, das dir got grôz werde* (darauf richte deinen Eifer, daß Gott für dich groß werde)! Daher die Apophatik, die das »Nichts« Gottes behauptet um des *überswankes der lûterkeit sînes wesens* (Übermaß der Lauterkeit seines Seins) willen. Hinzu kommt, daß dieser *grunt gotes* in rätselhafter Zuwendung zum *grunt der sêle* steht, so daß letztlich beide Gründe zu Abgründen – namenlos und formlos – werden. Stichwort ist wiederum das Gebären: der Mensch wird geboren, und Gott gebiert sich selber gleichwesentlich, aber aus Gnade in den Menschen. So gelingt dann Eckhart jener schöne Satz, der wie ein Fazit seiner Lehre wirkt: »Das Auge, mit dem ich Gott sehe, ist dasselbe Auge, mit dem mich Gott sieht; mein Auge und Gottes Auge, das ist nur ein Auge und ein Schauen und ein Erkennen und ein Lieben.«[3] Eckharts Mystik erweist sich so in einem selten radikalen Sinn als eine Gottesmystik.

(2) Meister Eckharts Schüler

Meister Eckharts Unvergleichlichkeit wird durch eine ganze Reihe von großen Gestalten der Spiritualitätsgeschichte bezeugt, die in irgendeiner Form seine geistigen Nachkommen sind. Johannes Tauler, Heinrich Seuse und Nikolaus von Kues bezeugen sie in der Direktheit, mit der sie sich – trotz kirchlicher Verurteilung – auf den Meister beziehen; eine ganze Anzahl von Dominikanern, aber auch Franziskanern, weisen in mehr oder weniger deutlicher Form Einflüsse Meister Eckharts auf. Inwiefern von einem eigentlichen »Eckhartkreis« oder einer »Eckhartschule« gesprochen werden kann, scheint noch nicht entschieden. Immerhin gilt es einen starken (meist anonymen) Einfluß Meister Eckharts auf die Zeitgenossen und Nachfolgenden anzunehmen; dazu zeigen eigentliche Eckhart-Legenden und Bezeugungen von Nonnen und Predigern Eckharts Einfluß. Einzelne Gestalten als Schüler und eigentliche Nachfolger Eckharts zu bezeichnen ist nur in wenigen Fällen gerechtfertigt. Meist stehen die hier zu nennenden Dominikaner mehr oder weniger selbständig in der Tradition des Thomismus oder des Neuplatonismus, halten Predigten in der Volkssprache oder üben die *cura monialium* (Nonnenseelsorge) aus, stehen also in ähnlichen Lebensverhältnissen wie Eckhart selbst; es ist daher schwierig, sie von ihm eindeutig nach Mentalität, Spiritualität und Denkweise zu sondern oder sie eindeutig an ihn anzuschließen. So steht zum Beispiel Nikolaus von Straßburg existentiell im Umkreis Eckharts, hat mit ihm als Ordensoberer auch zu tun, ohne daß er doch eindeutig in die Schülerschaft Eckharts einbezogen werden könne. Tauler und Seuse beziehen sich dagegen deutlich auf den Meister, verehren ihn und folgen ihm – in kritischer Form – auch nach.

(2.1.) *Johannes Tauler (um 1300–1361)*

Aus einer begüterten Straßburger Bürgersfamilie stammend, tritt er früh in den Dominikanerorden ein, durchläuft die dort übliche Ausbildung, ohne allerdings einen akademischen Grad zu erlangen, und konzentriert dann sein Leben ganz auf seine Predigtmission, die wohl zeitlebens in oder um Straßburg in den dort zahlreichen Beginengemeinschaften und Dominikanerinnenklöstern ihren Ort hatte. Sicherlich hatte er mit der Bewegung der Gottesfreunde angelegentlich zu tun: Heinrich von Nördlingen bezeugt es in seinen Briefen, aber auch ein Brief Taulers an Elsbeth Scheppach und Margaretha Ebner im Kloster Medingen. Vier Jahre seines Lebens (1339–1343) verbrachte Tauler wohl in Basel, da die Dominikaner Straßburgs im Streit zwischen Ludwig von Bayern und Papst Johannes XXII. im Gegensatz zur Stadt die päpstliche Partei ergriffen. Reisen (nach Köln, eventuell nach Groenendael in Belgien und Paris) mögen sein Leben aufgelockert haben, entscheidend haben sie es nicht bestimmt.

Daß Tauler ein *lebmeister* von hohen Graden war, bezeugt das hinterlassene oder ihm (fälschlicherweise) zugeschriebene Werk. Sein authentisches Schrifttum umfaßt ca. 80 ihm zuschreibbare Predigten, die meist in einem festen Corpus (z. B. in der Engelberger oder Wiener Handschrift) überliefert wurden. Sie bilden auch den Grundbestand der späteren Taulerdrucke von 1498, 1521, 1543, die einen beachtlichen Einfluß auf die Spiritualität des frühen Luther und der Reformation auszuüben vermochten. Alles andere, das unter Taulers Namen läuft, ist unecht.

Tauler hat sich mit Eckhart, den er entweder persönlich oder dann literarisch sicher kannte, kritisch verbunden, indem er genau jenen hermeneutischen Punkt erkannte, der für Eckhart entscheidend ist. Das Mißverständnis, dem die Zuhörerschaft Eckharts häufig aufsaß, erkannte er, wenn er seinen Zuhörern versicherte: Von der Lehre des *minnenclich meister enverstont ir nút; er sprach uss der ewikeit, und ihr vernement es noch der zit* (Von der Lehre des liebenswerten Meisters versteht ihr nichts; er sprach aus der Ewigkeit, und ihr faßt es in zeitlichen Kategorien auf).[4] Tauler sieht also genau den geistigen Ort von Eckharts Lehre, sieht aber gerade hierin für die Zuhörer die Schwierigkeit. Taulers Predigt ist, indem sie vieles von Eckhart übernimmt – in der Lehre von Gott, vom Menschen –, letztlich doch gekennzeichnet von einer Wendung zu *zit unde stat,* zur konkreten irdischen Existenz des Menschen in ihrer zeitlichen und örtlichen Erstreckung. Gewiß ist Gott allem Geschaffenen gegenüber transzendental (*úber wise, úber wesen, úber guot* [über jede Weise, über das Sein, über das Gute]), die Folge für den Menschen aber ist nicht zuerst, gleich weiselos wie Gott zu werden, sondern eine handfeste Forderung zur Demut: *halt dich undenen* (unten)! Demut, Selbsterkenntnis, *vernútunge sin selbes* (Selbstvernichtung), ist im Anschluß an ältere monastische Forderungen das Entscheidende. Das menschliche Sein ist allerdings auch bei Tauler durch eine Tiefe charakterisiert – *im grunt, im gemüete* –, die *ein gotformig unzellich ewig wider kaffen in got* (ein gottförmiges, ständiges, ewiges Zurückblicken in Gott) hat. Gnadenhaft vollzieht sich von dieser intentionalen Strebung her die »Ei-

nung« mit Gott – allerdings nur, wenn in großen Anfechtungen das *geschaffen nút* (geschaffene Nichts) in seine Schranken gewiesen worden ist. Der eckhartsche »Durchbruch« ist hier ein *weselicher ker,* eine seinshafte Umkehr *(conversio)* auch ganz konkret des Lebensentwurfs. Hier muß aber je neu angesetzt werden, weil es keinen Besitz gibt. Die Wesensschau Gottes steht im Umkreis vielfältiger Bemühungen, *arebeit* (Mühsal) und Leiden. Der Lebensgang als der Austragungsort der Anfechtungen und der Bewährungsort für die »Gelassenheit« (wie »Abgeschiedenheit« bei Tauler heißt) bekommt eine hohe Dignität.
Eine eigentliche Lehre von den Lebensaltern, besonders von der Wichtigkeit der zweiten Lebenshälfte; eine Anthropologie (vom dreifachen Menschen: sinnlich, vernünftig, gemüthaft und von »innerem« und »äußerem« Menschen); die mystische *triplex via* (Dreistufenweg) des Dionysius Areopagita; das Modell von *vita activa* und *contemplativa;* schließlich aber auch die von Proklus datierende Beschreibung mystischer Ekstase – all diese Motive und Modellvorstellungen eines exemplarischen mystischen Lebens werden zu ideologischen Haltepunkten einer sich tief in die Lebenszusammenhänge einbettenden Mystik. Dabei sind die eigentlich theologischen Voraussetzungen mit Nachhalt und Deutlichkeit immer wieder gefordert: Nur dem Glauben ist das erfahrende Vernehmen der göttlichen Wahrheit denkbar und experimentierbar; Jesus Christus, als der Inbegriff des dem Menschen geschichtlich zugekommenen Heils, ist in keiner Weise weder auf einen geistigen Christus noch auf eine »Gottheit« hin überschreitbar. Der oft ins Gefühlhafte abgleitenden, aufs Konkrete abgestützten Mystik der Nonnen mißtraut er, soweit darin nach seiner Meinung ein pharisäerhafter Kern in Selbstgenuß der eigenen Frömmigkeit sitzt. Dem Ziel – die Vereinigung des Menschen mit Gott – ist die senkrecht einbrechende Plötzlichkeit (als Ewigkeit) wie bei Eckhart genommen, dafür ist es lebensmäßig situiert; die weghaften Vermittlungen, fromme Übungen und sakramentale Hilfen, sind in ihrer Würde stärker akzentuiert, während auf der anderen Seite die sündhafte Verstrickung des Menschen – von der Erbsünde her, von getätigter Sünde her – sehr viel schärfer gesichtet wird als bei Eckhart, für den die Sünde jene Nichtigkeit ist, über die kaum gesprochen werden muß, weil es über sie nichts zu sagen gibt. Taulers Predigt ist so ungleich bildhafter, ja in eigentlichen Bildketten und -reihen komponiert, damit anschaulich und in einem unmittelbar einleuchtenden Sinne »menschlich«, praktisch und unmittelbar. Seine Konzeption des Seelengrunds ist damit – anders als bei Eckharts *vünkelîn* (Seelenfunke) – einbezogen in eine anthropologische umfassende Anschauung vom Menschen, die dem Realitätsprinzip angemessen Raum gibt.

(2.2.) *Heinrich Seuse (um 1295–1366)*
Heinrich Seuses Leben hat sich ähnlich wie das Taulers weitgehend auch an einem einzigen Ort abgespielt, in Konstanz. Allerdings besuchte er das Studium generale in Köln und ließ sich zum Lektor ausbilden. Auch während des päpstlichen Interdikts 1339–1346 wird er seinen Konvent in Konstanz

verlassen und in Dießenhofen Unterkunft gefunden haben. Eine Zeitlang war er auch Prior des Konstanzer Konvents. Um 1335 herum, nachdem er seine klösterlichen Aufgaben als Lektor und Prior aufgegeben hatte, muß er ein rein der Seelsorge, besonders der Nonnenseelsorge, gewidmetes Leben geführt haben, daher viel gereist sein (in der Schweiz, im Elsaß, in den Rheinlanden). Die letzten Jahre seines Lebens von ungefähr 1348 an verbrachte er in Ulm. Bis zu deren Tod 1360 hatte Seuse seit 1336/37 eine innige Freundschaft mit der Tösser Nonne Elsbeth Stagel; gemeinsame Beziehungspunkte waren Fragen der Mystik, die sich aus *der süsen lere* (süßen Lehre) *dez heiligen maister Eghards*[5] ergaben (übrigens ein Zeichen, daß sich die Dominikanerinnen nicht nur in der naiven Art und Weise mit Eckhart befaßten, wie es einzelne Gedichte suggerieren). In dieser Freundschaft ist nicht etwa nur Seuse der Führende, sondern oft auch der Geführte und Empfangende.

Seuses Werk ist von seiner literarischen Anlage her reicher als das Taulers. Es umfaßt Traktate, Briefe und Predigten, zudem eine eigentliche Autobiographie (die sogenannte *Vita*). In Form einer Ausgabe letzter Hand hat Seuse seine Schriften in seinem *Exemplar* oder *Musterbuch* gesammelt herausgegeben. Sicherlich war dabei seine Absicht wegleitend, seine Schriften möglichst authentisch herauszugeben.

Seuses geistiges Profil leitet sich zum großen Teil her von seiner *Vita,* die in seinem *Musterbuch* auch die erste Stelle einnimmt. Er stilisiert sich darin – seinen Fall zu einem exemplarischen machend – als »Diener der ewigen Weisheit«, als *aventúrer* (Abenteurer) einer geistlichen Autobiographie, als eigentlichen geistlichen Minneritter. In lockerer Reihung der Lebensereignisse (Kapitel 1–32) läßt sich der Werdegang des anfangenden Menschen Seuse zu erwachsener geistlicher Ritterschaft erkennen; der entscheidende Umbruch geschieht in den Kapiteln 19/20, wo die Wende von asketischer Selbstregie zu erleidender Gelassenheit des göttlichen Willens (in vielerlei von außen her auf den Diener eindringender menschlicher Bosheit) in der Fußtuchszene grundgelegt wird. In den Kapiteln 33–35 schiebt sich die geistliche Tochter Elsbeth Stagel immer mehr in den Vordergrund; nicht mehr Erzählerisches dominiert, sondern die freie, dialogartige Erwägung mystologischer Probleme und Fragen; die letzten Kapitel (46–53) bieten als endgültige Besiegelung der mystischen Botschaft Seuses eine letzte Einweihung ins »vollkommene Leben«. Theorie und Theologie der Mystik sind bei Seuse mithin keineswegs ausgeschlossen, sondern im Gegenteil außerordentlich reich entfaltet. Auf der Ebene der literarischen Gestaltung erweisen sich Theorie und Praxis mystischen Lebens als zwei Dinge, in der Stringenz ihrer inneren Zusammengehörigkeit aber sind sie untrennbar. Seuse ist Theoretiker und Praktiker des mystischen Lebens in einem. Das zeigt sich schön in der Fülle seiner Schauungen und Visionen – in einer erscheint ihm Meister Eckhart persönlich (Kapitel 6) –, aber auch in deren praktischer Grundlegung in härtester Askese, wie sie nur die Altväter geübt hatten (wo sie Seuse auch als Beispiel vorfand).

Seuse zeigt sich schon früh als von Eckhart beeinflußt; er wird im *Büchlein der Wahrheit* zu dessen eifrigem Verteidiger, wenn er in einem Dialog von hohem Abstraktionsgrad einen Jünger – Seuse selbst – und die personifizierte Wahrheit um die rechte innere Gelassenheit diskutieren läßt. Eine Anzahl von Themen der eckhartschen Mystik – die Vereinigung des Menschen mit Gott, die Negativität Gottes, die Unterscheidung Gott/Gottheit, das doppelte Sein der Dinge (in Gott als Gott, in sich selber) usw. – erfahren dabei eine ausgewogene, genaue Bestimmung. Gegen jede Form der *ungeordent friheit* (ungeordneter Freiheit, wie sie sich bei den sektiererischen Freigeistern ausbreiten konnte) wird in der Schreckfigur des »namenlosen Wilden« Partei ergriffen, und damit Eckhart mittelbar vor dem Vorwurf der Freigeisterei geschützt. Diese hingegen hat Eckhart, soweit sie sich auf ihn beruft, mißverstanden.

So sehr Seuse Meister Eckhart innerlich verpflichtet sein mag, seine Wege führten ihn anderswohin. *Das Büchlein der ewigen Weisheit,* das erfolgreichste Andachtsbuch im späteren Mittelalter, enthält Partien einer Braut- und Leidensmystik, wie sie sich weder bei Eckhart noch Tauler vorfinden. Was immer die Gründe dafür sein mögen – eine Ausgabe für gebildete Mitbrüder? –, Seuse hat das Büchlein als *Horologium Sapientiae* später auch in einer lateinischen Version neu vorgelegt. Die drei Teile – hundert Betrachtungen, vor einem Kruzifix »eingeleuchtet«; sodann ein »Kosen«, ein Zwiegespräch mit der ewigen Weisheit in zwei Teilen – sind Zeugnisse praktischer Mystik, in denen die direkte Konfrontation zwischen Seele und leidendem Herrn nicht gescheut wird, sondern im Gegenteil zu eigentlichen lyrischen Erhebungen (wie bei Mechthild) führt. Sprachliches Medium ist der Dialog im Rückgriff auf das alttestamentliche Hohelied: Der »Diener« – Seuse, aber auch die christliche *anima fidelis* (gläubige Seele) schlechthin – und »die ewige Weisheit« – Christus zwischen weiblicher Allegorie und männlicher Realität schwankend – sind die Gesprächspartner, die nach dem Muster des Lehrgesprächs zwischen Meister und Schüler – oft ekstatisch – immer enger zueinander finden.

Der Grundbestand des *Büchleins der ewigen Weisheit* ist ins *Horologium* eingegangen, wurde aber vermehrt um autobiographische Züge und ordensideologische Züge. Es zeigt sich in diesem Werk, wie Seuse die rein funktionale Christologie Eckharts nicht zu genügen vermag, wie er sie mit der vergegenwärtigenden Anschauung des leidenden und verherrlichten Herrn im Sinne der *sapientia* (Weisheit) und *philosophia Christi* (Christusphilosophie) des alten Mönchtums konkret und erfahrbar machen möchte. Das endet in einer selten inständigen Passionsmystik, wie sie auch in der zeitgenössischen Kunst spürbar wird (Erbärmde-Christus, Schmerzensmann usw.), und in einer Schaumystik, wie sie die ältere Dominikanergeneration eher mit Mißtrauen zur Kenntnis genommen haben dürfte. Seuse steht von daher der Nonnenmystik sehr nahe, wenn er auch aufgrund seiner eminenten theologischen Implikationen ihr auch wieder ferngerückt scheint. Seuses Briefe sind mystische Sendschreiben, nicht Mitteilungen privater Erkenntnisse wie in der Moderne, sie stehen im Dienst der *cura animarum* (Seelsorge).

11. *Die Jungfrau und das Kind* (Deutsche Schule, 15. Jahrhundert)

Seuse ist ein ausgezeichnetes Beispiel für einen Mystiker, der gleichzeitig Schriftsteller ist – und der darum weiß! Wenn auch in Rechnung gestellt wird, daß weder Eckhart noch Tauler schriftstellerisch naiv waren, so ist doch Seuse im Vergleich zu ihnen noch eine Stufe literarischer. Er weiß genau über sein literarisch-mystisches Verfahren Bescheid. Er will – um der Gotteserkenntnis willen – »Bilder mit Bildern austreiben«; er greift zur Allegorie, zur Fiktionalisierung, zur literarischen *aventiure* (Abenteuer) des höfischen Romans; er liebt das Genrehafte in der Ausgestaltung des mönchischen Lebens; er verfährt, wenn es sinnvoll ist, novellistisch, realistisch, suggestiv-lyrisch; seine Sprache tendiert zur Musik. Kurzum: Mit Seuse wird die mystische Erfahrung zur Dignität formvollendeter literarischer Durchgestaltung erhoben.

c) Nonnenleben und Offenbarungsliteratur

Bisher haben wir die den Predigerbrüdern sich unterstellenden Nonnenkonvente Süddeutschlands, der Rheinlande und der Schweiz als Nutznießerinnen der dominikanischen *cura monialium* (Nonnenseelsorge) kennengelernt. Daß deren Insassinnen nicht nur passive Empfängerinnen blieben, zeigte schon Elsbeth Stagel, die Heinrich Seuse zu seinem Werk sicherlich stark animierte. Die Nonnen wurden aber auch selber literarisch aktiv; vielleicht nicht mehr mit der spontanen Intensität, wie sie bei den Nonnen von Helfta aufgebracht wurde. Der Druck, sich literarisch zu äußern, datiert bei ihnen natürlich nicht von den Formen Predigt und Traktat her, die spezifische Vehikel der Seelsorge bildeten und damit den männlichen Ordensangehörigen vorbehalten blieben. Die Nonnen lebten meist streng klausuriert und kamen von dieser Voraussetzung her zu literarischen Formen, die mehr biographischen oder gar autobiographischen Charakters waren.

Das »Biographische« an diesen Texten wiederum trägt eindeutig hagiographische Züge. Im Grunde führen die Schwesternbücher oder Nonnenleben – wie wir sie im südlichen Deutschland aus Adelhausen, Töss bei Winterthur, Oetenbach bei Zürich, Engelthal in Franken, Kirchberg (im württembergischen Oberamt Sulz), Ulm, Weiler (bei Eßlingen) und St. Katharinental (bei Diessenhofen im Thurgau) oder Unterlinden (in Kolmar) erhalten haben – eine alte Tradition sowohl der Franziskaner wie Dominikaner weiter, die in den *Actus beati Francisci et sociorum eius* (Dreigefährtenlegende), den *Fioretti* oder den dominikanischen *Vitae patrum* (Leben der Väter) immer schon Hagiographie der ersten Ordensbrüder betrieben. Diese Sammlungen von Lebensbildern frommer und begnadeter Ordensfrauen haben für das Kloster denselben Sinn und Zweck wie die *Vitae patrum* für den ganzen Orden: Sie bieten eine geistliche Chronik des Ordenshauses und der eigenen heroischen Anfänge. Es ist praktische Mystik in legendarischer Form, die hier in Lebensabrissen dokumentarisch zum Ruhm der eigenen Anfänge geboten wird. Das Individuelle tritt gegenüber dem Topos stark zurück, wie sich in der Dominanz einzelner mystologischer Themata zeigt. Die Visionen konzentrieren sich um den leidenden und gekreuzigten Christus, um die ins Erlebnis transformierte Kindheit Jesu (der spielende, kosende Jesusknabe, das Geheimnis seiner Beschneidung, mutterschaftliche Freuden mit dem Jesusknaben usw.), um Dialoge mit Christus oder dem Heiligen Geist und um brautschaftliche Erfahrungen mit Jesus. Daneben treten harte und härteste Schilderungen asketischer Praktiken und Übungen, Erdulden von Leiden und Qualen, Krankheiten und Verdemütigungen.

Mehr individuell-mystagogische Inhalte vermitteln die in solchen klösterlichen Milieus entstandenen einzelpersönlichen Viten, die ähnlich wie Seuses *Vita* den wagemutigen Versuch einer gleichzeitig legendarisch und autobiographisch orientierten Darstellung des eigenen Lebens unternehmen. Dazu gehören das *Puchlein des lebens und der offenbarung Elsbethen von Oye* (um 1290/1340 im Kloster Oetenbach bei Zürich), Margaretha Ebners (um 1291–1351 in Medingen bei Dillingen) *Offenbarungen* (auf Drängen Heinrichs von Nördlingen seit 1344 niedergeschrieben), Adelheid Landmanns (gest. 1375 in Engelthal) *Offenbarungen,* Elsbeths von Kirchberg *Vita der Schwester Irmegard* – alles dominikanisch orientierte Offenbarungsliteratur. Aus dem franziskanischen Bereich wären Agnes Blannbekin (gest. 1315 in einem Wiener Franziskanerinnenhaus), die sel. Luitgard von Wittichen (1291–1348) und Elisabeth von Reute, deren Leben und Offenbarungen meist von geistlichen Beratern verfaßt wurden, zu nennen.

Man hat heute gelernt, daß diese Art Literatur in ihrem Zweckzusammenhang – Lektüre bei Tisch zur Erbauung der Nachgekommenen – eben als legendarische Literatur gedeutet werden muß. Wenn der literarische Typus und dessen »Sitz im Leben« nicht zur Kenntnis genommen wird, muß das in den Texten Präsentierte als individualpsychologisch »interessantes Material« schlechterdings mißdeutet werden. *Hailger wandel* definiert sich ja gerade durch seine Außerordentlichkeit, die den schlichten Rückbezug aufs Normale nicht mehr ohne weiteres gestattet.

d) Gottesfreundliteratur

Der Begriff »Gottesfreund« ist biblischer Herkunft (Joh 15, 14) und meint im 14. Jahrhundert Gruppen von Menschen, die (oft als Laien) ein spezifisches religiöses Selbstbewußtsein entwickeln, sich in Gruppen organisieren – man denke an die um Heinrich von Nördlingen sich bildende Gruppe von Gottesfreunden in Basel, wo zwischen 1343–1345 Mechthilds *Fließendes Licht der Gottheit* vom Nieder- ins Oberdeutsche übersetzt und so für die Nachwelt gerettet wurde – und ein Leben der innigsten Vereinigung mit Gott führen wollen. Einige dieser Gruppen mögen sektiererische oder häretische Energien entwickelt haben, denn die »Theologia deutsch« unterscheidet zwischen wahren und falschen Gottesfreunden; man wird solche in häretischer Exklusivität sich auf die »evangelische« und »apostolische« Nachfolge berufende Gruppen gegen Ende des 14. Jahrhunderts in den Rheinlanden ausmachen können.

Zunächst aber sind in Basel und Straßburg »Gottesfreunde« um Tauler, Heinrich von Nördlingen, Margaretha und Christine Ebner, in weiterer Entfernung auch Seuse zu finden. Sie entwickeln den mystischen Brief als ein literarisches Kommunikationsmittel, in dem Seelenereignisse vor den geschehnishaften dominieren, in dem eine zarte und genuin aparte Seelenfreundschaft zwischen Gleichgesinnten sich aussprechen konnte.
Der Titel »Gottesfreund« wird zum eigentlichen literarischen Ereignis, als in Straßburg Rulman Merswin (1307–1382) sich mit großem agitatorischem Aufwand zum »Gottesfreund im Oberland« stilisiert und damit so etwas wie eine geheime, weltbeherrschende Institution usurpiert. Als reicher Kaufmann entschloß er sich 1347 mit 40 Jahren, im Einverständnis mit seiner Frau, ein ehemaliges Benediktinerkloster in Grünen Wörth zu kaufen, daselbst eine Stiftung einzurichten, die *pfaffen oder laien, rittern oder knechten* – wenn sie nur dieselbe kompromißlose religiöse Überzeugung hatten – ein zurückgezogenes, eheloses, religiöses Leben ermöglichen sollte. Die Leitung dieser Stiftung hielt er zeit seines Lebens fest in Händen, auch dann, als er sic dem Ritterorden der Johanniter übergeben hatte. Merswins literarische Interessen schlugen sich in einer Reihe von Schriften nieder, die mit Ausnahme einer einzigen – *Von den vier Jahren seines anfangenden Lebens* (1352), die autobiographischen Charakter besitzt – weithin kompilatorisch waren. Die hier aufgerichtete Fiktion ist die einer intimen Gemeinschaft mit dem »Gottesfreund im Oberland« (der Himmel?, das Voralpengebiet?), der – geheim im Verborgenen lebend – nur durch Sendboten und Schriften an die Öffentlichkeit trat. Darunter hat das sogenannte *Fünfmannenbuch* (1377), das in einer sonderbaren Kunstsprache geschrieben ist, seine besondere Rolle, berichtet es doch vom gemeinsamen Leben und der Bekehrung der fünf Männer, die in Waldeinsamkeit unter der Leitung des Gottesfreundes unter direkter Beziehung zu Gott leben. Die Brüder setzen sich zusammen aus einem Eheüberdrüssigen, einem Juristen, einem Domherrn, einem Juden und dem Gottesfreund, der sich wie Paulus genötigt sieht, auch über sich selber zu berichten. Er maßt sich eine politische Rolle an, wirkt bis nach Ungarn und Italien, gibt sich in seinen geheimen Botschaften an Rulman Merswin gerne in den Wirren der Zeit apokalyptisch. Seit dem Tode Rulmans hörte man nichts mehr vom Gottesfreund; die Mystifikation aber blieb, die Mystifikation einer Laienherrschaft über eine verdorbene Welt und eine verkommene Priesterschaft. Man muß annehmen, daß Rulmans Geltungsbedürfnis die ganze seltsame Geschichte inszenierte. Um seine Stellung in Grünen Wörth gegenüber den Johannitern auszubauen, aus persönlichem Geltungsbedürfnis? Man weiß es nicht. Nachdem schon im 14. Jahrhundert der Aufenthaltsort des Gottesfreundes im »Oberland« in eigentlichen Exkursionen gesucht worden war – im Entlebuch, in Engelberg –, wirkt es wie eine spät eingetroffene Antwort, wenn im 15. Jahrhundert in Nikolaus von Flüe (1417–1487) in der Innerschweiz ein Klausner und Laie auftritt, der aus seiner Abgeschiedenheit tatsächlich der werdenden und gefährdeten Eidgenossenschaft als ein friedliebender Berater beisteht und der – von der Geistlichkeit immer wieder umworben –

sich ihr auch zu entziehen vermag. Er entspricht – wie die Jungfrau von Orléans (um 1412–1413) – dem Heiligentypus laikaler Art, wie er seit dem 14. Jahrhundert gegenüber einer klerikalen Kirche immer wieder gefordert wurde. Prophetische Mission – das waren die eindrücklichen Bezeugungen einer sich über die Privatheit des Religiösen hinwegsetzenden Frömmigkeitshaltung.

e) *Theologia Deutsch*

Der aus dem Umkreis der Schriften Taulers und Meister Eckharts stammende, dem späten 14. Jahrhundert zuzuweisende Traktat ist von einem Priester und Custos des Deutschherrenhauses zu Frankfurt, d.h. der Ordensniederlassung in Sachsenhausen, ohne nähere Namensbestimmung verfaßt worden. Martin Luther hat sich des Textes begeistert angenommen und ihn zweimal, 1516 (teilweise) und 1518 (ganz), herausgegeben. Die Schrift hatte eine bedeutende Ruhmesgeschichte, obwohl sowohl Calvin wie die Katholiken sie zeitweise verboten; J. Arndt, Schwenckfeld, Spener und S. Franck übermittelten sie den Schwärmern und Pietisten, wo sie immer wieder gelesen wurde.
Wichtigstes und zentrales Thema des Traktats ist die »Unterscheidung der Geister«, nämlich die Frage, »wie und woran man erkennen möge die wahrhaften, gerechten Gottesfreunde und auch die ungerechten, falschen, freien Geister, die der Kirche gar schädlich sind«[6]. Mit dieser Fragestellung fügt sich die Schrift in die geistige Situation des 14. Jahrhunderts ein: Die Freigeister und mystisch gestimmten Beginen und Begarden – 1311–1313 auf dem Konzil von Vienne verurteilt – neigten zu quietistischen und amoralistischen Vergottungslehren. Schon Albert der Große und Heinrich Seuse hatten sich – um die Authentizität einer christlichen Mystik zu sichern – gegen freigeistige Häresien zu erwehren. Anzunehmen ist auch, daß Meister Eckhart darauf in seiner mystischen Lehre eine unbefangen christliche Antwort zu geben versuchte, daß aber die Nähe zwischen häretischen und christlichen Optionen, besonders was die Sprache und Diktion anbelangt, eine Unterscheidung der Geister nicht immer einfach machte. So ist der pseudoeckhartische Traktat *Schwester Katrei* (nach 1317 in Straßburg entstanden) ein Zeugnis dafür, wie nahe sich eckhartsche Diktion mit eindeutig häretischen Tendenzen verbinden konnte. Kernpunkt aller Diskussion in der *Theologia Deutsch* ist die Vergottung, die von den Freigeistern amoralistisch und pantheistisch mißverstanden wurde, während die orthodoxe Position auf deren Gnadencharakter bestehen mußte. Dabei spielt die richtige Deutung des Freiheitsbegriffs eine zentrale Rolle. Christliche Freiheit emanzipiert nicht von kirchlichen und politischen Ordnungen und Geboten. Von daher stigmatisiert die Schrift alle sozialrevolutionären und libertinistischen Aktionen der Freigeister gegen die Sexualordnung und die besitz- und lebensrechtlichen Institutionen des Feudalismus.
Der Verfasser der *Theologia Deutsch* ist kein überragender Kenner der mystischen Überlieferung. Er zitiert zwar Tauler, Boethius und Dionysius

Areopagita, bringt die üblichen Weg- und Stufenschemata, erweist sich aber letztlich als ein Kompilator, dessen Wissen eklektisch ist. Immerhin legt er ein entscheidendes Gewicht für die Vergottung auf die einzig vermittelnde Vorbildlichkeit Jesu Christi, des sogenannten »Christuslebens« (was Luther angezogen haben dürfte). Das Menschenleben ist in seiner reinen Instrumentalität für das Christusleben gesehen und hat sich in seinen eigenen Intentionen aufzugeben in die totale Nachfolge Christi hinein.
Dem christologischen Denkprinzip tritt unvermittelt ein neuplatonisches zur Seite: das Modell der Unterscheidung von Einem und Vielem; alles Viele ist herkünftig von Einem. Der Selbstand des Geschöpfs bleibt bei dieser Bestimmung, wo alles als abkünftig vom Einen statuiert wird, schwierig zu ermitteln. Auf der andern Seite wird die schöpferische Entschränkung Gottes nach außen als eine Notwendigkeit gesehen, da Gott gewissermaßen mit sich allein nichts anzufangen weiß. Er braucht daher die Kreatur, die ihr Eigenleben total im Christentum in Gott zurückgibt. Gefahr sowohl vom Christologischen wie Neuplatonischen her ist eine radikale Nivellierung des geschöpflichen Eigenstands des Geschöpfs, so daß diesem nur mehr »das falsche Licht der Natur« zukommt. Auf der anderen Seite ist natürlich das resolute Plädoyer für das Christusleben von unerhörter Eindringlichkeit und mag die Attraktion des Traktats über Jahrhunderte hinweg begründen.

f) Franziskanermystik

Man wird nicht sagen können, daß die franziskanische Variante mystischer Lebenslehre in Deutschland eine ähnliche oder vergleichbare Bewegung entfacht hätte wie die dominikanische. Immerhin hat Kurt Ruh – der eigentliche Entdecker dieses Schrifttums – in seinen Editionen und Handschriftenuntersuchungen eine Fülle franziskanischen Schrifttums in deutscher Sprache vorlegen können, die zum Teil noch weiterer Erschließung harrt.
International macht sich die Franziskanermystik als Nachfolgemystik im Sinne des heiligen Franziskus (1182–1226) bemerkbar: »Die fundamentale Norm ist die Nachfolge Christi, wie sie im Evangelium gelehrt wird.« Lebensmäßig bleibt Franziskus von seiner mystischen Vermählung mit Frau Armut bis zum Empfang der Stigmata auf dem Berg La Verna leitendes Vorbild. Es ist eine ekstatische Liebesmystik, deren Motive auch noch im eminent theologischen Lebenswerk eines Alexander von Hales (gest. 1245) oder Johannes Duns Scotus (gest. 1308) durchschlagen, vornehmlich aber gegenwärtig sind im Schrifttum des heiligen Bonaventura (1221–1274), der in seinem *Itinerarium mentis ad Deum* (Reise der Seele zu Gott) und *De triplici via* (Vom dreifachen Weg) zum eigentlichen Theoretiker dieser mystischen Lebensform wird. Auch seine Franziskus-*Vita* und die anderen Viten des heiligen Ordensgründers werden bald in alle Volkssprachen übersetzt, vor allem in Italien und in den Niederlanden.
Besonders seit dem 15. Jahrhundert ist »Bonaventura deutsch«[7] eine Kate-

gorie der in Deutschland herrschenden Spiritualität, aber schon Seuse benützte sie. Die frühen Augsburger Franziskaner, allen voran David von Augsburg (gest. 1272), Konrad von Sachsen (gest. 1279) mit seinem *Speculum B. Mariae Virginis* (Spiegel der seligen Jungfrau Maria), ein Jahrhundert später Rudolf von Biberach (gest. 1360) mit seinen *Sieben Straßen zu Gott,* die lange Zeit Bonaventura zugeschrieben wurden, Marquard von Lindau (gest. 1392) und Otto von Passau (2. Hälfte des 14. Jahrhunderts) mit seinem Werk *Die 24 Alten oder Der goldene Thron der minnenden Seele* bestimmten die Präsenz einer franziskanisch geprägten Spiritualität auch in Deutschland.

In Italien schuf der mystische Dichter und Minorit Jacapone von Todi (gest. 1306) mit seinen *Laude* eine Sammlung von Liedern, die der *pietas franciscana* (franziskanischen Frömmigkeit) das schönste Zeugnis ausstellen; das »Stabat mater« ist noch heute im römischen Missale zu finden.

Die selige Angela von Foligno (um 1249–1309) bekehrt sich um ihr 40. Lebensjahr nach einem weltlichen Leben und wird franziskanische Tertiarin, lebt dann als Reklusin ein völlig zurückgezogenes Leben. In ihren *Unterweisungen* gibt sie eine Gebetslehre, die drei Stufen des Gebets unterscheidet: das körperliche, das geistige und das übernatürliche Gebet, »worin die Seele durch die Barmherzigkeit Gottes ... gewissermaßen über ihre natürliche Befindlichkeit hinweggerissen wird«[8]. Gotteserkenntnis und Selbsterkenntnis sind die Früchte dieser Beschauung und führen zur Transformation in Christus, der das eigentliche »Lebensbuch« für die Selige ist. Brautmystische Töne versuchen die letzte Umarmung mit Gott als ein Liebesgeheimnis zu beschreiben. Daneben fehlen nicht Dionysische, der Apophase (Absage an positive Aussagen) verpflichtete Termini wie »göttliche Finsternis«, Unsagbarkeit Gottes usw. Ihre Briefe schufen ihr viele Schüler.

Der Katalane Raimundus Lullus (1235–1316), auch er ein franziskanischer Tertiar, führte ein abenteuerliches Leben, schließlich ein ganz der Mission verpflichtetes, das ihn gewiß zum Martyrium brachte. Seine »Art de contemplació« (Kunst der Beschauung) fordert eine methodisch geübte Kontemplationsweise unter Inanspruchnahme der drei Seelenkräfte von Erkenntnis, Erinnerung und Willen. In seinem *Liber contemplationum* (Buch der Beschauungen) unterscheidet er drei Stufen im Gebetsaufstieg zu Gott. Sein *Libre d'Amic e d'Amat* (Buch vom Freund und vom Geliebten) schildert die ekstatische Konfrontation zwischen Liebendem und Geliebtem in unnachahmlich Leben und Tod ineinander verschlingenden Worten als eine Form des innersten Kreuzgeheimnisses.

Wie die *Stimulus amoris* (Stachel der Liebe) des Minoriten Jakobus von Mailand – bald einmal auch in die italienische, deutsche, niederländische und französische Volkssprache übersetzt – sind auch die anonymen *Meditationes vitae Christi* (Betrachtungen des Lebens Christi) Zeugnisse zarter und affektiver franziskanischer Christusfrömmigkeit und -nachfolge. Geburt, Kindheit, Leiden und Tod Christi erfahren in diesem Werk eine »biographie mystique« im Sinne einer intensiven Hinführung zu Christus: »Erlabe dich, freue dich. Leide mit seinen Leiden. Durch Nähe, Vertrauen und Liebe ahme Jesus von ganzem Herzen nach und aus all deinen Kräften.«[9] Solche Überführung der meditativen und kontemplativen Kräfte in die Form exerzitienmäßiger *Imitatio* prägen schon die späteren, technischer ausgerichteten *Vitae Christi,* etwa jene Ludolf des Kartäusers (gest. 1370), oder die *Exerzitien* des Ignatius von Loyola vor.

Hendrik Herp (gest. 1477) – oder in seiner latinisierten Namensform Harphius – ist wohl der bedeutendste niederländische franziskanische Schriftsteller im 15. Jahrhundert. Er gehört in die Tradition Ruusbroecs (s. u.) und vermochte einen außerordentlichen Einfluß auf das spanische 16. Jahrhundert auszuüben. Seine Persönlichkeit und seine Biographie sind praktisch unbekannt. Seit 1453 wirkte er als Guardian von Malines bis zu seinem Tode. Seine Lehre ist am leichtesten seinem *Spieghel der volcomenheit* zu entnehmen; dieses Werk ist zusammen mit anderen Werken desselben Autors in einer Kompilation mit dem Titel *Theologia mystica* (1538) bis ins 16. und 17. Jahrhundert hin weit verbreitet worden. Herp versucht die spekulative Mystik Ruusbroecs ins Affektive zu übersetzen; dazu schließt er sich oft an Hugo von Balma (13. Jahrhundert) an. Die mystische Schau des göttlichen Wesens wird als dritte Stufe über dem aktiven inneren Leben und dem kontemplativen Leben als *superessentialis* (*ouerweselic,* überseinshaft) bezeichnet; sie ist durch ihren reinen Geschenkcharakter und ihre Passivität gekennzeichnet. Der Weg dahin ist durch affektive Liebe und Christusnachfolge gewiesen, denn die Inkarnation ist kein einmalig gewährtes Privileg in der Menschwerdung Jesu, sondern eine Realität, an der alle Christen, gewissermaßen alle Menschen, partizipieren, teilhaben. Sinngemäß spielt für Harphius im Geheimnis der Menschwerdung Gottes ein Moment mit, das in der Sohneszeugung den Menschen die Sohnschaft durch Adoption zukommen läßt. Dem Menschen ist das Bild Gottes eingeprägt in den drei Seelenvermögen von Vernunft, Willen und Erinnerung, aber auch das Bild von Natur, Gnade und Glorie oder die Dreiheit von Seele, Geist und Vernunft *(ghedanck).* Durch die Liebe jedoch sind die Menschen – ganz franziskanisch – Jesus Christus einverleibt. Daraus ergibt sich eine mystische Partizipation an ihm, die in Form eines Losschälungs- und Introversions- (auf innerseelische Vorgänge gerichteten) Wegs realisiert wird. Dieser mystische Weg gipfelt – immer gefördert durch die vereinigende Liebe – in der schon *in statu viae* (im Pilgerstand) möglichen, »überwesentlichen«, unmittelbaren Schau des göttlichen Wesens. Damit anerkennt Harphius die Möglichkeit des im irdischen Zustand gewährten *lumen gloriae* (Glorienlicht, gegen die Thomisten). – Der Einfluß Ruusbroecs wäre eigens aufzuzeigen; Harphius würde sich nicht als einfacher Epigone erweisen, sondern als Erbe Ruusbroecs, der diesem seinen eigenen Stempel aufdrückte. Harphius' Einfluß blieb – durch die Übersetzung seines Werks in verschiedene Volkssprachen – bis zum Ende des 17. Jahrhunderts außerordentlich.

g) Jan van Ruusbroec (1293–1381) und Groenendael

Ruusbroec Admirabilis, wie ihn die Nachwelt nannte, ist 1293 geboren, auf dem Land aufgewachsen, nach dem frühen Tod des Vaters zu einem seiner Vettern, Jan Hinckaert, Chorherr an der Hauptkirche St. Gudula in Brüssel gezogen. Seine Mutter reiste ihm später nach und starb vor 1317 in einem Beginenhof in Brüssel. 1317 wurde Ruusbroec Priester und wirkte während 25 Jahren als Vikar und Kaplan an der Hauptkirche St. Gudula. Umlaufende pseudomystische Tendenzen – insbesondere die einer gewissen Bloemmaerdine, einer Dame der Brüsseler Hautevolee – mögen ihn bewogen haben, sich selber mystischen Fragen zuzuwenden und sie – mit deutlich missionarischer Tendenz – in der Volkssprache abzuhandeln. Dazu kommt, daß Ruusbroec zusammen mit seinem Vetter und einem weiteren Chorherrn, Franc van Coudenberg, darüber innewurde, daß der Klerus selber einer gründlichen Reform bedurfte, wenn die Verwirklichung eines vollkommeneren Lebens seine Chancen haben sollte. Die drei Freunde entschlossen sich – ohne daß man heute die genaueren Gründe für diesen Entschluß kennt –, sich in einen einsamen Ort nach Groenendael (Vauvert) im Sonienwald, in der Nähe von Brüssel, einen ehemaligen Jagdtreffpunkt der Herzöge von Brabant und jetzt eine Einsiedelei, zurückzuziehen. Nachdem ein paar Gefährten sich diesem Unternehmen angeschlossen hatten, entschied man sich, Regularkanoniker zu werden und die Regel des hl. Augustinus zu übernehmen. Am 10. März 1349 wurde das Kloster feierlich zu einer Propstei erhoben. Coudenberg war der Propst, Ruusbroec verwaltete bis zu seinem Tode das Amt des Priors. Selten verließ er das Kloster, sondern lebte nur noch der Meditation und der Ausarbeitung seiner Werke. Besuche – vielleicht von Tauler, 1377 sicherlich von Gert Groote, dem Gründer der Brüder vom gemeinsamen Leben in Deventer – mag er empfangen haben. Am 2. Dezember 1381 verstarb er von Verehrung umgeben; 1908 wurde er seliggesprochen.

Die Werke Ruusbroecs sind alle im flämischen Dialekt Brabants verfaßt, also in derselben Sprache, wie sie Hadewijch für ihre Gedichte gebrauchte. (Auf sie bezieht er sich auch ausdrücklich in seinem *Buch der zwölf Beginen.*) Es handelt sich um das *dietsch,* das wir heute als Mittelniederländisch bezeichnen. Die Anzahl von Traktaten, die er in dieser Sprache verfaßte, hat dem »heiligen Waldpriester« – wie ihn die Gottesfreunde nannten – jenen Ruhm vermittelt, der bewirkte, daß sie frühzeitig am Oberrhein eingedeutscht wurden.

Lehrmäßig haben wir bei Ruusbroec alle entscheidenden Punkte der rheinländischen Mystiker präsent: die augustinische *imago trinitatis* (Abbild der Dreifaltigkeit) im obersten Seelenteil, den Seelenfunken (sowohl natürlich wie göttlich), den ewigen Ausgang der Schöpfungsideen aus dem Sohn, die aspektische Unterscheidung zwischen Gott/Gottheit in Analogie zur Begegnung des Menschen mit Gott in psychisch denotierbaren Begleiterscheinungen und in übererkenntnishafter Liebeseinigung, die Spiegelontologie, den Exemplarismus, die Plötzlichkeit des Durchbrechens in den göttlichen

Grund usw. Nach Stil, Gestaltungs- und Denkart aber sind die Unterschiede unübersehbar. Sicherlich steht Ruusbroec stärker in der Tradition der älteren Kontemplationsmystik der Zisterzienser und Viktoriner, aber auch der franziskanischen Spielart Bonaventuras. Immerhin bleibt die Frage bestehen, ob er die zweifellos eckhartisch klingenden Einschlüsse seines Werks direkt oder indirekt (mittels Übersetzungen) Eckhart selber oder der frühen mittelniederländischen Frauenmystik (etwa der eckhartisch beeinflußten Hadewijch II) zu verdanken hat. Wie immer dem sei – die Frage scheint noch nicht entschieden –, Ruusbroec bietet eine selbständige Variante eines mystischen Wegs, der – nach der *Zierde der geistlichen Hochzeit* dreifach gestuft ist in ein »wirkendes«, »inniges« (d. h. gottbegieriges) und »gottschauendes« Leben. Diese Hierarchisierung formiert sich nach ihren psychologischen Voraussetzungen in einer Introversions-, und nach ihren transzendentalen Zielen in einer Christus- und Trinitätsmystik. Daß dabei die christlichen Gnadenmittel – die Sakramentsgnaden (insbesondere der Eucharistie), aber auch die »Übungen« – eine entscheidende Rolle spielen, versteht sich von selbst.
Ruusbroecs Mystik ist trinitarische Mystik in einem konsequenten Sinne, weil die »Gottheit« als der Urgrund der göttlichen Einheit mit dem *Vater* identifiziert wird. Anders als bei Eckhart wird so die Unterscheidung Gott/Gottheit eine bloß begriffliche: Letztlich sind hier die zwei Aspekte – die Wesenseinheit Gottes und die Personeinigung – nicht voneinander zu unterscheiden, da die Liebesseligkeit der Personen gleichzeitig die Identität des göttlichen Wesens besiegelt. Die geschöpfliche Anteilnahme an diesem göttlichen Prozeß ist nur in der Gnade und in der Nachfolge Christi möglich und denkbar. Ruusbroec unterscheidet hier in aller Schärfe rein »natürliche« Methoden der Meditation – wie Stillesitzen und Leer-werden-Wollen der freien Geister – von der christlichen Nachfolge ins Kreuz und mit den Gnadenmitteln der Kirche, vor allem der Eucharistie. Das Moment des »Allgemeinsamen« am innergöttlichen Prozeß ist in der Menschwerdung des Sohnes offenbar geworden und bewirkt von seiten Gottes ein dauerndes »Berühren« – bis hin zu einer »Grundberührung« – des Geschöpfs und von seiten des Geschöpfs einen Hunger und eine Gier nach Gott, die zu eigentlichen Liebesverwundungen und Liebesstürzen in brautmystischer Steigerung führen können. Mit Blick auf die hier engagierten menschlichen Vermögen spricht Ruusbroec von *dat ghemeyne leven,* dem »gemeinsamen«, »zusammenfassenden« Leben, das eine Gleichzeitigkeit von aktivem Wirken und passivem Genießen, von Intellekt und Affekt meint. Die mystische Vereinigung hat ihre mittelbare und unmittelbare Seite, meistens gleichzeitig; sie ist ein »Eingesogenwerden« in Gott und ein Hinausgesendetwerden:

Der Geist Gottes bläst uns nach außen, damit wir der Liebe und der Tugendwerke pflegen sollen, aber er saugt uns ebenso in sich hinein, damit wir uns der Rast und dem Genießen hingeben sollen; und dieses ist das göttliche Leben selbst; dem Menschen wird es gnadenhaft – zuhöchst in den sieben Gaben des Heiligen Geistes – gewährt.[10]

Der Einfluß Ruusbroecs macht sich vor allem bei seinem Schüler Jan van Leeuwen, dem »guten Koch« von Groenendael (gest. 1374), bemerkbar. Dieser entwirft eine in Stufen sich gradlinig entwickelnde mystische Wegstruktur, erweist sich daneben als ein heftiger Feind Meister Eckharts, den er verschiedentlich angreift. In die Schule Ruusbroecs gehört sicherlich Harphius, von dem schon die Rede war. Jan van Schoonhoven (gest. 1432) führt gewisse Züge Ruusbroecs weiter: die Betonung der Liebe vor der Vernunft etwa, betont aber eindeutig aszetische Forderungen – die Beeinflussung durch die *Devotio moderna* ist hier schon sehr deutlich.

h) Kartäusermystik

Der vermittelnde Anteil der Kartäuser am mittelalterlichen Geistesleben und an der mittelalterlichen Spiritualität ist noch keineswegs in seiner wahren Bedeutung erkannt worden. Die Kartausen sind Stätten, die gerade durch ihre Ruhe einladen, mystische Strömungen und Tendenzen der Zeit aufzufangen und zu ordnen. So werden die Kartausen zu Vermittlungsstellen, an denen mystische und aszetische Texte gesammelt, abgeschrieben, übersetzt und weitervermittelt werden. Dieser Vermittlungsvorgang ist aber kein bloß kompilatorischer, sondern oft ein schöpferischer, dessen Relevanz etwa daran abzuschätzen ist, wenn man die Auswirkung der lateinischen Übersetzungen des mystischen Schrifttums (Tauler, Ruusbroec, Seuse) durch Laurentius Surius (gest. 1538) auf die spanische Mystik in Rechnung stellt oder wenn man Ludolfs von Sachsen (gest. 1378) lateinische Bearbeitung des Lebens Jesu in ihrer Nachwirkung (etwa auf Ignatius von Loyola) beachtet.

Im 15. Jahrhundert ist Dionysius Cartusianus (de Rijckel; gest. 1471) gewiß der bedeutendste mystische Theologe. Sein Werk ist unüberblickbar. Neben einem gewaltigen Bibelkommentar umfaßt es Kommentare zum Werk des Dionysius Areopagita und andere Traktate, die sich auf subtile Weise mit den Problemen der mystischen Kontemplation befassen. Vorgeprägt wird von ihm schon die Unterscheidung zwischen *contemplatio acquisita* und *infusa* (erworbene und eingegossene Beschauung). Der Erkenntniskraft wird – thomistisch – der Vorrang vor der Liebe in der mystischen Erfahrung belassen, allerdings mit der Konzession, daß die Liebe der intuitiv wirkenden Erkenntnis selbst in den höchsten Modi helfend beisteht. Seine Anhänglichkeit an Dionysius Areopagita bewahrt ihn davor, der Erkenntnis allzuviel Selbsttätigkeit zuzugestehen; die göttliche Finsternis – die wesentliche und bleibende letzte Nicht-Erkennbarkeit Gottes – dokumentiert sich als *via negationis* (Weg der Verneinung) in den Aussagen über Gott, als negative Mystik, der eine Brautmystik positiv gegenübersteht. Damit wird de Rijckel zu einem mystischen Theologen von hohem Rang, der einen tiefen Einblick in alle Wege und Strukturen der mystischen Erfahrung bezeugt.

2. Italienische Mystik

Die geistliche Literatur Italiens im 14. und 15. Jahrhundert (Trecento und Quattrocento) ist besonders reich und daher nicht leicht übersichtlich. Am sichersten findet sich ein Weg, wenn man sich an die verschiedenen Spiritualitäten der einzelnen Orden hält, da sie den Nährboden abgaben für die verschiedenen Ausprägungen aszetischer und mystischer Interessen und Tendenzen. Immerhin darf daneben der nicht immer leicht benennbare Beitrag zur Ausformung mentaler Haltungen und Bestrebungen von seiten einer immer emanzipierteren Dichtung und deren Trägern nicht übersehen werden. Dante (1265–1321) gibt mit seiner *Commedia Divina* (Göttlichen Komödie) eine bedrängende Jenseitsperspektive in Form eines traumhaften Wandels durch dessen drei Reiche. Nie ist christliche Eschatologie schärfer ins Bild menschlicher Vorstellung geraten als hier. Dazu kommt die Gestalt Beatrices, auf die der poetische Entwicklungsgang – in seinem symbolischen, allegorischen und existentiellen Innervationen – hindrängt: Sie ist letztlich die Seele der *ecclesia spiritualis* (geistliche Kirche) – verkörpert also eine mystische Endgestalt der Gemeinschaft der Heiligen. – Zu dieser sich ausformenden Republik gebildeter Poeten gehören sicherlich neben vielen anderen vornehmlich Francesco Petrarca (1304–1374) und sein Schüler, der Florentiner Boccaccio (gest. 1375). Ist der erste noch von tiefer Religiosität bedrängt und erfüllt, so frönt der zweite einem neuentdeckten Heidentum.

Die eindrücklichste Gestalt einer mystischen Erfahrung weist das italienische 14. Jahrhundert in der heiligen Katharina von Siena auf (um 1347–1380). Das Leben dieser starken und höchst eindrücklichen Frau vollzieht sich in einer ganz von der religiösen Option bestimmten Einheitlichkeit: Schon als Kind von Visionen heimgesucht, gelobt sie, Jungfrau zu bleiben; mit 15 tritt sie in den Orden der Bußschwestern des heiligen Dominikus ein, zieht sich zurück für ein Leben der Buße und des Gebets, erfährt eine mystische Vermählung mit der ewigen Wahrheit (um 1366/67) und begründet um sich eine *famiglia* (Familie, Hausgenossenschaft) von geistlichen Freunden und Anhängern; um 1370/71 herum diktiert sie ihre ersten politischen Briefe, setzt sie sich für die Kreuzzugsidee ein – um 1373, als in Rom eine ihr unbekannte Gesinnungsgenossin, Birgitta von Schweden (geb. 1302), ähnlich wie sie von Visionen heimgesucht, stirbt; 1374 wird sie vor das Generalkapitel des Ordens in Florenz zitiert und auf ihre Rechtgläubigkeit befragt, eine Prüfung, die sie glorreich besteht; bald reist sie in politischer Absicht nach Pisa, Lucca, Gorgona und Avignon, empfängt (unsichtbar) die Stigmata, bewegt Papst Gregor XI., von Avignon nach Rom zurückzukehren (1377); im selben Jahr beginnt sie mit dem Diktat ihres wichtigsten Werks, des *Libro della divina Provvidenza* (Buch der göttlichen Vorhersehung); sie ergreift Partei in den Papstwirren (für Urban VI.); nach schweren Leiden stirbt sie am 29. April 1380 in Rom, 1461 wird sie heiliggesprochen.

Ihr Werk umfaßt gegen 380 Briefe, den *Libro* und zwei Dutzend Gebete.

Ihre mystische Lehre, die durch vielfältige Erfahrung und Stigmatisierung existentiell gestützt ist, gipfelt in der Unio als einer Erfahrung, die nicht durch reinen Genuß, sondern durch Leid in Hunger und Durst der Seele mit Christus am Kreuz zu charakterisieren ist. Ihre theologische Aussage ist zentral eine über das Erlöserblut Jesu Christi, das barmherzig sich auf alle Menschen, gute und böse, verströmt und die Vorstellung eines Festmahls auf dem Tisch des Kreuzes in den Vordergrund rücken läßt. Aus dieser erfahrungshaften Einsicht erwächst Katharina ein außerordentliches Sendungsbewußtsein, das sie in einem harten »Ich will« immer wieder dokumentiert. Der Hunger und der Durst nach Seelen treibt sie zu einer Auffassung der Zeit, in der – des Heils wegen – Eile geboten ist; dieser Bedrängung – der kurzen Zeit des Heils – angemessen beizukommen braucht es Geduld und Ausharrungsvermögen. Immer aber gibt ihr der mystische Raptus (Ausbruch) zu Gott die Sicherheit für beschleunigtes Handeln. Das Bild vom ritterlichen Kampf drängt sich ihr immer wieder auf; sie reagiert streng auf die kirchliche Verkommenheit, tadelt, unterweist (in Predigten) in Fragen von Armut und Gehorsam, fordert kompromißlos Selbst- und Gotteserkenntnis, mahnt zur Besonnenheit, Verzicht auf Eigenliebe und Selbstsucht: Im ganzen ein einzigartiger Versuch, Aktion und Kontemplation in ihrer letzten Einheit wirklich zu leben – zum Heil der Kirche. Katharinas Existenz ist in seltener Weise kirchlich verzehrte und aufgeopferte Existenz. Die Kirche ist ihr Garantin des Erlöserbluts Christi, milchspendende Mutter des Heils. Ihre Mystik bekommt von daher eine starke heilsgeschichtliche und gemeinschaftliche Note. Die Dimension der religiösen Subjektivität wird bei ihr immer wieder durchbrochen durch das gemeinschaftlich zugesprochene Heil für alle in Christus, bis dahin, daß sie mit Augustinus noch dem Bösen eine Rollenfunktion im Heilsgeschehen zuzuweisen vermag.

Unter den franziskanischen Mystiker(innen) erwähnen wir nur noch Katharina von Bologna (1413–1463). Ihr Leben, das sie zum Teil als Ehrendame der Margareta d'Este am Hof von Ferrara, zum andern Teil als Klarissin und Oberin in Ferrara und Bologna führte, ist durch das Thema des »geistlichen Kampfs« beherrscht. Ihre Prüfungen und Anfechtungen – vor allem teuflische Trugbilder: der böse Feind in der Maske der Jungfrau Maria oder des gekreuzigten Christus – erschöpften sie bis zur völligen Verzweiflung. Versuchungen zum Ungehorsam verleideten ihr das Ordensleben; blasphemische Gedanken – insbesondere der Zweifel über die Realpräsenz Christi in der Eucharistie – setzten ihr derart zu, daß sie fürchtete, den Verstand zu verlieren. Diesem Bereich der inneren Prüfungen stand der lichtvollere der Tröstung durch außerordentliche mystische Gnaden gegenüber: Ihr eigener Tod wurde ihr in einer Offenbarung vorausgesagt. Ihr Bericht *Die sieben geistlichen Waffen gegen die Feinde der Seele* (1438) ist gleichzeitig Autobiographie und geistlicher Traktat: die *peritissima militiae interioris magistra* (im inneren Kriegsdienst allererfahrenste Meisterin) berichtet darin unter dem Pseudonym Catella von ihren inneren Kämpfen und den Mitteln, die sie siegreich daraus hervorgehen ließen.

Aber nicht nur in den abgeschirmten Bezirken der Orden finden sich im 14. und 15. Jahrhundert in Italien außerordentliche, mystische Seelen, sondern durchaus auch in der Laienschaft. Neben Francesca Bussa dei Ponziani (1384–1440) ist hier vor allem Katharina von Genua (1447–1510) zu erwähnen; letztere schon allein wegen der wissenschaftlichen Aufmerksamkeit, die ihr Baron Friedrich von Hügel in seinem fundamentalen Werk *The Mystical Element of Religion as studied in Saint Catherine of Genova and her Friends* (1908) hat angedeihen lassen. Katharina, dem berühmten Geschlecht der Fieschi in Genua entstammend, wurde jung – aus politischen Gründen – dem Lebemann Giuliano Adorno angetraut und verbrachte traurige Jahre der Zurückgezogenheit, vermochte sich aber mit der Zeit von ihrem Mann zu emanzipieren: Sie führte hinfort ein ganz dem Gebet und harter Disziplin gewidmetes Leben; ihre kontemplative Haltung hinderte sie nicht, den Armen und Kranken eine außerordentliche Sorge zukommen zu lassen. Selbst ihr Mann machte eine Bekehrung durch und fügte sich während der 20 Jahre bis zu seinem Tod (1497) diesen Bemühungen seiner Gattin. Hierauf schloß sich Katharina stark an den Priester Cattaneo Marabotto an. Im Kreise von Freunden verlebte sie die letzten 10 Jahre ihres Lebens unter starken inneren Erschütterungen. Diese sind auch Hauptinhalt der *Vita* Marabottos, des *Dialogs* und des Traktats *Vom Fegfeuer*. Katharina ist in einem mehrfachen Sinne »Theologin des Fegfeuers«. Zunächst körperlich in ihrer (ungewollten) Ehe, in ihrem Engagement für die (Pest-)Kranken, in ihren nervösen Leiden. Sodann geistlich, wie sie in ihrem Traktat belegt: Ihre Fegfeuererfahrung ist mystische Sündenerfahrung darin, daß sie nachvollzieht, was die Seele im Übergang vom Leben zum Tode schmerzvoll erfahren muß: die Anschauung der eigenen Unvollkommenheit und Sündhaftigkeit. Unsystematisch reflektiert sie diesen Zustand im Rückgriff auf ihre inneren Erfahrungen. Ihre Aussagen sind manchmal widersprüchlich. Das mag an der komplexen Überlieferungsgeschichte ihrer Schriften liegen, bei der unentschieden bleibt, was auf Kosten ihrer geistlichen Freunde zu setzen ist. Trotz aller Zweifel an der Authentizität ihrer Äußerungen, so wie sie vorliegen, steht sicherlich eine originale mystische Erfahrung von der heilsgeschichtlichen Bedeutung des persönlichen Läuterungsprozesses der Seele hinter all den literarisch überlieferten Äußerungen.

3. Theologie und Mystik

Das 15. Jahrhundert ist ein klarer Beleg für die später in der Theologie oft beklagte Trennung der Bereiche von Spiritualität/Mystik auf der einen und Theologie auf der anderen Seite. An dieser Trennung nicht unschuldig sind natürlich die Universitäten. Sie förderten eine Form des angehäuften und methodisch durchstrukturierten theologischen Wissens, das sich immer mehr von der religiös-mystischen Erfahrung emanzipierte. Es wäre aber sicherlich falsch, von dieser sich immer stärker bemerkbar machenden

Zweiteilung zwischen Wissen und Erfahrung (die sich ihrerseits in einem Erfahrungswissen konsolidieren konnte) an den Universitäten keine spontanen und interessanten Ansporne fürs geistliche Leben mehr zu erwarten. Das Gegenteil ist der Fall: Neben einer immer mehr ins Allegorische und Aszetische abflachenden spirituellen Erbauungsliteratur in den Volkssprachen – sieht man einmal ab von starken Texten, wie sie im Rahmen der *Devotio moderna* (neue Frömmigkeit) die *Imitatio Christi* darstellt – entwickeln sich an den wichtigen Universitäten – Paris und Prag (vgl. Johannes von Kastl) etwa; Geert Groote, der Begründer der *Devotio moderna,* studierte in Paris, Prag und Köln – immerhin doch eine ganze Anzahl von Reformbewegungen, die vornehmlich geistlicher Natur und durchaus innovatorisch waren.

Zeugen gleichzeitig einer Bewußtseinskrise und einer inneren Regeneration sind im 15. Jahrhundert wichtige Vertreter der Universität Paris wie Petrus von Ailly (1350–1420) und Johanes Gerson (1363–1429), aber auch Robert Ciboule (gest. 1458) mit einem bedeutenden Traktat über die Selbsterkenntnis.

Petrus von Ailly, der berühmte Kardinal-Erzbischof von Cambrai, wandte sich vor allem gegen eine falsche Auffassung von Mystik in seinen beiden Schriften *De falsis prophetis* (Von falschen Propheten) und *Contra astronomos* (Gegen die Astronomen), die ersten »Wölfe im Schafspelz« und Häretiker, die zweiten trügerische Zukunftsdeuter, die im Sinne einer Unterscheidung der Geister mittels eines rigiden Nominalismus, wie ihn Wilhelm von Ockham (gest. 1347) vertrat, entlarvt wurden. Ohne daß von seiten des Kreatürlichen sich eine verbindliche moralische Verpflichtung herleiten ließe – da in sich alles gut ist, die Verbote aber nur deswegen bestehen, weil Gott sie so gewollt hat –, ist das Geschöpf zu einer radikalen Willenseinigung mit dem göttlichen Willen verpflichtet. Diese ist auch Grundprinzip der mystischen Unio. In seinen Traktaten und Predigten wird dagegen positiv eine Theorie der Meditation und Kontemplation entworfen. Neben Gerson ist vor allem Petrus von Ailly geneigt, dem heiligen Patriarchen Joseph eine entscheidende Sonderverehrung zuzugestehen. Ganz in der Tradition der mystischen Überlieferung kommentierte er auch das Hohelied.

Johannes Gerson, auch er Weltpriester wie Petrus von Ailly, folgte diesem 1395 im wichtigen Kanzleramt der Universität Paris. In dieser Eigenschaft versuchte er das seit 17 Jahren bestehende Schisma in der katholischen Kirche auf friedlichem Wege aufzuheben. Dies verwickelte ihn allerdings – vor allem seine Parteinahme für die Armagnacen gegen die Burgunder, was ihm der Burgunderherzog Johannes ohne Furcht nie verzieh – in politische Querelen, die ihn zur Flucht nach Deutschland, ins Kloster Melk, nötigten (1418/19), von wo er sich dann nach Lyon ins Kloster der Zölestiner zurückzog. Hier entwickelte er rege schriftstellerische und apostolisch-missionarische Aktivitäten – sprichwörtlich war seine Kinderliebe – und starb daselbst am 12. Juli 1429.

Er war ein weit gemäßigterer Ockhamist als Petrus von Ailly und versuchte das nominalistische System nicht zu zerstören, sondern es zu ergänzen mit dem Entwurf einer mystischen Theologie. Obwohl mit dem Schrifttum Ruusbroecs bekannt, mißtraute er dessen Lehren – besonders den mystischen Höhenschwüngen in der *Zierde der geistlichen Hochzeit* – und hielt sich eher an patristische, speziell an Pseudo-Dionysische Überlieferungen und an Viktorinische, Bernhardische und Bonaventurische Schriften. Diese lieferten ihm die Elemente einer Synthese der mystischen Theorie in wissenschaftlicher Absicht, die er in *De mystica theologia* (Über mystische Theologie) unterbreitete. Er versucht hier zu zeigen, daß rein intellektuelle Entwürfe nicht zu Gott zu führen vermögen, sondern daß die Intuitionen der *intelligentia simplex* (einfache Vernunftschau), unterstützt durch affektive Kräfte, vor allem der *synderesis* (Funken), zu Gott hinführen. Der Anstrengung der Erkenntnis hat sich also der Affekt zu verbinden, damit die Seele die eigentliche mystische Erfahrung, die den Personkern nicht aufhebt oder zerstört, zu erleben vermag. Die mystische Erfahrung selber ist eine solche der religiösen Erfahrung Gottes durch Einigung in der Liebe *(Theologia mystica est cognitio experimentalis habita de Deo per amoris unitivi complexum).* Gegen diese Auffassung wird sich später Vinzenz von Aggsbach wenden (s. u.). Obwohl jedermann durch den Ruf zur Bekehrung verpflichtet ist, d. h. die aszetische Aufforderung zur Bändigung der Sinne und der Übung der Liebe allen aufgetragen ist, erfüllt sich die kontemplative Erfahrung nur bei einer kleinen Anzahl von Menschen. Auch Gerson wendet sich vehement gegen die falsche Mystik seiner Zeit, insbesondere gegen eine nach seinem Verständnis allzu agnostisch und apophatisch gestimmte, die leicht in Pantheismus münde (Ruusbroec). Mißstände der mystischen Tendenzen seiner Zeit nennt er mehrere bei Namen: die Begarden, die Turlupins, bestimmte quietistische Richtungen usw. Dagegen verweist er auf die Verlautbarungen der Konzilien (die er als Gallikaner über den Papst stellt) und der Päpste, auf die Hl. Schrift und die Tradition. 1415, während des Konzils von Konstanz, an dem Gerson – zusammen mit Petrus von Ailly – einen wichtigen Anteil hatte, verfaßt er seinen Traktat *De probatione spirituum* (Über die Prüfung der Geister) in dem Moment, als sich das Konzil mit den Visionsberichten der heiligen Birgitta befaßte. Darin werden Visionen von Mystikern einer Kontrolle unterzogen, die vom Geisteszustand der Betroffenen bis zu inhaltlichen Analysen reicht. In jedem Fall ist Visionsberichten mit Mißtrauen und Vorsicht zu begegnen. Die moralische und menschlich-religiöse Integrität des Mystikers ist oberste Forderung.

In seiner grundlegenden Unterscheidung zwischen spekulativer und praktischer Mystik stellte Gerson eine Weiche, die für spätere Beschäftigung mit der mystischen Erfahrung im 16. Jahrhundert – gerade für jene der thomistisch geschulten Karmeliter – eine wichtige wissenschaftliche Vorentscheidung bedeutete, gleichzeitig aber auch Zeugnis von der verworrenen Situation ablegte, in der die Scheidung zwischen Theologie und Spiritualität gewissermaßen endgültig wurde (natürlich nicht ohne daß sie in späteren Zeiten von einzelnen großen Gestalten immer wieder hätte durchbrochen werden können).

Die zweite entscheidende Stoßrichtung im 15. Jahrhundert, deren Ziel die mystische Erfahrung war, ergab sich 1451–1480 aus dem Streit um die Schrift *De docta ignorantia* (Von der belehrten Unwissenheit) des Kardinals Nikolaus von Kues (1401–1464). Auf das bewegte Leben dieses großen Kirchenmannes ist hier nicht einzugehen, auch nicht auf seine Theologie und seine politischen Ansichten.

Wichtig an diesem Streit ist, daß Nikolaus in seiner Schrift sich auf Meister Eckhart bezog – er besaß die wichtigsten Texte seiner lateinischen und deutschen Schriften – und daß Johannes Wenck von Herrenberg, Professor in Heidelberg, in seiner polemischen Schrift *De ignota literatura* (Vom unwissenden Lernen) auf diesen Zusammenhang aufmerksam machte. In seiner *Apologia* verteidigte Nikolaus Meister Eckhart und verwies gleich auf die gesamte neuplatonische Tradition, die ihm in Johannes Scotus und David von Dinant zur Verfügung standen: allen dreien verdanke er viel. Den Punkt, den Wenck als häretisch betrachtete: die *coincidentia oppositorum* (Zusammenfallen der Gegensätze), durch deren Annahme sich das *initium ascensus in mysticam theologiam* (der Anfang eines Aufstiegs in die mystische Erfahrung) ergebe, verteidigte der Kardinal als unaufgebbar. Reformbegeisterte Mönche schalteten sich in die Debatte ein. Der Prior des Benediktinerklosters Tegernsee, Bernhard von Waging, versuchte in seinem *Laudatorium doctae ignorantiae* (Lobpreis der belehrten Unwissenheit, 1451) den Unterschied zwischen der *docta ignorantia* (belehrten Unwissenheit) und der *theologia mystica* (mystische Theologie), um den es den Tegernseer Mönchen ging, darin zu bestimmen, daß diese die wissenschaftliche Form jener affektiven Beziehung zwischen Mensch und Gott sei; beide führen zur Vereinigung mit Gott. Es geht mithin um die alte Frage der Mystik, welche der beiden Seelenkräfte in der mystischen Erfahrung vorrangig sei: die Erkenntnis oder die Liebe. Kaspar Aindorffer, der Abt des Klosters Tegernsee, stellte dem Kardinal die Frage in aller wünschbaren Deutlichkeit:

> Ob die fromme Seele ohne Vernunfterkenntnis oder ohne voraufgehendes oder begleitendes Nachdenken, einzig im Affekt und durch die Gemütsspitze, die man Funke nennt, Gott erreichen und in ihn bewegt oder getragen werden könne.[11]

Der Kardinal antwortet mit dem Hinweis auf eine gewisse Form des Zusammengehens der beiden möglichen Seelenkräfte:

> Es ist also in jeder Bewegung der Liebe, durch die jemand in Gott hineingezogen wird, auch ein Stück Erkenntnis, selbst dann, wenn man, was man liebt, nicht kennt.[12]

Wenn auch das, was geliebt wird, nicht gekannt wird, so braucht es doch eine Erkenntnis, damit sich die Liebeskraft auf den Weg zu Gott hin machen kann. Durch Johannes von Weilheim, Prior im Kloster Melk, auf die Problematik aufmerksam geworden, schaltet sich hierauf der Kartäuser Vinzenz von Aggsbach in die Kontroverse ein. Er war ein Parteigänger einer rein praktischen Mystik, ein Anhänger der kirchlichen Reform und der Konzilspartei. Ein starker Affekt gegen alle Scholastik bewegte ihn, Doktoren und Lektoren aufzurufen, sich dem Studium der praktischen Mystik zuzuwenden. Er wandte sich gegen Gerson, der es unterlasse zu lehren, daß man sich in der praktischen Mystik ohne Erkenntnis zu Gott erhebe. Nikolaus bekam über die Klöster Melk und Tegernsee Kenntnis von dieser Schrift und nahm 1453 dazu Stellung im Sinne seiner schon geschilderten Meinung: Eine gewisse Erkenntnis muß der Liebeseinigung vorangehen, weil das ganz und gar Unbekannte nicht geliebt werden kann. Im Unendlichen gilt das Kontradiktionsprinzip ohnehin nicht; man muß vom Wissen zum Nichtwissen gelangen und sehen, daß etwas zugleich ist und nicht ist (was der Vernunft widersinnig ist); das ist dann von höherer Notwendigkeit als die Geltung des Kontradiktionsprinzips. Die Tegernseer, die offenbar Vinzenz gerne gefolgt wären, schlagen durch den Prior Bernhard von Waging eine vermittelnde Lösung vor: Die Einigung der Seele mit Gott sei ohne aktuelle Erkenntnis, hingegen aber nicht ohne jegliche Erkenntnis möglich. Nikolaus dagegen weist lakonisch darauf hin, daß die Seligkeit der Gotteserfahrung jedes *cognoscere* (erkennen) zu einem *amare* (lieben) und umgekehrt mache. Schließlich griff auch Marquard Sprenger in München in die Diskussion ein in seinem *Elucidatorium mysticae theologiae* (Erläuterung der mystischen Theologie), darin Partei ergreifend für Gerson und den Kardinal mit der thomanischen Formel: *cognitio cum amore* (Erkenntnis mit Liebe), was Nikolaus bestätigte. Die Kontroverse setzte sich dann fort zwischen Vinzenz einerseits und Marquard Sprenger und Bernhard von Waging andererseits.

Im Grunde zeigt diese Kontroverse zwischen engagierten Kirchenmännern einen Zug, der sich auch in der volkstümlichen aszetischen Literatur immer stärker bemerkbar macht: Weg von der intellektuell geprägten Mystik einer dominikanischen Vergangenheit (Meister Eckhart und die Folgen) und hin zu einer durch Gefühle und Liebesaufschwünge geprägten, immer stärker psychologisch, auf Seelenereignisse und *experimentum* (Erfahrung) ausgericheten Mystik – eine Bewegung, die das 16. und 17. Jahrhundert dann sehr nachhaltig charakterisieren wird. Die *Imitatio Christi* kündigt diesen praktischen Weg schon unübersehbar an.

Anmerkungen

1 Meister Eckhart, *Expositio Sancti Evangelii sec. Ioh. n. 2,* in: Meister Eckhart, *Die deutschen und lateinischen Werke,* hg. im Auftrag der Deutschen Forschungsgemeinschaft, Bd. 3, *Die lateinischen Werke,* Stuttgart 1936–, 4, 5f.

2 *Ebd.,* Die deutschen Werke, Bd. 2, 528; 529, 2.

3 *Ebd.,* Die deutschen Werke, Bd. 1, 201, 5–8.

4 *Die Predigten Taulers. Aus der Engelberger und der Freiburger Handschrift,* hg. von F. Vetter, Dublin/Zürich 1968, 69, 26–28.

5 *Heinrich Seuse,* Deutsche Schriften, hg. von K. Bihlmeyer, Stuttgart 1907 (Reprint Frankfurt a. M. 1961, 99, 12).

6 »Der Franckforter« (»Theologia Deutsch«). Kritische Textausgabe von W. von Hinten, München und Zürich 1982, 67, 5–7.

7 *K. Ruh,* Bonaventura deutsch. Ein Beitrag zur deutschen Franziskaner-Mystik und -Scholastik, *Bern 1956.*

8 *Le Livre de la bienheureuse Angèle de Foligno,* hg. von P. Doncoeur (Editions de la Revue d'Ascétique et de Mystique), Paris/Toulouse 1925, 124, 5–7.

9 Meditations on the Life of Christ. An Illustrated Manuscript of the Fourteenth Century, *Princeton 1961.*

10 *Jan van Ruusbroec.* Werken III, hg. von L. Reypens und M. Schurmans, Tielt 1947, 269, 6–9.

11 E. Vansteenberghe, *Autour de la docte ignorance.* Une controverse sur la Théologie mystique au XVe siècle, Münster 1915, 110: utrum anima devota sine intellectus cognitione vel etiam sine cogitatione praevia vel concomitante, solo affectu seu per mentis apicem quam vocant synderesim, Deum attingere possit et in ipsum immediate moveri aut ferri.

12 Ebd.112:Inest igitur in omni tali dilectione, qua quis vehitur in Deum, cognitio, licet quid sit id quod diligit, ignoret.

Devotio Moderna

Von Otto Gründler

Die *Devotio Moderna* war eine spätmittelalterliche Reformbewegung, die sich im späten 14. Jahrhundert in den Niederlanden entwickelt hatte und sich rasch nach Deutschland ausbreitete. Die Bewegung entstand unter dem Einfluß Gerhard Grotes von Deventer (1340–1384), dem Sohn eines reichen Kaufmannes und Stadtrates. Grote begann mit 15 Jahren sein Studium an der Universität von Paris und erhielt seinen Magister Artium in weniger als drei Jahren. Er blieb zehn Jahre in Paris, studierte Kirchenrecht, Medizin und Theologie und lebte von einer Erbschaft und zwei Pfründen in Aachen und Utrecht. Im Jahre 1374 gab er als Folge eines Bekehrungserlebnisses seine Pfründe auf, übergab sein Elternhaus in Deventer einer Gruppe frommer Frauen, die die ersten Schwestern vom gemeinsamen Leben werden sollten, und trat in das Kartäuserkloster von Monnikhuizen bei Arnheim ein, wo sein Freund Heinrich von Kalkar damals Prior war. Grote blieb dort fast drei Jahre lang. Aufgrund des eindringlichen Bittens der Mönche, in die Welt hinauszugehen und zu predigen, verließ er das Kloster in Monnikhuizen, kehrte nach Deventer zurück, wurde um 1380 zum Diakon in der Diözese Utrecht geweiht und entwickelte sich bald zu einem außergewöhnlich erfolgreichen Wanderprediger. Er reiste durch Holland, predigte Reformen, drängte seine Zuhörer, sich zusammenzuschließen und ein spirituelles Leben zu führen, und prangerte die Weltlichkeit der Geistlichen an. Es überrascht nicht, daß der Klerus mit Protest und wachsender Feindschaft reagierte, und das Ergebnis war, daß 1383 Grotes Predigtbefugnis entzogen wurde. Gerhard Grote starb am 20. August 1384 an der Pest, kurz bevor Rom den Bann wegen seiner Predigten und reformerischen Aktivitäten wieder aufhob, nachdem ihm wohlgesonnene Anhänger in der Hierarchie interveniert hatten.

1. Die Brüder vom gemeinsamen Leben

Bei Grotes Tod lebte eine Gruppe seiner Schüler im Pfarrhaus des Florens Radewijns (1350–1400), einem Priester in Deventer. Unter dessen Leitung gründete die Gruppe eine Gemeinschaft auf der Grundlage von gemeinsamem Eigentum, die Brüder vom gemeinsamen Leben. Eine ähnliche Entwicklung vollzog sich bei den Schwestern vom gemeinsamen Leben, einer Gemeinschaft, die aus der Gruppe frommer Frauen hervorgegangen war, die seit 1374 in Grotes Haus gelebt hatten und für die Grote 1379 Statuten verfaßt hatte.

Die Bewegung breitete sich rasch in den Niederlanden aus und drang nach Deutschland vor. Das Haus in Deventer gründete neue Niederlassungen in Delft, Louvain, Emmerich und auch in Münster, Köln und Wesel. Ausgehend von der Niederlassung in Zwolle wurden neue Häuser in 's-Hertogenbosch, Duisburg, Groningen, Herderwijk und Culm gegründet. Andere Niederlassungen entstanden in Herford, Marburg, Hildesheim und Rostock. Bis Mitte des 15. Jahrhunderts verfügten die Brüder und Schwestern vom gemeinsamen Leben über ungefähr 100 Häuser in den Niederlanden und Deutschland.

Im Gegensatz zu den Schwestern, die Laiinnen waren, bildeten die Brüder des gemeinsamen Lebens keine Laiengemeinschaft. Die meisten Mitglieder waren Priester oder Priesteramtskandidaten (Kleriker). Die wenigen Laienbrüder, die *familiares*, führten die niedrigeren Arbeiten aus wie Kochen, Putzen und Nähen. Wie die Schwestern, so praktizierten auch die Brüder Gütergemeinschaft und lebten nach den mönchischen Idealen Armut, Keuschheit und Gehorsam, ohne jedoch ein feierliches Gelübde abzulegen. Die Brüder verdienten ihren Lebensunterhalt durch das Abschreiben von Manuskripten; in ihrem Tagesablauf folgten sie dem monastischen Vorbild, was die Beachtung des Stundengebets, der Schweige- und Studierzeiten und die Durchführung von Meditationen während des Tages einschloß. Zusätzlich erfüllten die Brüder bei den Schwestern pastorale und spirituelle Aufgaben, und zumindest einige der Brüder befaßten sich mit dem Predigen. Seit der Gründung der Bruderschaft war die Vorbereitung junger Männer für ein Leben als Mönch und Priester ein Hauptanliegen der Brüder gewesen. Mit diesem Ziel errichteten sie Herbergen, wo Jugendliche, die die städtische Schule besuchten, Unterkunft, Verpflegung, geistigen Rat und Unterricht erhielten. Da nur wenige der Brüder eine Universität besucht hatten, waren sie im großen und ganzen nicht qualifiziert genug, um an Schulen zu lehren. Sie hielten allerdings an Sonntagen nach der Messe in den Brüderhäusern Kolloquien für die Schuljungen ab, die aus Gesprächen über ein vorgegebenes spirituelles Thema bestanden, über das anschließend in Gruppen oder in Einzelgesprächen mit einem Priester diskutiert wurde. Die Brüder gewannen aus diesen Schuljungen häufig neue Mitglieder, die nach Abschluß ihrer Ausbildung an der städtischen Schule als Geistliche Mitglied bei den Brüdern wurden oder in ein Kloster eintraten.

Die ersten *consuetudines* oder Regeln des Bruderhauses in Deventer und Zwolle, die zwischen 1413 und 1415 zusammengestellt und anschließend von allen Häusern in den Niederlanden und Deutschland übernommen wurden, betrafen den Tagesablauf der Gemeinschaft.[1] Die Brüder standen nach sieben Stunden Schlaf um halb vier auf und bereiteten sich mit der Erneuerung ihrer guten Vorsätze auf das Stundengebet vor. Sofort nach dem Brevier wurde jeden Morgen eine Stunde lang die Schrift studiert, danach besuchte man die Messe in der Gemeindekirche. Von sieben bis zehn und von zwölf bis drei arbeiteten die Brüder an ihren Buchabschriften, ebenso nach der Vesper von fünf bis sieben bis zum Abendessen und Komplet. Den Brüdern wurde eine Stunde von sieben bis acht zur freien Verfügung zugestanden, und um halb neun mußte jeder im Bett liegen.

Während der Mahlzeiten wurde laut religiöse Literatur vorgelesen, und der Rektor überprüfte hin und wieder, ob die Brüder zuhörten. An Sonn- und

Feiertagen versammelten sich die Brüder nach dem Mittagsmahl zu den Kollationen, d. h. dem Lesen und Diskutieren eines Abschnittes aus der Bibel. Jedem Bruderhaus standen ein Rektor und ein Prokurator vor, die von den Brüdern gewählt wurden.

Die große Ähnlichkeit zum Klosterleben provozierte direkten Widerstand und Verurteilung vor allem durch die Bettelorden, die den Brüdern und Schwestern des gemeinsamen Lebens vorwarfen, einen neuen Orden ins Leben gerufen und damit gegen das Verbot des 4. Laterankonzils von 1215 verstoßen zu haben, neue Orden zu gründen und keine Gelübde abzulegen. Zum Teil um solchem Widerstand zuvorzukommen, hatte Gerhard Grote kurz vor seinem Tod seine Anhänger gedrängt, ein Kloster zu gründen. Die Brüder folgten seinem Wunsch und gründeten 1386 in Windesheim ein Kloster für Regularkanoniker. Einige Brüder aus Deventer gehörten zu dessen ersten Bewohnern. Drei andere bestehende Klöster schlossen sich mit Windesheim zusammen und bildeten 1394–1395 die Windesheimer Kongregation. Andere Gründungen folgten bald, darunter St. Agnesberg bei Zwolle und St. Marienwolde in Frenswegen, die sich beide der Windesheimer Kongregation anschlossen. Um 1460 führte der Historiker der *devotio moderna*, Johannes Busch, 80 Klöster auf, die zu Windesheim gehörten. Die Windesheimer Kongregation wurde aufgrund einiger bemerkenswerter Leistungen bekannt. Unter ihrer Leitung wurde die monastische Reform umgesetzt, indem man die strikte Einhaltung der monastischen Regel in den Klöstern der Diözesen Hildesheim, Halberstadt und Verden wieder einführte. Darüber hinaus schufen die Windesheimer Kanoniker einheitliche liturgische Texte und, was am wichtigsten ist, eine neue Ausgabe der Vulgata. Die Erneuerung der monastischen Spiritualität wurde entscheidend von Windesheimer Autoren wie Gerlach Peters (1378–1411), Hendrik Mande (1360–1431) und vor allem Thomas von Kempen (1380–1471) beeinflußt, dessen *Nachfolge Christi* ein Klassiker der spirituellen Literatur geworden ist.

Während der zweiten Hälfte des 15. Jahrhunderts bemühten sich immer mehr Häuser der Brüder vom gemeinsamen Leben um den Kapitelstatus und erhielten ihn auch oder verbanden sich mit einem Kapitelhaus wie in Butzbach oder Königstein, während die Häuser der Schwestern die Regel des dritten Ordens der Franziskaner übernahmen. Im Gefolge der Reformation reduzierten sich die Einrichtungen der *devotio moderna* erheblich. In protestantischen Gegenden wurden die Brüderhäuser und Klöster aufgelöst; bis 1600 waren die meisten Häuser der Brüder, einschließlich der Mutterhäuser in Deventer und Zwolle, verschwunden. In katholischen Gegenden überlebten einige der Brüderhäuser und der Häuser der Windesheimer Kongregation, bis sie den Säkularisationen des 18. und 19. Jahrhunderts zum Opfer fielen. Das wichtigste Mitglied der Windesheimer Kongregation in Deutschland, St. Marienwolde in Frenswegen, bestand bis 1809, als es offiziell vom Staat aufgelöst wurde. Der letzte Kanoniker, Gerhard Többe, verließ Frenswegen 1815.

Zu Beginn des 20. Jahrhunderts wurde die *devotio moderna* in verschiedenen Untersuchungen häufig als radikaler Bruch mit dem mittelalterlichen Klosterwesen und als Vorläufer der Reformation beschrieben. Man führte den Anstoß für weitverbreitete Neuerungen in der öffentlichen Bildung auf sie zurück und schrieb ihr zu, fast jeden Humanisten des 15. und 16. Jahrhunderts beeinflußt zu haben. Den Beweis der »Modernität« der Bewegung sah man in ihrem Laiencharakter, ihrer Nonkonformität, ihrem modernen Individualismus, ihrer Ablehnung von Äußerlichkeiten bei religiöser Tätigkeit, ihrer Entfremdung von der Kirche und Ablehnung von bindenden Gelübden.

Daß die oben genannten Behauptungen nicht auf den monastischen Zweig der *devotio moderna* anwendbar sind, d. h. auf die Windesheimer Kongregation, liegt auf der Hand. Aber diese Behauptungen treffen auch nicht auf die Brüder und Schwestern vom gemeinsamen Leben zu, wie die neueste Forschung gezeigt hat.[2] Im Gegenteil, die Einrichtungen und die Literatur der *devotio moderna* stellen eher ein Wiederaufleben der monastischen Spiritualität dar denn einen endgültigen Bruch.

2. Innere Frömmigkeit

Alle Anhänger der Bewegung widmeten sich dem, was sie »innere Frömmigkeit« nannten. Dieses Bemühen um das spirituelle Leben auf dem Wege der inneren Frömmigkeit und seine Beziehung zur äußeren Ordnung der Gemeinschaft zeigen in der Tat große Ähnlichkeit mit der Spiritualität des tradtionellen Mönchtums.

Gerhard Grote, der anerkannte Gründer der *devotio moderna*, entwickelte seine Grundvorstellungen vom spirituellen Leben während eines Aufenthaltes bei den Kartäusern in Monnikhuizen. Thomas von Kempen beschreibt Grotes Leben im Kloster:

> Er war mit einem langen groben Leinengewand bekleidet, verzichtete ganz auf den Genuß von Fleisch und anderen rechtmäßigen Dingen, verbrachte einen großen Teil seiner Nächte wach und im Gebet und zwang seinen schwachen Körper zur völligen Unterordnung unter den Geist.[3]

Während der ersten Zeit seines Aufenthaltes in Monnikhuizen faßte er eine Reihe von Entschlüssen, die die Gestaltung seines persönlichen Lebens betrafen:

> Ich habe vor, mein Leben zum Ruhm, zur Ehre und zum Dienst Gottes und zur Erlösung meiner Seele zu gestalten und kein weltliches Wohl für den Körper, sei es um der Ehre oder des Reichtums willen oder für mein Wissen, der Erlösung meiner Seele vorzuziehen.[4]

Er beschloß, nie wieder eine Pfründe zu begehren, und verzichtete auf jedweden materiellen Besitz einschließlich jeglicher Einkünfte aus akademischer Tätigkeit. Er beschloß, alle wissenschaftliche Arbeit aufzugeben und sein Studium der Theologie, Medizin und Rechte abzubrechen. Er erklärte,

daß er niemals ein Buch zur Mehrung seines Ruhmes schreiben werde. Er lehnte die Scholastik sowohl von der Methode her als auch ihrer Schlußfolgerungen wegen ab. Er verzichtete auf jede Form akademischer Bildung, weil er sie für unwesentlich hielt.
Diese Entschlüsse zeigen eine Haltung, die den Kern der *devotio moderna* ausmacht und die tief in einer monastischen Tradition verwurzelt ist, nämlich der der Weltverachtung, *contemptus mundi*. Grotes *conclusa* erinnern an die *Meditationen* Guigos I., des fünften Priors des Kartäuser Gründungshauses, ein Buch, das Grote in Monnikhuizen kennenlernte:

Das Fehlen einer innerlichen Schau, d. h. das Fehlen Gottes... läßt dich aus deinem Inneren heraustreten... und du verbringst deine Zeit damit, die äußerlichen Formen oder die Meinungen der Menschen zu bewundern. Um Gott innerlich zu erleben und seine Wohltaten zu empfangen, muß man die Welt und sich selbst verleugnen...
Der Weg zu Gott ist einfach, denn man wirft Ballast ab. Es wäre schwierig, wenn man ihn gehen und dabei Lasten auf sich laden müßte. Also entledige dich aller Dinge bis zu dem Punkt, an dem du dich selbst verleugnest...Entwöhne dich von nun an äußerlicher Dinge...Lerne, ohne sie zu leben, lerne im Herrn zu leben und dich in Ihm zu freuen.[5]

Grote sah einen Zusammenhang zwischen innerer Frömmigkeit und äußeren frommen Werken und hielt beide für notwendige Bestandteile wahrer Spiritualität.

Zu den inneren Werken und religiösen Übungen gehören Frömmigkeit, Innerlichkeit und Unterwerfung unter den Willen Gottes. Äußere Werke und Übungen bestehen aus Anbetung und Selbsthingabe.[6]

Der Weg zu Gott ist ein Leben des Kampfes, der Weltverachtung und der Selbstverleugnung. Um dieses Ziel zu erreichen, muß man dem Mensch-Sein Christi, vor allem seiner Leidensgeschichte, durch Meditation, Gebet und demütige Selbstaufgabe nachfolgen: *crux Christi in ruminatione passionis fabricanda est* (»Das Kreuz Christi muß durch Nachdenken über die Passion errichtet werden.«)[7]. Nachfolge aber heißt, sein Leben am Beispiel der *vita Christi* (Leben Christi) auszurichten. Doch die Betonung der Innerlichkeit oder bewußten inneren Frömmigkeit schließt äußere Werke und Übungen nicht aus. Für Grote stellen äußere Werke und körperliche Gesten Symbole und Zeichen innerer Frömmigkeit dar. Zum Beispiel

[während der heiligen Messe] sind die Verneigung bei diesen Worten [dem Evangelium] und eine ehrerbietige Körperhaltung Symbole unserer geistigen Ehrerbietung... Darüber hinaus ist die äußere Observanz ein Mittel, um innere Ehrerbietung zu bewirken, doch bleibt es vergeblich, wenn das eine dem anderen nicht entspricht... Eine gebeugte Haltung paßt vortrefflich zu innerer Demut, denn die Bewegungen des Geistes stehen in Beziehung zu den Bewegungen des Körpers.[8]

Und wieder gibt Grote die Meinung Guigos I. wieder:

Der größte Nutzen des Körpers ist sein Gebrauch als Zeichen. Denn aus ihm sind

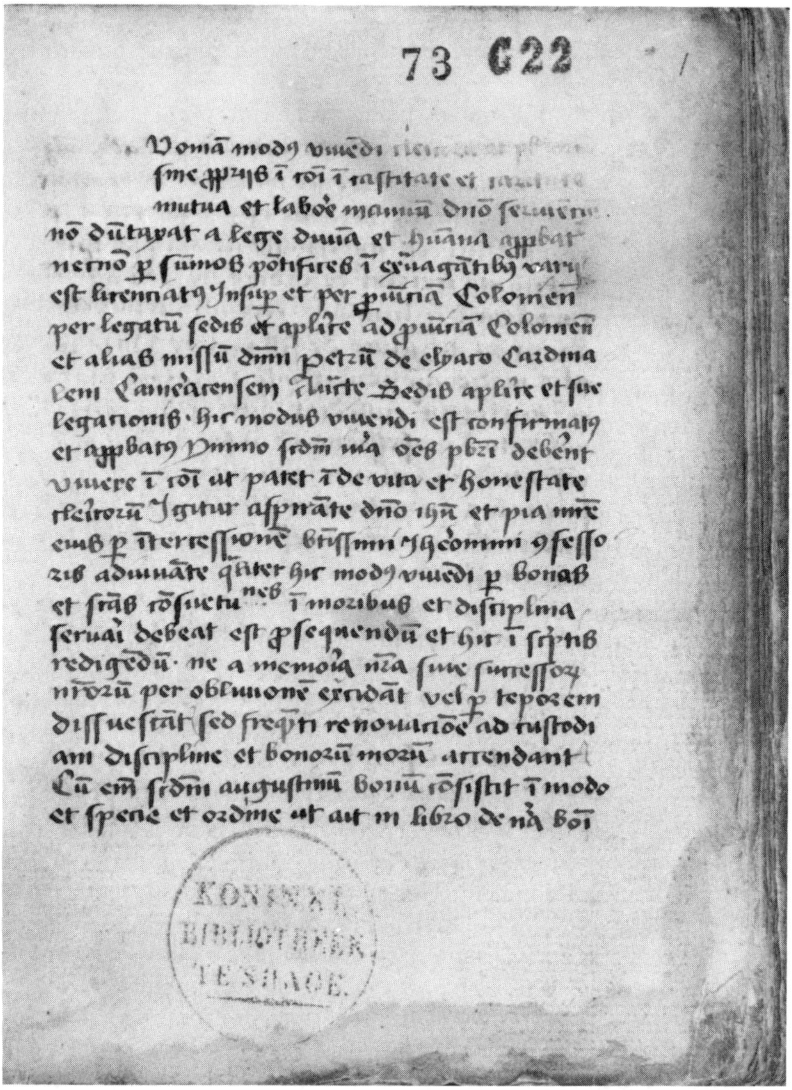

12. *Erste Seite der Konstitution des Bruderhauses in Deventer,* Ms. Nr. 73622,f.1r.

viele Zeichen gemacht, die für unsere Erlösung notwendig sind... und die Menschen erkennen die Bewegungen der Seele eines anderen durch spürbare Zeichen.[9]

Die Bücher, die Grote für seinen persönlichen Gebrauch abgeschrieben hatte und auf die er sich immer wieder bezog, umfassen die Klassiker der mittelalterlichen Frömmigkeitsliteratur, vor allem die Werke Cassians, Gregors des Großen und Bernhards von Clairvaux. Die Spiritualität Grotes war demzufolge tief in der monastischen kontemplativen Tradition verwurzelt, und es überrascht nicht, daß er häufig das monastische Leben als den vollkommensten Weg zum Heil pries: »In ein Kloster eintreten heißt, den höchsten Lebensstand zu wählen und das, was Gott am meisten gefällt.«[10]
Grotes einflußreichste Schüler waren Florens Radewijns und Gerhard Zerbolt van Zutphen (1367–1398). Radewijns, Mitbegründer der *devotio moderna*, war der erste Rektor des Mutterhauses der Brüder vom gemeinsamen Leben in Deventer von 1384–1400. Von seinen Werken sind nur zwei erhalten: *Multum valet* und *Omnes inquit artes*. Ersteres ist eine religiöse Abhandlung, die die Ziele des spirituellen Lebens, die Reinheit des Herzens und die Liebe zu Gott zum Thema hat. Radewijns beschreibt zwei Wege, wie man diese Ziele erreichen kann: die *via purgativa*, tugendhaftes Verhalten durch spirituelle Lektüre, Gebet und Meditation; und die *via illuminativa*, das Nachdenken über die Wohltaten, die man von Gott empfangen hat. Das zweite Werk, *Omnes inquit artes*, besteht aus einer Sammlung von Bibeltexten und traditionellen religiösen Schriften und aus einer Abhandlung über den Inhalt der Meditation: die Passion Christi, die vier letzten Dinge, die Sünde der Menschheit und die von Gott empfangenen Wohltaten. Die wichtigsten auszuübenden Tugenden sind die Liebe zu Gott und Nächstenliebe. Die Brüder werden ermahnt, daß sich die Nächstenliebe bei ihnen in brüderlicher Harmonie zeigen solle, im Erteilen und Akzeptieren von brüderlichem Tadel und im Gehorsam, was vor allem heißt, der Verzicht auf den eigenen Willen. Die Meditationstexte, die Radewijns ausgewählt hat, sind typisch für die monastische Literatur, aber der am häufigsten zitierte Autor ist Cassian. Fast ein Drittel des gesamten Textes von *Omnes inquit artes* ist aus den Schriften Cassians übernommen, der den dominierenden Einfluß auf Radewijns Spiritualität ausgeübt zu haben scheint. Andererseits werden scholastische Gelehrtheit und spekulative Mystik als Hindernisse für die Frömmigkeit und als Ablenkung von der Ausrottung von Fehlern nachdrücklich abgelehnt.
Man muß Gerhard Zerbolt, einen der ersten Brüder des Hauses in Deventer, zu den spirituellen Meistern der *devotio moderna* zählen, obwohl er bereits mit 31 Jahren starb. Seine Abhandlungen *De reformatione virium* und *De spiritualibus ascensionibus* übten einen großen Einfluß auf die sich herausbildende Spiritualität der Frömmigkeitsbewegung und ihrer späteren Autoren aus, darunter Thomas von Kempen.
Der Mensch, nach Zerbolt »ein edles und vernünftiges Wesen, das mit einer gewissen Geistesgröße ausgestattet ist«, hat den natürlichen Wunsch, die »erhabenen Höhen« Gottes zu suchen und zu ihnen emporzusteigen. Aber

der spirituelle Aufstieg wird von menschlicher Unzulänglichkeit blockiert, wie sie sich in der Erbsünde und Konkupiszenz manifestiert, so daß jede menschliche Seele jetzt »in eine Richtung neigt, die weit entfernt von dem ist, wozu Gott sie bestimmt hat.«

Die Wiederherstellung der Kraft der Seele vollziehe sich auf verschiedenen Stufen des Aufstieges durch Selbsterkenntnis, Kasteiung und Demut, wie es sich in der *vita Christi* zeige, die das Beispiel darstelle, dem man nachfolgen solle. Daher steht die *imitatio Christi* im Mittelpunkt von Zerbolts Spiritualität. Die Nachfolge Christi vollziehe sich in drei Stufen oder Aufstiegen, die ihre Entsprechung im Erkennen der menschlichen Natur Christi, der Entdeckung seiner Göttlichkeit und seiner Vereinigung mit Gott hätten.

Um diese Aufstiege in der Nachfolge Christi zu erreichen, schrieb Zerbolt vier Übungen vor: *lectio* (spirituelle Lesung), *meditatio, oratio* (Gebet) und *contemplatio*, wobei die Passion Christi bei allen im Mittelpunkt steht. Meditation wird folgendermaßen erklärt:

> Meditation bezeichnet den Prozeß, bei dem man in seinem Herzen das soeben Gelesene oder Gehörte sorgfältig überdenkt, ernsthaft darüber nachsinnt und dabei auf eine bestimmte Weise seine Empfindungen weckt oder sein Verständnis erhellt.[11]

Zerbolts Abhandlung über den spirituellen Aufstieg ähnelt stark der *scala claustralium* Guigos II., des neunten Priors von Chartreuse.[12] Zerbolts vier Übungen zur Erlangung des Aufstiegs bei der Nachfolge Christi gleichen denen Guigos. Wie der Kartäuser Prior, so betont auch Zerbolt ihren inneren Zusammenhang. Spirituelle Lesung bereite auf die Meditation vor, Meditation auf das Gebet, und Gebet auf die Kontemplation. Lesung ohne Gebet sei trocken; Meditation ohne Lesung falsch. Gebet ohne Meditation sei lau; Meditation ohne Gebet fruchtlos; Kontemplation ohne Gebet selten oder ein Wunder.

Das zentrale Thema der Schriften von Groste, Radewijns und Zerbolt wurde zum Titel der berühmten Abhandlung des bekanntesten Vertreters der *devotio moderna*, »De Imitatione Christi« von Thomas von Kempen, Kanoniker des Klosters St. Agnesberg. Obwohl die Autorenschaft des Buches viele Diskussionen ausgelöst hat (Teile des Werks wurden beispielsweise Zerbolt und sogar Grote zugeschrieben), ist der Tradition nach immer Thomas als der Autor angesehen worden.

Das Werk kann ebensogut *summa spiritualitatis* genannt werden, der Zusammenfluß von Gedanken, die sich die Meister der mittelalterlichen Spiritualität über das Thema »Nachfolge« gemacht haben. Für den hl. Augustinus stellten die Orientierung an Christus und seine Nachfolge die eigentliche Bedeutung des spirituellen Lebens dar: Christus als Gott ist das Ziel, als Mensch ist er der Weg.[13] Für den hl. Bernhard bestand der spirituelle Weg ebenfalls in der Nachfolge Christi, wobei man sich sowohl auf die menschliche Natur als auch auf die Göttlichkeit Christi bezog. Man müsse mit der Liebe Christi als Mensch beginnen, bevor man zur Liebe Christi als Gott emporsteigen könne. Um dies zu erreichen, bedürfe es der ständigen Meditation über die Mysterien Christi.[14]

In Thomas von Kempen spiegeln sich seine spirituellen Vorläufer wider, wenn er die Nachfolge Christi als den Weg des Kreuzes definiert. Christus ist das Beispiel und Vorbild für Selbsterkenntnis, Selbstkasteiung, Demut und Gehorsam, die alle vier mit den zentralen Tugenden zu tun haben, die sich in der *vita Christi* manifestieren.

Wenn du den Wunsch hast, von deinen Lastern gereinigt zu werden und in der Übung der Tugend Fortschritte zu machen, dann liebe das Leben und Leiden Christi, den der Vater als Inbegriff aller Tugenden in die Welt gesandt hat.[15]

Wie Zerbolt, so betrachtet Thomas Selbsterkenntnis als Voraussetzung für spirituellen Fortschritt. Christus, das vollkommene Beispiel des Menschseins, läßt einen den eigenen Zustand als Sünder erkennen, als einer, dessen Unzulänglichkeit, Schwachheit und Unfähigkeit, den Versuchungen des Fleisches zu widerstehen, ihn immer weiter von jener wahrhaften Bestimmung abgetrennt haben, die darin besteht, Gott zu lieben und ihm in Demut und Gehorsam zu dienen. Solch ein Bewußtsein führt einen dazu, Christus nachzufolgen und sich dazu zu entschließen, sein eigenes Leben in völlige Gleichförmigkeit mit dem Vorbild zu bringen, das sich im Leben Christi manifestiert.

Christus ist vor allem ein Beispiel an Demut, die Selbstkasteiung, Selbstaufgabe und Verachtung für die Welt verlangt. Guigo I. hatte seinen Lesern geraten, »sich bis zu dem Punkt der Lasten zu entledigen, an dem man, nachdem man alles hinter sich gelassen hat, sich selbst verleugnet.« Grote hatte den Weg zu Gott als ein Leben des Kampfes, der Verachtung für die Welt und der Selbstverleugnung bezeichnet. Thomas gebraucht die Begriffe »Selbst-Enteignung« und »Nacktheit« zur Beschreibung derselben Grundhaltung. Christus nachfolgen heißt, sich von der Liebe zu allen äußeren Dingen zurückzuziehen, sich von jeglicher Kreatur zu lösen, allen fleischlichen Leidenschaften zu widerstehen.

Strebe danach, bete darum, wünsche dies, aller Selbstsucht entblößt zu werden und nackt dem nackten Jesus nachzufolgen, wünsche dem Ich zu sterben und ewig zu leben.[16]

Diese radikale Demut, die nichts begehrt, außer Gott zu lieben und zu dienen, schließt die Unterdrückung jeglichen Wunsches nach Gelehrtheit ein, die einen vom wahren Verstehen ablenken würde.

Welchen Nutzen hat es, gelehrt über die Dreifaltigkeit zu sprechen, wenn du durch fehlende Demut der Dreifaltigkeit mißfällst? Es ist wahrhaftig nicht die Gelehrtheit, die den Menschen heilig und gerecht macht, sondern ein tugendhaftes Leben findet das Wohlgefallen Gottes. Ich möchte lieber Reue verspüren, als zu wissen, wie man sie definiert. Welchen Nutzen hätte es, die Bibel und die Lehrsätze aller Philosophen auswendig zu kennen, wenn wir ohne Gnade und Liebe zu Gott leben? Nichtigkeit aller Nichtigkeiten, alles ist nichtig, außer Gott zu haben und ihm allein zu dienen.[17]

Diese Abwertung der akademischen Bildung ähnelt dem Geist der Entschlüsse Grotes und ist typisch für die *devotio moderna*. Scholastische Theologie und jegliche formale theologische oder philosophische Bildung werden als nutzlos, überflüssig und bedeutungslos für das spirituelle Leben betrachtet. Wahres Verstehen kommt allein von Gott durch Übereinstimmung mit Christus und durch das Befolgen der Worte des Evangeliums, die »den Geist erhellen, Reue hervorrufen und reichlichen Trost spenden.«

Wer auch immer wünscht, die Worte Christi zu verstehen und sich daran zu erfreuen, muß danach streben, sein ganzes Leben Ihm anzugleichen.[18]

Nur ein solches Verstehen, dessen Ursprung Christus selbst ist, der *magister magistrorum*, kann die Seele über sich selbst hinauswachsen lassen und zu einer Ekstase des Geistes führen, in der sublime Wahrheiten in einem von Gott gegebenen Licht und in direkter Zwiesprache mit Gott verstanden werden. Der höchste Grad an Demut in der bewußten Nachfolge Christi ist die Angleichung des eigenen Willens an denjenigen Gottes. Sie ist nicht nur die ständige Quelle inneren Friedens und innerer Freiheit, sondern auch die Quelle der Kontemplation und letzten Vereinigung mit Gott. Wie vor ihm bei Florens Radewijns und Gerhard Zerbolt, so sollte auch der größte Teil der Schriften des Thomas von Kempen als Inspiration für Meditation der Brüder dienen oder zum Nachsinnen über die Mysterien des Lebens und Leidens Christi beitragen. Sowohl für die Brüder als auch die Kanoniker war die Meditation nicht auf vorgeschriebene Zeiten beschränkt, sondern sollte ohne Unterbrechung den ganzen Tag über fortgesetzt werden, sogar bei körperlicher Arbeit. Da Gebet und Meditation als wesentlich für die Pflege des inneren Lebens angesehen wurden, verfaßten gegen Ende des 15. Jahrhunderts verschiedene Autoren Hilfen zur Meditation, vor allem die *scala meditatoria* von Johann Wessel Gansfort (ca. 1419–1489), eine aus mehreren Stufen bestehende vollständige Methode des meditativen Gebets.[19] Gansfort widmete sein Werk den Kanonikern des St. Agnesberges. Es übte großen Einfluß auf Johann Mombaer (1460–1501) aus, einen Kanoniker des St. Agnesberges ab ca. 1477 und Autor des bekannten *Rosetum exercitiorum spiritualium et sacrarum meditationum*, das 1494 veröffentlicht wurde.[20] Das Ziel des *Rosetum* war es, seinen Mitbrüdern zu helfen, die wichtigsten Beete im »Rosengarten« ihres religiösen Lebens zu pflegen: Stundengebet, Kommunion und Meditation. Da es wichtig sei, den Geist während des Stundengebets nicht abschweifen zu lassen, sondern über Ereignisse im Leben Christi nachzudenken, entwickelte Mombaer eine bestimmte Methode, das *chiropsalterium*. Während der Kanoniker oder Bruder die Psalmen betete, sollte er mit dem Daumen an die Innenseite der anderen Finger klopfen, wobei Mombaer für jeden der Finger sieben kurze Reflexionen oder Gebetsabsichten vorschlug. Diese mußten auswendig gelernt werden, so daß beim Klopfen gegen jeden Finger die damit verbundenen Worte die erwünschten frommen Gedanken und Absichten im Bruder erwecken würden. Ein ähnliches Ziel verfolgte die *scala communionis*, die helfen sollte, die Kommunion mit innerer Frömmigkeit zu empfangen; die *scala meditationis* (die Mombaer ganz von Johann Wessel Gansfort übernahm) hatte den Zweck, den Geist auf die Gegenstände der Meditation zu konzentrieren. In jeder *scala* benutzte Mombaer gedächtnisstützende Verse, eine Technik, die das ganze Mittelalter über verbreitet war. Der Inhalt eines jeden Themas der *scalae* war in ein oder zwei Punkten zusammengefaßt, so daß der Bruder oder Kanoniker, der die *scalae* benutzte, sich korrekt daran erinnern konnte. Der Autor veranschaulicht die verschiedenen Stufen der Leiter und die entsprechenden Zustände oder Geistesaktivitäten mit verschiedenen Beispielen aus dem Leben Christi. Der Methode der *scalae* zu folgen, erforderte höchste Aufmerksamkeit, so daß der Kanoniker oder Bruder völlig auf den Gegenstand konzentriert war. Mombaer legt nahe, seine Methode während des ganzen Tages anzuwenden, in stillen Augenblicken, bei der Arbeit, als Vorbereitung oder Begleitung eines Gebets und während des Gottesdienstes. Sie sollte sicherstellen, daß die Devoten ihre Gebete, Horen, Studien, Arbeit, Mahlzeiten und jegliche Erholung im rechten ergebenen Geist verrichteten. Es ist möglich, daß das *Rosetum* mit seiner Betonung der inneren Beteiligung beim Beten oder Singen der Horen des Stundengebets und bei der Heiligen Messe und mit der Betonung einer strengen Methode bei der Meditation die *Geistigen Übungen* des Ignatius von Loyola beeinflußt hat, wenn auch nur indirekt.

3. Gemeinschaftsleben

Es hat den Anschein, daß die Ansichten und Vorstellungen der modernen Devoten über Wesen und Bedeutung der Frömmigkeit und des spirituellen Lebens im Grunde monastisch waren und auf den Meistern der mittelalterlichen monastischen Spiritualität beruhten. Das gilt sowohl für die Brüder und Schwestern vom gemeinsamen Leben wie auch für die Windesheimer Kanoniker und Kanonikerinnen. Sie stimmten nicht nur in ihren religiösen Ansichten völlig überein, sondern auch das Leben in ihren jeweiligen Gemeinschaften ähnelte sich sehr.
Die Windesheimer Klöster oder Kapitelhäuser unterschieden sich natürlich von den Häusern der Brüder in wichtigen Dingen. Der Besitz eines Kapitels gehörte der Kirche; die Autorität eines Vorgesetzten gründete sich auf kirchliches Recht; das Stundengebet und festliche Messen wurden gesungen und monastische Gelübde abgelegt. Obwohl keine dieser Bedingungen für die Brüder und Schwestern vom gemeinsamen Leben galt, ähnelte ihr Alltag dem der Windesheimer Mönche so stark, daß die häufig vorgenommenen Umwandlungen eines Brüderhauses in ein Kapitelhaus keine einschneidende Änderung für das Leben der Bewohner bedeutete.
Die Windesheimer Regeln, die in der Verfassung von 1349 enthalten sind und von Papst Bonifaz gebilligt wurden, bestehen aus Elementen, die aus den Regeln verschiedener Klöster ausgewählt wurden; die Verfassungen der Brüderhäuser in Deventer und Zwolle, die 20 Jahre später entstanden, enthielten dieselben traditionellen Elemente.

Das festgesetzte Ziel bestand darin, das spirituelle Leben durch innere Frömmigkeit und Meditation zu pflegen, ehrlich, harmonisch und in Übereinstimmung mit Christus zusammenzuleben.

Unser Haus wurde mit der Absicht gegründet, daß Priester und Kleriker hier leben können, ihren Lebensunterhalt durch körperliche Arbeit, nämlich dem Abschreiben von Büchern, und aus dem Ertrag von bestimmten Gütern bestreiten, der Messe in Frömmigkeit beiwohnen, den Prälaten gehorchen, einfache Kleidung tragen, die Gesetze und Dekrete der Heiligen bewahren, religiöse Übungen ausführen und nicht nur ein untadeliges, sondern ein beispielhaftes Leben führen, so daß sie Gott dienen und vielleicht andere dazu bewegen, Erlösung zu suchen. Da das letzte Ziel des Glaubens in der Lauterkeit des Herzens besteht, ohne die wir uns Vollendung nicht vorstellen können, laßt es unser tägliches Ziel sein, unsere vergifteten Herzen von der Sünde zu reinigen, damit wir zuallererst lernen, uns selbst zu erkennen, ein Urteil über die Laster und Leidenschaften unseres Geistes zu fällen und uns mit all unser Kraft bemühen, sie auszurotten; verachtet weltichen Gewinn, vernichtet selbstsüchtige Begierden, helft anderen, die Sünde zu überwinden und richtet unsere Kraft auf den Erwerb wahrer Tugenden wie Demut, Liebe, Keuschheit, Geduld und Gehorsam. Auf dieses Ziel hin müssen wir all unsere spirituellen Übungen ausrichten: Gebet, Meditation, Lesung, körperliche Arbeit, Wachen, Fasten – kurz gesagt, die harmonische Entwicklung unserer inneren und äußeren Kräfte.[21]

Im weiteren beschreibt die Verfassung die Themen und Reihenfolge der täglichen Meditation:

In Anbetracht der Tatsache, daß Gottesfurcht für diejenigen notwendig ist, die Böses überwinden wollen, ist es für jeden von uns ratsam, über solche Dinge zu meditieren, die einen dazu bringen, den Herrn zu fürchten, wie Sünde, Tod, Gericht und Hölle. Aber damit fortgesetzte Furcht nicht Niedergeschlagenheit und Verzweiflung erzeugen, müssen wir hoffnungsvollere Inhalte für die Meditation hinzufügen, wie beispielsweise das himmlische Königreich, die Segnungen Gottes, das Leben Christi und seine Leidensgeschichte. Diese Themen werden wir in solcher Weise zusammenstellen, daß wir an Samstagen über die Sünde meditieren, sonntags über das himmlische Königreich, montags über den Tod, dienstags über die Wohltaten Gottes, mittwochs über das Jüngste Gericht, donnerstags über die Höllenqualen, freitags über die Leidensgeschichte.[22]

Es ist bedeutsam, daß die Verfassung körperliche Arbeit als eine für die harmonische Entwicklung der inneren und äußeren Kräfte notwendige Arbeit in die spirituellen Übungen mit einbezieht. Aber nicht alle Arten körperlicher Arbeit wurden als geeignet angesehen. Man bevorzugte solche, die von der gleichen Art wie die spirituellen Übungen waren, wie beispielsweise das Abschreiben religiöser Werke.
Das Abschreiben von Büchern stellte also nicht vorrangig eine Einnahmequelle dar, sondern hatte den Hauptzweck, »Gott zu dienen und andere dazu zu bringen, Erlösung zu suchen.« Guigo I. hatte in seinen Kartäuser *Consuetudines* denselben Punkt hervorgehoben:

Bücher...die wir sehr sorgfältig als immerwährende Nahrung unserer Seelen zu erhalten suchen und die höchst emsig geschaffen werden sollen, so daß wir, da wir es mit dem Mund nicht können, das Wort Gottes mit unseren Händen predigen...Wir glauben, daß wir für so viele Bücher, wie wir schreiben, so viel Mal Verkünder der Wahrheit sind und hoffen auf eine Belohnung Gottes für all die, die durch die Bücher vom Irrtum geheilt oder im katholischen Glauben vorangebracht wurden...[23]

Die spirituelle Dimension der körperlichen Arbeit wird in der Verfassung der Bruderhäuser zusätzlich bestätigt, in der die Brüder ermahnt werden, ihre Arbeit mit Meditation und gelegentlichen kurzen Stoßgebeten, die »Ejakulationen« genannt werden, zu begleiten.

Obwohl von den Brüdern und Schwestern vom gemeinsamen Leben keine verpflichtenden Gelübde der Armut, Keuschheit und des Gehorsams verlangt wurden, erwartete man von ihnen, daß sie diese Tugenden als Selbstverständlichkeit pflegten. Kein Mitglied sollte irgendwelchen Privatbesitz haben. Sie hatten diesen bei ihrem Eintritt an das Haus abgetreten und vor einem Notar und unter Zeugen geschworen, daß sie auf jeglichen Besitzanspruch verzichteten. Das Einkommen und die Verdienste aus der gemeinsamen oder privaten Arbeit des Bruders oder der Schwester gehörten dem Haus und sollten für die laufenden Ausgaben oder zur Unterstützung der Armen ausgegeben werden. Falls ein Bruder wegen schlechten Benehmens aus dem Haus verstoßen wurde oder es aus eigenem Entschluß heraus verließ, durfte er außer seiner Kleidung nichts mitnehmen und wurde niemals mehr in ein Haus aufgenommen.

Die Mitglieder eines Brüderhauses sollten gegenseitige brüderliche Liebe walten lassen und Frieden und Harmonie durch das Beachten der Wünsche und Ermahnungen der anderen aufrechterhalten. Ihrem Vorgesetzten, dem Rektor, schuldeten sie bedingungslosen Gehorsam in allen rechtlichen Angelegenheiten. Die Autorität eines Rektors gründete sich im Gegensatz zu der des Priors eines Kapitelhauses nicht auf das Kirchenrecht, sondern auf die allgemeine Zustimmung der Brüder, die ihn wählten. Nichtsdestoweniger wurde die Autorität des Rektors nicht in Frage gestellt. Seine Herrschaft beruhte weniger auf den Bestimmungen der Verfassung als auf seiner persönlichen Autorität und Frömmigkeit, eine Vorstellung, die sich auch in den Regeln der Benediktiner und Augustiner findet:

Wenn jemand das Amt eines Abtes auf sich nimmt, soll er seine Schüler auf zweierlei Weise belehren: Das heißt, er soll ihnen mehr durch sein Beispiel als durch Worte zeigen, was gut und heilig ist...[24] Der Prior sollte vor allem jedem ein Vorbild beim Tun guter Werke sein.[25]

Als Beispiel dieser doppelten Ausübung der Autorität durch Wort und Vorbild dient Dirk von Herxen, Rektor des Bruderhauses von Zwolle von 1410 bis 1457, nach allen Berichten einer der herausragendsten Rektoren der Brüder. Er war ein musterhafter Rektor, ein extrem frommer Mann, der sowohl von den Brüdern als auch den Stadtbewohnern, die ihn um Rat und Unterweisung fragten, hoch geachtet wurde. Gerüchte besagten, daß er täglich Zwiesprache mit den Engeln hielt, und die Brüder hatten solchen Respekt vor ihm, daß bereits ein mißbilligender Blick von ihm genügte, sie mit Furcht in ihre Zimmer flüchten zu lassen.

Thomas von Kempen berichtet über Florens Radewijns, daß seine Gebetshaltung im Chor jedem Respekt abverlangte, daß ihm Visionen geschenkt und seine Gebete auf wundersame Weise erhört wurden.
In direkter Entsprechung der *Regel des hl. Benedikt*, die den Abt als jemanden sieht »wert, den Platz Christi im Kloster einzunehmen«[26], ermahnte der Rektor Amilius von Buren auf seinem Sterbebett die Brüder, einem Nachfolger als dem *vicarius Christi* (Stellvertreter Christi) zu gehorchen.[27] Demzufolge verschmolz der Rektor in seiner konstitutionellen Funktion mit der göttlichen Gestalt Christi.

4. Imitatio Christi

Die Verfassungen der *devotio moderna* zeigen eine auffällige Entsprechung zwischen der Art der Frömmigkeit und der Art, in der Friede, Harmonie und Stabilität der Gemeinschaft aufrechterhalten wurden. Beide Arten sind mit dem beispielhaften Verhalten autoritärer Vorbilder verbunden, die auf dem Medium von Wort und Beispiel beruhen und in ihrer Wirkung von der Fähigkeit der Menschen abhängen, diesen Beispielen in innerer Einstellung und Tat nachzufolgen. Ein wesentlicher Aspekt in der Literatur der modernen Devoten sind die klar vorgeschriebenen Reaktionen der Hörer oder Leser. Das Schlüsselwort ist *imitatio*, eine innere Nachahmung geeigneter Haltungen, Gefühle, Selbsterkenntnis, und eine äußere Nachahmung von Taten und Gesten. Darüber hinaus sind die inneren Haltungen der Demut, Selbstkasteiung und Nächstenliebe zu anderen mit den äußeren Taten des Gehorsams, der Armut und des Dienens verbunden, da die letzteren die ersteren sowohl verkörpern als auch formen.
Die Traditionalität dieses Musters ist nicht zu leugnen. Neueste Forschung hat das Vorhandensein einer unverwechselbaren und erkennbaren monastischen Sprache und Erfahrung seit Gregor dem Großen aufgezeigt, die sich in den Werken der spirituellen Autoren des 12. Jahrhunderts voll entfaltete. Diese erfreuten sich im 14. und 15. Jahrhundert bei den monastischen Orden großer Beliebtheit.[28] Der Rahmen für die verschiedenen Formen dieser Tradition – *opus dei*, *lectio divina*, Liturgie und Gebete, tägliche Meditationen – wurde weitgehend von den Erzählungen des Evangeliums bestimmt, vor allem von der Passion Christi. Gegen Ende des Mittelalters wurden Meditationen nicht nur mehr Regeln unterworfen, sondern auch zunehemend auf die Passionsszene und die Umstände ausgerichtet, in denen sie erfahren werden sollte. Diese spätmittelalterliche Konzentration auf die Passion als Paradigma christlicher Erfahrung wird von einem augustinischen Zeitgenossen Luthers, Johann Staupitz, ausgedrückt, für den die gesamte religiöse Erfahrung eine echte Nachfolge des leidenden Christus war:

> Auf dem Berg Golgatha hat er uns ein Beispiel aller Heiligkeit gegeben... Er ist ein von Gott gegebenes Beispiel, nach dem ich arbeiten, leiden und sterben möchte. Er ist das einzige Beispiel, dem man folgen kann, dem alles Gute im Leben, Leiden und Tod nutzbringend nachgebildet ist. Deshalb kann niemand das Rechte tun, richtig

leiden oder richtig sterben, wenn es nicht in Übereinstimmung mit dem Leben, Leiden und Sterben Christi geschieht.[29]

Für das Verständnis dieser monastischen Tradition ist es wesentlich, ihre affektive Natur zu erkennen, die die Art ihrer Rezeption durch Wort und Beispiel bestimmt und die die Basis der *imitatio Christi*-Spiritualität darstellt, indem sie eine mimetische Reaktion bei den Hörern und Lesern der heiligen Erzählung verlangt. Deshalb schreibt die monastische Frömmigkeitstradition als zentralen Punkt eine Identifikation des Subjekts mit dem Gegenstand der Verehrung vor, eine Verschmelzung des Erkennenden mit dem Erkannten. Aus diesem Grund kann und darf der Inhalt der Erkenntnis nicht vom Mechanismus seiner Rezeption getrennt werden – daher die Ablehnung aller theologischen Spekulation und Abstraktion der Bedeutung und die exegetische Betonung des moralischen Gehaltes des biblischen Textes als der vorherrschenden Bedeutungsebene.

Die *devotio moderna* ist offensichtlich typisch für diese Tradition und widmet sich ihrer Stärkung, Erneuerung und bewußten Ausübung in dem Bemühen, den spirituellen Verfall und die Erschlaffung der Disziplin einzudämmen. Die *devotio moderna* war nicht deshalb »modern«, weil sie mit irgendeiner *devotio antiqua* gebrochen hatte, sondern weil sie für die gegenwärtige Ausübung der letzteren sowohl innerhalb als auch außerhalb des Klosters eintrat. Deshalb ließ sie die Reformation weder im voraus ahnen, noch trug sie dazu bei, noch schloß sie diese ein.

Sogar im Denken Luthers wird ein klarer Bruch mit der monastischen Tradition erst 1518 sichtbar, als neue Themen in seinen Abhandlungen auftauchen, die die Basis der monastischen Spiritualität schwächen. Erstens lehnt Luther die vierfachen Bedeutungsebenen biblischer Interpretation ab und hebt den wörtlichen und historischen Inhalt des Textes hervor, dessen Bedeutung klar, präzise und unabhängig von den Prozessen der Rezeption und Verinnerlichung sei. *Meditatio* wird durch *explicatio* ersetzt, und innere Erfahrung durch äußere Verheißung.[30] Zweitens hat die Erzählung der *passio Christi* ihre paradigmatische Funktion verloren und eine theologische Bedeutung angenommen, die von der Erzählung und ihrer Symbolik abstrahiert ist: eine Aussage über den göttlichen Zweck, der eine Antwort im Glauben erfordert.

Christus sollte mit dem Ziel gepredigt werden, daß der Glaube an Ihn begründet werden kann... Solch ein Glaube wird in uns hervorgerufen und bewahrt, wenn gepredigt wird, warum Christus gekommen ist, was er gebracht und geschenkt hat, was es für uns für eine Wohltat ist, ihn anzunehmen.[31]

Schließlich wird Glaube jetzt nicht als Prozeß der Verinnerlichung paradigmatischer Handlungen und Gesten definiert, sondern als Wahrnehmung von Bedeutungen und als Vertrauen in das göttliche Wort der Verheißung.

Denn Glaube, der aus diesem Wort geboren ist, wird dem Gewissen Ruhe bringen. Wer auch immer Ruhe auf andere Weise sucht, z. B. durch innere Erfahrung, scheint Gott gewiß zu versuchen und wünscht sich Frieden in der Tat, statt Frieden im Glauben. Denn du wirst nur solange Frieden haben, so lange du an das Wort des Einen glaubst, der versprochen hat, »alles, was du auf Erden lösen wirst...« etc. Christus ist unser Frieden, aber nur durch den Glauben...Wer immer dies zuversichtlich glaubt, hat wahrhaftig den Frieden und die Vergebung Gottes erhalten, nicht durch die Gewißheit des Prozesses, sondern durch die Gewißheit des Glaubens, entsprechend dem unfehlbaren Wort des Einen, der uns gnädig das Versprechen gegeben hat.[32]

Mit dieser Auffassung von Glauben ist die monastische Verschmelzung und Identifikation von Subjekt und Objekt, Erkennendem und Erkanntem, Glaubendem und Geglaubtem zerbrochen, und die Spiritualität der *imitatio Christi* ist in eine Dialektik von Wort und Glauben umgewandelt worden. Mit der Übernahme dieser Dialektik als Basis stellt die Theologie der Reformation einen klaren Bruch mit der Spiritualität der monastischen Tradition dar, die die *devotio moderna* wiederzubeleben versuchte.

Anmerkungen

1 R.R. Post, *The Modern Devotion*, Leiden 1968, 234.
2 Ebd., 676–80.
3 A. Hyma, *The Brethren of the Common Life*, Grand Rapids 1950, 19.
4 Thomas von Kempen, *Opera Omnia*, hg. von M.J. Pohl, 7 Bde., Freiburg 1902–1921, 7:88.
5 Guigo I., *Meditations of Guigo, Prior of the Charterhouse*, Milwaukee, WI 1951, 46–47, 13–14, 50.
6 G. Groote, *De Simonia ad beguttas*, hg. von R. Langenberg, (Quellen und Forschungen zur Geschichte der deutschen Mystik), Bonn 1902, 25.
7 Groote, *Gerardi Magni epistolae*, hg. von W. Mulder, Antwerpen 1933, Nr. 62, S. 232–43.
8 Thomas von Kempen, *Opera Omnia*, 7:97f.
9 Guigo I., *Meditations*, 46.
10 Groote, *Gerardi Magni epistolae*, Nr. 15, S. 50.
11 Gerhard von Zutphen, *The Spiritual Ascent*, London 1908, S. 26.
12 Guigo II., *The Ladder of Monks and Twelve Meditations*, Kalamazoo, MI 1981.
13 *PL* 38, 685.
14 *PL* 186, 704.
15 Thomas von Kempen, *Opera Omnia*, 5:3.
16 Thomas von Kempen, *The Imitation of Christ*, Baltimore 1975, 3:37.
17 Ebd., 1:1.
18 Ebd.
19 R.R. Post, *The Modern Devotion*, 539.
20 Ebd., 543ff.
21 A. Hyma, *The Brethren of the Common Life*, 110.
22 Ebd.
23 E.M. Thompson, *The Carthusian Order in England*, New York 1930, 34.
24 *St. Benedict's Rule for Monasteries*, Collegeville, MN 1948, Kap. 2.
25 *Regula Sancti Augustini Secunda*, hg. von R. Arbesmann-Hümpfner, in: *Liber Vitasfratrum*, New York 1943, 11.
26 *St. Benedict's Rule*, Kap. 2.
27 R.R. Post, *The Modern Devotion*, 242.
28 J. Leclerq, *The Love of Learning and the Desire for God: A Study in Monastic Culture*, New York [2]1974, 33–56.
29 *Johannis Staupitii Opera*, hg. von I. Knaake, Potsdam 1867, 1:63.

[30] J. Preus, *From Shadow to Promise*, Cambridge, MA 1969; D.R. Reinke, »Luther, the Cloister, and the Language of Monastic Devotion«, Diss. Washington University 1972.

[31] *Luther's Works*, hg. J. Pelikan, 54 Bde., Philadelphia 1952–, 31:357.

[32] Ebd., 31:98f.

Die englischen Mystiker

Von Bernard McGinn

Die englischen Mystiker und spirituellen Autoren des 14. und 15. Jahrhunderts sind zu unterschiedlich, als daß sie eine Schule bilden könnten. Kennzeichnend für die vier großen Autoren des 14. Jahrhunderts – Richard Rolle, Walter Hilton, den anonymen Verfasser des Werkes *The Cloud of Unknowing* (Die Wolke des Nichtwissens) und Juliana von Norwich – ist eine gewisse Individualität; in einigen Fällen könnte man sogar von englischer Exzentrik sprechen. Trotzdem hatten diese Mystiker gemeinsame Wertvorstellungen und Ansätze und teilten auch das typisch spätmittelalterliche Anliegen, traditionelle lateinische Spiritualität in der Landessprache auszudrücken. Sie sind vielleicht die größten englischen Prosaschriftsteller ihrer Zeit, und ihre Meisterwerke bleiben unter den spirituellen Werken, die auf englisch verfaßt worden sind, unübertroffen.

Es gab selbstverständlich schon vorher englische Beiträge zur mittelalterlichen Spiritualität in Form der lateinischen Schriften Beda Venerabilis' oder Aelreds von Rievaulx oder in solchen landessprachlichen Werken wie dem Gedicht »The Dream of the Rood« (Der Traum des Kreuzes) aus dem 8. Jahrhundert und der *Ancrene Riwle,* einem Handbuch aus dem 13. Jahrhundert für weibliche Reklusen.[1] Die bemerkenswerte Blüte der spirituellen Literatur im spätmittelalterlichen England war Teil eines europaweiten Phänomens, aber es gibt keine Anhaltspunkte dafür, daß die wichtigen englischen Autoren in entscheidender Weise von ihren Zeitgenossen vom Kontinent beeinflußt worden sind.

Die historischen Wurzeln des englischen »Goldenen Zeitalters« sind zu komplex, als daß sie einfach zusammengefaßt werden könnten. Einige von ihnen reichen bis in die Bewegungen auf dem Kontinent, vor allem die wichtige neue Rolle, die die Laien eingenommen hatten. Im 14. Jahrhundert wurde zum ersten Mal in der Geschichte der mittelalterlichen Spiritualität für »in der Welt« lebende Laien die Möglichkeit, die Höhen der Vollkommenheit zu erreichen, ernsthaft in Erwägung gezogen. Die Funktion der religiösen Orden, vor allem die der Kartäuser, stellte, was die Führung der Seelen als auch das Verfassen und Verbreiten von religiöser Literatur angeht, einen weiteren wichtigen Faktor dar. Für England kennzeichnend war die Rolle, die das Eremitenleben oder Leben in Abgeschiedenheit spielte. Im großen und ganzen jedoch wurden die englischen Autoren von der gleichen Situation geprägt wie die Mystiker des Kontinents und schöpften aus dem gleichen reichhaltigen Erbe augustinischer, zisterziensischer, victorinischer und Bettelorden-Frömmigkeit sowie modifizierter Pseudo-Dionysischer Frömmigkeit. Die englische Originalität liegt in dem, was aus diesem Erbe gemacht wurde.

Die mystischen Autoren, mit denen wir uns hier befassen, sind der bekannteste Teil eines großen Ganzen an spiritueller Literatur, die im spätmittelalterlichen England entstanden ist. Dazu gehören nicht nur Bibelübersetzungen in die Landessprache (leider gestoppt im Gefolge des Banns gegen Wycliff) und eine Menge an Predigtmaterial, sondern auch wichtige Unterweisungsbücher für Gemeindepriester. Der anwendungsbezogene Charakter der englischen Mystik entspricht dieser herausgehobenen Bedeutung einer gründlichen Unterweisung im rechten christlichen Leben. Eine große Bandbreite an landessprachlicher Frömmigkeitsliteratur, sowohl Prosa als auch Dichtung, zeigt, wie weit verbreitet die Bedeutung von Spiritualität auf allen Gesellschaftsstufen war. Das vielleicht größte Zeugnis dieser Literatur ist das Gedicht »Piers Plowman« aus dem späten 14. Jahrhundert, dessen zentrales Anliegen der Erlösung durch die Liebe Christi sich nicht von dem der Mystiker unterscheidet:

»Rate mir, Natur«, sagte ich, »welche Kunst soll ich am besten lernen?«
(B Text, Absatz XX, Zeile 207–8)

Da bei allen englischen Mystikern die Liebe der zentrale Punkt ihrer Botschaft ist, betrachtet man allgemeinhin Affektivität als eines der Wesensmerkmale der englischen Mystik. Ebenso haben das Mißtrauen gegenüber zeitgenössischer scholastischer Theologie, das von Rolle, dem Autor der *Cloud* (und sogar von Hilton) ausgedrückt wird, und der »unwissenschaftliche« Charakter der Lehre Julianas und später Margery Kempes der englischen Mystik den Ruf eingebracht, anti-intellektuell zu sein. Solche allgemeinen Begriffe sind jedoch ziemlich nutzlos, wenn man die unverwechselbare Lehre der englischen Mystiker erfassen will. In keiner christlichen Mystik ist jemals der Liebe eine wichtige Rolle auf dem Weg zu Gott abgesprochen worden (wie unterschiedlich dies auch gedacht worden ist), und fast alle großen Mystiker des 14. Jahrhunderts können als affektive Mystiker beschrieben werden. Ebenso standen Mystiker immer an der Spitze derjenigen, denen die Begrenzungen und Ansprüche der akademischen Spekulation über Gott vollkommen bewußt waren. Die folgende Darstellung versucht, einige Merkmale der speziellen Natur der englischen Mystiker herauszufinden, indem nicht nur die jeweiligen Hauptthemen eines jeden Autors beleuchtet, sondern auch ihre Haltungen zu bestimmten Fragen, die zentrale Bedeutung für die Geschichte der christlichen Mystik haben, verglichen werden: die Rolle Jesu als Mensch; der Ort der »dunklen Nacht« oder die Erfahrung des Entzugs Gottes; das Verhältnis von Liebe und Wissen im mystischen Leben; die Verbindung zwischen Aktion und Kontemplation.

1. Richard Rolle

Rolle wurde um 1300 in Yorkshire geboren und verbrachte einige Zeit in Oxford, bevor er sich auf ziemlich ungewöhnliche Weise von der Welt zurückzog, indem er zwei Kittel seiner Schwestern und die Regenkapuze seines Vaters auseinanderschnitt und daraus ein behelfsmäßiges Eremitengewand schuf. Die herbe Persönlichkeit des umherziehenden jungen Eremiten fließt manchmal als etwas Beunruhigendes in seine frühen Schriften ein. Trotzdem setzte er sein Leben beharrlich fort, und die inneren und äußeren Schwierigkeiten, die er durchlebte, führten ihn zu einer reifen Weisheit und Klugheit, die es ihm gestatteten, im späteren Leben ein wertvoller spiritueller Führer zu sein. Er war ein sehr produktiver Autor, der sowohl auf lateinisch als auch in der Landessprache schrieb und im Mittelalter überall gelesen wurde. Rolle starb 1349 wahrscheinlich an der Pest. Obwohl er eine ganze Anzahl von Gedichten verfaßte, ist der Eremit aus Yorkshire als Prosaschriftsteller berühmter. Rolle war einer der ersten wichtigsten englischen Bibelübersetzer, aber das Wesentliche seiner Lehre finden wir in seinen lateinischen Werken.

In seiner Lebendigkeit, Hingabe an die Sprache der Liebe und im Unbeeinflußtsein von der apophatischen Mystik[2] erinnert Rolle an einen nahen Zeitgenossen, dessen Werke er nicht gekannt zu haben scheint, Raimundus Lullus (1232–1316). Rolle ist sowohl bei seinen unmittelbaren Nachfolgern als auch bei seinen modernen Interpreten umstritten. Hilton und der Autor der Cloud meinten, daß Rolles Betonung der Manifestationen der Anwesenheit Gottes durch körperliche Erfahrung bestenfalls doppeldeutig sei und manchmal sogar eine gefährliche Unklarheit des wahren Sinnes der Mystik darstelle.[3] Moderne Wissenschaftler wie David Knowles stimmen der Beurteilung zu, daß »Rolle wenig oder gar nichts vom rein mystischen Gebet oder mystischer Erfahrung weiß.«[4] Aber Thomas Merton hat in Frage gestellt, ob Knowles' Definition von Mystik, die auf Johannes vom Kreuz beruht, zum Verständnis eines Zeugen wie Rolle angemessen ist, der mehr Ähnlichkeiten mit der hesychastischen Erfahrung des göttlichen Lichtes oder mit Aspekten der patristischen Tradition, die der Osten und Westen gemeinsam haben, aufweist als mit dem spanischen Lehrmeister.[5]

Rolles Werke *The Fire of Love* (Das Feuer der Liebe) und *The Mending of Life* (Das Wiederherstellen des Lebens) liefern uns den direktesten Zugang zu seinem Denken. Er ist alles andere als ein systematischer Denker; die meisten seiner Werke sind weitschweifige Meditationen über die Erfahrung, Gott zu lieben. The Mending of Life ist sein allgemeinstes und bekanntestes Buch. In den ersten zehn Kapiteln werden solche wesentlichen asketischen Werte und Übungen wie Armut, Leiden, Gebet und Meditation besprochen – die Mittel, die eine bekehrte Seele zur Liebe Gottes und zur Kontemplation führen (Kap. 11–12). Die Behandlung der göttlichen Liebe beruht auf einer Unterscheidung von drei Stufen der Liebe Christi, die von Richard von St. Victor übernommen wurde – unüberwindliche Liebe, untrennbare Liebe und einzigartige Liebe.

Rolles Liebe zum menschgewordenen Jesus durchzieht alle seine Werke. »Möge deshalb Jesus Christus, den wir um seiner selbst willen lieben, der Anfang und das Ende unserer Liebe sein« (*The Mending of Life,* Kap.11).[6] In *The Fire of Love,* seinem kraftvollsten Buch, tut Rolle kund: »Ich habe festgestellt, daß Christus über alle Dinge zu lieben dreierlei beinhaltet: Wärme, Gesang und Süße« (Kap. 14). Rolle betrachtete diese drei Erfahrungen, vor allem die letzte, als den Gipfel christlicher Vollkommenheit, als einen Vorgeschmack auf die Gottesschau, deren man sich seiner Meinung nach nur im Himmel gänzlich erfreuen könne. Seine lyrischen Beschreibungen der physischen Manifestationen von Hitze, Melodie und Süße (z. B. *The Fire of Love,* Kap. 15, 19, 22, 31, 33–34 und 40; und *The Melody of Love,* passim) waren der Grund für das spätere Mißtrauen bezüglich der Authentizität seiner Mystik, obwohl er in *The Mending of Life* darauf beharrt, »daß Heiligkeit nicht aus dem Toben des Herzens besteht, auch nicht aus Tränen oder äußeren Taten, sondern aus der Süße vollkommener Liebe und himmlischer Kontemplation« (Kap. 12). Da bei Rolle das fehlte, was der schrecklichen Qual der »dunklen Nacht« des Entzuges Gottes entspricht, wurde ihm häufig die Anerkennung als wahrer Mystiker abgesprochen, aber seine Lehre hinsichtlich der von Gott gegebenen Natur der höheren Stufen der Erfahrung der Liebe und seine Unterscheidung von zwei Arten der Ekstase (*The Fire of Love,* Kap. 37) lassen erkennen, daß man ihm gerechter wird, wenn man ihn mit Thomas Merton als eine andere Art von Mystiker betrachtet.

Der Eremit aus Yorkshire ist so intensiv mit der Sprache der Liebe befaßt, daß er der Rolle, die die Vernunft auf dem Weg zu Gott spielt, kaum Beachtung schenkt. Unklar bleibt bei ihm auch das Verhältnis von Aktion und Kontemplation im Leben christlicher Vollkommenheit. In *The Fire of Love* (Kap. 21) wird bestritten, daß sich aktives und kontemplatives Leben wirklich miteinander verbinden lassen, aber in *The Mending of Life* (Kap. 12) wird der Eindruck erweckt, daß dies möglich ist. Man liest Richard Rolle nicht wegen differenzierter Urteile zu schwierigen Fragen, sondern wegen seiner kraftvollen und zarten Sprache der Liebe.

2. Walter Hilton

Hilton, der 1396 starb, lebte als Eremit, bevor er Augustinerchorherr wurde. Theologisch gesehen, war er der sorgfältigste der englischen Mystiker. Obwohl er sich von Rolle in vielem unterschied, teilte er mit diesem die feste Überzeugung, daß sich alle wahre Gotteserfahrung in diesem Leben nur in der Liebe zu Jesus vollzieht. Hilton schrieb seine Hauptwerke in der Landessprache; sein Meisterwerk ist *The Scale* (oder *Ladder*) *of Perfection* (Die Leiter der Vollkommenheit). Er war auch Übersetzer (seine freie Übertragung eines verbreiteten Werkes über franziskanische Frömmigkeit, das auf englisch als *The Goad of Love,* Der Sporn der Liebe, bekannt ist, stellt eine andere Hauptquelle seines Denkens dar). Hilton lebte während der unruhigen Zeiten der lollardischen[7] Häresie, und seine scharfe Reaktion auf theologische Abweichungen muß vor diesem Hintergrund gesehen werden.

Die Rückbesinnung auf den hl. Augustinus bildete eine der wichtigsten Bewegungen im Denken des 14. Jahrhunderts, und Hilton ist auf dem Gebiet der mystischen Theologie dafür ein gutes Beispiel. Kein anderer Mystiker

des Spätmittelalters ist so augustinisch, vor allem hinsichtlich der zentralen Rolle, die er der Wiederherstellung des beschädigten Bildes von Gott in jedem Menschen beimißt. Das erste Buch der *Scale* behandelt als Thema die drei Stufen des kontemplativen Lebens: »Wissen von Gott und spirituellen Dingen... durch den Gebrauch der Vernunft«; »Gott zu lieben, was nicht von der intellektuellen Fähigkeit abhängt«; und »die dritte Stufe der Kontemplation, die die höchste ist, die man in diesem Leben erreichen kann,... sowohl was Wissen als auch was Liebe angeht« (*The Scale* 1.4–8). Auf der dritten Stufe »wird die Seele in einer Ekstase der Liebe mit Gott vereint und entspricht der Gestalt der Dreifaltigkeit« (1.8). Das Hauptthema des letzten Teils von Buch 1 verlagert sich allerdings auf den Gegensatz zwischen dem Bild Christi und dem Bild der Sünde in der menschlichen Seele. Buch 2 unterscheidet sich hinsichtlich der Leserschaft und der Tiefe des theologischen Denkens und wählt als sein explizites Thema die beiden Stufen bei der Wiederherstellung des göttlichen Bildes: Wiederherstellung im Glauben und Wiederherstellung in Glauben und Fühlen (z. B. 2.13–20, 28–35). Hilton hat es beständig abgelehnt, ekstatischen Erfahrungen wie denen bei Rolle irgendeine wesentliche Bedeutung auf dem Weg zur Vollkommenheit beizumessen; das »Fühlen« in seiner Wiederherstellung in Glauben und Fühlen ist grundsätzlich »Gottes gütige Gegenwart, die sich einer reinen Seele zeigt« (2.41). Ebenfalls beharrt Hilton darauf, daß der Prozeß der Neuwerdung ein gemeinsames Werk der Liebe und des Wissens ist: »Liebe entspringt dem Wissen, und nicht das Wissen der Liebe; folglich stammt das Glück der Seele in erster Linie von diesem Wissen und der Erfahrung von Gott, der die Liebe Gottes hinzugefügt ist...« (2.34). Auf der höchsten Stufe der Wiederherstellung in Glauben und Fühlen »denkt die Seele, soweit das in diesem Leben möglich ist, nach über Gott, der in Christus mit der Menschheit vereint ist« (2.30). Die Erinnerung an das »kostbare Menschsein und das Leiden Jesu Christi« (1.92) ist der notwendige Weg zu Gott, und mystische Erfahrung in diesem Leben ist niemals möglich, wenn man die Person des Gott-Menschen außer acht läßt. Die Wiederherstellung des Bildes bedeutet also seine Übereinstimmung mit dem Bild von Jesus (z. B. 1.51–53, 86; 2.24).
Obgleich er die Wechselseitigkeit von Liebe und Wissen auf dem Weg zu Gott hervorhebt, betont Walter Hilton in seinen Werken vor allem die Sprache der Liebe und Sehnsucht nach Jesus, wenn auch in der Regel ohne die erotische Symbolik, die man bei Rolle findet.[8] Wie Rolle hebt er, allerdings mit weitaus größerer theologischer Genauigkeit, den Geschenk-Charakter der höheren Stufen des kontemplativen Lebens hervor (z. B. 2.35). Im Gegensatz zu Rolle gibt es bei ihm einen Platz für die schmerzliche Erfahrung der »dunklen Nacht«, wo Sünde und ihre Folgen durch die Wirkung der Gnade gesühnt werden (z. B. 2.24, 28), und manchmal benutzt er auch apophatische Ausdrücke (z. B. 2.27, 40).[9] Im allgemeinen hält sich Hilton jedoch sehr an die augustinische Richtung und beschreibt die Liebe Christi in positiver Sprache. Dies gilt auch für seine Vorliebe, die Erfahrung der unmittelbaren Gegenwart Gottes in Christus als den Gipfel der Vollkommenheit zu beschreiben (z. B. 1.89; 2.21, 27, 41).

Das erste Buch der *Scale* legt nahe, daß von jemandem, der aktiv im Leben steht, nicht verlangt werden kann, die Höhen der Vollkommenheit zu erreichen; aber des zweite Buch (z. B. 2.18, 40) und andere Werke Hiltons, vor allem *The Goad of Love* (Kap. 16) und *The Epistle on the Mixed Life* (Der Brief über das gemischte Leben), zeigen, daß dieses nicht sein reifes Denken darstellt; das nämlich weiß, daß Kontemplation als der wachsende Ausdruck der Liebe Gottes all die Stufen des christlichen Lebens beeinflußt und daß wahre Vollkommenheit in jedem Stand möglich ist.[10] Durch das Vorantreiben dieser neuen und demokratischeren Auffassung der christlichen Vollkommenheit markiert Walter Hilton eine neue Phase in der Geschichte der Spiritualität und gehört damit in eine Reihe mit solchen anderen Mystikern des 14. Jahrhunderts wie Meister Eckhart oder Juliana von Norwich.

3. Der Verfasser der »Cloud«

Es wird manchmal behauptet, daß Hilton der Autor jener Abhandlung mit dem Titel *The Cloud of Unknowing* und der dazu gehörenden kürzeren Werke war, aber theologische und stilistische Unterschiede lassen dies als unwahrscheinlich erscheinen.[11] Alles, was wir über den unbekannten Autor wissen, ist, daß er ein Zeitgenosse Hiltons war und als Einsiedler lebte, wahrscheinlich als Kartäuser. Er verfügte über eine solide theologische Ausbildung, und es bestehen keine Zweifel an seiner Gabe, andere zum spirituellen Leben zu führen. Neben der *Cloud* gehören zu seinen Werken *The Book of Privy Counselling* (Das Buch der geheimen Empfehlung), ein wichtiges Werk über die mystische Vereinigung, *The Epistle of Prayer* (Die Epistel des Gebets), *The Epistle of Discretion* (Die Epistel der Klugheit), *Of Discerning Spirits* (Vom Unterscheiden der Geister) und zwei Übersetzungen: *Hid Divinity* (Verborgene Gottheit), eine Version der *Mystischen Theologie* des Pseudo-Dionysius, und eine Bearbeitung des *Benjamin minor* von Richard von St. Victor.

Das Lob des Autors auf Pseudo-Dionysius (z. B. *Cloud,* Kap. 70) hat manchmal die tatsächliche Beziehung zu seinen Quellen verdeckt. Der anonyme Engländer macht zwar viel Gebrauch von den Dionysischen Schriften, aber seine Dionysius-Rezeption war schon westlich geprägt und in erster Linie von Thomas Gallus (gest. 1246) und dem Kartäuser Hugo von Balma (gest. 1340) abhängig. Diese Dionysius-Rezeption deutete das Sprechen über die Grenzen der Vernunft als Überlegenheit des Affektiven über alle Arten des Wissens beim Aufstieg zu Gott. Natürlich hat der Autor der *Cloud* mehr als ein Buch benutzt, wie sein Rückgriff auf Bernhard von Clairvaux und die Kirchenväter zeigt, aber seine affektive Dionysius-Rezeption ist wichtig, um zu verstehen, wodurch er sich von den anderen großen englischen Mystikern unterscheidet.

The Cloud of Unknowing ist das Dokument eines Fachmannes, das sich an einen jungen Mann richtet, der ein kontemplatives Leben unter monastischem Gehorsam sucht. Es hat seinen Titel, der sein zentrales Anliegen zeigt, aus dem energischen Hinweis des Autors auf »eine Art Wolke des Nichtwissens... [,die] immer zwischen dir und deinem Gott ist, egal was du tust; und sie hindert dich daran, ihn klar im Licht des Verstehens mit deinem Verstand zu sehen und ihn in der Süße der Liebe in deiner Zuneigung zu erfahren« (Kap. 3). Obwohl diese Wolke des Nichtwissens nie aufgelöst werden kann, verhindert sie liebende Vereinigung mit Gott in diesem Leben nicht. Der Weg zu Gott muß der dunklen Straße des Nichtwissens und des inneren Leidens folgen. Die Erfahrung der »dunklen Nacht« hat für den Autor der *Cloud* zentrale Bedeutung, auch wenn sie anders ausgedrückt wird als in den späteren Formulierungen der spanischen Mystik.

Der Autor der *Cloud* schränkt die vorbereitetende Rolle des Lesens, Nachdenkens und Betens nicht ein (z. B. Kap. 35), aber diese Handlungen können die Wolke nicht wirklich durchdringen. Die untere Stufe des aktiven Lebens, das aus guten Werken besteht, und die höhere Stufe, die sich mit Meditation befaßt, haben rein vorbereitenden Charakter (vgl. Kap. 8, 21). Wirklicher Fortschritt beginnt erst auf der höheren Stufe der Kontemplation und besteht in einer zweifachen Strategie: zuerst darin, eine andere Wolke zu beschwören, die »Wolke des Vergessens«, die man zwischen sich und die gesamte Schöpfung stellen muß (Kap. 5, 43); als zweites darin, daß man »mit einem spitzen Pfeil sehnsüchtiger Liebe auf diese dicke Wolke des Nichtwissens« schießt (Kap. 6).

Dieser »spitze Pfeil sehnsüchtiger Liebe« stellt einen zentralen Punkt in der Lehre des Autors der *Cloud* dar. Als »blinde Triebkraft der Liebe« (Kap. 12) findet er Ausdruck in Gebeten, die einfach Ausrufe sind, die jede Form von Diskurs übersteigen (Kap. 39–40). Die Vereinigung, zu der solche Gebete führen, ist allein Ergebnis der wirkenden Gnade – ist Werk Gottes und nicht unser eigenes (Kap. 26, 34). In diesem Punkt steht der Autor der *Cloud* – und alle englischen Mystiker des 14. Jahrhunderts – in der Tradition eines im großen und ganzen thomistischen Verständnisses des Wesens der Gnade. *The Cloud* versucht, das Geheimnis der Vereinigung mit Gott in Paradoxa und apophatischer Sprache auszudrücken, die ungewöhnlich für die englischen Mystiker ist (z. B. Kap. 68–69). In Kapitel 71 wird klug zwischen zwei Arten der Vereinigung, die in diesem Leben möglich sind, unterschieden: die eine ist die plötzlich hereinbrechende Ekstase; die andere der ständige Besitz Gottes.

The Book of Privy Counselling analysiert die »nackte Absicht«, die zu Gott und zum Wesen der in diesem Leben möglichen Vereinigung führt. Der Autor hält fest, daß reine Existenz der angemessenste Name für Gott ist, und betont, daß Gott das Sein der Seele ist, wobei »dieser Unterschied zwischen dir und Ihm, daß Er dein Sein ist und du nicht Seines, immer erhalten bleibt.«[12] Die hier benutzte Sprache erinnert zum Teil an die Mystiker des Rheinlandes,[13] aber der Autor der *Cloud* läßt es, wie die anderen englischen Mystiker, niemals zu, daß die abstrakte Terminologie dominiert, so wenn er seinem Leser beispielsweise aufträgt: »Nimm den guten, gnädigen Gott wie Er ist, flach und schlicht wie ein Pflaster, und lege es auf dein krankes Selbst,

13. *Barnabas-Altar* (Altarbild, England, 13. Jahrhundert)

wie du bist«.[14] *The Book of Privy Counselling* fügt der Lehre der *Cloud* eine ausführliche Reflexion über die Wolke des Vergessens hinzu als das Vergessen unseres eigenen Seins, um sich auf das Sein Gottes zu konzentrieren: Das Werk der Liebe vergißt sich selbst völlig.

Der Gegensatz, der manchmal zwischen der Christozentrik Hiltons und der Theozentrik des Autors der *Cloud* konstruiert wird, ist eine gefährliche Halbwahrheit. Christus spielt in den Werken des Autors der *Cloud* eine wesentliche Rolle; Meditation über die Passion Christi steht am Anfang des Weges zu Gott. Die Forderung des *Book of Privy Counselling,* daß Gedanken an die Leidensgeschichte zur allgemeinen Gnade gehören, nicht zur höheren besonderen Gnade der Kontemplation, muß im Lichte der traditionellen Unterscheidung von »fleischlicher« Liebe zum Menschsein Christi und der höheren »spirituellen« Liebe zu Gott, die in ihm deutlich wird, gesehen werden.[15] Trotzdem gibt es einen Unterschied in Ton und Betonung zwischen der Sprache über Christus, die man beim Autor der *Cloud* findet, und der der anderen englischen Mystiker; und seine Betonung der »nackten Absicht« scheint von Walter Hilton kritisiert worden zu sein.

Was die Beziehung von Liebe und Wissen auf dem Weg zu Gott angeht, so ist die dominierende Haltung des Autors der *Cloud* in folgender Feststellung gut ausgedrückt: »Liebe allein kann in diesem Leben Gott erreichen, nicht Wissen« (*Cloud,* Kap. 8). Aber der anonyme Mystiker hat die Rolle des rationalen Verstehens nicht völlig abgelehnt; es gibt Abschnitte im *Book of Privy Counselling* und *The Epistle of Prayer,* die zeigen, daß er einer langen Tradition in der christlichen Mystik zustimmt, die eine Art transzendentes Wissen bei der Erfahrung der liebenden Vereinigung anerkennt, wie sehr er auch die Gewichte zugunsten der Liebe verschiebt.[16] Er unterscheidet sich von früheren Autoren darin, daß er es versäumt, die subsumierende Macht der Liebe zu betonen, die alles menschliche Wissen in das höhere Bewußtsein von Gott heraufzuziehen vermag.

Die Lehre des Autors der *Cloud* über die Vereinigung mit Gott ist ausgesprochen orthodox, vermeidet jegliche Anspielung einer Einheit der unterschiedslosen Identität und hält sich an traditionelle Formeln, die sich auf die Idee der *unitas spiritus* (Einheit des Geistes) gründen, die sich in 1 Kor 6, 17 findet. Nach Meinung des anonymen Autors erreichte Moses die mystische Vereinigung, als er die dunkle Wolke betrat, »um im Erlebnis Seine Gegenwart zu fühlen, die über allen Dingen ist«.[17] Dieses Erlebnis scheint jedoch nur denen offenzustehen, die ein kontemplatives Leben nach einer geistlichen Regel führen (*Cloud,* Kap. 21).

4. Juliana von Norwich

In der Nacht des 13. Mai 1373 erhielt eine im Sterben liegende dreißigjährige Frau 15 »showings« oder Offenbarungen von Gott. Später an diesem Tag wurde ihr eine weitere Offenbarung zuteil, die die Wahrheit der vorausgegangenen Erscheinungen bestätigte. Die junge Frau wurde Eremitin in einer Zelle, die der St. Julianskirche in Norwich angegliedert war, und führte auf der Grundlage dieser Visionen ein langes Leben des Gebetes, der Kontemplation und der spirituellen Lehre. Zweimal schrieb oder diktierte sie Berichte über die Visionen und deren Bedeutung, weshalb uns ihr *Book of Showings* (Buch der Erscheinungen) als früher »Kurzer Text« und als ein theologisch mehr entwickelter »Langer Text« überliefert ist. Letzterer wurde um 1393 abgeschlossen. Juliana war 1416 immer noch am Leben.

Die »Dame« Juliana ist das große Original unter den englischen Mystikern. Wie sehr sie auch mit den früheren spirituellen Autoren vertraut gewesen sein mag, ihre Botschaft ist von ganz persönlicher Art und beruht auf ihren Bemühungen, den Sinn ihrer Visionen zu verstehen.[18] Die Schlußfolgerung ihres »Langen Textes« faßt die zentrale Botschaft zusammen:

Und seit der Zeit, als es mir geoffenbart wurde, wünschte ich mir viele Male zu erkennen, worin die Absicht unseres Herrn bestand. Und nach 15 oder mehr Jahren habe ich die Antwort im spirituellen Verständnis gefunden, und es wurde gesagt: Was, du möchtest die Absicht des Herrn in dieser Sache erkennen? Erkenne es gut, Liebe war seine Absicht. Wer offenbart es dir? Liebe. Was hat er dir geoffenbart? Liebe. Warum offenbart er es dir? Aus Liebe.

Juliana war von den Mystikern des 14. Jahrhunderts diejenige, die Paulus am ähnlichsten war; ihre wesentlichen Anliegen wurzelten wie die des Paulus im Geheimnis von Sünde, Gnade und Erlösung durch die Liebe Jesu. Wie der Apostel, so fand sie einen Schlüssel zu einem gewissen Verständnis des Geheimnisses darin, daß die ganze Menschheit eins sei in Jesus.

Juliana rang lange um die Bedeutung ihrer Visionen, nicht zuletzt deswegen, weil sie einen Zwiespalt verspürte zwischen der Botschaft der alles umfassenden Liebe, die ihr in der Gestalt des gekreuzigten Jesus geoffenbart worden war, und der »allgemeinen Lehre« der Kirche hinsichtlich Sünde, göttlichem Zorn und Verdammung. Immer wieder dachte sie über den Sinn der Worte nach »Ich darf alle Dinge gut machen, ich kann alle Dinge gut machen, und ich werde alle Dinge gut machen; und du wirst selbst sehen, daß jede Art von Ding gut sein wird« (»Langer Text«, Kap. 31; vgl. »Kurzer Text«, Kap. 14). Die Lösung des Dilemmas sah Juliana in der Vision vom Herrn und vom Diener (»Langer Text«, Kap. 51–63). In dieser allegorischen Parabel sieht sie einen liebenden Herrn, der einen treuen Diener mit einem Auftrag fortschickt. Der Diener fällt trotz seiner guten Absichten in einen Bach, verletzt sich ernsthaft und ist nicht mehr in der Lage, die Wünsche seines Herrn zu erfüllen, doch der Herr hört niemals auf, ihn »mit großem Mitleid und Mitgefühl« zu betrachten. Juliana erklärt weiter, daß der Diener zuallererst Adam ist, aber aus einer anderen Perspektive Christus selbst, der in die menschliche Natur »gefallen« ist und in dem alles Menschliche auf Gott hin wiederhergestellt wird. Die in der Parabel wechselnden Perspektiven der Eremitin liefern uns keine einfache rationale Lösung für den Widerspruch zwischen göttlicher Güte und menschlicher Sündhaftigkeit; dafür sind sie auch nicht gedacht. Sie sind eine mystische Offenbarung, daß die Wege Gottes nicht unsere Wege sind (»Langer Text«, Kap. 32). Juliana befaßt sich nicht mit theoretischen Diskussionen über das Verhältnis von

Liebe und Wissen, wie es Hilton und der Autor der *Cloud* tun, aber ihre Lehre besagt, daß das Geheimnis der Liebe die Widersprüche des Verstandes übersteigt.

Von diesem Gesichtspunkt aus muß man zwei Schwierigkeiten im Denken Julianas angehen. Die erste ist der Universalismus, der in der Offenbarung angedeutet zu sein scheint, daß Gott alle Dinge gut machen wird. Juliana vermeidet sorgfältig die Behauptung, daß alle Menschen gerettet werden. Sie sagt, daß Gott zwei große Taten vollbringt, mit denen er sein Versprechen erfüllen wird: eine Tat, die in diesem Leben begonnen, aber im nächsten vollendet wird (»Langer Text«, Kap. 37), und eine versteckte eschatologische Tat, »die die Heilige Dreifaltigkeit am Jüngsten Tag vollbringen wird« (»Langer Text«, Kap. 31).[19] Der zweite Problembereich bezieht sich auf die Bedeutung und Schwere der Sünde. Die Eremitin hatte eine klare Vorstellung von der Schändlichkeit der Sünde, und sie betonte, daß die Sünde in irgendeiner Weise den ganzen Lauf des menschlichen Lebens verdunkle. Wie konnte sie dann behaupten, daß »Sünde behouely ist«, d. h. notwendig (»Langer Text«, Kap. 27), oder meinen, daß »in jeder Seele, die gerettet werden wird, ein göttlicher Wille ist, der niemals der Sünde zustimmt« (Langer Text, Kap. 37)? Wieder scheint die Antwort von der Perspektive abzuhängen. Durch die Sünde werden wir von Gott getrennt, aber vom Standpunkt der göttlichen Liebe aus stellt der Schmerz, den die Sünde in uns verursacht, einen notwendigen Teil des Läuterungsprozesses aus Fallen und Erheben dar, den wir während unseres ganzen diesseitigen Lebens auf uns nehmen müssen.[20] Wie die Parabel vom Herrn und seinem Diener – gesehen aus der Perspektive des Wohlgefallens des Vaters an seinem Sohn, der alles Menschenhafte angenommen hat –, nahelegt, gibt es tatsächlich einen göttlichen Willen, der niemals der Sünde zugestimmt hat: »Wir haben diesen Willen voll und ganz in unserem Herrn Jesus Christus« (»Langer Text«, Kap. 53; vgl. »Kurzer Text«, Kap. 23).[21]

Juliana erklärt ihre Theologie der Liebe mit einer dreifachen Unterscheidung: »Die erste ist ungeschaffene Liebe, die zweite ist geschaffene Liebe, die dritte ist geschenkte Liebe« (»Langer Text«, Kap. 84). Die ungeschaffene Liebe, die Gott ist, stellt Quelle und Ziel für alles dar. Julianas Denken hat eine stark trinitarische Ausrichtung, obwohl sie betont, daß alles, was wir von Gott erkennen können, uns in der Gestalt Jesu geoffenbart wird. Das bedeutet, daß das mystische Leben hier auf Erden niemals vom Bild des gekreuzigten Jesus absehen kann.[22]

Geschaffene Liebe ist unsere Seele in Gott, d. h. das Geheimnis, wie wir in Christus »geeint« werden, um Teilhaber an der göttlichen Natur zu werden. Dieses Thema führt uns wieder zur zentralen Vision des Herrn und seines Dieners zurück. Bei dem Versuch, das Band zwischen der ungeschaffenen Liebe, die in Jesus deutlich wird, und der geschaffenen Liebe der Seele zu erklären, gebraucht Juliana das Bild der Mutterschaft Gottes, vor allem der Mutterschaft Jesu als Gott (»Langer Text«, Kap. 52–63).[23] Juliana hat diese Ausdrucksweise, die über eine lange Tradition verfügt, nicht erfunden, aber sie brachte sie auf ein in den früheren Schriften nicht gekanntes hohes theologisches Niveau. Christus ist unsere Mutter, nicht nur, weil uns die Vorstellung von Mutterliebe hilft, unsere Furcht vor Gott zu überwinden, sondern tiefer, weil dies das Wesen unserer Verbindung mit Christus und den Ursprung seiner beständigen Sorge für uns erklärt.

Julianas »geschenkte Liebe« bedeutet ein tugendhaftes Leben, durch das der Christ erwiesene Liebe mit Liebe vergilt. Ihre Lehre konzentriert sich hier auf die hohen Werte von Glaube und Liebe, Gebet und Kontemplation, Buße und Erbarmen, und nicht auf bestimmte Handlungen oder Lebensformen. Trotz ihres Lebens als kontemplative Einsiedlerin beschränkte Juliana wie Hilton ihre Lehre nicht auf eine Gruppe kontemplativer Eingeweihter. Man kann der Auffassung sein, daß sie über Hilton und andere hinausgeht, indem sie die traditionellen Unterscheidungen zwischen aktivem und kontemplativen Leben beiseite läßt und ihre Botschaft an alle richtet, die einen Leib in Christus bilden.

5. Spätere Phasen

Die Flut der englischen spirituellen Literatur versiegte am Ende des 14. Jahrhunderts nicht, obwohl spätere Werke nicht das Niveau Julianas, Hiltons oder des Autors der *Cloud* erreichten. Das interessanteste (und manchmal auch beunruhigendste) Werk ist *The Book of Margery Kempe* (Das Buch der Margery Kempe), die erste englische Autobiographie. Margery (ca. 1373–ca. 1440) war Hausfrau und Mutter von 14 Kindern; ihre Berufung zu einem höheren Leben führte sie nicht aus der Welt heraus, sondern zu bestimmten asketischen und frommen Handlungen, einschließlich eines gegenseitigen Keuschheitsgelübdes mit ihrem Mann, der Gabe der Tränen und viel ekstatischem Ersehnen und Anrufen. Ihr diktiertes *Book* ist ein lebendig geschriebener, wenn auch unzusammenhängender Bericht über ihre Pilgerreisen, Visionen und inneren und äußeren Probleme. Margerys Frömmigkeitsleben konzentrierte sich auf Jesus in seiner Passion und ist mit beträchtlicher erotischer Symbolik ausgeschmückt. Neueste Studien haben die Schwierigkeiten hervorgehoben, denen Margery ausgesetzt war, als sie versuchte, als verheiratete Frau in der Welt ein Leben der Vollkommenheit zu führen. Nach diesen Studien muß sie die Vorbilder für ihre Frömmigkeit unter den ekstatischen weiblichen Heiligen des Kontinents gefunden haben.

Zu den anderen bedeutenden spirituellen Werken des 15. Jahrhunderts zählen *The Mirror of the Blessed Life of Jesus Christ* (Der Spiegel des gesegneten Lebens Jesu Christi) des Kartäusers Nicholas Love (ca. 1412), eine einflußreiche Übertragung der *Meditationen über das Leben Jesu Christi,* die fälschlicherweise Bonaventura zugeschrieben wurden. Ein anderer Kartäuser, Richard Methely, übersetzte die *Cloud* ins Lateinische und schrieb mehrere selbständige Abhandlungen.

Das große Zeitalter der englischen spirituellen Literatur war bis 1500 weitestgehend vorüber, obwohl sowohl John Fisher als auch Thomas Morus asketische und erbauliche Werke von großem Wert verfaßten. Die Geschichte der anglikanischen und puritanischen Spiritualität wird im folgenden, dritten Band behandelt werden. Nach der Reformation hielten die englischen Katholiken sowohl in England als auch auf dem Kontinent die ältere Literatur durch das Abschreiben der Manuskripte am Leben – und im Falle Augustine Bakers (1575–1641) sogar durch das Verfassen eines Kommentars zur *Cloud.* Sie schufen auch eine eigene, wertvolle spirituelle Literatur, aus der *The Rule of Perfection* (Die Regel der Vollkommenheit) von Benedikt von Canfield (1562–1610) das bemerkenswerteste Beispiel ist. Zusammenfassend läßt sich sagen, daß die großen englischen Mystiker des 14. Jahrhunderts und ihre Nachfolger einen deutlich unterscheidbaren und wichtigen Teil der Geschichte der christlichen Spiritualität darstellen, nicht nur für ihre linguistischen Erben, die sich bei dem Versuch, das Geheimnis Gottes auszudrücken, der englischen Sprache bedienen, sondern auch für all ihre spirituellen Erben in der ganzen Welt.

Anmerkungen

1 Reclusae, Eingeschlossene, hießen Frauen, die sich in ihren Zellen einmauern ließen, um ganz für Gott da zu sein; allerdings wird das Wort auch im weiteren Sinn für klausurierte Nonnen gebraucht. [JS]

2 «Apophatisch« bedeutet: Man kann über diese Gotteserfahrung nichts mehr sagen, weil sie alles Sagbare usw. übersteigt.

3 Walter Hilton, The *Ladder of Perfection,* Baltimore 1957, 1.10–11, 26; 2.29 (alle folgenden Zitate aus *The Scale, or Ladder* sind dieser Ausgabe entnommen). *The Cloud of the Unknowing,* hg. von J. Walsh (The Classics of Western Spirituality, New York 1981) Kap. 48 (alle folgenden Zitate aus *The Cloud* sind dieser Ausgabe entnommen).

4 D. Knowles, *The English Mystical Tradition,* London 1961, 64.

5 T. Merton, »The English Mystics«, in: *Mystics and Zen Masters,* New York 1967, 147–50.

6 Alle Zitate von Rolle sind entnommen aus *The Fire of Love and The Mending of Life,* Ausgabe Garden City, NY 1981.

7 Eine Sekte noch vor Wycliff, die sich gegen alles »Äußere« wandte und nur einen Menschen anerkannte, der in der Gnade lebt. [JS]

8 Erotische Symbolik findet sich in *The Goad of Love,* Kap. 4, 6, 11, 26, 30. Vgl. Walter Hilton, *The Goad of Love,* eine unveröffentlichte Übersetzung des *Stimulus Amoris,* die früher dem hl. Bonaventura zugeschrieben wurde; auf der Grundlage von Handschriften neu hg. von C. Kirchberger, London 1952.

9 Vgl. J. P. H. Clark, »The ›Lightsome Darkness‹ – Aspects of Walter Hilton's Theological Background«, *Downside Review* 95 (1977), 95–109; ders., »The ›Cloud of Unknowing‹, Walter Hilton and St. John of the Cross: A Comparison«, *Downside Review* 96 (1978), 281–98.

10 Vgl. J.P.H. Clark, »Action and Contemplation in Walter Hilton«, *Downside Review* 97 (1979), 258–74.

11 Zum Stilvergleich vgl. J.M. Mueller, *The Native Tongue and the Word,* Chicago 1984, 53-73. J.P.H. Clark diskutiert in seinem Artikel »Sources and Theology in ›The Cloud of Unknowing‹« in: *Downside Review* 98 (1980), 108–9, die Beziehung von *The Cloud* und *The Scale.*

12 Die Zitate aus *The Book of Privy Counselling* sind meine Übersetzungen aus *The Cloud of Unknowing and Related Treatises,* hg. von P. Hodgson (Analecta Cartusiana 3), Exeter 1982, 75, Zeile 36–37.

Man könnte diese Unterscheidung zum Pantheismus auch so verstehen, daß die Aktivität, die Dynamik des einen Seins, immer von Gott ausgeht und der Mensch nur Empfänger bleibt.

[13] Erhellende Vergleiche zwischen der Sprache der englischen Mystiker und der ihrer Entsprechungen auf dem Kontinent finden sich in W. Riehle, *Studien zur englischen Mystik des Mittelalters,* Heidelberg 1977.

[14] *The Book of Privy Counselling,* hg. von Hodgson, S. 77, Zeile 27–28.

[15] Vgl. insbesondere *The Book of Privy Counselling,* hg. von Hodgson, 94, 98. Vgl. dazu W. Johnston, *The Mysticism of the Cloud of Unknowing,* Wheathampstead 1978, 67–69.

[16] Vgl. *The Book of Privy Counselling,* hg. von Hodgson, S. 82, Zeile 4–19; und *The Epistle of Prayer,* hg. von Hodgson, S. 104, Zeile 34.

[17] *Hid Divinity,* hg. von Hodgson, S. 123, 20–21.

[18] Julianas Einteilung ihrer verschiedenen Arten von Visionen (z. B. »Kurzer Text«, Kap. 4, 7, 23; »Langer Text«, Kap. 1) zeigt ihr Vertrautsein mit der augustinischen Tradition.

[19] Vgl. B. Pelphrey, *Love Was His Meaning,* Salzburg 1982, 301–5.

[20] Hier berührt Juliana so etwas wie eine »dunkle Nacht« (vgl. »Langer Text«, Kap. 64).

[21] Zur Sünde bei Juliana vgl. B. Pelphrey, *Love Was His Meaning,* 152–62, 179–84, 199–204, 266–79.

[22] Im Kap. 19 des »Langen Textes« widersteht Juliana der Versuchung, über den gekreuzigten Christus hinweg zur nackten Gottheit zu schauen.

[23] Juliana spricht von der Dreifaltigkeit als unserer Mutter (»Langer Text«, Kap. 54) und von Gott im allgemeinen als Mutter (»Langer Text«, Kap. 52, 62), aber das vorherrschende Thema ist Christus als Mutter. Vgl. P. Barker, »The Motherhood of God in Julian of Norwich's Theology«, in: *Downside Review* 100 (1982), 290–305.

Spirituelles Leben im Palamismus

Von George Mantzaridis

1. Der Heilige

Eine der herausragendsten Gestalten in der Geschichte des spirituellen Lebens der Ostkirche ist der heilige Georg Palamas (1296–1359), ein Mönch des »heiligen Berges« Athos, ein großer Theologe und Erzbischof von Thessaloniki (von 1347 bis 1359). Die orthodoxe Ostkirche hat der Erinnerung an ihn zwei Tage im Jahr geweiht: den 14. November, an dem seines Todes gedacht wird, und der zweite Sonntag in der Großen Fastenzeit, an dem der Sieg seiner Lehre über seine Widersacher gefeiert wird. Dieses zweifache Gedenken zeigt das besondere Interesse, das die orthodoxe Kirche diesem Heiligen von Thessaloniki entgegenbringt. Mit der Erinnerungsfeier am zweiten Sonntag der Fastenzeit erklärt die orthodoxe Kirche den Triumph seiner Lehre sogar als einen zweiten Triumph der Orthodoxie. In der Kathedrale von Thessaloniki, die dem heiligen Gregor Palamas geweiht ist und in der seine heiligen Reliquien aufbewahrt werden, begeht man diese zwei Tage sehr glanzvoll, vor allem den zweiten Sonntag der Fastenzeit, wenn die Reliquien des Heiligen durch die Straßen der Stadt getragen werden, der er als Erzbischof gedient hat.

Als großer Asket, beeindruckender Theologe und Hierarch von hohem Rang formulierte Gregor Palamas eine harmonische Synthese des spirituellen Reichtums der Orthodoxie, wie sie von den Kirchenvätern überliefert und wie sie tatsächlich während der byzantinischen und spätbyzantinischen Epoche gelebt wurde. Wie alle Kirchenväter, versuchte Gregor Palamas nicht, seine eigenen Ansichten in den Vordergrund zu stellen. Seine häufigen Verweise auf die patristische Tradition und die mannigfaltige Absicherung, die er für alle seine theologischen Standpunkte in den biblischen und patristischen Texten sucht, zeigen die enge Verbindung zwischen seiner Lehre und der biblischen und patristischen Tradition. Darüber hinaus verdeutlicht der neue Stil, in dem er die Tradition im Kontext seiner eigenen Zeit ausdrückte, den authentischen und auf Erfahrung beruhenden Charakter dieser Tradition.

2. Palamistisches spirituelles Leben

Das spirituelle Leben gründet sich nach Gregor Palamas auf drei Voraussetzungen: (1) der Erschaffung von Mann und Frau »nach dem Bild und Gleichnis Gottes«; (2) der Erneuerung und Gottwerdung *(theosis)* der menschlichen Natur in Christus; und (3) der Möglichkeit des Menschen, an dieser Erneuerung und Gottwerdung teilzuhaben. Die Erschaffung nach dem *Abbild* Gottes ist eine allgemeine Eigenschaft aller Menschen, denn alle kommen von Gott, und alle drücken Gott durch ihre Existenz aus; Gleiches gilt aber nicht für das »Gleichnis«, das jedem Menschen als eine Möglichkeit angeboten wird. Wie Gregor Palamas typischerweise bemerkte, »ist jeder Mensch Abbild Gottes und vielleicht auch Gleichnis«[1] (*Zweiter Brief an Barlaam* 48).[2] Das Gleichnis-Sein, Gleich-Sein wurde den Menschen nicht mit Notwendigkeit gegeben, sondern ihrer freien Entscheidung überlassen. Der Sündenfall als frei gewählte Trennung von Gott verdunkelte das Abbild Gottes in den Menschen und machte das Gleichnis-Sein unerreichbar. Aber die Erneuerung und Gottwerdung der menschlichen Natur in der Fleischwerdung Gottes eröffnete der Menschheit noch einmal den Weg zum »Gleichnis Gottes« und deshalb zur persönlichen Gottwerdung. Dieses Geschenk erfährt jeder Gläubige durch den Heiligen Geist. Der Heilige Geist führt das Heilswerk nicht aus, sondern macht den einzigartigen Wiederherstellungsakt allen zugänglich. Dies geschieht in der Kirche durch die Sakramente, vor allem die Taufe und die Eucharistie.

In der Taufe stirbt ein Mensch mit Christus und wird mit ihm zum neuen Leben des zukünftigen Zeitalters erhoben. Das Geheimnis der Taufe verbindet Tod und Leben, Begräbnis und Auferstehung. Während der Mensch in der Sünde tot ist, betritt er den Bereich des Lebens und der Gnade, der durch das Zeichen der Gabe des Heiligen Geistes geoffenbart wird – d. h. das hl. Chrisma, die Salbung, die direkt mit der Taufe verbunden ist. Der Teufel hat in einem getauften Menschen kein Zuhause; der getaufte Mensch ist aber immer noch Ziel der äußeren Angriffe des Teufels und wird weiterhin durch die Last der Verderbtheit niedergedrückt. Das rührt nicht aus irgendeinem Mangel bei der in der Taufe gewährten Gnade her, sondern ist von Gott erlaubt, so daß die Menschen am Werk ihrer Erlösung mitwirken können.

Das andere große Geheimnis für Leben und Vollkommenheit in Christus ist die heilige Eucharistie. Dieses Sakrament setzt die Taufe voraus: Erst die Taufe befähigt einen Menschen, den Leib und das Blut Christi zu empfangen. Die Taufe reinigt das »Abbild« und stellt den Anfang der Nachfolge Christi durch einen Menschen dar, aber die Eucharistie befähigt einen Christen, sich zum »Gleichnis« und der Fülle der Verbindung und Identifikation mit Christus weiterzuentwickeln.[3] Diese Vereinigung Christi mit den Gläubigen in der Eucharistie ist natürlich nicht dasselbe wie die Vereinigung des Wortes mit der menschlichen Natur, die Christus annahm, aber es ist auch nicht einfach nur eine moralische Verbindung der reinen Affekte. Christus ist wahrhaftig und nicht nur moralisch mit jedem Gläubigen verbunden, aber nicht in einer Weise, die die beiden zu einer einzigen Person macht (Hypostase). Dies geschah nur in der Vereinigung des Wortes mit seiner angenommenen menschlichen Natur. Die sakramentale Vereinigung ist eine wahre Vereinigung mit der erneuernden und zu Gott erhebenden Gnade Christi. Aus diesem Grund bleibt Christus immer eine Wesenheit für sich, da er »eine und unter allen Umständen unteilbare Person« hat, aber die Vielen werden »Christus ähnlich« (*Antirrheticus gegen Akindynos* 3.6.13).[4]

Damit jedoch die Gnade der Sakramente Früchte hervorbringt, ist das menschliche Mitwirken notwendig. Ohne dieses Mitwirken (Synergie) bleibt die Gnade Gottes unfruchtbar. Aus diesem Grund sind die Gläubigen aufgerufen, all ihre Kräfte einzusetzen und mit Gott auf die Vollendung ihrer Erneuerung und Gottwerdung hinzuarbeiten. Der Mönch strebt nach nichts anderem als nach dem, wonach jeder weltliche Gläubige streben sollte. Der Mönch unterscheidet sich durch die Tatsache, daß er fern der Mühen und Sorgen des Alltags lebt. Deshalb wird er für die weltlichen Gläubigen zum Vorbild für spirituelles Leben.

Gregor Palamas war Hesychast, und er verbrachte einen Großteil seines Lebens in völligem Schweigen. Insbesondere während seiner Zeit in Beroea (1326–1331) wie auch während seines Aufenthaltes in der Einsiedelei von Sabbas von Palästina verbrachte er fünf Tage der Woche allein in seiner Zelle und kam nur samstags und sonntags heraus, um an der göttlichen Liturgie teilzunehmen.[5] Er hätte weiter in seinem Schweigen verharrt – und wäre deshalb als Autor gänzlich unbekannt geblieben – wenn ihn nicht der Mönch Barlaam aus Kalabrien provoziert hätte, der gegen die hesychastische Tradition der Athosmönche ankämpfte. In dieser Hinsicht müssen wir Barlaam dankbar sein, denn mit seiner Provokation brachte er den größten byzantinischen Theologen des 14. Jahrhunderts und einen der herausragendsten Theologen überhaupt ans Licht.

Hesychasmus ist in der Geschichte des Mönchtums keine Randerscheinung, sondern er steht in direktem Zusammenhang mit der ältesten Tradition des östlichen Mönchtums. Das Wort *hesychia* (Schweigen) hatte seit der Zeit des Origenes schon die Bedeutung von Isolation und einem Leben abseits der Welt angenommen: »Wenn ein Mensch über die Lehre unsicher ist oder unglücklich ist und leidet und wegen seiner Überzeugungen gehaßt wird, fragt er sich oft: Sollte ich nicht lieber in die Wüste entfliehen und schweigen?« (*Predigt über Jeremia* 20.8).[6] Für Palamas bedeutet *hesychia* das Zeichen für eine Seele, die ihre wahre Ausgeglichenheit erreicht hat. Sie verleiht »innere Stabilität und Stabilität gegenüber der umgebenden Welt, Verlassen der unwesentlichen Dinge, Einweihung in die höheren Dinge, Konzentration der Gedanken auf das, was gut ist. *Hesychia* ist eine Tat, die zu wahrer Kontemplation oder der Vision von Gott führt« (*Predigt* 53.33). Palamas stellt die Jungfrau Maria als den Prototyp des Hesychasten dar, und er vergleicht die Mönche mit den Jüngern Christi, die in dem »oberen Raum« (Apg 1, 13) auf die Ausgießung des Heiligen Geistes warteten.

Allerdings entstanden mit der Entwicklung des monastischen Lebens große klösterliche Gemeinschaften, in denen die Mönche nicht allein, sondern in großen Gruppen lebten. Aber es gab immer auch Einsiedler, die allein in der Wüste lebten und versuchten, zu sich selbst zu finden und zu einem tieferen Wissen von und einer engeren Verbindung mit Gott zu gelangen. Mit ihrer Flucht in die Wüste gaben sie sich der Askese und dem Gebet hin und bereiteten sich so darauf vor, die Heimsuchung Gottes zu erfahren und seine Herrlichkeit zu sehen.

2. Das Problem

Zur Zeit des Gregor Palamas bestand das Mönchswesen auf dem heiligen Berg Athos seit fast 400 Jahren und hatte die Tradition eines intensiven spirituellen Lebens begründet, die jetzt nach einem theologischen Rahmen und Ausdruck suchte. Da die Athosmönche auch neue asketische Methoden praktizierten, die mit bestimmten spirituellen Erfahrungen verbunden waren, wurde deren theologische Verteidigung gegen Mißdeutungen und Angriffe von außen notwendig. Insbesondere die Athoshesychasten des 14. Jahrhunderts verbanden den Versuch der inneren Sammlung und des unaufhörlichen Gebetes mit einer bestimmten Atem- und Konzentrationstechnik. Nach dieser Methode hielten die Mönche ihr Kinn gegen die Brust gepreßt und ihre Augen auf den Boden geheftet, während sie still das einfache Gebet »Herr Jesus Christus, Sohn Gottes, erbarme dich meiner« wiederholten. Durch das fortgesetzte Sprechen dieses Gebetes gelangten die Hesychasten zur Vision der ungeschaffenen vergottenden Gnade Gottes. Aber einige Mönche mit schlichtem Gemüt, die die Bedeutung dieser Methode nicht ganz verstanden, entstellten sie vielleicht, indem sie sie als automatisches System zur Erreichung des göttlichen Lichtes interpretierten. So gaben sie ihren Gegnern Grund zum Angriff. Obwohl er ein Verteidiger der Hesychasten war, hatte Palamas selbst Vorbehalte gegen den Gebrauch dieser Methode. Er hielt ihren Gebrauch nur bei Anfängern für sinnvoll, und er sah das Buch des Nicephorus, in dem diese Methode beschrieben wurde, als »naiv« und »geschmacklos« an.[7] Nach Palamas haben die Körperhaltung und die Worte des Gebetes keine magischen Kräfte, aber sind hilfreich zur Bewahrung der Konzentration der Seele in ihrem Sehnen nach ununterbrochener Gemeinschaft mit Gott und der Schau seiner Herrlichkeit. Die Erhellung und auch Verteidigung dieser Gemeinschaft mit Gott und dieser Vision seiner Herrlichkeit bilden im Grunde das Ziel aller Palamitischen Theologie.

Aber Fragen lassen sich nicht vermeiden: Ist es möglich, daß der unsichtbare und transzendente Gott partizierbar und für die Menschen sichtbar wird? Wenn er wirklich partizierbar und sichtbar wird, wie kann er dann auch transzendent und unnahbar bleiben?

Die Antwort der griechischen Väter auf dieses Problem ist eindeutig. Gott ist nicht nur unnahbar, sondern auch nahbar; er ist nicht nur unsichtbar, sondern auch sichtbar. Die Möglichkeit der Gemeinschaft mit Gott und die Schau seiner Herrlichkeit beruhen auf der Möglichkeit, das Göttliche zu erkennen und sich ihm zu nähern. Gott, der dem Wesen nach unsichtbar und nicht partizierbar ist, wird in seinen Kräften sichtbar und partizierbar. Diese Unterscheidung von Wesen (ousia) und Kräften (energeia) Gottes kennt man in der gesamten patristischen Tradition. Bereits beim Apologeten Athenagoras finden wir die Unterscheidung zwischen dem Wesen und den Kräften Gottes (*Über die Auferstehung* 1), und Irenäus spricht von den göttlichen Kräften als dem schöpferischen und voraussehenden Grund »aller Zeiten und Plätze und aller Natur« (*Fragmente* 5 [*PG* 7, 1232B]). Aber eine vollständigere Äußerung dieser Unterscheidung entwickelte sich vom 4. Jahrhundert an. Zu einer solchen umfassenderen Ausarbeitung wurden die griechischen Väter hingeführt durch die Notwendigkeit einer theologischen Definition und Verteidigung der echten Gemeinschaft zwischen Gott und Menschen – etwas, über das seit Arius[8] in der Kirche diskutiert wurde – und durch die Notwendigkeit, die theologische Wahrheit der Nicht-Erkennbarkeit Gottes gegenüber der entgegengesetzten Lehre des Eunomius zu bewahren.[9] Menschen sehen und erkennen die Kräfte Gottes als Macht, als Licht, als Majestät und in unzähligen anderen Dingen. Deshalb bezieht sich die Vision von Gott – nicht nur bei den Menschen, sondern auch bei den Engeln – nicht auf das göttliche Wesen (ousia), sondern auf die göttlichen Kräfte (energeia). Diese erscheinen manchmal unmittelbar, manchmal im Medium der Schöpfung.

Der hl. Isaak von Syrien, der die Tradition der älteren mystischen Theologen zusammenfaßt, sagt, daß Menschen zwei verschiedene innere Augen haben, so daß es zwei Arten von Visionen gibt: die »natürliche Schau«, durch die man zum Schöpfer auf natürliche Weise emporgehoben wird, und die unmittelbare Schau der göttlichen Herrlichkeit, den die evagrianische Tradition »Theologie« (*theologia*) nennt. »Mit dem einen Auge«, so bemerkt Isaak, »sehen wir die Herrlichkeit Gottes, die in allen Dingen der Natur versteckt ist; das heißt seine Macht und Weisheit und seine immerwährende Vorsehung für uns. Mit demselben Auge erblicken wir auch die himmlischen Befehle, die Gottes Diener für uns sind. Mit dem anderen Auge sehen wir die Herrlichkeit seiner heiligen Natur, denn es ist Gottes guter Wille, uns in die spirituellen Geheimnisse einzuweihen und den Ozean des Glaubens für unser Verständnis zu öffnen.« (*Diskurs* 72).[10]

Bei der Interpretation der Gedanken des Isaak bemerkt Gregor Palamas, daß sogar im Falle der unmittelbaren Schau die Menschen nicht das Wesen Gottes sehen. Sie haben vielmehr nur die Erfahrung seiner Herrlichkeit, ähnlich der, die die Jünger Christi bei der Verklärung auf dem Berg Tabor machten. Das Ereignis der Verklärung Christi, das einen zentralen Platz im Denken und der Lehre Gregor Palamas' einnimmt, zeigt den Charakter der vergöttlichenden Gnade als Ausdruck der göttlichen Kraft (energeia) und bestätigt die Erneuerung und Neuschöpfung, die Gnade in Menschen bewirkt. Wie er damals den Anführern der Jünger erschien, so erscheint der Sohn Gottes immer denen, die ihn lieben, »ohne sein Wesen zu offenbaren – denn es ist unsichtbar und erscheint nirgends, auch wenn es überall gegenwärtig ist. Er wird nicht in seinem Wesen erfahren, er offenbart es nicht, und er schenkt es auch nicht – es wäre Blasphemie, es zu denken –, aber in einer höchst geheimnisvollen Weise läßt er den Strahl seiner eigentlichen Natur auf sie scheinen und gewährt ihnen, daran teilzuhaben« (*Antirrheticus gegen Akindynos* 4.14.36).[11] So ist die Schau der Herrlichkeit Gottes nicht symbolisch, sondern Wirklichkeit, da Gottes Herrlichkeit nicht geschaffen, sondern eine seinshafte Spiegelung des göttlichen Wesens (ousia) ist. Auf diese Weise war Palamas, der der Tradition der griechischen Väter folgte, in der Lage, die Möglichkeit einer wirklichen Schau Gottes zu verteidigen, während er jede Vorstellung, das göttliche Wesen zu kennen oder daran teilzuhaben, ausschloß.

Im Gegensatz zu Palamas war Barlaam, der Mönch aus dem Westen, nicht in der Lage, das Wesen des Hesychasmus richtig zu verstehen. Er fühlte sich durch die Praxis der Hesychasten provoziert, die er als unnatürlich und nicht annehmbar betrachtete, und richtete seine Angriffe nicht nur gegen diejenigen, die diese Methode anwandten, sondern gegen Grundpositionen des orthodoxen Mönchtums und der Theologie. Indem er das unablässige Gebet rein intellektuell abhandelte, zerstörte er dessen eigentliche Wirklichkeit. Von der platonischen Philosophie beeinflußt, hielt er es für unmöglich, daß ein menschlicher Körper an spirituellen Segnungen teilhaben könne. Schließlich leugnete er die Möglichkeit, Gott und die Verbindung des Christen mit Gott und die Gottwerdung zu sehen, indem er die Existenz der ungeschaffenen Kräfte (energeia) Gottes zurückwies, die er wie auch die Theologie des Westens mit dem göttlichen Wesen (ousia) identifizierte.

Palamas stellte sich der Polemik Barlaams und ähnlich denkender Menschen und kämpfte tatsächlich für den Erhalt der Grundprinzipien des Mönchtums und der Theologie der Orthodoxen Kirche. Die neue Form, in der der Hesychasmus zu seiner Zeit gelebt wurde, erschütterte ihn nicht im geringsten. Den Gebrauch von Methoden, die der alten Tradition unbekannt oder sogar fremd waren, betrachtete er nicht als unannehmbar, da diese Methoden Wesen und Zweck des Hesychasmus nicht entstellten, nämlich die innere Sammlung des Menschen und Gemeinschaft und Vereinigung mit Gott.

Aber in dieser Auseinandersetzung stellte sich eine andere Frage: Kann ein Christ nach der Schau Gottes in diesem Leben streben, oder soll er nicht lieber in einem zukünftigen Zeitalter darauf warten? Die Antwort Palamas' ist eindeutig. Da die Schau von Gott mit Gottwerdung verbunden ist, die für den Menschen das Kernstück des »Gleich-Seins mit Gott« und der Vereinigung mit ihm darstellt und im gegenwärtigen Leben beginnt, folgt daraus, daß die Möglichkeit, Gott zu schauen, mit dem wachsenden Gottwerden zunehmen sollte. Natürlich kann diese Schau nicht vollkommen sein und kann auch nicht die Fülle der Schau eines zukünftigen Zeitalters haben. Aber sie ist auch im gegenwärtigen Zeitalter wirklich, weil sie als ihren Gegenstand die ungeschaffene Herrlichkeit Gottes hat; sie verwirklicht sich in Abstufungen, »entsprechend der Reinheit, die jeder Mensch im Halten der Gebote Gottes gewinnt« (*Triaden* 2.2.19–20; 3.3.15).[12] Das bedeutet, daß die Gottesschau nicht nur ein Geschenk Gottes an die Gläubigen ist; sie ist auch das Ergebnis ihrer persönlichen Anstrengung und Mitwirkung auf dem Weg zu ihrer eigenen Vollkommenheit. Aus diesem Grund wird nicht allen Gläubigen die Schau von Gott in diesem Leben zuteil.

Obwohl die Gottesschau im Grunde das Geschenk Gottes ist, hat sie auch den Charakter einer Belohnung für das Bemühen eines Menschen um spirituelles Wachstum und Vollkommenheit. Man muß sich tatsächlich sehr anstrengen, um sie zu erfahren. Sie setzt asketische Leistung im Sinne einer

Reinigung und Rückkehr zu sich selber und zu Gott voraus. Neigung zu fleischlichen Begierden und den trügerischen Elementen in der Schöpfung trennen einen von Gott. Um Gott zu »schauen«, müssen Christen erst einmal zu sich selbst zurückkehren, ihre Existenz erneut auf Gott ausrichten und ihren leidenschaftlichen Hang zu sich selbst und der Welt in uneigennützige Liebe und »göttlichen Eros« umwandeln.[13] Die Leidenschaftslosigkeit, von der Asketen und Mystiker ständig sprechen und die sie mit der Gottesschau verbinden, hat einen positiven und keinen negativen Charakter. Leidenschaftslosigkeit bedeutet nicht die Abtötung der Leidenschaften, sondern ihre Wiederhinwendung zu Gott. Die Wüste stellt die geeignetste Umgebung für jemanden dar, der sich um innere Sammlung bemüht und Leidenschaftslosigkeit und vollendete Liebe praktiziert. Das heißt nicht, daß die Gläubigen, die in der Welt leben, vom Weg zur Vollkommenheit ausgeschlossen sind. »Es ist möglich«, sagt Gregor Palamas, »daß die, die verheiratet sind, eine ähnliche Reinheit erwerben, aber es ist viel schwieriger« (*An Xene* [*PG* 150, 1056A]).

4. Das unablässige Gebet

Das menschliche Leben, das sich von materiellen Dingen löst und sich Gott zuwendet, ist mit Gott im Gebet verbunden. Gebet ist kein Zaubermittel, um Gott zu zwingen, sondern eine spirituelles Mittel für die Erhebung der Menschen zu einer persönlichen Begegnung mit Gott. »Denn dies ist das Wesen des Gebetes, daß es einen von der Erde zum Himmel erhebt, höher als jeder himmlische Name und jede himmlische Würde, und einen direkt vor den Gott des Alls bringt« (*Predigt* 2 [*PG* 151, 20C]). Dionysius Areopagita gebraucht die folgende Analogie: Genauso wie ein Mann, der in einem Boot sitzt und an einem Tau zieht, das um einen Felsen gebunden ist, nicht den Felsen bewegt, sondern selbst mit seinem Boot zum Felsen hingezogen wird, so zieht der Mensch, der betet, den allgegenwärtigen Gott nicht zu sich herab, sondern wird im Geist zu ihm emporgehoben. Durch das Gebet erhält die Seele ihre richtige Orientierung. Durch das Ablegen jeglicher materiellen und leidenschaftlichen Gelüste wird der Mensch in die Sphäre der Gnade Gottes erhoben. Derjenige, der Gott vergessen hat und von ihm durch die Sünde getrennt ist, wird sich durch das Gebet seiner erinnern und sich ihm nähern. Die menschliche Ablehnung der Sünde und der Wunsch, zu Gott zurückzukehren, finden im Gebet ihren höchsten und am deutlichsten spirituellen Ausdruck. Aus diesem Grund hat das Leben des Christen, und vor allem das des Asketen, als Widerspruch zum Sündenfall und als eine Rückkehr zu Gott, im Gebet seinen wichtigsten und höchsten spirituellen Ausdruck.

Das Gebot, ständig und unablässig zu beten, stand immer im Mittelpunkt der Lehre der Väter. Kein orthodoxer Kommentator sah jemals in diesem Gebot eine Übertreibung. Unterschiedliche Meinungen gab es lediglich darüber, was unter dem unablässigen Gebet zu verstehen sei.[14] Das lag in

14. *Der heilige Gregor Palamas*
(Ikone, Griechenland, 16. Jahrhundert)

15. *Die Verklärung*
(Ikone, Rußland, 15. Jahrhundert)

der Natur der Sache, denn die Erfahrung zeigt, daß nicht nur die Gläubigen in der Welt, sondern auch diejenigen, die die Welt und ihre Anliegen verlassen haben, bestimmte Grundbedürfnisse haben, die die tatsächliche Ausführung des unablässigen Gebetes unmöglich machen.

Origenes befaßte sich in seinem Buch *Über das Gebet* als erster mit diesem Thema. Er meint, daß das ständige Gebet nur als die Verknüpfung dessen, was allgemein unter Gebet verstanden wird, mit dem normal-christlichen Verhalten eines jeden Gläubigen gesehen werden kann. Das gesamte Leben eines Heiligen sei ein einziges Gebet, und was allgemeinhin als Gebet bezeichnet werde, sei nur ein Aspekt des kontemplativen Lebens. Diese Auffassung des Origenes hatte großen Einfluß auf spätere Theologen. Trotzdem versuchten viele andere Asketen und Mystiker, sich mehr an die buchstäbliche Bedeutung des Gebotes zu halten. Es gab solche, die die Häufigkeit des Gebetes erhöhten, und andere, die seine ununterbrochene Ausführung lehrten – z. B. der hl. Basilius der Große: »Alles im Leben sollte eine Zeit für Gebet sein« (*Asketischer Diskurs* 4 [*PG* 31, 877A]). Andere monastische Autoren vertraten die Auffassung, daß derjenige, der nur zu den festgesetzten Zeiten bete, überhaupt nicht bete. Für den Mönch gebe es kein Gebetsmaß: »Es ist gut, Gott immer zu preisen« (Hyperechios *Ermahnungen für die Asketen* 95 [*PG* 79, 1481D]).[15] Strenge Anhänger des »unablässigen Gebetes« unter den Häretikern waren die Messalianer und Euchiten. Sie verachteten das liturgische Leben und die Sakramente der Kirche und vertraten die Auffassung, daß sie dem Gebot des hl. Paulus folgten, »ohne Unterlaß zu beten«. Für sie stellt das Gebet das einzige Mittel zur Erlösung und zur Befreiung der Menschen von bösen Geistern dar, die ihnen innewohnen.

Zu der Zeit, als sich Palamas in Beroea aufhielt, lebte in dieser Gegend – so teilt uns Gregors Biograph Philotheus von Konstantinopel mit – ein einfacher, aber bekannter alter Asket namens Hiob. Dieser alte Mann besuchte Gregor oft, um sich mit ihm zu unterhalten und von dessen Weisheit belehrt zu werden. Während einer Unterhaltung hörte er, wie Gregor sagte, daß das ständige Gebet nicht nur für Mönche, sondern für alle Christen sei. Nicht nur die Mönche, die die Welt verlassen, sondern auch die Gläubigen ganz allgemein, Männer, Frauen und Kinder, die Schlichten und die Weisen, sollten in diesen Dingen unterrichtet und mit großer Sorgfalt unterwiesen werden. Als der Mönch Hiob das hörte, reagierte er heftig und beharrte darauf, daß das unablässige Gebet nur für die Einsiedler sei und nicht für diejenigen, die in der Welt lebten. Palamas versuchte, ihn mit verschiedenen Abschnitten aus der Bibel und von den Vätern zu überzeugen, aber Hiob blieb unnachgiebig und beendete die Unterhaltung. Als sie sich zum Gebet in ihre Zellen zurückzogen, erschien Hiob ein Engel und sagte ihm, er solle in dieser Angelegenheit nicht anders als der hl. Gregor denken. Der alte Mann ging sofort zu Gregor und erzählte ihm davon und bat diesen um Verzeihung für seinen Widerstand (Philotheus *Lobrede auf den hl. Gregor Palamas* [*PG* 151, 573B–74D]).

Die Vertreter der beiden Seiten in der Hesychasten-Kontroverse hatten keine unterschiedliche Auffassung hinsichtlich der Notwendigkeit des ständigen Gebetes, aber sie verstanden darunter zwei verschiedene Dinge. Barlaam vertrat die Auffassung, daß Christen unablässig beten, wenn sie sich den Habitus (die seinsmäßige Grundhaltung) des Betens erwürben, und dies ist für Barlaam dasselbe wie das tiefe Bewußtsein, daß nichts ohne den Willen Gottes getan werden kann. Wenn Christen wissen, daß sie etwas nur tun können, wenn es auch Gottes Wille ist, dann beten sie ständig. Auf diese Art verlieh Barlaam dem ständigen Gebet einen passiven und letztlich intellektuellen Charakter, womit er natürlich den Widerspruch Palamas auf sich zog. Wenn das unablässige Gebet nichts mehr als das wäre, dann würde es auch der Teufel, der nie betet, ausführen, denn auch er weiß, daß es unmöglich ist, etwas ohne Gottes Zustimmung zu tun. Natürlich war auch für Palamas das Beispiel vom Teufel eine Übertreibung, aber der Zweck war, die aktive und existentielle Natur des Gebetes zu betonen.

Der Glaube, daß man nichts ohne Gott tun kann, ist nicht schon selber Gebet, aber die Voraussetzung für Gebet. Gebet ist eine aktive Äußerung der gesamten menschlichen Existenz, wenn sie, entflammt durch die Liebe Gottes, alles aufgibt, um Gott zu finden. Ständiges Gebet ist deshalb für Palamas nichts anderes als die ständige und lebendige Gemeinschaft eines Menschen mit Gott. Diese Gemeinschaft wird möglich, wenn ein Mensch das Geschenk des Gebetes erhält. Dieses Geschenk, das Gott denen gewährt, die in betender Askese wachsam sind, lebt ständig in ihnen, zieht sie manchmal in die Gemeinschaft und Einheit mit Gott hinein, zu anderen Zeiten betet es mit ihnen (*Triaden* 2.1.30–31).[16] So wird das immerwährende Gebet nicht als einseitige spirituelle Handlung des Menschen betrachtet, sondern als Ergebnis der Zusammenarbeit mit dem spirituellen Geschenk, das verborgen in denen wirkt, die beten.

Ein weiteres Charakteristikum des wahren christlichen Gebetes ist Reinheit. Reinheit des Gebetes entspricht der Reinheit des Herzens und des Geistes derjenigen, die beten. Wenn das Innere von Leidenschaften beherrscht wird, können Menschen sich Gott nicht nähern und seine Gnade nicht empfangen. Jedoch befreit von den Alltagssorgen und auf dem Weg zurück zu sich selbst, werden sie offen für die göttliche Gnade. Dann fühlen die Gläubigen ihre Schwäche und trauern. Christus hat die gesegnet, die wegen ihrer Sünden trauern und darum, daß sie die Erlösung durch ihre Sünden verloren haben. Deshalb wird solch eine Trauer gesegnet genannt.[17] In der asketischen Tradition wird gesegnete Trauer als Ergebnis der Gnade Gottes angesehen, aber sie setzt auch menschliches Mitwirken voraus in Form von Demut, Selbstvorwürfen, Mühsal, Fasten, Wachen und vor allem Gebet. Solch eine Trauer führt nicht zu düsteren Gedanken oder Verzweiflung, sondern wirkt im Gegenteil als erneuernde Kraft auf die Menschen und bringt ihren Seelen Frieden, Trost und Freude. Die Tränen, die aus dieser Trauer fließen, geben dem Gebet Flügel, und mit dem Gebet vereint erleuchten und reinigen sie das Innere der Gläubigen. Auf diese Weise ist wirkliches Gebet sowohl Mutter als auch Tochter der Tränen, und Fortschreiten im moralischen Leben eines Christen wird zu einer Synthese aus persönlichem Bemühen, unterstützt vom Gebet, und Gebet, das durch ständige innere Erneuerung und Verzicht auf Leidenschaften vollkommen und gereinigt wird.

Barlaam stimmte mit Palamas und der hesychastischen Tradition darin überein, daß Leidenschaftslosigkeit die Hauptbedingung für das Erreichen des vollkommenen Gebetes sei. Aber wie bereits angemerkt, vertraten die beiden Männer völlig konträre Auffassungen über die Bedeutung der Leidenschaftslosigkeit, und zwar wegen ihrer unterschiedlichen anthropologischen Grundannahmen. Barlaam war ein Anhänger der dualistischen Anthropologie, die den Körper als minderwertiges Instrument der Seele betrachtet. Er verstand Leidenschaftslosigkeit als die völlige Abtötung des leidensfähigen Teiles der Seele und lehnte jegliche Teilnahme des Körpers am Gebet ab. Im Gegensatz dazu faßte Palamas, Anhänger einer einheitlichen christlichen Anthropologie, Leidenschaftslosigkeit auf als die Hinlenkung der Leidenschaft vom Weltlichen zu Gott und beharrte darauf, daß jeder Mensch in seiner psychosomatischen Einheit an der »spirituellen Verehrung« durch das Gebet teilhat.

Da das Wort Gottes zu einem vollkommenen Menschen wurde und die gesamte menschliche Natur Gott werden ließ, muß jeder Mensch mit Gott zusammenarbeiten, um als einzelne psychosomatische Wesenheit vergottet werden. Das Reich Gottes wird in jedem gefunden. Der Geist Gottes dringt in das Herz eines jeden Christen und ruft »Abba, Vater.«[18] Warum sollte man dann versuchen, den Geist aus dem Körper herauszudrängen, und nicht daran arbeiten, ihn im Herzen zu sammeln, wo er mit dem Geist Gottes beten kann?

Hier liegt die Basis der psychosomatischen Gebetsmethode der Hesychasten. Um den Geist im Herzen noch mehr zu sammeln und das Gebet noch wirkungsvoller zu sprechen, saßen sie stundenlang mit an die Brust gedrücktem Kinn und ihren niedergeschlagenen Augen, während sie innerlich beteten und dabei das aus einem Satz bestehende Gebet benutzten, »Herr Jesus Christus, Sohn Gottes, erbarme dich meiner« (*Synodal-Buch* 1.47 [*PG* 151, 689A]). Gleichzeitig versuchten sie, ihr Atmen einzuschränken, damit der Geist nicht abgelenkt und seine Konzentration im Herzen gefördert würde. Durch die Ausführung dieses Gebetes wurden die Hesychasten zur Schau Gottes geführt, die der Höhepunkt und die Bestätigung der ersehnten Begegnung mit Gott ist.

Die Gottesschau vollzieht sich in einer Atmosphäre der gegenseitigen Ekstase, nämlich Gottes und dessen, der betet. In ihr übersteigen die Menschen sich selber und erblicken im Geist die Herrlichkeit des Schöpfers. Gott erlebt ebenfalls eine Ekstase, um sich seinem Geschöpf zu offenbaren. So vollzieht sich in der über-steigenden Ekstase des betenden Menschen und der herab-steigenden Ekstase Gottes ihre persönliche Begegnung und Vereinigung: »Unser Geist kommt dann aus sich selbst heraus und wird mit Gott vereint, nachdem er sich selbst überstiegen hat. Gott kommt ebenfalls aus sich selbst heraus und wird durch Herabsteigen mit unserem Geist vereint« (*Tiraden* 1.3.47).[19] Diese Gottesschau hat einen Anfang und eine

Folge, aber kein Ende. Ihr Anfang ist die einfache Erleuchtung durch das göttliche Licht, und was folgt, ist die dauerhafte Schau von der Herrlichkeit Gottes, die im Jenseits vervollständigt und vervollkommnet wird. Aber sogar dann wird die Schau von Gott keinen statischen Charakter haben. Die Heiligen, die an der Gnade Gottes teilhaben und immer empfänglicher für seine Herrlichkeit werden, genießen ohne Ende Gnade über Gnade (*Triaden* 2.3.35; 2.2.11).[20]

5. Das Hier und das Jenseits

Die Gottesschau im Jetzt hat eschatologischen Charakter. Wenn man für würdig befunden wird, die Herrlichkeit Gottes im gegenwärtigen Leben zu schauen, dann deshalb, weil man bereits in enger Verbindung mit Gottes Königreich steht und einen Vorgeschmack der himmlischen Schönheit bekommt. Die Gottesschau im jetzigen Leben ist das Versprechen der Gottesschau im himmlischen Reich. Die Gerechten, so meint Gregor Palamas, werden vom göttlichen Licht im Reich erleuchtet werden und als Frucht dieses Lichtes die göttliche Herrlichkeit Christi sehen können (*Predigt* 34 [*PG* 151, 432C]). Die Schau Gottes »von Angesicht zu Angesicht« stellt also nach Palamas keine Vision vom Wesen (ousia) Gottes dar, sondern von seiner Herrlichkeit (energeia). Diese göttliche Herrlichkeit, die der menschlichen Natur, die hypostatisch mit dem Wort Gottes verbunden war, ganz mitgeteilt worden ist, wird durch den Heiligen Geist für die Menschen partizierbar und sichtbar gemacht. Diese werden im Sakrament der Taufe wiedergeboren und bei der Kommunion von Christi vergöttlichtem Fleisch ein Leib mit Christus. So erhalten die Christen Anteil am neuen Leben in Christus und werden Bewohner des Reiches Gottes. Wenn Christen ein Leben führen, das die Verbindung mit dem Ursprung des wirklichen Lebens bewahrt, fürchten sie weder den Tod noch fühlen sie sich von dessen Macht bedroht. Das ungeschaffene Leben und die »Energie« Christi werden jedem Menschen zuteil, der mit ihm vereinigt ist. In solchen Menschen lebt und handelt Christus selbst. Die Bedürfnisse und Versuchungen des Lebens führen solche Menschen nicht zu Abstürzen oder Kompromissen mit der Sünde, sondern zu spirituellem Elan und zur Begeisterung über Gott. Das Hauptanliegen im Leben dieser Menschen ist das Aufrechterhalten einer ununterbrochenen Gemeinschaft mit Gott durch Gebet und heiliges Leben. Ihre einzige Ruhepause besteht in der mystischen Vereinigung mit Gott, aus der sie auch Kenntnis über das Ziel erhalten, auf das sie zugehen. Die Schau vom ungeschaffenen göttlichen Licht schenkt ihnen die Erfahrung des himmlischen Glanzes und der »von Angesicht zu Angesicht«-Schau Gottes.

Die Verklärung Christi ist das Versprechen, daß die Menschen im Jenseits Gott »von Angesicht zu Angesicht« schauen werden. Solch eine Schau wird möglich, weil Gott als Person persönlich handelt. Das ungeschaffene Licht, das Christus bei der Verklärung ausstrahlte, stellte keine undefinierte oder

unpersönliche Macht dar, sondern eine bestimmte persönliche Handlung des Wortes Gottes. Die Hesychasten sehen schon in ihren mystischen Erfahrungen das Licht des Berges Tabor, wie es alle Heiligen im Jenseits tun. Die Verklärung Christi als Versprechen für die direkte Schau Gottes enthält für Palamas wie auch für die alten Kirchenväter einen gewaltigen eschatologischen Sinn. Wie es die Lehre der früheren Kirchenväter weiß, fand er in diesem Ereignis die Erfüllung des Versprechens Christi, bald in Herrlichkeit zu kommen (Mt 16, 27–28; Gregor Palamas *Predigt* 34 [*PG* 151, 425B]). Wenn wir die Terminologie der heutigen Wissenschaft benutzen, können wir sagen, daß die Väter in der Verklärung Christi ein Beispiel »realisierter Eschatologie«[21] sahen. Da das Licht der Verklärung dasselbe ist wie das Licht im Reich Gottes und da es von Christus geoffenbart wurde und jetzt allen Menschen durch den Heiligen Geist überbracht wird, so ist das Reich Gottes in der Welt wahrhaft immer gegenwärtig. Doch hat das Kommen des Reiches Gottes, so merkt Palamas an, nichts mit einer räumlichen Bewegung zu tun, sondern mit Offenbarung. Das Reich Gottes ist überall gegenwärtig. Wenn ein Christ entsprechend vorbereitet ist, erhält er oder sie durch die Gnade Gottes die Offenbarung der Herrlichkeit des Reiches.
Als er die Worte Christi kommentierte, »einige, die hier stehen, werden den Tod nicht erleiden, bis sie den Menschensohn in seiner königlichen Macht kommen sehen« (Mt 16, 28), schrieb Palamas das Folgende:

> Der König aller ist überall, und sein Reich ist überall, so daß das Kommen seines Reiches nicht den Wechsel von einem Ort zum anderen bedeutet, sondern seine Offenbarung durch die Macht des Heiligen Geistes. Deshalb hat er gesagt »in seiner königlichen Macht kommen sehen«. Und diese Macht kommt nicht auf jeden herab, sondern auf diejenigen, die beim Herrn geblieben sind, d. h. diejenigen, die im Glauben an ihn verankert sind wie Petrus, Jakobus und Johannes. Aber auch diese drei wurden erst durch das Wort zu einem hohen Berg gebracht, um auf diese Weise die zu symbolisieren, die unseren niedrigen Zustand übersteigen. Aus diesem Grund zeigt uns die Schrift, wie Gott von seiner höchsten Wohnung herabsteigt und uns aus unseren Niederungen auf einen Berg erhebt, so daß er, der unendlich ist, zwar eindeutig, aber innerhalb eines Rahmens, von der geschaffenen Natur umgeben sein kann (*Predigt* 34 [*PG* 151, 428C–29A]).

So kann der Christ im jetzigen Leben schon ein Teilhaber der eschatologischen Herrlichkeit des Reiches Gottes sein und das Versprechen der direkten Schau Gottes erhalten.
Demzufolge erhält die direkte Schau Gottes durch die Menschen, die bereits im jetzigen Leben beginnt, im Reich Gottes ihre Erfüllung und Vollendung. Aber die Schau der Heiligen im Jenseits hat keinen statischen Charakter. Sie haben an der Gnade Gottes teil und werden durch diese Gemeinschaft stets empfänglicher für göttlichen Glanz, wodurch die Heiligen beständig Gnade über Gnade von Gott empfangen, der eine unendliche und unerschöpfliche Quelle ist.
Sicher kann Hesychasmus als strenge Disziplin nur von wenigen ausgeübt werden, aber er spiegelt trotzdem die tiefsten Wahrheiten der authentischen christlichen Ethik und des orthodoxen spirituellen Lebens gemäß dem

Geist der Lehre der Väter wider. Die Hesychasten versuchen innerhalb der Gabe zu leben, die der Mensch gewordene Sohn Gottes den Menschen dargeboten hat. Sie wollen die Gnade Gottes nicht durch die Werke von Stellvertretern gewinnen, da ja die Gnade frei zu den Menschen kommt, sondern sie möchten auf der Höhe ihrer Berufung bleiben, sich in ihrem eigenen Leben und ihren mystischen Erfahrungen den Sieg Christi über die Mächte des Bösen, der Korruption und des Todes zu eigen machen und in der Sphäre christlicher Freiheit bleiben. Das jedoch ist für jeden wahren Christen das eigentliche Ziel des spirituellen Lebens.

Anmerkungen

1 Die Unterscheidung nach dem lateinischen und griechischen Text von Gen 1, 26ff; es wurde gelesen: Der Mensch ist geschaffen nach dem »Bild und Gleichnis« Gottes, wobei Gleichnis von »gleich sein« her verstanden wurde; darauf baute man auf: natürliche Ähnlichkeit = Bild, und die durch Gnade geschenkte Ähnlichkeit = Gleichnis. [JS]

2 Vgl. Gregor Palamas, *Werke*, hg. von P. Chrestou, Thessaloniki 1962–72, 1:287.

3 Vgl. Gregor Palamas, *Predigt* 56, in: *Gregor Palamas, Erzbischof von Thessaloniki, 22 Predigten*, hg. von S. Oikonomos, Athen 1861, 206–8.

4 Vgl. *Werke*, 3:170–71

5 Vgl. Philoteus von Konstantinopel, *Lobrede auf den hl. Gregor Palamas*, in: *PG* 151, 571C, 547D.

6 Mehr über *hesychia* bei I. Hausherr, »L'hésychasme: Étude de Spiritualité«, *Orientalia Christiana Periodica* 32 (1956), 5–40, 247–85.

7 Vgl. *Triade* 2.2.2–3, in *Werke*, 1:509.

8 Arius lehnte in aristotelischer Logik das »Gott-gleich-Sein« Jesu Christi ab; damit ist auch das »Gott-gleich-Werden« der Christen nicht mehr möglich. [JS]

9 Eunomius legte in der Nachfolge des Arius dessen Lehre noch stärker nach aristotelischer Begrifflichkeit aus; dagegen betonten die Kirchenväter die Nicht-Erkennbarkeit Gottes und konnten deshalb auch die Gleichheit der Person Jesu Christi mit dem Vater in der absoluten Einheit Gottes vertreten. [JS]

10 *Diskurs* 72, hg. von I. Spetsieris, Athen 1895, 281.

11 Vgl. *Werke*, 3:267.

12 Vgl. *Werke*, 1:692–93.

13 Mehr zu diesem Thema bei J. Meyendorff, »Le thème du retour en soi dans la doctrine palamite du XIV siècle«, in: *Revue de l'Histoire des Religions* 145 (1954), 188–206.

14 I. Hausherr, »Comment priaient les Pères«, in: *Revue d'Ascétique et de Mystique* 32 (1956), 33.

15 Vgl. I. Hausherr, »L'hésychasme«, 36–37.

16 Vgl. *Werke*, 1:490–92.

17 Nach den Seligpreisungen der Bergpredigt, Mt 5, 3–11.

18 Nach Röm 8, 26f; 8, 15; Gal 4, 6.

19 Vgl. *Werke*, 1:458.

20 Vgl. *Werke*, 1:569, 517.

21 Die »realized eschatology« ist ein angelsächsischer Versuch, die besonders im Johannes-Evangelium auftauchenden Sätze vom Ende, das »jetzt« schon gegenwärtig ist, denkerisch zu fassen. [JS]

Das spätmittelalterliche Rußland: Die Besitzer und die Besitzlosen

Von Sergei Hackel

Die Moskauer Synode des Jahres 1503 hatte ihre Tagungsordnung Anfang September erledigt und war dabei, sich aufzulösen, als sie überraschend mit einem zusätzlichen, ungeplanten und doch überaus wichtigen Punkt konfrontiert wurde. Sollten die Klöster Land besitzen? Oder sollten sie nicht vielmehr enteignet werden? Es war Nil Majkov (1433–1508), der angesehene Mönchsälteste, der sich mit der Behauptung erhob, daß »Klöster keine Dörfer besitzen, Mönche in verlassenen Gegenden leben und ihren Lebensunterhalt durch ihrer Hände Arbeit verdienen sollten.«[1]

1. Wie die Synode debattierte

Es ist schwierig, die Debatten der Synode zu rekonstruieren. Es sind keine Aufzeichnungen mehr vorhanden, und die meisten Berichte über die Synode wurden einige Jahrzehnte später verfaßt. Nils eigene Rolle wird verschieden dargestellt, am häufigsten (und überzeugendsten) als die eines Abgesandten des Moskauer Großfürsten Iwan III. Natürlich wäre der Moskauer Staat der Hauptgewinner einer solchen Säkularisation von Kirchenland gewesen, die Nils Vorschlag implizit enthielt. Deshalb überrascht es nicht, wenn wir von einem berühmten Zeitgenossen, Wassian Patrikeew, erfahren, daß Iwan III. jede Anstrengung unternahm, um Nils Anwesenheit bei der Synode sicherzustellen. Iwans eigene (und bereits gut bekannten) Ansichten zu dieser Frage wären auf einer unwilligen Synode viel weniger beachtet worden als die eines Kirchenmannes wie Nil, der für Integrität und Uneigennützigkeit bekannt war. Und tatsächlich, wenn es keinen Nil auf der Synode gegeben hätte, wäre es klug gewesen, einen zu erfinden; einige Historiker haben in der Tat die Meinung vertreten, daß genau dies passiert sein mag.

Wie dem auch sei, Nil war der richtige Mann, den man als Aushängeschild benutzen konnte. In denjenigen Werken, die von ihm noch erhalten sind, wird zugegebenermaßen nicht auf die politischen und ökonomischen Gründe zur Abschaffung des klösterlichen Grundbesitzes eingegangen. Aber seine gesamte Spiritualität basiert auf der Freiheit, die aus persönlicher und gemeinschaftlicher Armut erwachsen soll: völliges Fehlen von Geiz oder Besitzstreben irgendeiner Art.

Die Frage nach dem kirchlichen Besitz war noch niemals mit solcher Entschiedenheit oder solchen Vorbehalten behandelt worden. Im Gegenteil, Nils Gegner konnten zeigen, daß auf vorausgegangenen russischen (genauso wie auf byzantinischen) Synoden jede Menge Argumente gegen Nils

Sichtweise gefallen waren. Er stand aber trotzdem nicht allein. Kein Geringerer als der Metropolit Cyprian von Kiew und ganz Rußland (gest. 1406) hatte einmal dem Abt Athanasius von Wysozkoe eine Äußerung zukommen lassen mit dem Inhalt, daß »der Besitz von Dörfern und Leibeigenen durch Mönche keinen Bestandteil der Tradition bildet, die durch die heiligen Väter überliefert worden ist.« Er fragt, ob es »für diejenigen, die sich einmal der Welt und ihren Dingen abgewandt haben«,« möglich sei, »sich erneut mit weltlichen Dingen zu befassen.« Der Besitz von Dörfern oder anderem Eigentum konnte nur als Abschwächen der Regel, als ein Verfall, angesehen werden.[2] Ähnlich wurde (unbeweisbar, aber zweifellos glaubwürdig) der hl. Kyrill von Beloosero (1337–1427) von Nils Zeitgenossen als jemand dargestellt, der kein bewohntes Land für seine Klostergründung akzeptieren wollte. Es wird gesagt, daß er einmal eine Schenkung Korn akzeptiert habe. Bei einer anderen Gelegenheit machte er die etwas zweideutige Äußerung: »Ich verlange während meines Lebens keine Dörfer. Aber wenn ich von euch scheide, tut, was ihr wollt.«[3]

Darüber hinaus gab es russische häretische Bewegungen – deren Anliegen Iwan III. eine Zeitlang unterstützt hatte –, die öffentlich gegen den Landbesitz von Klöstern predigten, was bei ihnen eher aus der Ablehnung des Mönchtums an sich stammte. Sie lenkten also nicht nur die Aufmerksamkeit auf dieses Problem, sondern sie lieferten unbeabsichtigt Nils Gegnern Argumente gegen ihn.

Außerdem ging es den russischen Vorgängersynoden nicht genau um den Kern der Sache; denn in dem Jahrhundert vor Nils Geburt hatte sich die russische Lage erheblich verändert.

Die Mongoleninvasion im 13. Jahrhundert und die sie begleitende Zerstörung und Demoralisierung hatten die festen Normen des Klosterlebens ernsthaft zerrüttet. Vorher waren die Klöster fast konstant städtische Gründungen gewesen und standen unter der Schutzherrschaft eines örtlichen Fürsten. Mit dieser Unterstützung und Ausstattung wurde von ihnen erwartet, daß sie eine positive Rolle im sozialen Leben der Gegend spielen sollten. Aber im Laufe des 14. Jahrhunderts gab es eine außerordentliche Wiederbelebung des Klosterlebens, die gleichzeitig das Ausprobieren neuer Wege beinhaltete. Viele Dutzende von Neugründungen wurden abseits der bestehenden Zentren der Zivilisation errichtet, in der unbewohnten oder bis dahin kaum bewohnten Wildnis, der die russischen Mönche die anschauliche Bezeichnung »Wüste« verliehen. Darüber hinaus waren sie anfänglich Selbstversorger und in jeder Hinsicht wirtschaftlich unabhängige Einheiten. Es war eine Wiederbelebung, die speziell mit dem Namen eines Mannes verbunden war, Sergej von Radonez (ca. 1314–1392).

2. Der heilige Sergej von Radonez

Sergej hat keine Schriften hinterlassen, und seine Meinung muß im wesentlichen aus der Biographie rekonstruiert werden, die einer seiner unmittelbaren Nachfolger verfaßt hat. Nach dieser gefilterten Sichtweise hat Sergej im Grunde genommen die Entwicklungsstufen der monastischen Geschichte innerhalb weniger Jahre wiederholt. Zu Beginn begab er sich mit seinem Bruder in die »Wüste«, um dort Abgeschiedenheit und Stille zu finden. Nachdem sein Bruder ihn verlassen hatte, machte Sergej mehrere Jahre lang all die Prüfungen und Versuchungen der Berufung eines Einsiedlers durch. Erst dann erklärte er sich widerwillig mit der Gesellschaft von Mitbrüdern einverstanden, und um ihn herum entstand eine locker organisierte Gemeinschaft oder »Sketis«[4]. Schließlich ließ er sich dazu überreden, vermutlich durch die Beharrlichkeit des Patriarchen von Konstantinopel selbst, die *Regel des Studitenmönchtums* (Kloster Studiu in Konstantinopel) einzuführen und so sein Dreifaltigkeitskloster in eine zönobitische[5] Gemeinschaft umzuwandeln. Es war im Begriff, sich von angestrebter Armut zu ungewohntem und zunächst unfreiwilligem Wohlstand zu bewegen.

Es bleibt unklar, ob Sergej selbst grundsätzlich ein Besitzloser blieb: Es ist gut möglich, daß sein Kloster zu seinen Lebzeiten keine Dörfer besaß, wie sehr sich das auch in den kommenden Jahren ändern sollte. Auf jeden Fall vollzog sich das Wachstum der Gemeinschaft und die entsprechende Zunahme in der öffentlichen Achtung in keiner Weise auf Kosten von Sergejs persönlicher Einfachheit, Demut und Gnadengaben. Diese werden in den Aufzeichnungen seiner mystischen Erfahrungen deutlich seinen späteren Lebensjahre zugeordnet.

Der Leser der Biographie Sergejs wird über das Wesen und den Rahmen dieser Erfahrungen, den ersten, die von einem russischen Heiligen berichtet werden, im unklaren gelassen. Die herausragendste beinhaltete eine Vision der Muttergottes, die sich verpflichtete, die himmlische Patronin des Dreifaltigkeitsklosters zu sein. Aber im Grunde bestanden sie alle aus irgendeiner Schau von Licht, was vermuten läßt, daß sie das Ergebnis hesychastischer Übungen und Gebete sein könnten. Es überrascht nicht, daß die Klosterbibliothek nicht nur slavische Übersetzungen aus dem 15. Jahrhundert besaß, sondern, was wichtiger ist, Übersetzungen des 14. Jahrhunderts von Werken solcher hesychastischer Meister wie Symeon dem Neuen Theologen und Gregor vom Sinai.

Mithilfe solcher Übersetzungen (und die Zahl byzantinischer Texte, die in slavische Sprachen übersetzt wurden, sollte sich in der Zeit von 1350 bis 1450 noch verdoppeln) begann der Hesychasmus in die russische Welt einzudringen. Solche Übersetzungen kamen vom Berg Athos, möglicherweise aus Konstantinopel, ganz zweifellos aus Bulgarien. Aber noch bedeutsamer waren die persönlichen Überbringer dieser Lehren, die auch die Texte lieferten, unter ihnen der genannte Metropolit Cyprian, selbst ein bulgarischer Übersetzer mit Athos-Erfahrung.

Zur Zeit Nils, ein knappes Jahrhundert später, bestand das schwankende Gleichgewicht, das zwischen den verschiedenen Elementen in der Ordnung der Gemeinschaften aufrechterhalten worden war – zwischen dem ursprünglichen eremitischen Geist und der nachfolgenden zönobitischen

Praxis –, nicht mehr und konnte auch nicht wiederhergestellt werden. Die geistlichen Führer bei der Synode des Jahres 1503 sahen sich anscheinend starren Alternativen gegenübergestellt. Und Nils persönliche Haltung (»Klöster sollten keine Dörfer besitzen«) war der Ausdruck dessen, was eine dieser Alternativen mit sich zu bringen und zu fordern schien.

3. Der heilige Nil Majkov

Nil selbst war ein Vermittler der byzantinischen hesychastischen Lehre und Erfahrung. Wir kennen keine Einzelheiten aus seinem Leben, aber er besuchte sowohl Konstantinopel als auch den Berg Athos – und das nach der großen Blüte zur Zeit der Hesychasten-Patriarchen des 14. Jahrhunderts. Es kann sogar sein, daß er sich weiter wagte – nach Palestina, wenn nicht gar zum Sinai selbst, und auf diese Weise *in situ* (am Ort) erlebte, was er auf jeden Fall in der lebendigen Tradition der orthodoxen Kirche wahrgenommen haben mußte: die frühen Normen des Mönchtums, wie sie in der *Regel des hl. Sabbas* (gest. 524) oder den Schriften des hl. Johannes Climacus (580–650), Abt des Sinai-Klosters, bewahrt wurden.

Nach der Rückkehr in sein Heimatland schrieb Nil nicht nur über das monastische Leben, sondern setzte sich auch für dessen Erneuerung ein. Doch die bloße Tatsache, daß er überhaupt schrieb, war schon bedeutsam. In der langen Geschichte des russischen Christentums (die Bekehrung der Kiewer Rus[6] begann am Ende des 10. Jahrhunderts) waren seine Schriften die ersten, die sich ausdrücklich und ausführlich mit dem spirituellen Leben befaßten.

Das heißt nicht, daß der Inhalt originell ist. Nil blieb immer der treue Erläuterer und das selbsternannte Sprachrohr seiner spirituellen Meister. Die wichtigsten waren Johannes Climacus, Johannes Cassian »der Römer«, Isaak von Syrien, Symeon der Neue Theologe und Gregor vom Sinai. Sie waren Autoren, deren Werke Nil selbst oder auch sein Anhänger und Mitarbeiter Juri Tuschin von Beloosero (ca. 1452–1526) übertrugen. Von den Werken, die seinen eigenen Namen tragen, läßt sich sagen, daß sie den Stempel seiner Persönlichkeit erkennen lassen. Die Patina, die sie überzieht, ist das Ergebnis seiner Einsichten, Erfahrungen und seines Urteilsvermögens.

Nil begann seine Laufbahn als Mönch im St. Cyril-Kloster in Beloosero, und er kehrte nach seinen Auslandsreisen wieder dorthin zurück. Diese Reisen hatten ihn offensichtlich davon überzeugt, daß ein komplexes, gut belegtes und immer wohlhabender werdendes Kloster wie das St. Cyril-Kloster der inneren Ruhe und deshalb dem Gebet nicht besonders dienlich war. Daraufhin begab er sich an einen unwirtlichen Ort einige Kilometer entfernt, zu dem »der Zugang für die weltlich Gesinnten schwierig« war.[7] Dort ließ er sich irgendwann während der 70er oder 80er Jahre des 15. Jahrhunderts in einer Athonitischen Sketis nieder. In der Nähe befand sich der Fluß Sora – daher sein gebräuchlicher Beiname »Sorskij«, Nil von der Sora.

16. *Der heilige Sergej von Radonez* (Ikone, Rußland, 20. Jahrhundert; Gemeinschaft von St. Denis und St. Seraphin in Paris)

17. *Verkündigungs-Kathedrale* (1482—1490), *Mariä-Himmelfahrt-Kathedrale* (1479) *und Erzengel-Kathedrale* (1505), *Moskau* (von links nach rechts)

Ein paar Anhängern wurde der Zugang zu seiner Sketis vorsichtig gestattet; erheblich mehr wurden abgewiesen. Alle sollten in einer locker organisierten Gemeinschaft leben, deren grundlegende und unabhängige Einheit aus zwei oder drei Mönchen bestand. Jede konnte einen Ältesten bestimmen und wurde dazu auch ermutigt, aber einen Abt oder eine wie auch immer geartete Hierarchie gab es nicht. Nil bevorzugte den Ausdruck »Brüder« für seine Gefährten. »Ich gebe euch diesen Namen lieber als »Schüler«, schrieb er, »da wir nur einen Lehrer haben, den Herrn Jesus Christus, den Sohn Gottes.«[8] Dessen Wille sollte in den geheiligten Schriften gesucht werden, auch wenn (oder vor allem wenn) kein gewöhnlicher geistlicher Führer zur Verfügung stand.

Nil drang darauf, daß auch die anscheinend alten Schriften sorgfältig geprüft werden sollten, denn »Schriften gab es viele, aber nicht alle sind göttlich.«[9] So sprach der Zeitgenosse der »Nowgorod-Moskau«-Häresie, außerdem der auf merkwürdige Art moderne und doch völlig orthodoxe Herausgeber der heiligen Texte, die sein Skriptorium durchliefen. Es war seine Verpflichtung, wie er es ausdrückte, authentische Versionen unter den Textvarianten zu erkennen.[10] Aber er wollte sich in keiner Weise gegen die Kirche aufspielen oder ihre Tradition manipulieren, sondern dieser auf bestmögliche Weise Ausdruck verleihen.

Das Leben in der Sketis befaßte sich notwendigerweise mit dem Kampf gegen die Sünde, und Nil verfaßte zu diesem Zweck ein Handbuch des spirituellen Kampfes. Darin führt er acht Hauptversuchungen an: Völlerei, Unzucht, Habgier, Zorn, Traurigkeit, Akedia (krankhafte Depression oder Verzweiflung), Prahlerei und Stolz. Unter jeder Überschrift liefert er ausführlichen Rat, wie man dagegen angehen könne. In allen Fällen ist fortwährende Wachsamkeit notwendig, unterstützt von ständiger, wenn auch mäßiger Askese. Solche Wachsamkeit soll die Abwendung von Gedanken einschließen, die sich letztendlich zu Versuchungen entwickeln können und die auf alle Fälle ablenkend wirken. Darüber hinaus muß das Herz von jeglichen Gedanken freigehalten werden, seien es gute oder böse. Dieses Freiwerden von Gedanken, wie unvollkommen es auch sein mag, ist die notwendige Voraussetzung für den inneren Frieden (*hesychia*), aus dem heraus, und nur aus dem heraus, wahrhaftes Gebet entstehen kann. Der Vollzug des wahrhaften Gebetes kann vom »Geschenk der Tränen« begleitet sein, einem Geschenk Gottes, wie Nil betont, nicht nur das Ergebnis von Reue; es »erhebt den Geist, es bewirkt Trost und Freude aus dem Inneren heraus«.[11]

Nil empfahl dringend den Gebrauch des Jesus-Gebetes. Er führte es bei seinen russischen Lesern aber nicht als erster ein; die Russen waren damit seit wenigstens der Mitte des 11. Jahrhunderts vertraut. In Übereinstimmung mit seinen hesychastischen Lehrern konnte Nil es in einen neuen Zusammenhang stellen. Der Wortlaut ist nicht so wichtig wie die Art und Weise, in der er gebraucht wird. Nil hat keine Vorliebe für irgendeine der Formulierungen, die er zitiert: »Herr Jesus Christus, erbarme dich meiner«; »Herr Jesus Christus, Sohn Gottes, erbarme dich meiner«; oder »Herr Jesus Christus, erbarme dich meiner, des Sünders«. Vielmehr duldet er es, diese mit-

einander zu variieren. Er bevorzugte auch keine Haltung beim Aufsagen des Gebetes. Die Hauptsache sei, so betont er, das Gebet so zu sprechen, »wie es am passendsten ist«. Vor allem, wenn er kurz auf die Kontrolle der Atmung des Ausführenden eingeht und empfiehlt, »den Geist im Herzen aufzunehmen«, wird es ganz deutlich, daß er nicht mehr von einem Stoßgebet unter vielen spricht, sondern von einem tief verinnerlichten Gebet, einer wichtigen und bleibend notwendigen Stufe auf dem Weg zur *theosis*, Vergöttlichung.[12]
Wir können nur darüber spekulieren, ob Nil selbst in der Lage war, einen Vorgeschmack der *theosis* zu erhalten. Er vermied diese Frage nicht, aber es ist typisch für ihn, daß er sich lieber hinter einer seiner üblichen Quellen versteckte; der Gebrauch der ersten Person Singular ist deshalb mit Vorsicht zu genießen und mit Anführungszeichen zu versehen. Aber könnte er nicht auf der Suche nach dem Unsagbaren (»Welche Zunge kann es ausdrücken? welcher Geist es erfassen?«[13] Dankbar das fertige Vokabular anderer geborgt haben, auch wenn er selbst eine vergleichbare Erfahrung gemacht hatte? Wenigstens kann gesagt werden, daß sein sicherer Umgang mit dem geliehenen Vokabular – das vollständig zu Symeon dem Neuen Theologen gehört – nahelegt, daß dies nicht zu schnell unberücksichtigt gelassen werden sollte. Auf jeden Fall muß Symeons Lichtvision Nils tiefstem Sehnen entsprochen haben:

Während ich in der Mitte meiner Zelle sitze, sehe ich ein Licht, daß nicht von dieser Welt ist. In mir nehme ich den Schöpfer der Welt wahr. Ich rede mit ihm, liebe ihn und erhalte durch diese eine Schau reiche Nahrung. Ich vereinige mich mit ihm und werde so über die Himmel erhoben. Dies weiß ich mit aller Klarheit und Gewißheit. Aber ich weiß nicht, wo zu solch einer Zeit der Körper ist [...]. Denn Gott liebt mich, er hat mich in sein eigenes Sein aufgenommen und verhüllt mich in seiner Umarmung [...]. Es ist nicht nur kein Wunsch da, in einem solchen Zustand seine Zelle zu verlassen; man verspürt ein Verlangen, sich tief in irgendeiner Höhle unter dem Boden zu verkriechen und dort, losgelöst von vertrauten Welten, meinen unsterblichen Herrn und Schöpfer lange zu betrachten.[14]

Nils innerer Weg ließ wenig Raum für irgendeinen öffentlichen Auftrag. Bei seltenen Gelegenheiten (»wenn ein Bruder irgendeine Mitteilung von uns möchte, wenn er wahrhaft nach dem Wort Gottes verlangt und wir es besitzen«) kann der Mönch als Lehrer handeln; »wir müssen ihm allerdings nicht nur das Wort Gottes geben [...], sondern unsere eigene Seele.«[15] Aber im allgemeinen besteht die Rolle des Kontemplativen darin, in sich selbst eine Ermahnung zu sein, ein Beispiel, ein Wegweiser. Sogar in Hinblick auf Häretiker muß die Rolle des Kontemplativen ganz passiv sein. Denn wenn man nichts mit den Besitzenden zu tun haben soll, »gewöhnliche Freunde und weltkluge Männer und solche, die sich mit nichtigen Sorgen wie dem Vergrößern des klösterlichen Wohlstandes oder des Landbesitzes befassen«,[16] und wenn man diese irregeführten Kirchenglieder nicht einmal tadeln oder korrigieren soll, wieviel weniger gilt dies in Hinblick auf die Häretiker. Am allerwenigsten sollte man diese verfolgen oder unterdrücken. Im Gegenteil, wie Nils enger Vertrauter Wassian Patrikeew in bezug darauf schrieb: »Wir kennen wahrhaftig die Gnade Gottes und wissen, daß Gott alle retten möchte und jeden Sünder die Wahrheit durch die Reue verstehen lassen möchte.«[17]

Wenn die mönchische Sketis sich nicht mit irgendeinem öffentlichen Auftrag befassen soll, dann soll sie sich auch nicht mit Werken der Nächstenliebe befassen. Es war wiederum Wassian, der die Ansicht der Besitzlosen in dieser Frage wiedergab. »Mönche sollten in der völligen Abwesenheit von Besitztümern leben, in Armut und ohne irgendwelchen Luxus«, schrieb er. »Sie sollten weder Reichtum anhäufen noch überflüssige [Mittel für] Almosen haben. Sie sollten nur das behalten, was für die Kirche notwendig ist [...].«[18] Doch sogar hier gab es ungewöhnliche Beschränkungen, die untypisch für das russische Mönchtum waren. So sollten zum Beispiel Gold und Silber, auch für die heiligen Gefäße, vermieden werden. Ausgaben für solche Gegenstände und Materialien waren unangebracht, denn, so bemerkt Nil, nach Johannes Chrysostomus sollten diese zuallererst den Bedürftigen zukommen. Nil gefällt es offensichtlich, den Zusatz des Chrysostomus zu zitieren, der lautet, daß »niemand jemals für das Nicht-Schmücken einer Kirche bestraft worden ist.«[19]

Nils Widerstreben aus Überzeugung, sich mit sozialen Problemen zu befassen, hob ihn sehr deutlich von seinen Gegnern ab und markierte eine Abweichung von einer alten russischen Tendenz. Die Erinnerung an den hl. Theodosius (gest. 1074) und seine wöchentlichen Besuche der Kiewer Gefängnisse mit einem Karren voller Brot hatte sich dem Gedächtnis russischer Christen seit frühen Tagen eingeprägt. So sollte die Ermahnung des Theodosius – »Es wäre gut für uns, wenn wir die Armen und die Wanderer mit der Frucht unserer Mühen nähren und nicht in Müßiggang leben und von Zelle zu Zelle schlendern würden«[20] – ihr stärkstes Echo unter Nils Gegnern finden, sowohl bei der Synode 1503 als auch in deren Nachwirkungen.

Auf der Synode selbst wurde Nil von einigen Ältesten der Beloosero-Gegend und auch von zwei Bischöfen unterstützt. Dabei rückten die russischen Hesychasten vorübergehend ins Rampenlicht der allgemeinen Öffentlichkeit und wurden unverhältnismäßig stark mit dem Prinzip der Besitzlosigkeit in Verbindung gebracht, auch wenn dies im Dienst ihres Hauptanliegen, des Gebets, stand. Doch lag es zumindest teilweise an ihrer Zugehörigkeit zu den Besitzlosen und ebenso an ihrer gemäßigten Haltung den Häretikern gegenüber (was zu Anschuldigungen führte, daß sie diese nicht nur schützten, sondern unterstützten), daß die Nilitischen Sketen von der neuen Führungsschicht seit den 30er Jahren des 16. Jahrhunderts schikaniert und an den Rand gedrängt – wenn nicht sogar tatsächlich unterdrückt – wurden. Zu den herausragendsten Anhängern oder Gefährten Nils, die darunter leiden mußten, gehörten Wassian Patrikeew, der 1546 an den Folgen seiner Gefangenschaft im Besitz habenden Kloster von Wolokolamsk starb, sowie Maksim Trivolis »der Grieche« (ca. 1470–1556). Dieser, der viel verleumdet und von seinen Moskauer Aufsehern mißhandelt wurde und für fast ein Vierteljahrhundert im Gefängnis saß, wurde später wegen seines unschuldigen Leidens verehrt, vor allem im Kloster des hl. Sergej, das als seine letzte Zufluchtsstätte diente.

Nil selbst hatte lange vorher schon vom Leiden als der Möglichkeit der Reinigung gesprochen. Es war nicht erlaubt, um der Wahrheit willen zu töten, wie er zur Verteidigung der Häretiker argumentierte. Aber man sollte immer bereit sein, dafür zu sterben. Er erinnerte einen politisch in Ungnade gefallenen Schüler daran, daß es »ein Zeichen der Liebe Gottes sei, daß jemand leiden solle, weil er die Wahrheit verbreitet hat. Denn es gibt ihm Gelegenheit, am Leiden Christi teilzuhaben, wenn er Schmerz um seinetwillen durchmacht, und es macht ihn den Heiligen ähnlich. In der Tat, Gott begünstigt nur die, die ihn so lieben, daß sie sich selbst durch Schmerz erproben.«[21]

Die Bewegung, die von Nil verkörpert und erhalten wurde, überlebte die darauffolgenden Jahrhunderte als Unterströmung des russischen Kirchenlebens zahlenmäßig ganz gering. Erst am Ende des 18. Jahrhunderts sollte sie eine dramatische Wiedergeburt erleben und Nil selbst ganz unspektakulär zu den Heiligen gezählt werden.

4. Der heilige Joseph Sanin

Als Ergebnis der Synode von 1503 akzeptierte der Moskauer Staat widerstrebend, daß klösterliches oder anderes Kircheneigentum unveräußerlich sei oder wenigstens vorerst im Besitz seiner Eigentümer bleibe. In dieser Hinsicht sollten die Russen bald von Schweden (1527), Dänemark (1536) und England (1536–1539) überholt werden, wo die Säkularisation kirchlicher Ländereien als wesentlicher Bestandteil der Reformation rasch voranging. Im Gegensatz dazu erhielten diejenigen Moskauer Mönche, die kraftvoll gegen die Säkularisation argumentierten – die Mehrheit bei der Synode von 1503 –, wachsende und unerwartete Bedeutung für Kirche und Staat gleichermaßen und verknüpften beide immer stärker miteinander. Höchst bedeutsam unter diesen war der hl. Joseph Sanin (1439–1515), Abt und Gründer von Wolokolamsk.

Zum Zeitpunkt seiner Gründung im Oktober 1479 besaß das Kloster von Wolokolamsk bereits drei Dörfer. Bis Januar des folgenden Jahres sollten seinem Besitz noch mehr hinzugefügt werden; der Reichtum wuchs in den folgenden Jahren ungehindert und kontinuierlich an. Es gab nie einen Zweifel über den Standpunkt Josephs bezüglich dieser Frage. Aber ein grundbesitzendes, geschäftiges und leistungsfähiges Kloster brauchte, im Gegensatz zu Nils Sketis, eine Regel, um seine Angelegenheiten zu organisieren. Zwei *Regeln* Josephs sind erhalten geblieben, von denen die kürzere und ältere innerhalb der Gemeinschaft für den größten Teil seines Lebens in Gebrauch war, während die zweite als deren Überarbeitung in Josephs letzten Jahren vorbereitet wurde. Jede spricht in ähnlichen Worten von der guten Ordnung, die Joseph über alles stellte und förderte.

Der allererste Satz seiner kürzeren *Regel* drückt bereits sein Anliegen aus, daß »alles im gemeinschaftlichen Leben schicklich und in Übereinstimmung mit den Regeln getan werde.«[22] Später betont er sogar deutlicher den Vorrang eines gut geregelten Verhaltens gegenüber dem inneren Verstehen: »Befassen wir uns zuallererst mit der richtigen Sicht und dem richtigen Ordnen der Dinge und dann mit innerer Aufmerksamkeit und Gehorsam.«[23] Joseph kehrte also die Haltung Nils um, für den die äußere Ordnung des Lebens gegenüber der inneren niemals eine vergleichbare Bedeutung haben konnte, geschweige denn den Vorrang. Joseph versuchte sogar, die Haltung seiner Mönche beim öffentlichen Gebet festzulegen. »Drückt eure Hände gegeneinander und stellt eure Füße zusammen«, sagte er ihnen, »schließt eure Augen und konzentriert euch.«[24] Er bestand auch darauf, daß liturgische Pflichten unverzüglich und genau erfüllt wurden. All das soll durch Gottesfurcht gestützt werden. Denn »Erlösung, meine Brüder, ist für die unmöglich, die die ehrfurchtgebietenden Drohungen Gottes und seinen gerechten Zorn nicht fürchten.«[25] Es ist die Aufgabe des Abtes, Gottes Willen zu vermitteln; Widerstand gegen ihn muß als Widerstand gegen Gott interpretiert werden, und der Teufel führt durch Unabhängigkeit in Versuchung. Ein Teil der Formulierungen Josephs sprechen von dem, was G.P. Fedotow einmal als Phobos (Furcht)-Religion bezeichnet hat. Das System ist begrenzt, unflexibel und fordert unerbittlich, auch da, wo es merkwürdigerweise unterschiedliche, aber genau definierte Kategorien von Mönchsgewändern oder Nahrung gestattet, wie in der späteren *Regel.*

Es befaßt sich auffälligerweise wenig mit dem inneren Leben. Es gibt keine offenkundige Erwartung, noch weniger ein Empfehlen von irgendeiner Art mystischer Erfahrung. Trotzdem hat es den Anschein, als ob Joseph, seinem *Leben* nach zu urteilen, das Jesus-Gebet empfahl und selbst pflegte. Ein Text, der normalerweise ihm zugeschrieben wird, enthält eine erstaunliche Aussage über die vielseitige Anwendung des Gebetes:

> Wo immer du bist, mein Geliebter, ob du zu Wasser oder zu Land unterwegs bist, ob du zu Hause bist, spazierengehst, sitzt oder schläfst, an was für einem Ort du dich auch aufhältst, bete ohne Unterbrechung mit einem reinen Gewissen die Worte: »Herr Jesus Christus, Sohn Gottes, erbarme dich meiner«, und Gott wird dich erhören: denn sein ist die Erde und deren Ende.[26]

Dieser Text wird auch Nil Sorskij zugeschrieben, was allerdings seine Bedeutung in diesem Kontext einschränken würde.

Deutlich und unbestreitbar wichtiger war für Joseph der Gottesdienst, der die Grundlage und Motivation für all die Aktivitäten der Gemeinschaft darstellte. Im Gegensatz zur Haltung Nils wurde Kirchenschmuck bereitwillig akzeptiert, und Joseph hatte keine Bedenken, sakrale Gegenstände zu benutzen, die aus »Gold und Silber und Perlen« gemacht waren.[27] Diese würden alle die Herrlichkeit Gottes ausdrücken, aber sie würden auch einen Teil der Investitionen der Gemeinschaft darstellen, wie Joseph deutlich in einem seiner Briefe feststellt.[28] Denn die Gemeinschaft ist ganz offen und bewußt eine besitzende.

Die einzelnen Mitglieder sollten aber nicht von den gemeinschaftlichen Besitztümern profitieren. Sie sollten, nach der kürzeren *Regel*, die später etwas modifiziert wurde, tatsächlich gar keinen persönlichen Besitz haben. Es sollte keine Rede sein von »dein« oder »mein«, von »das gehört diesem« oder »jenem«; nicht umsonst werde dies das gemeinsame Leben genannt, schrieb Joseph, »da sich alles in gemeinschaftlichem Besitz befindet.«[29] In dieser ersten *Regel* zitierte er die Bemerkung des Mönches Evagrius, die lautet, daß »ein bestimmter Bruder nur den Evangeliumstext besaß, den er verkaufte und [den Erlös] den Armen mit den Worten gab: ›Ich habe das verkauft, was immer zu mir sagte: Verkaufe, was du hast, und gib den Armen‹.«[30] Aber während Nils Prinzip darin bestanden hätte, das mönchische Leben mit dem Verschenken aller weltlichen Güter zu beginnen, war es Josephs Absicht, dem Klosterleben Kontinuität zu verleihen. Auf diese Weise zollte er dem Beispiel Respekt, das nicht nur der hl. Theodosius gegeben hatte, sondern auch, und vor kürzerer Zeit, der hl. Sergej, derselbe, der seine Schüler nachdrücklich aufgefordert hatte, »Fremde zu bewirten« (Hebr 13, 2).

Kein anderer stellte die Kirche mit ihren festen Strukturen in den Dienst der Bedürftigen wie Joseph. In einem Brief spricht er von sechs- oder siebenhundert Menschen, die er jeden Tag mit einer Mahlzeit versorgt; während einer Hungersnot fanden Tausende in seinem Kloster Zuflucht. Es versuchte zu allen Zeiten, eine Quelle wirtschaftlicher Hilfe zu sein, eine Stütze für Entwicklungen, ein Zufluchtsort für die Benachteiligten. War nicht Christus in dem, der hungerte, der Durst hatte, der kein Zuhause hatte, der krank war, der im Gefängnis war? Joseph erinnerte in seiner kürzeren *Regel* den Leser an die entsprechende Stelle im Evangelium (Mt 25, 35–40). Die Andeutung war offensichtlich, und es bestand keine Notwendigkeit, etwas zu kritisieren: Der Dienst von Josephs Gemeinschaft war ein wesentlicher Bestandteil des christlichen und deshalb des monastischen Lebens. Josephs Spiritualität hatte deshalb ihre notwendige, sichtbare und lobenswerte praktische Seite.

Aber es gab auch eine dunkle Seite seiner Spiritualität, die sogar der doch so weiten Natur seiner Nächstenliebe eine Grenze setzte. Mehr noch, es war nicht nur eine Grenze. Wenn er mit Häretikern zu tun hatte, weigerte er sich radikal, mit ihnen Nahrung zu teilen; mit dieser Einschränkung konnte sich Joseph wenigstens noch auf apostolische und patristische Zustimmung berufen. Aber er ging noch weiter: Es ging um Unterdrückung und um Ausgrenzung.

Joseph war nicht unbeeinflußt von bejahenden Berichten der zeitgenössischen spanischen Inquisition (und in dieser Hinsicht in Übereinstimmung mit seinem ehemaligen Bischof, Gennadius von Nowgorod) und bestand darauf, daß die endgültige Ausrottung der Häresie nur mit der physischen Vernichtung der Häretiker zu leisten sei. Darüber hinaus (und darin zeigte sich seine Strenge in ihrer extremsten Form) sollte jeglichen Reueversuchen, die die Häretiker unternehmen könnten, mißtraut werden; sie sollten eher ignoriert werden.[31]

Die Hinrichtungen, die nach einer weiteren Synode 1504 schließlich stattfanden, waren ein neuer Sieg der Sache Josephs. Aber der kalte Rigorismus und die gewundene Rhetorik, die den Weg dafür bereiteten, schlugen nicht zugunsten Josephs aus, und die Ältesten, die Nils Auffassung vertraten, machten sogleich darauf aufmerksam. Sie argumentierten, daß Christus selbst von seinem Apostel verlangt hatte, nicht nur siebenmal, sondern siebenundsiebzigmal zu vergeben (Mt 18, 21–22). Solche Gnade könne nur gepriesen werden, und man müsse versuchen, ebenso zu handeln.[32]

Nichtsdestoweniger war die schmerzhafte Trennung zwischen den Schulen Nils und Josephs nicht absolut und ausschließlich. Sogar die Schreiber des Wolokolamsker Klosters kopierten Texte von Nil. Darüber hinaus schrieb Nil selbst Josephs Schriften ab und stimmte ihnen wenigstens insoweit zu. Auch wenn diese ungleichen Richtungen der russischen Spiritualität, die vielleicht einmal von einer Persönlichkeit mit Sergejs Format miteinander hätten versöhnt werden können, nun dazu bestimmt waren, sich auseinanderzuentwickeln, so gab es doch noch ein paar Grundüberzeugungen, die beide Seiten gemeinsam hatten. So konnten sie zu der vieldiskutierten Frage des persönlichen Besitzes die gleiche Meinung vertreten, und die Anordnung, daß ein Mönch »weder Besitz haben noch den Wunsch danach verspüren« solle, findet sich gleichermaßen in den Schriften Nils wie Josephs.[33] Wiederum war Nil, als er Wassian Patrikeew drängte, »jeden Bruder wie einen Heiligen« zu behandeln,[34] nicht weit von der Position desjenigen Joseph entfernt, der seinen Lesern einschärfen konnte, sich niemals dafür zu schämen, »sich vor jedem Menschen zu verbeugen, der nach Gottes Ebenbild geschaffen ist«.[35] Jeder von beiden hätte sich dem Urteil des von Nil geliebten und vertrauten Autors, Gregor vom Sinai, anschließen können: »Das Werk der Stille ist die eine Sache«, schrieb dieser, »und das eines Zönobiten die andere. Aber jeder gehorcht in dem, zu dem er berufen ist, und wird erlöst werden« (*PG* 150, 1333D).[36]

Anmerkungen

1 *Poslanija Iosifa Volozkogo*, hg. von A.A. Simin und I.S. Lure, Moskau und Leningrad, 1959, 367.

2 *Russkaja istoritscheskaja biblioteka*, St. Petersburg 1880, Bd. 6, Sp. 263.

3 Zitiert nach I.U. Budovniz, *Monastyri na Rusi i borba s nimi krestjan v XIV–XVI wekach*, Moskau 1966, 170.

4 Die Sketis ist ein Wadi im Nil-Delta, das in der Patristik ein Ort in der Wüste war mit blühenden Mönchskolonien und Einsiedlern. Hier ist es zu einem festen Begriff für »Mönchssiedlung« geworden. [JS]

5 von koinos bios = gemeinsames Leben; damit ist jene Daseinsform des Mönchtums beschrieben, die eine größere Anzahl von Mönchen zu einem Leben in räumlicher und asketischer Gemeinschaft unter einheitlicher Leitung vereint.

6 So wird das erste Großreich (988–1237) genannt, von woher die russische Kultur und das russische Christentum ihren Anfang nahmen; vgl. G. Podskalsky, *Christentum und theologische Literatur in der Kiewer Rus*, München 1982. [JS]

7 Nil Sorskij, Brief an German Podolnyi, »Poslanija Nila Sorskogo«, hg. von G.M. Prochorow, *Trudy otdela drewnerusskoi literatury 29*, Leningrad 1974, 142.

8 M.S. Borowkowa-Maikowa (Hg.), »Nila Sorskogo Predanie i Ustaw [...]«, *Pamjatniki drewnei pismennosti i iskusstwa* 179, St. Petersburg 1912, 1–2.

9 Nil Sorskij, Brief an Juri Tuschin, »Poslanija Nila Sorskogo«, 140. Vgl. auch Nils Anmerkungen zu seinen redaktionellen Prinzipien, zitiert bei G.M. Prochorow, »Awtografy Nila Sorskogo«, *Pamjatniki kultury: Novye otkrytija, 1974*, Moskau 1975, 46.

10 Nil Sorskij, Brief an Juri Tuschin, »Poslanija Nila Sorskogo«, 140.

11 Borowkowa-Majkowa, *Pamjatniki*, 77.

12 Ebd., 21–22.

13 Ebd. Eine Anspielung auf 1 Kor 2, 9.

14 Ebd., 28–29.

15 Nil Sorskij, Brief an Juri Tuschin, »Poslanija Nila Sorskogo«, 140.

16 Ebd.

17 N.A. Kasakowa, *Vassian Patrikeev i ego sotschinenija*, Moskau und Leningrad 1960, 277.

18 Ebd., 280.

19 Zitiert bei: G.P. Fedotow, *A Treasury of Russian Spirituality*, New York 1948, 93.

20 Zitiert bei: G.P. Fedotow, *The Russian Religious Mind*, 2. Bde., hg. von J. Meyendorff, Cambridge, MA 1966, Bd. 1, 133.

21 Nil Sorskij, Brief an Wassian Patrikeew, »Poslanija Nila Sorskogo«, 138.

22 *Poslanija Iosifa*, 297.

23 Ebd., 300.

24 Ebd., 299–300.

25 *Welikija Minej Chetii (sentjabr 1–3)*, St. Petersburg 1868, Sp. 508.

26 N.A. Kasakowa und I.S. Lure, *Antifeodalnye eretitscheskie dvishenija na Rusi XIV–natschala XVI weka*, Moskau und Leningrad 1955, 356.

27 N.A. Kasakowa, *Wassian*, 355.

28 *Poslanija Iosifa*, 182.

29 Ebd., 308.

30 Ebd.

31 Ebd., 179, 231.

32 Kasakowa und Lure, *Antifeodalnye dvishenija*, 513.

33 Borowkowa und Maikowa, *Pamjatniki*, 479 (Nil); *Poslanija Iosifa*, 307 (Joseph).

34 Nil Sorskij, Brief an Wassian Patrikeew, »Poslanija Nila Sorskogo«, 137.

35 *Proswetitel Iosifa Wolotskago,* Kasan 1904, 367.

36 In der Übersetzung von G.A. Maloney, *Russian Hesychasm*, Den Haag 1973, 140.

Humanismus

I. Die Spiritualität des Renaissance-Humanismus

Von William J. Bouwsma

Formal betrachtet war der Renaissance-Humanismus eine Bewegung, die in den Städten Italiens ihren Anfang nahm und sich schließlich über die Alpen ausbreitete. Die Bewegung hatte eine entscheidende Veränderung im Erziehungs- und Ausbildungswesen des späten Mittelalters zum Ziel. Sie beabsichtigte, die Dialektik, die grundlegende Kunst der scholastischen Abhandlung, durch Grammatik, die Kunst, Texte zu lesen und zu interpretieren, und vor allem durch die Rhetorik, die Kunst der wortgewandten und überzeugenden Rede, zu ersetzen. Der scholastische Lehrplan hatte sich vor allem damit befaßt, die allgemeinen, vermeintlich objektiven und unveränderbaren Wahrheiten der Naturphilosophie (d. h. Naturwissenschaften), Metaphysik und dogmatischen Theologie festzustellen und zu systematisieren. Aber das, was vom späten 14. Jahrhundert als *studia humanitatis* beschrieben wurde, hatte eine ganz andere Ausrichtung. Es beschäftigte sich mehr mit individuellen Menschen, mit ihren sich verändernden Gedanken, Werten und Gefühlen und mit menschlichen Beziehungen in der Gesellschaft. Die antiken Texte, von denen die Humanisten in erster Linie beeinflußt wurden, stammten nicht von den antiken griechischen Philosophen, sondern von den lateinischen Rednern (vor allem Cicero und Quintilian) und von antiken Dichtern und Historikern. Wie dies alles zeigt, hatte der Renaissance-Humanismus mehr als nur formale Bedeutung. Humanistische Erziehung, die sich auf den Standpunkt gründete, den Bedürfnissen der Laien und des Lebens in der Gesellschaft mehr entgegenzukommen, hatte gewichtige erkenntnistheoretische und anthropologische Implikationen, die auf eine evangelien-nahe Spiritualität hindeuteten, die sich erheblich von der eher intellektuellen Spiritualität der vorausgegangenen Epoche unterschied.

1. Die Humanisten

Der einflußreichste frühitalienische Humanist war Francesco Petrarca (1304–1374). Er war zunächst für seine italienische lyrische Dichtung berühmt und versuchte sich dann auch an der lateinischen Literatur insgesamt. Er sammelte die Handschriften sowohl der klassischen wie auch der christlichen Antike, verbesserte Texte und gestaltete seinen eigenen Stil nach den großen lateinischen Autoren; das trug erkennbar zur Klarheit und – da seine Interessen breitgefächert waren und die greifbarsten und deutlichsten Aspekte menschlicher Erfahrung berührten – zur Stärkung der Ausdrucksmöglichkeiten sowohl der lateinischen als auch der Landessprache bei. So beschäftigte sich Petrarca mit den literarischen Studien eines Grammatikers, um ein begabter Rhetoriker zu werden. Indem er die Sprache in ein zunehmend kreatives, flexibles und vielseitiges Instrument verwandelte, schien er etwas von der Macht, Menschen zu erfreuen und zu beeinflussen, wiederhergestellt zu haben, eine Macht, von der man annahm, daß die Sprache der Antike sie besessen habe. Gleichzeitig griff er die scholastische Rede seiner Zeit an, vor allem ihre Naturwissenschaft, weil er meinte, daß sie in ihrem Bemühen, die abstrakte Ordnung des verstehbaren Universums dem menschlichen Verständnis zu öffnen, die Aufmerksamkeit weg von Gott und von der Menschheit auf die Natur gelenkt hätte. So formulierte Petrarca für spätere Humanisten, was man als die Wahrnehmung eines Laien beschreiben könnte, der die abstrakten Formulierungen der Scholastik als irrelevant für die Alltagserfahrung eines Menschen empfindet, vor allem eines Menschen, der in der Stadt lebt.

Petrarcas Einfluß breitete sich an den italienischen Fürstenhöfen und der Führungsschicht der republikanischen Stadtstaaten rasch aus; unter den berühmtesten italienischen Humanisten befanden sich zwei Kanzler von Florenz, Coluccio Salutati (1331–1406) und Leonardo Bruni (1369–1444). Redegewandtheit, die man durch Rhetorikübungen erwarb, wurde vor allem wegen ihrer Überzeugungskraft geschätzt. Man dachte, daß sie – im Gegensatz zu den scholastischen Ideen – in der Lage sei, in das Herz der Menschen einzudringen, den Willen zu verwandeln, Gefühle zu wecken, und dies in Hinblick auf das Tun in der Welt dadurch zum Abschluß zu bringen, daß sie zur Handlung auffordert. Wie Petrarca schrieb: »Anklagen, entschuldigen, trösten, reizen, Seelen beschwichtigen, zu Tränen rühren und sie wieder abwischen, Feuer des Zornes entfachen und sie wieder löschen, Tatsachen Farbe geben, Niedertracht abwenden, Verantwortung übertragen, Mißtrauen wecken – das ist die eigentliche Arbeit der Redner.«[1] Wörter, so erklärte er, »können stechen und in Brand setzen und zur Liebe der Tugend und zum Haß des Lasters zwingen.«[2]

Die Neigung der Humanisten, logische Rede, die auf intellektuelle Beweisführung gerichtet war, zugunsten der auf Überzeugung ausgerichteten Rede abzulehnen, die mit allen Strategien der rhetorischen Kunst gefärbt ist, legt eine Änderung in der Auffassung von der menschlichen Person nahe. Für Petrarca, der stark von der Lektüre der *Bekenntnisse* des Augustinus beeinflußt war, konnte ein Mensch nicht mehr primär als Intellektueller verstanden werden – kurz als *homo sapiens*, dessen sämtliche Fähigkeiten von den »höheren« geistigen Kräften beherrscht sein sollen –, sondern als komplexe und geheimnisvolle Einheit.

Eine Folge dieser Auffassung war eine bemerkenswert positive Sicht des menschlichen Körpers. Einer der Anhänger Petrarcas aus dem 15. Jahrhundert, Giannozzo Manetti, feierte die komplizierten Wunder und äußerliche Schönheit des Körpers in einer typisch humanistischen Abhandlung, *Über die Würde und Vorzüglichkeit des Menschen*, die sich gleichermaßen auf

Lactanz und Cicero stützte. Der Renaissance-Humanismus neigte also dazu, die Art von Askese zu untergraben, die spirituelle Erfüllung durch körperliche Qualen suchte. Die Originalität des Christentums der Renaissance bestand in der Tat darin, jetzt, da die Göttlichkeit Christi vollkommen anerkannt war, die menschliche Natur eines Gottes zu betonen, der in jeder Hinsicht Fleisch geworden war. Die Künstler der Renaissance gaben dieser Vorstellung des Humanismus dadurch Ausdruck, daß sie nicht nur die menschlich ergreifendsten Ereignisse im Leben Christi darstellten, sondern auch seinen Körper nackt abbildeten und damit eine Art letzten Beweis für das mit der Inkarnation vollzogene völlige Mensch-Sein Christi gaben. Der Wert, den die Humanisten den nicht-intellektuellen Dimensionen der Persönlichkeit beimaßen, besagte auch, daß das am besten geführte oder das gesegnetste Leben nicht unbedingt ein kontemplatives Leben, nicht einmal ein monastisch-kontemplatives Leben sein muß. Nach dieser Anthropologie kann sich christliche Spiritualität auch im Leben eines Laien im aktiven Dienst am Nächsten ausdrücken.

Dieser Wandel im Verständnis der Person ging Hand in Hand mit einer veränderten Auffassung dessen, was es bedeutet, etwas zu »wissen«. Die humanistische Haltung zu dieser Frage wurde oft negativ als Angriff auf das gesehen, was bei den scholastischen Denkern als Wissen galt. Die Humanisten, die zum größten Teil Laien waren, wandten sich gegen die scholastische Rede, weil deren Abstraktionen für ihre Erfahrungen in der sich beständig verändernden und zunehmend bunteren städtischen oder höfischen Welt als irrelevant erschienen und weil sie, wie es der herausragendste Denker der Humanisten des 15. Jahrhunderts in Italien, Lorenzo Valla (ca. 1406–1457), ausdrückte, »unser Wissen von besseren Sachen behindern.«[3] Solchen Anschuldigungen lag auch ein Gespür für die Grenzen des menschlichen Geistes und die Brüchigkeit aller rein menschlichen Ansprüche an das Wissen zugrunde. Petrarca schrieb:

> Dieses Geschwätz der Dialektiker wird nie ein Ende haben; es bringt Zusammenfassungen und Definitionen wie Blasen hervor, wirklich Stoff für endlose Kontroversen; aber in den meisten Fällen wissen sie gar nichts von der echten Wahrheit der Dinge, über die sie reden.[4]

Solchen Einwänden lag jedoch eine veränderte – und dem humanistischen Verständnis von der menschlichen Natur entsprechende – Auffassung davon zugrunde, was Wissen sein sollte. Die Humanisten schrieben Wissen nicht dem Intellekt zu, sondern verstanden es als eine totale Erfahrung, die die Gefühle einschloß, das Herz durchdrang, den Willen formte und die gesamte Person zu einer aktiven Reaktion führte. Nach dieser Auffassung mußte Wissen subjektiv angemessen sein, um, wie man vielleicht sagen kann, »echtes« Wissen zu werden. Petrarca empfahl gegen die seiner Meinung nach übermäßige Aufmerksamkeit, die die Scholastiker seiner Zeit der Natur widmeten, den Blick in unser Inneres zu richten und beim Nachdenken darüber, was wir dort finden, »besonders ehrlich zu sein und ein strenges Urteil zu fällen.« Eine weitere Konsequenz dieser Auffassung von Wissen war die Bereitschaft unter den Humanisten, Widersprüche und Paradoxa als eine Quelle der Einsicht zu betrachten. Hinweise auf eine Tendenz, Torheit zu preisen, die erst mit Erasmus voll zum Tragen kam, lassen sich bereits in Petrarcas ironischem Gegensatz zwischen seiner eigenen »-Ignoranz« und der anmaßenden »Weisheit« seiner scholastischen Kritiker wahrnehmen.

In den früheren Phasen des Humanismus waren dessen dynamische Möglichkeiten durch die Neigung behindert, die antike Vergangenheit, heidnisch oder christlich, als Vorbild an Vollkommenheit für die Reformation einer dekadenten Gegenwart zu verklären. So hatten frühe Humanisten eine *restauratio* (Erneuerung) der Tugend und Frömmigkeit der Vergangenheit angestrebt, die durch *imitatio* (Nachahmung) dessen erreicht werden sollte, was in den antiken Dokumenten geoffenbart wurde. Aber sie zeigten wenig Gespür für die historische und kulturelle Distanz und waren der Meinung, daß Lektüre und Verständnis der Texte eine ziemlich einfache Angelegenheit seien. Ein feinfühliger Leser wie Petrarca allerdings war sich dessen schon bewußt, daß echte Nachahmung davon abhing, ob man die innere Wirklichkeit des Vorbildes erfaßte, so daß die Nachahmung etwas vom Leben des Originals hatte. Sein eigenes Ideal von menschlicher Existenz war ein dynamisches, und er griff die scholastischen Dialektiker an, weil er sie, die nach ihm in einer unreifen Lebensphase feststeckten, für unfähig hielt, sich der Weisheit zu nähern. »Wer von uns«, fragte er, »ist kein Reisender? Wir müssen alle unsere lange und mühsame Reise in einer kurzen und widrigen Zeit vollenden – gleichsam an einem kurzen, stürmischen Wintertag.«[5]

Lorenzo Valla leitete mit seinem tieferen Verständnis der philologischen Quellen, die für die Erfassung des Geistes der Vergangenheit notwendig waren, eine neue Phase in der Entwicklung des Humanismus ein. Valla erkannte, daß es zum Verständnis eines Textes notwendig sei, die Kultur zu verstehen, aus der er stammt, und daß dies wiederum profunde Kenntnis der Sprache jener Kultur verlange. Er begriff, daß echte *imitatio* auf *eruditio* (Bildung) beruhen müsse. In dieser Erkenntnis lag ein Gespür für die Distanz zwischen Vergangenheit und Gegenwart und für die Einzigartigkeit historischer Augenblicke – was wir historische Perspektive nennen würden. Das Bewußtsein von Zeit und Veränderung in dieser Auffassung trug zu einem Verständnis des Geisteslebens als Prozeß, Fortschritt oder Reise bei, und nicht bloß als Übereinstimmung mit einem statischen Ideal, und noch viel weniger als ein Bündel von Verteidigungsstrategien gegen die Vergiftung des Geistes durch die Welt.

Die Beziehungen zwischen dieser allgemeinen Kultur des Renaissance-Humanismus und den kulturellen Voraussetzungen, die den jüdisch-christlichen Schriften zugrunde lagen, waren eng. Sie reichten vom Gespür der Humanisten für die Macht der Sprache über ihre Anthropologie und Erkenntnistheorie zu ihrer dynamischen Sicht der Existenz und ihrer Auffassung von Geschichte. Das rhetorische Christentum der Humanisten zielte eher auf die Herzen und Gefühle der Menschen als auf ihren Intellekt, und es wollte nicht die Betrachtung heiliger Mysterien fördern, sondern aktive Werke der Nächstenliebe.

Das war nichts völlig Neues; es war die Erweiterung des Gefühls der Verpflichtung für Liebe und Dienst am Nächsten, das sich mindestens seit dem 11. Jahrhundert in der westlichen Christenheit verstärkt hatte. Was die Humanisten hauptsächlich hinzufügten, war der Nachdruck auf den besonderen Nutzen der Sprache bei der Erfüllung dieser Verpflichtung. Sie behaupteten, daß nur die Sprache Menschen befähige, die zartesten Gefühle und auch ihr gesamtes Innenleben einander mitzuteilen. Also könne nur die Macht der Sprache, überzeugen zu können, Schranken des Hasses und Stolzes zwischen den Menschen niederreißen, Konflikte lösen und soziale Spaltung überwinden. Darüber hinaus glaubten sie – in dieser Hinsicht hatten die Humanisten oft am Antiklerikalismus des späten Mittelalters teil –, daß der Gebrauch der Sprache für diese vorzüglichen Zwecke nicht auf geistliche Experten beschränkt sein könne, da Sprache der gemeinsame Besitz aller Menschen sei.

Humanistische Spiritualität war demzufolge sehr deutlich ein Laienphänomen, das von einem wachsenden Gespür für die Würde des Laienstandes zeugte; die Humanisten waren zum größten Teil fromme Katholiken, befaßten sich aber wenig mit den spezielleren Fragen der Theologie. Petrarca glaubte sogar, daß es für das normale Volk einfacher sei, echt fromm zu sein, als für die geistlichen Intellektuellen, und Valla wies aggressiv die den »Religiosen«[6] in einer früheren Tradition der Spiritualität zugesprochene Überlegenheit zurück. Er fragte zugespitzt die Verteidiger dieser Tradition:

> Wenn der Laie und der Religiose sich in keiner Eigenschaft des Körpers oder Geistes unterscheiden und dasgleiche Leben führen, schuldet dann Gott dem, der in die Gemeinschaft eingetreten ist, die ihr »Religion« nennt, so daß ihr euch »religiös« nennt, eine größere Belohnung als dem anderen, der keiner solchen Gemeinschaft angehört?[7]

Der allgemeine Sinn für die soziale Verpflichtung der Laien, die einen zentralen Punkt in der humanistischen Spiritualität darstellte, wurde als besonders dringlich empfungen und durch das bei den Humanisten weit verbreitete Gefühl, in einer Zeit der besonderen moralischen und religiösen Krise zu leben, in eine Bewegung aktiver Reform verwandelt. Diese Überzeugung erhielt durch eine Aufeinanderfolge historischer Katastrophen Nahrung, die auch bei anderen Menschen, die keine Humanisten waren, wie z. B. Katharina von Siena, einen ähnlichen Eindruck hinterließen. Petrarca blickte in der Mitte des 14. Jahrhunderts auf sie zurück: Der Papst hatte Rom verlassen und lebte in »schändlichem Exil« in Avignon; der Kaiser hatte jegliches Gefühl für universale Verantwortung verloren und versuchte nur noch, seine Stellung in Deutschland zu stärken; Frankreich und England waren in einen endlosen Krieg verstrickt; die Türken bedrängten die Christenheit im Osten; der Schwarze Tod dezimierte die europäische Bevölkerung. Petrarca hielt auch allgemeinere Probleme fest: die Korruption an Fürstenhöfen, vor allem an dem des Papstes; die Degeneration und Streitereien der europäischen Herrscher; politische Unruhen in den Städten. Er war jedoch der Meinung, daß all diese Übel auf einen einzigen Grund zurückgeführt werden könnten: Die Welt sei in so einem gefährlichen Zu-

stand, weil »jeder seinen eigenen Interessen nachgehe und keiner den Interessen Christi.«[8] Später wiederholten Humanisten regelmäßig diese Klage, veränderten manchmal den Schwerpunkt oder fügten andere Einzelheiten an, da die Unglücke während der nächsten Jahrhunderte weiter gehäuft auftraten – darunter das Große Schisma.[9]
Im Zusammenhang mit diesem Krisenempfinden erhält die Rivalität zwischen humanistischen Rhetorikern und scholastischen Dialektikern um kulturellen Einfluß ihre ganze Bedeutung. Vom Standpunkt der Humanisten aus gesehen, konnten die leblosen Abstraktionen scholastischer Abhandlungen in einem entfernten Sinne »wahr« sein, aber sie konnten Menschen nicht dazu bringen, ihr eigenes Leben zu ändern, und sie konnten kein Heilmittel für die allgemeinen Übel ihrer Epoche entwickeln, einer Situation, in der jeglicher Zeitaufschub die Katastrophe bedeuten konnte. Was aber die Dialektik nicht leisten konnte, davon waren sie überzeugt, das konnte die Rhetorik mit Gottes Hilfe erreichen. Humanistische Orthodoxie, die stark vom Augustinus der *Bekenntnisse* beeinflußt war, umfaßte im allgemeinen ein tiefes Gefühl für die Unfähigkeit des sündigen Menschen, sich selbst ohne göttliche Hilfe aus dieser schrecklichen Lage zu befreien. Dieses Empfinden für die Abhängigkeit von Gnade führte sie auch zur Bibel. Humanistischer Spiritualität gebührt von Anfang an ein Etikett, das die Historiker einem späteren, dem Erasmischen Stadium seiner Geschichte vorbehalten haben: Evangelismus.

2. Humanistische Spiritualität

Es war notwendig, so viel zum Renaissance-Humanismus als historischer Bewegung zu sagen, um die Spiritualität zu erklären, die sie nährte; dieser Spiritualität selbst wollen wir uns nun zuwenden. Wegen der Neigung der Humanisten der Renaissance, intellektuelles Systematisieren zugunsten von menschlichen Wahrnehmungen und Reaktionen zurückzuweisen, kann ein Überblick über die humanistische Spiritualität auf angemessene Weise mit dem Standpunkt der Humanisten zum Zustand der Menschheit nach dem Sündenfall beginnen. Einige Humanisten feierten auf der Basis der Schöpfung des Menschen nach Gottes Bild und Gleichnis die menschliche Schaffenskraft und Vollkommenheit in der Welt. Aber sie vergaßen dabei selten die Brüchigkeit dieser Vollkommenheit aufgrund der Sünde. Die tugendhaftesten Menschen – so Petrarca – »erleiden beständig die grausamsten Konflikte durch die Versuchung, bieten Angriffsfläche für viele ernste Gefahren und sind sich bis zu ihrem Tod nie sicher.«[10] Er stellte sich vor, wie er dem heiligen Augustinus beichtete:

> Wieviele Male habe ich über mein eigenes Elend und über den Tod gegrübelt; mit welchen Tränenfluten habe ich versucht, meine unreinen Stellen wegzuwaschen, so daß ich kaum darüber sprechen kann, ohne zu weinen, und doch ist bis jetzt alles vergeblich. Gott ist der Beste, ich bin der Schlechteste. Was für eine Beziehung gibt es in solch großer Gegensätzlichkeit? Ich weiß, wie weit entfernt von diesem Besten

der Neid ist, und im Gegensatz dazu weiß ich, wie eng die Missetat mit mir verbunden ist. Was bedeutet es zudem, daß er bereit ist, mir zu nützen, wenn ich es nicht wert bin, gut behandelt zu werden? Ich bekenne, daß die Gnade Gottes unendlich ist, aber ich gebe zu, daß ich nicht dafür geeignet bin, und je größer sie ist, desto enger ist meine Seele, die mit Lastern angefüllt ist. Für Gott ist nichts unmöglich; für mich ist es völlig unmöglich, mich zu erheben, so begraben bin ich unter einem großen Haufen von Sünden.[11]

Petrarca und Valla waren im Gegensatz zu den Stoikern der Meinung, daß nur unsere Sünden von uns kommen; unsere Tugenden aber stammen von Gott.

Für die Humanisten war Gott demzufolge unendlich verschieden und insofern weit entfernt von den Menschen. Petrarca betonte die absolute Transzendenz Gottes:

Ich gebe zu, zwischen Himmel und Erde gibt es gewiß einen großen Abstand, aber er ist endlich; der Abstand zwischen Gott und den Menschen ist unendlich. Der Mensch ist doch Erde, woher er seinen Namen bekommen hat, aus der Erde entstanden, auf der Erde lebend, und wieder in die Erde zurückkehrend. Gott ist überdies nicht der Himmel, sondern der Schöpfer des Himmels, um soviel höher als der Himmel, wie der Himmel höher als die Erde ist.[12]

Aber die räumliche Distanz Gottes bedeutet hier auch die Unerreichbarkeit für menschliches Verstehen; es gibt keine Möglichkeit, einen solchen Gott zu begreifen, auch wenn man die intellektuellen Fähigkeiten des Menschen weit höher einschätzt, als es bei den Humanisten üblich war. Salutati, der sich zur selben Zeit mit den Geheimnissen des menschlichen Verhaltens auseinandersetzte, bemerkte dazu:

Deshalb sollte die menschliche Geschwätzigkeit aufhören, den Grund des göttlichen Willens in seinen Wirkungen zu suchen, es sei denn, sie hält es für das Geschöpf für wichtig, das vom Schöpfer zu erfragen, von dem wir zwar nicht wissen, wie es zu erklären ist, wozu wir aber den Willen haben, es zu tun.[13]

Nach Salutati konnte Gott nur durch seine Werke erfahren werden, in seiner geheimnisvollen Macht, die im Universum wirkte. »Obwohl die Menschen nicht in der Lage sind, Gott direkt zu verstehen«, so stellte er fest, »können sie doch viele seiner Wirkungen bemerken, und so sind sie in der Lage, ihn einzig durch seine Wirkungen zu kennen, d. h. indirekt.«[14] Brunis Auffassung von göttlicher Transzendenz führte ihn dazu, die Macht der Sprache, so kompetent sie auch ansonsten war, in bezug auf Gott, »dessen Ruhm und Herrlichkeit die Sprache des redegewandtesten Menschen nicht einmal im geringsten Maß erfassen kann«, in Frage zu stellen.[15]

Aber diese entfernte und ehrfurchteinflößende Gottheit wurde gleichzeitig als ein liebender Vater empfunden, auf dessen Gnade sich die Menschen verlassen können; und eine immer engere Beziehung und schließlich die Vereinigung mit Gott stellte für die Humanisten den Sinn der christlichen Frömmigkeit dar. Valla legte dar, daß Gottes Liebe für uns »so groß ist, daß das, was wir von ihr zu erhoffen genötigt sind, unaussprechlich ist.« Er zitierte Paulus: »Kein Auge hat gesehen, kein Ohr hat gehört, keines Menschen Herz ist zu dem emporgestiegen, was Gott denen bereitet hat, die ihn lieben« (1 Kor 2, 9).[16] Es war ein Wesensmerkmal der humanistischen Spiritualität, daß sie das Christentum nicht als ein Gefüge von Lehren verstand, eine Auffassung, die die Humanisten gerne den Scholastikern zuschrieben, sondern als die Entwicklung einer immer tiefer werdenden Beziehung, zuerst zu Gott und dann durch ihn zu anderen Menschen.

Die Abhängigkeit der Menschen von Gott bedeutete auch, daß das Wesen dieser Beziehung und die Art ihres Herstellens nicht durch menschliches Bemühen verstanden werden konnten, sondern nur durch göttliche Initiative. Dies wies auf die absolute Notwendigkeit göttlicher Offenbarung hin – durch das biblische Wort und besonders durch Christus als Wort. Hier schauten die Humanisten auf das Beispiel der alten Kirchenväter, ihre Vorbilder für religiöse Rede, die sie regelmäßig den Scholastikern entgegenstellten. Valla drückte dies so aus:

[Die Kirchenväter] vertraten die Meinung, daß man geheiligte Lehren nicht mit den Kunststücken der Dialektik vermengen sollte und auch nicht mit den metaphysischen Spitzfindigkeiten und den lächerlichen Beziehungsmodalitäten[17]; und sie gründeten ihre Abhandlungen nicht auf Philosophie, denn sie hatten Paulus gelesen, der erklärte, »nicht durch Philosophie und leere Täuschung.« Wir wissen, daß er dieser Erklärung treu geblieben ist.[18]

Mit einem Wort, die Kirchenväter waren biblische Theologen. Sie hatten keine dialektische, sondern eine grammatikalische und rhetorische Form der Theologie betrieben.

Der Kirchenvater, der am meisten Eindruck hinterließ, wenigstens bis Vallas Darstellung der Bedeutung von *eruditio* (Gelehrsamkeit) die Achtung vor Hieronymus wachsen ließ, war Augustinus. Für Petrarca war Augustinus »der größte in einem Zeitalter der fruchtbaren Geister«,[19] und er stellte sich vor, wie er Augustinus erzählte, daß er bei der Lektüre der *Bekenntnisse* »seine eigene Geschichte, nicht die Geschichte über das Umherziehen eines anderen, sondern seiner selbst«,[20] überdachte. Während Augustinus für die mittelalterlichen Theologen eine Autorität der Lehre darstellte, legte Petrarca nahe, daß die Humanisten Augustinus als Menschen wiederentdeckten, dessen Leben eine beispielhafte spirituelle Reise war; sie versuchten nicht so sehr seine Lehre aufzunehmen als seine Spiritualität. Auch wußten sie von seiner Laufbahn als Rhetoriker. Sie fanden Gefallen am Gegensatz zwischen seiner lebendigen Prosa und der abstrakten Sprache der Scholastiker.

Die Kirchenväter führten die Humanisten zur Bibel als der unmittelbaren Grundlage des patristischen Glaubens zurück. Wie Petrarca im Zusammenhang mit einem bekannten Abschnitt aus den *Bekenntnissen* des Augustinus bemerkte:

Wenn die Heilige Schrift Victorinus mit wahrem Glauben erfüllt hat, als er ein alter Heide war, und Gott durch sie gesprochen und das härteste Herz erweicht hat, warum sollte sie mir, einem Christen, nicht eine Festigkeit des wahren Glaubens und Werke und Liebe zu einem glücklicheren Leben einflößen?[21]

Die Begegnung der Humanisten mit der Heiligen Schrift war von zwei Er-

18. *Die Schule von Athen* (Raphael, Vatikan, 1509–1511)

neuerungen gekennzeichnet, die beide mit ihren Erfahrungen als Studierende und Kenner der klassischen Literatur zusammenhingen. Die wichtigere war die Anwendung der Techniken der philologischen Kritik, die sie bereits beim Studium der säkularen Schriften angewandt hatten, auf die heiligen Texte. Vor allem Valla erkannte die Notwendigkeit eines authentischen Textes, wenn die Bibel als die Quelle des christlichen Glaubens anerkannt werden sollte. Er begann einen solchen Text zu entwickeln, indem er eine Reihe von Anmerkungen, die meist grammatikalischer Natur waren, allerdings hin und wieder auch exegetische Bedeutung hatten, zum Neuen Testament zusammenstellte (1442). Er nahm sich dieser Aufgabe in der Überzeugung an, daß Rhetorik die Grundlage der Theologie und des christlichen Lebens sein müsse, denn der christliche Glaube hänge von der Sprache der heiligen Texte ab und die Rhetorik sei der Schlüssel zum richtigen Gebrauch und zur Interpretation der Sprache. Er erkannte auch, wie wichtig es ist, sich mit den Texten in ihrer Originalsprache zu befassen, was zeigt, daß er sich der Problematik der Übersetzungen, bemerkenswerterweise einschließlich der Vulgata, bewußt war. Als Valla Hieronymus' Aussage über die Verfälschung biblischer Manuskripte schon zu dessen Zeit las, merkte er an:

> Wenn nach nur 400 Jahren der Fluß zu trübe geworden ist, müssen wir dann überrascht sein, daß nach tausend Jahren – denn so viele Jahre trennen uns vom hl. Hieronymus – dieser Fluß, der niemals gereinigt worden ist, sowohl Schmutz als auch Abfall mit sich führt?[22]

Das Drängen der Humanisten auf bessere biblische Textfassungen brachte im 16. Jahrhundert bemerkenswerte Ergebnisse zustande.

Fast genauso bedeutend war die humanistische Entdeckung des literarischen Wertes der Bibel, eine Entdeckung, die mit der Offenheit der Humanisten gegenüber der emotionalen Kraft des Evangeliums zusammenhing. In dieser Hinsicht kamen ihnen auch die Jahrzehnte zugute, die sie damit verbracht hatten, beim Studium der heidnischen Klassiker ihre Wahrnehmungsfähigkeit für die Nuancen in der Sprache zu schärfen. Petrarca betonte die Tatsache, daß vieles in der Bibel Dichtung sei, was nicht ohne Folgen für das Verständnis der unterschiedlichen Absichten des Textes sein konnte. Die Entdeckung brachte ihn auch einer Auffassung von Theologie näher, wonach diese eher im übertragenen Sinne auslegen solle. »Man kann sagen«, so schrieb er, »daß Theologie wirklich Dichtung ist, Dichtung über Gott.«[23]

Dieser Standpunkt steht auch in Verbindung mit der Gefühlsbetontheit, die typisch ist für die humanistische Spiritualität. Dieser Sinn für die zentrale Bedeutung des Gefühls in der christlichen Frömmigkeit wird in Petrarcas besonderer Vorliebe für die Psalmen sichtbar, die er immer bei sich hatte und beim Schlafen unter sein Kissen steckte. Sie wird auch in Vallas Reaktion auf das Evangelium sichtbar. »Wenn wir es lesen«, schrieb er, »werden unsere Seelen zu irgendeinem höheren Ort gebracht, und wir werden von so etwas wie einer unbeschreiblichen Süße erfaßt.«[24] Die Humanisten griffen oft das stoische Ideal der *apatheia* (Leidenschaftslosigkeit) an, weil es das verwarf, was sie als den kostbarsten Aspekt des Person-Seins ansahen.

Entsprechend schrieb Kardinal Sadoleto, ein führender Humanist des 16. Jahrhunderts, in seinem berühmten offenen Brief an Calvin, daß Gottes Wort wirksam sei, weil es sich an das Gefühl richte, und überzeugend, weil es ins Herz dringe; kurz gesagt, seine Form der Kommunikation sei dem Wesen nach rhetorisch.[25] Die Humanisten stellten ähnliche Anforderungen an das Predigen. So fragte Valla und gab auch gleich die Antworten auf seine Fragen:

Kann jemand ein Publikum in Zorn bringen oder zur Gnade bewegen, wenn er nicht zuerst selbst von diesen Gefühlen erfaßt ist? Das ist nicht möglich. So kann niemand in den Seelen der anderen eine Liebe zu göttlichen Dingen erwecken, der selbst dieser Liebe gegenüber gleichgültig ist.[26]

In ihrer Erkenntnis, daß die göttliche Initiative ihren höchsten Ausdruck in der Fleischwerdung fand, war die humanistische Spiritualität ausgesprochen christozentrisch; sie betonte, daß die Menschen hinsichtlich der Erlösung vom Glauben an das Werk Christi abhängig seien und die Quelle dieses Glaubens in der Gnade liege. Petrarca stellte seinen eigenen Glauben dem Naturalismus gegenüber, den er in der scholastischen Naturwissenschaft erkannte, indem er sich als Anhänger Christi ausgab und nicht als Anhänger des Aristoteles. Christus, erklärte er, »macht mir keine leeren und leichtfertigen Versprechungen von trügerischen Dingen, die zu nichts nütze sind und auf keiner Grundlage stehen«, sondern er verspricht vielmehr »das Wissen von ihm selbst«, ein Wissen, das es »überflüssig macht, mich mit anderen Dingen zu befassen, die von ihm geschaffen worden sind.«[27] In diesem Abschnitt werden sowohl der Utilitarismus als auch der Skeptizismus des Renaissance-Humanismus offensichtlich, aber es gibt auch Hinweise auf die Innerlichkeit der Spiritualität der Humanisten. Petrarca pries »die Klarheit des inneren Lichtes«, durch die »fromme Seelen Christus sehen.«[28] Valla betonte die Bereitschaft Christi, »die Erniedrigung menschlicher Gestalt auf sich zu nehmen und die Todesstrafe anzunehmen (und was für ein Tod!)« als Pfand für all das Gute, was wir ersehnen.[29] Einer der größten biblischen Gelehrten unter den Humanisten des 15. Jahrhunderts, Giannozzo Manetti, pries das Erlösungswerk Christi bei seinen Ausführungen über die Würde der menschlichen Beschaffenheit, wie diese in der Inkarnation geehrt wird:

Obwohl unser erster Vorfahr die göttlichen Gebote überschritten hat und er und alle seine Nachkommen die ewige Strafe der Verdammung erhalten haben, ließ Gott, da es auf keine andere Weise geschehen konnte, seinen eigenen Sohn menschliches Fleisch annehmen und den schmachvollen Tod am verfluchten Kreuz auf sich nehmen, damit jene erlöst würden...[30]

Die Humanisten schrieben oft über die Notwendigkeit der Gnade für die Erlösung. Hoffnung, so erklärte Petrarca, sei nur durch die Gnade Gottes möglich: »Die Leistung des Menschen befreit nicht, sondern allein die Gnade Gottes.« Er dankte Gott dafür, daß er ihn von seinen Sünden befreit habe. Augustinus habe ihn gelehrt, daß menschliche Hilfe in solchen Fällen wertlos sei und daß er Gott um Gnade anflehen müsse, »oft vielleicht unter

Tränen.«[31] Dennoch glaubten die Humanisten üblicherweise nicht an eine ohne eigene Anstrengung geschehende oder »zugeschriebene«[32] Rechtfertigung. Sogar als Petrarca darlegte, daß Tugend »nicht außerhalb der Lehre Christi und ohne seine Hilfe erworben« werden könne, stimmte er zu, daß die großen lateinischen Moralphilosophen, die auch eindrucksvolle Rhetoriker waren, eine »große Hilfe für diejenigen sein könnten, die unterwegs zu diesem Ziel sind.«[33] Ein typischer Vertreter für das Beharren auf der Notwendigkeit, den »Tempel« des eigenen Lebens sorgfältig zu reinigen, war Salutati. »Reinige deinen Tempel, mein Peregrino«, ermahnte er den Kanzler von Bologna.[34] Aber die Humanisten hielten es selten für notwendig, die Beziehung zwischen Glauben und Werken genau zu beschreiben; dies war die Art des »nutzlosen« Vorgehens, die sie den Scholastikern vorwarfen. »Das ist die Aufgabe, das das Werk«, schrieb Salutati: »Verdienste zu erwerben oder die Sünde mithilfe der göttlichen Gnade zu vertreiben. Und wenn wir mit Verdiensten die Sünde vertreiben, wird uns gewiß niemals Gnade bei der Handlung fehlen.«[35]

Dennoch hoben die Humanisten den Glauben als grundlegend für das christliche Leben hervor. »Da dies als Grundlage feststeht, daß Gott allmächtig und äußerst gütig ist«, schrieb Petrarca, »kann man sich nichts so großartig vorstellen, als daß er es nicht machen könnte, nichts so gütig, als daß er es nicht wünschte.« Das stellte für ihn das Wesen des Glaubens dar; darauf konnte man sich verlassen, denn es ist »fest und nicht zu erschüttern von all den Schwächungsversuchen und Rammböcken des Feindes.« Der Glaube, erklärte er, macht alles klar und einfach, und er dachte über dessen Wesen nach, indem er als sein eigenes *Credo* die festgelegten Sätze der alten Glaubensbekenntnisse über die zweite Person der Dreifaltigkeit wiederholte:

> Gott ist zu den Menschen gekommen, aus einer Jungfrau geboren, hat unter uns gelebt, lehrte uns den Weg des Lebens; er wurde gekreuzigt, litt und starb, stieg in die niederen Regionen hinab, beraubte die Hölle, stieg zum Himmel auf und wird für das Jüngste Gericht erwartet.[36]

Er stellte dieses einfache Glaubensbekenntnis des Christen der »hochmütigen Ignoranz« der Philosophie gegenüber.[37] Valla schrieb den Glauben der rhetorischen Überredungskunst zu, da er kein Ergebnis der Beweisführung sein konnte; dadurch wurde dieser um einiges tiefer und wirkungsvoller als eine rationale Überzeugung.

Der Humanismus neigte deshalb zu einer Art christlichem Fundamentalismus; und wie andere fundamentalistische Richtungen sah er in intellektuelleren Ansätzen zum Glauben die Gefahren der Ketzerei. Sein starker Konservatismus drückte sich in Salutatis Antwort auf einen Kritiker der humanistischen Literaturstudien aus. Salutati verneinte die Absicht, »irgendetwas, das gegen den Glauben gerichtet oder geplant ist, zu bejahen.« Gott habe ihm, erklärte er, »diese Gnade gegeben, daß ich mich niemals in irgendetwas dem Glauben gegenüber ablehnend gefühlt habe oder leicht gezweifelt habe.« Wie, fragte er, »sollte mein Verstand es wagen, mit der Heiligen

Schrift nicht übereinzustimmen oder in solchen Angelegenheiten zu zweifeln, die die Gemeinschaft der Gläubigen entschieden hat?«[38]

3. Handeln in der Welt

Aber alle diese Elemente im humanistischen Christentum – sein Beharren auf einem Gott, der gleichzeitig transzendent und gütig ist, eine Anthropologie, die die Kreatürlichkeit und Sündhaftigkeit des Menschen mit dem Vertrauen in dessen Fähigkeiten verband, eine christozentrische Theologie der Gnade und des Glaubens – zielten in der humanistischen Spiritualität letztendlich auf ein Handeln in der Welt. Petrarcas eigene Handlungsfähigkeit war oft von Zeiten der Furchtsamkeit, Apathie und Depression eingeschränkt; für ihn bedeutete das Evangelium das Wiedergewinnen von Vertrauen und kreativer Lebenskraft. Valla strich die Doppeldeutigkeit von »Tugend« heraus, als Lebenskraft und als Rechtschaffenheit; er betonte die zentrale Rolle der Leidenschaften und des Willens in der menschlichen Persönlichkeit und setzte Geist mit der Fähigkeit gleich, in jeder Lebenslage wirkungsvoll zu handeln. Abgestoßen von der aristotelischen Auffassung von Gott als unbewegtem Beweger, beharrte er darauf, daß Gott von den Christen als beständig und spontan handelnd wahrgenommen werden müsse.

Die erste eindeutige »humanistische« Identifikation des christlichen Lebens mit dem Handeln in der Welt vollzog Salutati (wenn auch mit einiger Ambivalenz), als er in Worten, die auf den Einfluß der *Göttlichen Komödie* hindeuten, den Wert der Laienfrömmigkeit erklärte:

> Da es unser höchstes Ziel ist, nicht [bloß] Gott zu kennen, sondern diese höchste Glückseligkeit, die darin besteht, Gott so zu sehen, wie er ist, und diese Vision auch zu genießen und das, was zu sehen ist, zu lieben und ewig an ihm festzuhalten durch eine Liebe, die Liebhaber und Geliebten so vereint, daß, wer auch immer sich Gott anschließt, er ein Geist mit ihm ist; und da wir dies nicht durch die Naturwissenschaft oder menschliche Spekulation erreichen können, sondern nur mithilfe der Gnade Gottes durch Tugenden und andere Handlungen, ist es sicherlich das aktive Leben, dessen Grundlage der Wille ist, und nicht das spekulative, das durch den Intellekt vollendet wird, das zu dieser wahren Glückseligkeit dazugehört. Und in dieser Glückseligkeit selbst ist der Willensakt, der Freude ist, edler und schöner als der Akt des Intellekts, den man Kontemplation oder Schau nennen kann.[39]

Leon Battista Alberti, ein Humanist und Architekt des folgenden Jahrhunderts, teilte diesen Standpunkt:

> Intelligenz, Intellekt, Urteilsfähigkeit, Gedächtnis, Appetit, Ärger, Vernunft und Besonnenheit – wer wäre so uneinsichtig und stritte ab, daß diese göttlichen Kräfte, durch die der Mensch alle anderen Tiere an Kraft, Schnelligkeit und Schärfe übertrifft, Fähigkeiten sind, die wir erhalten haben, damit wir sie umfassend anwenden?[40]

Solche Gedanken sind als Rechtfertigung der Arbeit seitens der bürgerlichen Schicht gegenüber der aristokratischen und klerikalen Lebensweise interpretiert worden, als Bestandteil der humanistischen Spiritualität zielten sie aber auf den liebenden Dienst am Nächsten. Petrarca schätzte solch einen Dienst hoch ein:

Es gab und gibt vielleicht noch sehr tätige Menschen mit dem Wesen eines Heiligen, die selbst den Weg Christi gehen und sich verirrende Seelen denselben Weg entlangführen. Wenn dies passiert, ist es etwas Großes und unermeßlich Gutes, ein zweifacher Segen. Denn was gibt es, das heiliger ist, eines Menschen würdiger und göttlicher Güte ähnlicher, als den vielen, die Hilfe benötigen, zu dienen und beizustehen?[41]

Salutati stellte seinem eigenen sozialen Ideal das der Philosophie gegenüber:

Du magst voll von Spekulation sein, aber ich möchte die Güte im Überfluß haben, durch die ich ein guter Mensch werden kann. Ich möchte immer damit beschäftigt sein, etwas zu tun, ich möchte dabei die letzte Sinnrichtung beachten: Helfe ich bei allem, was ich tue, mir, meiner Familie, meinen Verwandten und vor allem meinen Freunden, nütze ich meinem Land? Und ich möchte so leben, daß ich sowohl durch mein Beispiel als auch durch meine Taten etwas für die menschliche Gesellschaft beitrage.[42]

So schlug er vor, dieser aktiven Spiritualität durch eine Reihe von immer größer werdenden sozialen Kreisen Ausdruck zu verleihen. Der realistische und aggressivere Valla weitete das humanistische Ideal christlichen Handelns in noch eine andere Richtung aus. Er sah sich selbst als *miles Christi* (Soldat Christi) und das christliche Leben als freudigen Kampf mit ständigen Herausforderungen auf dem Weg des Lebens.

Aber die vielleicht originellste Weise, in der sich die Vorstellung von aktiver Spiritualität bei den Humanisten ausdrückte, war ihre Verbindung mit Kreativität. Begründet war dies in der Faszination der Humanisten bezüglich der Implikationen, die die Erschaffung der Menschen nach Gottes Abbild hatte. Daraus war zu schließen, daß die Menschen, nachdem ihre Kräfte wiederhergestellt und durch Gnade geheiligt waren, die göttlichen Möglichkeiten in sich durch schöpferisches Handeln verwirklichen könnten. Solches Handeln beruhe nicht nur auf dem Intellekt, sondern auf allen Fähigkeiten der vielseitigen und komplexen menschlichen Person, vor allem der Phantasie. So bemerkte Valla, daß der menschliche Geist »nach dem Abbild Gottes gemalt ist«; das bedeutete für ihn, daß er eine gottähnliche eigene Schaffenskraft besaß:

Genau wie eine Flamme das Material, das sie zum Brennen bringt, ergreift, verschlingt und zu Asche macht, wird der Geist durch Lernen genährt, hält in sich verborgen, was er in sich aufnimmt und verwandelt es in seine eigene Hitze und sein eigenes Licht. Daher malt er eher andere, als daß er von diesem gemalt wird. Der Geist, der sich auf sie zubewegt in seinem eigenen Licht, projiziert und malt auf sie ein Bild seiner eigenen Erinnerung, seines Intellekts und Willens.[43]

Auf diese Art könnten die Menschen sich frei mithilfe ihrer eigenen gottgegebenen Spiritualität eine menschliche Welt schaffen, genauso wie Gott die natürliche Welt geschaffen hatte. So schrieb Manetti als Teil seiner Darlegung zur Würde des Menschen:

Alles, was uns umgibt, ist unser Werk, das Werk des Menschen: Häuser, Schlösser, Städte, großartige Gebäude überall auf der Welt. Sie ähneln eher dem Werk von Engeln als dem von Menschen; aber sie sind trotzdem Menschenwerk. Es gibt Gemälde, Skulpturen, Naturwissenschaft und Lehre. Es gibt Erfindungen und literarische Werke in vielen Sprachen, und schließlich Maschinen. Und wenn wir diese Wunder sehen, erkennen wir, daß wir bessere Dinge machen können, schönere, reicher verzierte, vollkommenere als die, die wir bisher geschaffen haben.[44]

Solche Abschnitte mit ihrem Verweis auf unbegrenzten Fortschritt lassen vermuten, daß einzelne Humanisten, die von der üppigen Schaffenskraft der Renaissance angeregt waren, versucht waren, mit der ausgewogenen Balance zwischen menschlicher Begrenztheit und göttlicher Möglichkeit grundlegend zu experimentieren. Aber die dämonische Spiritualität, die ein autonomes Menschsein vergöttert, lag noch in ferner Zukunft. Manetti zeigt vielleicht das Übermaß, zu dem jede rhetorische Verherrlichung versucht werden kann. Aber die Spiritualität des Renaissance-Humanismus blieb ihrem Wesen nach auf das Evangelium bezogen.

Anmerkungen

1 Zitiert nach Ch. Trinkaus, *The Poet as Philosopher: Petrarch and the Formation of Renaissance Consciousness*, New Haven, CT 1979, 106.

2 *On His Own Ignorance and That of Many Others*, in: *The Renaissance Philosophy of Man*, hg. von E. Cassirer, P.O. Kristeller und J.H. Randall, Jr., Chicago 1948, 104.

3 *Encomion Sancti Thomae Aquinatis*, in: Lorenzo Valla, *Scritti filosofici e religiosi*, hg. von G. Radetti, Florenz 1953, 465.

4 *Secretum*, zitiert nach *Petrarch's Secret*, London 1911, 29–30.

5 Brief an Tommaso Caloiro von Messina, ca. 1351, in: *Petrarch, a Humanist among Princes: An Anthology of Petrarch's Letters and of Translations from His Works*, hg. von D. Thompson, New York 1971, 25.

6 Ein Religiose ist der Angehörige eines religiösen Ordens.

7 Zitiert nach Ch. Trinkaus, »Humanist Treatises on the Status of the Religious: Petrarch, Salutati, Valla«, *Studies in the Renaissance* 11 (1964), 36. Es geht um die im II. Vatikanischen Konzil endgültig überwundene Auffassung vom Ordensstand als »status perfectionis«, Stand der Vollkommenheit.

8 Zitiert nach: Ch. Trinkaus, *In Our Image and Likeness*, 2 Bde., Chicago 1972, Bd. 1, 20.

9 Die Zeit, während der ein Papst und ein Gegenpapst »regierten«.

10 Zitiert nach Ch. Trinkaus, *Poet as Philosopher*, 126.

11 *Petrarch's Secret*, 15; und Trinkaus, *Poet as Philosopher*, 87.

12 Zitiert nach Ch. Trinkaus, *In Our Image and Likeness*, 1:36.

13 Ebd., 1:96.

14 Zitiert nach N.S. Struever, *The Language of History in the Renaissance Rhetoric and Historical Consciousness in Florentine Humanism*, Princeton, NJ 1970, 88.

15 *Laudatio*, in: *The Earthly Republic: Italian Humanists on Government and Society*, hg. von B.G. Kohl und R.G. Witt, Philadelphia 1978, 135.

16 Zitiert nach Ch. Trinkaus, *In Our Image and Likeness*, 1:143.

17 Eine Subtilität der »terministischen« Sprachlogik.

18 *Encomion*, in: *Scritti filosofici e religiosi*, 465.

19 Brief an Boccaccio (28. April 1373), in: *Petrarch, a Humanist among Princes*, 236.

20 *Petrarch's Secret*, 21.

21 Zitiert nach Ch. Trinkaus, *Poet as Philosopher*, 105.

[22] Zitiert nach E. Garin, *Italian Humanism: Philosophy and Civic Life in the Renaissance*, Oxford 1965, 16.
[23] Brief an seinen Bruder Gherardo (2. Dezember 1348), in: *Petrarch, a Humanist among Princes*, 90.
[24] Zitiert nach Ch. Trinkaus, *In Our Image and Likeness*, 1:143.
[25] *John Calvin and Jacopo Sadoleto: A Reformation Debate*, hg. von J.C. Colin, New York 1966, 32.
[26] *De vere bono*, in: *Scritti filosofici i religiosi*, 165–166.
[27] *On His Own Ignorance*, 101.
[28] Zitiert nach: Ch. Trinkaus, *In Our Image and Likeness*, 1:33.
[29] Ebd., 1:134.
[30] Ebd., 1:252–53.
[31] *Petrarch's Secret*, 79.
[32] Iustificatio imputata ist ein Begriff der evangelischen Orthodoxie, nach dem die von Gott dem Menschen geschenkte gnadenhafte Rechtfertigung nicht dem Menschen ontologisch gehört, sondern ihm von Gott stets »zugeschrieben«, imputiert, wird.
[33] *On His Own Ignorance*, 104–5.
[34] Brief an Peregrino Zambeccari, in: *Earthly Republic*, 108.
[35] Zitiert nach: Ch. Trinkaus, *In Our Image and Likeness*, 1:97.
[36] Ebd., 1:32.
[37] *On His Own Ignorance*, 76.
[38] Zitiert nach: Ch. Trinkaus, *In Our Image and Likeness*, 1:55.
[39] Ebd., 1:68.
[40] *I libri della famiglia*, zitiert nach der Übersetzung von R.N. Watkins, *The Familiy in Renaissance Florence*, Columbia 1969, 133.
[41] *De vita solitaria*, in: *Petrarch, a Humanist among Princes*, 63.
[42] *De nobilitate legum et medicinae*, hg. von E. Garin, Florenz 1947, 180.
[43] Zitiert nach Ch. Trinkaus, *The Scope of Renaissance Humanism*, Ann Arbor 1983, 443.
[44] Zitiert nach M.B. Becker, *Florence in Transition: Studies in the Rise of the Territorial State*, Baltimore, MD 1968, 6.

II. Ad Fontes – Zu den Quellen: Das humanistische Verständnis von der Heiligen Schrift als Nahrung für die Seele

Von James D. Tracy

Die Leser mögen überrascht sein, daß sich ein Kapitel dieses Bandes mit der humanistischen Bewegung des Nordens befaßt. Tatsächlich haben die Wissenschaftler lange angenommen, daß die Humanisten der Renaissance eine säkulare Weltsicht vertraten; auch ist die Tatsache der neueren Entdeckung des humanistischen religiösen Denkens unter den Fachleuten besser bekannt als unter der breiten Leserschaft. Während Jacob Burckhardts berühmte *Geschichte der Renaissance in Italien* (1860) eine Epoche repräsentierte, in der gebildete Männer und Frauen wenig Interesse an der traditionellen Religion zeigten[1], hat die Forschung der letzten Jahrzehnte die Rolle des rechten christlichen Glaubens im Leben und Denken der wichtigsten italienischen Humanisten von Grund auf rehabilitiert (siehe den ersten Teil dieses Artikels von William Bouwsma). Paul Oskar Kristeller vertritt in einer inzwischen allgemein anerkannten Interpretation der humanistischen Bewegung den Standpunkt, daß den Humanisten nicht bestimmte philosophische Überzeugungen gemein waren, sondern vielmehr bestimmte intellektuelle Interessen, die sich auf die rhetorische Tradition der klassischen Antike bezogen. So war Lorenzo Valla, der die menschliche Willensfreiheit aus religiösen Gründen in Zweifel zog, nicht weniger ein »Humanist« als die vielen anderen (wie Giovanni Pico della Mirandola), die ein Loblied auf die Freiheit des Menschen sangen, über sein Schicksal selbst bestimmen zu können.[2] Charles Trinkaus und andere haben dargelegt, daß man den humanistischen Autoren, denen man einst einen streng »rationalistischen« Standpunkt zuschrieb, eher gerecht wird, wenn man sie als Vertreter eines paulinischen Christentums ansieht, die betonen, daß der menschliche Wille sündhaft sei und der erlösenden Macht göttlicher Gnade bedürfe. In der Tat stehen Texten wie Vallas *De Voluptate* (Über die Wollust, das sinnliche Genießen) oder Coluccio Salutatis *De Nobilitate Legum et Medicinae* (Über den Adel der Gesetze und der Medizin) der thomistischen Synthese aus christlichem Glauben und aristotelischer Logik kritisch gegenüber; dies aber nicht vom Standpunkt einer vermeintlichen säkularen Alternative her. Vielmehr hielten diese Humanisten, wie auch die zeitgenössische »nominalistische« Schule der spätmittelalterlichen Theologie, die thomistische Metaphysik für übermäßig rationalistisch, was ihre Auffassung von der menschlichen Natur betrifft, und für vermessen, weil sie den Willen Gottes den Gesetzen menschlichen Planens unterwerfe.[3]

1. Humanistische Interpretation der Heiligen Schrift

Inzwischen setzten die Forscher des nordeuropäischen Humanismus einen dem entsprechenden Prozeß der Neu-Interpretation in Bewegung. Dies gilt für Erasmus von Rotterdam, den die säkular eingestellten Philosophen der Aufklärung als einen der Ihren in Anspruch genommen hatten, während er wie auch Philipp Melanchthon von beider Glaubensgenossen als (bestenfalls) charakterschwache Moralisten und Kompromißler, unfähig, die Prinzipien des rechten christlichen Glaubens zu begreifen, abgelehnt worden waren. Auch wenn es bei Einzelaspekten beträchtliche Meinungsunterschiede geben kann, so besteht heutzutage ein Konsens, daß beide Männer sich ernsthaft mit Fragen der christlichen Lehre auseinandersetzten und Religion nicht auf Ethik reduzierten. Es ist fast überflüssig, anzumerken, daß ein in der Ökumene fortgeschritteneres Zeitalter das Bemühen solcher Humanisten wie Erasmus und Melanchthon um ein wirkliches Verständnis der Standpunkte der jeweils anderen Seite eher zu schätzen weiß.[4] Es ist auch deutlich geworden, daß die nördliche humanistische Bewegung wichtige Berührungspunkte mit den religiösen Reformbewegungen einer traditionelleren Art hatte, vor allem mit denen der Jahrzehnte vor der Reformation. Während der 90er Jahre des 15. Jahrhunderts pflegten Erasmus wie auch Jacques Lefèvre d'Étaples in Paris freundschaftlichen Umgang mit monastischen Reformern, darunter eine Gruppe der nordniederländischen Gemeinschaft von Augustinerchorherren, der Erasmus selbst damals angehörte. In Straßburg war der ernsthafte und bekannte Reformprediger Geiler von Kaiserberg ein enger Freund von Jakob Wimpheling, einem frommen Humanisten der älteren Schule und Mentor einer ganzen Generation jüngerer Gelehrter.[5] Humanisten der Generation des Erasmus, die auf den intellektuellen Leistungen und moralischen Einsichten ihrer italienischen Vorgänger aufbauten, wurden zum Teil wegen dieser Verbindungen Wortführer einer Bewegung für religiöse Erneuerung.

Für die traditionelleren Reformer wie Geiler in Straßburg oder die niederländischen Augustiner in Paris bedeutete Reform eine strengere Handhabung des kanonischen Rechts oder der Konstitutionen der religiösen Orden. Demgegenüber vertraten Humanisten wie John Colet in England oder Lefèvre in Frankreich die Auffassung, daß wahre Reform von einer neuen Form der christlichen Erziehung abhinge, deren Ergebnis den Laien und Geistlichen gleichermaßen zugute käme. Das *Enchiridion Militis Christiani* (Handbuch des christlichen Soldaten) des Erasmus kann als Dokument der humanistischen Vision von Reform angesehen werden: »Es gibt keine noch so große Versuchung, keinen noch so heftigen Angriff des Feindes, den das leidenschaftliche Studium der Heiligen Schrift nicht mit Leichtigkeit abwehrt, keine Not so voller Kummer, die es nicht erträglich macht.« Die Auffassung von der Schrift als Waffe im Kampf gegen die Versuchung ist natürlich im spirituellen Schrifttum ein Allgemeinplatz. Neu ist der Gedanke, daß die vorherrschenden Methoden des Studiums und des Nachdenkens über die Schrift aufgegeben werden müssen, bevor die heilende Kraft des Wortes Gottes zu spüren ist: »Wenn du lieber im Geist wachsen willst, statt besser für Debatten gerüstet zu sein, wenn du lieber Nahrung für die Seele willst statt eines bloßen Kratzens des Intellekts, sollst du vor allem die Klassiker studieren«, d. h. eher die patristischen Schriftkommentatoren als die scholastischen Interpreten des 13. und 14. Jahrhunderts.[6] Mit der Distanz von einigen Jahrhunderten erscheint es schwierig, die naive und vor Leben sprühende Hoffnung nachzuvollziehen, zu der diese Vision einer Rückkehr »zu den Quellen« (*ad fontes*) des christlichen Glaubens nicht nur Geistliche und Gelehrte, sondern auch die gebildete, lateinisch lesende Öffentlichkeit in ganz Europa begeistern konnte. Erasmus hatte keine Ahnung, wie bekannt er war, bis er 1514 auf dem Weg rheinaufwärts nach Basel vom Stadtrat in Straßburg, der Stadt Geilers und Wimphelings, bewirtet wurde. Dort hatte ihn vor allem die religiöse Botschaft seines *Enchiridion* so bekannt gemacht. Mit einem Wort, aus den Humanisten waren Reformer geworden.[7]

Auch wenn man die Richtigkeit dieser neueren Interpretation der humanistischen Bewegung zugesteht, mag man jedoch den Begriff einer »humanistischen Spiritualität« für etwas problematisch halten. Als sich die Humanisten mit dem Studium und der Lektüre der Schrift befaßten, von dem man meinte, daß damit das Leben eines Menschen zum Besseren geändert werden könne, so fehlte ihren Methoden jegliche Originalität. Die im Tower von London entstandenen Schriften des Thomas Morus *De Tristitia Christi* (Über die Traurigkeit Christi) und die *Abhandlung über die Passion* sind stark von Johannes Gersons *Monotesseron* und Thomas von Aquins *Catena Aurea* (Goldene Kette) beeinflußt und verdanken wahrscheinlich seinen vier Jahren als Kartäusernovize mehr als seinem humanistischen Interesse und seiner Schulung.[8] Erasmus schlägt in seinem *Enchiridion* für die Meditation über die Schrift die traditionelle allegorische Exegese vor, die von Origenes entwickelt wurde, dessen Werke ihm ein gelehrter und frommer franziskanischer Freund in den Niederlanden, Jean Vitrier, empfohlen hatte.[9]

Ad Fontes

Aber es gibt einen Bereich, in dem die humanistischen Werke über die Heilige Schrift (vor allem das Neue Testament) einen Anspruch auf Originalität erheben können und damit auf einen angemessenen Platz in der Entwicklung der europäischen christlichen Spiritualität. »Spiritualität« bedeutet nicht nur ein Vorherrschen des Gebets, sondern auch eine Vorstellung von persönlichem spirituellem Wachstum, das durch Gebet erreicht werden soll. In diesem Zusammenhang eröffnen die typischen »intellektuellen« Arbeiten der humanistischen Bewegung neue Perspektiven. Als erstes enthält das humanistische Programm des Zurück *ad fontes* Elemente, die sich in früheren Reflexionen über das Thema der Schrift als Seelennahrung nicht finden. Die moderne wissenschaftliche Philologie ist ein spezifisches Werk der humanistischen Bewegung, wobei die Hauptentwicklungslinie von Lorenzo Valla über Erasmus' griechisches Neues Testament (1516) und Guillaume Budé verläuft, dem Autor historischer Kommentare zum *Corpus Juris Civilis* (der offiziellen Sammlung des Zivilrechts). Der Ausdruck *philologia*, wie ihn diese Männer benutzten, vereinigt in sich die modernen Auffassungen von Textkritik, literarischer Analyse u. a. m.[10]

Bezogen auf das Neue Testament, verlangte die humanistische *philologia*, die Texte als literarische Produkte zu behandeln, d. h. als die Werke einzelner Autoren. Humanisten zog es zur Gestalt des hl. Paulus hin. Erasmus brachte »vier Bände« eines Kommentars zum Römerbrief zum Abschluß, aber sie wurden nie veröffentlicht und sind verlorengegangen. Er begann später seine *Paraphrasen* zu demselben Brief (1517). John Colet schrieb Kommentare zum Römerbrief und zum ersten Brief an die Korinther, Jacopo Sadoleto über den Römerbrief, und Lefèvre d'Étaples veröffentlichte eine französische Übersetzung (1512) des Vulgata-Textes aller Briefe.[11] Im Hinblick auf die Evangelien bedeutete die humanistische Textauffassung, sie als je eigene Werke zu behandeln, anstatt sie, wie Johannes Gerson es in seinem *Monotesseron* getan hatte, alle in eine fortlaufende Erzählung einzubinden. Im spätmittelalterlichen spirituellen Schrifttum lag der Schwerpunkt auf dem Leben Christi und nicht auf den Texten, durch die es vermittelt wird; die *Vita Christi* (Leben Christi) Ludolph des Kartäusers und Johannes Mombaers *Rosetum Spiritualium Exercitium* (Rosenstrauß geistlicher Übungen; dort, wo das Leben Christi behandelt wird) befassen sich mit bestimmten Ereignissen in einer Weise, die es gleichgültig erscheinen läßt, welches Evangelium zitiert wird (Mombaer war übrigens einer der niederländischen monastischen Reformer, die in Paris in den 90er Jahren des 15. Jahrhunderts aktiv waren, und er unterhielt mit Erasmus einen Briefwechsel).[12] Die Tower-Abhandlungen des Thomas Morus sind von derselben Art wie die Ludolphs und Gersons, aber er scheint in dieser Hinsicht unter den Humanisten eher eine Ausnahme zu sein. Jacques Lefèvre d'Étaples' *Commentarii Initiatorii in Quattuor Evangelia* (Einführende Kommentare in die vier Evangelien) (1527) sind, wie der Titel bereits anzeigt, Kommentare zu den aufeinanderfolgenden Evangelien, so wie auch die bekannteren *Paraphrasen* des Erasmus, der mit den paulinischen Briefen begann und sich dann 1522 den Evangelien zuwandte. Huldrych Zwingli, der Reformer aus Zürich, offenbarte seinen humanistischen Hintergrund, als er seine Predigerlaufbahn im Großmünster (1519) mit einer Predigtreihe über das Matthäusevangelium begann, statt dem Zyklus der für die Sonntagsliturgie vorgeschriebenen Evangelientexte zu folgen.[13]

Der Umgang mit dem heiligen Text als einem literarischen Produkt, auch unter Beibehaltung der traditionellen Lehre von der göttlichen Inspiration, hatte einige recht spezifische Implikationen. Im Unterschied zu den scholastischen Exegeten näherten sich die Humanisten einem Text mit einem bestimmten Interesse an der unverwechselbaren Persönlichkeit und dem Stil eines jeden Autors. In seinen Anmerkungen zu den aufeinanderfolgenden Ausgaben des griechischen Neuen Testamentes erweckte Erasmus alte Zweifel an der Autorenschaft des Paulus am Hebräerbrief zu neuem Leben und forderte eine Kontroverse heraus, indem er Hieronymus' Auffassung verteidigte, daß das Griechisch des Paulus mit Fehlern durchsetzt sei und nicht mit der eleganten Diktion des Lukian oder Isokrates verglichen werden könne. Bei den Humanisten läßt sich auch eine größere Bereitschaft feststellen, problematische Abschnitte zuzugeben, die entweder schwierig zu verstehen sind oder den Erwartungen des Gläubigen zu widersprechen scheinen. Lefèvre d'Étaples beispielsweise, der die Textstelle (Mt 16, 28) kommentiert, wo Jesus sagt, daß einige der Anwesenden »den Tod nicht schmecken«, bis er wiederkommt, gesteht ein, daß es »gezwungen« wäre, diesen Satz auf seine Verklärung zu beziehen (statt auf seine zweite Wiederkunft), obwohl er selbst vorher auch dieser Interpretation als Ausweg aus der Schwierigkeit den Vorzug gegeben hatte. Man wisse nur, sagt Lefèvre, daß die Bedeutung dieses Abschnittes, wie auch immer er zu verstehen sei, überaus wahr und gewiß sei.[14] Schließlich scheinen die Humanisten ein größeres Interesse an der Persönlichkeit der handelnden Figuren im Neuen Testament zu haben, vor allem an der Persönlichkeit Christi selbst. Jacques Chomarat weist darauf hin, daß, obwohl das unfehlbare Vorherwissen Jesu »eine Schwäche in der Darstellung seines Wesens« in den *Paraphrasen* der

Evangelien sei, Erasmus noch motiviert war, den Beweggrund Jesu zu suchen, da die Berücksichtigung des Motivs eine der Standardtechniken der »Erläuterung« oder Paraphrase war. Einige Jahre vorher hatte die menschliche Motivation Christi den zentralen Punkt einer bekannten Debatte zwischen Colet und Erasmus gebildet, in der Colet Hieronymus' Behauptung verteidigte, daß die Furcht und Qual, die Jesus in Gethsemane zum Ausdruck brachte (»Vater, wenn es möglich ist, laß diesen Kelch an mir vorübergehen«), sich nicht auf seine eigene Todesangst bezogen habe, sondern auf die Angst um das jüdische Volk und was diesem als Folge seiner Ablehnung Jesu geschehen würde. Colets Auffassung war in dem Sinne »humanistisch«, als sie starken, wenn nicht einstimmigen Rückhalt bei den Kirchenvätern hatte, wohingegen die *neoterici* (Neuerer) oder scholastischen Theologen des Hochmittelalters darin übereinstimmten, daß Christus als Mensch eine ganz normale Angst vor dem Tod hatte. Dieses Mal stellte sich Erasmus ganz bewußt auf die Seite der *neoterici*, und es war ihm zweifellos wichtig, daß (wie Bonaventura und andere es ausdrückten) Christus außer der Sünde alle Schwächen der menschlichen Natur durchlebte. Thomas Morus stellte in seinen Tower-Abhandlungen taktvollerweise die jeweilige Interpretation seiner beiden Freunde vor, aber gab eindeutig der des Erasmus den Vorzug, und Lefèvre übernahm dieselbe Auffassung in seinen *Commentarii Initiatorii.* Zusammenfassend läßt sich sagen, daß die Humanisten im großen und ganzen die traditionelle allegorische Exegese, durch die schwierige oder eigentümliche Einzelheiten erklärt werden konnten, zwar nicht ablehnten, daß sie aber doch dazu neigten, menschlicher Motivation und menschlichen Eigenarten als wesentlichem Bestandteil der geoffenbarten Wahrheit Gottes größeres Gewicht beizumessen. Sie konnten auf verschiedenen Ebenen, wie die Kontroverse zwischen Erasmus und Colet zeigt, die christologischen Einsichten der Scholastiker mit dem literarischen und rhetorischen Einfühlungsvermögen der von ihnen bewunderten Kirchenväter verbinden.[15]

Neben der *philologia* war die Rhetorik das andere große Betätigungsfeld, das der nicht einheitlichen und vielfältigen humanistischen Bewegung einen gemeinsamen Rahmen verlieh, und die Rhetorik hatte auch bestimmte Auswirkungen auf das Verständnis der Heiligen Schrift. Der Grund, warum die Humanisten die Kirchenväter als Bibelkommentatoren so bewunderten, lag darin, daß die Kirchenväter, die selber eine Erziehung genossen hatten, in deren Mittelpunkt die Kunst des Überzeugens stand, die Aufgabe des Kommentators ihrem Wesen nach eher als homiletische ansahen denn als spekulative; ihr Ziel war es, das Wort Gottes in den Herzen der Leser und Zuhörer zum Leben zu erwecken – daher Erasmus' scharfer Gegensatz zwischen »Nahrung für die Seele« (die sich in den patristischen Kommentaren findet) und einem »bloßen Kratzen am Intellekt« (der scholastischen Kommentare). Erasmus' eigene Schriften sind wie die Lefèvres voll von Ermahnungen an den Leser, die Lehren der Schrift »in sein lebendiges Innere einzulassen«,Ermahnungen, die sowohl nach Inhalt als auch nach Sprache einen unverkennbaren patristischen Nachhall darstellen. Die Humanisten ahmten auch die patristische Technik nach, die Heilige Schrift sich selbst erklären zu lassen, indem sie Kommentare schufen, die aus gleichartigen oder verwandten Abschnitten aus anderen Büchern der Bibel bestanden.[16] Aber durch die Übernahme der klassischen Disziplin der Rhetorik machten sie sich auch bestimmte Themen oder Annahmen zu eigen, durch die schließlich ihre Exegese etwas anders als die der Kirchenväter ausfiel.

Erstens stand die antike Rhetorik in ihren Anfängen und ihrer frühen Entwicklungsphase in einem gesellschaftlichen Zusammenhang, den die Humanisten durch ihre Studien rekonstruieren konnten. In den theoretischen Abhandlungen Ciceros und Quintilians war der ideale Redner nicht nur ein Fachmann auf dem Gebiet der forensischen Technik[17], sondern ein *vir bonus* (guter Mensch), der in der Lage und willens war, unangenehme Wahrheiten auszusprechen, wo das etwas Gutes bewirken konnte.[18] Als die Humanisten versuchten, die Bedeutung der Heiligen Schrift für die Zeit, in der sie lebten, zu erläutern, hatten sie nur ein beschränktes Interesse an den allegorischen Verweisen auf die Kirche (z. B. die Barke des Petrus, das Haus der Schwiegermutter des Petrus), die in der patristischen und mittelalterlichen Exegese so verbreitet waren. Statt dessen versuchten sie zumindest gelegentlich, die Bedeutung der Schrift für die wichtigeren gesellschaftlichen Anliegen ihrer Zeit herauszuarbeiten. Auch hier ist die persönliche Beziehung zwischen Colet und Erasmus von erheblichem Interesse. Erasmus wußte, daß Colet seit einiger Zeit bei seinem Herrn, Heinrich VIII., in Ungnade gefallen war, weil er es gewagt hatte, in einer Predigt bei Hof die Pläne des Königs, einen Krieg über den Kanal anzufangen, zu kritisieren. Erasmus bewunderte die Direktheit seines Freundes, zog aber in seinen lateinischen Schriften, einschließlich seiner *Paraphrasen* zum Neuen Testament, den indirekten Weg vor. Es war Teil des traditionellen Verständnisses der einzigartigen Macht des Wortes Gottes, daß die Heilige Schrift, wenn sie denn richtig gedeutet würde, das Leben von Gemeinschaften, nicht nur von Einzelnen, verändern könnte – ein Verständnis, das die Kirchenväter den nachfolgenden Zeitaltern hinterlassen hatten. Aber nur ein Humanist konnte schreiben, wie es Erasmus in einer der Einleitungsschriften zu seinem Neuen Testament 1516 tat, daß, »wenn das Evangelium wahrhaftig verkündet würde, den Christen viele Kriege erspart blieben.«[19]

Die klassische Rhetorik stand auch in einem pädagogischen Zusammenhang, insofern als antike Abhandlungen »über die Erziehung« von Cicero, Quintilian oder Isokrates wirklich Abhandlungen über die Erziehung eines Redners waren. Das wurde allerdings in Form hellenistischer Kultur nach Rom vermittelt, wobei der Ehrenplatz nicht durch das sokratische Ideal von Erziehung eingenommen wurde, sondern durch genau die Schönredner, die Plato so oft in seinen Dialogen angegriffen hatte. Hinsichtlich beider Erscheinungsweisen – als eine Form gesellschaftlichen Diskurses, der erklärte, an die besseren Instinkte der Hörer zu appellieren, und als ein Mittel, die Begabungen der jungen Schüler »herauszuziehen« (*e-ducare*) – beruhte die Theorie des Überzeugens auf einer grundsätzlich optimistischen Auffassung von der menschlichen Natur. Auch wenn man Kristeller recht gibt, daß die humanistische Bewegung nicht durch eine einzige philosophische Lehre zusammengehalten wird,[20] so kann es kein Zufall sein, daß Autoren mit humanistischem Hintergrund und humanistischer Ausbildung sich so oft auf derselben Seite dieser großen Auseinandersetzung um freien Willen und Prädestination finden, die sich durch die Religionsgeschichte des 16. und 17. Jahrhunderts zieht: In seiner Verteidung des freien Willens gegen Luther sollte Erasmus von Melanchthon unterstützt werden, der in den 30er Jahren des 16. Jahrhunderts in seiner Rechtfertigungslehre Raum für den Zustimmungsakt durch den menschlichen Willen läßt; so auch von den Arminianern, die den strengen Calvinismus in den Niederlanden bekämpften, und von den Jesuiten, die gegen den Jansenismus im ganzen katholischen Europa angingen. Angewandt auf das Verständnis des Neuen Testamentes, findet die optimistische Neigung, die mit humanistischer klassischer Ausbildung verbunden zu sein scheint, ihren klarsten Ausdruck in der Weigerung Erasmus', in der Heiligen Schrift eine eindeutige Aussage zur Lehre von der Erbsünde zu finden, so besonders in seinen Anmerkungen zum Römerbrief 5, 12–14. Wenn der große französische Gelehrte Guillaume Budé in seinen späteren Schriften die Fähigkeiten des menschlichen Willens *coram deo* (»gegenüber Gott«, um einen Ausdruck Luthers zu gebrauchen) auf ein Minimum reduziert, so stellt er umgekehrt auch den moralischen Wert der klassischen Kultur oder *philologia* in Frage, die er in früheren Werken so leidenschaftlich verteidigte.[21]

Wenn man das bisher Gesagte zusammenfaßt, darf man erwarten, in den humanistischen Schriften über das Neue Testament einen ehrenvolleren Platz für die Welt des Menschen mit ihrer endlosen Vielfalt, ihren profanen Motiven und Anliegen zu finden, als es in den Werken der patristischen oder scholastischen Epoche der Fall ist. Die Vorstellung vom spirituellen Wachstum durch das vom Gebet geleitete Studium der Heiligen Schrift, wie sie die Humanisten formulierten, war eher auf das Alltagsleben normaler Sterblicher abgestimmt und weniger beeinflußt (es ist zu beachten, daß das eine Frage des Grades ist) vom traditionellen asketischen Ideal, nach dem die Seele immer nach oben strebt, um der Banalität irdischer Sorgen zu entkommen. Diese Auffassung soll durch eine kurze Untersuchung eines bestimmten humanistischen Textes verdeutlicht werden.

2. Die »Paraphrasen« des Erasmus

Für den angestrebten Zweck wird das Schwergewicht auf der ersten Hälfte (Kap. 1–12) der *Paraphrase* des Lukas-Evangeliums von Erasmus liegen, die 1523 mit einem Vorwort erschien und König Heinrich VIII. gewidmet war. Man kann keinen humanistischen Text allein als »typisch« bezeichnen, aber die *Paraphrasen* des Erasmus haben zumindest den Vorteil, daß sie im ausgehenden 16. Jahrhundert als spirituelle Lektüre für Laien sehr beliebt waren, da sie ins Englische (u. a. von Mary Tudor) und auch in andere Sprachen übersetzt wurden. Lukas wurde ausgewählt gegenüber Markus, zu

19. *Sakramentsaltar*, Mittelbild der *Einsetzung der Eucharistie* (Dieric Bouts, Kollegiatskirche von St. Petrus, Löwen, 1464–1468)

dem es, so beschwert sich Erasmus, keine patristischen Kommentare gibt, die den modernen Kommentator leiten könnten,[22] und Matthäus und Johannes, zu denen eine Überfülle an antiken und mittelalterlichen Kommentaren vorhanden ist. Zur Lukas-«Paraphrase« gibt es eine gut feststellbare Zahl an Quellen, von denen man weiß, daß Erasmus sie benutzt hat (Origenes, Chrysostomus, Ambrosius, Theophylact und die *Catena Aurea*),[23] so daß man durch einen Vergleich seines Textes mit diesen anderen zumindest vorläufige Schlüsse über diejenigen Aspekte des Kommentars oder der Paraphrase ziehen kann, die Erasmus selbst beiträgt.

(Für eine gründlichere Untersuchung, als sie hier geleistet werden kann, müßte man auch die umfangreiche Kommentarliteratur zu den synoptischen Perikopen überprüfen, die denen im Lukasevangelium vergleichbar sind.) Eine weitere Einschränkung besteht darin, daß es nicht das Thema dieses Kapitels ist, Einflüsse[24] aufzuzeigen, sondern vielmehr das Gegenteil zu tun, d. h. das herauszuarbeiten, was als ursprüngliches Gedankengut des Erasmus erscheint. Deshalb kann für einen Abschnitt eine Abhängigkeit angenommen werden, auch wenn es nur eine allgemeine Ähnlichkeit zu dem gibt, was beispielsweise Ambrosius sagte, und man muß nicht die genauen verbalen Anklänge aufzeigen, was notwendig wäre, um den exakten Einfluß zu beweisen.

Wenn man auf diese Weise fragt, wird deutlich, daß der weitaus größte Teil der Ausführungen des Erasmus zum Evangeliumstext den Betrachtungen früherer Autoren zumindest sehr ähnlich ist. Dieses Ergebnis überrascht kaum, denn Erasmus würde Übereinstimmung mit der Lehre der »Klassiker« als Tugend angesehen haben und hätte nicht mit Originalität geprahlt. Seine Abhängigkeit von den Kirchenvätern wird am deutlichsten, wenn er in bestimmten Abschnitten »Typen« des alten und neuen Gesetzes oder der Synagoge und der Kirche findet. So stellt, wie bei Ambrosius, der Dämon in der Synagoge von Kapharnaum (4, 34) einen »Typ« Laster dar, von denen das jüdische Volk heimgesucht war. Wiederum wie bei Ambrosius ist die Frau, die die Füße Jesu mit kostbarem Öl salbt, ein Typ des neuen Gesetzes, während der eifersüchtige ältere daheimgebliebene Bruder des verlorenen Sohnes ein Typ des alten Gesetzes ist.[25] Gleichermaßen traditionell sind bestimmte Hinweise auf das Kirchenleben, beispielsweise, daß Christen ihrem Bischof pflichtbewußten Gehorsam schulden, so wie das Kind Jesus seinen Eltern gehorchte, oder daß die Hirten, die am Hang von Bethlehem Wache hielten, Typen des treuen Bischofs sind.[26] Man findet ebenfalls Anklänge einer fast verschwundenen patristischen Soteriologie (Erlösungslehre) in Behauptungen, daß dieser oder jener Aspekt der Evangeliumsgeschichte (beispielsweise die Wahl Marias als Mutter Jesu) von Gott in seiner Weisheit gewollt war, um seinen Gegner, den Teufel, zu täuschen, der bei der Befreiung der Menschheit vom Joch der Sünde gleichsam »ausgetrickst« wurde.[27] Es kommt auch oft vor, daß Interpretationen, die nicht vom Text her begründet sind und so als neu erscheinen mögen, tatsächlich früheren Interpretationen entsprechen. So scheint Ambrosius die Quelle für die Auffassung zu sein, daß es ein Engel war und nicht ihr stummer

Ehemann Zacharias, der Elisabeth mitteilte, daß ihr Sohn Johannes heißen sollte, während Origenes die Erklärung liefert, die von Erasmus stärker betont wird, daß Elisabeth sich während ihrer Schwangerschaft aus Scham vor der Außenwelt verborgen hielt, weil sonst jeder erfahren hätte, daß sie und ihr Mann in ihrem Alter noch Geschlechtsverkehr hatten.[28]

Weniger traditionell und für unsere Diskussion relevanter ist das Interesse des Erasmus, die Motive der Menschen, die in der Evangeliumsgeschichte auftreten, zu ergründen. Wie Theophylakt merkt er an, daß Zacharias am Altar an der Reihe war, nicht nur für seine eigenen Absichten betete, sondern für die Sünden der Menschen; aber dann fügt er mit den Worten des Engels eine Beschreibung der inneren Verfassung des Zacharias an: »Nicht nur ist erhört worden, worum du gebeten hast, sondern die göttliche Güte hat auch das hinzugefügt, zur Erhöhung deiner Gebete, worum du nicht zu bitten wagtest, weil du alle Hoffnung auf diese Möglichkeit aufgegeben hattest. Du batest um einen Erlöser, nimm jetzt auch den Vorläufer des Erlösers an.« Später, Lk 2, 17, bietet er einen scheinbar überflüssigen Kommentar zu der Aussage, daß die Hirten den anderen weitererzählten, was sie im Stall mit ihren eigenen Augen gesehen hatten, ohne dabei einfach nur auf die Worte des Engels zu vertrauen, denn »Frömmigkeit hat ihre eigene *prudentia* (Klugheit) bei Männern und Frauen, wie tiefstehend sie auch immer sein mögen.« In Lk 9, 49, als Johannes Jesus erzählt, wie die Jünger jemanden anfuhren, der nicht zu ihnen gehörte und doch in Jesu Namen Dämonen austrieb, ist Ambrosius der Meinung, daß Johannes aus Liebe zum Herrn so gehandelt habe, aber Theophylakt glaubt, »daß Johannes fürchtete, vielleicht etwas falsch gemacht zu haben, weil sie dem Mann mit Arroganz und Stolz befohlen hatten, aufzuhören.« Erasmus führt den Gedanken Theophylakts näher aus:

> Weil sie hörten [9, 48], daß auch kleine Kinder in Jesu Namen aufgenommen werden sollten, kam es Johannes in den Sinn, daß sie jemanden von der Gemeinschaft des Evangeliums ausgeschlossen hatten. Er fragte sich deshalb, ob alle zum Amt zugelassen werden sollten, das Evangelium zu predigen und Wunder zu wirken, so wie alle zur Gemeinschaft des Heils durch das Evangelium zugelassen werden sollten. Denn ein Anflug von Eifersucht lag doch darinnen.[29]

Das vielleicht eindeutigste Beispiel für den Versuch des Erasmus, sein humanistisches Verständnis von klassischen Werten mit dem Evangelium in Einklang zu bringen, zeigt sich in der Darstellung Jesu als einem vollkommenen Beispiel von *humanitas* (reifer Menschlichkeit) und *mansuetudo* (milder Gelassenheit), den edlen Tugenden des eifrigen Schülers und des pflichtbewußten Bürgers im Unterschied zu den kämpferischen Tugenden des vornehmen Kriegers oder des Doktors der Scholastik, der seinen Sieg in der Debatte genießt. So fehlte dem Kind Jesus, auch bei der Schriftauslegung vor den Gelehrten im Tempel, jegliche »Arroganz, Kühnheit und Prahlerei, alles Laster, die man normalerweise bei Jungen mit dieser frühreifen angeborenen Fähigkeit findet«; die Gelehrten »wunderten sich sehr, nicht nur wegen der ungewöhnlichen Bescheidenheit seines Gesichtsausdruckes, seiner Gestik und Sprache, die der Intelligenz Anmut verleiht«.

Erasmus' Jesus zeigt als erwachsener Mann dieselben Eigenschaften. Dem einfachen Satz »Et reversi Apostoli, narraverunt illi quaecunque fecerunt« (»Und zurückgekehrt, erzählten die Apostel ihm alles, was sie getan hatten«) (Lk 9, 10) fügt Erasmus eine kurze Predigt an, in der »Jesus sie daran erinnerte, bescheiden zu sein, damit sie wegen ihrer Erfolge nicht übermütig würden; denn Wunder werden durch die Macht Gottes, nicht die des Menschen bewirkt und manchmal von Menschen ausgeführt, die nicht zum ewigen Leben ausersehen sind.«[30]

Die *modestia* (Bescheidenheit) Jesu ähnelt einem Thema, das in Erasmus' Ausführungen zur Botschaft des Evangeliums immer wieder auftaucht: daß die Verbreitung des Wortes Gottes in keiner Weise von menschlicher Stärke oder Macht oder *praesidia humana* (menschlicher Schutzwehr) abhängig ist. Dem kurzen Kommentar Simeons, daß Marias Herz von einem Schwert des Kummers durchbohrt werden wird, fügt er eine Prophezeiung darüber an, wie die Mächtigen in der Religion zu Fall gebracht werden und die Demütigen erhöht werden:

Zöllner, Prostituierte und Sünder sind durch die Scheinheiligen in der Religion [die Schriftgelehrten und Pharisäer] vom Gottesdienst ausgeschlossen, aber Gott wird diese zuerst in sein himmlisches Königreich aufnehmen. Völker, die auf Götzendienst eingeschworen sind, werden durch eine plötzliche Änderung des Lebens die Lehren der wahren Frömmigkeit annehmen; Pharisäer und Hohepriester [Pontifices, anspielend auf den Pontifex Maximus, den Papst in Rom], die bezüglich Religion und Gesetz in höchstem Ansehen standen, werden sich dem Urheber des Gesetzes widersetzen.[31]

Im Lichte dieses Gegensatzes zwischen *praesidia humana* und der *modestia* der wahren Jünger Jesu, nimmt sich Erasmus die Freiheit heraus, in seine *Paraphrase* kritische Äußerungen zu den Fürsten und Hohenpriestern seiner Zeit miteinzuschließen. Wenn die Schlechtigkeit des Herodes in Lk 3, 19 festgestellt wird, trifft Erasmus die interessante Feststellung, daß ein Herrscher wie Herodes seine Gründe hatte, den Rat eines heiligen Mannes wie Johannes des Täufers zu erfragen:

Von dieser Art sind die Seelen vieler Herrscher, die die Weisheit des Evangeliums nicht von der Macht schändlicher Laster befreit hat. Sie beherrschen andere, aber sie selbst sind Knechte ihrer eigenen heftigen Gefühlsausbrüche, und sie halten sich genau darin für Könige, daß sie ungestraft als Sklaven der Schlechtigkeit leben können. Manchmal lassen sie zu sich Männer kommen, die bekannt für ihr heiliges Leben sind, manchmal unterhalten sie sich mit diesen und tun bestimmte Dinge auf deren Rat hin: nicht, weil es ihnen um wahre Frömmigkeit geht, sondern weil sie durch diese Täuschung für sich den Ruf von Rechtschaffenheit erlangen und den Unwillen über ihre schlechten Taten beschwichtigen, so daß, wenn sie die Menschen schröpfen oder gottlose Kriege beginnen oder gegen diejenigen wüten, die für das Gemeinwohl Gutes erhoffen, auch diese Dinge den Anschein erwecken können, als ob sie aufgrund des Rates der rechtschaffensten Männer getan worden wären.

An anderer Stelle, wenn der Text (8, 3) reiche Frauen erwähnt, die sich um Jesus kümmern, stellt Erasmus fest, daß Christus »niemals jemandem zur Last fiel, wir lesen auch nicht, daß er jemals um etwas bat. Deshalb sollten diese Männer sich um so mehr ihrer Frechheit schämen, die, obwohl sie für das Evangelium arbeiten, trotzdem den Namen des Evangeliums benutzen, um von den Unwilligen nicht nur das, was notwendig ist, zu erpressen, sondern sogar das, was in Luxus ausläuft.«[32] Die Themen dieser Abschnitte – Erasmus' fortlaufende Kritik an den Bettelordenmönchen und an kriegerischen Herrschern – sind in dieser Hinsicht eindeutig. Dabei ist zu beachten, daß die Reform der christlichen Gesellschaft ein fester Bestandteil der hermeneutischen Methode des Erasmus ist, wie die Heilige Schrift mit spirituellem Gewinn zu lesen sei.

Schließlich ist Christus (wie Erasmus ihn versteht) *modestus* (bescheiden) auch und vor allem, was die Manifestation seiner göttlichen Macht angeht, damit die menschliche Natur nicht einfach von einer Kraft außerhalb ihrer Einsichtigkeit überwältigt wird. Hinsichtlich der Tatsache, daß die Predigt des geheilten Besessenen von Gerasa (Lk 8, 26; vgl. Mk 5, 1) deswegen erfolgreich war, weil viele glaubten, stellt Erasmus fest, daß »durch dieses Bild der Herr Jesus uns lehrte, daß einem jeden, wie ungläubig er auch sein mag, die Gnade des Evangeliums angeboten werden soll, aber sie soll den Unwilligen und Spöttischen nicht aufgezwungen werden, sondern wir müssen uns von ihnen zurückziehen und einen bestimmten Funken wahrer Frömmigkeit zurücklassen, der vielleicht bei späterer Gelegenheit weiter scheint.« Beim Gleichnis vom Sämann (4, 4) hält er inne, um die Funktion der Wunder Christi zu erklären:

> Es paßt zu Zauberern und Wundertätern, wundersame Taten aus bloßer Großtuerei zu bewirken und vorzutäuschen oder um die eitle Neugierde der Zuschauer zu kitzeln, wovon es kein Lob zum Ruhme Gottes gibt und auch keinen Nutzen für unseren Nächsten... Jesus hat nie irgendwelche Wunder bewirkt, außer wenn er es tat, um die Macht Gottes zu preisen und den Bedürfnissen der Menschen beizustehen – oder auch, um die menschliche Ungläubigkeit herauszufordern.

Im allgemeinen, so sagt Erasmus, »erschien es dem Herrn Jesus gut, auf diese Weise alle seine Worte und Taten zu mäßigen, so daß er das eine Mal bestimmte Funken seiner göttlichen Macht hervorbrachte, das andere Mal sich auf menschliche Niedrigkeit herabließ«. Er spricht hier das Thema der *accomodatio* Anpassung) an, das er aus der patristischen Theologie übernommen hat und dessen Bedeutung im Werk des Erasmus von Georges Chantraine herausgestellt wurde.[33] Etwas weiter im selben Abschnitt sagt er in einer Sprache, die von den italienischen Neuplatonikern wie Marsiglio Ficino beeinflußt war, daß genau wie »das gemeine Volk« (*vulgus hominum*) zuerst von körperlicher Schönheit angezogen sein muß, bevor es die Seele des Geliebten lieben kann, »so für uns die Teilhabe [Jesu] an unserem menschlichen Wesen sozusagen eine Verführung darstellt, um Liebe für den Herrn Jesus zu erzeugen, von wo aus wir weiter auf die Liebe seiner göttlichen Macht zugehen.«[34]

Dieser kurze Blick auf ein einzelnes Werk läßt den Schluß zu, daß die humanistischen Überlegungen zur Heiligen Schrift sehr stark zu einer theologischen und exegetischen Tradition gehören, die überwiegend, wenn nicht ausschließlich, patristisch ist, auch dort, wo es vielleicht keine genauen Entsprechungen zu den Werken früherer Kommentatoren der Heiligen Schrift gibt. Dennoch findet man bei den Kirchenvätern nichts, was der Auffassung des Erasmus entspricht, wonach Christus Wunder nur im Dienste menschlicher Not gewirkt habe. Wenn im Zentrum der Exegese der griechischen Kirchenväter eine Vision der Majestät Gottes und die Erhöhung des Menschlichen durch die Inkarnation stand, so weist die *Paraphrase* des Erasmus auf eine neue Symmetrie hin, die auf der Erkenntnis menschlicher Schwachheit und Gottes wundersamer Anpassung an diese beruht. Die Schwächen der Jünger Jesu werden stärker herausgestellt, als es üblich war; aber Erasmus betont auch ständig die *mansuetudo* (Milde), mit der Jesus auf jegliche Würde verzichtet; er geht sogar so weit, daß er Texte beschönigt, die vom Zorn Jesu beherrscht werden.[35]

Letztendlich führt die charakteristische humanistische Mischung aus Textkritik und literarischer Feinfühligkeit zu einer subtilen, aber bedeutenden Veränderung in der inneren Haltung, die bei der Lektüre des Evangeliums vorgeschrieben war. Der Unterschied läßt sich am besten zeigen, wenn man zwei kurze Beschreibungen über die Technik der *meditatio* zitiert, die erste von Ludolph dem Kartäuser, die zweite aus Erasmus' *Paraphrase* des Lukas.[36]

Glaube nicht, daß alles, was Christus getan oder gesagt hat und über das wir meditieren können, aufgeschrieben worden ist. Um einen größeren Eindruck zu machen, werde ich dir Dinge erzählen gemäß bestimmter phantasiereicher Darstellungen, entweder auf die Weise, wie sie passiert sind oder wie es frommerweise geglaubt werden kann, daß sie passierten...; auf diese Weise kann man sich selbst für diese Dinge aufnahmebereit machen, die Jesus sagte oder tat.

Wenn wir jetzt einen Augblick vor Skulpturen oder Gemälden verweilen und dabei jedes Teil des Werkes betrachten, stellen wir jedesmal etwas Neues fest, das vorher unseren Augen entkommen ist: genauso, glaube ich, wird es passend sein, vor diesem bemerkenswerten Schauspiel einen Augenblick innezuhalten [die Heilung des Gelähmten, der durch das Dach herabgelassen wird]; laßt unseren Geist in frommer Neugierde über all diese Details nachdenken.

Wichtig für Ludolph (1. Text) ist die Unmittelbarkeit, in der man sich vorstellt, was Christus tat oder sagte; die Unterscheidung zwischen dem, was die Evangelien tatsächlich berichten und was man sich in frommer Weise vorstellt, ist sekundär. Für Erasmus (2. Text) ist nicht Jesus der direkte Bezugspunkt der Reflexion, sondern vielmehr der unantastbare Text, durch den er erahnt werden kann. Wie ein Kunstwerk muß er genossen werden, indem man bei seinen Einzelheiten verweilt. Historiker, die sich mit der Spiritualität befassen, werden in ihrer Einschätzung dieser zwei Zugänge unterschiedlicher Auffassung sein, und einige werden zweifellos der Direktheit und Spontaneität Ludolphs gegenüber den befangen ästhetischen Grübeleien des Erasmus den Vorzug geben. Aber wie die menschliche Schwäche der Jünger Christi, so haben die kritischen Fähigkeiten des menschlichen Geistes einen rechtmäßigen Platz im Verständnis der Heiligen Schrift, und Humanisten wie Erasmus haben vor allem in dieser Hinsicht einen entscheidenden Beitrag zur Entwicklung der westlichen Spiritualität geleistet.

Anmerkungen

[1] Vgl. W. Ferguson, *The Renaissance in Historical Thought*, Boston 1948.

[2] Ch.G. Nauert, Jr., »Renaissance Humanism: An Emergent Consensus and Its Critics«, *Indiana Social Studies Quarterly* 23 (1980), 5–20.

[3] Ch. Trinkaus, *In Our Image and Likeness*, 2 Bde., Chicago 1972; ders., *The Scope of Renaissance Humanism*, Ann Arbor 1983.

[4] J.D. Tracy, »Humanism and the Reformation«, in: *Reformation Europe: A Guide to Research*, hg. von S. Ozment, St. Louis, MO 1982, 33–57.

[5] A. Renaudet, *Préréforme et Humanisme à Paris pendant les premiers Guerres d'Italie (1494–1517)*, Paris [2]1952; O. Herding (Hg.), *Jacob Wimpheling, Beatus Rhenanus, Das Leben des Johannes Geiler von Kaysersberg*, München 1970. Zu einer kurzen Lebensbeschreibung des Erasmus vom selben Beatus Rhenanus vgl. P.S. Allen, *Opus Epistolarum D. Erasmi*, 12 Bde., Oxford 1906–58, 1:56–71.

[6] *Enchiridon Militis Christiani*, in: *D. Erasmi Opera Omnia*, hg. von J. Leclercq, 10 Bde., Leiden 1703–1706, 5:6EF, 8CE.

[7] J.D. Tracy, »Erasmus Becomes a German«, *Renaissance Quarterly* 21 (1968), 281–88.

[8] *The Yale Edition of the Complete Works of St. Thomas More*, Bd. 13: *Treatise on the Passion*, hg. von G.E. Haupt, New Haven, CT 1976; und *De Tristitia Christi*, hg. von C.H. Miller, New Haven, CT 1967.

[9] A. Godin, *Erasme, Lecteur d'Origène*, Genf 1982, 22–116.

[10] J.H. Bentley, *Humanists and Holy Writ*, Princeton, NJ 1984; L. Delaruelle, *Guillaume Budé: L'Origine et Développement de sa Pensée*, Paris 1907; S. Camporeale, *Lorenzo Valla: Umanesimo e Teologia*, Florenz 1972.

[11] Die *Paraphrasen* des Erasmus sind im Bd. 7 der *Opera Omnia* (Leiden) enthalten, die in derselben Folge gedruckt sind wie die Bücher des Neuen Testamentes, obwohl Erasmus mit den Paulinischen Briefen angefangen hat. Er begann 1517 mit dem Römerbrief. Lefèvre d'Étaples, *S. Pauli Epistolae XIV*, Paris 1512; Sadoleto, *Commentaria in Epistolam S. Pauli ad Romanos*, Lyon 1535.

[12] Ludolphus de Saxonia, *Vita Jesu Christi*, Paris 1510. Johannes Mauburnus (Mombaer), *Rosetum Exercituum Spiritualium*, Paris 1510. Ludolph behandelt jede Episode im Leben Christi der Reihe nach; Mombaer bezieht sich in seinem weitaus vielfältigeren Werk auf ausgewählte Geschehnisse im Leben Christi, wobei die Aufzeichnungen sich nach den Horen des Stundengebetes richten und der Leser eingeladen wird, über die Themen zu meditieren.

[13] R. Bainton, »The *Paraphrases* of Erasmus«, *Archiv für Reformationsgeschichte* 57 (1966), 67–76; Lefèvre, *Commentarii Initiatorii in Quattuor Evangelia*, Basel 1526; E. Egli, *Schweizerische Reformationsgeschichte*, Zürich 1910, 52.

[14] *D. Erasmi Opera Omnia*, Bd. 4, 1023C–1024F, 673EF; Lefèvre, *Commentarii Initiatorii in Quattuor Evangelia* 75. Die Konsequenzen des humanistischen Interesses an Grammatik (als verschieden vom scholastischen Interesse an Logik) für die Behandlung von Texten werden ausgeführt in R. McKeon, »Renaissance and Method in Philosophy«, *Columbia University Studies in the History of Ideas* 3 (1935) 36–144.

[15] J. Chomarat, »Grammar and Rhetoric in the *Paraphrases* of the Gospel by Erasmus«, *Erasmus of Rotterdam Society Yearbook* 1 (1980), 30–68; J.D. Tracy, »Humanists Among the Scholastics: Erasmus, More and Lefèvre d'Étaples on the Humanity of Christ«, *Erasmus of Rotterdam Society Yearbook*.

[16] Z. B., *Enchiridion Militis Christiani*, in: *Erasmi Opera Omnia*: »Si non concoctum in viscera trajicit, evidens habeas argumentum valetudinariam esse animam« (4C), und »Manna tibi putrescat, nisi viscera adsectus trajeceris« (8BC).

[17] Technik des Gerichtsredners. [JS]

[18] Zu den klassischen und humanistischen Anspielungen auf die quasi-magische Macht der Sprache, turbulente Gefühlsausbrüche zu beruhigen (wie Neptun, der die Wellen im 1. Buch der Aeneis beruhigt), vgl. J.D. Tracy, »Against the Barbarians: The Young Erasmus and His Humanist Contemporaries«, *Sixteenth Century Journal* 11 (1980), 1–22.

[19] *Opus Epistolarum D. Erasmi*, Brief 1211, 1:558–616, 4:524–526; *Paraclesis* in: *Desiderius Erasmus Ausgewählte Werke*, hg. von H. Holborn, München 1933, 143–44.

[20] Die philosophischen Implikationen der humanistischen Aneignung der klassischen Rhetorik werden diskutiert bei N.S. Struever, *The Language of History in the Renaissance: Rhetoric and Historical Consciousness in Florentine Humanism*, Princeton, NJ 1970.

[22] Vorwort zu den *Adnotationes ad Marcum, Erasmi Opera Omnia*, 6:151–52, »In hunc nihil habemus, quod equidem sciam, vetustum«.

[23] Origenes, *Homeliae in Lucam* (*PG* 13, 1801–1900); Chrysostomus, *Homeliae XXV in Quaedam Loca Novi Testamenti* (*PG* 51); Theophylakt, *Enarratio in Evangelium S. Lucae* (*PG* 123, 683–1126); Ambrosius, *Expositio in Lucam*, in: *Corpus Christianorum, Series Latina*, Bd. 14, Turnhout 1957; Thomas von Aquin, *Catena Aurea in Quattuor Evangelia*, in: *Opera Omnia*, Bde. 11–12. Die Häufigkeit von Zitaten dieser und anderer Kommentatoren in Erasmus' *Adnotationes* zum Neuen Testament wird untersucht bei A. Godin, *Erasme, Lecteur d'Origène*, 143–45.

[24] A. Godin (*Erasme, Lecteur d'Origène*) ist unübertroffen, was das feinsinnige Erspüren von Einflüssen angeht, in diesem Fall des Einflusses des Origenes auf Erasmus. Im Mittelalter noch galt das Übernehmen von fremden, klassischen Gedanken usw. für einen Schriftsteller als besonders lobenswert. [JS]

[25] *Erasmi Opera Omnia*, 6:330C, 409EF (vgl. Ambrosius, *Expositio* 120, 296–97).

[26] *Opera Omnia*, 6:308AV (vgl. Origenes, *Homeliae* 1852C–1853A); 6:299AB (vgl. Ambrosius *Expositio* 50, 53).

[27] *Opera Omnia*, 6:290B (vgl. Ambrosius, *Expositio* 31).

[28] *Opera Omnia*, 6:294CD, 288BC, 284E–285A (vgl. Ambrosius, *Expositio* 44; Origenes, *Homeliae* 1814A; und Ambrosius, *Expositio* 15–16).

[29] *Opera Omnia*, 6:285D–268B (vgl. Theophylakt, *Enarratio* 698); 6:300B, 372EF (vgl. Theophylakt, *Enarratio* 826).

[30] *Opera Omnia*, 6:306C, 368AB.

[31] *Opera Omnia*, 6:303DF; vgl. 323E: Christus begann seine Predigttätigkeit in Galiläa »partim ut ne quid Euangelici successus hujus mundi praediis imputaretur, si per eruditos, si per opulentos, si per potentes proditum fuisset Euangelium, si a celebri regione exortum«.

[32] *Opera Omnia*, 6:314DE, 360EF. Man fragt sich, ob Erasmus in einem Werk, das Heinrich VIII. gewidmet ist, sich daran erinnert hat, wie der kriegerische junge Prinz gelegentlich den aufrechten John Colet am Hof predigen ließ; (s. o. Anm. 19).

[33] *Opera Omnia*, 6:365A, 319F; vgl. wie Erasmus in 329B die Stelle behandelt, als Jesus die ihm feindlich gegenüberstehende Menge durchschritt (Lk 4, 30): »Non se vertit in avem, aut serpentem, aut aliud praestigii genus, ut elaberetur«, im Gegensatz zu Beda, folgendermaßen zitiert in: *Catena Aurea* 2:54: »Sed illorum mente mutata subito, vel obstupefacta, decendit«. G. Chantraine, S.J., *»Mystère« et »Philosophie du Christ« dans de Ratio Verae Theologiae d'Erasme*, Namur 1971; ders., *Erasme et Luther: Libre ou Serf Arbitre: Erasme contre Luther*, Paris 1982.

[34] *Opera Omnia*, 6:307E–308A; P.O. Kristeller, »Erasmus From an Italian Perspective«, *Renaissance Quarterly* 14 (1961), 1–15, Dokumente zu wichtigen Anleihen von Ficino in Erasmus' *Moriae Encomium*.

[35] Das Thema der *mansuetudo* taucht in Erasmus' Debatte mit Colet auf (s. o. Anm. 15), *Disputatiuncula de Taedio Jesu*, in: *Opera Omnia*, 5:1289DE: »Imo totam Christi vitam ab incunabulis relege, multa reperies mansuetudinis ac patientiae documenta, alacritatis nulla«. Chomarat hat recht, wenn er sagt, daß Erasmus manchmal das, was mit den Worten Christi »hart oder streng ist, beschönigt oder abmildert«, aber die Frage ist, ob dieses Abmildern psychologisch erklärt werden soll durch die Annahme, daß »Erasmus in seinen Christus unbewußt seine eigene idealisierte Vorstellung projiziert«, oder durch den Bezug auf das humanistische und/oder niederländische Milieu des Erasmus (»Grammar and Rhetoric in the *Paraphrases* of the Gospel by Erasmus«, 51–52, 65–66). Man denke z. B. an die konventionellen Christusdarstellungen niederländischer Maler wie Dirk Bouts oder den Meister von Alkmaar, deren Christus so sanft ist, daß er passiv erscheint, und sich vom heroischen Christus in der zeitgenössischen italienischen Kunst vollkommen unterscheidet.

[36] *Opera Omnia*, 6:172B; Ludolphus de Saxonia, *Vita Jesu Christi*, iii–iv.

Luther und die Anfänge der Reformation

Von Marc Lienhard

1. Martin Luther: Sein Weg und sein Einfluss

Luther, am Schnittpunkt zwischen Mittelalter und Neuzeit lebend, hatte sowohl als Person als auch mit seiner Botschaft beträchtlichen Einfluß auf das Christentum.[1] Er wurde 1483 in Eisleben, im Herzen Deutschlands, geboren.[2] 1505 trat er in das Erfurter Augustinereremiten-Kloster ein. Luther fühlte sich zum Lehrberuf hingezogen und wurde 1512 Doktor der Theologie in Wittenberg. Er schrieb Kommentare zu den Psalmen, den Römerbriefen, den Briefen an die Galater und an die Hebräer; zur selben Zeit führte und inspirierte er wichtige akademische Dispute. 1517 wurde die Debatte über die Frage der Ablässe Gegenstand der öffentlichen Diskussion. Im Jahre 1521 führte der Konflikt mit Rom dann zu Luthers Exkommunikation, ebenso wurde Luther mit dem Reichsbann belegt. Der Einfluß seiner Schriften und seiner Taten war zu dieser Zeit jedoch schon innerhalb wie außerhalb Deutschlands beachtlich.

In den folgenden Jahren (zwischen 1521 und 1525) distanzierte sich Luther von radikalen Tendenzen, wie sie von Karlstadt und Thomas Müntzer vertreten wurden, und wandte sich wütend gegen die Bauernaufstände im Jahr 1525. Im selben Jahr vertrat er anläßlich seiner Debatte mit Erasmus seine Auffassung von der Unfreiheit des menschlichen Willens und von der Erlösung, die allein Gottes Werk sei. In den Auseinandersetzungen (1527–1529) mit dem Schweizer Reformer Zwingli behielt er die traditionelle Glaubensposition bei, wonach Christus beim Abendmahl realiter anwesend ist. 1525 heiratete er Katharina von Bora und lernte nun, nach seinem Mönchsdasein, die »Leiden und Freuden des Familienlebens« kennen. Bis zu seinem Tode 1546 lehrte er an der Wittenberger Universität und veröffentlichte zahlreiche Schriften zu den unterschiedlichsten Themen. Am Ende seines Lebens hatte sich fast die Hälfte der westlichen Christenheit von Rom losgelöst. Es gab jetzt eine neue Art, den christlichen Glauben zu leben.

Das Leben im Kloster hatte Luthers geistige Unruhe nicht gemildert: »Auch ich selbs bin zwentzig jar ein Mönch gewesen und mich gemartert mit beten, fasten, wachen und frieren. (...) Was hab ich damit gesucht anders denn Gott? der da solt ansehen, wie ich meinen orden hielt und so streng leben führet, Gieng also jmer im trawm und rechter Abgötterey, Denn ich gleubte nicht an Christum, sondern hielt jn nicht anders denn fur einen strengen, schrecklichen Richter, wie man jn malet auff dem Regenbogen sitzend« (WA 45, 482, 9–17).

Am Ende des Mittelalters fürchteten zahlreiche Gläubige Gott als den Richter; Luther scheint diese Furcht intensiver als andere erfahren zu haben. Umsonst suchte er Zuflucht zu Mittlern wie der Jungfrau Maria und

den Heiligen. Gleichzeitig rannte er gegen die Beschränkungen in Spiritualität und Theologie an. Seine Übungen in Askese und seine Bußübungen gaben ihm keine Sicherheit. Hatte er genug getan, um Gott den Richter versöhnlich zu stimmen? Diese Frage blieb für ihn unbeantwortet, und die Permanenz der Sünde trieb ihn zur Verzweiflung. Im Jahre 1507, bei seiner ersten Meßfeier, war Luther von Furcht ergriffen und fragte sich: »Wer ist es, mit dem du redest?« (WA Tr 5, 86 Nr. 5357). Man mußte ihn am Altar mit Gewalt festhalten, da er fürchtete, er werde weglaufen.
Zu seiner Furcht vor Gott dem Richter und der Zwangsvorstellung, für seine Sünden nicht hinreichend Genugtuung leisten zu können, kam noch das Gefühl hinzu, von Gottes Gnade verlassen zu sein, ein Gefühl, das Gläubige aller Zeiten in Versuchung geführt hat.
Historiker unserer Tage haben versucht, Luthers Angst psychoanalytisch zu erklären (Vaterkomplex) oder aber als kollektive Erscheinung des Zeitgeistes zu fassen (die weit verbreitete Angst im Westen). Man kann jedoch am Beispiel von biblischen Personen und von Heiligen aller Zeiten sehen, daß die Furcht vor Gottes Heiligkeit von jeher ein integraler Bestandteil des Glaubenserlebnisses ist. Es gab aber noch ein weiteres Element, das Luthers Qualen erhöhte: Ockhams Theologie, durch die er seine religiöse Formung erfahren hatte. Diese bestärkte den einzelnen darin zu versuchen, sich die Zuteilung von Gnade kraft der natürlichen Stärke, die in jedermanns eigener Macht liegt, zu verdienen. Diese Theologie ließ die Christen in Unsicherheit. Luthers Kampf führte ihn zu der Formulierung einer anderen Sicherheit, gegründet auf Christus und auf Gottes Versprechen, das man im Glauben erhält. Es führte ihn auch zu einer anderen Definition von Gottes Gerechtigkeit, aus der der Gläubige lebt – nicht mehr als die eines Richters, der alle Taten aufzeichnet, sondern als die eines gnädigen Gottes, der den Gläubigen Christi Gerechtigkeit zurechnet.
1545 schrieb Luther im Rückblick auf diesen Moment, da er sein neues Verständnis gewann:

> Da fing ich an, die Gerechtigkeit Gottes als eine solche zu verstehen, durch welche der Gerechte als durch Gottes Gabe lebt, nämlich aus dem Glauben. Ich fing an zu begreifen, daß dies der Sinn sei: durch das Evangelium wird die Gerechtigkeit Gottes offenbart, nämlich die passive, durch welche uns der barmherzige Gott durch den Glauben rechtfertigt, wie geschrieben steht: »Der Gerechte lebt aus dem Glauben.« Da fühlte ich mich wie ganz und gar neu geboren und durch offene Tore trat ich in das Paradies selbst ein (WA 54, 186, 5–9).

Wann genau dieser Durchbruch, der zwischen 1513 und 1518 erfolgte, zu datieren ist, ist unter den Lutherforschern umstritten.

a) Die Entwicklung einer Theologie

Luthers innere Entwicklung bleibt immer noch etwas rätselhaft, obwohl durch seinen eigenen Lebensrückblick aus den Jahren 1530–1545 schriftliche Zeugnisse vorliegen. Auf etwas sichererem Grund bewegt man sich, wenn man die Entwicklung seiner Theologie zwischen 1513 und 1518 beschreibt.[3] Leidenschaftlich versuchte er zu erreichen, daß »das reine Studium der Bibel und der Heiligen Väter wieder zu Ehren kommen könne« (WA Br. 1, 170, 36–37). »Man kann unmöglich die Kirche reformieren«, schrieb Luther, »wenn man nicht die Kanones, die Dekrete, die scholastische Theologie, Philosophie und Logik, wie sie heute gelehrt werden, mit ihren Wurzeln ausreißt« (ebd.170, 33–35).

So konzentrierte sich Luther auf die Heilige Schrift und entwickelte eine neue Hermeneutik. Wie Augustinus bezog er die Psalmen auf Christus, aber er ging darin über Augustinus hinaus, daß er auch diese Psalmen auf Christus bezog, in denen der Psalmist ausruft, daß er von Gott verlassen ist (z. B. Psalm 22). Zusätzlich bestand Luther darauf, hinsichtlich der exegetischen Tradition (die vier Sinne unterschied) den tropologischen Sinn zu betonen. Luther meinte damit nicht den moralischen Sinn, sondern eher eine Aneignung Christi durch den Gläubigen, so daß das, was Christus in seiner Person ist – also Gerechtigkeit, Wahrheit und Macht – dem Gläubigen zugeschrieben wird. Christus ist derjenige, der einen gerecht, wahr und mächtig im Glauben macht. Das Thema des Evangeliums ist Gerechtigkeit, eine Gerechtigkeit, die Christus von Gott gegeben ist und dem Glaubenden in Christus zuteil wird.

Luther stand in Opposition zur scholastischen Theologie, insbesondere zur spätmittelalterlichen (Ockham, Biel u. a.). Er kritisierte den Gedanken, »daß die Erbsünde so gut wie die Todsünde hinweggenommen werden könnten, wie wenn es gewisse Dinge wären, die man im Augenblick zur Seite schaffen kann, so wie Finsternis durch Licht vertrieben wird« (WA 56, 273, 4–6). Er bezeichnete die Überzeugung als pelagianisch, daß man die Gnade automatisch erringen könne, »indem man tut, was man kann.« In einer Kontroverse gegen die scholastische Theologie im Jahr 1517 bekräftigte er: »Von Natur aus Gott über alles zu lieben ist eine erdichtete Redensart, wie eine Chimäre« (WA 1, 225, 3). Mit Augustinus erklärte er: »Folglich sündigt ohne Unterlaß, wer außerhalb der Gnade Gottes ist« (WA 1, 227, 14). Den scholastischen und aristotelischen Begriff des *habitus* (eine Verhaltensweise, eine Gewohnheit, die seinshaft Menschen gründet) wies er zurück. Er lehrte, daß man den Eindruck vermeiden müsse, christliches Leben könne durch Übungen zu einer Art Gewohnheit werden und ein Mensch, mehr und mehr von Sünden gereinigt, brauche Gottes Vergebung nicht mehr zu erflehen. Eine Passage aus einem seiner Briefe aus dem Jahre 1516 drückt die Überzeugung, zu der Luther damals gelangt war, in bewundernswerter Weise aus: »Daher, mein lieber Bruder, lerne Christus, und zwar den gekreuzigten, lerne ihm zu singen und an dir selbst verzweifelt zu ihm zu sprechen: Du, Herr Jesus, bist meine Gerechtigkeit, ich aber bin deine Sünde; du hast das Meine auf Dich genommen und mir das Deine gegeben. (...) Denn Christus wohnt nur in Sündern. (...) Diese seine Liebe erwäge immer wieder bei Dir, und Du wirst seinen überaus süßen Trost sehen. Denn wenn wir durch unsere Bemühungen und Trübsale zur Ruhe des Gewissens kommen müßten: wozu wäre er denn gestorben?« (WA Br. 1, 35, 24–27; 29; 31–33).

20. *Martin Luther* (Porträt von Lukas Cranach d. Ä., 1529)

Diese Entwicklungsreise war eine Rückwendung zum Apostel Paulus, im besonderen zu der Lehre von der Rechtfertigung durch den Glauben. Bestimmte Zeugen der christlichen Tradition halfen Luther bei seiner »relecture«[4] der Heiligen Schrift. In Luthers frühen Werken finden sich Verweise auf mystische Themen, wie die Liebe des wahren Theologen zu Stille, Verzückung und Ekstase (WA 3, 372, 13–27). Luther schätzte den rheinischen Mystiker Tauler sowie die für die deutsche Mystik typische Schrift *Theologia Deutsch*. Wie Tauler so sah auch Luther die Wurzel der Sünde im Willen und in der Selbstbehauptung des Menschen. Wenn Tauler die Reduktion zum Nichts, *ad nihil*,[5] gepredigt hatte, also die Selbsterniedrigung des Menschen, antwortete Luther in seiner Folge über den Römerbrief, daß man Gott durch Erniedrigung suchen solle. Sogar durch eine Reise, die einen durch die Qualen der Hölle führe, würde man Gott treffen.
Mit Augustinus sprach Luther von der wahren Verderbtheit des Menschen. Aber er ging noch weiter. Der Bischof von Hippo hatte nach seiner Konversion in sich nichts weiter gefunden als einen Rest an Schwäche des Fleisches. Nach Luther dagegen war die Sünde als eine permanente Realität im Willen selbst angesiedelt, in der Tendenz des Menschen, sich gegenüber Gott zu behaupten. Bei Augustinus entdeckte Luther jedoch auch eine Hymne auf die Allmacht der Gnade. Erlösung wurde allein als ein Werk der Gnade Gottes gesehen. Daß Heiden Tugenden haben könnten, wurde verneint, ebenso daß Sünder fähig sein könnten, sich auf den Empfang der Gnade vorzubereiten oder sich irgendwelche Verdienste zu erwerben. Aber wieder gibt es Unterschiede: Für Augustinus war die Gnade ein Geschenk Gottes, eine Realität, die Menschen eingegeben wird und sie auszeichnet und ihnen neue Kraft einträgt; für Luther war die Gnade eine Haltung Gottes, keine objektive Qualität, die von Gott losgelöst werden kann – mit anderen Worten, Luther blieb in gewisser Weise dem Ockhamismus[6] verpflichtet. Typisch für den Ockhamismus war auch, daß er die Offenbarung Gottes in der Heiligen Schrift betonte. Dort, nicht durch die Vernunft, könne man Gott finden.

b) Der Konflikt mit Rom

Nach Meinung bestimmter römisch-katholischer Theologen könnte die Botschaft des jungen Luther heute von der ganzen Christenheit angenommen werden. Warum gab es dann eine Spaltung im 16. Jahrhundert?[7] Außer sozialen und politischen Faktoren (z. B. die Opposition der Deutschen zu Rom) stellen drei Elemente in Luthers Werdegang ein Problem dar. Zuallererst waren da die Neuheit seiner Sprache und seines Verhaltens. Luther betrachtete die Menschen nicht mehr in sich selbst als Träger einer bestimmten Anzahl von Eigenschaften, sondern nur noch als Personen in ihrer Beziehung zu Gott. Er sprach nicht in moralischen Kategorien und nicht von Menschen, die dabei sind, sich durch ihre Handlungen unter dem Einfluß der Gnade zu heiligen, sondern er beschrieb den Menschen in seiner Beziehung zu Christus. Seine Sprache war eher existentialistisch als ontologisch, eher biblisch als philosophisch; er war sorgfältig darauf bedacht, die Theologie von der Herrschaft der Philosophie, besonders von der aristotelischen, zu befreien, und auf die eigentliche Quelle zurückzukommen – auf die Offenbarung Gottes in Jesus Christus, was die natürliche Art, von Gott zu sprechen, durchbricht.

An zweiter Stelle stehen Luthers Handlungen, die seit der Zeit vor 1517 eine Kritik am Leben der Kirche implizieren. Dieses kritische Verhalten wurde durch den Ablaßstreit verstärkt. Kritik an Rom und am Klerus war sicherlich nichts Neues, aber Luther gab seiner Kritik eine tiefere religiöse Grundlage. Er stand gegen die Ablaßpraktiken auf, da sie seiner Meinung nach die Christen in einer falschen Sicherheit wiegten. Christen könnten sich darauf ausruhen und vergessen, daß »unser Herr und Meister Jesus Christus (...) gewollt hat, daß das Leben der Gläubigen Buße sei« (die erste der 95 Thesen). Nach 1517 wird auch andere Kritik in Luthers Schriften hörbar, z. B. an Votiv-Messen, an Pilgerreisen und an den Unterscheidungen zwischen Klerus und Laien. Die offizielle katholische Kirche nahm seine Kritik nicht an. Erst beim II. Vatikanischen Konzil wurden einige seiner Kritikpunkte wieder aufgegriffen, im 16. Jahrhundert jedoch führten sie zum Konflikt.

Allen Anstrengungen Luthers, die Kirche zu reformieren, lag ein fundamentaler Autoritätskonflikt zugrunde. Nach den 95 Thesen von 1517 war Luther der *lèse-papauté* (Verletzung des Papsttums) angeklagt worden. Während der Aussprache mit Kardinal Cajetan im Oktober 1518 bat Luther vergeblich darum, durch biblische Argumente überzeugt zu werden, statt durch die Unfehlbarkeit des Papstes und des höchsten Lehramtes der Kirche Widerstand zu erfahren. Nach Luther »ist die göttliche Wahrheit auch die Gebieterin (*domina*) des Papstes« (WA 2, 18, 2). Das Lehramt der Kirche (das er nicht ausschloß) hatte keine Autorität für ihn außer so, wie es der Heiligen Schrift entsprach. Seine Gegner waren dagegen der Meinung, daß Luther den Beistand des Heiligen Geistes leugne, den Christus den Aposteln und ihren Nachfolgern versprochen hatte. Nach ihrer Meinung stellte Luther seine Bibelauslegung über die Tradition und das Lehramt.

Die Kirchenspaltung war für Luther eine Quelle des Leids. Er wollte ja innerhalb der Kirche handeln und förderte eine Erneuerung des Gebets und des Glaubens. 1522 konnte er noch schreiben: »Tzum ersten bitt ich, man wollt meynes namen geschweygen und sich nit lutherisch, sondern Christen heyssen. Was ist Luther? ist doch die lere nitt meyn. Szo byn ich auch fur niemant gecreutzigt worden. (...) Ich byn unnd wyll keynisz meyster seyn. Ich habe mitt der gemeyne die eynige gemeyne lere Christi, der alleyn unszer meyster ist“ (WA 8, 685, 4–15).

Tatsächlich jedoch hatten seine Schriften, seine Handlungen, die Ratschläge aller Art, um die man ihn bat, und seine verschiedenen Stellungnahmen beträchtlichen Einfluß. Sein schriftliches Werk umfaßt mehr als 600 verschiedene Titel (gesammelt in 100 Bänden). Sogar seine Kommentare zur Bibel, nicht zu erwähnen seine zahlreichen kontroversen Schriften, waren

immer zur Erbauung der Christen geschrieben, ebenso seine zahlreichen Abhandlungen (wie z. B. *An den Adel* und *Über die Freiheit eines Christenmenschen* von 1520) und die Arbeiten zur richtig verstandenen Erbauung, wie seine Predigt »Über die Betrachtung des Heiligen Leidens Christi« (1519) und seine Predigt über die Vorbereitung auf den Tod, sein *Betbüchlein* (1522), oder seine Einführung in das Gebet von 1535 *(Eine einfache Art zu beten)*. Seine zwei Katechismen von 1529 und seine 36 Hymnen haben bis heute großen Einfluß. Sein Hauptwerk ist jedoch ohne Zweifel die Übersetzung der Bibel ins Deutsche (1522 das Neue Testament, 1534 die gesamte Bibel). Luther verstand es in bewunderswerter Weise, den biblischen Text in die Sprache seiner Zeitgenossen zu übertragen, ohne dabei die Poesie und andere Besonderheiten des Originaltextes zu opfern. Es war sicherlich derselbe biblische Text, aber sich zu eigen gemacht und in einer Art neu geschrieben, die Luthers religiöse Erfahrung offenbarte. Und es war tatsächlich diese Übersetzung, die Luthers Botschaft unter die Menschen brachte und jahrhundertelang die deutsche Kultur und den religiösen Glauben befruchtete.
Wer jedoch Luthers Werk als spirituellen Führer sehen möchte, sollte sich auch den 2650 Briefen zuwenden, die zwischen 1501 und 1546 geschrieben wurden; man kann dort auf ganz besondere Art den Menschen Luther entdecken, der immer wieder, wenn es die Gelegenheit erforderte, mit Witz und Polemik sehr persönlich an Freud und Leid seiner Briefpartner teilnahm und dabei wußte, wie er sie mit Strenge und Freundlichkeit zu ermahnen und zu erbauen hatte.

2. Die Stärkung des Glaubens

Luther hat als Theologe zwei Themen des Glaubens betont: »Der eigentliche Gegenstand der Theologie ist der wegen seiner Sünde angeklagte und verlorene Mensch und Gott, der den Sünder rechtfertigt und erlöst. Alles, was in der Theologie außer diesem Thema geforscht oder diskutiert wird, ist Irrtum und Gift« (WA 40/II, 328, 17–20).[8]
Die Art und Weise, wie Luther den Sünder definierte, soll hier noch einmal präzisiert werden. Nach Luther liegt der Sünde die Tendenz zugrunde, sich auf sich selbst zurückzubeziehen (*incurvatio hominis in se ipsum*; »Zurückbeugung des Menschen auf sich selbst«). Sofern man ein Sünder ist, kann man nicht anders, als sich selbst über alles zu lieben. Das ist die grundlegende Sünde, nicht die Herrschaft der Instinkte oder anderer Neigungen. Wenn ein Mensch auf sich selbst bezogen ist, betrifft das seine intellektuellen Kapazitäten wie auch seine Sinne und Sehnsüchte. Der ganze Mensch ist Sünder in dem Ausmaß, wie er sich ausschließlich auf sich selbst bezieht, anstatt sich im Glauben an das Wort zu halten und sich selbst Gott zu überlassen. Sünde ist die Opposition zu dieser »ex-zentrischen« Orientierung. Die Opposition kann sich auch in libertinistischem Antinom(ian)ismus[9] manifestieren, in dem Willen zu leben, ohne sich auf ein Gesetz zu bezie-

hen, und dabei mit frommen Worten seine eigene Autonomie zu stärken. Charakteristisch für Luther ist, daß er auf der Sünde und ihrer bleibenden Wirklichkeit insistiert, auch wenn sie ohne Unterlaß vergeben werden kann. Christliches Leben schließt deshalb alle Art von Perfektionismus aus, und der geistige Stolz der Pharisäer muß immer wieder aus dem christlichen Leben vertrieben werden.

Es ist vor allem von seiten Luthers eine sehr bewußte Tat, den Gott der biblischen Offenbarung und der Heilsgeschichte dem Gott der philosophischen Tradition vorzuziehen. Luthers Theologie spricht von dem Gott, der den Menschen in Jesus Christus Rettung bringt. Rechtfertigung durch den Glauben allein impliziert immer, daß Gott die Menschen nicht gemäß ihrer Moral und ihrer metaphysischen Gerechtigkeit behandelt, sondern gemäß einer anderen Gerechtigkeit, nämlich der des Evangeliums und der der Gnade. Das bedeutet, daß Menschen vor Gott bestehen können wegen Christus und in dem Maße, wie sie mit Christus im Glauben verbunden sind. Jedes menschliche Verdienst, jegliche Form einer Religion der Taten, wird daher durch dieses dreifache *solus* (allein) ausgeschlossen: allein die Gnade, allein Christus, allein der Glaube.

Luther lehrte, daß diese Botschaft das gesamte kirchliche Leben bestimmen sollte; der Rechtfertigungsartikel lautet: »Meister und Fürst, Herr, Lenker und Richter über alle Formen der Lehre. Er erhält und bestimmt alle kirchliche Lehre und richtet unser Gewissen vor Gott auf. Ohne diesen Artikel ist die Welt nur Tod und Finsternis« (WA 39/I, 205, 2–5).

a) Gesetz und Evangelium

Die zentrale Botschaft der Kirche besteht also darin, die Erlösung zu verkünden. Luther aber macht eine genaue Unterscheidung, die für sein Denken charakteristisch ist. Er spricht von dem Gesetz und vom Evangelium, ohne beide voneinander zu trennen oder miteinander zu vermischen. Gesetz ist das Wort, das den Sünder anklagt und die Sünde offenbart. Dem erniedrigten Menschen, ohne Macht und voll Angst, wird das befreiende Wort Gottes verkündet: das Evangelium. Wenn nur das Gesetz allein verkündet wird, läßt das den Sünder verzweifeln oder stolz werden. Wenn nur das Evangelium verkündet wird, ist es in Gefahr, zur »billigen« Gnade zu werden. Es ist in der Tat notwendig, das Evangelium vom Gesetz zu unterscheiden, um den ungeschuldeten Charakter der Erlösung deutlich herauszustellen und um Jesus klar von Moses zu unterscheiden sowie den biblischen Gott vom Gott des Aristoteles. Aber das Gesetz dient auch dem Evangelium in dem Maße, in dem es den Sünder darauf vorbereitet, mit leeren Händen das Versprechen der Erlösung zu empfangen.

b) Das Wort, der Glaube und das Zeichen

»Die Seele kann alle Dinge entbehren außer das Wort Gottes« (WA 7, 50, 39). Es gibt keinen Glauben ohne das Wort, »dann wo nit zusagung gottis

ist, da ist kehn glaub« (WA 6, 364, 8–9). Das Wort ist das »Mittel der Rettung« im selben Maße wie die Sakramente; ja die Sakramente sind nur eine andere Form des Wortes, ein Zeichen, das dem Versprechen Gottes beigegeben ist. Luther kritisierte all das an der sakramentalen Praxis seiner Zeit, was dahin tendierte, dieses Element nicht sichtbar werden zu lassen, indem man das Sakrament, das Zeichen der Gnade Gottes, in ein Werk verwandelte, das Gott von den Menschen entgegengebracht wird. »Denn zur Einsetzung eines Sakramentes gehört vor allen Dingen das Wort der göttlichen Verheißung, durch das der Glaube geübt werden soll. (...) Wir haben gesagt, daß in jedem Sakrament das Wort der göttlichen Verheißung enthalten ist, das derjenige glauben muß, der das Zeichen empfängt, und daß das Zeichen allein kein Sakrament sein könne« (WA 6, 550, 9–25).
In seiner großen Güte jedoch hat Gott seinem Wort ein »Zeichen odder sygel« (WA 7, 323, 5) beigegeben, um die Glaubenssicherheit zu stärken. Zwei Dinge machen das Sakrament aus: das sichtbare Zeichen und ein Wort – sozusagen ein Gnadenversprechen. In Anwendung dieses Kriteriums behielt Luther nur drei der sieben traditionellen Sakramente bei: die Taufe, das Abendmahl und die Buße. Die anderen Sakramente bargen danach kein Gnadenversprechen in sich. Anders als die Protestanten späterer Zeit gestand Luther der Predigt kein Privileg auf Kosten der Sakramente zu. So schrieb er 1537 in seinen Schmalkaldischen Artikeln:

Wir wollen nü wider zum Euangelio komen, welchs gibt nicht einerley weise rat und hulff wider die sunde, Denn Gott ist [uberschwenglich] reich ÿnn seiner gnade Erstlich durchs mundlich wort, darin gepredigt wird vergebung der sunde in alle welt, welchs ist das eigentliche Ampt des Euangelii. Zum andern, durch die Tauff. zum dritten durchs heilig Sacrament des Altars, zum vierden, durch die krafft der Schlussel, und auch durch die Gespräche und Tröstungen der Brüder.

Aber wenn der Glaube notwendig ist, um vom Hören des Wortes und dem Gebrauch der Sakramente zu profitieren, so wird der Glaube doch selbst hervorgebracht durch diese und durch die Taten des Heiligen Geistes, der damit verbunden ist. Deshalb wandte sich Luther gegen Karlstadt und andere, die er als Schwärmer bezeichnete. Er warf ihnen vor, das äußere Wort (und die Sakramente) in bezug auf den Geist zu unterschätzen. Karlstadt würde »zuvor hyneyn ynn den geist« wollen (WA 18, 136, 31). Im Gegensatz dazu will nach Luther »Gott keinem den Geist oder den Glauben ohne das äußere Wort und das Zeichen geben« (1Bw, 136, 17). Man soll zuerst das Evangelium hören und die körperlichen Zeichen erlangen, also Taufe und das Abendmahl, »und dann kommen Kasteiung, das Kreuz und die Werke der Liebe« (ebd., 139, 24–25).

c) Autorität und Heilige Schrift

Das Evangelium ist, bevor es ein Text ist, »ein lauter Schrei«. Es ist eine lebendige Botschaft, die zuerst den Aposteln anvertraut und dann durch die Zeiten übermittelt wurde, aber jeweils mit Bezug auf die apostolische Bot-

schaft. Trotzdem wurde es wegen häretischer Deformierungen in der Verkündigung notwendig, das Evangelium schriftlich festzuhalten. Damit wurde es, darüber hinaus, im Blick auf die Gemeinschaft der Gläubigen ein Instrument der Kritik, im Hinblick auf die Pastoren sogar ein Gegengewicht. Die Heilige Schrift ist für Luther kein moralisches oder lehrhaftes Gesetzbuch. Es war nicht seine Absicht, den Papst in Rom durch einen »Papierpapst« zu ersetzen. Die Bücher der Heiligen Schrift haben Autorität, weil Jesus Christus ihr Zentrum ist. Um dieses Zentrum herum finden sich die Bücher der Heiligen Schrift in all ihrer Verschiedenheit. Genauer gesagt, es ist Christus als die Heilsrealität und nicht Christus der Gesetzgeber oder Christus das Vorbild, auf den die Heilige Schrift sich im Innersten bezieht. Auf diese zentrale Botschaft sind die Versprechen des Alten Testamentes ausgerichtet. Christus ist es, auf den die verschiedenen Gesetze und Ermahnungen hinführen, dem einzigen, der das Gesetz vollständig erfüllt hat und der von der Anklage des Gesetzes befreit.
Mit Blick auf das erste und authentische Zeugnis, das die Apostel Christus gegeben haben, hat die Heilige Schrift bezüglich der nachfolgenden Tradition und bezüglich des Lehramts Vorrang. Die Bischöfe, die Konzile und die Päpste können irren und haben geirrt. Man darf ihren Lehren nicht folgen, es sei denn, sie stimmen eindeutig mit der Heiligen Schrift überein. Luther war davon überzeugt, daß »die Schrifft jo selbs ain aigen liecht« (WA 10/III, 238, 10) und leicht zu verstehen sei, jedenfalls mit Blick auf das, was wesentlich ist: auf den Glauben. Dies stellt einen Bruch mit dem Prinzip dar, wonach im Zweifelsfalle das kirchliche Lehramt über die rechtmäßige Interpretation der Heiligen Schrift entscheiden soll. Die Heilige Schrift kann von jedem Christen verstanden werden. Doch die Autorität der Heiligen Schrift stellt sich auch gegen die Schwärmer, gegen alle jene, die dem biblischen Zeugnis einen Geist beimengen wollen, der von woandersher stammt, inbesondere aus der je eigenen Inspiration.
Luther brachte die Heilige Schrift jedoch nicht in einen radikalen Gegensatz zur Tradition. Er selbst berücksichtigte die Glaubensbekenntnisse der alten Kirche sowie die liturgische und hymnologische Tradition der Kirche in dem Maße, wie sie der Botschaft von Christus und der Rechtfertigung durch den Glauben, eingeschrieben in das Herz der Heiligen Schrift, nicht entgegenstanden.

d) Die Einheit des Gläubigen mit Christus

Nach Luther ist Christus nicht nur das ferne Objekt des Glaubens, sondern im Glauben gegenwärtig. Luther benutzt in dieser Hinsicht oft den Terminus *fides Christi* (Glaube Christi). In seiner Abhandlung *Von der Freiheit eines Christenmenschen* spricht er (mit Epheser 5, 30), in Anlehnung an die mystische Tradition (hl. Bernhard von Clairvaux), von der Ehe zwischen der Seele und Christus. »Also wird aus Christo und uns auch ein leib und fleisch, das wir nicht scheiden können« (WA 33, 232, 26–28). Trotzdem wird der Einzelne nicht in Gott aufgesogen, was bestimmte Mystiker be-

haupteten, sondern es gibt eher einen Austausch »zwischen Christus, der dem Menschen Gerechtigkeit zuteil werden läßt, und dem Menschen, der Christus seine Sünde übergibt.« Darüber hinaus ist der »Christus in uns« nicht das Ergebnis von asketischen Anstrengungen oder von Meditationen, sondern eher an das Wort gebunden, das Christus als ein heilbringendes Geschenk anbietet, bevor es ihn als Exempel hinstellt. Der Christus »für uns« aber ist wahrhaft gegenwärtig im Gläubigen, hier »unten« auf der Erde. Luther war auch gegen »die Spekulation der Sophisten über den Glauben (...), in der sie träumen, Christus sei geistlich, d. i. spekulativ in uns, in Wirklichkeit aber in den Himmeln. Es gehört sich aber, daß Christus und der Glaube völlig verbunden werden; wir müssen ganz einfach im Himmel unseren Wandel haben und Christus muß in uns sein, leben und wirken« (WA 40/I, 546, 24–27).
Diese Einheit mit Christus macht das Gewissen frei, das der Sünde angeklagt war. »Hier muß Christus und mein Gewissen ein Leib werden, so daß in meinem Gesichtskreis nichts bleibt als Christus, der Gekreuzigte und Auferstandene. Wenn ich aber nur auf mich blicke und Christus aus den Augen verliere, ist es um mich geschehen« (WA 40/I, 282, 21–23).Aber Luther sprach von Christus nicht nur als von dem Grund der Erlösung. Er wiederholte die Augustinische Formel von Christus als »Sakrament und Beispiel«. Christus zieht den Gläubigen zu anderen Menschen. Luther sprach manchmal auch von Christus als dem Bild, nach dem Gott den Gläubigen durch das Kreuz zum Ruhm führt.

e) Die Priesterschaft aller Gläubigen

Wenn wir mit Christus eins sind, dann »sind wir würdig, vor Gott zu erscheinen, für andere zu beten und uns einander in dem, was Gottes ist, zu unterweisen« (WA 7, 57, 26–7). Mit der Aussage, daß alle Gläubigen Priester seien, hebt Luther die traditionelle Unterscheidung zwischen dem Stand des Priesters und dem des Laien auf. Dies bedeutete eine erhebliche Aufwertung des Laienstandes in der Kirche, ein Bestreben, den Laien erwachsen und verantwortlich zu machen, insbesondere auf der Ebene der Frömmigkeit und des Zeugnisses. Nach Louis Bouyer war Luther »der erste, jedenfalls nach der patristischen Zeit, der so klar die Priesterschaft des Gläubigen betonte und eine eigene Laien-Spiritualität ins Gespräch brachte.«[10] Bei alledem aber schloß er das besondere Amt nicht aus, zu dem ein Mann von der Gemeinde berufen wird, um das Evangelium zu verkünden und die Sakramente zu spenden. Dies sollte von nun an eine Funktion unter vielen sein, nicht ein Status, der den Priester über die anderen stellt.
An dieser Stelle ist anzumerken, daß nach Luther der christliche Glaube nicht um Wege jenseits des kirchlichen Rahmens weiß. Sicherlich, Luther geriet mit der Kirche seiner Zeit, genauer mit der römischen Kirche, in Konflikt, aber bei alledem stellte er nie den Einzelnen gegen die Kirche, verstanden als die um das Wort und die Sakramente versammelten Gläubigen:

Darumb wer Christum finden soll, der muß die kirchen am ersten finden (...). Nu ist die kirch nit holtz und steyn, sondern der hauff Christglewbiger leutt, tzu der muß man sich hallten und sehen, wie die glewben, leben und leren; die haben Christum gewißlich bey sich, denn außer der Christlichen kirchen ist kehn warheytt, kehn Christus, kehn selickeyt (WA 10/I, 1, 140, 8–9, 14–17).

Es gibt eine Kirche, weil die Menschen an den Gütern, die Christus ausgeteilt hat, teilhaben und sie unter sich verteilen. Und noch einmal, solange man im Fleische lebt, kommt die Beziehung zu Gott nur durch diese beiden äußeren Mittel zustande, die Predigt und die Sakramente.

f) Die Auffassung vom christlichen Leben und von der christlichen Berufung

In vielen Schriften drückt Luther seine Wertschätzung für drei Stände oder grundlegende Einrichtungen aus, die Gott eingesetzt hat und in denen der Christ zum Handeln aufgerufen ist: das Amt des Priesters, der Stand der Ehe und die weltliche Autorität. Wie viele biblische Passagen bezeugen, korrespondieren diese Stände mit dem Willen Gottes. Deshalb läuft der Christ nicht vor ihnen davon, sondern lebt in ihnen im Gehorsam gegenüber Gott und im Wissen, daß Gott in diesen Ständen sein Schöpfungswerk fortsetzt und das Reich Satans bekämpft. Da sie von Gott gewollt sind, haben diese Stände ihren Zweck darin, dem Nächsten zu dienen, aber es gibt auch Stände, die dem Nächsten nicht dienen und die von Gott nicht gewollt sind. Luther denkt hier im besonderen an die kirchliche Hierarchie und an Mönche, in dem Maße, wie sie das Wort Gottes nicht verkünden, oder auch an säkulare Stände, wie z. B. Bettelei, »reuberey, wucherhandell, offenttlicher frawen weßen (Prostitution)« (WA 10/I, 1, 317, 22).

Es geht also keinesfalls darum, alles fatalistisch zu akzeptieren. Spiritualität fällt nicht unter Quietismus. Der Christ soll, wenn die Gelegenheit kommt, die existierenden Strukturen verändern oder sie aufheben, wenn sie dem Willen Gottes zuwiderlaufen und wenn sie dem Nächsten nicht dienlich sind.

In diesem Zusammenhang muß noch ein charakteristischer Ausdruck erwähnt werden, nämlich der der *Berufung*. Dieser typische Ausdruck der Lutherischen Spiritualität deutet, wie in der deutschen Mystik, auf den Ruf hin, den jeder von Gott in dem Stand (oder den Ständen) erhält, in dem (denen) man sich befindet. Im Mittelalter hatte der Mönchsstand den Ausdruck »Berufung« im eigentlichen Sinne für sich übernommen, in der Überzeugung, daß der Mönch durch die Gelübde gänzlich mit der Welt gebrochen und sich Gott ganz überantwortet habe. Luther entwickelte eine andere mittelalterliche Tradition weiter, die die säkularen Funktionen, die das Herz der Gesellschaft ausmachen, aufwertete. Das sind der Bauer und der Handwerker, und diese stehen in direkter Beziehung zu Gott. Die deutschen Mystiker sprachen auf diese Art vom *Ruf*. Luther stellte sich in diese Tradition und entwickelte sie weiter, wobei er sie gegen das Mönchtum wendete.

Darüber hinaus fühlte Luther sich genötigt, eine Form der Frömmigkeit zu kritisieren, die auf Werken aufbaut, welche man für heiliger hält als andere Werke. Immer wieder stellte er die Werke, die Gott von den verschiedenen Ständen und durch Berufung fordert, denen gegenüber, die ein Mensch für sich selber wählt, wie z. B. Pilgerreisen. Andererseits geht die Tat eines Christen über den Bereich seines Standes oder seiner Berufung hinaus. »Uber diese drey stifft und orden ist nu der gemeine orden der Christlichen liebe, darynn man nicht allein den dreyen orden, sondern auch ynn gemein einem iglichen dürfftigen mit allerley wolthat dienet« (WA 26, 505, 11–13).

3. Die Erbauung der Christen oder Wovon sich die Spiritualität nährt

Die Lutherische Reform stellt einen großen Versuch dar, den Gläubigen in Kontakt mit dem Wort Gottes in seinen unterschiedlichsten Formen zu bringen. Die Basis ist offensichtlich Vertrautheit mit der Bibel, gelesen und wiedergelesen, kommentiert, illustriert durch Bilder und durch das Theater.[11] Humanismus und Reformation plädierten für eine Rückkehr zu den Quellen, im besonderen zu den biblischen Quellen. Luthers geniale Übersetzung brachte das Heilige Buch der Christen unter das Volk. Bis zu Luthers Tod wurden mehr 430 Ausgaben seiner Bibelübersetzung oder Auszüge daraus publiziert. Rein rechnerisch besaß danach im Jahr 1535 jeder siebzigste in Deutschland ein Neues Testament, aber nicht jeder konnte lesen, und Luther selbst hielt die Bibel eher für eine mündliche Botschaft als für ein geschriebenes Werk. Deshalb sollten bezüglich der Bibel andere Formen der Vermittlung des Evangeliums in Betracht gezogen werden.

a) Predigt und Katechese

Es ist eine wohlbekannte Tatsache, daß in den Kirchen der Reformation vermehrt gepredigt wurde.[12] Die tägliche Meßfeier wurde abgeschafft und durch Wortgottesdienste ersetzt. Diese sind in *Die Deutsche Messe* aus dem Jahre 1526 beschrieben:

> Nemlich des Montags und Dinstags frue geschihet eyne deudsche Lection von den zehen geboten, vom glauben und vater unser, von der tauffe und sacrament. (...) Des Mitwochens frue aber eyn deudsche lection; dazu ist der Euangelist Mattheus gantz geordenet (...) Der dornstag, freytag frue morgens haben die teglichen wochen lection ynn den Episteln der Aposteln und was mehr ist ym newen testament. Hie mit sind lection und predigt gnug bestellet, das Gottis wort ym schwang zu halten, on was noch sind lection ynn der hohen schulen fur die gelerten (WA 19, 79, 17–80, 3).

Sonntags kann der Gläubige drei verschiedene Predigten hören: um fünf oder sechs Uhr morgens über die Lesung des Tages; während der Messe um acht oder neun Uhr gibt es eine Predigt über das Evangelium; und am Nachmittag zur Vesper wird über das Alte Testament gepredigt. Die traditionelle Anordnung der Perikopen wurde beibehalten. Priester, die noch nicht selbst predigen konnten, sollten *Postillen* benutzen, Zusammenfassungen von Predigten, die Luther vorbereitet hatte, sowie die Predigt des Tages lesen. Das war nur eine provisorische Lösung, da die zukünftigen Priester als Prediger ausgebildet werden sollten. Neben der Predigt im eigentlichen Sinne wurden die Ermahnungen in den verschiedenen liturgischen Handlungen vervielfacht, so während der Austeilung des Abendmahls.

Für Luther waren jedenfalls auch die Kurse an der Universität sowie die Unterrichtung von Kindern Formen der Predigt. Die Anstrengungen, die in der Katechese gemacht wurden, waren bemerkenswert. So waren bereits vor Luthers Katechismus von 1529 andere Katechismen erschienen.[13] Die Vermittlung des Glaubens an die Kinder war nicht länger auf die Familie beschränkt, sondern sollte in den Kirchen und in den Schulen geschehen. Die Kinder wurden mit der Bibel bekannt gemacht, und durch ständiges Wiederholen lernten sie so auch Dinge, die wichtig für den Glauben, das Gebet und die Sakramente waren.

In ihrer Wertschätzung für die Predigt nahm die Lutherische Reform bestimmte frühere Tendenzen wieder auf. So waren etwa die Predigerorden ein Aktivposten in der Kirche am Ausgang des Mittelalters. Einige Städte, wie Straßburg, hatten Pfründe für Prediger gestiftet, und die Humanisten bestanden darauf, daß die Gläubigen eher durch das Wort als durch den Ritus geformt werden sollten. Aber Luther war nicht damit zufrieden, einfachhin das Predigen an sich hochzuschätzen; er bemühte sich auch um eine Erneuerung des Predigens. Prediger sollten sich weder damit zufriedengeben, ein einfaches historisches Wissen von Christus zu fördern, noch sollten sie darauf aus sein, Emotionen anzufachen (zarte Gefühle für Christus zu entwickeln oder wütend auf die Juden zu sein). Es sollte »mit dem Ziel gepredigt werden, daß der Glaube an [Christus] gefördert werde, nicht nur, daß er Christus sei, sondern daß er für dich und für mich Christus sei und [daß er] das in uns bewirke, was von ihm gesagt wird und wonach er selbst benannt wird« (WA 7, 58, 38–59, 1). Wie groß auch der Anteil der Unterweisung in Luthers Predigten, die uns erhalten geblieben sind, war, das Predigen war für ihn kein Diskurs über Jesus Christus, sondern das Wort, in dem Jesus Christus anwesend ist und durch das er handelt.

b) Die Taufe und das Abendmahl

Die Taufe und das Abendmahl behielten ihre Wichtigkeit bei.[14] Der Altar blieb im Zentrum der lutherischen Kirchen und wurde nicht durch einen einfachen Tisch ersetzt, wie es in Zürich und Genf geschah. Zu Luthers Zeit wurde das Abendmahl jeden Sonntag zu Wittenberg gefeiert. Die hitzige Auseinandersetzung mit Zwingli zeigt, daß für Luther die Frage des Abendmahls und die der realen Gegenwart im innersten Zentrum des Glaubens stand.

Da ist das Zeichen (das Wasser) und die Verheißung: »Wer glaubt und getauft ist, wird gerettet werden.«[15] Für Luther ist die Taufe ein Ausdruck von Gottes Gnade; aus diesem Grund können auch Kinder getauft werden. Aber um wirksam zu werden, braucht es den Glauben. Da die Taufe ein Ausdruck der Gnade Gottes am Beginn des christlichen Lebens ist, trägt sie zur Gewißheit der Christen bei. »*Baptizatus sum*« (»Ich bin getauft«) hatte Luther auf seinen Arbeitstisch geschrieben, um sich in Augenblicken des Zweifels und der Versuchung zu trösten.

Da die Taufe das Wort Gottes ist, ist sie nicht ohne Auswirkungen, auch schon im Leben eines Kindes; denn sie gibt zur gleichen Zeit neues Leben und Glauben. Weil Christus »denn da ist gegenwertig, redet und teufft selbs, warum solt nicht auch der glawbe und geist durch sein reden und teuffen so wol yun das kind komen, als er dort yun Johannem kam?« (WA 26, 156, 38–40).

Luther erklärte auch die Handlung der Taufe: »Sie wirckt vergebung der sünden, erloeset vom tod und teufel und gibt die ewig seligkeyt allen die es glaube wie die wort und verheissung gottes lauten« (*Kleiner Katechismus*). Es ist bemerkenswert, daß Luther in der Taufformel, die 1523 ins Deutsche übersetzt wurde, und vor allem in der revidierten Fassung von 1526 viele der traditionellen symbolischen Gesten wegließ, z. B. das Anhauchen des Kindes und den Gebrauch von Salz und Öl, aber den Exorzismus beibehielt, also das Wort gegen den Satan: Der Priester, der tauft, sagt: »Fahr aus, du unreiner Geist, und gib Raum dem Heiligen Geist« (WA 539, 3–4). »Ich beschwere dich, du unreyner geyst, bei dem Namen des Vaters und des sons und des heyligen geists, das Du aus farest und weichest von diesem diener Jhesu Christi« (WA 540, 4–6; vgl. WA 12, 44).

Es soll hierbei auch besonders auf das Band zwischen der Taufe und der Buße hingewiesen werden. Die Taufe bedeutet Tod und Auferstehung. Glauben heißt, ein Leben lang umzusetzen, was die Taufe meint. »Darum beginnen wir auch zugleich dieser Welt zu sterben und Gott im zukünftigen Leben zu leben, sobald wir zu glauben anfangen, so daß der Glaube wirklich ein Tod und eine Auferstehung ist« (WA 6, 534, 15–16).

Die Buße ist nichts anderes als eine Art und Weise, den alten Menschen durch tägliche Reue abzutöten und so das Werk der Taufe weiterzuführen. Sie ist auch eine ständig wiederholte Rückkehr zu der durch die Taufe gegebenen Zusicherung. »Denn ich habe gesagt, daß das Sakrament der Buße nichts anderes ist als ein Weg zur Taufe und eine Rückkehr zur Taufe« (WA 6, 572, 15–17). Die Taufe nimmt in der Lutherischen Spiritualität eine herausragende Stellung ein.

Die Liturgie des Abendmahls folgt in der lutherischen Kirche der traditionellen Meßordnung, wie sie sich im Westen im Mittelalter etabliert hatte.[16] Jedoch wurden entsprechend der theologischen Optionen Luthers in der Praxis und in den liturgischen Texten einige Änderungen vorgenommen.

Die Kommunion in beiden Gestalten wurde wiedereingesetzt, weil Jesus seinen Jüngern den Becher gereicht hatte und der Kirche nicht die Autorität zustand, dem, was Christus eingesetzt hatte, zuwiderzuhandeln. Darüber hinaus bekämpfte Luther entschieden all das, was einen glauben machen

konnte, daß die Messe ein gutes Werk sei und ein von Menschen Gott dargebrachtes Opfer. Die Messe zu feiern bedeutet nicht, Gott ein Opfer darzubringen, sondern etwas von Gott zu erhalten. Luther definierte 1520 das Abendmahl als Christi Testament – d. h. als das Versprechen der Vergebung der Sünden und des ewigen Lebens, gegeben von einem Sterbenden und bestätigt durch seinen Tod.
Aus diesem Grunde wurden Votivmessen abgelehnt, denn sie wurden normalerweise von einem Priester alleine zelebriert, ohne Anwesenheit der Gemeinde. »Denn wenn wir nicht daran festhalten, daß die Messe eine Verheißung und Testament Christi ist, wie die Worte klar lauten, so verlieren wir das ganze Evangelium und allen Trost« (WA 6, 523, 6). Das Wesentliche an der Messe ist das Gnadenversprechen und der Glaube, der damit einhergeht. Deshalb ist es wichtig, daß die eingesetzten Worte, die die Vergebung der Sünden verkünden, mit lauter Stimme und in der Sprache des Volkes gesprochen werden. Luther strich daher alles, was einen Bezug zum Opfer hatte, aus dem Meßkanon: Die eingesetzten Worte »erwähnen weder ein Werk noch ein Opfer« (WA 6, 523, 20).
Auch der Konflikt zwischen Luther und Zwingli muß hier erwähnt werden. In Einklang mit der Tradition bejahte Luther beim Abendmahl die reale Gegenwart Christi in Fleisch und Blut in den Gestalten von Brot und Wein (und lehnte zugleich die Theorie der Transsubstantiation ab).[17] Zwingli dagegen lehrte ein symbolisches Verständnis: *est* (ist) meint eigentlich »bedeutet«. Christus ist danach geistig gegenwärtig, nicht leibhaftig. Das Abendmal ruft das in Erinnerung, was einmal für alle getan wurde und was durch die »Anschauung des Glaubens« (*contemplatio fidei*) gegenwärtig ist. Das Fleisch taugt nichts, sagte Zwingli, und meinte mit »Fleisch« auch den historischen Leib Christi. Brot und Wein seien verderbliche Elemente des Abendmahls und deshalb dem Geist entgegengesetzt. Im Gegensatz dazu entwertete Luther nicht das, was körperlich und sichtbar ist. Beim Abendmahl wird die Fleischwerdung Christi in gewisser Weise weitergeführt. Das Wort bewirkt nie etwas allein; Gott verbindet es immer mit einem Zeichen.
Diese Auseinandersetzung unterstreicht, welche Bedeutung das Abendmahl für Luther hatte. Es ist eines jener Elemente, die durch ihre »Objektivität« dem Glauben eine Grundlage geben, und dies besonders in Augenblicken des Zweifels. Deshalb soll es besonders den Kranken zu Hause oder den Sterbenden ausgeteilt werden. Für Zwingli hat das Abendmahl eher eine Ausrichtung auf die Gemeinde; es ermöglicht den Menschen, ihre gemeinsame Zugehörigkeit zu Jesus Christus zu zeigen sowie ihren Willen, ihm zu dienen. Man könnte fragen, ob die Lutherische Sichtweise die Vergebung der Sünden nicht zu sehr auf Kosten der anderen Elemente der eucharistischen Feier (z. B. die Doxologie [Bekenntnis, Lobpreis], die ethischen oder gemeinschaftsbezogenen Aspekte) in den Vordergrund rückt und ob die zahlreichen Ermahnungen und Anweisungen, die in die Feier der Sakramente eingefügt wurden, nicht zu sehr an die Stelle des Gebets getreten sind. Greift die pädagogische Ausrichtung nicht zu sehr ein in den liturgischen Prozeß?

c) Das Sündenbekenntnis

Die Buße, bestehend aus Reue, Sündenbekenntnis und Sühne, gehörte traditionell zu den sieben Sakramenten. Man beichtete dem Priester die Sünden, dieser erteilte die Absolution und erlegte dem Beichtenden eine Buße auf. Der Priester formulierte seine Fragen entsprechend den fünf Sinnen, den sieben Todsünden und den zehn Geboten; diese Fragen waren oft detailliert und peinlich genau. Man konnte aber Zuflucht zu verschiedenen Dispensen[18] nehmen, was allerdings auch zur Laxheit führen konnte. Nach dem Vierten Laterankonzil (1215) mußte man wenigstens einmal im Jahr zur Beichte gehen. An einer Stelle unterstreicht Luther einmal, daß das Wichtigste an der Beichte die Vergebung der Sünden sei – d. h. das Wort des Vergebens, das dem Christen persönlich vom Priester gesagt wird. Aber er bestritt keineswegs die Notwendigkeit des Sündenbekenntnisses. Zwischen 1520 und 1522 prangerte er nachdrücklich die von den Päpsten über die Gewissen ausgeübte Tyrannei an. In dem Traktat *Von der Beicht* von 1521 (WA 8, 129–185) legte er dar, daß er es nur für notwendig halte, diejenigen Sünden zu beichten, die einem auf dem Gewissen lasteten, und daß alles, was man vergessen habe, schon vergeben wäre. Er hielt es auch nicht für notwendig, daß man seine Sünden einem Priester oder einem Mönch beichtete; jeder Bruder würde die Beichte hören und die Absolution erteilen können. Es gäbe aber zwei Gründe für den Christen, seine Sünden zu beichten: die Scham des Sündenbekenntnisses sei eine Möglichkeit, wie Christen das Kreuz tragen könnten, und durch die Absolution erhielten sie die bedingungslose Zusage der Vergebung.

Wenn man die Entwicklung des Sündenbekenntnisses in der lutherischen Kirche betrachtet, müssen zwei Tatsachen bedacht werden.[19] An Weihnachten 1521 zelebrierte Karlstadt in Luthers Abwesenheit eine evangelische Messe in Wittenberg ohne das Sündenbekenntnis, das ihr normalerweise vorausging; dies rief Luthers Ablehnung hervor. Zum anderen wurde in den Gemeinden, die sich der evangelischen Bewegung angeschlossen hatten, das individuelle Sündenbekenntnis immer weniger praktiziert. Man hielt es für eine typische päpstliche Institution, von der Luther die Christen befreit habe. Die Menschen waren mit einem kollektiven Sündenbekenntnis und kollektiver Absolution zufrieden.

1523 führte Luther dann die Gewissenserforschung vor dem Empfang des Abendmahls ein. Um die Kommunikanten vor einer oberflächlichen Haltung zu bewahren und wegen der Heiligkeit des Sakraments mußte jeder vor der Kommunion nach seinem Glauben und seinem Leben befragt werden. Diese Praxis, die zuerst in Wittenberg eingeführt wurde, verbreitete sich trotz einiger Widerstände in fast allen lutherischen Kirchen. Das Sündenbekenntnis war so jedenfalls an das Abendmahl gebunden; es wurde ein obligatorischer Einführungsritus. Immer mehr nahm das Sündenbekenntnis für die Kommunikanten den Platz einer katechetischen Prüfung ein, zu der moralische Ermahnungen hinzukamen. Unter dem Einfluß des Pietismus am Ende des 17. Jahrhunderts wurde diese Praxis in den lutherischen Kirchen jedoch fallengelassen.

d) Kirchenlieder und Bilder

Luther zögerte nicht, Gesang und Bilder einzusetzen, um das Evangelium auf bestmögliche Weise zu vermitteln. »Ich wollt alle kuenste, sonderlich die Musica gerne sehen ym dienst des, der sie geben und geschaffen hat« (WA 35, 475, 4–5). Besonders das Singen sollte typisch für die lutherische Spiritualität werden.[20] Luther selbst komponierte (bzw. bearbeitete) 36 Kirchenlieder, »auff das da durch Gottes Wort und Christliche leere auff allerley weyse getrieben (=verbreitet) und gevebt werden« (WA 35, 474, 8–10). Er übersetzte lateinische Kirchenlieder ins Deutsche oder schrieb neue Strophen für schon existierende deutsche Kirchenlieder. Zwei Neuerungen der Lutherischen Reform sollen hier besonders betont werden: die Umwandlung von Psalmen in Kirchenlieder (z. B. Psalm 130) und die Zusammenstellung eines Gesangbuchs, von dem das erste 1529 in Wittenberg erschien. Ab 1524 verbanden andere Komponisten wie Paul Speratus, Elisabeth Kreuziger und Lazarus Spengler ihre Arbeiten mit denen Luthers. Die Gesangbücher spielten neben der Bibel eine zentrale Rolle in der Frömmigkeit der lutherischen Christen. Einige von Luther geschaffene Kirchenlieder, die zuerst in der Form von losen Blättern publiziert wurden, trugen in besonderem Maße zur Verbreitung evangelischer Positionen bei. Dies ist besonders der Fall bei »Ein neues Lied wir heben an«, »Nun freut euch, lieben Christen gmein«, »Ein feste Burg ist unser Gott«, »Erhalt uns, Herr, bei deinem Wort« und »Ach Gott vom Himmel sieh darein«. Andere Kirchenlieder, wie z. B. die über den Dekalog, wurden besonders im Zusammenhang mit der katechetischen Unterweisung eingesetzt und wieder andere während der Liturgie.

In dieser populären Form verbreiteten sich die wesentlichen Themen der Lutherischen Botschaft: die Rechtfertigung durch den Glauben; die Fleischwerdung Christi und sein Sieg über Sünde, Tod und Teufel; das Vertrauen auf Gott als der einzigen festen Burg seiner Kirche. Viele Kirchenlieder waren Anrufungen des Heiligen Geistes. Im Gegensatz zur späteren Entwicklung der lutherischen Kirchenlieddichtung (z. B. Paul Gerhardt) stellte keines dieser Kirchenlieder den leidenden Christus in den Mittelpunkt. Die Frömmigkeit wurde mehr durch Christi Menschwerdung und die Osterfreude gefördert. Man feierte die großen Ereignisse der Heilsgeschichte, die durch Christi Tat auf den einzelnen Gläubigen bezogen waren. Jedoch war das, was dabei evoziert wurde, vor allem Gottes Werk (für uns) und nicht die Verfassung der gläubigen Seele – ein bemerkenswerter Unterschied zu den pietistischen Kirchenliedern.

Um das Evangelium zu verbreiten und für einfache Menschen anschaulicher zu machen, wollte Luther auch Bilder einsetzen.[21] Es ist allgemein bekannt, daß zahlreiche Repräsentanten der evangelischen Bewegung – insbesondere Zwingli, Karlstadt und Calvin sowie die Wiedertäufer – alle Bilder und Skulpturen aus den Kirchen verbannten. Auch Luther sah, welches Risiko darin bestand, das Verbleiben der Bilder zu erlauben. Unstrittig war, daß sie nicht zur Anbetung bestimmt sind. Auch sollte die falsche Vorstellung vermieden werden, daß derjenige, der der Kirche ein Bild schenkt, eine gute Tat vollbracht habe. Deswegen sollte das Predigen das falsche Vertrauen, das in die Bilder gesetzt wurde, bekämpfen.

Aber Luther scheint sich zu einer immer positiveren Bewerung der Bilder hinbewegt zu haben. Als erstes wies er die Auffassung zurück, daß Bilder durch den Dekalog und das Alte Testament im allgemeinen verboten seien. Er stellte sich gegen Karlstadt, als dieser die Bilder mit Gewalt entfernen wollte. Der Christ sei nicht nur frei, solche Bilder zu verwenden oder nicht zu verwenden; Luther ging sogar so weit, Bilder für wünschenswert zu halten. »Ja wollt Gott, ich kund die herrn und die reychen da hyn bereden, das sie die gantze Bibel ynnwendig und auswendig an den heusern fur ydermans augen malen liessen, das were eyn Christlich werck« (WA 18, 83, 3–5). Bilder sind Gebete für die Augen. »Wo sie aus dem hertzen sind; thun sie fur den augen kehnen schaden« (WA 18, 67, 12–13). So erlaubte er, ein Kreuz zu haben, ein Heiligenbild oder ein Bild der Jungfrau »zum ansehen, zum zeugnis, zum gedechtnis, zum zeychen« (WA 18, 80, 7).

Trotzdem gab es Änderungen. Luther bezog Position gegen Bilder, die zeigten, wie ängstliche Menschen unter dem Mantel der Jungfrau Maria Schutz suchten. Er kritisierte Bilder von der hl. Barbara oder vom hl. Christophorus, die die Kirche als ein Schiff zeigen, in dem nur der Klerus willkommen ist. Gegenstand der bildlichen Darstellung sollten reformatorische Themen sein. Weit verbreitet waren Bilder (besonders von Cranach) über die Rechtfertigung des Sünders, vom Sündenfall und der Erlösung sowie Bilder über die Begegnung von Jesus und der Ehebrecherin oder von der Segnung der Kinder.

Katechismen, Gesangbücher und Luthers Bibelübersetzung waren die am häufigsten bebilderten Bücher. Die Bilder erläuterten den Text, und der Text erklärte die Bilder. So blieb die Lutherische Reformation, obwohl sie zu einer schlichteren Frömmigkeit und zu Änderungen im Bereich bildlicher Darstellungen hinführte, dennoch dem Visuellen verhaftet.

4. Das Gebet

Der Glaube, gegründet auf dem Hören des Evangeliums und dem Empfang der verschiedenen Gnadenmittel, äußert sich normalerweise in Wort und Tat und durch Anrufung und Lobgebet.[22] Was ist Glaube, wenn nicht »reines Gebet«, rief Luther aus.

Er sprach gegen »der Münche und Pfaffen gebete, die tag und nacht feindlich heulen und murren, aber yhr keiner dencket um ein harbreit zubitten (...). Denn yhr keiner yhe hat aus Gottes gehorsam und glauben der verheissung furgenomen zubeten, auch keine not angesehen, sondern nicht weiter gedacht (wenn mans auffs beste ausgericht hat) denn ein gut werck zuthuen , damit sie Gott bezaleten, als die nicht von yhm nemen sondern nur yhm geben wolten« (WA 30/I, 196, 23–30).

Es gibt drei Hauptgründe für das Gebet. Erstens: »Gott anrufen ynn allen

noeten. Das wil er von uns haben und sol nicht ynn unser wilkoere stehen« (WA 30/I, 193, 34–35). »Zum andern sol uns deste mehr treiben und reitzen, das Gott auch eine verheissung gethan und zugesagt hat, das es sol Ja und gewis sein was wir beten« (WA 30/I, 195, 30–32). Schließlich ist, wenn der Christ auf dem Weg zu seiner Heiligung durch den Teufel, die Welt und durch sein eigenes Fleisch versucht wird, »nichts so not, denn das man Gott ymerdar ynn ohren lige, ruffe und bitte, das er den glauben und erfuellung der zehen gepot uns gebe, erhalte und mehre, und alles was uns ym wege ligt und daran hyndert, hynweg reume« (WA 30/I, 193, 8–11).
In dieser Hinsicht galt Luthers Sorge ebenso dem Gemeindegebet wie dem persönlichen Gebet.

a) Das Gemeindegebet

Gemeinde manifestierte sich in drei Arten von Zusammenkünften. Während der Woche sollten kleinere Gruppen, bestehend aus dem Pfarrer und Studierenden, morgens und abends zusammen beten. Dann gab es die Hausgemeinde, der Luther in seinem *Kleinen Katechismus* Ratschläge erteilte; schließlich die ganze Gemeinde, die sonntags in erster Linie zur Meßfeier zusammenkam.
In der Meßliturgie behielt Luther alle die Elemente der Tradition bei, die seiner Meinung nach nicht im Gegensatz zur Heiligen Schrift standen – besonders die Psalmen, die den größeren Teil dieser Liturgie ausmachen. Aber auch nicht-biblische Texte wie das Kyrie, das Gloria, das Benedictus und das Agnus Dei wurden beibehalten. Luther hielt diese für ein Gotteslob im Einklang mit der Bibel. Darüber hinaus drücken diese Gebete eine Kontinuität mit der alten Kirche aus. Von den traditionellen Kirchengebeten strich Luther alle diejenigen, die ihm konträr zum Evangelium schienen. Er behielt jedoch den Bezug zum Kirchenjahr bei, ebenso den Gebrauch des »Wir« bei der Formulierung des Gemeindegebets.
Um das Jahr 1529 wurde die Litanei in die Wittenbergische Liturgie wiederaufgenommen (in der Messe früher), aber ohne die Anrufungen der Heiligen. Luther war durch einen Text aus der Tradition inspiriert worden, fügte aber zusätzlich neue Bitten hinzu. Nach Luther begünstigte die Litanei das aktive Mittun der Gemeinde; auch griff sie die verschiedenen Sorgen des Menschseins auf und konnte insofern übernommen werden.
Die täglichen Gottesdienste, die mit den Studierenden gefeiert wurden, basierten vor allem auf den Psalmen (noch oft auf lateinisch gesungen). Es wurde aus der Bibel gelesen, außerdem sang man Kirchenlieder und betete das Vaterunser; dann sprach der Pfarrer oder Kaplan das Tagesgebet, und der Gottesdienst endete mit dem Benedicamus Domino (»Laßt uns preisen den Herrn«).
Es gab auch das Gebet in der Familie. Das Familienoberhaupt hatte die Pflicht, sowohl die Kinder als auch die Hausbediensteten in ihren täglichen Morgen- und Abendgebeten sowie im *Benedicite* (»Sprecht den Segen!«) und in den Tischgebeten vor und nach dem Essen zu unterweisen. Das

häusliche Leben schloß auch Gottesdienste mit ein, wenn möglich täglich, die weiter entwickelt und aus einem Kirchenlied, einer Lesung, einem Gebet und einem Abschnitt des Katechismus bestanden.

b) Das persönliche Gebet

Luther glaubte, daß »eyne starcke, gutte reformacion« (WA 10/II, 375, 11) der traditionellen Gebetbücher notwendig sei, da diese Gebete nicht dazu führten, daß die Menschen wirklich ihre Sünden erkennen, sondern sie im Gegenteil dazu verleiteten, Rechtfertigung durch Werke zu suchen. Wie könne man die Menschen besser zum richtigen Beten anleiten als durch die Gebote Gottes, das apostolische Glaubensbekenntnis und das Vaterunser? Luther kommentiert diese Texte in seinem *Betbüchlein* (WA 10/II, 331–501) und schlug damit gleichzeitig eine Anleitung zum Gebet und eine Einführung in den Glauben vor. Um zu beten, sollten die Christen nicht nur vorformulierte Texte nachsagen, sondern sich auch um eine gute Einstellung zum Gebet bemühen. Der einzige Gebetstext, der nachgesprochen werden solle, sei das Vaterunser. »Und bynn des gewissz, das eyn Christlich mensch ubirflussig [überreich] gepetet hatt, wenn er das vater unßer recht betet« (WA 10/II, 376, 1–2).
Luther stellte sich Zeit seines Lebens die Aufgabe, das wahre Beten mit Hilfe von Kommentaren zum Vaterunser zu lehren. Andere biblische Texte, die er benutzte, bezogen vor allem die Psalmen mit ein. Das *Betbüchlein* von 1522 enthält eine Auswahl der Psalmen, wobei die Überschriften anzeigen, welcher unter welchen Umständen gebetet werden soll.Luther gab zahlreiche Ratschläge zum Gebet, insbesondere in einer Schrift aus dem Jahre 1535, *Eine einfältige Weise zu beten* (WA 38, 351–375). Er wies weder den Hieronymus zugeschriebenen Satz »Alle Taten der Gläubigen sind ein Gebet« zurück noch das Sprichwort »Wer gläubig arbeitet, betet doppelt.« Er interpretierte sie so, daß »ein gleubiger mensch jnn seiner erbeit Gott furchtet und ehret und an sein Gebot denckt« (WA 38, 359, 14–15). »Doch mus man auch drauff sehen, das wir nicht uns vom rechten gebet gewehnen (...) und werden dadurch zu letzt laßs und faul, kalt und uberdrüssig zum gebet. Denn der teuffel ist nicht faul noch laßs umb uns her, so ist unser fleisch noch alzu lebendig und frisch zur sunden und wider den geist des gebets geneigt« (WA 38, 359, 30–35). Es geht nicht um »ein geplepper und eitel ledig gewesch« (WA 38, 362, 38). »Darumb ligt die grosseste macht daran, das (...) sich das hertz zum gebete ledig und lueftig mache« (WA 38, 363, 17).
Man soll regelmäßig morgens und abends beten, und auch die äußere Haltung (kniend oder stehend, mit gefalteten Händen und mit zum Himmel erhobenen Augen) ist hilfreich, sofern das Herz zum Beten bereit ist. Ebenso ist lautes Rezitieren nützlich:

> Wenn ich fuele, das ich durch frembde geschefft oder gedancken bin kalt und unlustig zu beten worden,(...)Neme ich mein Pselterlein, lauffe jnn die kamer oder, so es der tag und zeit ist, jnn die kirchen zum hauffen und hebe an, die Zehen Gebot,

den Glauben und, darnach ich zeit habe, ettliche sprueche Christi, Pauli oder Psalmen muendlich bey mir selbs zu sprechen, aller ding, wie die kinder thun (WA 38, 358, 5–359, 3).

Luther riet zu folgender Verwendung der Zehn Gebote beim Gebet: »Ich neme ein jglich Gebot an zum ersten als eine lere, wie es denn an jm selber ist, Und dencke, was unser Herr Gott darinn so ernstlich von mir fordert, Zum andern mache ich eine dancksagung draus, Zum dritten eine beicht, Zum vierten ein gebet« (WA 38, 365, 1–4).
Wie Martin Nicols Studie über Luthers Betrachtungen zeigt, wandelte Luther das traditionelle *lectio, meditatio, oratio, contemplatio* um in *oratio, meditatio, tentatio*.[23] Das Gebet hat in Hinblick auf innere Sammlung und Erleuchtung Vorrang vor der Bibellesung. Die Bibellesung soll in die Meditation, die immer auf biblischer Basis geschieht, eingefügt werden. Der radikalste Wandel erfolgte bezüglich der Ausrichtung des Gebets: Es dient nicht mehr der Suche nach der mystischen Schau Gottes, sondern der Stärkung gegenüber Prüfungen und Versuchungen. Das Gebet fließt daher ins tägliche Leben ein.

c) Die Gemeinschaft der Heiligen

Luther schaffte die Praxis der Anrufung der Heiligen ab.[24] Christus ist der einzige Mittler zwischen Gott und den Menschen, daher ist es nicht notwendig, die Hilfe anderer Vermittler in Anspruch zu nehmen. Alle Menschen, einschließlich der heiligsten, haben allein durch Christi Verdienst gelebt. Luther kritisierte die Anschauung, daß es Schutzheilige für besondere Lebenssituationen gäbe (wie z. B. Christophorus für Reisen). Christen sollten alleine von Gott Hilfe erwarten.
Folgerichtig ist ein Gebet immer durch Christus an Gott gerichtet. Die Betonung liegt auf dem persönlichen Gebet des einzelnen Christen. Niemand kann dabei einen anderen ersetzen, genauso wie niemand für einen anderen glauben kann. »Wir sind alle zum Tode gefoddert und wird keiner fur den andern sterben, sondern ein jglicher in eigner Person mus geharnischt und geruestet sein fur sich selbs (...) es mus ein jglicher alda auff seine schantz selbs sehen und sich mit den feinden, mit dem Teufel und Tode selbs einlegen und allein mit jnen im kampff liegen« (WA 10/III, 1, 15–17).
Es ist aber auch wichtig festzuhalten, wie oft Luther von der Gemeinschaft der Heiligen sprach. Für ihn war es eine existentielle Realität von größter Wichtigkeit, nicht allein zu sein, sondern mit anderen Christen, lebenden wie toten, zu leben und zu glauben und zu beten. Was aber meinte er mit »Heiliger«? Die Heiligen sind in der Tat die Gläubigen – und zwar nicht notwendigerweise diejenigen, die außerordentliche Taten vollbracht haben, sondern die, die im täglichen Leben im Glauben und in der Gnade Christi lebten (und leben). So gesehen »soll man der Heiligen gedenken, damit wir unseren Glauben stärken, wenn wir sehen, wie ihnen Gnade widerfahren und auch wie ihnen durch den Glauben geholfen worden ist; außerdem soll

man sich an ihren guten Werken ein Beispiel nehmen, ein jeder in seinem Beruf« (*Augsburger Bekenntnis*, Artikel 21).
Zahlreiche Textpassagen von Luther zeigen, wie wichtig ihm die Fürsprache der Heiligen war:

> Darum leide ich, wenn ich leide, nicht länger allein, sondern Christus und alle Christen leiden mit mir. Der Glaube der Kirche kommt meiner Angst zu Hilfe, die Keuschheit anderer gibt mir Halt in der Versuchung meiner Wollust, das Fasten anderer ist mein Gewinn, das Gebet eines anderen sorgt sich um mich (...). Wer also könnte in seinen Sünden verzweifeln, (...) wird ihm doch geholfen von so vielen heiligen Kindern Gottes und schließlich von Christus selbst? Eine so große Sache ist die Gemeinschaft der Heiligen und die Kirche Christi (WA 6, 131, 14–19; 26–29).[25]

Luther verwandte besondere Mühe darauf, die Gläubigen darin zu unterweisen, in einer guten Art zu beten, und ihnen durch Kommentierungen des Vaterunser, des Gebets *par excellence*, zu helfen, sich dieses als ihr Gebet zu eigen zu machen. Die ersten evangelischen Gebetbücher wurden von Straßburg aus durch Brunfels verbreitet (*Biblisch Gebetbüchlein*, 1528). Es waren Anthologien biblischer Gebete, insbesondere der Psalmen.[26] Einige enge Mitarbeiter Luthers, wie Amsdorf und Spalatin, wählten auch sehr früh Passagen aus Luthers Schriften aus und machten sie zu Gebeten. Ein kleines Buch mit solchen Gebeten, das 1579 von Treuer herausgegeben wurde, war weit verbreitet: *Beteglocklin Doctoris Martin Lutheri*.
Um das Jahr 1530 erschienen immer öfter Gebetssammlungen, die sowohl biblische als auch nicht-biblische Texte verschiedenen Ursprungs enthielten, jedoch alle von Lutherischen Ideen inspiriert waren. Einige waren für Kranke und Sterbende gedacht; andere für diejenigen, die sich auf die Kommunion vorbereiteten, andere wiederum für Kinder. Den Zuschnitt auf eine spezifische Gruppe kann man auch bei den Kirchenliedersammlungen finden und bei Büchern wie dem von J. Otter (*Betbüchlein für allerlei gemein Anliegen der Kirchen*,1537), worin versucht wird, persönliche Frömmigkeit in die Gemeindeliturgie einzubinden. Auch um die Jahrhundertmitte sind die Texte knapp und klar, bezogen auf die biblische Erlösungsbotschaft und mit dem Anliegen, die Gläubigen zu unterweisen. Die Gebetbücher der zweiten Hälfte des Jahrhunderts benutzten mehr und mehr andere Quellen, darunter die Spiritualität des Spätmittelalters sowie der zeitgenössischen römisch-katholischen Autoren (besonders der Jesuiten). Diese Gebete sind persönlicher gestaltet und beziehen sich mehr auf verschiedene Berufe und Situationen. Das subjektive Element und der gefühlsmäßige Ausdruck gewinnen immer mehr die Oberhand. Auffallend ist das Interesse an der Eschatologie, speziell die sehnsuchtsvolle Vorwegnahme der Himmelsherrlichkeit.

5. Die Stärken der Lutherischen Spiritualität

a) Das Leben in der Welt

Luther kritisierte die Ausrichtung einer asketischen Frömmigkeit, die sich von der Schöpfung abwandte und den Körper und die Ehe mit Argwohn betrachtete.[27] Luthers Ja zu Gott dem Schöpfer fand seinen klassischen Ausdruck in seiner Erläuterung des ersten Glaubensartikels:

Ich glaub das mich got geschaffen hatt sampt allen creaturen, mier leyb und seel, augen oren und alle gelider, vernunfft und alle synn gegeben hat und noch erhelt, darzu kleyder und schuch essen und trincke, hausz und hoff, weyb und kind, acker, vihe und alle gueter mit aller noturfft und narung desz leybs und lebens reychlich und teglich versorget (*Kleiner Katechismus*, WA 30/I, 247, 20–248, 6).

Wenn Gott das Glück zweier Eheleute sieht, »lacht [er] und ist froelich darob« (WA 34/I, 62, 20). Viele Texte zeigen Luthers Staunen über die Empfängnis und die Geburt eines Kindes, seine Dankbarkeit für familiäres Glück und ebenso seine positive Haltung dem Essen und Trinken, Spielen, Tanzen und den Künsten gegenüber. Das auf allen Ebenen des irdischen Lebens fortdauernde Werk Gottes des Schöpfers sollte den Einzelnen dazu anregen, Gott zu loben und ihm gehorsam zu sein: »Des alles ich ihm zu danken und zu loben und dafür zu dienen und gehorsam zu sein schuldig bin« (der Schluß der Erläuterung des ersten Glaubensartikels). Verwurzelt im irdischen Leben, empfangen als ein Geschenk Gottes, fördert die Lutherische Spiritualität Lebensfreude; das Lächeln eines Menschen ist eine Antwort auf das Lächeln des Schöpfergottes. Und weil Gott sich mit seinen Geschöpfen sogar auf der Ebene des Körperlichen einläßt, müssen sie ihm umgekehrt auch in den gewöhnlichsten Dingen dienen. Der Glaube »thutt seyn augen auff und sihet alle diße geringe, unlustige, verachte werck ym geyst an und wirtt gewar, das sie alle mit gottlichem wolgefallen als mit dem kostlichsten gollt und edell steyne getzirt sind« (WA 10/II, 295, 27–296, 2). Neben dem freudigen Ja zur Schöpfung kennt die Lutherische Spiritualität jedoch auch eine leidende Welt, ein Leben, das sich ausstreckt auf die Erfüllung am Letzten Tag. Sie weiß um die Seufzer der Schöpfung und um das unablässige Werk des Teufels, des großen Gegenspieler Gottes, der versucht, den wahren Zweck der Schöpfung zu verdrehen. Deshalb ist es nicht möglich, sich in dieser Welt einzurichten, denn sie ist nichts als ein »Stall voll von Schurken.«

Auf diese Weise leben sie [die Heiligen] zu allen Zeiten in der Welt, werden [zwar] von häuslichen und bürgerlichen Beschäftigungen in Anspruch genommen, regieren Staaten und begründen Familien, bestellen ihre Äcker, betreiben Handel oder ein Handwerk und erkennen doch, daß sie wie ihre Väter Vertriebene und Fremdlinge sind. Für sie ist die Welt wie eine Herberge (WA 42, 441, 40ff.).

Luther kannte auch die Sehnsucht nach dem »lieben letzten Tag«, dessen Kommen sich so verzögerte. Für ihn ist der Christ ein Gast in einem Wirtshaus, das ihm nicht zusagt. »Wir dienen hier unten in einem Wirtshaus, wo der Herr der Teufel ist, die Welt die Herrin des Hauses, und (wo sie regieren) herrschen alle Arten böser Leidenschaften« (WA 2, 329, 22). Man darf sich nicht »niederlassen«; man muß die Güter, die Gott einem gegeben hat, nutzen, aber man darf sie nicht zu Götzen machen, und man soll bereit bleiben, sie auf Gottes Befehl hin aufzugeben, und immer den Blick auf den letzten Tag richten.

b) Das Leben im Glauben

»Denn Christliche heiligkeit oder gemeiner Christenheit heiligkeit ist die, Wenn der heilige Geist den Leuten glauben gibt an Christo und sie dadurch heiliget« (WA 50, 626, 15–17). *Glaube* ist deutlich das Schlüsselwort in der Lutherischen Spiritualität.[28] Durch den Glauben allein haben die Christen Zugang zu Gott; so sind Luthers Bemühungen um eine wahre christliche Spiritualität Bemühungen um den wahren Glauben. Dieser wird immer definiert als Sich-Halten eines Menschen an Gottes Wort (und dadurch an Christus). Glauben heißt Gott aufs Wort zu glauben. Der Glaube ist »das Vertrauen, das nur Gott allein zukommt« (*Großer Katechismus*). Aber der Glaube ist keine Tat, die ein Mensch aus eigener Kraft tun könnte. »Ich glaub«, bekennt der Gläubige in der Erläuterung des dritten Artikels des Credo, »das jch nicht ausz eygner vernunfft noch krafft an jesum Christ meynen herre glaube oder zu jm kummen kan sonder der heylig geyst hat mich durchs Evangelion beruffe« (*Kleiner Katechismus*, WA 30/I, 2–6). Luther hörte niemals auf, gegen einen illusorischen Glauben anzukämpfen, den Glauben, der durch menschliche Anstrengung hervorgebracht wird, oder den Glauben im Sinne einfacher Leichtgläubigkeit. Wahrer Glaube ist ein Geschenk, und der Gläubige sieht den Ursprung dieses Geschenks im Wort und im Heiligen Geist. Nur der Glaube widersteht der Versuchung. Im Glauben zu leben heißt ohne Ende zu erfahren, daß das Wort Gottes die Gläubigen leitet und ihnen innere Sicherheit verleiht, und das ist eine ganz persönliche Sicherheit. Die Lutherische Reform wertete das Individuum und dessen ganz persönlichen Lebensweg auf.In dem Maße, wie das Wort, auf das dieser Glaube bezogen ist, eine verborgene Realität betrifft (Christus, Gott), steht der Glaube gegen die Erfahrung des Sichtbaren. Der Gläubige erfährt eine feindliche Welt, einen verborgenen Gott und eine Realität, die gegen den Glauben steht.

Das ist so, »damit wir lernen, das wir als denn nicht unsern eigen gedancken noch Menschlichem Rat folgen, (...) Sondern dencken, das wir Christum suchen mussen in dem, das des Vaters ist, Das ist, das wir uns schlecht und blos an das Wort des Euangelij halten, welchs uns Christum recht zeigt und zu erkennen gibt« (WA 17/II, 25, 20–24).

Die Lutherische Spiritualität läßt viel Raum für die Prüfungen und Zweifel des Gläubigen. Der Gläubige erleidet die Widrigkeiten eines Lebens, das der Liebe Gottes zu widersprechen scheint. Der Gläubige ist durch das göttliche Gesetz angeklagt und kann nichts anderes mehr wahrnehmen als

Gottes Zorn. An diesem Punkt muß der Gläubige gegen seine Erfahrung glauben – das heißt sogar gegen Gott. Glaube wird dann etwas Heroisches, ein Kampf darum, das Ja Gottes hinter Gottes Nein zu erkennen. Es ist ein Trost für den Gläubigen zu wissen, daß diese Prüfungen dem Willen Gottes entsprechen, denn der Gläubige soll es vermeiden, einer trügerischen Sicherheit zu verfallen, so daß er weiterhin nach Gott und seinem Wort strebt. Denn Gott tröstet »nur die Traurigen, so wie er auch nur die Toten zum Leben erweckt und nur die Sünder rechtfertigt« (WA 42, 254, 6–8).
Trotzdem wird der Glaube, auch wenn er vor allem auf dem Wort beruht, doch durch Erfahrung vollzogen. Luther gebrauchte mystische Ausdrücke, um die Tatsache auszudrücken, daß Gläubige Gott und seine Versprechen »fühlen«. Der Gläubige erfährt nicht nur Verlassenheit, Zweifel und Prüfungen, sondern auch Trost und freudvolle Gewißheit, denn Gott und seine Taten sind anwesend und wirksam.

c) Der christliche Kampf

Der Gläubige kann niemals ausruhen, sondern befindet sich in unablässigem Kampf gegen »das Fleisch«, »die Welt« und »den Teufel.« Diese drei Mächte stellen sich Gott und seinem Wort entgegen. Es ist nicht immer möglich, sie zu unterscheiden, wenn sie gegen die Christen vorgehen. Die Beschwörung des Teufels ist bei Luther mehr als nur ein mittelalterliches Erbe.[29] Wenn er so oft vom Teufel spricht (und mit mehr Gewicht, als man im Mittelalter von ihm gesprochen hat), dann deshalb, weil er die ganze Weltgeschichte als einen Kampf einer dämonischen Macht gegen Gott den Schöpfer und Erlöser versteht. Das Böse ist nicht einfach etwas Moralisches oder eine Schwäche der Menschen, sondern transpersonal und an die mysteriöse Macht gebunden, die Luther ganz traditionell Satan oder Teufel nennt. »So ist der menschliche Wille in die Mitte gestellt (zwischen Gott und den Satan) wie ein Zugtier. Wenn Gott sich darauf gesetzt hat, will er und geht, wohin Gott will (...) Wenn Satan sich darauf gesetzt hat, will und geht er, wohin Satan will« (WA 18, 635, 17). Der Mensch wird durch die Taufe vom Teufel befreit und mit Christus vereint, aber diese Freiheit muß er sich in einem unablässigen, lebenslangen Kampf erhalten. In diesem Kampf verläßt sich der Christ auf »den rechten Mann, der für uns streit‹ (...), Jesus Christ (...), der das Feld behalten muß« (2. Strophe von Luthers berühmtem Kirchenlied »Ein feste Burg«). Aus anderer Warte kämpft der einzelne Christ, wie die ganze Kirche, mit Hilfe von Gottes Wort gegen den Satan. Man darf »nicht ablassen [zu 'lesen, leren, lernen, dencken und tichten'] bissolange sie erfahren und gewis werden, das sie den Teuffel tod geleret« (WA 30/I, 129, 1–4).
Die häufige Beschwörung des Teufels (und der »Welt«, die in gewisser Weise das Ensemble der Instrumente des Teufels ist) gibt der Lutherischen Spritualität eine kosmische Ausrichtung. Die Gläubigen leben nicht nur für sich selbst, nicht einmal für ihre eigene Erlösung. Sie haben durch ihren Glauben, ihr Gebet und ihre Verkündung des Evangeliums teil an einem

viel größeren geschichtlichen Geschehen. Sie sind Instrumente Gottes des Schöpfers und Erlösers, der gegen den Ausbruch des Chaos kämpft.

Sehr oft begnügt sich Luther auch damit, den Kampf des Gläubigen mit dem (je) eigenen Fleisch zu beschreiben. Zwar wird der Christ durch die Taufe und den Glauben ein »neuer Mensch«, aber der »alte Mensch« und seine Ausrichtung bleiben bestehen. Wie wir gesehen haben, betont die Lutherische Reform deutlich die bleibende Wirklichkeit der Sünde. Der Christ lebt also aus zwei Realitäten; der Christ ist ein doppeltes Wesen. Sein ganzes Leben lang ist der Christ »zugleich ein Gerechter und ein Sünder.«[30] Das bedeutet, daß die Gläubigen durch Christi Gerechtigkeit, die Gott ihnen zuschreibt, ganz und gar Gerechte sind, aber ebenso ganz und gar Sünder durch das, was sie in sich selbst und durch sich selbst sind. Gottes Vergebung, zu der der Christ immer wieder zurückkehren muß, bezieht sich auf die ganze Person.

Aber es gibt noch einen anderen Gesichtspunkt: Christen sind in sich selbst gespalten. Sie leben im Glauben und leben im Fleisch. Die Person ist der Schauplatz eines unaufhörlichen Kampfes zwischen dem Glauben und dem Fleisch. Unter »Fleisch« versteht Luther all das in einem Menschen, was gegen Gott strebt, aber nicht einen als minderwertig angesehenen Teil des Menschen (wie z. B. die Instinkte, der Körper oder die Sinne).

Die christliche Existenz äußert sich in genau diesem Kampf, der mit der Taufe beginnt, wohingegen die Ungläubigen Sklaven ihres Fleisches sind. Gott verspricht, den »alten Menschen« dem Tod anheimzugeben, solange ein getaufter Mensch lebt. Andererseits versprechen die Getauften, sich dieser Unternehmung, die mit der Taufe begann und durch die sie bekundet wurde, handelnd und leidend zu verschreiben.Gott gibt jedem Menschen Orte und Gelegenheiten zum Kampf, und das sind das Handeln (insbesondere solche Werke, die zum Beruf gehören, in verschiedenen Ständen und Institutionen) und das Leiden. Um gegen den »alten Menschen«, speziell den Stolz, anzukämpfen, braucht der Gläubige das Kreuz. Der Gläubige ist aufgerufen, mit Fasten, Wachen, Gebet und Taten zu kämpfen. Zum Teil wird Luther vorgeworfen, daß er der Sünde zu viel Platz einräume und abstreite, daß es möglich sei, in der Heiligung voranzuschreiten. Nach Luther ist es wahr, daß der Gläubige bis zum Ende seines Lebens auf Vergebung angewiesen ist. Aber der Gläubige ist auch zum unablässigen Kampf gegen das Fleisch aufgerufen, und ein relativer Fortschritt in diesem Bereich wird nicht ausgeschlossen.

d) Spiritualität und Ethik

Angesichts von Mißverständnissen hat Luther immer wieder verkündet, daß »wir durch den Glauben an Christus nicht frei von den Werken sind, sondern von den [falschen] Meinungen[, die wir] über die Werke [haben]« (WA 7, 70, 14).[31] Da die Erlösung ein freies Geschenk ist, soll das Handeln eines Christen allein unter dem Zeichen der Dankbarkeit gegenüber Gott und des Gehorsams seinem Willen gegenüber stehen. In dieser Hinsicht kann man von Inspiration zum Handeln sprechen. Der Zweck einer Tat liegt in den Bedürfnissen des Nächsten. »Denn wilchs werck nit dahynaus gericht ist, dem andernn zu dienen (...) ßo ists nit ein gut Christlich werck« (WA 7, 37, 18–20). Der Christ braucht sich nicht mehr vorwiegend um sich selbst zu kümmern, noch nicht einmal um seine eigene Erlösung. Der Christ steht nun gänzlich in der Verfügung des Nächsten.

Da die Christen trotz der Permanenz der Sünde und der daraus resultierenden Unvollkommenheit ihrer Werke von Gott angenommen sind, kennen sie eine doppelte Freiheit. Einerseits sind sie frei, die niedrigsten Arbeiten zu tun, die Gott von ihnen verlangt in allen konkreten Situationen, in denen sie sich befinden und die die Bedürfnisse ihres Nächsten betreffen. Sie jagen nicht mehr speziell religiösen Werken hinterher. Andererseits sind sie frei vom Zwang zur Vollkommenheit. Als Sünder, denen vergeben wurde, wagen sie es, trotz ihrer Schwachheit und Fehler Verantwortung zu übernehmen.

Als von Gott Angenommene und von ihm Geliebte und vom Heiligen Geist Geleitete bekunden die Christen in ihrem Leben die Liebe, aus der sie leben. Der gute Baum trägt gute Früchte. »Sih also fleusset auß dem glauben die lieb und lust zu gott, und auß der lieb ein frey, willig, frolich lebenn dem nehsten zu dienen umbsonst« (WA 7, 36, 3–4). In Übereinstimmung mit Augustinus' Worten betonte Luther die Ungezwungenheit und Freiheit des neues Lebens und der Liebe. Insofern sie »neu« sind, brauchen die Christen kein Gesetz, das sie drängen würde. Die guten Taten, die ihnen auferlegt sind, vollbringen sie aus sich heraus. Lutherische Spiritualität ist das Gegenteil von Legalismus und Kasuistik.

Ein besonderes Problem stellt sich in bezug auf die Interpretation der Bergpredigt. Wie kann man die Notwendigkeiten des öffentlichen Lebens mit denen des privaten Lebens in Einklang bringen? Luther wies die monastische Option einerseits und die der Wiedertäufer andererseits zurück. Nach der ersten kann nur die Elite (die Mönche) nach der Bergpredigt leben, während sich die normalen Menschen mit dem Dekalog zufriedengeben müssen. Die Wiedertäufer andererseits plädierten für eine vollständige Übernahme der Bergpredigt und traten dafür ein, daß Christen sich öffentlicher Funktionen enthalten und nicht am Krieg teilnehmen sollten. Nach Luther sollte die Bergpredigt für alle Christen maßgeblich sein. Die Bergpredigt sollte die Christen z. B. zu einer inneren Distanz dem Eigentum gegenüber führen, auch wenn sie dieses im Zusammenhang ihres beruflichen und familiären Lebens nutzen sollten. Ebenso sollte der einzelne Christ Gewaltlosigkeit praktizieren. Aber die Liebe zum Nächsten sollte den Christen dazu veranlassen, im Falle eines Falles zu den Waffen zu greifen, um ihn zu beschützen. In der Tat kann man die Frage stellen, ob die Radikalität der Bergpredigt von den lutherischen Christen richtig erfaßt worden ist in ihrer oft zu beobachtenden Tendenz,[32] sich der bestehenden Ordnung einzufügen.

e) Gott der Richter und Erlöser: die Geschichte am Ende der Zeit

Gläubige wissen, daß Gott der Richter und Erlöser in der Geschichte am Werk ist. Er errichtet sein Reich gegen das Reich Satans. Aber dieses Werk Gottes ist noch verborgen, besonders in der Schwachheit Christi und seines Wortes. So warten die Christen in Geduld auf die Offenbarung seiner Herrlichkeit am Ende der Zeit.[33] Dabei nehmen sie mit Furcht und Vertrauen Gottes gegenwärtiges Wirken und sein Kommen wahr. Luther hatte die Origenistische Idee einer universalen Erlösung[34] abgelehnt. Er behielt vielmehr die Überzeugung bei, daß nach den Taten gerichtet werde. Immer wieder rief er seine Zeitgenossen zur Wachsamkeit gegen Treulosigkeit und Ungehorsam den Geboten Gottes gegenüber auf.

Wie A. Peters unterstrichen hat, »bleibt die Furcht vor einem eifersüchtigen und heiligen Gott ein entscheidendes Thema der Lutherischen Frömmigkeit.«[35] Die Erklärung der Zehn Gebote im *Kleinen Katechismus* endet folgendermaßen: »Gott dräuet zu strafen alle, die diese Gebote übertreten; darum sollen wir uns fürchten vor seinem Zorn und nicht wider solche Gebote tun« (ebd.).

Aber diese Furcht ist kein Schrecken, denn sie ist an das Vertrauen auf den Vater gebunden. »Er verheißt aber Gnade und alles Gute allen, die solche Gebote halten; darum sollen wir ihn auch lieben und vertrauen und gerne tun nach seinen Geboten.«

Gott kämpft in jedem Augenblick um seine Ehre und stellt sich nicht nur denen entgegen, die das Evangelium angreifen, sondern auch jenen, die die Schöpfung zerstören oder natürliche Bindungen brechen, wie z. B. das Band der Ehe. Aber der entscheidende Eingriff des Richters und des Erlösers wird beim Jüngsten Gericht und den Geschehnissen am Ende der Zeit stattfinden. Der Glaube sieht diesen Geschehnissen mit Furcht und mit Vertrauen entgegen. Den letzten Horizont zu negieren hieße, Gott selbst zu negieren. »Negatio enim futurae vitae tollit simpliciter Deum« (Denn die Leugnung des zukünftigen Lebens beseitigt auch Gott; WA 43, 363, 21).

Anmerkungen

1 Die wissenschaftliche Ausgabe von Luthers Werken, die sogenannte Weimarer Ausgabe (1883ff.), umfaßt zur Zeit der Abfassung dieses Artikels 100 Bände. Nach ihr wird unter dem Zeichen WA zitiert. (Sofern nur der lateinische Text in der Weimarer Ausgabe vorlag, wurde auf *Luther Deutsch*, hg. von K. Aland, Stuttgart/Göttingen 1957–75, zurückgegriffen). Der *Kleine Katechismus*, der hier oft erwähnt ist, findet sich in WA 30, I, 239–339.Der Gegenstand unserer Studie stützt sich auf die folgenden Werke: W. Elert, *Morphologie des Luthertums*, (2 Bde.), München 1931; P. Althaus, *Die Theologie Martin Luthers*, Gütersloh 1962; ders., *Die Ethik Martin Luthers*, Gütersloh 1965; L. Bouyer, »La spiritualité protestante et anglicane«, in: *Histoire de la spiritualité chrétienne*, Paris 1965, 3:81ff.; J. Wicks, *Man Yearning for Grace*, Wiesbaden 1968; ders., »Luther«, in: *Dict. Sp.* 9, Sp. 1206–43; ders., *Luther and His Spiritual Legacy*, Wilmington, DE 1983; P. Manns u. H. Meyer (Hg.), *Luther's Ecumenical Significance*, Philadelphia 1982; M. Lienhard, *Luther, témoin de Jésus-Christ*, Paris 1973 (engl. *Luther. Witness to Jesus Christ*, Minneapolis, MN 1982);

ders., *Martin Luther. Un temps, une vie, un message*, Paris u. Genf 1983; H. Junghans (Hg.), *Martin Luther 1526–1546: Leben, Lehre und Schriften*, (2 Bde.), Berlin u. Göttingen 1983; A. Peters, »Die Spiritualität der lutherischen Reformation«, in: *Lutherische Kirche in der Welt: Jahrbuch des Martin Luther-Bundes* 31, Erlangen 1984, 18–41.

2 Vgl. dazu die verschiedenen Biographien über Luther, wie z. B. R. H. Bainton, *Here I Stand*, New York 1950; M. Brecht, *Martin Luther. Sein Weg zur Reformation 1483–1521*, Stuttgart 1981; W. V. Loewenich, *Martin Luther. Der Mann und das Werk*, München 1982; M. Lienhard, *Martin Luther*.

3 Vgl. dazu: L. Grane, *Contra Gabrielem: Luthers Auseinandersetzung mit Gabriel Biel in der Disputatio Contra Scholasticam Theologiam 1517*, Gylgendal 1962; ders., *Modus loquendi theologicus. Luthers Kampf um die Erneuerung der Theologie (1515–1518)*, Leiden 1975; K. H. Zur Muhlen, *Nos extra nos. Luthers Theologie zwischen Mystik und Scholastik*, Tübingen 1972.

4 »Relecture«, wörtlich »Rücklesung«, ist ein Fachterminus der Exegese für das erneute Lesen eines Textes auf einen tieferen oder anderen Sinn hin; so entdeckte man im Wüstenzug Israels den Weg der Seele zu Gott. [JS]

5 »Reductio ad nihil(um)« ist ein mystischer Terminus, der in Röm 9, 3 wurzelt und verschiedene Sinnspitzen hat; mystisch-allegorisch: Der Mensch muß »Nichts« werden, damit Gott alles wird; moralisch-aszetisch: Man geht selbst zur Hölle, damit der Mitmensch gerettet wird. Luther hat ihn sehr existentiell verstanden. [JS]

6 Im Ockhamismus lag zwischen der »absoluten« Wahrheit und dem »absoluten« Wollen Gottes auf der einen Seite (»potentia absoluta«) und dem, was Gott konkret als Schöpfungswirklichkeit geschaffen hat (»potentia ordinaria«) ein Abgrund, den der Mensch als Teil der Schöpfungswirklichkeit niemals überqueren kann. Nur Gott kann in seiner Offenbarung und mit seiner Gnade den Abgrund hin zum Menschen überwinden. [JS]

7 W. Borth, *Die Luthersache (causa Lutheri), 1517–1524. Die Anfänge der Reformation als Frage von Politik und Recht*, Lübeck 1970; D. Olivier, *Le procès Luther 1517–1521*, Paris 1971; S. H. Hendrix, *Luther and the Papacy*, Philadelphia 1981.

8 Außer den Arbeiten von P. Althaus und M. Lienhard (siehe Anm. 1), siehe auch G. Ebeling, *Luther. Einführung in sein Denken*, Tübingen 1964; D. Olivier, *La foi de Luther: La cause de l'Evangile dans l'Eglise*, Paris 1978; O. H. Pesch, *Hinführung zu Luther*, Mainz 1982.

9 »Antinom(ian)ismus« ist der Name für Tendenzen, die gegen jedes Gesetz stehen. In der lutherischen Reformation wurde damit die Lehre des Luther-Schülers Johann Agricola benannt, der in statischer Weise das »Gesetz« als Offenbarung der Sündhaftigkeit des Menschen und deren Predigt vor das »Evangelium« und dessen Verkündigung stellte. Luther wandte sich scharf dagegen und zeigte, daß der Mensch immer – auch im Hören des Evangeliums – unter dem »Gesetz« der Sünde bleibt und daher immer der Buße bedarf. [JS]

10 Bouyer, »La Spiritualité«, 107.

11 W. Walther, *Luthers Deutsche Bibel*, Berlin 1917; H. Blum, *Martin Luther – Creative Translator*, St. Louis, MO 1965; B. Lohse, »Die Aktualisierung der christlichen Botschaft in Luthers Bibelübersetzung«, *Luther* 51 (1980), 9–25.

12 E. Hirsch, »Luthers Predigtweise«, *Luther* 25 (1954), 1–23; A. Niebergall, »Die Geschichte der christlichen Predigt«, in: *Leiturgia. Handbuch des evangelischen Gottesdienstes*, Kassel 1952-, 2:257–75.

13 K. Bornkamm, »Das Verständnis christlicher Unterweisung in den Katechismen von Erasmus und Luther«, *Zeitschrift für Theologie und Kirche* 65 (1968), 204–30; A. Peters, »Die Theologie der Katechismen Luthers anhand der Zuordnung ihrer Hauptstücke«, *Lutherjahrbuch* 43 (1976), 7–35; G. Strauss, *Luther's House of Learning: Indoctrination of the Young in the German Reformation*, Baltimore, MD 1978.

14 Zu Luthers Liturgieverständnis siehe auch V. Vajta, *Die Theologie des Gottesdienstes bei Luther*, Göttingen[3] 1959. Zu Luthers Auffassung der Sakramente siehe auch W. Schwab, *Entwicklung und Gestalt der Sakramentstheologie bei Martin Luther*, Frankfurt u. Bern 1977; F. Schulz, »Der Gottesdienst bei Luther«, in: *Martin Luther 1526–1546*, hg. von H. Junghans, 1:297–302, 2:811-825.

[15] L. Gronvik, *Die Taufe in der Theologie Martin Luthers*, Abo 1968.

[16] H. B. Meyer, *Luther und die Messe*, Paderborn 1965; A. Peters, *Realpräsenz*, Berlin 1960; M. Lienhard, *Luther. Witness to Jesus Christ*, 195–251.

[17] »Transsubstantiatio« ist die vom aristotelischen Naturverständnis geprägte Theorie, daß die Substanz des Brotes in Christi Leib verwandelt wird, während die »Accidentia« (das Sichtbare, Schmeckbare usw.) erhalten bleiben; Luther spricht von »Impanatio«, d. h. »Im-Brot-Sein« und bringt damit ein eher ockhamistisches Weltbild zum Ausdruck. [JS]

[18] Eine Dispens ist eine offiziell (kirchenamtlich) gewährte oder mittels juristischer Subtilität entdeckte »Entschuldigung« von einer Gesetzesvorschrift. [JS]

[19] L. Fendt, »Luthers Reformation der Beichte«, *Luther* 24 (1953), 121–37; L. Klein, *Evangelisch-lutherische Beichte. Lehre und Praxis*, Paderborn 1961.

[20] Ch. Mahrenholz, *Luther und die Kirchenmusik*, Kassel 1937; M. Lienhard, »Les cantiques de Luther et leur témoignage christologique«, *Positions luthériennes* 20 (1972), 235–49; P. Veit, »Martin Luther, chantre de la Réforme. Sa conception de la musique et du chant d'église«, *Positions luthériennes* 30 (1982), 47–66. Zum Thema religiöse Empfindsamkeit siehe auch P. Veit, »Le cantique luthérien et ses prolongements jusqu'à l'époque de J. S. Bach (XVie-XVIIe siècles)«, in: *Bulletin de la Soc. d'Hist. du Prot. fran(ais* (1983), 23–46; M. Jenny, »Luthers Gesangbuch«, in: *Martin Luther 1526–1546*, hg. von H. Junghans, 1:303–22, 2:825–32.

[21] M. Stirm, *Die Bilderfrage in der Reformation*, Gütersloh 1977; C. C. Christenson, *Art and the Reformation in Germany*, Athens, OH 1979.

[22] I. Ludolphy, »Luther als Beter«, *Luther* 33 (1962), 128–41; H. Beintker, »Zu Luthers Verständnis vom geistlichen Leben des Christen im Gebet«, *Lutherjahrbuch* 31 (1964), 47–68; J.-P. Cazes, »Martin Luther Commentateur du Notre Père, Le Commentaire de 1519«, *Positions luthériennes* 28 (1980), 97–116.

[23] M. Nicol, *Meditation bei Luther*, Göttingen 1984.

[24] P. Althaus, The Theology of Martin Luther, *254–78; M. Lienhard, »La communion des saints«,* Positions luthériennes *30 (1982), 119–35; V. Vajta, »The Church as Spiritual-Sacramental Communion with Christ and His Saints in the Theology of Luther«, in:* Luther's Ecumenical Significance, *hg. von P. Manns u. H. Meyer, 111–21.*

[25] In diesem Sinne siehe auch WA 28, 150, 2ff.; WA 38, 362, 32.

[26] P. Althaus, sen., *Forschungen zur evangelischen Gebetsliteratur,* Gütersloh 1927, 1–142 (Reprint mit Ergänzungen Hildesheim 1966); F. Schulz, »Gebetbücher III: Reformations- und Neuzeit«, in: *Theologische Realenzyklopädie,* Berlin u. New York 1984, 12:109–19.

[27] W. Elert, *Morphologie des Luthertums;* siehe bes. »Erdverbundenheit«, 393–406 u. »Kreuz und Jammertal«, 407–18.

[28] P. Althaus, *The Theology of Martin Luther.*

[29] H. A. Oberman, *Luther. Mensch zwischen Gott und Teufel,* Berlin 1982.

[30] O. H. Pesch, *Hinführung zu Luther,* 189–202.

[31] P. Althaus, *Die Ethik Martin Luthers.*

[32] Der Vf. spielt an eine – in Deutschland vergangene – Staatsgläubigkeit an, nach der man dem »Kaiser« (König, Fürst, Staat usw.) unbedingt gehorchen sollte und die Botschaft Christi eher ins Innere verlegte. [JS]

[33] A. Peters, *Glaube und Werk. Luthers Rechtfertigungslehre im Lichte der Heiligen Schrift,* Berlin2 1967; ders., »Die Spiritualität der lutherischen Reformation«, 29–31; I. Asendorf, *Eschatologie bei Luther,* Göttingen 1967.

[34] Der große patristische Lehrer Origenes versuchte, den Gedanken einer »apokatastasis panton« zu denken, daß nämlich Gott in seiner Barmherzigkeit einmal auch die Wirklichkeit der Hölle aufheben werde. [JS]

[35] A. Peters, »Die Spiritualität«, 30.

Spiritualität in der Zürcher Reformation bei Zwingli und Bullinger

Von Fritz Büsser

Daß die Zürcher Reformation mit Zwingli und Bullinger in einer Geschichte der christlichen Spiritualität behandelt wird, ist in vielerlei Hinsicht berechtigt. Dabei ist davon auszugehen, daß die Reformation im allgemeinen nicht einfach mit Luther gleichzusetzen ist und daß der reformierte Protestantismus im besondern nicht nur »Calvinismus« bedeutet. Als geschichtlicher Prozeß wie in ihren Wirkungen war sie ungleich komplexer: in bezug auf ihre geschichtliche Einordnung, insofern sie nicht als isolierte Epoche, sondern nur in ihrer Verbindung mit Spätmittelalter und Renaissance zu sehen ist; in bezug auf die »Sache«, insofern mannigfaltige theologische und kirchliche, mindestens ebensosehr aber auch nicht-theologische (d.h. politische, gesellschaftliche, wirtschaftliche und kulturelle) Faktoren, ganz zu schweigen von den sehr verschiedenartigen Persönlichkeiten, Gang und Wesen der Reformation bestimmt haben.

Das gilt in besonderer Weise für die Zürcher Reformation. Diese wird zu Recht zuerst mit dem Namen von Huldrych Zwingli (1. Januar 1484 bis 11. Oktober 1531) in Verbindung gebracht. Zwar waren Zwingli für sein Wirken in Zürich nur gerade zwölf Jahre vergönnt, doch genügte diese kurze Zeit, mindestens die Fundamente einer Reform der Kirche zu legen, die neben Luther und Calvin ihr eigenes Gepräge (damit auch ihre eigene Spiritualität) bekommen sollte. Weitergeführt und zu weltweiter Bedeutung gebracht wurde sie von Heinrich Bullinger (4. Juli 1504 bis 17. September 1575). Dieser war während mehr als vierzig Jahren nicht nur »oberster Pfarrer am Großmünster« und »weiser Leiter der Kirche in Zürich«, sondern – durch ein imponierendes theologisches Werk und eine ganz Europa umspannende riesige Korrespondenz – mindestens im gleichen, wenn nicht in einem umfassenderen Maß als Calvin »Berater aller reformierten Kirchen«, »väterlicher Beschützer und Tröster« unzähliger evangelischer Glaubensgenossen.

Da nicht die Sache, wohl aber der Begriff der Spiritualität im Bereich des Protestantismus verhältnismässig jung ist, gibt es im deutschen Sprachgebiet bis heute keine befriedigende Definition in den theologischen und kirchlichen Lexika. Ich gehe deshalb im folgenden von der Definition in der (profanen!) Brockhaus-Enzyklopädie aus. Diese versteht unter »Spiritualität« »das unter Mitwirkung der Menschen vollzogene Werk des Geistes Gottes«, umschreibt dieses aber noch etwas genauer als »personale Aneignung der Heilsbotschaft« und fährt weiter:

> Durch das sich so entfaltende geistliche Leben soll der Mensch in eine immer tiefer ausreifende persönliche Beziehung zu Gott in Christus treten, die sich nicht nur in Gebet und Kult, sondern auch im Dienst an der Kirche und den Menschen ausprägt

und mit den entsprechenden Haltungen auch die jeweils ausgeübten profanen Berufe durchformt. In der Gegenwart scheint sich eine neue Form der Spiritualität herauszubilden; sie läßt sich kennzeichnen als eine Rückkehr zu den Quellen und durch eine aus vertiefter Innerlichkeit erwachsende Offenheit für die Aufgaben der Welt[1]

Diese Definition hat den großen Vorteil, daß sie weitgehend dem entspricht, was über Spiritualität in der Zürcher Reformation zu sagen ist. Zwingli und Bullinger verstanden ihr Werk von Anfang an als eine Reform, Erneuerung der Kirche, verbanden diese nun freilich – im Unterschied zu Luther, aber wie Calvin – mit einer Erneuerung auch der Gesellschaft. Das erklärt sich daraus, daß ihre Reform sich nicht an den Seelennöten eines um sein Heil ringenden Mönches entzündet hat, sondern an den Sorgen von Gemeindepfarrern, die sich für Gemeinden verantwortlich wußten, in denen Kirchengemeinde und politische Gemeinde sich deckten. (Zürich verstand sich als *res publica christiana.*) Die Zürcher Reformation hat darum von Anfang an den geistlichen und weltlichen Bereich erfaßt: nicht nur Kult und Gottesdienst im engeren Sinn, sondern immer zugleich den Dienst des Einzelnen an der Gemeinschaft in Beruf und Öffentlichkeit.

Ungleich wichtiger ist indes der geistliche Aspekt. Gerade die Zürcher Reformatoren verstanden ihr Werk immer als Werk des Heiligen Geistes. Wenn darum heute die Spiritualität im Protestantismus gewissermaßen überhaupt erst entdeckt wird[2] und man in diesem Zusammenhang über einen Mangel an Pneumatologie klagt[3], so hätte man es eigentlich besser wissen können. In Zürich hat es diesen Mangel an Pneumatologie nie gegeben! Im Gegenteil: Seit Luther galten Zwingli und die Zürcher zusammen mit den sog. »Schwärmern« (Täufern, Karlstadt, Schwenckfeld und andern) für viele in Geschichte und Gegenwart als Spiritualisten. Diese aus dem Abendmahlsstreit erwachsene Charakterisierung trifft in dieser exklusiven Form nicht zu, ist als Signal jedoch nicht ganz von der Hand zu weisen. Zwinglis und Bullingers Theologie enthält tatsächlich einen ausgesprochen pneumatologischen Grundzug. Daran erinnern nicht nur die älteren Arbeiten von A. E. Burckhardt und Fritz Schmidt-Clausing, die Zwingli ausdrücklich als »Pneumatologen, nicht Spiritualisten« darstellen, sondern auch Gottfried W. Locher, der meint: »Man hat oft den Spiritualismus in Zwinglis Denken verhandelt. Da dieser jedoch der ... soteriologischen und christologischen Ausrichtung auf die Gottheit Gottes entspringt und trinitarisch geprägt ist, da ferner ein genaueres Zusehen ergibt, daß Zwingli sich des kategorischen Unterschiedes zwischen Heiligem Geist und Menschengeist wohl bewußt ist, so sprechen wir lieber vom *pneumatologischen* Charakter der Theologie Zwinglis«.[4] Ähnliches wäre von Bullinger zu sagen, doch mag hier vorerst nur an die grundlegende Tatsache erinnert werden, daß der für Zwinglis Nachfolger zentrale Begriff des Bundes gewissermaßen pneumatologisch gefüllt ist.[5]

1. Wurzeln und Quellen

2.1. Welches waren die Wurzeln und Quellen der Spiritualität in der Zürcher Reformation? Das *Zweite Helvetische Bekenntnis*[6], die neben dem *Heidelberger Katechismus* bedeutendste Bekenntnisschrift des reformierten Protestantismus, trägt den Titel: »Bekenntnis und einfache Erläuterung des orthodoxen Glaubens und der allgemeinen Lehren der reinen christlichen Religion von den Dienern der Kirche Christi in der Eidgenossenschaft ..., einmütig herausgegeben in der Absicht, allen Gläubigen zu bezeugen, daß sie in der Einheit der wahren alten Kirche Christi stehen, keine neuen und irrigen Lehren verbreiten und daher auch nichts mit irgendwelchen Sekten oder Irrlehren gemein haben.« Damit wird zunächst – im Jahre 1566! – entschieden unterstrichen, daß die Zürcher reformierte Kirche sich als Glied der einen heiligen allgemeinen christlichen Kirche versteht. Sie will bewußt nicht einen Bruch, sondern über eine radikale Rückwendung zu den Quellen teilhaben am wirklichen Reichtum dieser Kirche und ihrer Tradition.

Das erste Kapitel dieses *Bekenntnisses* zeigt denn auch sofort, wo die eigentlichen Wurzeln und Quellen der Zürcher Reformation, damit auch ihrer Spiritualität liegen: *allein* in der Heiligen Schrift, im Wort Gottes. Kirche, Spiritualität gibt es nur aus dem Hören auf Gottes Wort. In diesem Sinn umschreibt Zwingli das Wesen der Kirche besonders gern mit dem Gleichnis vom »Guten Hirten« (Joh 10): Da lehrt Christus, »daß die Schafe die Stimme des Hirten hören sollen, sofern er der Hirte ist, und daß sie ihm nachfolgen sollen ... Also ist nur die Kirche unerschütterlich und unfehlbar, die einzig auf Gottes, ihres Hirten Stimme hört« *(Commentarius de vera et falsa religione,* Z III 258). Schon in den 67 *Schlußreden* hat Zwingli sich indes auch zu der traditionellen Auffassung der Kirche als Leib Christi bekannt. Aus Christus als ewigem Heil und Haupt aller Gläubigen folgt:

> Erstens: daß alle, die in dem Haupte leben, Glieder und Kinder Gottes sind. Und das ist die Kirche oder Gemeinschaft der Heiligen, eine Gemahlin Christi, *ecclesia catholica,* die allgemeine Kirche. Zweitens: daß, wie die leiblichen Glieder ohne Leitung des Hauptes nichts vermögen, also vermag in dem Leibe Christi niemand etwas ohne sein Haupt, Christus (Z I 459, Art. 8 u. 9).

Dieses Verständnis von Kirche war in der Zürcher Reformation nie Theorie. Es ergab sich vielmehr aus der Praxis und bestimmte auch die Praxis. Zwingli und Bullinger verstanden sich selber in erster Linie als Propheten, d.h. Hirten, Prediger. Als solche hatten sie den unerhört schwierigen Auftrag, das geschriebene Bibelwort zum mündlich gesprochenen, auf die Gelegenheit, d. h. auf Zeit und Zuhörer abgestimmten, diese existentiell treffenden Wort Gottes zu machen. Bullinger brachte diese Überzeugung in die klassische Formulierung:

> Der Herr hat selbst im Evangelium gesagt: »Denn nicht ihr seid es, die reden, sondern der Geist eures Vaters ist es, der in euch redet.« Deshalb: »Wer euch hört, der hört mich, und wer euch verwirft, der verwirft mich« (Mt 10, 20; Lk 10, 16; Joh 13,

20). *Die Predigt des Wortes Gottes ist Gottes Wort.* Wenn also heute dieses Wort Gottes durch rechtmäßig berufene Prediger in der Kirche verkündigt wird, glauben wir, daß Gottes Wort selber verkündigt und von den Gläubigen vernommen wird (CH II, Kap. 1).

Als Propheten waren Zwingli und Bullinger sich bewußt, daß sie dieses Werk nicht ohne das Wirken des Hl. Geistes tun konnten. Das gab ihnen einerseits Mut, Zuversicht und Trost. Zwingli war schon 1522 »von der Klarheit und Gewißheit oder Untrüglichkeit des Wortes Gottes« (Z I 338–384) so überzeugt, daß er, diese Schrift zusammenfassend, schreiben konnte:

Fühlst Du, daß Gottes Wort Dich erneuere, daß Gott Dir anfange lieber zu werden als vordem, da Du auf Menschenlehren hörtest, so sei dessen gewiß, daß Gott solches in Dir gewirkt hat. Fühlst Du, daß es Dich der Gnade Gottes und des ewigen Heiles gewiß macht, so kommt das von Gott. Fühlst Du, daß es Dich klein und gering macht, dafür aber Gott groß in Dir, so ist das eine Wirkung Gottes. Fühlst Du, daß die Furcht Gottes anfängt, Dich mehr fröhlich als traurig zu machen, so ist das eine gewisse Wirkung des Wortes und Geistes Gottes. Diesen wolle Gott uns geben. Amen (Z I 384).

Anderseits bedeutete der prophetische Auftrag eine gewaltige Verpflichtung. Zwingli und Bullinger nahmen die Verkündigung von Gottes Wort so ernst, daß die Arbeit an der Bibel in ihrem Leben absolut den Vorrang hatte. *Sola scriptura* – dieses Prinzip führte in Zürich auch sofort zu konkreten Maßnahmen. Schon 1525 wurde die Prophezei gegründet, die erste Theologen- oder Predigerschule im Bereich des reformierten Protestantismus. In ihrem Rahmen verfaßten nicht bloß Zwingli und Bullinger, sondern mit ihnen eine ganze Reihe weiterer bedeutender Theologen (Pellikan, Bibliander, Gwalther, Vermigli) eine Fülle von Kommentaren zum Alten und Neuen Testament, die höchsten Ansprüchen genügten und weite Verbreitung fanden.

Vor allem aber: Aus der exegetischen Arbeit der Prophezei entstanden die Zürcher Bibelübersetzungen; einerseits eine deutsche Übersetzung, welche (als sog. Zürcher Übersetzung) 1530/31 nicht nur zeitlich vor derjenigen Luthers abgeschlossen wurde, sondern neben dieser auch qualitativ eine durchaus selbständige Stellung einnimmt; anderseits eine neue lateinische Übersetzung 1543, die ihrerseits für die gelehrte Beschäftigung mit der Heiligen Schrift richtungweisende Bedeutung bekommen sollte.[7]

Aus dieser intensiven Beschäftigung mit der Bibel ergab es sich zwangsläufig, daß im Grunde auch die großen systematischen Werke der Zürcher Reformatoren Zwinglis *Auslegen und Gründe der Schlußreden* und der *Commentarius,* Bullingers *Dekaden* und das *Zweite Helvetische Bekenntnis* zutiefst biblische Theologie sind.[8]

Daß die Schrift als Gottes Wort Wurzel und Quelle der reformierten Zürcher Spiritualität war, zeigt indes noch ein anderer, damit freilich eng verbundener Aspekt: Zwingli und Bullinger waren sich immer der Tatsache bewußt, daß Gottes Geist grundsätzlich unverfügbar ist. Es gibt nicht viele Bibelworte, die Zwingli häufiger zitiert hat als Joh 3, 8 (»Der Geist weht, wo er will«) und Joh 6, 44 (»Niemand kann zu mir kommen, es sei denn, es ziehe ihn der Vater«). Als Pneumatologe zog er, nicht weniger Bullinger, daraus auch jene zwei Konsequenzen, die in der Kirchengeschichte immer gezogen worden sind. Zum einen hielten sie Luther und Rom gegenüber fest, daß Gottes Geist sich weder an die Bibel noch an die Sakramente binden läßt. »Auf diese Weise wäre die Freiheit des Geistes Gottes gebunden, während er doch jedem einzelnen zuteilt nach seinem Wohlgefallen, d.h. wem, wann und wo er will« (Z III 761, 4f). Und: »Es wird also deutlich, daß wir durch das Wort, das der himmlische Vater (selbst) in unsern Herzen predigt, durch das er sie sowohl erleuchtet, so daß wir erkennen, als auch zieht, so daß wir folgen – daß wir durch dieses Wort gläubig gemacht werden« (Z III 752, 17–19).

Zum anderen ergab sich aus der Unverfügbarkeit über Gottes Geist in der Zürcher Reformation die Folgerung, daß dieser Geist aber auch nicht an das Wort der Bibel und die christliche Heilsgeschichte gebunden ist: Wie zuerst Zwingli, neben ihm weniger Bullinger als später vor allem Theodor Bibliander betont haben, gibt es auch ein »*Heil* erwählter *Heiden*«. So konnte Zwingli ganz allgemein sagen, »daß auch die Heiden das Naturgesetz nicht aus ihrem eigenen Verstand, sondern aus dem ihnen zwar unbekannten, sie aber erleuchtenden Geist erkannt haben« (Z II 327, 5–7). Besonders in seiner König Franz I. von Frankreich gewidmeten *Fidei expositio* legte er dar, daß dieser im Himmel einmal nicht nur alle gottesfürchtigen Männer und Frauen des Alten und Neuen Testaments antreffen werde, sondern neben vielen seiner königlichen Vorfahren auch Herkules, Theseus, Sokrates (Z VI/V 130, 1–132, 16). Schon Luther hat Zwingli in diesem Punkt völlig mißverstanden: Er lehre, der Mensch könne selber zu Gotteserkenntnis kommen und durch eigene Leistungen in den Himmel gelangen. Zwingli dachte genau umgekehrt: In bezug auf die Heiden erweist sich gerade, daß der Geist weht, wo er will. Unnötig zu sagen, daß sich damit schon in der Zürcher Reformation jene universalen Perspektiven im Blick auf das Verhältnis des Christentums zu den Weltreligionen abzeichnen, die zuerst in der Aufklärung, von den großen Kirchen im Grunde aber erst in unseren Tagen aufgegriffen wurden.

2. Das Zentrum der Spiritualität: Christus

Welches war die Praxis der Spiritualität im reformierten Zürich? Aus den bisherigen Ausführungen ergibt sich zwangsläufig der wichtigste Unterschied gegenüber dem Mittelalter: Im Mittelpunkt des Gottesdienstes stand seit 1519 nicht mehr die Messe, sondern die Predigt. Zwingli selber predigte vermutlich täglich, Bullinger über 40 Jahre lang sicher jeden Sonntag, dazu zwei- bis dreimal pro Woche. 1532 bestimmte die Zürcher Prediger- und Synodalordnung, daß jeder Pfarrer sonntags zweimal, dazu einmal in der Woche, aber auch an den Aposteltagen zu predigen habe. Da die Zürcher Reformatoren ihren Hörern die ganze Bibel vertraut machen wollten, folgten sie im Unterschied zu Rom und Wittenberg nicht mehr der mittelalterlichen Perikopenordnung, sondern pflegten nach dem Vorbild der Kirchenväter die Form der »lectio continua«; d. h. sie legten in ihren Predigten praktisch alle Bücher des Alten und Neuen Testaments fortlaufend aus – eine Form, die für den gesamten reformierten Protestantismus typisch werden sollte. Leider kennen wir von Zwingli nicht viel mehr als die Reihenfolge der Schriften, über die er in einer wohlüberlegten Ordnung gepredigt hat. Von Bullinger besitzen wir dagegen Hunderte von gedruckten und ungedruckten Predigten, Tausende von Predigtkonzepten – ein bis heute gerade erst registriertes, aber überhaupt nicht ausgeschöpftes Quellenmaterial.[9]

Aus dem *sola scriptura* ergab sich so für die Spiritualität im reformierten Zürich folgerichtig ein absolutes *solus Christus*. Mehr noch: Wenn irgendwo und irgendwann – mußte sich wirklich christliche Spiritualität im Sinne unserer Definition, d. h. als »personale Aneignung der Heilsbotschaft«, als »eine immer tiefer ausreifende persönliche Beziehung zu Gott in Christus« gerade in Zürich entfalten. Daß der Glaube an Gottes gnädiges Handeln im Gekreuzigten und Auferstandenen, die in diesem Glauben gründende Nachfolge, tätige Gottes- und Nächstenliebe, die Hoffnung auf die Vollendung von Gottes Reich tatsächlich der Inhalt der reformatorischen Botschaft in Zürich war, läßt sich denn auch unschwer nachweisen. Solus Christus – darauf weist schon das Motto, das Zwingli und Bullinger auf die Titelblätter aller ihrer gedruckten Werke setzten. Bei Zwingli war es Mt 11, 28 (»Kommet her zu mir alle, die ihr mühselig und beladen seid, so will ich euch Ruhe geben«), bei Bullinger Mt 17, 5 (»Dies ist mein geliebter Sohn, an dem ich Wohlgefallen habe; höret auf ihn«).[10]

Der Inhalt der Predigt läßt sich nun allerdings noch genauer bestimmen. So schreibt Zwingli am Anfang der *Schlußreden:* »Summe des Evangeliums ist, daß unser Herr Jesus Christus, wahrer Gottessohn, uns den Willen seines himmlischen Vaters kundgetan und uns mit seiner Unschuld vom Tode erlöst und mit Gott versöhnt hat« (Z I 458), und in seiner dazugehörigen Auslegung:

> Mit diesen Worten habe ich anzeigen wollen, daß Christus nicht allein uns zu erlösen gekommen sei, sondern auch, um uns wahre Liebe und Werke Gottes zu lehren ... Davon sind alle Schriften der Evangelisten voll, doch sind die schönsten Aussprüche, welche die christlichen Pflichten gegenüber dem Nächsten betreffen, nahe beisammen, Mt 5–7, diejenigen, welche sich auf die Andacht vor Gott beziehen, Joh 5 und 6, und dann in den Reden, welche Christus nach dem Abendmahl gehalten hat, Joh 14 (Z II 28f).

Und, in der Sache damit voll übereinstimmend, im *Hirt*:

> Daraus soll der Hirt den ihm anbefohlenen Seelen zu verstehen geben, wo ihre Fehler liegen, und wenn sie verstanden haben, daß sie aus eigenen Kräften nicht können selig werden, so soll er sie an die Gnade Gottes verweisen, daß sie sich voll Vertrauen darauf verlassen. Denn Gott hat uns zu gewisser Versicherung seiner Gnade seinen eingeborenen Sohn Jesus Christus, unsern Herrn, gegeben, durch den wir in Ewigkeit einen sicheren Zugang zu Gott haben. Und wenn sie dann die Seligkeit und Versiche-

rung von Gottes Gnade geglaubt haben ..., so sind sie auch schuldig, in Zukunft nach Gottes Willen zu leben; denn sie sind ein neues Geschöpf (Gal 6, 15) (Z III 22).

Wie bei Zwingli steht Christus auch in der Mitte von Bullingers Predigt. Seine Christologie findet sich in ihrem Kern schon in einer unvergleichlichen Formulierung in der *Ratio studiorum* von 1527 oder 1528:

Ich lese also, daß er an das Kreuz geschlagen worden, doch am dritten Tage auferstanden ist. Wenn mich dies auch der Heilige Geist in meinem Herzen gelehrt hat, so glaube ich, daß in Jesus Christus Genugtuung für alle Gläubigen ist, daß er aber auch das Pfand ist für die künftige Unsterblichkeit, welche den Seelen nach dem leiblichen Tode zukommt und den Leibern nach dem allgemeinen Gericht. Ich lese, daß Christus Tote auferweckt hat, den Winden und dem Meer Befehle erteilt hat, alle Krankheiten geheilt hat. Ich lehre daher, daß man Christus allein in allen Gefahren anrufen soll. lch lese, daß Christus Äußerlichkeiten verworfen hat, daß er tadellosen Wandel und Liebe gelehrt hat: Dem entnehme ich also, daß die wahre Verehrung Gottes in einem reinen Leben, in tadellosem Wandel und in Liebe besteht, keineswegs aber in äußeren Opfern, Festtagen, Gewändern und dergleichen mehr. [11]

In ihrer Fülle entfaltet sie sich dann freilich erst in Kommentaren, Predigten und Bekenntnis. Unter den Kommentaren zeigt sie sich m.E. besonders eindrücklich bei der Auslegung der vier Evangelien. Wie Bullinger in den entsprechenden Widmungsvorreden ankündigt, wollte und sollte Matthäus nämlich zeigen, »daß der Herr Jesus Christus seiner Kirche keine Lasten auferlegte, und welches die Quellen wahrer Frömmigkeit sind« (1542); Johannes thematisierte »die wahre Rechtfertigung des Christen und den wahren und angemessenen Begriff des guten Werkes« (1543); Markus setzte sich auseinander mit »Jesus Christus, dem wahren Hohen Priester und König der Gläubigen, der in der Kirche der Heiligen regiert« (1545); Lukas schließlich bewies, »daß Gott der Vater in seinem eingeborenen Sohn und unserem Herrn Jesus Christus seiner Kirche alles das gab, was zum Leben und zur Erlösung der Menschen dient, so daß es nicht notwendig ist, danach woanders zu suchen« (1546).[12]
Daß die Predigten tatsächlich in die gleiche Richtung gingen, beweisen eindrücklich die *Dekaden,* d.h. jene 50 Lehrpredigten, die (1549–1551 entstanden) als gleichwertiges Gegenstück zu Calvins *Institutio* zu betrachten sind und wie diese maßgeblich zur Verbreitung reformierten Gedankengutes in ganz Europa beigetragen haben. Hier stellt Bullinger die Christologie nicht bloß in die an sich selbstverständliche Mitte seiner Lehre von Gott, sondern bringt sie zugleich in die engste Beziehung zur Pneumatologie, d.h. Bullinger handelt zuerst vom dreieinigen Gott, von Gott, Schöpfung, Vorsehung, Prädestination (Predigten 33 und 34). Dann folgen die Ausführungen über Christus als einzigen Mittler (35), den Sohn Gottes (36), Christus als König und Priester (37) und unmittelbar daran anschließend über Kraft und Wirkung des Heiligen Geistes (38). Wieder einen andern, für Bullinger sogar typischen, d.h. von Zwingli und Calvin unterscheidenden Aspekt betont Artikel X des *Zweiten Helvetischen Bekenntnisses* über »die göttliche Vor-

21. *Huldrych Zwingli im Alter von 48 Jahren* (Medaillon)

herbestimmung und die Erwählung der Heiligen«. Hier erscheint Christus als Mittel (Spiegel, Buch, Quell), aber auch als Ziel der Erwählung. Dabei ist für Bullinger das Ziel von entscheidender Bedeutung: die Heiligkeit in der Liebe, die Kindschaft, das Lob der herrlichen Gnade Gottes.[13] Ohne sich, wie Calvin, in die Abgründe der Prädestination zu verwickeln, mahnt Bullinger gerade auch hier zur Beachtung der Geheimnisse, letztlich der Unverfügbarkeit Gottes; er zitiert mit einer deutlichen Neigung zum Universalismus Mt 11, 28 (»Kommet her zu mir alle, die ihr mühselig und beladen seid, so will ich euch Ruhe geben.« – Zwinglis Motto), Joh 3, 16 (»Denn so sehr hat Gott die Welt geliebt, daß er seinen einzigen Sohn gab, damit jeder, der an ihn glaubt, nicht verlorengehe, sondern ewiges Leben habe.«), Mt 18, 14 (»So ist es nicht der Wille eures Vaters in den Himmeln, daß eins dieser Kleinen verlorengehe.«), schließlich Phil 2, 12 (»Darum, meine Geliebten, wie ihr alle Zeit gehorsam gewesen seid, so mühet euch nicht nur wie in meiner Anwesenheit, sondern weit mehr jetzt in meiner Abwesenheit um euer Heil mit Furcht und Zittern!«) (CH II, X).

3. Spiritualität in Gebet und Kult

Die Predigt bildete wohl den Mittelpunkt, jedoch nicht den ganzen Gottesdienst. Sie war vielmehr Teil einer umfassenden, in ihrer Gestaltung natürlich ebenfalls re-formierten Liturgie. Diese war viel reicher, als das im allgemeinen dargestellt und angenommen wird. Nach der Vorrede der *Kirchenordnung* von 1535 gilt nämlich grundsätzlich: »Was die Urkirche an notwendigen Bräuchen hatte, hat auch die Kirche in Zürich.«[14] In der Tat enthielt diese von Zwingli entworfene, von Bullinger bereinigte Ordnung ausführliche Formulare für den sonn- und werktäglichen Predigtgottesdienst, für die Sakramente, Taufe und Abendmahl, Trauung und Bestattung (Z IV 695-717). Aufs ganze gesehen lebten diese ebenfalls aus biblischem Gedankengut, doch verwendeten Zwingli und Bullinger auch viele Texte und Gebete aus der Alten Kirche. So gehörten zum Predigtgottesdienst unter allen Umständen nicht nur die drei traditionellen Katechismusstücke – Vater Unser (mit Ave Maria!), Dekalog und Apostolisches Glaubensbekenntnis –, sondern auch Fürbitte, Offene Schuld mit der Bitte um Vergebung, Kirchengebet und das Totengedenken.
Noch deutlicher als in der Ordnung des Predigtgottesdienstes zeigt sich die doppelte Verankerung in Schrift und urchristlich-altkirchlicher Tradition in der Liturgie des Abendmahlsgottesdienstes. Wohl wurde die Zahl der Abendmahlsfeiern in der Zürcher Reformation drastisch reduziert – auf Weihnachten, Ostern, Pfingsten und Kirchweih. Nach Zwinglis eigenen Worten hielt man es in Zürich aber gerade mit dem Nachtmahl

genau so, wie man es mit der Messe gehalten haben sollte. Da haben wir Gebet, Lob und Danksagung, Vergebung der Sünden, Bekenntnis unseres Glaubens, die Gemeinschaft der Kirche und der Gläubigen, den geistlichen und sakramentlichen Genuß des Leibes und Blutes Christi. Dagegen unterlassen wir alles, was Christus nicht eingesetzt hat, nämlich: Wir opfern nicht für die Toten und Lebenden, wir opfern nicht für die Vergebung der Sünden, und wir tun noch anderes nicht, das aber die Päpstler lehren und als wahr ausgeben, damit allerdings nicht allein anzeigen, daß sie ungelehrt, sondern auch ungläubig sind« (Z VI/V 93, 6–13).[15]

Der entscheidende Unterschied zur römischen Messe bestand darin, daß die Zürcher Reformatoren an die Stelle der Transsubstantiation der Elemente die geistliche Verwandlung der Gemeinde in den Leib Christi setzten. Das Abendmahl war Gedächtnis-, Dank- und Freudenmahl, vor allem aber verpflichtendes Zeichen der Gemeinschaft der Gläubigen.

Solus Christus – das ist der Inhalt der Predigt in Zürich, im besonderen auch des Gottesdienstes. Predigt und Gottesdienst kreisen um die Erkenntnis menschlicher Sünde, Gottes Gnade in Christus und dankbare Nachfolge. Es ist hier nicht der Ort nachzuweisen, daß Zwingli und Bullinger mit diesen drei Stücken der Spiritualität des reformierten Protestantismus entscheidende Impulse gegeben haben. Bevor unten auf die weltlichen, d.h. politischen Konsequenzen dieser Spiritualität eingetreten wird, ist hier im Sinne einer Ergänzung und Überleitung auf ein paar besondere Elemente im geistlichen Bereich hinzuweisen: zunächst auf ein paar charakteristische Motive ihrer christozentrischen Spiritualität.

Bei Zwingli ist vor allem an seine Vorstellung von Christus als »Führer und Hauptmann« zu denken, wie sie sich z.B. in Artikel 6 der *Schlußreden* findet. G.W. Locher hat nachgewiesen, daß diese Vorstellung ebenfalls auf die Schrift (Eph 6; Hebr 12, 2f) zurückgeht, anderseits auf Zwinglis Erfahrungen als Feldprediger.[16] Zwingli hat den militärischen Führer vor Augen, der seiner Truppe nicht bloß befiehlt, sondern auch bis in den Tod vorausgeht. »Christus unser Hauptmann« – das bedeutet Gehorsam, Kampf, Hingabe, u.U. Tod, aber auch Trost – »inwendig durch seinen Geist, der unseren Glauben erhält, oder auswendig durch die Ermahnung zur Standhaftigkeit«. Zwingli fiel in diesem Glauben in Kappel.

Um die gleiche Sache geht es im Grunde auch Bullinger, wenn er auf die täglichen Anforderungen einer wirklich christlichen Existenz, insbesondere auf die von allen Seiten her drängenden Anfechtungen zu sprechen kommt. Bullinger wußte so gut wie Zwingli (und natürlich Luther), daß das Kreuz zum Leben der Christen gehört, daß Gott aber immer die Kraft schenkt, dieses mit allen Lasten auch zu tragen. Diesen Glauben hat Bullinger besonders eindrücklich in zwei Schriften vertreten, die ganz unmittelbar aus dem Zeitgeschehen heraus entstanden sind, aber »ewige« Wahrheiten enthalten und dementsprechend auch eine außerordentlich weite Verbreitung gefunden haben: 1557 veröffentlichte er *100 Predigten über die Apokalypse,* das große Trostbuch der christlichen Kirche, und widmete diese allen, die in Europa um des Glaubens willen verfolgt wurden.[17] Im Gefolge der Bartholomäusnacht schrieb er 1573 ein Buch *Von der schweren Verfolgung der christlichen Kirchen,* das nicht nur von den Ursachen der Verfolgung handelt und zu Geduld und Festigkeit aufruft, sondern den Versuch unternimmt, die Kirchengeschichte als ganze überhaupt als eine Geschichte von Verfolgungen darzustellen.[18]

Damit ist angedeutet, daß zur Charakterisierung der Spiritualität in der Zürcher Reformation eine Reihe seelsorgerlicher Schriften gehören. Bei Zwingli stehen eindeutig pädagogische Interessen im Vordergrund, allem voran natürlich die Erziehungsschrift *Quo pacto ingenui adolescentes formandi sint* (1523; Z II 536 ff), in einer deutschen Ausgabe *Wie man die Jugend in guten Sitten und christlicher Zucht erziehen und lehren soll* (1526; Z V 430ff). Als ein begnadeter Lehrer schreibt der Reformator in der Widmung seinem Stiefsohn:

Der erste Teil der Unterweisungen handelt von dem Unterricht des zarten Gemütes eines edlen Menschen in der Gottseligkeit, der zweite von der Selbstzucht, der dritte vom Verhalten gegen die Mitmenschen. Meine Absicht ist nicht, von der Wiege anzufangen, auch nicht vom ersten Unterricht; nein, ich setze bei dem Alter ein, das schon Verständnis besitzt und ohne Schwimmgürtel zu schwimmen beginnt. In diesem stehst Du ja selbst noch. Ich hoffe, Du wirst die Unterweisungen sorgfältig lesen, wirst Dein Leben nach Ihnen gestalten, um so anderen ein lebendiges Beispiel sein zu können. Das walte Christus! Amen. (Z V 431)

In denselben Bereich gehören indes auch die Pastoraltheologie *Der Hirt* (1523; Z III 5ff),[20] die Schrift *Von dem Predigtamt* (1525; Z IV 382ff),[21], sogar sein *Plan über einen Feldzug*, in dem er u.a. auch beschreibt, »wie ein Hauptmann sein soll« (1524/25; Z III 551ff),[22] schließlich seine drei Lieder (das Pestlied, eine Bearbeitung des 69. Psalms, das Kappelerlied.[23] Diese belegen indirekt auch die Tatsache, daß Zwingli kein grundsätzlicher Gegner des Kirchengesangs war.
Daß Bullinger ein großer Seelsorger war und so maßgeblich zur Spiritualität der Reformation in Zürich beigetragen hat, ergibt sich aus seiner Auffassung von der Predigt: nach neutestamentlichem Vorbild wollte diese immer *docere, hortari, consolari* (lehren, ermahnen, trösten). Dem gleichen Zweck dienten – neben den eben erwähnten großen Trostschriften – entsprechende Ausführungen in den *Dekaden* und im *Zweiten Helvetischen Bekenntnis,* vor allem aber Schriften, die um ihrer Aktualität willen ebenfalls weiteste Verbreitung fanden: *Der christliche Ehestand*[24] und ein B*ericht der Kranken* (d.h. eine Anleitung für Krankenseelsorger im Stil der mittelalterlichen *ars moriendi).*[25] Bei Bullinger ist darüber hinaus an die zahlreichen Briefe an Potentaten, an Freunde, Kollegen, Schüler zu denken, in denen die Zürcher Spiritualität wohl ihren unmittelbarsten und ergreifendsten Ausdruck findet.

4. Spiritualität im Dienst an der Welt

Spiritualität beschränkte sich in der Zürcher Reformation keineswegs auf Kult und Gebet. Predigt, Liturgie, Sakramente, öffentliches und privates Gebet bildeten wohl die notwendige Mitte christlicher Existenz. Für Zwingli und Bullinger erfüllte diese sich damit aber keineswegs. Die »personale Aneignung der Heilsbotschaft«, die »immer tiefer ausreifende persönliche Beziehung zu Gott in Christus« drängte nach außen, in den Alltag. Ja, für die Zürcher Reformation zielte der Dienst an der Kirche und am Menschen recht eigentlich auf die Gestaltung des öffentlichen Lebens, auf Mitwirkung in den politischen und gesellschaftlichen Ordnungen. Modern ausgedrückt: Spiritualität in der Zürcher Reformation ist eigentlich die »Säkularisierung«, Weltwerdung des Christentums nicht im Sinn einer Verweltlichung des Christentums, sondern im Sinn einer Verchristlichung der Welt; sie ist der Versuch, Gottes Willen in dieser Welt zu verwirklichen. Dieser sich deutlich von Luther abhebende Aspekt evangelisch-reformierter Spiritualität hing ebenfalls aufs engste mit Zwinglis und Bullingers Ekklesiologie und Pneumatologie zusammen. Für sie war Kirche immer sehr real: gerade als universale, weltweite Gemeinschaft aller Gläubigen, als Leib Christi fand sie ihre eigentliche Verkörperung in der einzelnen Kirchengemeinde, und dies als Volkskirche. Wenn hier auch nicht der Ort ist, ausführlicher von den theologischen, politischen und gesellschaftlichen Hintergründen und Konsequenzen dieser Sicht zu handeln, soll doch darauf hingewiesen werden. Einerseits lebte in der Zürcher Reformation die letztlich auf Konstantin, aber auch auf Augustin zurückgehende Vorstellung vom *corpus christianum* d.h. das Zürcherische Gemeinwesen verstand sich als *res publica christiana;* die Reformation war der krönende Akt der Kommunalisierung der Kirchen. Nach R. C. Walton fand die Institutionalisierung der Reformation in Zürich ihre Vollendung in der Autorität der städtischen Obrigkeit über alle Aspekte der äußern Angelegenheiten der Kirche. In diesem Sinn markiert die Reformation eher das Ende als den Beginn des Prozeßes.«[26] Andererseits lebte das Zürcher Modell – nicht ohne weltgeschichtliche Konsequenzen – weiter: es begründete mindestens indirekt das anglikanische Staatskirchentum und beeinflußte direkt viele politische, gesellschaftliche und wirtschaftliche Entwicklungen der modernen Welt. Gerade damit stellt sich mit doppelter Dringlichkeit die Frage nach dem Inhalt der säkularisierten Spiritualität der Zürcher Reformation. Wie im Bereich der individuellen Spiritualität ist hier erst recht davon auszugehen, daß die Zürcher Reformatoren, anders als Luther, Gesetz und Evangelium einander nicht entgegengestellt, sondern als Ineinander verstanden haben. Oder wie es H. R. Lavater in einem Kommentar zu Zwinglis Brief an A. Blarer formuliert hat:

> Reformation ist ein Politikum, ein christliches Staatswesen ist die politische Form einer christlichen Gemeinde, ein guter Christ ist ein guter Bürger. In diesem Sinn ist das Reich Christi nicht nur im Herzen der Gläubigen ein Innerliches, sondern, weil es zur Weltveränderung drängt, auch ein Äußerliches (Regnum Christi *etiam* externum). Kein Bereich ist von Christi Herrschaftsanspruch ausgenommen! *Etiam* heißt: die Unterscheidung (innerlich oder äußerlich) fällt letztlich dahin. Vor dem Reich Christi gibt es nur konkrete Verwirklichung (Zwa XV 338f).[27]

Bei Zwingli findet sich der Gedanke des Staates als christliche Gemeinschaft vor allem in seiner Schrift *Von göttlicher und menschlicher Gerechtigkeit* (1523).[28] Vom Unterschied, aber auch von der Zusammengehörigkeit von Geist und Materie, Seele und Leib ausgehend, deckt Zwingli darin die Dialektik zwischen Ideal und Wirklichkeit auf. Das Ideal, das Christen aller Zeiten immer wieder zu erstreben versuchten, ist die »göttliche Gerechtigkeit«, d.h. Gottes Herrschaft. Diese verlangt von uns, vollkommen zu sein wie unser himmlischer Vater. Gemessen an dieser göttlichen Gerechtigkeit, konkret an den Forderungen der Bergpredigt nach der Erfüllung der Gottes- und Nächstenliebe, sind und bleiben wir alle »Schelmen« (Sünder). Wir sind darum – vor allem andern – immer auf Gottes Gnade angewiesen. Aus Gnade heraus hat Gott uns Menschen gerade darum auch die menschliche Gerechtigkeit gegeben, d.h. die staatliche Ordnung, die Obrigkeit als Schulmeister, der züchtigt und straft, menschliche Gesetze, Recht und Richter, Strafe und Schwert. Gemessen an der göttlichen Gerechtigkeit ist diese menschliche Gerechtigkeit relativ, kaum würdig, überhaupt Gerechtigkeit genannt zu werden. Trotzdem ist sie not-wendig: sie ermöglicht erst – auf allen Ebenen – menschliches Zusammenleben. Weil immer unvollkommen, ist sie aber immer auch offen für Verbesserungen im Sinne der göttlichen Gerechtigkeit.

Von den gleichen Voraussetzungen ausgehend wie Zwingli, jedoch von viel weiter reichender Wirkung sind Bullingers Vorstellungen in bezug auf die Identität von kirchlicher und bürgerlicher Gemeinschaft. Wie die neuere Bullingerforschung, von verschiedenen Seiten herkommend, immer deutlicher nachweist, kreist Bullingers Theologie – in den Exegetica, in den *Dekaden,* im *Zweiten Helvetischen Bekenntnis* – bald offen, bald verdeckt immer um den Begriff des Bundes. Bullinger gilt deshalb zu Recht als Begründer der reformierten *Föderaltheologie,* damit einer »anderen«, *nicht* von Calvin bestimmten reformierten Tradition. Was in unserem Zusammenhang nun aber besonders interessant ist: Wie G. W. Locher meint, ist diese Föderaltheologie gewissermaßen pneumatologisch gefüllt. Föderaltheologische und pneumatologische Aussagen gehen parallel nebeneinander her, so daß wir eine gewisse Identität beider erkennen müssen. »Der Geist lebt im Bund, der Bund lebt im Geist.«[29]

Es dürfte einleuchten, daß die Vorstellung eines einzigen und ewigen, in Christus geschlossenen Bundes Gottes mit Adam (der Menschheit) nicht nur individual-, sondern vor allem sozialethische Implikationen hatte. So beschreibt Bullinger in den *Dekaden* ein wohlgeordnetes christliches Staatswesen dann auch in der Weise, daß darin Kirche *und* Staat wohl geordnet sein müssen: Da wird nicht nur

> Gott auf rechte Art verehrt und Gottes Wort Gehorsam geschenkt, nämlich mit Glauben und Liebe, soviel Gott einem jeden aus Gnade verleiht. Da schützt die Obrigkeit die Kirchenzucht sowie gute und billige Gesetze. Die Bürger sind gehorsam, friedfertig und einig und halten ihre angesehenen Versammlungen ab. Da gibt es Schulen, die rechte Lebensart und Bildung vermitteln. Da ernährt man sich mit rechtschaffenen Tätigkeiten und Gewerben, deren man zur Erhaltung des Lebens bedarf, mit Ackerbau, Kaufmannschaft, Handwerk. Da erzieht man die Kinder, tut Gutes den Eltern, desgleichen auch den Armen und Freunden (15. Predigt).[30]

Es würde viel zu weit führen, hier im einzelnen nachzuzeichnen, wie überlegen und differenziert zugleich Bullinger in seinem gesamten Werk – am eindrücklichsten jedoch in den Predigten der 2. und 3. Dekade – anhand einer Auslegung des Dekalogs eine umfassende Sozialethik entwirft, die praktisch sämtliche Probleme politischer, gesellschaftlicher und wirtschaftlicher Natur aufzeigt, welche die Menschen damals beschäftigten und heute noch beschäftigen.

Dagegen ist abschließend auf die Wirkungsgeschichte dieser weltaufgeschlossenen, typisch reformierten Spiritualität hinzuweisen. Zwinglis und Bullingers säkularisierter Christenglaube prägte ohne jeden Zweifel nicht nur die reformierte Schweiz; sie wirkten sich weltweit zum Teil direkt, zum Teil indirekt (d. h. auch auf dem Umweg über Genf und Calvin) auf die gesamte vom reformierten Protestantismus geprägte Welt aus. So fand die Bundestheologie mit ihren ethischen Implikationen nicht bloß ein Echo in entsprechenden politischen Ideen; sie beeinflußte auch maßgeblich deren Verwirklichung in den modernen demokratischen und sozialen Rechtsstaaten des Westens. In einem Aufsatz »The Idea of Covenant and American Democracy« schrieb H. R. Niebuhr 1954 über die Bedeutung der Bundesidee: »Die Welt hat diese fundamentale moralische Struktur einer auf der Bundesidee beruhenden Gesellschaft, und das, was in der politischen Welt möglich und erforderlich ist, ist die Bestätigung und erneute Bestätigung der Verantwortung des Menschen als jemanden, der Versprechen gibt und Versprechen hält, als Bundespartner in einer universalen Gesellschaft.«[31]

Anmerkungen

1 *Brockhaus Enzyklopädie*, 20 Bde., Wiesbaden [17]1973, Bd. 17, 748.

2 *Breaking Barriers: Nairobi 1975: The Official Report of the Fifth Assembly of the WCC, Nairobi, Kenya, 23 November–10 December 1975*, hg. von D. M. Paton, Genf 1976; und *Nairobi to Vancouver, 1975–1983: A Report of the Central Committee to the Sixth Assembly of the World Council of Churches*, Genf 1983, 199ff.

3 H. Berkhof, *Theologie des Heiligen Geistes*, Neukirchen 1968.

4 A. E. Burckhardt, *Das Geistproblem bei Huldrych Zwingli* (Quellen und Abhandlungen zur Schweizerischen Reformationsgeschichte 9), Leipzig 1932; F. Schmidt-Clausing, *Zwingli*, Berlin 1965; G. W. Locher, *Die Zwinglische Reformation im Rahmen der europäischen Kirchengeschichte*, Göttingen 1979, 208; vgl. auch ders., »Die Lehre vom Heiligen Geist in der Confessio Helvetica Posterior«, hg. von J. Staedtke, Zürich 1966.

5 Siehe unten Anm. 29.

6 BSRK 170–221; BSKORK 219–275. *Das Zweite Helvetische Bekenntnis*, ins Deutsche übertragen und hrsg. von R. Zimmermann und W. Hildebrandt, Zürich 1936 ([2]1966) (=CH II).

7 Die im Text erwähnten Zürcher Bibeln sind jetzt greifbar in: F. Büsser (Hg.), *Early Printed Bibles. Printed Bibles and Bible Translations in the 15th and 16th Centuries on microfiche*, IDC, HB 225 und 160, Leiden 1989ff. (HB 225 meint die deutsche Zürcher Bibel von 1531, HB 160 die lateinische Zürcher Bibelübersetzung von 1543/4). In bezug auf den grundsätzlichen Unterschied zwischen der deutschen Bibel Luthers und der Zürcher bemerkte A. Fluri, »Luthers Übersetzung des neuen Testamentes und ihre Nachdrucke in Basel und Zürich«, in: *Schweiz. Evg. Schulblatt* 37 (1922), 294: »Luther übertrug die Bibel ins Deutsche als sprachgewaltiger Dichter; Zwingli und die Zürcher übersetzten sie als

sprachenkundige Philologen«. Vgl. auch H. R. Lavater, *Die Froschauer Bibel 1531 – Das Buch der Zürcher Kirche*, Faksimile Edition Zürich 1983, 1359–1421. Zu Unrecht im Schatten dieser deutschen Zürcher Bibelübersetzung steht die lateinische Bibel, welche 1543 in Zürich erschienen ist und in protestantischen und katholischen Gelehrtenkreisen so hohes Ansehen genoß, daß *sie* als die eigentliche Zürcher Bibel galt.

8 *Auslegen und Gründe der Schlußreden*, in: Z II 1–457; *De vera et falsa religione...Commentarius*, in: Z III 590–912; *Sermonum decades quinque*, in: EPBU 159; eine heute noch hilfreiche »moderne« englische Ausgabe erwähnt HBBibl I 223–226.

9 F. Büsser, »Bullinger – der Prediger«, in: ders., *Wurzeln der Reformation in Zürich*, Leiden 1985, 143–158; ders., »Bullinger, Heinrich«, in: *Theologische Realenzyklopädie*, 7:375ff.

10 Diese wie alle andern im Text vorkommenden Bibelzitate folgen der heute im Gebrauch stehenden Zürcher Bibelübersetzung.

11 Heinrich Bullinger, *Ratio studiorum – Studienanleitung*, hg. von P. Stotz, 1. Teilband: Text und Übersetzung, Zürich 1987, 104/105.

12 Die Widmungsvorreden finden sich in folgenden Werken: *In sacrosanctum...Euangelium secundum Matthaeum, Commentariorum libri XII. per H. Bullingerum*, Zürich 1542, fol. 2a: »Dominum Iesum Christum non onerasse Ecclesiam suam, & quae sint numerata illa uerae pietatis capita...«; *In divinum Iesu Christi...Euangelium secundum Ioannem, Commentariorum libri X. per H. Bullingerum*, Zürich 1543, fol. 2a: »De uera hominis Christiani iustificatione, uera item & iusta bonorum operum ratione...«; *In sacrosanctum Euangelium...secundum Marcum, Commentariorum lib. VI. per H. Bullingerum*, Zürich 1545, fol. 2a: »De Iesu Christo Pontifice Maximo & Rege fidelium summo, regnante in ecclesia sanctorum,...«; *In luculentum et sacrosanctum Euangelium...secundum Lucam, Commentariorum lib. IX. per H. Bullingerum*, Zürich 1546, fol. 2a: »Deum patrem in filio suo unigenito domino nostro Iesu Christo omnia dedisse ecclesiae suae, quae ad vitam & salutem hominis pertinent, ita ut non sit necesse illa aliunde petere...« Alle vier Kommentare sind heute ebenfalls in EPBU greifbar. Dabei gelten folgende Ziffern: Mt: HBBibl I 144 = EPBU 139; Joh: HBBibl I 153 = EPBU 143; Mk: HBBibl I 170 = EPBU 151; Lk: HBBibl I 173 = EPBU 152. Daß Christus in Bullingers Theologie eine absolut zentrale Rolle spielt, zeigt zuletzt M. S. Burrows, *»Christus intra nos Vivens«. The Peculiar Genius of Bullinger's Doctrine of Sanctification*, in: ZKG 98. Bd. 1987, 48–69.

13 P. Walser, *Die Prädestination bei Heinrich Bullinger im Zusammenhang mit seiner Gotteslehre*, Zürich 1957; J. Baker, *Heinrich Bullinger and the Covenant*, Athens, OH 1980.

14 L. Lavater, *De ritibus et institutis ecclesiae Tigurinae* (1559), liegt heute in einer neuhochdeutschen Fassung vor: *Die Gebräuche und Einrichtungen der Zürcher Kirche*. Erneut hg. und erweitert von J. B. Ott; übersetzt und erläutert von G. A. Keller, Zürich 1987.

15 Vgl. Zwinglis Darstellung der Zürcher Abendmahlsfeier in Z VI/V 94–104.

16 G. W. Locher, »Christus unser Hauptmann«, in: *Zwingliana*, Zürich 1950, 9:121–138.

17 *In Apocalypsin Iesu Christi...Conciones centum: authore H. Bullingero*, Basel 1557: HBBibl I 327; EPBU 196. Dasselbe: *Die Offenbarung Jesu Christi...jetztund aber mit hundert Predigen erklärt von Heinrych Bullingern*, Mülhausen 1558: HBBibl I 335; EPBU 197.

18 *Veruolgung. Von der schweren langwirigen veruolgung der Heiligen Christlichen Kirchen...durch H. Bullingern*, Zürich 1573; HBBibl I 575 (Microfiche EPBU 248); lat. *De persecutionibus ecclesiae Christianae, liber ab H. Bullingero...conscriptus...*, Zürich 1573; HBBibl I 577 (Microfiche EPBU 249).

19 Vgl. G. W. Locher, *Die Zwinglische Reformation im Rahmen der europäischen Kirchengeschichte*, 126f.

20 Vgl. F. Büsser, »Schrift und Dienst bei Zwingli«, in: ders., *Wurzeln*, 94–105

21 Vgl. dazu auch schon Zwinglis Schrift von 1523: *Eine kurze christliche Einleitung*: Z II 626–663

22 Z III 579-583

23 Z VI/V 341–419

24 *Der Christlich Ehestand...durch H. Bullingern beschriben*, Zürich 1540; HBBibl I 129 (Microfiche EPBU 137).

25 *Bericht der krancken...Heinrychen Bullingers*, Zürich 1935; HBBibl I 73 (Microfiche EP-

BU 126); lat. *Quo pacto cum aegrotantibus ac morientibus agendum sit*, Zürich 1540; HB-Bibl I 80 (Microfiche EPBU 127).

[26] R. C. Walton, »The Institutionalization of the Reformation at Zürich«, in: *Zwingliana*, 13:497.

[27] H. R. Lavater, »Regnum Christi etiam externum – Huldrych Zwinglis Brief vom 4. Mai 1528 an Ambrosius Blarer in Konstanz«, in: *Zwingliana*, 15:338f.

[28] *Von göttlicher und menschlicher gerechtigheit, wie die zemen sehind und standind. Ein predge Huldrych Zuinglis*, Zürich 1523 (Z II 458–525).

[29] G. W. Locher, »Die Lehre vom Heiligen Geist in der Confessio Helvetica Posterior«, in: J. Staedtke (Hg.), *400 Jahre Confessio Helvetica Posterior. Glauben und Bekennen. Beiträge zu ihrer Geschichte und Theologie*, Zürich 1966, 300–336, zit. 335.

[30] Heinrich Bullinger, *Sermonum Decades quinque*, Zürich 1552, fol. 52^{v} (HBBibl I 184; EP-BU 159. S. dazu oben Anm. 8).

[31] H. R. Niebuhr, »The Idea of Covenant and American Democracy«, *Church History* 23(1954), 130.

Abkürzungen

HBBibl
Heinrich Bullinger. Werke, hg. von F. Büsser, 2 Bde., Zürich 1972/1977.

Z
Huldreich Zwinglis Sämtliche Werke, hg. von E. Egli u. a., Bd. I, Berlin 1905; Bde. IIff, Leipzig 1908ff; Bde.XIIIff, Zürich 1956ff.

BSRK
Die Bekenntnisschriften der reformierten Kirche. In authentischen Texten mit geschichtlicher Einleitung und Register, hg. von E. F. K. Müller, Leipzig 1903.

EPBU
Reformed Protestantism. Sources of the 16th and 17th centuries on microfiche, 1. Switzerland, A. Heinrich Bullinger and the Zürich Reformation. Inter Documentation Company AG (IDC), Zug/Schweiz bzw.Leiden/Niederlande.

Die Spiritualität Johannes Calvins

Von William J. Bouwsma

Calvins Spiritualität hat ihren Ursprung in der rhetorischen Tradition, die im 15. und 16. Jahrhundert vom Humanismus der Renaissance repräsentiert wird. Calvin erkannte Lorenzo Valla nicht nur als Gelehrten von hohem Rang an, sondern auch als einen Verbündeten in der Lehre der Prädestination.[1] Calvins erste Veröffentlichung war ein Senecakommentar, den er in der erklärten Absicht geschrieben hatte, Erasmus in den Schatten zu stellen. Er war wohlbewandert in Erasmus' biblischer Forschung und vermied, anders als Luther, in der Regel eine direkte Kritik an dem großen Humanisten aus dem Norden.

Calvins Religion wird im allgemeinen nicht als »Spiritualität« behandelt. Das ist zu weiten Teilen das Ergebnis der weitverbreiteten Auffassung, daß Calvin ein systematischer und dogmatischer Theologe gewesen sei, eine Meinung, die wahrscheinlich mehr über den späteren Calvinismus aussagt als über Calvin selbst. Calvin hielt sich selber für einen ausschließlich biblischen Theologen, und er war sich dessen bewußt, was das für jegliches Theologisieren bedeutete. Er schätzte das System, drückte sich jedoch nur für bestimmte praktische und pädagogische Zwecke in systematischer Weise aus. In allen anderen Fällen mißtraute er dem allzu menschlichen Impuls zu systematisieren, ganz besonders in religiösen Angelegenheiten. »Wer auch immer Gott nicht zugesteht, zu schweigen oder zu sprechen, wie Er allein es entscheidet«, erklärte Calvin, »der versucht, Gott in eine Ordnung zu zwängen, eine Angelegenheit, die erbärmlich schlecht und der Natur selbst widerlich ist.« Er stellte das »schöne Glaubenssystem der Heiligen Schrift« der Bildung von philosophischen Systemen gegenüber und merkte mit einiger Ironie an, daß der Heilige Geist »nicht ganz so exakt oder konsequent einem methodischen Plan folge, da er ohne Affektiertheit lehre.«

1. Der Humanist

Calvin bestand darauf, daß das Christentum seinem Wesen nach paradox sei. Da die wichtigsten Artikel der Theologie Paradoxien seien, würden »sie vom gesunden Menschenverstand verächtlich zurückgewiesen werden.« Er zählte diese Paradoxien gleichsam herausfordernd auf: »Daß Gott ein Mensch wurde, daß das Leben dem Tode untertan ist, daß Gerechtigkeit unter dem Abbild der Sünde verborgen ist, daß die Quelle des Segens dem Fluch unterworfen wurde.« Als biblischer Theologe war Calvin immer bereit, eine systematische Ordnung zu opfern, um in seinen Diskurs eine unerwartete, phantasievolle Einsicht oder rhetorische Ausführungen, Abschweifungen und Wiederholungen einzuarbeiten, die der Überzeugung, der Polemik, der Instruktion oder anderen praktischen Zwecken dienen konnten.

Er schätzte die Rhetorik sehr; so war er in Sorge, daß die fehlende Anerkennung der *sapientia verbi* (»Weisheit des Wortes«) durch Paulus (1 Kor 1, 17) als Erlaubnis zu einem allgemeinen Angriff auf die Künste des verbalen Diskurses interpretiert würde, welche er als »vortreffliche Geschenke Gottes, die der Mensch zu gutem Gebrauch einsetzt«, verteidigte. Er unterstrich die Fähigkeit der Rhetorik, Worten sowohl beim Schreiben als auch beim Predigen Macht zu geben, so daß sie in der Lage sind, das menschliche Herz zu durchdringen und die Persönlichkeit von innen her zu formen. Eingehend auf eine Klage über den Gebrauch von bildlicher Sprache in religiöser Kommunikation, gab er, wie er es ausdrückte,

> die einzige einem Theologen zukommende Antwort: daß ein bildlicher Ausdruck, obschon weniger präzise, doch mit größerer Bedeutung und Eleganz das ausdrückt, was weniger Kraft und Ansprache hätte, wenn es einfach und ohne Bildlichkeit gesagt worden wäre. Daher kommt es, daß die Bilder die Augen der Rede genannt werden, nicht weil sie eine Angelegenheit leichter als die Umgangssprache klären, sondern weil sie durch ihre Angemessenheit Aufmerksamkeit erregen und den Verstand durch ihren Glanz aufwecken sowie durch ihre lebendige Gestalt das, was gesagt wurde, so wiedergeben, daß es mit mehr Erfolg in das Herz gelangt.[2]

Ganz besonders bewunderte er die rhetorischen Fähigkeiten der Propheten des Alten Testaments, und er erkannte, daß es wichtig ist, die biblischen Texte in ihren ursprünglichen Sprachen Griechisch und Hebräisch zu studieren, um ihre Kunst und auch ihre Substanz ganz zu schätzen. In diesem Sinne verband Calvin das Ideal der *persuasio* (»Überzeugung«) – ein zentrales Ideal des frühen Humanismus – mit Vallas Wertschätzung der *eruditio* (»Bildung«).

Wie diese Charakterisierung impliziert, teilte Calvin die anthropologischen und erkenntnistheoretischen Annahmen, die dem Humanismus der Renaissance zugrunde lagen und dessen Spiritualität prägten. Auch er sah die menschliche Persönlichkeit als ein komplexes und geheimnisvolles Ganzes, in dessen Zentrum die Gefühle und der Wille stehen, der Intellekt aber an der Peripherie. Dies erklärt seine häufigen Angriffe auf die stoische *apatheia* (»Leidenschaftslosigkeit«) als eine »verrückte Philosophie«, die von einem verlangt, »ganz und gar gleichmütig zu sein, um weise zu sein.« Die Gefühle, »die Gott in die menschliche Natur gelegt hat«, schrieb er, »sind an sich nicht schlechter als ihr Urheber selbst.« Er bewunderte, ebenso wie andere Humanisten, die Kunstfertigkeit, mit der der menschliche Körper hervorgebracht worden war, und Davids Tanz vor der Bundeslade (2 Sam 6, 16) entlockte ihm eine bemerkenswerte Rechtfertigung der Einbeziehung der ganzen Person in den Gottesdienst: »Wir sollen beim Gottesdienst alle unsere Sinne gebrauchen, ebenso unsere Füße und unsere Hände und unsere Arme und den ganzen Rest, um Gott zu dienen und zu preisen.« Obwohl er glaubte, daß das Fasten im christlichen Leben mehr Wert hätte, als einige seiner protestantischen Brüder bereit waren zuzugeben, nahm die Abtö-

22. *Johannes Calvin*, genannt *Das Rotterdamer Porträt*
(Frankreich, 16. Jahrhundert)

tung des Fleisches in seiner Spiritualität wenig Raum ein, und seine Einstellung zu körperlichen Freuden war wohlwollend. Er erklärte zum Beispiel, daß »der legitime Gebrauch« von Speisen mehr sei als bloße Nahrungsaufnahme, »denn es hat etwas damit zu tun, daß das Essen sowohl Wohlgeschmack als auch lebenswichtige Nährstoffe bietet; so erfreut uns unser himmlischer Vater in seiner Freundlichkeit mit seinen Leckerbissen.« Er schlug vor, vielleicht in Erinnerung an einen berühmten Dialog des Erasmus, daß »heilige Menschen« auf angemessene Weise ihre Freunde einladen könnten, um »Gott gemeinsam zu danken und zur gegenseitigen Freude mit ungewöhnlicher Ausgelassenheit ein Fest zu feiern.« Calvin konnte auch keinen spirituellen Wert im Zölibat erkennen; er verteidigte, ja pries sogar die sexuelle Anziehungskraft, wobei er Jakob, der Rachel Leah vorzog, mit der Überlegung verteidigte, daß »derjenige, der eine Frau wegen der Eleganz ihrer Figur zu wählen sich ›gedrängt‹ sieht, nicht notwendigerweise sündigt.« Für den asketischen Strang in der Tradition der westlichen Spiritualität empfand er wenig Sympathie.

Seine Vorstellung von der menschlichen Person – daß sie sowohl mehr als auch weniger als vernunftbegabt sei – brachte für ihn, wie für andere Humanisten auch, Zweifel mit sich, ob der menschliche Verstand ausreiche, um ein sicheres Wissen, insbesondere über spirituelle Sachverhalte, zu erlangen. Wie andere Humanisten auch griff er das an, was er als rein menschlichen Anspruch gegenüber dem religiösen Wissen auslegte. So bemerkte er in der Frage der Prädestination, daß »in Unkenntnis der Dinge zu bleiben, die man weder wissen kann noch wissen darf, heißt, gelehrt zu sein; das Verlangen nach Wissen ist eine Art Wahnsinn.« Diese Position hatte Konsequenzen, unter anderen die Demokratisierung des spirituellen Lebens. »Heutzutage gibt es viele arme Dummköpfe«, erklärte Calvin, »die Christus, obwohl sie unwissend und ungeübt im Gebrauch der Sprache sind, treuer und ehrlicher verkünden als alle Theologen des Papstes mit ihren hochfliegenden Spekulationen.« Sein tieferes Argument jedoch war, daß spirituelles Wissen in seiner Art anders ist als die Art von Wissen, die, wie er anmerkte, »nur vom Verstand wahrgenommen wird und später schnell wieder verschwindet, da sie nicht im Herzen fest verwahrt wird.« Spirituelles Wissen ist für Calvin immer affektiv. Deshalb kann der Glaube, wie er argumentierte, nicht einfach »eine allgemeine Zustimmung zu der biblischen Geschichte sein, denn echter Glauben ist eher eine Angelegenheit des Herzens als des Verstandes und gehört eher in den Bereich der Bereitwilligkeit als des Verstehens.«

Eine noch größerere Schwäche des rein verstandesmäßigen Wissens war nach Calvin seine Nutzlosigkeit. Nützlichkeit war in der Tat fast sein wichtigstes Kriterium für Wahrheit. "Gottes Lehren läuft auf die Praxis hinaus«, legte er dar; »die Heilige Schrift ist die Schule des Heiligen Geistes, in der, da nichts ausgelassen wird, was notwendig und nützlich ist zu wissen, auch nur das gelehrt wird, was zweckmäßig ist.« Entsprechend verteidigte er die Prädestination vor allem auf der Basis, daß »keine Lehre nützlicher ist, vorausgesetzt, daß man sich ihrer korrekt und nüchtern bedient.« Umgekehrt griff er die Vorstellung vom Verdienst nicht nur als irrtümlich an, sondern auch, weil sie den menschlichen Stolz aufblähe. Im allgemeinen behielt Calvin die Sorge des Rhetorikers für die praktischen Konsequenzen dessen, was er lehrte, bei, und vieles in seinem religiösen Diskurs muß man sowohl im Lichte seiner Zweifel an der Gewißheit alles menschlichen Wissens als auch seines vordringlichen Interesses an Nützlichkeit interpretieren.

Die Überlegungen, die seine Lehre geformt haben, enthielten immer den Gedanken an ihren Einfluß auf die Gemeinde, sowohl die weltliche als auch die geistliche. Calvins Individualismus ist stark übertrieben worden; er besaß immer durch ein aristotelisches und stoisches sowie auch biblisches Insistieren auf dem sozialen Wesen und der Solidarität der Menschen ein Gegengewicht. »Da der Mensch von Natur aus ein Gesellschaftstier ist«, schrieb er, »neigt er durch seinen natürlichen Instinkt dazu, die Gesellschaft zu hegen und zu pflegen. Folglich können wir beobachten, daß sich im Verstand aller Menschen universale Eindrücke einer gewissen bürgerlichen Fairness und Ordnung befinden.« Und er betonte: »Um uns in einem brüderlichen Band der Liebe zu halten, bezeugt Gott, daß unser Nächster die Menschheit im allgemeinen ist, denn das gemeinsame Band der Natur vereint uns.«

Was für die Gesellschaft im allgemeinen notwendig ist, war nach Calvins Auffassung im besonderen von der Kirche gefordert, die er als eine Gemeinschaft von umfassendem gegenseitigen Beistand ansah. »Gott streckt seine Hand nicht zu uns aus, um jeden auf seinem eigenen Weg zu führen«, bemerkte er, »sondern darum, daß wir einander helfen und auf unserem geistlichen Weg Fortschritte machen.« Öffentlicher Gottesdienst war für ihn verpflichtend, denn »jeder soll seine Erfahrung der Gnade Gottes öffentlich feiern, als ein Beispiel für andere, auf Ihn zu vertrauen«, oder, wie er an anderer Stelle formulierte: »In Gottes Kirche, wo die Einheit des Glaubens vorherrschen sollte, gibt es nichts Anstößigeres oder sogar Abscheulicheres, als daß jeder für sich selbst entscheidet, wem er folgen soll.«[3] Er schätzte das Sakrament als »das Band der Nächstenliebe« und deshalb als Symbol der Einheit der Kirche, »denn wie das Brot, das dort für den allgemeinen Gebrauch geweiht wird, aus vielen Körnern so vermengt ist, daß das eine vom anderen nicht zu unterscheiden ist, so sollten auch wir in einer unauflöslichen Freundschaft vereint sein.« Calvins Spiritualität war sozial und alles umfassend; er gab sich Mühe, sie von der monastischen Spiritualität wegen dem, was er als deren Exklusivität verstand, abzusetzen. Er stellte die rhetorische Frage: »Sondern sie sich nicht selbst ab von der rechtmäßigen Gemeinschaft der Gläubigen, indem sie ein eigenes geistliches Amt einführen und die Sakramente im geheimen spenden?«

In seinem Gefühl für die Dringlichkeit von Reformen in einer Zeit der besonderen moralischen und religiösen Krise glich Calvin auch den italienischen Humanisten. Er wurde von ängstlicher Sorge getrieben, die Welt in Einklang mit Gottes Wille zu bringen, und so brandmarkte er oft zeitgenössische Bosheit und Laster:

Von wieviel Not ist Europa in den letzten dreißig oder vierzig Jahren heimgesucht worden! Durch wieviele Züchtigungen ist es aufgerufen worden zur Umkehr! Und doch scheint all das nichts Gutes bewirkt zu haben. Im Gegenteil: die Genußsucht wächst von Tag zu Tag, gesetzlose Leidenschaften flammen noch immer auf, und die Menschen verharren schamloser als je zuvor in ihren Verbrechen und Lastern! (Kommentar zu Jes 9, 10; OC 36, Sp. 202)

Am meisten aber beunruhigte ihn, was er als Verfall der Gemeinschaft der Heiligen ansah. Mehrfach griff er diesen Mißstand mit Erasmus' Worten als Glauben an nur Äußeres und Aberglauben an und führte ihn auf Irrlehren zurück. Die päpstliche Kirche, glaubte er, war von der Botschaft des Evangeliums, daß Erlösung allein durch Gnade geschieht, abgewichen und hatte sich der Botschaft von der Gerechtigkeit durch Werke zugewandt, die die Möglichkeit echter Heiligkeit ausschloß, so daß die Lehren der Kirche nicht nur irrig geworden waren, sondern auch zutiefst *nutzlos*. Diesen Irrtum führte er jedoch nicht auf eine falsche Interpretation der Schrift oder auf ein Versagen des Intellekts zurück, sondern auf die *libido dominandi* (»Herrschsucht«) des höheren Klerus, für den der Abschluß einer Art Handel mit Gott – gute Taten im Austausch gegen die Erlösung der Seelen – enorme Macht in dieser Welt versprach: »So machen sich diese Menschen, die Gott die Ehre rauben, bei ihrem Versuch, unter dem Vorwand der Kirche zügellose Tyrannei einzuführen, gar keine Sorgen darüber, in was für Widersinnigkeit sie sich und andere verwickeln – wenn sie nur einfältigen Leuten die Meinung aufdringen, die Kirche hätte Vollmacht zu allem!«[4] Das Ergebnis war für Calvin, daß die Art von Gemeinschaft, die Gott für die Menschen verfügt hatte, zerstört wurde.
Seine Spiritualität war somit daraufhin ausgelegt, die zersplitterte Gemeinschaft der Heiligen wiederaufzubauen; und er wollte das tun, indem er sich zu diesem Zweck die Kraft der Sprache aneignete, auf die sich die Humanisten der italienischen Renaissance verlassen hatten, um ihre eigenen politischen Gemeinschaften wieder aufzubauen, welche für sie kaum weniger heilig gewesen waren. Calvin schlug vor, die Beredsamkeit der menschlichen Wörter durch die Macht des göttlichen Wortes zu ersetzen, um aus der mittelalterlichen Düsternis Licht zu bringen. Die neue historische Perspektive der Renaissance formte sein Verständnis der Situation der Kirche; Calvin ergänzte dies noch durch die kämpferische Haltung der zweiten Generation der protestantischen Reformation:

Obwohl Gottes liebevolle Güte wundervoll war, als das reine Evangelium aus der furchtbaren Dunkelheit auftauchte, in der es so viele Menschenalter begraben war, sind unsere Angelegenheiten doch noch nicht in Ordnung. Die Gottlosen bekämpfen die unglückliche Kirche immer noch unaufhörlich und wütend, sowohl mit dem Schwert als auch mit dem Gift ihrer Zungen. Innere Feinde brauchen versteckte Künste in ihren Machenschaften, unseren Bau zu unterwandern und zu stürzen; verderbte Menschen zerstören alle Ordnung und errichten viele Hindernisse auf unserem Weg des Fortschritts. Aber Gott wünscht auch in unseren Tagen, seinen geistlichen Tempel inmitten der Ängste der Zeiten aufzubauen. Der Gläubige muß immer noch in der einen Hand die Kelle halten und in der anderen das Schwert, denn der Aufbau der Kirche muß immer noch mit vielen Kämpfen einhergehen (Kommentar zu Dan 9, 25; OC 41, Sp. 184).

2. Die Gotteserfahrung

Außer in ihrer Militanz, die einer neuen historischen Situation angemessen war, glich Calvins Spiritualität der der italienischen Humanisten, angefangen mit der Anerkennung von Gottes Transzendenz und der der völligen Abhängigkeit der Menschen von Gott, wobei das eine das andere erläutert. Calvin selbst führte aus, daß »sie mit vielen Banden aneinander gebunden sind, und welches den Vorrang hat und das andere hervorbringt, ist nicht einfach zu erkennnen.«

Entsprechend seinen Vorbehalten gegenüber menschlichem Wissen betonte Calvin jedoch nachdrücklich die völlige Unfähigkeit der Menschen, Gott, wie er ist, zu erkennen. Für Calvin *erfahren* die Gläubigen – dies ist ein besseres Wort als das mehr spezifische und eingegrenzte »erkennen,« um wiederzugeben, was Calvin meinte – Gott nur indirekt, durch seine mächtigen Handlungen und Taten in der Welt, die primären Wirkungen von Gottes *Macht*, sofern diese begriffen werden. Die Gläubigen erfahren Gott so, wie sie den Donner erfahren – eine von Calvins Lieblingsmetaphern für religiöse Erfahrung –, aber man kann wohl nicht sagen, daß sie ihn »erkennen«. Die Metapher verweist auf die Gewalt eines auch nur vagen Erfassens der Göttlichkeit, das man nicht aushalten könnte, wenn es kräftiger und lebendiger wäre: »Wenn wir nur den natürlichen Donner hören, packt uns Furcht. Doch nichts ist in Worte gefaßt; Gott bringt nur ein undeutliches Murmeln hervor. Wie wäre es dann, wenn er zu uns spräche und seine Herrlichkeit enthüllte? Ein Mensch kann Gott nicht schauen, ohne zu sterben oder vernichtet zu werden« (Predigt 43 über Deuteronomium; OC 26, Sp. 399). Calvins Spiritualität war von einer numinosen Ehrfurcht durchzogen, die in der Regel ihren Ausdruck in Bildern fand, welche von den Energien, die in der Natur am Werk sind, gezeichnet wurden.

Aber auch unsere Erfahrung von Gott *in actu* (im konkreten Vollzug) ist beschränkt auf das, was nützlich ist. Die Glaubenden, meinte Calvin, sollen aus dieser Erfahrung nur solch ein Wissen ableiten, »wie es nötig ist, um Gott zu verherrlichen«, denn »wir preisen Gott nur recht, wenn wir angefüllt und überwältigt sind von ekstatischer Bewunderung der Unermeßlichkeit seiner Macht.« Auch aus einem anderen Grunde solle man zuerst auf Gottes Macht schauen: das Vertrauen auf die Macht Gottes ist die einzige Grundlage für das Vertrauen in seine Fähigkeit, einem zu Hilfe zu kommen und so »die ängstlichen Gedanken zu vermeiden, die sonst in unseren Köpfen aufkommen könnten.«

Der Nachdruck, den Calvin – ungeachtet seines Biblizismus – auf die Transzendenz und Macht Gottes legte, war gleichermaßen eine spekulative Erbschaft des Ockhamismus wie ein Ergebnis seiner spirituellen Erfahrung. Eindeutiger biblisch war seine Insistenz auf Gott als dem liebenden Vater, obwohl er klar wußte, daß Gottes Vaterschaft metaphorisch zu sehen ist (diese Art Sensibilität war wahrscheinlich auch in besonderem Maße durch seine rhetorische Bildung ausgeprägt). Die Heilige Schrift, erklärte Calvin, vergleiche Gott mit weltlichen Vätern, »nicht weil er ihnen gleich ist, sondern weil seine unvergleichliche Liebe zu uns nicht anders ausgedrückt werden kann.« An anderer Stelle konnte Calvin, der so oft mit der patriarchalischsten Form von Religion identifiziert wird, die biblische Autorität dafür in Anspruch nehmen, daß Gott als eine Mutter erfahren wird. Er betonte das in einer Predigt an seine Gemeinde in Genf: »Unser Herr schafft auf einzigartige Weise ein Vertrauensverhältnis; er ist wie eine Amme, wie eine Mutter; er läßt sich nicht nur mit den Vätern vergleichen, die so gütig und freundlich zu ihren Kindern sind, sondern er sagt, daß er mehr als eine Mutter ist, mehr als eine Amme« (Predigt über Hiob; OC 34, Sp. 316). Mit tiefem Gefühl antwortete er auf die Worte des Herrn in Jesaja, »Wie eine Gebärende will ich nun schreien, ich schnaube und schnaufe"(42, 14): »[Gott] vergleicht sich selbst mit einer Mutter, die ihr neugeborenes Kind einzigartig liebt, obwohl sie es unter großen Schmerzen auf die Welt gebracht hat. Man könnte denken, daß solche Dinge für Gott unpassend sind; aber seine glühende Liebe zu uns kann wirklich nur durch solche metaphorischen Redewendungen ausgedrückt werden« (Kommentar zu Jes 42, 14; OC 36, Sp. 69). Zu welchen Äußerungen auch immer sich Calvin in seinen mehr kämpferischen Augenblicken hingerissen oder zu rhetorischen Zwecken gezwungen fühlte, er brandmarkte all jene, die die Gottheit darstellten als »einen furchtbaren Gott, dessen Anwesenheit alle fliehen müssen.« Der Gott Calvins war »mild, gütig, sanft und mitleidig, so daß er die Schwachen nicht härter antreibt, als sie aushalten können.« »Wir werden sein Lob niemals von selbst und aus vollem Herzen singen,« erklärte Calvin, »bis er uns für sich durch die Süße seiner Güte gewinnt.«

Calvins Lehren von der Vorsehung und von der Prädestination kann man nur im Zusammenhang seiner Art und Weise der Gotteserfahrung verstehen. Vorsehung ist für Calvin sicherlich ein Ausdruck der Macht Gottes; aber es ist eben die Macht Gottes, die seine Liebe wirksam werden läßt. Die Vorsehung offenbart Gottes unablässige Sorge um und sein Handeln für die Welt und vor allem die Menschheit. Dadurch unterscheidet sich der Gott der Christen vom Gott der Philosophen, seine Vorsehung von der Vorsehung der Stoiker. »Gott kann niemals ruhen«, betonte Calvin. »Er hält die Welt durch seine Energie aufrecht, er regiert alles, und sei es noch so fern.« Gottes »Tugend« – ein Terminus, dessen Doppeldeutigkeit, einerseits Stärke und andererseits Rechtschaffenheit, Calvin oft ausnutzte – kann man sich abstrakt, wie er es ausdrückte, als »Bewegung und Aktion« denken. Was Vorsehung für Calvin meint, zeigt sich sehr anschaulich, wenn er mit ihr Geschehnisse assoziiert, die für ihn besondere emotionale Bedeutung hatten, wie z. B. die Geburt eines Kindes oder das Stillen.

[In solchen Fällen] scheint die wundervolle Vorsehung Gottes leuchtend hell. Dieses Wunder wird von uns weniger zur Kenntnis genommen, da es so normal ist. Aber wenn die Undankbarkeit unsere Augen nicht mit Dummheit verdunkeln würde, würden wir bei jeder Geburt auf der Welt vor Bewunderung hingerissen sein. Was anderes hält das Kind davon ab, hundertmal zugrunde zu gehen, wie es ja geschehen könnte, bevor der Augenblick der Geburt kommt, als daß Gott es durch seine geheime und unverständliche Macht im Mutterschoß am Leben erhält? Und nachdem es auf der Welt ist und man sehen kann, wie es so viel Unbill ausgesetzt ist und nicht einen Finger rühren kann, um sich selbst zu helfen, wie könnte es nur einen Tag lang leben, wenn nicht Gott es auf seinen väterlichen Schoß heben würde, um es zu nähren und zu schützen? (Kommentar zu Ps 22, 10; OC 31, Sp. 226)

Weil Gottes Macht also ausreicht, um die Welt auf vollkommene Weise zu lenken, ist die Lehre von der Prädestination für die Gläubigen nicht furchterregend, sondern tröstend, wie Calvin immer wieder betonte.

3. Die Verfasstheit des Menschen

Calvin ähnelte den Humanisten auch darin, wie er die Verfaßtheit des Menschen sah. Wie jene verband er ein leidenschaftliches Interesse an der Erschaffung des Menschen als Gottes Ebenbild mit einem tiefen Gefühl für die Folgen des Sündenfalls. Er bezog sich oft auf die urspüngliche Gottähnlichkeit der Menschen und versuchte, sie genau in der einen oder anderen Seite oder Funktion einer Person anzusiedeln. Diese Arbeiten blieben in sich widersprüchlich, aber der Versuch zeigt, wie wichtig diese Lehre für ihn war.

Calvins Betonung dessen, was durch den Sündenfall verlorengegangen ist, hat die Meinung bestärkt, daß für Calvin dadurch die Gottesebenbildlichkeit völlig ausgelöscht worden sei. Andere Aussagen legen jedoch nahe, daß seine Verurteilung der gefallenen Menschheit oft in gleichem Maße rhetorisch wie deskriptiv war und eher beabsichtigte, anmaßendes Verhalten zu entmutigen und demütiges zu stärken, als allgemeine Wahrheiten zu verkünden. Wie Augustinus so feierte auch Calvin menschliche Errungenschaften mit einem Enthusiamus, der für jemanden mit einer so harten Einschätzung der Auswirkungen des Sündenfalls bemerkenswert ist. Er wies oft darauf hin, daß er das, was von der ursprünglichen Gottesebenbildlichkeit und -ähnlichkeit erhalten geblieben sei, schätze und hochhalte. Er tadelte z. B. Hiob dafür, daß er den Tag verflucht habe, an dem er geboren wurde, und dadurch praktisch das Geschenk des Lebens zurückgewiesen habe: »Man muß sich an diese Regel halten: zu wissen, daß das menschliche Leben in sich selbst ein Geschenk Gottes ist, so wertvoll und so edel, daß es verdient, hoch geschätzt zu werden. Denn man muß immer wieder darauf zurückkommen: daß Gott noch nie einen Menschen geschaffen hat, dem er nicht sein Bild aufgeprägt hat« (Predigt 11 über Hiob; OC 33, Sp. 145). Es braucht kaum weiter ausgeführt zu werden, daß es bezüglich Calvins Auffassung von der Stellung des Menschen in der Geschichte auch eine negati-

ve Seite gibt. Viele Textstellen verdeutlichen diese Auffassung, z. B. folgende: »Laßt uns dies dann als unangezweifelte Wahrheit festhalten, die keine gegenteilige Meinung jemals erschüttern kann: dem Sinn des Menschen ist Gottes Gerechtigkeit so fremd geworden, daß er nur noch Gottloses, Verdrehtes, Gemeines, Schmutziges und Infames plant, wünscht und ausführt. Das Herz ist so durchdrungen vom Gift der Sünde, daß es nur noch einen abscheulichen Gestank lassen kann« (*Institutio* 2.5.19). Aber diese Textstelle, wie viele andere ähnliche in Calvins Schriften, steht in einem polemischen Kontext, was ihren undifferenzierten Ansatz erklären mag. Höchst interessant an dieser Textstelle ist nicht so sehr ihre Heftigkeit, sondern die Tatsache, daß sie Sünde mit dem Verstand und dem Herzen statt mit den »unteren« Dimensionen der Person in Zusammenhang bringt. Diese Betonung hilft auch den Begriff der absoluten Verworfenheit zu erklären, der besonders mit Calvin in Verbindung gebracht wird. Dieser Begriff besagt nicht, daß es in den Menschen nichts Gutes mehr gäbe, sondern daß kein Teil der Persönlichkeit mehr unberührt von der Sünde sei und daß man sich deshalb auf keinen Bereich des Selbst mehr verlassen könne, wenn es um die Erlösung des Menschen geht. Die praktischen Auswirkungen dieser Lehre – Nützlichkeit war immer von größter Bedeutung für Calvin – bestanden darin, die Menschen zu zwingen, sich ganz auf Christus zu verlassen.
Calvins Verständnis von Sünde stand auch in engem Bezug zu dem mittelalterlichen Begriff der *acedia*, diesem unbestimmten spirituellen Unbehagen der monastischen Existenz, das sich bis zum 13. Jahrhundert auch unter den Laien ausgebreitet hatte. Auch Petrarca hatte daran gelitten. Der Tod, der durch die Sünde in die Welt gekommen war, hielt deshalb für Calvin schon alle Menschen in seinen Händen. Man erfährt es als Schläfrigkeit, wenn man wach sein sollte, als Gleichgültigkeit, wenn man betroffen sein sollte, als Faulheit, wenn man fleißig sein sollte, als Kälte, wenn man warm sein sollte, und als Schwäche, wenn man Stärke braucht. Kurzum, die Wirkung der Sünde trat vor allem als Abwesenheit verschiedener Erscheinungen von Energie zutage, die Calvin mit Gottes Macht in Verbindung brachte und die für ihn mit dem Geist gleichgesetzt war. Besondere Aufmerksamkeit zollte er den verschiedenen Formen dieser Abwesenheit in seinen Predigten; für ihn war dies besonders ein pastorales Problem.
Dieses Verständnis von Geist, seiner Anwesenheit und seiner Abwesenheit, wurde bei Calvin auf vielfältige Weise reflektiert. Da z. B. der Teufel, der immer darauf aus ist, einem die gottgegebene Spiritualität vertrocknen zu lassen, sich dadurch belustigt, daß er seine Opfer in den Schlaf wiegt, muß Gott verschiedene Formen von List anwenden, um die Opfer aufzurütteln. Er droht und züchtigt und zwingt sie, sich an ihn zu erinnern, indem er es ihnen im Leben schlecht ergehen läßt. Ohne die Gegenwart der Macht des Geistes können die Gläubigen nicht in angemessener Weise staunend auf die Wunder dieser Welt reagieren, und so erkennen sie diese nicht als Gottes Schöpfung und verherrlichen ihn nicht dafür. Fehlende Spiritualität war deshalb das Haupthindernis, sich von einem seichten intellektuellen Wissen hin zu dem affektiven Gewahrwerden fortzuentwickeln, das die ganze Per-

son ergreifen kann. Wenn Calvin an die Auswirkungen der Sünde dachte, maß er der Art und Weise, wie diese die Gefühle vor allem beim Gebet abstumpfte, besondere Bedeutung bei. Manchmal verglich er seine eigenen Anhänger in einer in dieser Hinsicht unvorteilhaften Weise mit Ungläubigen oder Römisch-Katholischen: »Wir sollten uns schämen, sage ich, daß wir so nachlässig, so kalt und sogar eiskalt sind, wenn die, die Götzen anbeten, dies mit brennenden Herzen tun!« Er hatte etwas gegen die zeitgenössische scholastische Theologie, nannte sie eine Sammlung von »kalten Spekulationen« – in dieser Hinsicht ein anderes Symptom für die Erbsünde – und hielt sie für unfähig, eine spirituelle Antwort zu geben. Die Sünde macht uns »so faul, daß wir eine Stunde brauchen, bevor wir uns überhaupt bewegen, anstatt daß wir nur eine Minute brauchen, um zu gehen; für jeden Schritt, den wir vorwärts gehen, stolpern wir und fallen zwei zurück oder erleiden einen bejammernswerten Rückschlag.« Kurzum, der fehlende Geist kann den Menschen die Fähigkeit rauben, auch nur irgendetwas zu vollbringen.Zwei weitere Aspekte sind von Bedeutung für die Art und Weise, wie Calvin von der Sünde spricht. Der eine ist seine Subtilität, die ihn zu einem besonders scharfsinnigen geistlichen Führer hat werden lassen, eine Rolle, die er für viele im Laufe der schweren pastoralen Verpflichtungen spielte und die, was oft übersehen wird, ein wichtiger Bestandteil seines Lebens war. Er erkannte, daß die Gedanken der Gläubigen, die auf das antworten, was Gott von ihnen verlangt, »verkrümmt und miteinander vermischt sind in Konfusion und Widersprüchlichkeit«, so »wie die Äste eines Baumes ineinander greifen und miteinander verwoben sind.« Er war sich des Unterschieds zwischen der Verdrängung als einer Kraft, die jene verderblichen Triebe unterdrückt, denen die meisten von uns gemeinhin »mutwillig nachgeben«, und einer echten Heiligkeit sehr genau bewußt. Dennoch verstand er die Verdrängung, obwohl ihr Verdecken der Sünden wahre Rechtschaffenheit unmöglich macht, als »notwendig für die Gemeinschaft«. Auch erkannte er, wie es einem Rhetoriker wohl zusteht, den Mißbrauch von Sprache, um die Sünden zu vertuschen: »Gerissenheit und eine verdrehte Geschicklichkeit nennt man Klugheit; und man beschreibt denjenigen als vorausblickend und umsichtig, der andere geschickt betrügt, der die schlichten Gemüter hinters Licht führt und der die Armen heimtückisch unterdrückt.« Er sah ein, daß das Hinhalten der anderen Wange eine Form von Aggression sein kann, und bemerkte, daß die Opfer, die die Leute bringen, oft »nicht so sehr für Gott als für sich selbst« sind.

Der zweite Aspekt ist folgender: Obwohl Calvin sich darüber im klaren war, daß es nicht ausreicht zu wissen – in dem Sinne wie »wissen« traditionellerweise verstanden wurde –, was das Gute ist, um es auch zu tun, stellt doch sein eigener Begriff von »wirklich wissen« die gebrochene Verbindung zwischen Wissen und Handeln wieder her. »Wir sind uns in der Tat dessen bewußt«, so Calvin, »daß die Furcht vor Gott, wenn man um ihn weiß, uns notwendigerweise ins Herz trifft, und wir ihn von selbst und aus freiem Willen verehren und ihm dienen.« Denn wo das Wissen nicht lediglich eine Funktion des Verstandes, sondern der ganzen Persönlichkeit ist, kann man es nicht von einer praktischen Antwort trennen. Dieser Gedanke deutet auf Calvins Verständnis der Sünde hin, wonach Sünde letztendlich kein moralisches, sondern ein religiöses Problem ist, nicht in erster Linie eine Folge der Gesetzlosigkeit und böser Absichten, sondern der gebrochenen Beziehung zu Gott. Um die Sünde zu meiden, reicht es nicht aus, lediglich um *das Gute* zu wissen; man muß dafür im biblischen Sinne um *Gott* wissen.

Calvins geschärfter Blick für die Sündhaftigkeit des Menschen verband sich mit der bekannten Calvinistischen Praxis der Selbstprüfung. Mit ihrer Hilfe sollten jene Bindungen an das eigene Selbstbild gelöst werden, die man in der Tradition der christlichen Spiritualität oft als das größte Hindernis auf dem Weg zu spirituellem Wachstum erkannt hat. Die Selbstprüfung hatte für Calvin scheinbar den Zweck, dem Menschen seine ganze Sündhaftigkeit ins Bewußtsein zu bringen, so daß sie in all ihrer Häßlichkeit erkannt werden konnte. Die Selbstprüfung war somit auch eine Art Therapie, indem sie dem einzelnen eine Wahrheit offenbarte, die ihm die Freiheit bringen konnte. Calvin wußte von vornherein, was bei einer Selbstprüfung zum Vorschein kommen sollte: die Selbstanklage und nichts außer ihr. Aber das zeigt nur noch einmal, daß Calvins Praxis der Selbstprüfung keine Übung in müßiger Neugierde war, sondern einen höchst praktischen Zweck erfüllte. »Wenn wir erst einmal alles, was in uns ist, geprüft haben«, behauptete er, wobei ihn das, worauf er hinauswollte, mehr interessierte als eine ausgewogene Beschreibung der menschlichen Natur, »finden wir nichts als Korruption und verdammenswertes Laster.« Der eigentliche Zweck dieser Übung war, die Verteidigungsstrategien, die sich die Menschen zurechtlegen, abzubauen, um so den Weg zu einer authentischen Spiritualität freizulegen; auf diese Weise sollten »ein gelassener Geist« und »ein glücklicher Friede« hervorgebracht werden, »wie sie in einem zerrissenen Herzen keinen Platz finden können.« Kurzum, Calvin zielte auf Ganzheit. Die Alternative dazu konnte nur »eine Angst sein, die vor jedem Schatten oder Windhauch zittern muß.«

All das konnte er auch in einfacheren, eher den Evangelien entlehnten Worten sagen: »Bei dieser Prüfung sollte so lange mit Härte verfahren werden, bis sie uns in völlige Bestürzung versinken läßt; so bereitet sie uns darauf vor, Christi Gnade zu empfangen.« Manchmal verwandte er eine Sprache, wie sie später Montaigne gebrauchen sollte: Die Selbstprüfung, erklärte er, »entkleidet die Menschen« und macht sie so offen für den vertrauten Umgang mit Gott. Für ihn nahm sie den Platz der Beichte ein; ihr stand er Privatsphäre zu, die er für den Gottesdienst ablehnte. »Einsamkeit,« bemerkte er, »hilft den Menschen, sich zu sammeln, sich durch und durch zu prüfen und sich mit sich selbst frei und ernsthaft zu beratschlagen.« Der Rückzug ins Private hilft den Gläubigen zu entdecken, daß das, was ihnen fehlt, »in Gott wiedergefunden werden kann.« Diese Entdeckung war so der erste Schritt auf dem Weg, die Beziehung zu Gott, die durch die Sünde zerstört worden war, wiederherzustellen.

4. Göttliche Initiative und christliche Antwort

Für Calvin ebenso wie für andere Humanisten bedeuten die spirituellen Grenzen der Menschen, daß nur eine göttliche Initiative die Kluft zwischen Gott und den Menschen überwinden könne: daher die Notwendigkeit der Offenbarung. Aber seine Methode, die Heilige Schrift auszulegen, unterschied sich von der Schriftauslegung anderer Humanisten in einigen Einzelheiten, die wichtig für seine Spiritualität sind. Weil Calvin einem eher späten Entwicklungsstadium der humanistischen Philologie angehörte, war er auch in der Lage, sich zum Studium der Bibel auf besser erschlossene Quellen zu stützen. Außerdem brachte ihn seine große Sorge darüber, daß die Welt sich Gottes Willen anpassen möge, dazu, die Heilige Schrift auf Anweisungen für menschliches Verhalten zu befragen. Diese Handlungsanweisungen leitete er nicht nur aus den allgemeinen Vorschriften und Verboten der Schrift ab, sondern auch aus exemplarischen Handlungen der biblischen Personen. In der Annahme, daß die ganze Schrift zur Erbauung der Menschen diene, nahm er in seine Predigten und Kommentare zahlreiche Passagen epideiktischer (prunkender) Rhetorik auf, in denen er Mose und David, die Propheten und die Apostel bald lobte und bald tadelte.

Ein weiterer Unterschied zwischen Calvin und den frühen Humanisten war sein sehr deutliches Interesse an der Vielschichtigkeit der menschlichen Antwort auf Gottes Wort. Ihm war durchaus bewußt, daß die Heilige Schrift »oft dunkel« scheint, daß sie »in verschiedener Weise verdreht werden kann« und daß sie manchmal sogar für Leser mit den besten Absichten »steril, unfruchtbar und nichts als langweilig« erscheint, so daß sich die Leser »festgefahren und ausgesperrt« vorkommen. Das Ergebnis dieses feinen Gespürs war Calvins besondere Betonung der Einheit von Wort und Geist. Für Calvin »gründen diejenigen, die der Heilige Geist innerlich unterwiesen hat, wahrhaftig in der Schrift.« »Jeder Gläubige«, bemerkte er, »erfährt in seinem Herzen, daß die Gewißheit, die die Heilige Schrift unter uns haben sollte, durch das Zeugnis des Heiligen Geistes erlangt wird«, der auch »der Geist des Urteilsvermögens« ist. Wenn wir uns mit der Heiligen Schrift beschäftigen, führt er uns durch Mehrdeutigkeiten und Unklarheiten, aber gibt zur gleichen Zeit dem Text Leben und Bedeutung. So ist der Heilige Geist die Quelle dieses ersten Erwachens des eigenen Geistes; er wirkt durch die Schrift und führt hin zur Einheit mit Gott.

Jedes einzelne der zentralen Elemente der Heiligen Schrift – die Fleischwerdung und das Sühneopfer, die dadurch gespendete Gnade, das Geschenk des Glaubens, durch das die Gläubigen in der Lage sind, diese Gnade für sich selbst anzunehmen, und die daraus hervorgehende Heiligung – beschreibt objektiv, wie die Menschen in die Lage versetzt werden, Schritt für Schritt ihre ursprüngliche Einheit mit Gott wiederherzustellen. Wie seine Vorgänger unter den Humanisten anerkannte er diese zentralen Elemente ohne Einschränkung. Nach seinem Verständnis der Spiritualität bewirken sie die Wiedererlangung der Kraft, mit der die Menschheit ursprünglich als erschaffen nach dem Ebenbild Gottes ausgestattet war. Die Wiedererlangung dieser Kraft beschrieb Calvin als »Belebung« (*vivificatio*). »Es ist unvermeidlich, daß wir den Toten ähneln«, sagte er zu seiner Gemeinde, »bis uns Gott wieder belebt (*vivifie*).« Belebung geschieht im Glauben, der »weder ein müßiges Ding ist noch kalte Einbildungskraft, die in unseren Köpfen im Ersticken liegt, sondern er wirkt (...). Aus dem Glauben kommt die Stärke, aus der Stärke die Erfüllung.« Der Glaube ist »voller Energie«. Er erhält zusätzliche Kraft durch das Sakrament, durch das »wir belebt werden, da wir wahrhaft an Christus teilhaben«, und in dem »sein Leben uns übertragen und so zu unserem eigenen Leben wird.« Das Ergebnis ist ein höheres Bewußtsein und die Erfahrung eines neuen Lebens. Derjenige, der glaubt, wird »nicht nur gelassen, sondern auch freudig und vergnügt.« Vor allem jedoch »hat der Glaube die Eigenschaft, uns zu eifriger Anstrengung zu bewegen.« Der Glaube »führt den Willen selbst zur Tat.«

Die Tat ist also für Calvin der äußerste Ausdruck des spirituellen Lebens. Diese Position steht in Beziehung zu seiner generellen Überzeugung, daß der Mensch geschaffen wurde, um zu arbeiten; diese Überzeugung war ein Grund für Calvins scharfe Kritik am Mönchtum. Es widerspreche unserem Mensch-Sein, »sich in Untätigkeit und Faulheit niederzulegen«. Wir sollten »gebrauchen und anwenden, was Gott uns verliehen hat«. Calvins Position hatte hier ihre Parallele zu seiner Auffassung von Gott, nach dessen Ebenbild die Menschheit ja geschaffen war, als fortwährendem Tätigsein (actus purus).

Wie andere Humanisten sah er den Ort der menschlichen Aktivität zuerst in der Gesellschaft. »Keine Lebensweise«, so Calvin, »verdient mehr Lob vor Gott als die, die der Gesellschaft nützlich ist.« Er hieß besonders jene zum Dienst in der Kirche willkommen, die in der Gesellschaft Erfahrungen gesammelt hatten: »Wie sehr wir auch den Zölibat und ein philosophisches Leben fernab vom normalen Leben bewundern, so haben doch weise und nachdenkliche Männer aus eigener Erfahrung gelernt, daß diejenigen weit besser vorbereitet und geeignet sind, in der Kirche leitende Funktionen auszuüben, die das normale Leben kennen und in den Pflichten wohl geübt sind, die das menschliche Zusammenleben einem auferlegt« (Kommentar zu Mt 25, 24; OC 46, Sp. 570).

Doch der Dienst an der Gesellschaft war nur eine von Calvins Vorstellungen vom aktiven Leben des Christen. Calvin lebte in einem ungewöhnlich militanten Zeitalter, und so bezog er sich, wie vor ihm Erasmus, auf die Tradition der Spiritualität, die das christliche Leben als unablässigen Kampf mit den Kräften des Bösen im Selbst und in der Welt interpretierte. Er faßte diese Vorstellung in dem Gebet zusammen, das seine exegetischen Predigten über das Buch Daniel beschloß:

Gewähre uns, allmächtiger Gott, da Du mit uns nichts anderes vorhast als einen immerwährenden Krieg unser Leben lang und uns vielen Widrigkeiten unterwirfst, bis wir am Ziel dieses vergänglichen Streites ankommen: gewähre uns, ich bitte Dich, daß wir nie müde werden. Laß uns immer gewappnet und bereit zum Kampfe sein; und gib, was auch immer die Prüfungen sein mögen, durch die Du uns auf die Probe stellst, daß wir nie für ungenügend befunden werden.[5]

Nach Calvin müssen die Christen gegen ihr eigenes Fleisch kämpfen, gegen die Mehrheit der Menschen um die Wahrheit und letztendlich gegen den Teufel. Doch dann gibt es eine Besonderheit der christlichen Kriegsführung, da sie »weniger darin besteht, anderen Schaden zuzufügen, als darin, den Schaden in Geduld zu ertragen.« Der Christ kämpft, indem er das Kreuz trägt.

Mithin ist für Calvin »Kampf« als Metapher für das christliche Leben gleichbedeutend mit der christlichen Vorstellung von der irdischen Existenz als Einwilligung in das Leiden. Er hielt die Menschen für »gefährdeter durch den Wohlstand als durch Widrigkeiten, denn der Erfolg befriedigt sie und ihr eigenes Glück berauscht sie.« Andererseits ziehen nur die Kinder Gottes aus solchem Unglück wie Armut, Hunger, Krankheit und Exil – die beiden letzten kannte Calvin aus eigener Erfahrung – und sogar dem Tod einen Nutzen, obwohl diese in sich selbst »Flüche Gottes« sind und Strafen für die Übeltäter. Die Kinder Gottes aber sind durch die Gnade befähigt, all dieses als nützliche Bestrafung anzunehmen, die »uns an den Sinn unserer Pflicht gemahnt«. Unglück und Widrigkeiten stellen für Calvin den Glauben auf die Probe und stärken ihn, entwickeln Geduld und Bescheidenheit, reinigen von den Trieben des Fleisches und bewirken, daß der Gläubige seine Augen zum Himmel erhebt. Ebenso interpretierte er den Kummer als ein Mittel, durch das Gott den Gläubigen »belebt«. Durch solche Mittel »hält Gott die Gläubigen wachsam, damit sie nicht schlafend auf dem Boden liegen« oder »vor zu viel Erholung träge werden«. Gottes Strafgerichte sind »notwendig, um uns unsere Faulheit auszutreiben«. Für Calvin gibt es Ruhe *nur* – wenn auch nur zeitweilig – für schlechte Menschen.

Calvin konnte auch das Tätigsein, das er mit dem spirituellen Leben identifizierte, als Reise oder Pilgerfahrt darstellen, als eine Bewegung auf ein Ziel hin. Für Calvin war die Kirche wie ein Zelt, denn die Kinder Gottes haben »keinen festen Wohnsitz auf dieser Erde« und müssen daher ihr Haus mit sich tragen. »Unser Leben ist wie eine Reise«, versicherte er, »und es ist nicht Gottes Wille, daß wir lässig unseren Weg entlangtrotten, wie es uns gefällt, sondern er setzt uns ein Ziel und er leitet uns auch auf dem richtigen Weg dorthin.« Aber dieser Weg war ebenso ein Kampf: Keinem fällt es leicht, sich vorwärts zu bewegen, und die meisten sind so schwach, daß sie, »zaudernd und humpelnd und sogar auf dem Boden kriechend, sich nur im Schneckentempo fortbewegen.« Doch ist es glücklicherweise auch wahr, daß jeder täglich »ein wenig voranschreiten kann, wenn es auch unbedeutend wenig ist.« Die Zielgerichtetheit dieser Auffassung ist bemerkenswert: »Wir müssen achtgeben, daß wir unsere Gedanken und unseren Sinn nicht auf irgendwelche anderen Taten lenken, sondern im Gegenteil es zu unserer Aufgabe machen, von jeder Ablenkung frei zu sein und uns selbst ausschließlich Gottes Ruf zu widmen« (Kommentar zu Phil 3, 13; OC 52, Sp. 52). Calvin läßt uns das Leben lieben, aber nur, wenn wir »in ihm wie Fremde umherziehen, immer unseres Zieles eingedenk.«

Deshalb erwirbt das spirituelle Leben, während es durch eine Reihe von leidenschaftlichen und anstrengenden Augenblicken von seinem Beginn bis zu seinem vorherbestimmten Ende fortschreitet, durch Dienst, Kampf, Widrigkeiten und Pilgerreise schließlich eine Art dramatische Einheit. Ein positives spirituelles Leben bedeutet, fortwährend den Sinn menschlicher Existenz zu verwirklichen. Es entwickelt sich in einer immer engeren und vertrauensvolleren Beziehung zu Gott (Glaube), die in einer immer spontaneren und froheren Übereinstimmung mit Gottes Willen (Heiligung) und in der aus ganzem Herzen kommenden Verherrlichung Gottes und der Wertschätzung seiner Werke ihren Ausdruck findet.

Calvin bekämpfte die Selbstzufriedenheit, die man manchmal bei seinen Anhängern zu finden glaubt; er bestand darauf, daß noch niemand in diesem Leben das Ziel erreicht hat. Obwohl er die Entwicklung des Geistes mit dem Fortschreiten durch die Lebensalter verglich, von der Kindheit bis zur Reife des Erwachsenen, verneinte er, daß irgendein Christ in diesem Leben die erwachsene Reife erreicht habe. Hier sind die Fortgeschrittensten immer noch sozusagen Heranwachsende, ungleichmäßig entwickelt, unbeholfen, immer wieder anfällig für demütigende Rückschritte und doch sich nach Wachstum sehnend und, wenn auch kaum merklich, in die ganze Größe Christi hineinwachsend. Wenn aber die Gläubigen tun, was sie müssen, und nach Calvins Anweisung »nicht aufhören zu staunen«, dann wird ihr Glaube, »so schwach seine Anfänge gewesen sein mögen, nach und nach immer größere Fortschritte machen.« Dann wird »jeden Tag unsere Reinheit ein wenig anwachsen und unsere Verderbtheit gesäubert werden, solange wir in dieser Welt leben«; und »je mehr unser Wissen zunimmt, desto mehr wird auch unsere Liebe wachsen.« Derweil werden wir den Sinn für »Gottes Angesicht, das uns friedlich und ruhig und gnädig zugewandt ist«, immer klarer und lebendiger erfahren. Wir werden ihn anfangs »weit entfernt, doch klar genug gesehen haben, um zu wissen, daß wir uns gar nicht täuschen können.« Und »je größere Fortschritte wir machen, wie wir nicht aufhören sollten, in unseren Fortschritten stetig voranzukommen, desto näher und somit sicherer bekommen wir ihn zu Gesicht, sein Gesicht, das uns mit jedem weiteren Schritt immer noch vertrauter wird« (*Institutio* 3.2.19). Das spirituelle Leben kulminiert also für Calvin, wie für so viele vor ihm, in der *visio Dei* (Schau Gottes).

Diese Darstellung der Spiritualität Calvins möchte auf keinen Fall den Anschein erwecken, als ob es keine anderen Elemente in seinem religiösen Denken gegeben habe, die in andere Richtungen deuten. Calvin war ein komplexer Charakter in einem komplexen Jahrhundert, und er drückte sich oft, je nach der Situation, in der er sich befand, verschieden aus. Aber seine Spiritualität hatte, obwohl der Begriff selbst ihm fremd war, ihren Platz sehr nahe beim Zentrum dessen, was er unter Christentum verstand.

Anmerkungen

1 »Praedestinatio« heißt Vorherbestimmung (Gottes für das Schicksal des Menschen); dazu weiter unten in diesem Artikel. [JS]

2 *Dilucida expositio de vera participatione carnis et sanguinis Christi* (1561), zitiert nach *Calvin: Theological Treatises*, London 1954, 319.

3 Kommentar zu Apostelgeschichte 19, 23–24, in: *Johannis Calvini Opera quae supersunt omnia*, Braunschweig 1863–1900, 48, Sp. 450. [Ab hier als OC im Text].

4 *Institutio christianae religionis* (Unterricht in der christlichen Religion), Neukirchen [2]1963, 1.7.1.

5 *Auslegung des Propheten Daniel*, zitiert nach *Commentaries on the Book of Daniel*, Edinburgh 1852, 2:323.

Die Spiritualität der Radikal-Reformation*

Von Timothy George

Die Radikal-Reformation war eine gewaltige spirituelle und kirchliche Erneuerungsbewegung, die während der großen religiösen Umbrüche des 16. Jahrhunderts am Rande der großen Hauptkirchen, der römisch-katholischen und der protestantischen, stattfand. Diese Bewegung war jedoch in ihrer grundlegenden Dynamik und in ihrer spirituellen Vitalität weder ein Rand- noch ein Nebenphänomen. Die Radikal-Reformation umfaßte sowohl ökumenische als auch sektiererische Momente, sowohl gewalttätige Revolution als auch friedfertiges Gemeindeleben, sie sublimierte asketische, mystische und rationalistische Anstöße aus dem Mittelalter und stellte, als Einheit gesehen, eine gründliche Kritik am corpus christianum (christliches Abendland) in seinen beiden Hauptzweigen (Protestantismus und tridentinischer Katholizismus) dar.

Die Standardwerke zur christlichen Spiritualität jedoch haben die Radikal-Reformation bisher im großen und ganzen entweder ignoriert oder nur oberflächlich behandelt. Erst seit den letzten Jahren treten die Radikal-Reformatoren langsam aus dem Schatten der Beurteilung ihrer Gegner im 16. Jahrhundert. Heinrich Bullinger z. B. nannte sie »teuflische Feinde und Zerstörer der Kirche Gottes«.[1] Luther nannte sie vorzugsweise »Schwärmer«, ein Wort, das an das unkontrollierbare Summen von Bienen um ihren Stock herum denken läßt und das der deutsche Reformator, ohne zu unterscheiden, auf eine ganze Menge seiner Widersacher anwandte. Calvins Epitheta waren nicht weniger herabsetzend: »Fanatiker«, »arme Irre«, »Schussel«, »Esel«, »Schurken« und »verrückte Hunde.«[2] Daß man die Radikal-Reformatoren mit den negativ besetzten Begriffen von Dissidenten und Non-Konformisten belegte, hat die Anstrengungen, ihre Spiritualität zu verstehen, erheblich erschwert. Ein bedeutender zeitgenössischer britischer Historiker spiegelt diese Fehleinschätzung in seiner Beschreibung der »wahren Natur« des Anabaptismus (Wiedertäufertum) wider: Ein »gewalttätiges Phänomen, geboren aus irrationalen und psychisch unausgewogenen Träumen, beruhend auf einer Absage an die Vernunft und der Erhebung des Glaubens zu einer direkten Inspiration, die den Menschen in die Lage versetzt, zu tun und zu lassen, was er will.«[3] Sozialhistoriker, Marxisten wie Nicht-Marxisten, haben sich sehr bemüht, die Radikal-Reformatoren in den sozioökonomischen und Klassenstrukturen des 16. Jahrhunderts zu situieren. Dennoch kommt ein zeitgenössischer Sozialhistoriker, Spezialist auf dem Gebiet der Wiedertäuferbewegung, der deren spirituelle Kraft völlig richtig einschätzt, zu dem Schluß, daß sie eine »gefährliche« gescheiterte Reform gewesen sei, die »darauf aus war, die Zivilisation zu zerstören.«[4]

Die revisionistische Geschichtsschreibung der letzten 25 Jahre hat sich vor allem mit den Problemen der Ursprünge und der Vorläufer der Wiedertäuferbewegung beschäftigt. Viel gute Forschungsarbeit wurde in der Absicht geleistet, nichtsssagende Verallgemeinerungen früherer Lehrmeinungen und das, was man eine falsche Vertrautheit mit der geschichtlichen Vergangenheit nennen könnte, wieder in Frage zu stellen. Obwohl dieser Zweig der Forschung recht fruchtbar gewesen ist, hat er sich doch hauptsächlich auf die äußeren Beziehungen der Radikal-Reformatoren zu anderen reformatorischen Strömungen konzentriert und nicht so sehr auf deren eigenes Selbstverständnis und spirituelle Beweggründe.

Die Gruppen der Radikal-Reformatoren, über die dieses Kapitel einen Überblick bietet, werden manchmal als »der linke Flügel der Reformation« über einen einzigen Kamm geschoren. In dieser Festlegung kann man ein schwaches Echo der von Luther selbst geäußerten Beschuldigung vernehmen, daß beide, sowohl die Papisten als auch die Schwärmer, »links und rechts« in die Irre gegangen seien und keiner auf dem Pfad der wahren Freiheit verblieben sei. Luthers Zuweisung war dabei jedoch anders als die moderne: Er sah die Römisch-Katholischen links und die Radikal-Reformatoren rechts![5]

Da er den anachronistischen Gebrauch des Begriffs »linker Flügel«, sofern er auf die Dissidenten des 16. Jahrhunderts bezogen wird, erkannte, schlug George H. Williams den Terminus »Radikal-Reformatoren« kollektiv für alle die Gruppen religiöser Erneuerer vor, die weder in der römisch-katholischen Kirche noch in den Kirchen der protestantischen Hauptströmungen verblieben waren. Ernst Troeltsch folgend, teilte Williams die Radikal-Reformatoren weiterhin in drei große Gruppierungen ein: die Anabaptisten (Wiedertäufer), die Spiritualisten und die evangelikalen Rationalisten. Diese unterschiedlichen Gruppierungen wurden in sich noch einmal unterteilt. Williams unterschied zum Beispiel drei Zweige der Wiedertäufer: evangelikale (Schweizer Brüder, Mennoniten und Hutterer), revolutionäre (Münsteraner) und kontemplative (Hans Denck).

In dieser Untersuchung folgen wir Williams Typologie, die die bis heute umfassendste und bislang stichhaltigste ist. Der Terminus »Radikal-Reformation/Reformatoren« ist inzwischen allgemein gebräuchlich und wird sogar von Historikern benutzt, die ihn in anderer Art und Weise als Williams einsetzen.[6]

Alle drei – Wiedertäufer, Spiritualisten und evangelikale Rationalisten – wollten durch die Schichten der kirchlichen Tradition hindurch – von Balthasar Hubmaier die »Schlammpfützen und der Sumpf des menschlichen Dogmas« genannt – zur authentischen Wurzel (radix) des Glaubens und der Ordnung zurück, ohne sich darin einig zu sein, was diese Wurzel sei.[7] Genau dies sowie die Tatsache, daß sie größtenteils gezwungen waren, ihr Modell des Christentums außerhalb der Grenzen der etablierten Kirchen zu entwickeln, gab ihrer Spiritualität einen unverwechselbaren Zuschnitt.

Unter »Spiritualität« verstehen wir die besonderen Existenzweisen, die charakteristisch für den homo religiosus (religiösen Menschen) sind, durch die er am Heiligen Anteil hat und sich nach ihm ausrichtet.[8] Mit der vorlie-

genden Studie beabsichtigen wir, ein breites Spektrum der Spiritualität der Radikal-Reformatoren vorzustellen. Dabei werden wir uns auf immer wiederkehrende Themen konzentrieren, die in unterschiedlicher Intensität in den drei oben aufgeführten Gruppierungen auftreten.
Obwohl wir dogmatische Fragestellungen und solche der Kirchenpolitik berühren werden, wird unser Hauptanliegen aber darin liegen, so genau wie möglich die spirituelle Erfahrung der Radikal-Reformatoren wiederzugeben. Deshalb richten wir unsere besondere Aufmerksamkeit auf Primärquellen, darunter Abhandlungen über Frömmigkeit, Gebete, Predigten, Katechismen, Lieder, Zeugnisse, Martyrererzählungen, Briefe, Chroniken und Kirchenordnungen. Auf diese Weise soll die einzigartige spirituelle Sensibilität der Radikal-Reformatoren aus deren eigenen Zeugnissen hervortreten.

1. Die Suche nach einem Gefühl für göttliche Unmittelbarkeit

Lucien Febvre hat den Vorabend der Reformation als ein Zeitalter mit »einem ungeheueren Verlangen nach dem Göttlichen« beschrieben.[9] Es war ein sehr lebendiger Zeitabschnitt mit allen Arten spiritueller Dynamik; sie reichten von bizarren Praktiken, wie z. B. sich den Namen Jesu über dem Herzen auf die Brust zu tätowieren oder bei der Messe zu Ehren des Esels, auf dem die Jungfrau Maria geritten war, wie ein Esel zu schreien, bis hin zu den Hauptformen der allgemein akzeptierten Frömmigkeit, wie etwa den Ablässen, Pilgerreisen, Reliquienverehrung, dem Rosenkranz, der Anbetung der geweihten Hostie und dem Beten von vielen Vaterunsern. Die Radikal-Reformatoren teilten mit ihrem Zeitalter den ungeheuren »Durst« nach Gott. Gleichzeitig bestanden sie auf einer direkten, unvermittelten Aneignung des Göttlichen. Dies brachte sie dazu, bei ihrer Suche nach dem direkten Zugang zu den erlösenden mystischen Taten Gottes alle religiösen *externalia* (Äußerlichkeiten) zurückzuweisen oder zu modifizieren.
Luther selbst war es, der vielen Radikal-Reformatoren die Grundlage für ihre mystische Orientierung vermittelte. Er tat das durch seine beiden Ausgaben der berühmten *Theologia Deutsch* (1516 und 1518). Diese Abhandlung fand unter den Radikal-Reformatoren, welchen Lagers auch immer, weite Verbreitung, noch lange nachdem Luthers Enthusiasmus für diese Schrift abgekühlt war. Statt Luthers ausgereifter Lehre der Rechtfertigung zu folgen, die besonders nachdrücklich auf der Annahme der von außen kommenden (*extra nos*) Gerechtigkeit besteht[10], griffen die Radikal-Reformatoren auf eine mystische Vereinigung mit dem Göttlichen zurück, die auf der Immanenz Gottes in der menschlichen Seele basierte.
In allen Gruppierungen der Radikal-Reformation herrschte ein vehementer Antiklerikalismus, der sich ebenso gegen die Priester und Mönche der alten Kirche richtete wie gegen die »neuen Päpste« in Wittenberg, Zürich und Genf. Menno Simons geißelte die römisch-katholische Kirche als »nichts als eine menschliche Erfindung (...), eine offene Verführung der Seelen, eine

höchst unerträgliche Weise der faulen Priester, ihren Lebensunterhalt zu verdienen und sich zu bereichern (...), eine falsche, anstößige Religion und unverhüllter Götzendienst.« Hubmaier war noch unfreundlicher: Die sogenannten Pastoren sind in Wirklichkeit Arschkriecher, Hurenböcke, Ehebrecher, Zuhälter, Spieler, Säufer und Hampelmänner, in deren Obhut wir mit Sicherheit nicht unsere Säue und Ziegen gegeben hätten![11] Dieser geharnischten Sprache lag ein tieferes Anliegen zugrunde als ein bloßer Protest gegen moralische Korruption. Denn der Klerus hatte sich und seine Fürsprache oder Lehren als Mittler zwischen die göttliche Offenbarung und das Volk Gottes gestellt.

Die Betonung des verinnerlichten Vorgangs des Heilsprozesses veranlaßte viele Radikal-Reformatoren, insbesondere die Spiritualisten, die Bedeutung der Heiligen Schrift herunterzuspielen. »Was mich betrifft«, schrieb Andreas Bodenstein von Karlstadt, »so brauche ich keinen äußeren Zeugen. Ich will das Zeugnis des Geistes in mir haben, wie es von Christus versprochen wurde.«[12] Noch emphatischer war Thomas Müntzer: Ohne den Geist im Innern »weiß man nicht, wie man etwas Profundes über Gott sagen kann, auch wenn man sich durch hundert Bibeln hindurchgefressen hat!«[13] Obwohl die Radikal-Reformatoren die Bibel häufig benutzten, vermieden sie es in der Regel, einen Fetisch aus ihr zu machen. Sie lehnten es ab, das Heilsversprechen an irgendeiner äußeren Glaubenshilfe festzumachen, wie gut und wie wichtig sie auch an sich sei.

Einige der extremen Spiritualisten gingen so weit, die Befolgung aller äußeren sakramentalen Riten einschließlich Taufe und Abendmahl aufzuheben, und nahmen so die Quäker des folgenden Jahrhunderts vorweg. Kaspar Schwenckfeld, der repräsentativste Vertreter dieses Typs, stellte sich unter der Eucharistie ein inneres Verzehren des »himmlischen Fleisches« Christi vor. Der spirituelle Verzehr dieser mystischen Eucharistie hat für Schwenckfeld direkte soteriologische Implikationen: »Essen heißt (...) Teilhaben an der Natur Christi durch wahren Glauben. (...) Die spirituelle Nahrung macht uns zu ihr selbst, z. B. zu ihrer göttlichen Natur, so daß wir Teilhaber der göttlichen Natur werden.«[14] In diesem Sinne wurde die spiritualisierte Eucharistie ein Mittel zur fortschreitenden Vergöttlichung des Menschen, ein unmittelbares Ergreifen des Göttlichen durch die mystische Teilhabe an Christi himmlischem Fleisch.

Die meisten Radikal-Reformatoren waren nicht so fanatisch in ihrer Einstellung zu dem, was Calvin die äußeren Gnadenmittel nannte. Doch für sie alle war das wahre Christentum *ipso facto* (schon aus sich selbst) personal, auf Erfahrung beruhend und auf das Individuum bezogen. Wie weiter unten ausgeführt werden wird, war genau diese Überlegung die Basis für die Ablehnung der Kindertaufe durch die Wiedertäufer. Pilgram Marpeck drückte das so aus: Keiner kann für jemand anderen glauben, »weder eine Frau für ihren Mann noch ein Mann für seine Frau, weder Kinder für ihre Eltern noch Eltern für ihre Kinder.«[15] In die Familie Gottes wird man nicht durch einen Stellvertreter geboren! Doch auch das Wasser der Taufe an und für sich kann keine Erneuerung bewirken. Die Neugeburt besteht nicht »im

Wasser oder in den Worten, sondern es ist die himmlische, lebendige und lebenspendende Macht Gottes in unseren Herzen«.[16]
Die *Erfahrung* der Neugeburt, oft unter intensiven Gefühlsausbrüchen, war die Voraussetzung für die Taufe mit Wasser. In der Tat wurde die Taufe manchmal als der Höhepunkt eines Bekehrungsvorganges angesehen. Dies scheint z. B. bei den Taufen der Fall gewesen zu sein, die in der frühen Wiedertäufergemeinde im kleinen Ort Zollikon bei Zürich gespendet wurden.

Hans Bruggbach aus Zumingen erhob sich unter Tränen und verkündete laut, daß er ein großer Sünder sei und daß man für ihn zu Gott beten solle. Daraufhin fragte ihn Blaurock, ob er die Gnade Gottes empfangen wolle, und er sagte ja. Dann erhob sich Mantz und fragte: »Wer hat etwas vorzubringen, das mich davon abhielte, ihn zu taufen?« Und Blaurock antwortete: »Niemand.« So nahm er eine Kelle Wasser und taufte ihn im Namen Gottes des Vaters, des Sohnes und des Heiligen Geistes.[17]

Menno Simons beschrieb seine eigenes Bekehrungserlebnis mit Worten, die an die spätere Erfahrung von John Wesley oder der Pietisten erinnern:

Mein Herz zitterte mir im Körper. Unter Seufzen und Tränen betete ich zu Gott, daß er mir, einem reuigen Sünder, das Geschenk seiner Gnade gewähren möge und in mir ein reines Herz erschaffe, damit er durch das Verdienst von Christi rotem Blut meinen sündhaften und leichtfertigen Lebenswandel huldvoll vergeben möge. (...) Denn siehe, der Gott der Vergebung (...) hat zuerst mein Herz angerührt, hat mir einen neuen Sinn gegeben, hat mich durch seine Furcht demütig gemacht, hat mich für meinen Teil gelehrt, mich selbst zu kennen, hat mich vom Weg des Todes abgebracht und mich in seiner Gnade auf den engen Pfad des Lebens gerufen, in die Gemeinschaft seiner Heiligen. Lob sei ihm allezeit (...).[18]

Die Intensität und das Muster der Bekehrungen war bei den Radikal-Reformatoren mit Sicherheit sehr unterschiedlich. Doch sie alle teilten das allgemeine Bewußtsein dafür, durch besonderen Kontakt mit dem Göttlichen erleuchtet oder wiedererschaffen oder erneuert worden zu sein. Sogar Michael Servetus, ein evangelikaler Rationalist, behauptete in seiner Beschreibung der Anfänge seiner antitrinitarischen Spekulationen, daß er als junger Mann von 20 Jahren von einem »gewissen göttlichen Impuls bewegt worden sei, sich dieser Sache anzunehmen, von niemandem dazu angeleitet.«[19] Die Unmittelbarkeit der religiösen Erfahrung und ein gewisses Bewußtsein von Erlösung oder göttlicher Gnade im Hier und Jetzt waren konstitutiv für die Spiritualität der Radikal-Reformatoren in all ihren unterschiedlichen Ausprägungen.

2. »Nachfolge Christi«: In der Nachfolge des »bitteren Christus«

Harold S. Bender machte in seinem berühmten Aufsatz aus dem Jahre 1944 geltend, daß das Wesen der Wiedertäuferbewegung in ihrer Auffassung von der *Nachfolge* gefunden werden könne.[20] Man kann in der Tat sagen, daß das große Wort der Radikal-Reformation »folgen« war und nicht »glauben.« Die Radikal-Reformatoren lehnten Luthers Lehre von der forensischen Rechtfertigung *sola fide* (allein durch den Glauben)[21] ebenso wie Calvins Lehre der absoluten doppelten Prädestination kategorisch ab. Beide Formulierungen erweckten bei ihnen den Eindruck, Abstraktionen zu sein, die mit der Wirklichkeit des »lebendigen« Glaubens nichts mehr zu tun hatten. In einem Kirchenlied von Ludwig Haetzer wurde die klassische protestantische Position karikiert:

Ja spricht die Welt, es ist ohn' Not,
Daß ich mit Christo leide
Er litt doch selbst für mich den Tod,
Drum zech ich auf sein Kreiden.
Er zahlt für mich dasselb glaub ich,
Damit ist's ausgerichtet.
O Brüder mein, es ist ein Schein,
Der Teufel hat's erdichtet.[22]

Die Radikal-Reformatoren bezeichneten die Lehre der reformatorischen Hauptströmungen als das Evangelium des »süßen Christus« im Gegensatz zu dem strengen Evangelium des »bitteren Christus«. Dieses Thema klingt in den Schriften der mystisch orientierten Spiritualisten an, ist aber auch bei den evangelikalen Wiedertäufern zu finden. Konrad Grebel schrieb 1524 an Müntzer: »Auch wir werden von unseren gelehrten Hirten abgestoßen. Alle Menschen folgen ihnen, denn sie predigen einen sündhaft süßen Christus.«[23] Was meinten die Radikal-Reformatoren, wenn sie davon sprachen, dem bitteren Christus nachzufolgen? Wir können drei Aspekte dieser Idee unterscheiden; sie gehören unbedingt zum Begriff der Nachfolge: 1. die Solidarität von Christus und seinen Anhängern im Leid; 2. das christliche Leben, das sich im »Evangelium aller Kreaturen« spiegelt, und 3. die Notwendigkeit, völlig von sich selbst abzusehen (*Gelassenheit*).
Luther hatte seine »Theologie des Kreuzes« der scholastischen »Theologie der Glorie« gegenübergestellt, aber seine Betonung der stellvertretenden Rolle, die Christi Leid spielt, schien für viele der Radikal-Reformatoren das Kreuz in eine weit entfernte Vergangenheit zu verbannen. Für sie war der Leidensweg Christi ein gegenwärtiger Vorgang, und sie fühlten sich aufgerufen, daran teilzunehmen. Das Leiden Christi, gleichermaßen an Haupt und Gliedern, ist ein Thema, das die Schriften der Radikal-Reformatoren durchzieht. Hans Hut drückte dies so aus:

So wie Christus, das Lamm, seit Anbeginn der Welt geschlachtet wurde, so wird er noch immer gekreuzigt bis zum Ende der Welt, auf daß der Leib Christi vollendet werde nach Länge, Weite, Tiefe und Höhe in der Liebe Christi.[24]

Diese Vergegenwärtigung der Geschehnisse am Kalvarienberg war jedoch kein Ritual, das auf die Altäre der Christenheit verbannt war, sondern vielmehr der tägliche Kampf von Entsagung, Drangsal, Leid und Tod. Die einzigartige Passion von Christus, dem Haupt, wurde so mit dem erneuerten, auf die Glieder ausgedehnten Leiden Christi in Beziehung gesetzt. Es findet sich mehr als eine Andeutung, daß der Erste (=Christus, das Haupt) ohne die Letzteren (=die Gemeindeglieder) nicht zur Erlösung ausreicht. »Christus muß noch in seinen Gliedern leiden«, schrieb Grebel, »aber er wird sie kräftigen und bis zum Ende standhaft erhalten.«[25] Indem sie den Schritten des bitteren Christus folgten, meinten die Radikal-Reformatoren, um ihrer eigenen Erlösung willen und der der ganzen Welt das »zu ergänzen, was an Versuchungen Christi ›im Fleisch‹ gefehlt hatte« (Kol 1, 24).

Eine der faszinierendsten Darstellungen des Ortes der Leiden im christlichen Leben war das »Evangelium aller Kreaturen«, das von vielen Radikal-Reformatoren, unter ihnen Müntzer, Hut, Denck, Marpeck und Servetus, vorgelegt wurde. Die biblische Grundlage dieses Motivs war Markus 16, 15, wo der Auftrag, das Evangelium *allen* Kreaturen zu predigen (im Griechischen und Lateinischen steht hier der Dativ), im Deutschen als Genitiv (*aller Kreaturen*) mißdeutet wurde. Die Radikal-Reformatoren verstanden darunter die göttliche Offenbarung, die allen der weltweit leidenden Schöpfung gegeben ist. Das meint (*gegen* Franziskus!) kein Evangelium, das »zu« allen Kreaturen, wie etwa Hunden und Katzen, Kühen und Kälbern, Blättern und Gras, gepredigt werden sollte, sondern vielmehr ein »Evangelium«, das der Natur der geschaffenen Ordnung selbst innewohnt. So wie alle Kreaturen den menschlichen Absichten unterstellt sind, so kann auch niemand »anders als durch Kummer und Leid gerettet werden. Wenn jemand ein Tier benötigt, muß dieses erst ausgenommen, gekocht und gebraten werden, und das Tier hat das nach dem Willen dessen, der es braucht, zu erleiden. Wenn Gott uns brauchen würde, müßten wir erst von innen und außen gerechtfertigt und gesäubert werden. (...) Und das kann nur unter dem Kreuz des Leidens geschehen.«[26]

Dieses »Evangelium« ist mit dem Stoff des Lebens selbst ganz verwoben. Die üblichen Berufe und Beschäftigungen werden zu Metaphern der Erlösung. Wenn Bauern ihre Felder pflügen oder Fischer ihren Fang einholen oder Schneider alte Kleider ausbessern oder Metzger eine Schlachtung vorbereiten, werden sie alle durch ihre Taten an die Solidarität und die Zweckdienlichkeit des Leidens in aller Schöpfung erinnert. Dadurch werden sie dazu angeleitet, im Namen Christi und um Christi willen ein Leben des erlösenden Leidens zu führen.

Die Kunst der Selbstaufgabe, die dieser Theologie des Leidens eigen ist, wurde von den Radikal-Reformatoren *Gelassenheit* genannt. Dieser Terminus wurde der Tradition der mittelalterlichen Mystik entlehnt und ist verschiedentlich als »Zugeständnis«, »Selbstaufgabe«, »Passivität« oder »Verzicht« übersetzt worden, sollte aber wohl einfach als »Sich-selbst-Loslassen« wiedergegeben werden. Der gegenteilige Zustand (die *Ungelassenheit*) ist ein Zustand der Nervosität und Angst, »immer auf der Suche nach einem Versteck, wo man gerne der Hand Gottes entkommen würde.«

Wenn Gottes Wille erst einmal angenommen worden ist, erfährt die Seele, die sich ihm überlassen hat, eine Art von Gleichmut, sogar bei den verlockendsten Versuchungen und in den ärgsten Gefahren. Die Begriffe »Nachfolge« und »Gelassenheit« fallen im Beispiel der selbstlosen Selbstaufgabe Jesu zusammen. Wirklich erlösend an Jesu Tod war ja die Art und Weise seiner Unterwerfung unter den Willen des Vaters. Nach Denck »war Christus so außerordentlich gelassen, daß er, wenn es dem Vater gefallen hätte, auch umsonst zu leiden gewillt gewesen wäre, obwohl er die Menschen maßlos liebt. Daher war sein Opfer dem Vater so wohlgefällig.«[27] Jesus ist der Ort, an dem der Christ den Aufbau und die Tragweite eines »gelassenen« Lebens am besten ablesen kann. Der Christ ist also aufgerufen, eine *imitatio Christi* (Nachahmung Christi) zu leisten, die grundlegender ist als eine, die im bloßen Beachten äußerlicher Übereinstimmungen besteht. Der Christ muß sein Kreuz *in der selben Art und Weise wie* Christus erleiden. Aus seiner Haftzelle schrieb Michael Sattler die folgenden Zeilen an seine Gemeinde in Horb: »In dieser Gefahr habe ich mich ganz dem Willen des Herrn überlassen und (...) mich sogar auf den Tod als sein Blutzeuge vorbereitet.«[28] Es überrascht nicht, daß *Gelassenheit* und Martyrium so nahe zusammengebracht werden.

3. »Das blutige Theater«: Eine Wolke von Zeugen

Das Thema des Leidens fand einen konkreten Ausdruck in den Beispielen der Märtyrer der Radikal-Reformation, deren Geschichten sowohl in gedruckter als auch gesungener Form zu einem Hauptgenre der Spiritualität der Radikal-Reformatoren wurden. Die erste Zeremonie einer Wiedertaufe wurde am 21. Januar 1525 in Zürich gegen den Befehl des Stadtrats vorgenommen. Von Anfang an wurden die Wiedertäufer als Aufrührer und Häretiker betrachtet. Zwingli faßte 1527 seine große Furcht vor der Bewegung der Wiedertäufer in einem einzigen Satz zusammen: »Sie stürzen alles um.«[29] Zwei Jahre später wurde beim Reichstag zu Speyer (April 1529) der Codex Justinians wiedereingesetzt, der für die Praxis des Wiedertaufens die Todesstrafe vorsah. Die Radikal-Reformation wurde gleichermaßen von protestantischen wie römisch-katholischen Richtern gnadenlos verfolgt. Servetus zum Beispiel, der sowohl Wiedertäufer als auch Antitrinitarier war, hatte die zweifelhafte Ehre, von den Römisch-Katholischen in Frankreich in effigie (als ein Bild) verbrannt zu werden, realiter aber von den Protestanten in Genf.

Leonhard Schiemer, der 1528 enthauptet wurde, beklagte die Auswirkungen der Verfolgung. »Und nun, da wir nur eine kleine Herde noch sind, hat man uns schmach- und schandvoll in alle Länder vertrieben. (...) Man macht die Welt zu klein für uns.«[30] Jakob Hutter, Führer der mährischen Wiedertäufer, schrieb dem Markgrafen von Mähren im Namen seiner bedauernswerten Brüder und Schwestern, die von ihren Ländereien vertrieben worden waren, den folgenden Brief:

> So finden wir uns jetzt draußen in der Wildnis, unter freiem Himmel auf trostloser Heide. Das nehmen wir geduldig auf uns und preisen Gott, daß er uns für wert befunden hat, für seinen Namen zu leiden. (...) Doch unter uns sind viele Witwen und Waisen, viele Kranke und hilflose kleine Kinder, die weder gehen noch getragen

23. *Das Martyrium des Jan Smit* (Thieleman J. van Braght, *Märtyrerspiegel*, S. 963)

24. *Die Festnahme der Katharina Mulerin* (Thieleman J. van Braght, *Märtyrerspiegel*, S. 1111)

werden können. Ihre Väter und Mütter sind von dem Tyrannen Ferdinand, einem Feind der göttlichen Gerechtigkeit, ermordet worden.«[31]

Hutter selbst wurde 1536 nach mehreren Folterungen mit dem Schwert hingerichtet.

Infolge der Verfolgungen entwickelte sich eine reiche Märtyrerliteratur. Viele Abhandlungen und Predigten waren in Wirklichkeit Ermunterungen zum Märtyrertum. Ein hervorragendes Beispiel dafür ist Menno Simons' 1554 geschriebenes Büchlein *Das Kreuz der Heiligen*, das er an seine unterdrückten Anhänger richtete. Menno wählte zum Thema den Satz der Seligpreisungen »Selig sind die, die um der Gerechtigkeit willen verfolgt werden«, und erinnerte seine Leser daran, daß sie nicht die ersten seien, die »das wütende, wölfische Reißen und Zerren, das schlimme, tierische Foltern und Blutvergießen auf dieser Welt gegen die Gerechten«[32] erleiden müßten. Er zählte, bei Abel beginnend, die biblischen Beispiele für das Martyrium auf und verwies auf Eusebius von Caesareas *Kirchengeschichte*, um die Kontinuität der Märtyrer der frühen Kirche zu denen seiner eigenen Anhängerschaft aufzuzeigen. Er widersprach der gegen ihn erhobenen Anschuldigung der Abspaltung von der Kirche und verwahrte sich gegen die fälschlicherweise gemachten Bezichtigungen, daß alle Wiedertäufer mit den gewalttätigen Münsteranern in Verbindung zu bringen seien. Abschließend rief er seine Anhänger als »Soldaten und Eroberer in Christus« dazu auf, dem letzten Opfer mit Standhaftigkeit und Mut zu begegnen:

> Deshalb, o Volk Gottes, gürtet euch und bereitet euch auf den Kampf vor; nicht mit äußeren Waffen und Rüstung, wie die blutrünstige, wahnsinnige Welt es zu tun pflegt, sondern allein mit unerschütterlichem Vertrauen, einer stillen Geduld und einem glühenden Gebet (...) Die Dornenkrone muß dein Haupt durchbohren und die Nägel deine Hände und Füße. Dein Körper muß gegeißelt werden und dein Antlitz angespieen. Auf Golgotha mußt du innehalten und dein eigenes Opfer bringen (...) Fürchte dich nicht, denn Gott ist dein Hauptmann.[33]

Wie in der frühen Kirche entstand bei den Radikal-Reformatoren des 16. Jahrhunderts eine Art »Märtyrerkult«. Hans Huts Asche wurde von seinen Anhängern gesammelt und als Reliquie verwahrt. Es gibt aber keine Anhaltspunkte dafür, daß die Radikal-Reformatoren ihren Tod absichtlich provozierten und freudig dem Scheiterhaufen entgegengingen, wie es einige der frühen christlichen Märtyrer anscheinend getan haben. Doch wenn sie auch nicht von der Lust auf den Märtyrertod besessen waren, so verhielten sie sich doch in ihren letzten qualvollen Augenblicken heroisch. Als man Balthasar Hubmaier zur Vorbereitung auf den Scheiterhaufen Schwefel und Schwarzpulver ins Haar und in seinen langen Bart streute, rief er aus: »Oh, salzt mich nur gut, salzt mich nur gut!« Als die Scheite in Brand gesetzt wurden, wiederholte er auf lateinisch die Worte, die Jesus am Kreuz gesprochen hatte: »In manus tuas, Domine, commendo spiritum meum.« (In deine Hände, o Herr, empfehle ich meinen Geist.)[34] Sowohl Hubmaier als auch seine Frau, die mit einem Stein um den Hals in der Donau versenkt wurde, wurden als Märtyrer verehrt und erinnert. Geschichten wie diese boten sich zur dramatischen Nacherzählung an. Eine Auswahl von Märtyrerballaden fand ihren Weg in den berühmten *Ausbund*, das Liederbuch der Schweizer Brüder, das noch heute bei den Amischen[35] in Nordamerika in Gebrauch ist. In einem dieser Lieder, »Wer Christo jetzt will folgen nach«, wird des Martyriums von Georg Wagner gedacht. Obwohl er offensichtlich kein Wiedertäufer war, klagte man ihn an, die priesterliche Vermittlung bei der Vergebung der Sünden und die erlösende Wirkung der Wassertaufe abzuleugnen. Hier sind vier der acht Strophen dieses Liedes:

Wer Christo jetzt wil folgen nach,
muß achten nicht der Welte schmach,
das Creutz er auch muß tragen:
Kein ander weg inn Himmel geht,
hör ich von jugent sagen.

Allso thet Jörg der Wagner auch,
gen Himmel fuhr er in dem Rauch,
durchs Creutz ward er beweret,
Gleich wie man thut dem klaren Gold,
von Hertzen ers begeret.

Zween Barfüßmönch in grawem kleyd
Jörg Wagner trösten in seim leyd,
sie wolten jhn bekehren:
Er wieß sie in jhr Clösterlein,
jhr red wolt er nit hören.

Man flacht jhn auff ein Leyter hart,
das holtz und stroh anzündet ward:
jetzt ward das lachen thewre.
'Jesus! Jesus!' zum vierdten mahl
rief er laut auß dem fewre.[36]

Das nach der Bibel wichtigste Dokument der Frömmigkeit der Wiedertäufer ist *Das blutige Theater oder Der Märtyrerspiegel der wehrlosen Christen, die nur auf das Glaubensbekenntnis tauften und die litten und starben Jesus, ihrem Erlöser, zum Zeugnis.* Dieses bemerkenswerte Buch, das 1660 zuerst als Folio mit einem Umfang von 1290 Seiten in Holland veröffentlicht wurde, basiert auf früheren holländischen Märtyrerbüchern und enthält eine große Auswahl von Gedenkschriften, Zeugenaussagen, Verhandlungsprotokollen und Auszügen aus Bekenntnissen der Wiedertäufer und ihren Chroniken. In seinem prägenden Einfluß auf die Spiritualität der Radikal-Reformatoren kann der *Märtyrerspiegel* mit den *Taten und Denkmäler der christlichen Märtytrer* von John Foxe in der Tradition der Puritaner verglichen werden.

Der erste Teil des *Märtyrerspiegels* erzählt die Geschichten der heroischen christlichen Märtyrer bis zum Ende des 16. Jahrhundert nach. Der erste »Wiedertäufer«-Märtyrer war – nach dieser Aufzählung – Johannes der Täufer, der von König Herodes danach vermutlich deswegen enthauptet

wurde, weil er sowohl die »wahre Taufe der Reue« erteilte als auch die lockere Moral am königlichen Hof verdammte. Die Blutspur führt dann zu den frühen Kirchenvätern, den Donatisten (»keine seltsamen, unwissenden, abwegigen Geister, sondern Menschen, die auch in unseren Tagen Wiedertäufer genannt würden«), weiter zu den verschiedenen mittelalterlichen Sekten-Gruppierungen und endet mit dem Tod von Savonarola 1498.[37]
Nachdem die erste Hälfte des *Märtyrerspiegels* 15 blutige Jahrhunderte abgehandelt hat, wendet sich das Buch als nächstes denen zu, »die seit der großen Reformation ihr Leben für die Wahrheit gegeben haben.« Die Absicht ist eindeutig; es sollen »die ersten Blutzeugen mit den letzten vereinigt werden«, und somit soll die ungebrochene Kontinuität der Leidenden Kirche durch alle Zeiten belegt werden.[38]
Im Jahr 1552 wurde Cornelius Aertsz de Man, ein junger Mann von 17 Jahren, vor seiner Hinrichtung verhört. Der Richter machte geltend, daß die mennonitische Kirche nur etwa 30 Jahre existiert habe. Cornelius gab zur Antwort, daß Christus versprochen habe, bis zum Ende der Welt bei seiner Kirche zu sein; deshalb »zweifele ich nicht, daß er der Erhalter seines Körpers (=der Kirche) ist. (...) Obwohl seine Kirche in einigen Ländern durch Blutvergießen und Verfolgung ausgelöscht wurde, ist sie doch nicht auf der ganzen Welt vernichtet worden.«[39]
Die Umstände der Märtyrertode sind in ergreifenden Einzelheiten geschildert. Felix Manz ertrank in der Limmat bei Zürich, während seine Mutter und sein Bruder am Flußufer standen und ihm Mut machten, standhaft zu bleiben; Ottilia Goldschmidt erhielt auf dem Hinrichtungsplatz drei Heiratsanträge von einem jungen Mann, der auf diese Weise ihr Leben retten wollte; Augustine, ein holländischer Bäcker, sagte, als man ihn zum Scheiterhaufen schleppte, zu dem Bürgermeister, der ihn verurteilt hatte: »Ich befehle dir, innerhalb von drei Tagen vor dem Richterstuhl Gottes zu erscheinen.« Gleich nach der Hinrichtung befiel den Bürgermeister eine schwere Krankheit, an der er drei Tage später starb. Legenden wie diese zirkulierten unter den Gläubigen und dienten dazu, denen Mut zu machen, auf die möglicherweise ähnliche Prüfungen warteten. Viele Briefe, die im *Märtyrerspielgel* abgedruckt sind, wurden aus dem Gefängnis an Freunde und Familienmitglieder geschrieben. Sie zeigen die Menschlichkeit der Märtyrer, welche auch in der Stunde der Not die vertrauliche Nähe zu den Ihrigen pflegten. Sie empfahlen diejenigen, die sie zurücklassen mußten, der liebevollen Fürsorge ihrer Glaubensgemeinschaft an. Oft wird erwähnt, wie schwierig es ist, die geliebten Menschen zurückzulassen. Eines der bewegendsten Beispiele dieser Art ist ein Brief von Janneken Munstdorp an ihre kleine Tochter, die auch Janneken hieß. Das Baby war im Gefängnis während der Zeit geboren worden, als ihre Mutter die Hinrichtung erwartete. Der Brief ist als Testament an »Janneken, meine herzliebste Tochter,« adressiert, »geschrieben während ich (ehrlos) eingekerkert saß für unseren Herrn im Gefängnis zu Antwerpen, A.D. 1573.«

Mein liebes kleines Kind, ich empfehle dich dem allmächtigen, großen und schrecklichen Gott, der alleine weise ist, daß er dich bewahre und dich in seiner Furcht aufwachsen lasse oder daß er dich in deiner Jugend heimführe; das ist meine Herzensbitte an den Herrn; Du, die du noch so jung bist und die ich hier in dieser bösen, üblen und verdrehten Welt zurücklassen muß.
Da denn der Herr es so angeordnet und vorherbestimmt hat, daß ich dich hier zurücklassen muß und du hier ohne Vater und Mutter bist, will ich dich dem Herrn empfehlen; laß ihn mit dir nach seinem heiligen Willen verfahren. Er wird dich lenken und dir der Vater sein, so daß dir hier nichts fehlen wird, wenn du nur Gott fürchtest; denn er ist der Vater der Waisen und der Beschützer der Witwen.
Daher, mein Lämmchen, kann ich, die ich eingekerkert bin und um des Herrn willen hier in Fesseln liege, dir auf keine andere Weise helfen; um des Herrn willen mußte ich deinen Vater verlassen und konnte ihn nur kurze Zeit behalten. Es war uns nur ein halbes Jahr vergönnt zusammenzuleben; danach wurden wir festgenommen, weil wir die Rettung unserer Seelen suchten. Sie brachten ihn von mir fort, ohne zu wissen, daß ich schwanger war, und ich mußte im Gefängnis bleiben und ihn vor mir fortgehen sehen; es war ihm ein großer Schmerz, daß ich hier im Gefängnis bleiben mußte. Und nun, da ich die Zeit erfüllt und dich mit großem Kummer neun Monate lang unter meinem Herzen getragen und hier im Gefängnis unter großen Schmerzen geboren habe, hat man dich von mir genommen. Hier liege ich, jeden Morgen den Tod erwartend, und werde nun bald deinem lieben Vater folgen. Und ich, deine liebe Mutter, schreibe dir, mein geliebtes Kind, etwas zur Erinnerung, daß du dich mit Hilfe dieses Schreibens deines lieben Vaters und deiner lieben Mutter erinnern mögest.
Und nun, Janneken, mein liebes Lämmchen, das noch ganz klein und jung ist, hinterlasse ich dir diesen Brief, zusammen mit einem Goldstück, das ich im Gefängnis bei mir hatte, und dies hinterlasse ich dir als ewiges Lebewohl und als Testament, daß du dich dadurch an mich erinnern magst und auch durch diesen Brief. Lies ihn, wenn du alt genug bist, ihn zu verstehen, und bewahre ihn dein Leben lang als Erinnerung an mich und deinen Vater. Und damit wünsche ich dir Lebewohl, meine geliebte Janneken Munstdorp, und küsse dich von Herzen, mein liebes Lämmchen, mit einem ewigen Friedenskuß. Folge mir und deinem Vater nach, schäme dich nicht, uns vor der Welt zu bekennen, denn wir haben uns nicht geschämt, unseren Glauben vor der Welt und der heutigen schändlichen Generation zu bekennen.
Laß es dir zum Ruhme sein, daß wir nicht für eine Missetat gestorben sind, und bemühe dich, es uns gleich zu tun, sollten die Menschen auch danach trachten, auch dich zu töten. Und höre unter keinen Umständen auf, Gott über alles zu lieben, denn keiner kann dich daran hindern, Gott zu fürchten. Wenn du dem Guten folgst und Frieden suchst und stiftest, wirst du die Krone des ewigen Lebens erhalten; diese Krone wünsche ich dir und den gekreuzigten, blutenden, nackten, verspotteten, zurückgestoßenen und getöteten Jesus Christus als deinen Bräutigam.[40]

Wir wissen nicht, was aus der kleinen Janneken geworden ist, aber in dem Willen und Testament ihrer Mutter haben wir ein ergreifendes Zeugnis für die Theologie des Märtyrertums, die einfache Männer und Frauen der Radikal-Reformation in ihren Anstrengungen stützte, dem »bitteren Christus« nachzufolgen.

4. Sakramentales Leben

Die Radikal-Reformatoren stimmten mit den Gläubigen der protestantischen Hauptkirchen darin überein, die römisch-katholische Lehre von den sieben Sakramenten abzulehnen. Sie behielten die Taufe und das Abendmahl bei, schrieben diesen »Zeichen« aber ihre eigene charakteristische Bedeutung zu.

Praktisch alle Radikal-Reformatoren lehnten die Kindertaufe als eine höllische Erfindung ohne Grundlage im Alten oder Neuen Testament ab. Sie nannten sie ein Hundebad, ein Schweinebad, eine dreckige Waschung, eine abgöttische Abscheulichkeit und fanden noch andere unvorteilhafte Bezeichnungen. Diese feindliche Einstellung führte direkt zur Konfrontation mit den Autoritäten, sei es den protestantischen oder den römisch-katholischen, für die die Kindertaufe sowohl ein Instrument zur Herstellung politischer Konformität als auch ein Ritus mit großer theologischer Bedeutung war.

Die Radikal-Reformatoren enthielten ihren Kindern trotzig die Taufe vor und gingen zum Teil sogar in ikonoklastischer (bilderstürmerischer) Art gegen Taufbecken vor. In Waldshut zum Beispiel baute Hubmaiers Gemeinde das alte Taufbecken aus und warf es in den Rhein. Danach ging Hubmaier daran, 300 Erwachsene wiederzutaufen, wobei er Wasser aus einer Milchkanne benutzte.[41]

Zwingli, dessen gemilderte Lehre von der Erbsünde die traditionelle Notwendigkeit der Kindertaufe aufhob, hatte von Anfang an seine Bedenken gegen diesen Ritus.[42] Ganz ähnlich Erasmus, der die Auffassung vertrat, daß die Verschiebung der Taufe auf das Jugendalter im Ermessen der Eltern stehen sollte. Erasmus schlug auch eine öffentliche Wiederholung der Taufe für diejenigen vor, die sie im Kindesalter empfangen hatten.[43] Die Wiedertäufer griffen diese Themen auf und legten ihre Überzeugung im *Schleitheimer Täuferbekenntnis* von 1527 vor:

> Die Taufe soll allen gespendet werden, die es gelernt haben, zu bereuen und ihr Leben zu verändern; und die wahrhaft glauben, daß ihre Sünden von Christus nachgelassen werden; und all denen, die in der Auferstehung Christi leben und mit ihm im Tod begraben sein wollen, so daß sie mit ihm auferweckt werden können.[44]

Diese Form der Erwachseneninitiation wird oft als »Taufe der Gläubigen« bezeichnet. Der wichtigste Aspekt dabei ist jedoch die Reue, so daß sie genausogut als »Taufe der Reuigen« bezeichnet werden könnte. Für die Radikal-Reformatoren kam die Reue immer vor dem Glauben, im Gegensatz zu Calvin, der in seinen Lehren diese Reihenfolge umdrehte und die Reue als eine Frucht des Glaubens ansah.[45] Reue bezeichnet danach eine entschiedene Umkehr, ein wissent- und willentliches Nein zu dem eigenen früheren Lebensstil und seinen Bindungen. Diese Art zupackender Bekehrung konnte offensichtlich kaum mit einem sakramentalen »Babybad« in Einklang gebracht werden.

Luther, und noch umfassender Zwingli, sowie Bullinger und Calvin verteidigten die Kindertaufe als Analogon zur alttestamentlichen Beschneidung. Die Wiedertäufer ließen diesen Vergleich nicht zu, denn sie hielten die Bibel nicht für die Aufzeichnung eines Bundes in zwei Teilen, sondern zweier getrennter Bünde. Das Neue Testament hatte in allen Angelegenheiten des Glaubens und der Kirchenordnung Vorrang vor dem Alten Testament. So wurden Jesu eigene Erwachsenentaufe und sein Auftrag, *zuerst* alle Nationen zu seinen Jüngern zu machen und sie *dann* zu taufen (Mt 28, 19–20) als normatives Modell für die christliche Taufe genommen.

Die Taufe behielt bei den Wiedertäufern den starken Anklang an eine Aufnahme in einen Bund bei; das öffentliche Gelöbnis, sich zu engagieren, band den reuigen Gläubigen an die Gemeinde. Hubmaier beschrieb diesen Aspekt der Taufe folgendermaßen:

> Wenn er die Wassertaufe empfängt, erklärt der Täufling öffentlich, daß er von nun an nach den Gesetzen Christi leben will. Kraft dieses Eingeständnisses hat er sich den Schwestern, Brüdern und der Kirche unterworfen, so daß diese nun die Autorität haben, ihn zu ermahnen, falls er irrt, ihn zu maßregeln, mit dem Bann zu belegen und ihn wiederaufzunehmen. (...) Woher diese Autorität, wenn nicht vom Taufgelübde?[46]

Die Erwachsenentaufe nahm in der Radikal-Reformation in vielerlei Hinsicht den Platz eines Ordensversprechens ein, als ein feierliches Gelöbnis, sich an eine asketische Gemeinschaft zu binden; sie bedeutete zum einen den radikalen Bruch mit dem früheren Leben und zum anderen die Absichtserklärung, die »Räte der Vollkommenheit«[47] nicht in der Abgeschiedenheit eines Klosters, sondern inmitten der Widersprüche des Lebens in der Welt zu befolgen.

Die Taufe wurde auch als eine auf ein mögliches Martyrium vorbereitende Waschung angesehen. In Hubmaiers *Katechismus* ist von der dreifachen Taufe durch den Geist, das Wasser und das Blut die Rede. Die Taufe durch den Geist ist das innere Gnadenerlebnis, das der äußeren Wassertaufe vorausgeht; diese wiederum führt den Gläubigen auf den »engen Pfad« des Leidens und des Todes. Hans Hut sprach von dieser dritten Bedeutung der Taufe, als er sagte: »Das Wasser allen Leids ist das wahre Wesen und die Macht der Taufe.« Diese »rote Taufe« ist auch in dem Wort von Felix Manz angesprochen, das er nach dem Urteilsspruch »Tod durch Ertrinken« äußerte: »Ah, das ist echte Taufe.«[48]

Entsprechend den verschiedenen Traditionslinien innerhalb der Radikal-Reformation, spendete man die Taufe in ganz unterschiedlicher Art und Weise. Da es eine illegale Handlung war, hatte das Wiedertaufen heimlich zu geschehen. Es gibt Berichte von Tauffeiern der Wiedertäufer in Häusern, Scheunen, Wassertürmen, auf Feldern und Wiesen und an Flüssen und Bächen. Wenn die Obrigkeit von einer Zusammenkunft der Wiedertäufer irgendwo am Wasser erfuhr, nahm sie an, daß bald ein Taufgottesdienst abgehalten werde. Die am weitesten verbreitete Art des Taufens war das Übergießen mit Wasser. Wolfgang Ulimann, ein Wiedertäufer aus St. Gallen, bestand auf dem gänzlichen Untertauchen: »Er wollte nicht nur mit

Wasser aus einem Gefäß übergossen werden, sondern wollte durch Grebel ganz nackt in den Rhein gebracht und unter Wasser gedrückt und überspült werden.«[49] Bei den evangelikalen Rationalisten bestand Servetus ebenfalls auf der Taufe durch Eintauchen ins Wasser, vorzugsweise im Alter von 30 Jahren, in direkter Nachahmung von Jesu eigener Taufe. In Servetus' Nachfolge und vielleicht auch beeinflußt von der Praxis der angrenzenden russisch-orthodoxen Kirche setzte die anti-trinitarische Minoritenkirche in Polen das Eintauchen in Wasser mit der wahren äußerlichen Taufe gleich. Die Rakowitzer *Katechesis* von 1574 sagt unumwunden: »Wo man nicht ins Wasser eintaucht oder im Wasser untertaucht, kann es kein Verständnis für die Taufe auf den Tod, das Begräbnis und die Auferstehung des Herrn Jesus Christus geben.«[50]

Das Abendmahl wird in der *Chronik* der Hutterer als eine schöne und kultivierte Erinnerungsfeier an das bittere Leiden und den Tod des Herrn und als ein inbrünstiger Ausdruck der Dankbarkeit für den Nachlaß der Sünden beschrieben. Das *Schleitheimer Täuferbekenntnis* sprach vom Brotbrechen als Erinnerung an den gebrochenen Leib Christi und vom Trinken des Kelches als Erinnerung an dessen vergossenes Blut. Die ersten Wiedertäufer in Zürich waren in der Frage des Abendmahls radikale Anhänger Zwinglis. Sie und ihre Anhänger erkannten keine der eucharistischen Theologien von der realen Gegenwart Christi im Abendmahl an, weder die römisch-katholische noch die lutherische oder calvinistische. Schon 1524, Monate vor den ersten Wiedertaufen, arbeiteten Grebel und Manz in ihrem Kreis in Zürich Einzelheiten für das »Abendmahl der Jüngergemeinde« aus, obwohl der Stadtrat noch darauf bestand, daß Messen in der Kirchen zu feiern waren. Die Einfachheit von Grebels Liturgie diente späteren Radikal-Reformatoren als Vorbild. Ein Meßdiener aus der Gemeinde sollte die Einsetzungsworte sprechen; ein Dankgebet wurde gesprochen, aber keine Konsekrations- (Wandlungs-) Worte. Man nahm gewöhnliches Brot und gewöhnliche Trinkgefäße. Individueller Empfang der Eucharistie und die Aufbewahrung der sakramentalen Gestalten waren verboten. Es sollte keine priesterlichen Gewänder geben, keinen Gesang, nichts, was »eine falsche Verehrung« schaffen könnte. Positiv ausgedrückt war das Abendmahl zugleich ein festliches Erinnerungsmahl (»es erinnert an den Leib und das Blut Christi, den Bund des Kreuzes«) und ein Gemeindemahl (»es zeigt uns, daß wir wahrhaftig ein Brot und ein Fleisch sind«).[51]

Noch im späten 16. Jahrhundert waren die Wiedertäufer am Niederrhein nur unbedeutend von diesem Muster abgewichen; eine Neuerung bestand darin, daß der Laie durch einen designierten Pfarrer als Amtsträger ersetzt worden war:

Wenn das Abendmahl ausgeteilt wurde, nahm der Pfarrer das Brot und brach für jeden davon ein Stück ab; und sobald das Brot ausgegeben war und jeder sein Stück in der Hand hielt, nahm der Pfarrer auch ein Stück für sich selbst, nahm es in den Mund und aß es; und sobald sie den Pfarrer essen sah, tat die Gemeinde das gleiche. Der Pfarrer sprach jedoch keine Worte, vollführte keine Zeremonie, gab keinen Segen. Sobald das Brot gegessen war, nahm der Pfarrer eine Flasche Wein oder einen

Becher, trank und gab jedem der Gemeindemitglieder davon. In dieser Weise feierten sie das Brechen des Brotes.[52]

Der symbolische Charakter des Abendmahls wurde von den Märtyrern, die oft zu ihrer eucharistischen Theologie befragt wurden, verteidigt. Ein Wiedertäufer aus Westfriesland wurde gefragt: »Was hältst du vom Sakrament?« Er antwortete: »Ich weiß nichts von eurem gebackenen Gott.« Eine Witwe namens Weynken aus Den Haag wurde zum Tode am Strang verurteilt, da sie hartnäckig die sakramentale Wirksamkeit des Abendmahles abstritt. Am Morgen ihrer Hinrichtung bot ein Dominikanerpater an, ihr das Sakrament zu spenden. Sie sagte: »Was für einen Gott willst du mir geben? Einen, der schimmelig werden kann und den man für einen Groschen verkauft?« Und zu dem Priester, der an diesem Tag die Messe gefeiert hatte, sagte sie, daß er Gott erneut gekreuzigt habe.[53]
Trotz der minimalistischen Theologie, die diese Zeugnisse implizieren, war das Abendmahl, wie es bei den Radikal-Reformatoren gefeiert wurde, keine oberflächliche, halbherzige Feier, sondern eher eine lebendige Inszenierung von Jesu letztem Mahl und eine Vorwegnahme des eschatologischen, messianischen Festmahls. Menno Simons nannte es »das christliche Hochzeitsmahl«, bei dem »Jesus Christus mit seinem Segen, Geist und Versprechen anwesend ist.«[54] Dietrich Philips, ein späterer Mennonit, ging so weit, das »Manna« der Kommunion mit dem himmlischen Leib Christi gleichzusetzen, der die erneuerten Christen, welche am Tisch des Herren zusammenkommen, um an der »Speise der Engel« teilzuhaben, nährte und mehr und mehr heiligte. Das Abendmahl war also nicht ohne soteriologische Implikationen, obwohl es primär als Erinnerungsfeier interpretiert wurde. Aus diesem Grunde wurde die Abendmahlsfeier zu einem Anlaß für disziplinarische Maßnahmen, wie zum Beispiel Ermahnungen oder Belegung mit dem Bann, was geschah, um die Gemeinde in einer Welt des Bösen makellos zu erhalten.[55]

5. Gottesdienst und Gebet

Harold Bender hat auf eine wichtige Dimension des Gottesdienstes innerhalb der Radikal-Reformation hingewiesen, als er die Behauptung aufstellte, daß die Wiedertäufergemeinden keine beim Gottesdienst anwesenden »Zuschauer« waren, der von einem Kleriker in einem Gebäude, das dem Staat gehörte, gehalten wurden, sondern eine echte Gemeinschaft von Gläubigen, die zu Bibelstudien, Gebet und gegenseitiger Ermahnung zusammenkam.[56] Für viele Radikal-Reformatoren war das christliche Leben eine Art Mönchtum ohne Kloster, das den täglichen Lebenswandel in heiligem Gehorsam, Gebet und Gotteslob voraussetzte. Ein Beispiel dafür kann man in einer kleinen Gruppe von Wiedertäufern finden, die 1535 in einem Haus hinter dem Dom von Halberstadt lebte. Über sie ist zu lesen, daß sie viermal am Tag beteten und sangen, nämlich vor und nach den Mahlzeiten, und daß sie nachts zweimal aufstanden, um ihr Lob Gottes fortzusetzen.[57] Von den Hutterischen Brüdern heißt es, daß sich ihre täglichen Gebete nach einem trinitarischen Schema ausrichteten. Morgens beteten sie: »Möge Gott der Vater mich beschützen«; mittags: »Möge Gott der Sohn mich beschützen«; und abends: »Möge Gott der Heilige Geist mich beschützen.« Andere Radikal-Reformatoren lehnten es ab, dem Sonntag eine besondere Bedeutung beizumessen; als Argument führten sie an, daß Gott alle Tage der Woche gleich geschaffen habe und daß die Christen mit einem »ewigen Sabbat« beschenkt seien, den sie täglich und ohne Unterlaß feiern sollten, indem sie keine Sünden begingen und es zuließen, daß Gott in ihnen sein Werk tue.[58]

Den Radikal-Reformatoren widerstrebte es, irgendeinem besonderen Objekt oder irgendwelchen Orten, Personen oder Tagen Heiligkeit zuzusprechen. In Hubmaiers *Katechismus* wird die Frage gestellt: »Wo betest du zu Christus?« Der Gefragte antwortet: »Weder an einem besonderen Ort noch an einem anderen. Und sogar wenn jemand sagt: ›Sieh, Christus ist dort auf dem Altar; dort sitzt er in dem kleinen Stein oder in dem silbernen Haus,‹ – ich glaube nicht daran.«[59]

Die frühesten Nachweise für ein Versammlungshaus der Wiedertäufer datieren von 1590. Die Hutterer lehnten es ab, Kirchen oder Kapellen zu errichten; sie zogen es vor, sich zum Gottesdienst in großen Gemeinschaftsräumen wie etwa einem Speisesaal zu treffen. Notwendigerweise waren viele Versammlungen der Radikal-Reformatoren *ad hoc* (spontane) Zusammenkünfte. Menno gestand, daß »wir bei Tag und bei Nacht beten, in Häusern und auf Feldern, in Wäldern und Marschen, hier und dort, zuhause und unterwegs.«[60] Solche Zusammenkünfte liefen immer Gefahr, entdeckt und von den Behörden verfolgt zu werden.

Es ist schwierig, die Form der Gottesdienste der Radikal-Reformatoren zu rekonstruieren, da die meisten von ihnen keiner formalen Liturgie folgten. Schriftlesung und Auslegung, Gebet, Gesang und häufiges Feiern des Abendmahls waren weitverbreitete Elemente in den Gottesdiensten der Wiedertäufer. Eine Kirchenordnung von 1529, gefunden in Berner Archiven, sah vor, daß nur einer auf einmal reden sollte. Aber Peter Riedemanns *Konfesssion* von 1540 beschreibt eine formalere Gottesdienststruktur, die bei den Hutterischen Brüdern in Gebrauch war. Der Gottesdienst begann mit einer Zeit der stillen Vorbereitung und Selbsterforschung, dann folgte eine Zeit der Danksagung und des Gebets, der Verkündigung des Wortes, Liedgesang und Segnung.[61]

Das Vaterunser wurde bei den Radikal-Reformatoren aller drei Hauptgruppierungen oft gebetet. Hubmaier definierte das Gebet als »ein Erheben der Seele zu Gott im Geist und in der Wahrheit« und empfahl das Vaterunser als einen Teil der katechetischen Unterweisung.[62] Der österreichische Wiedertäufer Leonhard Schiemer indes schrieb eine bissige Parodie auf das, was das »Pater noster« (Vaterunser) nominellen Christen bedeutete. Sie beten zu Gott »im Himmel«, aber leben nicht nach seinen Geboten auf der Erde. Sie bitten um »unser tägliches Brot«, aber wenn sie es bekommmen haben, tun sie so, als ob es »mein« Brot sei und leben nicht durch den Glauben, sondern durch materielle Gewinne. Einige der Radikal-Reformatoren wie der Unitarier[63] Camillo Renato gingen so weit, daß sie alle hörbaren Gebete einschließlich des Vaterunsers abschafften. Der spanische Spiritualist Johannes von Valdès, der sich damit doch nicht ganz einverstanden erklären konnte, schrieb einen religiösen Kommentar zum Vaterunser. Er bestand jedoch darauf, daß ein Gebet »mehr geistig als verbal« sein sollte und in keiner Weise an »Bücher oder Rosenkranzperlen« gebunden sein könnte.[64]

Bei vielen dieser radikal-reformatorischen Gruppen, die jegliche Form von vorformulierten oder »eingeschränkten« Gebeten geringschätzten, scheint ein sehr lockerer, fast charismatischer Stil des Gottesdienstes vorgeherrscht zu haben. Von im Remstal lebenden Wiedertäufern wird berichtet, daß sie »auf ihr Gesicht fielen«, die Hände rangen und riefen: »Der Herr sei gelobt.« Ein übelwollender Beobachter verglich das Durcheinander beim Wortgottesdienst der Wiedertäufer mit dem »Ächzen und Stöhnen eines müden alten Gauls vor einem Karren.«[65] In ähnlicher Art und Weise äußerte sich Henry Barrow in England sehr geringschätzig über *The Book of Common Prayer* (das offizielle Gebetbuch der anglikanischen Kirche), nannte es »ein Stück Fleisch von einem Schwein« und »einen Bühnendialog« und bestand darauf, daß ein Gottesdienst durch das freie Wehen des Geistes und die spontane Antwort der Menschen darauf charakterisiert sein solle. Die Barrowisten lehnten es wie die Wiedertäufer auf dem Kontinent ab, ihre Gottesdienste in den bestehenden Kirchen zu feiern, und hielten ihre eigenen Gottesdienste an verschiedenen, abgelegenen Orten in der Umgebung Londons ab. Nach einem Spitzelbericht bestand ihr Gottesdienst aus Schrifterläuterung, freiem Gebet (»einer spricht, und der Rest stöhnt oder schluchzt oder seufzt, als ob man Tränen aus sich herauswringen würde«), der Kollekte und einem gemeinschaftlichen Mahl, gefolgt von einer einfachen Feier des Abendmahls.[66] Diese Art von geistbeseeltem Gottesdienst muß bei vielen Sekten innerhalb des weiten Spektrums der Radikal-Reformation gang und gäbe gewesen sein. Da man die Kindertaufe und die Messe sowie die formalen liturgischen Traditionen des Christentums abgeschafft hatte, fühlten diese neugeborenen Christen sich frei, den Neigungen ihres Herzens zu folgen, wohin auch immer diese sie führen mochten, da sie durch die frischen Impulse des Geistes neue Energie bekommen hatten.

Eine andere, ruhigere Tradition von Gottesdienst bei den Radikal-Reformatoren soll hier auch erwähnt werden. In frühen holländischen Mennonitenkirchen kniete sich die Gemeinde am Anfang und am Ende des Gottesdienstes nieder und verharrte in stillem Gebet. Die Praxis des stillen Gebets wurde geübt, damit jeder sich an den Herrn »ohne Verwirrung oder ungebührlichem Lärm« wenden konnte.

Einige schweizer und holländische Wiedertäufer veröffentlichten auch Sammlungen von gedruckten Gebeten. Viele von diesen waren Gebete persönlicher Religiosität: Morgen- und Abendgebete, Gebete vor und nach Tisch, Gebete für die Bekümmerten und Mutlosen und Gebete für die

Kranken. 1625 veröffentlichte Leonhard Klock ein *Formulary of Several Prayers* (Verschiedene vorformulierte Gebete) auf holländisch, das Taufgebete, Abendmahlsgebete und Gebete zur Vermählung miteinschloß. Ursprünglich war das Buch an die »einmütigen Brüder in Preußen« adressiert; es enthielt ein Gebet, welches für die spätere mennonitische Tradition Modellcharakter bekommen sollte:

> Herr, sei gnädig all denen, die dich und uns hassen und verfolgen und uns Unrecht tun. Vergib ihnen, denn sie wissen nicht, was sie tun. Deshalb rechne ihnen ihre Schuld an uns nicht an. Wir beten auch für alle gutherzigen Menschen, die dein Wort gerne hören, aber nicht die Kraft aufbringen, sich deinem Gehorsam zu unterwerfen. Gib ihnen Kraft durch den Heiligen Geist. Wir beten für alle, die für das heilige Zeugnis leiden: im Gefängnis sitzen, in Ketten liegen, verfolgt werden, ins Exil gehen müssen, verachtet werden, unterdrückt werden oder auf andere Art und Weise aller ihrer Güter und allen Trostes beraubt sind.(...) Zerbreche und zerschlage unsere harten Herzen und mache sie reuig, auf daß sie dir heiße Tränen vergießen, die du, o Vater, bewahren mögest (...) Wir bitten dich auch, uns deine große Sehnsucht zu vermachen und uns die Zuneigung deines Herzens zu schenken und ebenso eine freundliche, demütige Natur, so daß wir uns wie liebende Kinder an dich, o Gott, als unseren Vater wenden können.[67]

6. »Militia Christi«: Das Schwert und der Bann

Nach Roland H. Bainton muß das Christentum, wenn es sich ernst nimmt, die Welt entweder verlassen oder über sie herrschen, und zu unterschiedlichen Zeiten mag es versuchen, beides auf einmal zu tun.[68] Beide Impulse waren sicherlich innerhalb der Radikal-Reformation wirksam. Der große Bauernkrieg (1525) und der Aufstand der »Makkabäer«-Wiedertäufer zu Münster (1535) waren die beiden sichtbarsten Ausbrüche religiös fundierter Gewalt zu Zeiten der Radikal-Reformation. Eine gemäßigtere Position bezüglich der Beziehungen von Christen zum Staat vertrat Hubmaier; er schrieb 1527 eine Abhandlung *Über das Schwert*, in der er die legitimen, auch Zwangsmaßnahmen einschließenden Machtbefugnisse einer Regierung guthieß, wie einen gerechten Krieg und die Todesstrafe, und ausführte, daß ein Christ ein Richteramt ausüben könne, ohne mit seinem Gewissen in Konflikt zu geraten. (Seine Anhänger wurden »Schwertler« genannt, im Gegensatz zu den pazifistischen »Stäblern«, die der Meinung waren, daß sie als Soldaten Christi nur Stöcke tragen könnten und keine Schwerter). Beide Positionen, die der Befürwortung revolutionärer Gewalt als auch die realpolitischer Kompromisse, wurden in entschiedener Weise nur von einer Minderheit innerhalb des gesamten Spektrums der Radikal-Reformation vertreten. Im großen und ganzen stellten sich die Spiritualisten ebenso wie die Wiedertäufer und die evangelikalen Rationalisten absichtlich außerhalb der Machtstrukturen der Gesellschaft. Sie weigerten sich, Waffen zu tragen, Kriegsdienst zu leisten, einen Eid zu schwören oder ein offizielles Amt zu bekleiden.[69]

Die meisten Radikal-Reformatoren mit pazifistischer Neigung gaben zwar zu, daß das »Schwert« in der Tat von Gott eingesetzt worden sei, aber nur »außerhalb der Vollkommenheit Christi«,[70] wie es das *Schleitheimer Täuferbekenntnis* ausdrückt. Das will sagen, daß innerhalb der Kirche Gewaltlosigkeit und die leidende Liebe Christi genauestens befolgt werden müssen, als Zeugnis für die Welt. So auch müssen Richter, wenn sie Christus aufs Wort nachfolgen wollen, sich selbst *qua* Amt (als Amtsinhaber) verleugnen. Sie sollen ihre Feinde lieben, nicht sie töten. Die Absage an Gewaltanwendung und Autorität wird so, zusammen mit Erneuerung und Taufe, zum *sine qua non* (zur unabweislichen Vorbedingung) der Aufnahme in die Kirche. Auf die Bitte, die logische Inkonsequenz zu erklären, die darin liegt, daß Gott das Amt eingesetzt hat, jedoch die Rettung des jeweiligen Amtsinhabers verhindert, antwortete ein Wiedertäufer in einer Sprache, die Calvins Verteidigung der doppelten Prädestination[71] auffällig ähnlich ist: »Da das Problem der Bekleidung eines Amtes und der Ausübung von Amtsgewalt dich so überrascht, nämlich daß Gott dich dazu bestimmt und eingesetzt hat und du doch verdammt bist in deinem Amt und nicht gerettet wirst (...) mein Lieber, wer bist du, daß du mit Gott rechtest? Sagt denn das Geschöpf seinem Schöpfer: Warum hast du mich so geschaffen?«[72]
Wenn man nach der spirituellen Grundlage dieser radikalen Einstellung der Widerstandslosigkeit sucht, findet man den immer wieder neu vorgetragenen Appell der Radikal-Reformatoren, dem Beispiel Jesu zu folgen. Jakob Hutter versicherte dem Markgrafen von Mähren: »Wir wollen niemandem weh tun und niemandem ein Unrecht zufügen, nicht einmal unserem schlimmsten Feind, sei es Ferdinand oder jemand anderes.« Weiterhin behauptete er, daß seine Anhänger sich eher 100 Gulden rauben lassen würden als an den schlimmsten Feind Hand anzulegen – um gar nicht erst von Speeren, Schwertern und Hellebarden zu sprechen. »Wie jeder sehen kann, haben wir keine realen Waffen, weder Speere noch Musketen. Nein, wir wollen durch unser Wort und unsere Taten zeigen, daß die Menschen als wahre Anhänger Christi leben sollen.« Hutter erklärte, daß »es uns niemals in den Kopf gekommen ist, wie die Münsteraner zu handeln.« Das Alte Testament dürfe nicht mehr als Präzedenzfall für Krieg und Blutvergießen angeführt werden, da Christus ein neues Reich eingesetzt habe, das sich auf Vergebung und Gewaltlosigkeit gründet. Die *militia Christi* (das Heer Christi) ist eine Armee, die kein Blut vergießt. Ihre Waffen sind Gebet, Fasten und Glauben. »Gott befiehlt uns, unsere Schwerter zu Pflugscharen und Sicheln umzuschmieden. Die Kriege auf der ganzen Welt müssen aufhören, überall da, wo Gläubige sind.«[73] In Übereinstimmung mit ihrer Strategie der Gewaltlosigkeit lehnten die Hutterer es ab, Kriegsabgaben zu leisten oder Steuern für den Lohn der Henker zu zahlen, gleichwohl sie in allen Angelegenheiten, die ihr Gewissen nicht verletzten, der Obrigkeit pflichtschuldigst Gehorsam leisteten.
Das Evangelium der Widerstandslosigkeit war ein wesentlicher Bestandteil dieser Art der Spiritualität der Radikal-Reformation. Deren radikal apolitische Lebenshaltung war eine direkte Folge ihrer Auffassung, daß Gott vom

Wesen her gewaltfrei sei. Hans Denck fragte, warum Gott uns »nicht so geschaffen hat, wie er uns haben wollte« und beantwortete dann selbst seine Frage: »Der Grund ist nämlich, daß Gott keinen Zwang ausüben will, so daß seine Gnade geschätzt werden kann und nicht verachtet wird.« Nach Denck ist Jesus eben deswegen das normative Modell für den Christen, weil er die Eigenschaften und die Absichten Gottes am deutlichsten gezeigt hat. Gott hat alle Menschen nach seinem Ebenbild geschaffen. Doch keiner ist Ebenbild Gottes geblieben außer Jesus, der seine Nächsten so geliebt hat, daß er für sie sein Leben hingegeben hat, »*was er mit Sicherheit vom Vater gelernt haben muß*, da er eins ist mit dem Vater und ihm in allem gehorsam ist.«[74] In dieser Argumentationsweise kann man ein Echo der urchristlichen Überzeugung hören, daß Gott seinen Sohn in Sanftmut und Milde gesandt hat, um zu retten und zu überzeugen, nicht aber um als Tyrann zu herrschen oder Gewalt auszuüben, denn »Gewalt gehört nicht zu Gottes Eigenschaften.«[75]

Es ist bezeichnend, daß das *Schleitheimer Täuferbekenntnis* in eben diesem Kontext, – nämlich den Gebrauch des Schwertes für Christen als unzulässig zu erklären, – dessen Zweck in der Welt mit dem der Kirchendisziplin innerhalb der Gemeinde vergleicht: »In der Vollkommenheit Christi wird der Bann zur Warnung gebraucht und zur Exkommunikation dessen, der gesündigt hat, ohne daß das Fleisch getötet wird.«[76] Im Denken der Wiedertäufer war die Autorität der inneren Führung in gewissem Sinne parallel zur Macht der staatlichen Obrigkeit angeordnet. Wie die prä-konstantinische Kirche, die ja in einer polemischen Parallelität zum römischen Imperium bestand, so hielten auch die radikalen Sektierer des 16. Jahrhunderts, die es ablehnten, mit der sie umgebenden zeitgenössischen Kultur konform zu gehen, die Kirche für eine »alternative Gesellschaft« mit einem ihr eigenen Instrumentarium an Ordnungs- und Disziplinierungsmaßnahmen.

Der »Bann« war die Maßnahme, durch die unwürdige und korrupte Mitglieder aus der Gemeinde ausgeschlossen wurden. Die Wiedertäufer bestanden auf diesem Ritual; sie hielten es für ein wesentliches Charakteristikum der wahren Kirche, die, wie jeder lebendige Organismus, in der Lage sein müsse, Fremdkörper auszuscheiden: »Ohne diese Macht ist die Kirche wie ein monströser Körper, dem die Fähigkeiten und die Vorrichtungen abgehen, Exkremente oder andere widerliche Dinge ab- oder auszustoßen, und der deshalb niemals zu Gott berufen ist, um zu leben, vielmehr dem Tod und der Zerstörung anheimgegeben ist.«[77]

Die Rakowitzer *Katechesis* der Polnischen Brüder zählt fünf Gründe für die Beibehaltung der kirchlichen Disziplinarmaßnahmen auf: (1) damit der Schuldige geheilt und auf den rechten Weg zurückgeführt wird; (2) damit die anderen Angst bekommen und von den Schwachen nicht verdorben werden können; (3) damit Skandale und Unordnung von der Kirche ferngehalten werden können; (4) damit das Wort des Herrn außerhalb der Kirche nicht übel beleumundet wird; (5) damit der Ruhm und der Name des Herrn nicht in den Schmutz gezogen werden.[78] Die Unfähigkeit der etablierten Kirchen, eine gute Disziplin aufrechtzuerhalten, war neben ihrer falschen Lehre und ihren »abgöttischen« Sakramenten ein gewichtiger Grund für die Abspaltung.

Die heilsame Absicht der Disziplinarmaßnahmen wurde von den Radikal-Reformatoren immer wieder hervorgehoben. Die drei Schritte der brüderlichen Ermahnung, eindringlich vor Augen geführt in Mt 18, sollten in Geduld befolgt werden, bevor der harte Schritt des Ausschlusses unternommen wurde. Der formale Bann war danach, zumindest theoretisch, nur eine die Gemeinschaft betreffende Bestätigung des bereits im Herzen des reuelosen Gemeindemitglieds vor sich gegangenen Abfalls von Christus:

Keiner wird von uns exkommuniziert oder aus der Gemeinschaft der Brüder ausgeschlossen, es sei denn diejenigen, welche schon von der Gemeinschaft mit Christus abgefallen sind und sich selbst ausgeschlossen haben, sei es durch falsche Lehre oder durch ungehöriges Verhalten. Denn wir wollen niemanden ausschließen, sondern lieber willkommen heißen; nicht amputieren, sondern lieber heilen; nicht abschreiben, sondern lieber zurückgewinnen; nicht trauern, sondern lieber trösten; nicht verdammen, sondern lieber retten.«[79]

Der pastorale Ton dieser Erklärung aus Menno Simons' *Ermahnung zur kirchlichen Disziplin* (1541) wurde aber oft aufgegeben, wenn es zu nachtragenden und harten Vorwürfen kam, die beim »Meiden« von ausgeschlossenen Mitgliedern oft eine Rolle spielten. Die Praxis, allen sozialen Kontakt mit dem Reuelosen zu vermeiden, scheint besonders bei den holländischen Mennoniten verbreitet gewesen zu sein. Sie ist möglicherweise in der Absicht entstanden, sich von den Gewalt anwendenden Münsteranern abzugrenzen. Bald jedoch sollte die Praxis des »Meidens« noch umfassender ausgeübt werden; auch die Familienmitglieder des mit dem Bann Belegten wurden in die Vermeidungspraxis einbeschlossen. Menno riet nach wie vor zur Nachsicht, besonders im Falle eines exkommunizierten Ehegemahls. 1550 gab es in der Gemeinde in Emden einen Streit um eine Schwester, Swaen Rutgers, die sich weigerte, sich des ehelichen Verkehrs mit ihrem rückfällig gewordenen Gatten zu enthalten. Einige in der Kirche meinten, daß auch sie mit dem Bann belegt werden solle, während Menno dem nicht zustimmen wollte.[80]

Unter den Verfehlungen, die mit dem Bann belegt wurden, waren das übermäßige Trinken, der Ehebruch, das Schwören von Eiden, die Ehe mit einem Ungläubigen, die Verbreitung von falschen Lehren, der Streit unter Eheleuten ohne Versöhnung und die Veruntreuung von Gemeindegeldern. Bei den meisten Verfehlungen ging es um persönliche Heiligkeit oder interne Gemeindeangelegenheiten. Die umfassendere Sorge jedoch, nämlich der Welt einen reinen Zeugen zu präsentieren, wurde nicht auf die leichte Schulter genommen. Ein englischer Schneider z. B. wurde aus seiner separatistischen Kirche ausgeschlossen, weil er für die Anfertigung von »Wams und Hose« sieben Schillinge verlangt hatte, während der gängige Preis fünf Schillinge betrug![81] Der nachdrückliche Einsatz von Disziplinarmaßnahmen lief immer Gefahr, zu kleinlichem Legalismus zu verkommen, was zweifellos auch oft geschah. Und doch enthielt er Elemente des sozialen Protestes, der über die Grenzen einer einzelnen Gemeinde hinausging.

Die Glaubensgemeinschaften der Radikal-Reformation stellten Modelle dessen dar, was Religionssoziologen als »intentionale« Gemeinschaft bezeichnen. Die Mitgliedschaft war weder zufällig noch einfach übernommen; die Teilnahme am Gemeinschaftsleben war wie auf Befehl herzlich und lebendig. Eine wahre sichtbare Kirche war ja sowohl eine wiedergetaufte Schar von versammelten Heiligen, *geschieden von der Welt* durch ihre autonomen Ordnungsprinzipien und durch das Sich-Fernhalten von jedem Gewalt beinhaltenden Engagement; und sie war zugleich ein »Kommando« von geistlichen Einsatztruppen, die diejenigen Gemeindemitglieder, die durch ihr Leben ihre Berufung verrieten, durch Gemeindedisziplin *zur Welt zurückbrachte.*

7. Ein Evangelium für jedermann: Eschatologie und Ökumene

Die Anhänger der Radikal-Reformation waren von starker eschatologischer Inbrunst besessen, was die bevorstehende zweite Ankunft Christi betraf. Seit der Zeit des Augustinus war das in Offenbarung 20 beschriebene Jahrtausend allgemein als das gegenwärtige Zeitalter der Kirche interpretiert worden. Nach dieser Theorie wurden die bösen Absichten des Teufels von christlichen Amtsträgern unter Kontrolle gehalten (»angekettet«, Offb 20, 1), wohingegen die Kirche mit ihren Erlösten und ihren Verdammten die endgültige Vollendung aller Dinge erwartete. Indem sie sich von den offiziellen Kirchen mit ihren Verbindungen zur staatlichen Gewaltausübung abwandten, brachen die Radikal-Reformatoren entschieden mit der etablierten Eschatologie. Da sie ihre eigene Zeit als die letzten Tage interpretierten, hielten sie sich für die geheimen Träger des neuen Zeitalters. Durch die Restauration (mehr als bloß durch eine »Reformation«) der Kirche zu ihrer unbefleckten Reinheit standen sie sozusagen im Strudel eines geschichtlichen Prozesses, dazu bestimmt, die Mächte der Finsternis zu stürzen und das tausendjährige Reich einzuführen. Solche Ideen, in verwirrenden Kombinationen und oft sich untereinander widersprechenden Details, wurden von den Radikal-Reformatoren vertreten, während sie gleichsam im Schatten der Endzeit ihre eigene Spiritualität entwickelten.

Der apokalyptische Ton, der so oft in der frühen Wiedertäuferliteratur hörbar wird, muß im Kontext der inbrünstigen Erwartungen gesehen werden, die der Bauernkrieg freigesetzt hatte, und auch im Zusammenhang mit der gewaltsamen Unterdrückung des religiösen Radikalismus in der Folge des Krieges. Thomas Müntzer, der sich selbst als einen alttestamentlichen Krieger-Priester verstand und seine Briefe mit »Thomas Müntzer mit Gideons Schwert« zeichnete, wurde nach der verheerenden Schlacht von Frankenhausen 1525 geköpft. Einen starken Widerhall von Müntzers Lehren kann man in den prophetischen Äußerungen von Hans Hut hören, der als Buchhändler zu einem Wiedertäuferapostel geworden war. Hut interpretierte die kurz bevorstehende Wiederkunft Christi in Begriffen zeitgenössischer Geschehnisse, »Zeitzeichen«, deren bemerkenswertestes der Einfall der türkischen Armeen in die Länder der Christenheit war. Ende der 1520er Jahre waren die Türken bis zu den Toren Wiens vorgestoßen. Aufgrund der Prophetien in Offenbarung 13 und dem Buch Daniel (Dan 12) sagte Hut Christi Wiederkunft für Pfingsten 1528 voraus, genau dreieinhalb Jahre nach dem Ende des Bauernkrieges. Hut machte sich daran, die 144.000 erwählten Heiligen zusammenzubringen (Offb 7, 4), denen er durch die Taufe mit dem Zeichen des Kreuzes ein Siegel auf die Stirn drückte. Bei der Wiederkunft Christi würden die Gerechten in einem Königreich ohne Regierungsapparat, ohne Schwert und ohne wirtschaftliche Ungleichheiten die Welt regieren, während die Übeltäter zu ewiger Strafe verdammt sein würden. Als das Jahr 1528 herankam, war Hut schon tot. Sein verkohlter Körper – er hatte in seiner Gefängniszelle Feuer gelegt, aber der Fluchtversuch war gescheitert – wurde posthum verurteilt. Seine Bewegung fiel bald auseinander, obwohl seine apokalyptische Botschaft von anderen Propheten wie Melchior Hoffmann aufgegriffen wurde. Hoffmann bestimmte für die Wiederkunft Christi eine andere Zeit, nämlich 1534, und einen anderen Ort, nämlich Straßburg, jedoch mit ähnlichem Ergebnis. Obwohl sowohl Hut als auch Hoffmann ihren Anhängern rieten, nur das »Schwert in der Scheide« zu führen – d. h. die Gewalt gleichsam aufzusaugen, sie aber nicht auszuüben –, schufen ihre drastischen Voraussagen und vernichtenden Schmähungen gegen den Kaiser, den Papst und die »blutsaugenden antichristlichen lutherischen und Zwingli folgenden Prediger« eine Atmosphäre, in der das offenkundig revolutionäre Königreich von Münster gedeihen konnte.[82]

Die Schweizer Brüder waren von Anfang an eingefleischte Pazifisten und wurden kaum, wenn überhaupt, von Thomas Müntzer beeinflußt. Doch vergleichbare apokalyptische Strömungen kann man auch in ihren Bewegungen finden. Im Juni 1525 traf eine Prozession von wiedergetauften Bauern vom Zollikon in Zürich ein und zog durch die Straßen mit dem lauten Ruf: »Weh, weh, weh, o Zürich!« Sie trugen Weidenruten und Seile statt Gürteln, damit Jesajas Wort sich erfülle, daß die Gläubigen in den letzten Tagen »ein Seil statt eines Gürtels« tragen werden. Sie prangerten Zwingli als »den alten Drachen« an und gaben der Stadt – im Geiste Jonas' – eine Frist von 40 Tagen zur Umkehr.[83] Die Erwartung der unmittelbar bevorstehenden Wiederkunft Christi war zu einer entscheidenden motivierenden Kraft bei der Errichtung der reinen Kirche geworden.

Michael Sattler, der Autor des *Schleitheimer Täuferbekenntnisses*, schrieb aus dem Gefängnis an seine Kirche in Horb einen Brief. Bezugnehmend auf das apokryphe Buch Esdras und das Buch der Offenbarung legte er die Versammlungen der Täuferkirchen als Zeichen aus, daß das Ende nahe sei.

> Betet, daß Schnitter hinaus zur Ernte geschickt werden, denn die Zeit zum Dreschen ist gekommen. Die Abscheu vor dem Elend ist unter euch sichtbar. Die auserwählten Knechte und Mägde des Herrn werden im Namen des Vaters auf der Stirn gezeichnet sein. Die Welt hat sich gegen die erhoben, die vom Irrtum der Welt erlöst sind. Das Evangelium ist vor aller Welt als Offenbarung bezeugt. Danach kann der Tag des Herrn nicht länger ausbleiben.[84]

Sattler warnte vor »nutzlosen Spekulationen« und setzte, soweit wir wissen, kein genaues Datum für Christi Wiederkunft fest.
In Erwartung der Ankunft des Neuen Jerusalems flohen die ersten Wiedertäufer »aus Babylon und aus Ägypten«, um nicht teilhaben zu müssen »an der Qual und an dem Leid, das der Herr über sie bringen wird« (Offb 18, 4).[85] Ihr überstürzter Exodus brachte verständlicherweise für sie selbst schon jetzt erhebliche Qual und Leid. Als die Verfolgungen stärker wurden, wuchs auch die Leidenschaftlichkeit ihrer eschatologischen Hoffnungen. Von Land zu Land getrieben, ohne auch nur eine einzige feste Bleibe zu finden, sehnten sie sich nach dem »göttlichen Heimatland, da wir hier in dieser elenden Wildnis weder Frieden noch Ruhe finden.«[86] Treffend beschreibt der belgische Historiker Henri Pirenne die Wiedertäufer-Bewegung als »Protestantismus der Armen«.[87] Die Ausbreitung einer apokalyptischen Stimmung unter weiten Teilen der Radikal-Reformation ging einher mit sozialen Erschütterungen, die im 16. Jahrhundert durch weitverbreitete Hungersnöte, Inflation, Arbeitslosigkeit und die Pest hervorgerufen wurden. Man kann hier jedoch keine direkten kausalen Verbindungen herstellen, da viele Radikal-Reformatoren in begüterten Verhältnissen ebenfalls intensive eschatologische Glaubensvorstellungen besaßen (wie die Polnischen Brüder, zu deren Gemeinde eine große Anzahl Adeliger gehörte). Allerdings waren die meisten der zu den Glaubensgemeinschaften der Radikal-Reformation Überlaufenden einfache Männer und Frauen – Bauern, Näherinnen, Bäcker, Knopfmacher, Seifensieder, Küfer, Hirten und Schuster. Bei den Zusammenkünften der Radikal-Reformatoren fanden sich auch zahlreiche Arme und Besitzlose ein. Die meisten dieser Menschen fanden in einem Evangelium, das über die hoffnungslosen Zustände dieser Welt auf ein Zeitalter der letzten Gleichheit und Fülle hinüberzeigt, einen Ort der Hoffnung in ihrem bitteren wirtschaftlichen Elend. Viele von ihnen werden sich zweifelsohne über die Aussicht gefreut haben, daß die göttliche Gerechtigkeit alle religiösen und politischen »hohen Tiere« treffen werde.
Die Erwartung des tausendjährigen Reiches hatte für viele Radikal-Reformatoren noch einen anderen tiefen Einfluß auf ihr spirituelles Leben: Sie bewahrte sie davor, sich von der Geschichte und der Verantwortung in der Welt abzuwenden. Die Bedeutung dieser Einsicht wurde von Paul Althaus in seinem Vergleich der lutherischen mit der radikal-reformatorischen Eschatologie gut erfaßt: »Chiliasmus[88] heißt, *dieser Erde treu zu bleiben*; es heißt also, darauf hinzuarbeiten, die Dämonen dieser Welt zu überwinden.«[89] Obwohl die meisten Radikal-Reformatoren an den politischen Veränderungen der Welt verzweifelten und den Strukturen der weltlichen Macht mit ihrer gewalttätigen Vorgehensweise gegenüberstanden, als seien es Dämonen, so widerstanden sie doch den sehr verlockenden Versuchungen des Quietismus oder der politischen Indifferenz. Im Bemühen, in diesem gegenwärtigen, vorläufigen Äon ein glaubwürdiges Zeugnis abzulegen, schufen sie eine Spiritualität, die auf tiefgründige Weise sowohl nicht von dieser Welt als auch unbeirrt den Absichten Gottes in der Geschichte verpflichtet war.

Bevor wir uns den universalistischen Implikationen der Eschatologie der Radikal-Reformatoren zuwenden, sollte hier noch eine kurze Bemerkung über eine wichtige Modifikation der traditionellen Lehre von der Unsterblichkeit der menschlichen Seele angefügt werden. Obwohl die Protestanten, mit der nicht ganz eindeutigen Ausnahme Luthers, das Fegefeuer als Kategorie des Lebens nach dem Tode strichen, hielten sie alle hartnäckig am Konzept der Unsterblichkeit fest.[90] Calvin machte sich in seiner ersten theologischen Abhandlung, *Psychopannychia* (in etwa: Allschlaf der Seelen), über den Begriff des Seelenschlafs lustig und malt das lebendige Bild aus, das sich die Radikal-Reformatoren von den Freuden der Erwählten im Himmel im Gegensatz zu den Qualen der Verdammten in der Hölle machen.[91] Die Radikal-Reformatoren meinten, daß die Seele zwischen dem individuellen Tod und der allgemeinen Auferstehung entweder schlafe (Psychosomnolenz) oder, noch drastischer, ausgelöscht werde (Mortalismus). In beiden Fällen glaubten sie, daß sie die ursprüngliche christliche Eschatologie, bei der die Auferstehung der Toten und nicht die Unsterblichkeit der Seele das vorherrschende Motiv war, wiedergefunden hätten. Indem die Radikal-Reformatoren an einer Ansicht bezüglich des Lebens nach dem Tod festhielten, die wir als »Tod nach dem Tod« charakterisieren können, betonten sie ganz besonders die *Parusie* (die Auferstehung zum Letzten Gericht) als den großen und endgültigen Ausgang der Geschichte. Obwohl die Zwischenzeit zwischen Tod und Auferstehung notgedrungen eine Zeit des völligen Ausgelöschtseins oder traumlosen Schlafs sei, würde der entscheidende letzte Tag in einem Augenblick kommen, als ein Moment letztendlicher Rechtfertigung und großer Versöhnung. Diese Erwartung, zusammen mit dem Ableugnen eines der Empfindung fähigen Lebens im Himmel, in der Hölle oder im Fegefeuer, mag zum Teil für das Fehlen jeglichen entwickelten Begräbnisritus' bei den Radikal-Reformatoren verantwortlich sein. Die Märtyrer wurden oft unter dem Galgen begraben oder fanden ihre letzte Ruhe an Orten, die für Verbrecher zugeteilt waren. Andere wurden auf Wiesen, in Weinbergen, unter Bäumen, hinter Scheunen oder auf offenem Feld begraben. Die Begräbnisse wurden ohne eine Zeremonie oder Liturgie durchgeführt, nicht nur weil die Radikal-Reformatoren wußten, daß das Fehlen solcher Riten kaum ihre Erlösung beeinträchtigen würde, sondern auch weil sie den Klang der himmlischen Posaune und das Herabsteigen der Stadt mit der großen und hohen Mauer mit so gespannter Sehnsucht erwarteten.[92]

Die Radikal-Reformation war ein Teil der großen Erneuerung von Glauben und Wissenschaft, die die Horizonte des christlichen Bewußtseins erweiterte – zurück zu den Quellen der klassischen und christlichen Antike, nach innen durch neue Aneignungen mystischer und spiritueller Traditionen, nach außen in der Entdeckung neuer Kontinente und neuer menschlicher Rassen über die Grenzen der Christenheit hinaus, und sogar aufwärts in der Öffnung der Himmel durch die neue Wissenschaft der Astronomie und die Erfindung des Teleskops. Normalerweise werden die Radikal-Reformatoren nicht der Vorhut dieser Entwicklungen zugerechnet. Ihr betonter

Rückzug aus der Mitte des normalen politischen und religiösen Lebens ihrer Zeit führte tatsächlich oft zu einer eingeschränkten und ausschließenden Haltung. Der Begriff, durch den sie im modernen Diskurs bekannt sind, »Sektierer«, suggeriert Engstirnigkeit und Bigotterie. Trotz ihrer separatistischen Ekklesiologie förderten die Radikal-Reformatoren eine Art »sektiererischer Ökumene«, die über die Grenzen ihrer provinziellen Interessen hinausreichte. Auf der Basis ihrer weltumspannenden eschatologischen Vision bezeugten sie eine Anzahl universalisierender Positionen, die traditionelle Beschränkungen und Schranken durchbrachen und dazu beitrugen, den Umfang der Themen in den Bereichen Erlösung und humanitäre Anliegen zu erweitern.[93]

a) Universale Erlösung

Das *Augsburger Bekenntnis* verurteilt in Artikel 17 die Wiedertäufer, da sie lehrten, daß »es mit den Qualen durch die Teufel und mit den verdammten Menschen ein Ende nehmen würde.« Obwohl dieser Standpunkt keinesfalls von den meisten Wiedertäufern geteilt wurde, läßt sich doch in der Soteriologie der Radikal-Reformation in manchen Punkten ein ökumenischer Erlösungsgedanke finden. Drei Varianten mögen hier kurz angedeutet werden.

Erstens lehrten die Radikal-Reformatoren, obwohl sie die Kindertaufe als eine sinnlose Spielerei abgeschafft hatten, daß *alle* Kinder, die noch nicht das Alter persönlicher Verantwortung erreicht haben, durch Christi Erlösungstaten geschützt seien. Der Prediger der Hutterer, Nikolaus Geyersbühler, zögerte nicht, diese Wohltat über die Grenzen des *corpus Christianum* hinaus auszudehnen: Gott macht keinen Unterschied zwischen christlichen, türkischen oder jüdischen Kindern, denn alle sind Geschöpfe Gottes.

Zweitens zeigten einige Radikal-Reformatoren in einer Zeit der Inquisitionen und Kreuzzüge eine bemerkenswerte Hochachtung der positiven religiösen Werte des Islam und des Judentums. Thomas Müntzer, der den Koran gelesen hatte, gestand ein, daß auch diejenigen Menschen, die als Türken geboren werden, wahrhaft durch den Heiligen Geistes bewegt werden und die Anfänge wahren Glaubens erfahren könnten. Darüber hinaus erfahren auch die Juden »gegen allen äußeren Anschein mehr Rechtfertigung als andere unwissende, unbeständige Leute, denn sie streiten wenigstens untereinander über die Bedeutung der Schrift – und das ist eine ehrenhafte Kontroverse – und nicht wie wir über Ehre und Eigentum.«[94] Noch wagemutiger war Jakob Palaeologus, ein evangelikaler Rationalist, der die Idee einer interreligiösen »Kirche« vorantrieb, die aus jüdischen, christlichen und moslemischen Zweigen zusammengesetzt war. Palaeologus war der Ansicht, daß seine eigene unitarische Theologie als natürliche Kontaktstelle zu den anderen großen monotheistischen Religionen dienen könnte.[95]

Einige der Radikal-Reformatoren gingen so weit, die endgültige Erlösung aller Menschen zu proklamieren. Clement Ziegler, ein Gartenprediger in Straßburg, äußerte die Hoffnung, daß in den letzten Tagen nicht nur die Juden, sondern auch »die Türken, die Tataren, die Griechen und die Heiden« erlöst würden. Im Geiste des Origenes (den er zitierte) verkündete er seine Überzeugung, daß weit entfernt lebende Heiden und sogar Teufel endlich erlöst würden, auch wenn sie keinerlei Kenntnis von Christi historischer Sendung hätten. Ein anderer ausgesprochener Universalist unter den Radikal-Reformatoren, Hans Denck, sah sich genötigt, die Hölle zu »ent-mythologisieren.« Hölle, erklärte er, seien die Gewissensqualen, die zum Eingeständnis von Sünde und Unglaube führten. Doch sei dieser Prozeß der Reue, wenn auch schmerzhaft und notwendig, zeitlich begrenzt, denn sogar in der Hölle walte die Gnade.[96]

b) Missionarische Impulse

Auch wenn einen die meisten Radikal-Reformatoren bei der Vorstellung einer universalen Erlösung entsetzt angesehen hätten, so nahmen sie doch Jesu Auftrag, »in alle Welt zu gehen« und die Botschaft des Evangeliums zu verkünden (Mt 28, 19–20), sehr ernst. Der »Große Auftrag« war für sie ein entscheidender Prüfstein, nicht nur wegen der Billigung der Taufe der Gläubigen (nach der Bekehrung), sondern auch wegen seines missionarischen Imperativs. Die übliche protestantische Interpretation dieser Stelle verlegte den Auftrag des Herrn in die Vergangenheit. Danach war er durch die ursprüngliche Mission der Apostel erfüllt worden und hatte für die Gegenwart keine Bedeutung mehr. Die Radikal-Reformatoren aktualisierten den Auftrag in Richtung Weltmission und betrachteten ihn als unterschiedslos an alle Christen gerichtet. In gänzlicher Vernachlässigung aller bürgerlichen, territorialen und nationalen Grenzen der etablierten Kirchen breiteten sich die Radikal-Reformatoren über ganz Europa aus und drangen sogar in byzantinisches und moslemisches Gebiet vor. In ihrer Vorstellung von einem weltmissionarischen Apostolat standen die Radikal-Reformatoren den erneuerten Orden der katholischen Reformation näher als den Hauptströmungen des Protestantismus, die bis ins 19. Jahrhundert in ihrer missionarischen Ausrichtung »hinterherhinkten.«

Die meisten Radikal-Reformatoren des 16. Jahrhunderts waren entwurzelte Menschen. Aus der »Verwurzelung in der Familie, unter den Menschen und im Beruf« heraus- und »in die Sphäre von Jesus hinein« -gerufen, betrachteten sie sich selbst als Pilger in dieser Welt und Vorläufer des Neuen Jerusalem, das jetzt herabsteigen sollte.[97] Die Verschmelzung von eschatologischer Intensität und missionarischem Eifer kann man bei Sattlers Ermahnungen an seine Kirche sehen; sie soll »beten, daß Mäher hinaus in die Ernte geschickt werden, denn die Zeit des Dreschens ist nahe.«

Die Radikal-Reformatoren wiederbelebten den missionarischen Eifer der frühchristlichen Kirche. Wie die ersten Jünger gingen auch sie »überallhin, das Wort zu verkünden« (Apg 8, 4). In diesem Sinne gewannen sie, weit mehr als die protestantischen Reformatoren, die ursprüngliche Bedeutung von »ökumenisch« wieder zurück. Ihre missionarische Vision schloß eine erweiterte *oikoumene*, nämlich die ganze bewohnte Welt, mit ein.

c) Religiöse Toleranz

Thomas Helwys, ein englischer Baptist, publizierte 1612 in London *A Short Declaration of the Mystery of Iniquity* (Eine kurze Erklärung zum Geheimnis des Bösen). König James gewidmet, trägt eine erhaltene Kopie dieser Abhandlung die folgende handschriftliche Anrede: »Höre, o König, und verachte nicht den Rat der Armen (...). Ein König ist ein sterblicher Mensch und kein Gott und hat deshalb keine Macht über die unsterblichen Seelen seiner Untertanen.« Helwys fuhr fort in seinen Überlegungen, um um universale religiöse Toleranz zu bitten: »Sollen sie doch Häretiker sein, Türken, Juden oder was auch immer, es liegt nicht im Bereich der irdischen Macht, sie zu strafen.«[98] Während ihres Exils in Amsterdam hatten Helwys und seine Gemeinde engen Kontakt mit den Mennoniten aufgenommen. Helwys' Lehre der religiösen Toleranz mag wohl durch die Begegnung mit diesen Erben der Radikal-Reformation geformt worden sein.

Schon 1525 hatte Konrad Grebel seinem Schwager Joachim Vadian, dem Reformator von St. Gallen, geschrieben und ihn um religiöse Toleranz gebeten: »Wenn du den Brüdern schon nicht zur Seite stehen willst, so stelle ihnen wenigstens nichts in den Weg; gib anderen Staaten kein Beispiel für Verfolgungen.«[99] Vier Jahre vor seinem Tod auf dem Scheiterhaufen schrieb Hubmaier einen Aufsatz mit dem Titel *Über Häretiker und die, die sie verbrennen.* Er behauptete darin, daß »das Gesetz, das die Häretiker zum Feuertod verdammt, sowohl Zion in Blut als auch Jerusalem in Boshaftigkeit aufbaut.(...) Christus ist nicht gekommen zu schlachten, zu zerstören und zu verbrennen, sondern den Lebenden das Leben in Fülle zu bringen.«[100]

Religiöse Toleranz wurde letztlich aus einer Fülle von miteinander verstrickten säkularen und religiösen Gründen erreicht. Man kann sicherlich nicht behaupten, daß die Aufrufe zur Toleranz von Helwys, Hubmaier und anderen ein Ende der religiösen Unterdrückung herbeigeführt hätten. Doch war die Einstellung der Radikal-Reformation zur Toleranz, wie sie sich unter den Verfolgungen herausentwickelt hatte, ein wichtiges Beispiel einer christlich begründeten Kritik an gesellschaftlichen Eingriffen in religiöse Angelegenheiten.

Der Ruf der Radikal-Reformatoren nach Toleranz war in zweierlei Weise mit ihrer Spiritualität verbunden, wie wir sie bisher dargestellt haben. Er war nicht nur der Schrei einer unterdrückten Sekte nach *ihrem* Recht auf religiöse Toleranz, sondern vielmehr ein ausgesprochenes Bekenntnis zu *universaler* religiöser Toleranz. Alle Zwangsausübung in Sachen Glauben bewirkt das Gegenteil, denn das Wesen des Glaubens ist *ipso facto* (aus sich selbst heraus) frei von Zwang. Es liegt nicht in der Macht von Herrschern und Richtern, das Herz zu zwingen. Durch Zwang kann man nur Heuchler hervorbringen, keine wahren Christen.

Die Radikal-Reformatoren glaubten auch daran, daß jede Seele in einer einzigartigen und unvermittelten Beziehung zu Gott steht; auf die Verhinderung dieser Beziehung zielt der religiöse Zwang ab. Sie appellierten an die Unverletzlichkeit des Gewissens desjenigen, der sich den Forderungen nach Anpassung entgegenstellt. Jakob Hutter zum Beispiel erklärte gegenüber den Behörden in Mähren, daß »Gott der Regierung nicht die Macht gegeben hat, von uns Gehorsam in den Angelegenheiten zu verlangen, bei denen wir mit unserem Gewissen in Konflikt kommen. Wir können mit dem Apostel Petrus sagen, daß wir Gott mehr als den Menschen gehorchen müssen.«[101] Die Wiedertäufer lehnten die Kindertaufe, wie wir gesehen hatten, ab. Sie schien ihnen ein unvermeidlich gewaltsamer Akt zu sein, da sie einem willenlosen Subjekt einen religiösen Status aufzwinge. Sie appellierten auch an die Unantastbarkeit des Gewissens, indem sie es ablehnten, Eide zu schwören oder Waffen zu tragen. Die missionarische Sendung, die sie so hoch einschätzten, war ein anderer Grund ihrer Befürwortung der Toleranz. Hutter schrieb: »Wir wünschten, die ganze Welt würde so leben wie wir; wir würden gerne alle Menschen *überzeugen* und zu diesem Glauben bekehren, denn das würde das Ende von Krieg und Ungerechtigkeit bedeuten.«[102]

d) Wirtschaftliche Gerechtigkeit

Die Kinder der Hutterer lernten einen Kinderreim, der deren Sorge um die wirtschaftliche Gerechtigkeit und die Güterteilung zusammenfaßt; beides spielte eine zentrale Rolle im Gemeinschaftsleben der Hutterer:

Gottes Wort Wär Nit so Schwär
Wan Nur Der Aigen Nutz Nit Wär.[103]

Die Radikal-Reformatoren sorgten sich sehr um das harte Los der Armen und Benachteiligten, von denen viele in den sozial engmaschigen Gemeinschaften der Wiedertäufer Trost und Unterstützung fanden. In der Gemeinde der Widertäufer stand die gegenseitige Hilfe im Mittelpunkt des sozialen Lebens, Mitleid mit dem Nächsten war jedoch nicht auf den inneren Kreis beschränkt. Hans Leopold, ein Märtyrer der Schweizer Brüder von 1528, sagte von den Brüdern: »Wenn sie von jemandem hören, der in Not ist, sei er nun ein Mitglied der Kirche oder nicht, so halten sie es für ihre Pflicht, aus Liebe zu Gott Hilfe zu leisten und Abhilfe zu schaffen.«[104] Wir können in der Tat annehmen, daß einer der Gründe, warum so viele sich am Rande der Gesellschaft befindende Menschen von den Zusammenkünften der Radikal-Reformatoren angezogen wurden, in der liebevollen Fürsorge bestand, die die Brüder und Schwestern ihnen angedeihen ließen.
Menno Simons war der Meinung, daß das echte Mitleid mit den Armen eines der Merkmale war, die seine Bewegung von den reformatorischen Hauptströmungen unterschied. Er übte Kritik am »leichtlebigen Evangelium und unfruchtbaren Brotbrechen« des protestantischen Klerus, der in Saus und Braus lebte, während die armen Gemeindemitglieder um Brot bettelten und die Alten, Lahmen, Blinden und Notleidenden gemieden wurden. Für ihn galt im Gegenteil:

[Die wahren Christen] dulden keine Bettler unter sich. Sie erbarmen sich der Nöte der Heiligen. Sie nehmen die Elenden bei sich auf. Sie beherbergen Fremde. Sie trösten die Traurigen. Sie helfen den Notleidenden. Sie kleiden die Nackten. Sie teilen ihr Brot mit den Hungrigen. Sie wenden ihr Gesicht nicht von den Armen ab noch stoßen sie sich an ihren klapprigen Gliedern und ihrem siechen Körper. Das ist die Art von Bruderschaft, die wir leben (...).[105]

Zur selben Zeit stritt Menno ab, daß solche Fürsorge eine wörtlich genommene Gütergemeinschaft oder die Abschaffung des Privateigentums meinte, wie es die revolutionären Wiedertäufer in Münster praktiziert hatten. Die Hutterischen Brüder jedoch bestanden darauf, daß das richtig gelebte christliche Leben die Vernichtung des Besitzdenkens miteinschloß. Sie errichteten in Mähren ihre pazifistischen und kommunistischen Gemeinschaften, in denen alles Eigentum – nach dem Modell der neutestamentlichen Kirche – im Allgemeinbesitz war und nach Bedarf zum Wohl der Gemeinschaft verwendet wurde. Die »Diener der zeitlichen Bedürfnisse« verteilten die Güter, während die »Diener des Wortes« predigten und liturgische Pflichten erfüllten.
Wenn man nach der spirituellen Basis dieses außerordentlichen Experiments von Gemeinschaftsleben fragt, sieht man, daß mehrere Ursachen zusammenkommen. Die Wiedertäufer fanden eine biblische Rechtfertigung für Gütergemeinschaft, nicht nur im Beispiel der Urkirche in Jerusalem, sondern auch in der Sendung des Manna an das alte Israel, im Wunder der Brotvermehrung und in der Geschichte von der Vertreibung der Geldwechsler aus dem Tempel; ebenso in vielen Paulinischen Warnungen vor der Habgier und in seiner Ermahnung an Timotheus »wohltätig zu sein, reich zu werden an guten Werken, freigebig zu sein und, was sie haben, mit anderen zu teilen« (1 Tim 6, 18). Das mystische Prinzip der *Gelassenheit* mit seinen soteriologischen Nebenbedeutungen wurde auch im Sinne des Verzichts oder des Verteilens der zeitlichen Besitztümer eines Menschen interpretiert. Sich an die flüchtigen Reichtümer dieser Welt zu klammern, war ein Hauptmerkmal eines unentschlossenen Willens, des Scheiterns daran, sich Gott völlig zu unterwerfen. Das »Evangelium der Kreaturen« lehrte ebenfalls gemeinschaftliches Leben, da die ganze Natur – die Tiere, die Pflanzen, die Vögel, die Fische – den allen zugänglichen Reichtum der Schöpfung teilte.[106] Peter Riedemann, der redegewandteste Theologe bei den Hutterischen Brüdern, fand eine weitere Rechtfertigung für die Gütergemeinschaft in der göttlichen Natur selbst.

Gemeinschaft ist aber nichts anderes als das, daß alle, die zueinander gehören, auch zusammen alle Dinge gemeinsam haben; keiner hat etwas für sich selbst, sondern jeder hat alle Dinge gemeinsam mit dem anderen, so wie der Vater nichts für sich selbst hat, sondern alles, was er hat, gemeinsam mit dem Sohn hat; und auch der Sohn hat nichts für sich selbst, sondern alles, was er hat, hat er gemeinsam mit dem Vater und allen, die zu ihm gehören.[107]

Für alle Radikal-Reformatoren war die Sorge um wirtschaftliche Gerechtigkeit ein integraler Bestandteil christlicher Jüngerschaft, ob sie der Praxis der gegenseitigen Hilfeleistung folgten oder dem drastischeren Modell eines christlichen Kommunismus. Ihr Standpunkt war zugleich eine Kritik am zeitgenössischen Wirtschaftsleben. Da alle Dinge frei und für alle geschaffen worden waren, waren diejenigen, die sich geschaffene Dinge aneigneten und sie horteten, praktisch Diebe. »Die Welt ist voll von solchen Dieben«, schrieb einer der Hutterer. »Möge Gott die Seinen vor ihnen beschützen.«[108] Die radikalen Vertreter einer Gütergemeinschaft hatten wenig Hoffnung, die wirtschaftlichen Strukturen ihrer Zeit zu verändern. Dadurch aber, daß sie ihre auf Teilen, Zusammenhalt und Einheit basierenden »alternativen Gesellschaften« aufbauten, bildeten sie eine Herausforderung gegenüber dem Geist des Materialismus und des ungezügelten Individualismus, der in so starkem Maße das säkulare und das religiöse Leben der Christenheit bestimmte.

e) Die Gleichheit der Menschen

Die Frömmigkeit und die Spiritualität der Radikal-Reformation wurde durch einen starken Egalitarismus bestimmt, der ihrem Antiklerikalismus entsprach. Luther hatte das »Priestertum aller Gläubigen« betont, viele Radikal-Reformatoren fanden jedoch seine Durchführung dieses Prinzips unvollkommen und halbherzig. Karlstadt, von Luthers Hinhaltetaktik desillusioniert, legte sein priesterliches und sein akademisches Amt nieder und begann im Dorf Orlamünde als »Bruder Andreas« das Leben eines Bauern-Predigers. Einige Wiedertäufer lehnten es ab, den Behörden besonderen Respekt zu zollen und adressierten sie als »Ihr meine Brüder« oder als »Liebe Männer und Brüder.« Die Hutterer legten Wert darauf, einander zu duzen, statt das »Ihr« zu gebrauchen, wie es sich gehört hätte, denn das »Ihr« kam allein Gott zu.[109] Sicherlich stimmten Theorie und Praxis der Gleichheit bei den Radikal-Reformatoren nicht immer überein. Ein Abtrünniger beklagte sich, daß die einfachen Brüder nur Erbsen und Kohl zum Essen hatten, während die Leiter der Gemeinde sich an gebratenem Fleisch, Fisch und gutem Wein erfreuten.[110]

Die Rolle der Frauen in der Radikal-Reformation verdient weitere kritische Untersuchung. Es wäre zuviel gesagt, wenn man behauptete, daß die Neuerungen der Radikal-Reformatoren »einen monumentalen Schritt auf dem Weg zur Emanzipation der Frauen im Westen« darstellte.[111] Doch die Taufe der Gläubigen war ein gleichmachendes Sakrament, das Männer wie Frauen für den Rat der Glaubensgemeinschaft, den missionarischen Dienst und das Märtyrertum qualifizierte. Die »Brüder und Schwestern« werden sehr häufig zusammen erwähnt, sei es in Bekenntnissen, in Kirchengebeten oder in den Briefen der Radikal-Reformatoren. Frauen dienten als Gönnerinnen, Patroninnen, Prophetinnen, Apostolinnen, Predigerinnen, Diakonissen und Lieddichterinnen. Ein anonymer Verseschmied in England erhob Einspruch gegen die egalitären und feministischen Aspekte der Religion der Radikal-Reformation:

Wenn Frauen predigen und Schuster beten
feiern die höllischen Feinde ein Fest.[112]

Die Suche der Radikal-Reformation nach der Gleichheit der Menschen ging gelegentlich über die patriarchalischen Restriktionen der sie umgebenden Kultur hinaus. Jan Comenius, berühmter Pädagoge und Bischof der Böhmischen Brüder, wurde durch das Beispiel der Hutterer inspiriert, die den Kindern beiderlei Geschlechts eine elementare Bildung zukommen ließen. Später wurde er zum engagierten Verfechter einer umfassenden Bildung; er argumentierte, daß Gleichheit in der Ausbildung die Vorbedingung für ein tiefes geistiges Leben sei.[113]

Wilhelm Reublin, ein Führer der frühen Wiedertäufer, brachte die folgende Klage gegen den etablierten Protestantismus vor: »Eure Prediger sind wie schlechte Zimmerleute. Sie haben es geschafft, die Gemeinde des Papstes zu zerstören, nicht aber, eine neue Gemeinde nach christlicher Ordnung aufzubauen.«[114] Viele Radikal-Reformatoren gingen durch eine protestantische »Phase«, bevor sie sich zu einem drastischeren Reformprogramm entschlossen. Viele der von uns besprochenen Themen der Spiritualität der Radikal-Reformation stellen eine Intensivierung oder eine tiefer greifende Anwendung genuin protestantischer Einsichten dar, wie Luthers Konzept der Priesterschaft aller Gläubigen oder Zwinglis sakramentaler Skeptizismus oder Calvins Sorge um ein diszipliniertes Gemeinschaftsleben. In diesem Sinne waren die Radikal-Reformatoren wirklich »Stiefkinder« der reformatorischen Hauptströmungen. In anderer Hinsicht waren sie jedoch dem heutigen Katholizismus oder dem Humanismus eines Erasmus viel näher als dem offiziellen Protestantismus. Ihre Verachtung der Lehren der zugesprochenen Rechtfertigung[115] und der doppelten Prädestination entsprachen eher den Lehren des Konzils von Trient; ebenso die Betonung der menschlichen Mitwirkung an der göttlichen Gnade beim Erlösungsgeschehen. Zur selben Zeit wurden von den Radikal-Reformatoren mystische und asketische Impulse aus dem Mittelalter in ihr eigenes einzigartiges Modell spirituellen Lebens eingearbeitet.

Mehr als bei den meisten anderen christlichen Gruppierungen fällt es bei den Radikal-Reformatoren schwer, ihre Spiritualität von ihrer Ekklesiologie und Ethik zu trennen. Anders als bestimmte abgeschieden lebende Mystiker und einige weltfremde Humanisten waren die Radikal-Reformatoren leidenschaftlich engagiert am Aufbau einer »neuen Gemeinde nach christlichen Regeln.« Die meisten von ihnen hielten sich, mit Absicht wie auch gezwungenermaßen, von Reich, Nation, und Stadt fern, um, wie es einer von ihnen ausdrückte, »das alte ruhmreiche Gesicht des Urchristentums« wiederherzustellen. So war das Phänomen der Radikal-Reformation nicht nur die radikalste Form des protestantischen Protestes gegen die römische Kirche sondern auch eine eigenständige Suche nach einem neuen Sinn christlicher Gemeinschaft, die an kritischen Punkten weder mit protestantischen noch mit römisch-katholischen Modellen einig ging. Als Folge ihrer Existenz außerhalb der etablierten Ordnungen ertrugen viele der Radikal-Reformatoren lieber ein Leben im Exil, die Folter oder die Todesstrafe, als daß sie ihren Herrn verleugnet hätten, der sie aufgerufen hatte, ihr Kreuz auf sich zu nehmen und ihm nachzufolgen. Diese Tatsache, so wie alle anderen auch, gab der Spiritualität der Radikal-Reformation einen rigoristischen Anflug. Einer der Wiedertäufer erklärte gegenüber seinem Inquisitor, daß es kein Kinderspiel sei, Christ zu sein! In den Gebeten, den Liedern und Märtyrerlegenden der Radikal-Reformation hören wir von Themen tiefen Schmerzes, bodenloser Einsamkeit und des Protests gegen eine böse Welt. Wie die Christen der vor-konstantinischen Zeit waren die Radikal-Reformatoren von einer intensiven Sehnsucht und Erwartung des »himmlischen Reiches« (*politeuma*; Phil 3, 20) durchdrungen, dessen Schöpfer und Erbauer Gott ist.

Mit einigen wenigen Ausnahmen haben die Kirchen, die von der Radikal-Reformation gegründet wurden, die harten Kämpfe im 16. Jahrhundert nicht überstanden. Ihre Suche nach dem Leben des Geistes hat jedoch eine Dimension authentischer christlicher Erfahrung am Leben erhalten, die in den etablierten kirchlichen Traditionen leicht hätte verlorengehen oder wenigstens gedämpft werden können. Das Vermächtnis der Radikal-Reformatoren finden wir nicht nur bei den Quäkern, den Mennoniten und anderen spirituellen Verwandten, die deren Andenken in Ehren halten, sondern auch in der weiter gefaßten religiösen und menschlichen Gemeinschaft der Suchenden und der Heiligen, die sich noch immer durch die Frömmigkeit, den Mut und die Hoffnung der Radikal-Reformation berühren lassen. Der Philosoph Ernst Bloch, einer von ihnen, hat ihnen einen passenden Gedenkspruch geschrieben:

»Soviel Leid, soviel Furcht und Zittern auch Gesetz sein mag, so glüht in allen Seelen doch neu der Funke von drüben, und er entzündet das zögernde Reich.«[116]

Anmerkungen

* Man diskutiert darüber, ob überhaupt und unter welchem Namen man die hier zu beschreibenden Richtungen als eine Einheit fassen soll (vgl. die Arbeiten von Hans-Jürgen Goertz). Im Sinne des Autors und seines wohl wichtigsten Gewährsmannes George H. Williams haben wir uns entschieden, von Radikal-Reformatoren und Radikal-Reformation zu sprechen. Die Unterscheidung in »Wiedertäufer« mit ihrer radikalen Zuspitzung der »Münsteraner«, die 1534/35 unter Jan Beuckelz in Münster ein Schreckensregiment führten, Spiritualisten und »evangelikale Rationalisten« ist zweifelsohne hilfreich. Zu letzteren gehören Leute wie Michael Servetus, der auf Grund »rationaler« Analysen zur Ablehnung des Trinitätsdogmas kam, dies aber so radikal (evangelikal) vertrat, daß er im calvinistischen Genf lieber in den Flammentod ging als widerrief. [JS]

1 H. Bullinger, *Von dem unverschampten fräfel*, Zürich 1531, Fol. 75r.

2 J. Calvin, *Treatises against the Anabaptists and against the Libertines*, Grand Rapids 1982, 30; die Bezeichnungen sind aus dem Englischen rückübersetzt.

3 G. R. Elton, *Reformation Europe, 1517–1559*, New York 1963, 103.

4 C.-P. Clasen, *Anabaptism: A Social History, 1525–1618*, 425. Für einen Überblick über die jüngste Historiographie siehe J. M. Stayer u. a. »From Monogenesis to Polygenesis: The Historical Discussion of Anabaptist Origins«, *Mennonite Quarterly Review* 49 (1975), 83–121; und die Sammlung von Essays in *Umstrittenes Täufertum, 1525–1975*, hg. von H.-J. Goertz, Göttingen 1975.

5 *Luther's Works*, hg. von H. T. Lehmann, Philadelphia 1958, 40:129.

[6] G. H. Williams, *The Radical Reformation*, Philadelphia 1962. Siehe z. B. H.-J. Goertz (Hg.), *Radikale Reformatoren*, München 1978, 7–20; und R. Crahay, »Le non-conformisme religieux du XVIe siècle entre l'humanisme et les Eglises«, in: *Les Dissidents du XVIe siècle entre l'Humanisme et le Catholicisme*, hg. von M. Lienhard, Baden-Baden 1983, 15–34. Williams ist auf die wissenschaftliche Diskussion seines Buches eingegangen und hat auf sie geantwortet in »The Radical Reformation Revisited«, *Union Seminary Quarterly Review* 39 (1984), 1–28.

[7] *Three Reformation Catechisms*, hg. von D. Janz, New York 1982, 135.

[8] Für diese Definition bin ich O. Gründler verpflichtet, »John Calvin: Ingrafting into Christ«, in: *The Spirituality of Western Christendom*, Kalamazoo, MI 1976, 170–71.

[9] L. Febvre, »The Origins of the French Reformation: A badly-put question?«, in: *A New Kind of History*, hg. von P. Burke, New York 1973, 65.

[10] Die »iustificatio extrinseca« ("äußere Rechtfertigung") ist die grundlegende reformatorische Einsicht Martin Luthers, die viel umkämpft und auch von der sogenannten lutherischen Orthodoxie verkannt wurde. Luther sah ein, daß die Gerechtigkeit vor Gott nicht verdient werden könne (Werkgerechtigkeit), sondern durch Jesu Sühnetat geschenkt werde (imputative Gerechtigkeit, zugesprochene Rechtfertigung). Was Luther existentiell verstand, wurde durch eine spätere »Ontologisierung« wohl falsch interpretiert. [JS]

[11] *The Complete Writings of Menno Simons*, hg. von J. C. Wenger, Scottdale, PA 1956, 332–36; *Three Reformation Catechisms*, 136.

[12] G. H. Williams, *Radical Reformation*, 823; vgl. dazu die jüngste Diskussion in C. A. Pater, *Karlstadt as the Father of the Baptist Movements*, Toronto 1984, 15–24.

[13] *Spiritual and Anabaptist Writers*, hg. von G. H. Williams u. A. M. Mergal, Philadelphia 1957, 58.

[14] *Corpus Schwenckfeldianorum*, hg. von Ch. Hartranft u. a. (19 Bde.), Leipzig 1907–61, 2:574.

[15] J. C. Wenger (Hg.), »Pilgram Marpeck's Confession of Faith Composed at Strasburg, December 1531-January 1532«, *Mennonite Quarterly Review* 11 (1938), 195.

[16] *Complete Writings of Menno Simons*, 265.

[17] L. von Muralt u. W. Schmid (Hg.), *Quellen zur Geschichte der Täufer in der Schweiz: Zürich*, Zürich 1952, 42–43. F. Blanke interpretiert diese frühe Phase des Täufertums als eine »Erneuerungsbewegung"; siehe sein Buch *Brüder in Christo*, Zürich 1955.

[18] *Complete Writings of Menno Simons*, 671.

[19] R. H. Bainton, *Hunted Heretic: The Life and Death of Michael Servetus*, Boston 1953, 73.

[20] H. S. Bender, »The Anabaptist Vision«, *Church History* 13 (1944), 3–24. Vgl. die jüngste Studie von J. D. Weaver, »Discipleship Redefined: Four Sixteenth Century Anabaptists«, *Mennonite Quarterly Review* 54 (1980), 255–79.

[21] Das entspricht der »iustificatio extrinseca« (Anm. 10), daß der Mensch sein ewiges Heil nicht verdienen könne, sondern daß es ihm durch das gütige Urteil Gottes aufgrund der Verdienste Jesu zugesprochen wird; daran aber müsse man sich »sola fide«, allein im Vertrauensglauben, klammern. [JS]

[22] »Ja spricht die Welt, es ist ohn' Not/Daß ich mit Christo leide.« Zitiert nach *Lieder der Hutterischen Brüder*, Scottdale, PA 1914, 29 = 5. Strophe des Lieds »Sollst du bei Gott dein Wohnung han«, das in dieser Ausgabe Leonhard Schiemer zugeschrieben wird. (Zur Frage der Verfasserschaft siehe *The Chronicle of the Hutterian Brethren, Vol. I, known as Das große Geschichtbuch der Hutterischen Brüder*, Rifton, NY 1987, 60). Vgl. ebenso das folgende Lied von P. Riedemann, das die Notwendigkeit der Verbindung von Glaube und Liebe betont: »In Glauben kein Mensch Gott gefelt,/Wie uns Paulus ein Zeuckhnus stelt,/Thuts den Ebreen schreiben./Noch ist goettliche Lieb das best,/Dass sich Kains andern dunckhen lest,/Es muess beynander bleiben.« Zitiert in A. J. Ramaker, »Hymns and Hymn Writers Among the Anabaptists in the Sixteenth Century«, Colgate-Rochester 1927, 48.

[23] *Spiritual and Anabaptist Writers*, 78–79.

[24] Zitiert nach W. O. Packull, *Mysticism and the Early South German-Austrian Anabaptist Movement, 1525–1531*, Scottdale, PA 1977, 75.

[25] *Spiritual and Anabaptist Writers*, 84.
[26] Zitiert nach E. G. Rupp, »Thomas Müntzer, Hans Huth and the 'Gospel of All Creatures'«, *Bulletin of the John Rylands Library* 43 (1960–61), 514–15.
[27] *Spiritual and Anabaptist Writers*, 94, 102.
[28] Th. J. van Braght, *The Bloody Theater or Martyrs' Mirror*, 419; ursprünglich 1660 auf Holländisch veröffentlicht.
[29] *Huldreich Zwinglis Sämtliche Werke*, hg. von E. Egli u. a., Berlin/Leipzig/Zürich 1905–63, 6:46: »Omnia turbant inque pessimum statum commutant.«
[30] A. O. Swartzentruber, »The Piety and Theology of the Anabaptist Martyrs«, *Mennonite Quarterly Review* 28 (1954), 25.
[31] J. Hutter, *Brotherly Faithfulness: Epistles from a Time of Persecution*, Rifton, NY 1979, 67–68.
[32] *Complete Writings of Menno Simons*, 595.
[33] Ebd., 621.
[34] G. H. Williams, *Radical Reformation*, 229.
[35] Die Amischen sind eine konservative Gruppe der Mennoniten, die vor 1700 von dem Elsässer Jacob Amman gegründet wurde. [JS]
[36] Dieses Lied steht als Lied 11 im *Ausbund*; zitiert in: Ph. Wackernagel, *Das deutsche Kirchenlied von der ältesten Zeit bis zu Anfang des XVII. Jahrhunderts*, Leipzig 1870, Bd. 3, Nr. 517.
[37] Th. J. van Braght, *The Bloody Theater*, 198.
[38] Ebd., 411.
[39] M. S. Augsburger, *Faithful Unto Death*, Waco, TX 1978, 13–14.
[40] Th. J. van Braght, *The Bloody Theater*, 984–87. Der Brief ist abgedruckt in H. Hillerbrand, *The Protestant Reformation*, New York 1968, 146–52.
[41] J. Kessler, *Sabbata*, hg. von E. Egli, St. Gallen 1902, 144.
[42] Siehe T. George, »The Presuppositions of Zwingli's Baptismal Theology«, in: *Prophet, Pastor, Protestant: The Work of Huldrych Zwingli After Five Hundred Years*, hg. von E. J. Furcha u. H. W. Pipkin, Pittsburgh, PA 1984, 71–87.
[43] *Opus epistolarum Des. Erasmi Roterodami*, hg. von P. S. Allen u. H. M. Allen, Oxford 1906–57, X, Nr. 2853, S.39–42. Siehe ebenso K. Davis, »Erasmus as a Progenitor of Anabaptist Theology and Piety«, *Mennonite Quarterly Review* 47 (1973), 174.
[44] H. Hillerbrand, *Protestant Reformation*, 131.
[45] Siehe Calvins erklärte Gegnerschaft zu der von den Wiedertäufern vertretenen Zuordnung von Glauben und Reue in: *Institutio christianae religionis* (Unterricht in der christlichen Religion), Neukirchen [2] 1963, 3. 3.2.
[46] *Balthasar Hubmaier: Schriften*, hg. von G. Westin u. T. Bergsten, Gütersloh 1962, 145.
[47] Die »evangelischen Räte« sind nach der alten katholischen Ordenstheologie »Ratschläge« für ein vollkommeneres Leben als das, was der normale Christ zu leben hat. [JS]
[48] R. S. Armour, *Anabaptist Baptism*, Scottdale, PA 1966, 84; E. G. Rupp, »Thomas Müntzer«, 519.
[49] H. S. Bender, »Baptism«, in: *Mennonite Encyclopedia*, Hillsboro, KS 1955, 1:226.
[50] G. H. Williams, *Radical Reformation*, 704. Den Ritus des gänzlichen Untertauchens kann man finden in: *The Polish Brethren: Documentation of the History and Thought of Unitarianism in the Polish-Lithuanian Commonwealth and in the Diaspora, 1601–1685*, hg. von G. H. Williams, Chico, CA 1980, 446–60.
[51] *Spiritual and Anabaptist Writers*, 76–77.
[52] C. Krahn, »Communion«, in: *Mennonite Encyclopedia*, 1:652.
[53] Th. J. van Braght, *The Bloody Theater*, 484, 423.
[54] *Complete Writings of Menno Simons*, 148.
[55] G. H. Williams, *Radical Reformation*, 502–03. Hinsichtlich der eucharistischen Praxis der Polnischen Brüder, die ebenfalls die Bedeutung der Disziplin im Zusammenhang mit dem Abendmahl betonten, siehe *Polish Brethren*, 461–74.
[56] H. Bender, »Public Worship«, in: *Mennonite Encyclopedia*, 4:984.
[57] C.-P. Clasen, *Anabaptism*, 146.

[58] *Three Reformation Catechisms*, 161.

[59] Ebd., 158.

[60] *Complete Writings of Menno Simons*, 633.

[61] H. Bender, »Public Worship«, in: *Mennonite Encyclopedia*, 4:985.

[62] *Three Reformation Catechisms*, 144. Es ist interessant, daß Hubmaier die von Luther in dessen Katechismus aufgenommene »protestantische« Doxologie zum Vaterunser wegließ.

[63] Christliche Religionsgemeinschaften, die den Dreifaltigkeitsglauben ablehnen. [JS]

[64] G. H. Williams, *Radical Reformation*, 175; *Spiritual and Anabaptist Writers*, 321–22.

[65] C.-P. Clasen, *Anabaptism*, 92

[66] *The Writings of John Greenwood, 1587–1590*, hg. von L. H. Carlson, London 1962, 294. Die Barrowisten, eine der ersten puritanischen Sekten, die sich formell von der englischen Staatskirche abspalteten, werden normalerweise nicht zur Radikal-Reformation gezählt, obwohl Williams (*Radical Reformation*, 787) sie erwähnt. Von den englischen Separatisten kann man sagen, daß sie bezüglich ihrer sektiererischen Ekklesiologie zu den Radikalen gerechnet werden können (d. h. wegen ihrer Erhebung der Gemeindedisziplin in den Status einer essentiellen *nota* der wahren sichtbaren Kirche), jedoch bezüglich ihrer Beibehaltung der Kindertaufe und in ihrer hoch-calvinistischen Lehre der Auserwähltheit zu den Protestanten. Siehe auch T. George, *John Robinson and the English Separatist Tradition*, Macon, GA 1982.

[67] R. Friedmann, *Mennonite Piety through the Centuries*, Goshen, IN 1949, 182–83.

[68] R. H. Bainton, *The Medieval Church*, Princeton, NJ 1962, 42.

[69] G. Williams unterscheidet vier Arten von Pazifismus innerhalb der Radikal-Reformation: (1) einen weisen Pazifismus nach Erasmus, der in seltenen Fällen einen gerechten Krieg erlaubt; (2) einen evangelikalen kirchengemeinschaftlichen Pazifismus, der sich auf die Weisungen des Herrn stützt; (3) einen Pazifismus des Leidens, der sich in Verfolgung und Martyrium bestätigt und (4) einen eschatologischen Pazifismus, der die letztendliche göttliche Rechtfertigung der Heiligen bei der Wiederkunft des Herrn vorwegnimmt (*Radical Reformation*, 226). Dies sind offensichtlich keine »Idealtypen«, da man oft verschiedene Stränge pazifistischen Denkens in einer Person finden kann.

[70] Die Unterscheidung lehnt sich an die katholische Ordenstheologie (s. Anm. 47) an, daß nur die Orden, also die Radikal-Reformatoren, auf dem Weg der »Vollkommenheit« seien. [JS]

[71] Die Lehre, daß Gott von Anfang an die einen zum Heil und die anderen (hier die Amtsinhaber) zur Verdammnis bestimmt habe. [JS]

[72] Zitiert nach H. Hillerbrand, »The Anabaptist View of the State«, *Mennonite Quarterly Review* 32 (1958), 101.

[73] J. Hutter, *Brotherly Faithfulness*, 70, 168–69.

[74] *Spiritual and Anabaptist Writers*, 97, 102 (Hervorhebung durch Verfasser).

[75] *The Epistle to Diognetus* 7.3–4, in: *The Apostolic Fathers*, hg. von K. Lake, Cambridge, MA 1913, 2:364–65.

[76] H. Hillerbrand, *Protestant Reformation*, 134.

[77] J. Robinson, *A Justification of the Separation from the Church of England*, Amsterdam 1610, 83.

[78] *Polish Brethren*, 700.

[79] Complete Writings of Menno Simons, 413.

[80] J. C. Wenger, »Avoidance«, in: *Mennonite Encyclopedia,* 1:200.

[81] R. Bernard, *Plaine evidences: The Church of England is aposticall*, London 1610, 117.

[82] H.-J. Goertz (Hg.), *Radikale Reformatoren*, 163. Hoffmann sprach von Kaiser, Papst und Irrlehrern als der »höllischen Dreieinigkeit«.

[83] *Huldreich Zwinglis sämtliche Werke*, 6:43.

[84] J. H. Yoder (Hg.), *The Legacy of Michael Sattler*, Scottdale, PA 1973, 61.

[85] Ebd., 38.

[86] J. Hutter, *Brotherly Faithfulness*, 63. Es ist bezeichnend, daß die Hutterer das Lied »Vom Neuen Jerusalem« nicht in die 1962 erstellte überarbeitete Fassung ihres Liederbuches auf-

nahmen, da sie der darin vertretenen chiliastischen Lehre schon lange nicht mehr folgen. Siehe auch R. Friedmann, *Theology of Anabaptism*, 106.

87 Zitiert nach I. B. Horst, *The Radical Brethren*, Nieuwkoop 1972, 29.

88 Chiliasmus ist die Lehre, daß vor dem endgültigen göttlichen Gericht ein tausendjähriges Reich (vgl. Offb. 20, 4) der Guten bestehen werde, das der langen Zeit des Bösen ein Ende setzt. [JS]

89 P. Althaus, *Die letzten Dinge*, Gütersloh 1928.

90 Luther kann man hier für beide Seiten heranziehen. In einer Predigt 1535 sagte er: »Wir werden solange schlafen, bis Christus kommt und an das Grab klopft und sagt: ›Dr. Martinus, wach auf!‹« (WA 37:151). Luthers Spiel mit dem Begriff des Seelenschlafs kann wohl im Zusammenhang mit seinem Gefühl für das unmittelbare Bevorstehen des »Eschaton« stehen, das er mit den Radikal-Reformatoren teilte. Siehe auch die scharfsinnige Studie von H. A. Obermann, »Martin Luther: Vorläufer der Reformation«, in: *Verifikation. Festschrift für Gerhard Ebeling zum 70. Geburtstag*, hg. von E. Jüngel, Tübingen 1982, 91–119.

91 Die erste Ausgabe der Werke Calvins wurde 1534 fertiggestellt, obwohl sie bis 1542 nicht veröffentlicht wurde. Calvins Perspektive ist im Schottischen Glaubensbekenntnis (1560) wiedergegeben: »Die auserwählten Verstorbenen erfahren Ruhe und Frieden von aller Mühsal: Nicht, daß sie schlafen und in einen Zustand des Vergessens geraten, wie einige Phantasten behaupten, vielmehr sind sie frei von aller Furcht und Qual und Versuchung. (...) Wie andererseits diejenigen, die in Verkommenheit und Unglauben gestorben sind, Angst, Qual und Schmerz erfahren«. In: *Creeds of Christendom*, hg. von Ph. Schaff, New York 1877, 3: 459.

92 Zu den Begräbnispraktiken der Wiedertäufer siehe C.-P. Clasen, *Anabaptism*, 149–50; zu den Implikationen des Psychopannychismus für die Spiritualität der Radikal-Reformation siehe G. H. Williams, »Socinianism and Deism: From Eschatological Elitism to Universal Immortality?« *Historical Reflections/Réflexions Historiques* 2 (1975), 265–90.

93 G. H. Williams hat das Thema »sektiererische Ökumene« ausführlich behandelt in *Radical Reformation*, 832–45, sowie in zwei Aufsätzen: »Sectarian Ecumenicity: Reflections on a Little Noticed Aspect of the Radical Reformation«, *Review and Expositor* 64 (1967), 141–60; und »Erasmus and the Reformers on Non-Christian Religions and *Salus Extra Ecclesiam*«, in: *Action and Conviction in Early Modern Europe*, hg. von Th. K. Rabb u. J. E. Seigel, Priceton, NJ 1969, 319–70.

94 Th. Müntzer, *Protestation oder Erbietung* (1521).

95 Palaeologus' Gedanken zur interreligiösen Ökumene wurden publiziert in: *De tribus gentibus* (1572); siehe auch G. H. Williams, *Radical Reformation*, 740–43.

96 Zu Dencks Universalismus siehe W. O. Packull, *Mysticism*, 42–50.

97 W. Klaassen, »The Modern Relevance of Anabaptism«, in: H.-J. Goertz (Hg.), *Umstrittenes Täufertum*, 295.

98 Th. Helwys, *A Mistery of iniquity*, London 1612, 69. Die handschriftliche Anrede kann man in dem Exemplar finden, das jetzt in der Bodleian Library in Oxford steht. Zur Beziehung zwischen Helwys und den Wiedertäufern auf dem Kontinent siehe T. George, »Between Pacifism and Coercion: The English Baptist Doctrine of Religious Toleration«, *Mennonite Quarterly Review* 58 (1984), 30–49.

99 G. H. Williams, *Radical Reformation*, 129.

100 H. Kamen, *The Rise of Toleration*, New York 1967, 60–61.

101 J. Hutter, *Brotherly Faithfulness*, 164.

102 Ebd., 70 (Hervorhebung durch Verfasser).

103 F. H. Littell, *The Origins of Sectarian Protestantism*, New York 1964, 96: »Wenn es nicht solchen Eigendünkel gäbe, würde Gottes Wort nicht so hart sein.«

104 G. F. Hershberger, *The Recovery of the Anabaptist Tradition*, Scottdale, PA 1957, 49; siehe auch die ausgezeichnete Studie von P. J. Klassen, *The Economics of Anabaptism*, Den Haag 1964.

105 R. Friedmann, »Community of Goods«, in: *Mennonite Encyclopedia*, 1:659.

106 »Sie tun uns auch anzeigen / Die Gemeinschaft alles klar. / Keines nichts hat für eigen.« W. Wiswedel, *Bilder und Führergestalten aus dem Täufertum*, Kassel 1952, 3:100.

[107] G. H. Williams, *Radical Reformation*, 433.
[108] *Spiritual and Anabaptist Writers*, 278–79.
[109] C.-P. Clasen, *Anabaptism*, 176.
[110] Ebd., 252.
[111] G. H. Williams, *Radical Reformation*, 507.
[112] *Lucifers Lacky*, London 1641, sig. A3.
[113] J. L. Irwin, *Womanhood in Radical Protestantism, 1525–1675*, New York 1979, 133–36.
[114] H.-J. Goertz (Hg.), *Radikale Reformatoren*, 100.
[115] Die »zugesprochene Rechtfertigung« (»iustitia imputata«) faßt die lutherische Lehre zusammen, daß die Gerechtigkeit vor Gott nicht selbstverdient, sondern eine Zuweisung der Verdienste Jesu sei (vgl. Anm. 10 u.21). [JS]
[116] In: H. G. Goertz (Hg.), *Radikale Reformatoren*

TEIL 2

THEMEN

Die menschliche Natur Christi und seine Passion

Von Ewert Cousins

Christliche Spiritualität ist ihrem Wesen nach auf Christus als Mittelpunkt ausgerichtet. Aber Christen haben in verschiedenen geographischen Regionen und zu verschiedenen historischen Epochen ihre Spiritualität auf unterschiedliche Aspekte des Mysteriums Christi gegründet. Im Hochmittelalter rückte in Westeuropa die menschliche Natur Christi in den Vordergrund. Das Wissen um und das Aufmerken auf dessen menschliche Natur war zwar von Anfang an vorhanden, nahm nun aber neue Dimensionen an: Es wirkte als Katalysator für eine neuen Frömmigkeit und brachte dabei eine grundlegende Veränderung der Empfindungen mit sich, wodurch eine Reihe menschlicher Gefühle wie beispielsweise zärtliche Zuneigung und Mitgefühl geweckt wurden. Es schuf eine der typischen und weit verbreiteten Formen christlicher Meditation. Auf dem Gebiet der Kunst bewirkte es den Übergang von der stilisierten Vorstellung des siegreichen Erlösers zum blutenden, menschlichen Christus am Kreuz, der Todesqualen leidet. Im Spätmittelalter gipfelte dies in einer fast ausschließlichen Hinwendung zur Passion Christi, die sogar die Auferstehung in den Schatten stellte. Da sich dieses neue Bewußtsein über den Zeitraum vom 11. bis zum 15. Jahrhundert entfaltete, trug es damit auch zur Abgrenzung zwischen dem lateinischen Westen und byzantinischen Osten und zwischen dem Mittelalter und den vorausgegangen Jahrhunderten bei. Es verlieh der westlichen Spiritualität eine Färbung, die in vielerlei Hinsicht bis zum heutigen Tag wirksam ist.[1]

1. Die menschliche Natur Christi in der Frühgeschichte des Christentums

Die Verehrung der menschlichen Natur Christi gründet sich auf die historische Existenz des Jesus von Nazareth als dem Mittelpunkt der christlichen Religion. Obwohl die historischen Ereignisse des Lebens Jesu eine große Rolle in den Schriften des Neuen Testamentes spielen, neigte die christlichen Spiritualität der ersten tausend Jahre dazu, ihre Aufmerksamkeit auf den auferstandenen Herrn zu richten statt auf den historischen Jesus. Die Konzentration auf den auferstandenen Christus geht auf Paulus zurück, der den historischen Jesus nicht kannte und der sich dagegen wehrte, daß das apostolische Privileg auf die beschränkt sein sollte, die Christus auf Erden gekannt hatten: »Auch wenn wir Christus früher nach menschlichen Maßstäben eingeschätzt haben, jetzt schätzen wir ihn nicht mehr so ein« (2 Kor 5, 16). Für Paulus hat die christliche Spiritualität nicht den historischen Jesus zum Mittelpunkt, sondern den auferstandenen Herrn, der den Gläubigen in der Fülle seines österlichen Geheimnisses hier und jetzt gegenwärtig ist. Es ist nicht einfach, diese Ausrichtung genau zu formulieren, denn die Fülle des österlichen Geheimnisses schließt das Werk des historischen Jesus und die Ereignisse seines irdischen Lebens mit ein. Es ist ein Wesensmerkmal des Christentums, daß die Gläubigen zum österlichen Geheimnis durch die Erinnerung an die Ereignisse im irdischen Leben Christi Zugang haben. Aber dennoch entwickelte sich im ersten christlichen Jahrtausend nichts, was mit der weitverbreiteten Verehrung der menschlichen Natur Christi im Hochmittelalter vergleichbar wäre – mit dem Gebrauch der Phantasie bei einer bestimmten Art der Meditation; mit seiner intensiven Pflege der menschlichen Gefühle, vor allem des Mitgefühls; mit seiner fast ausschließlichen Hinwendung zur Passion und mit der Entfaltung all dessen in der Kunst und in devotionalen Formen von Hymnen, Gebeten und Bußtexten.

In der griechischen Welt hingegen richtete man das Augenmerk auf Christus als Logos (Wort): als Pantokrator (Allherrscher) in seiner vorzeitlichen Existenz in der Dreifaltigkeit; als Pantokrator, durch den die Schöpfung ausgeführt wird; als den Bräutigam der Seele und der Kirche und als den auferstandenen Herrn, durch den sich der Prozeß der Gottwerdung mit der Rückkehr aller Dinge zum Vater vollendet. Diese Schwerpunktsetzung findet sich vor allem in der alexandrinischen Schule, bei Klemens und Origenes, bei Athanasius und den Kappadokiern. Obwohl die antiochenische Schule sich mehr mit der menschlichen Natur Christi befaßte, brachte auch diese Auseinandersetzung im Osten nichts hervor, was der westlichen mittelalterlichen Verehrung der menschlichen Natur Christi vergleichbar gewesen wäre.[2]

Auch bei den lateinischen Kirchenvätern spielte die historisch-menschliche Seite Christi keine wichtige Rolle. Augustinus z. B. entdeckte Christus durch dessen Gegenwart als Logos in der Seele. Dies führte ihn zu einer sorgfältigen Analyse der Seele als einem Bild der Dreifaltigkeit, aber nicht zu einer Meditation über das historische Leben Christi. Im benediktinischen Mönchtum und seinen Abkömmlingen, die die westliche Spiritualität im frühen Mittelalter beherrschten, lag der Schwerpunkt wiederum eher auf dem auferstandenen Herrn als auf dem historischen Jesus. Das österliche Geheimnis wurde jeden Tag in der Messe gefeiert und das ganze Jahr über im liturgischen Ablauf begangen. Der andere Bestandteil monastischer Spiritualität war das Singen des Stundengebetes, das hauptsächlich aus den Psalmen bestand. Diese wurden allegorisch[3] mit dem Blick auf Christus interpretiert, und dies nicht in erster Linie zur Nachahmung konkreter historischer Einzelheiten, sondern als typologische Hinweise auf das österliche Geheimnis, an dem die Mönche in ihrer eigenen historischen Existenz teilhatten.

2. Monastische Ursprünge

Grundlegende Elemente der Verehrung der menschlichen Natur Christi, wie sie sich später im Mittelalter entwickelte, lassen sich bereits in den frühen christlichen Jahrhunderten finden: bei Klemens von Rom, Ignatius von Antiochien, Irenäus, Origenes, Augustinus, Chrysostomus, den Kappadokiern und anderen.[4] So schreibt beispielsweise Ignatius von Antiochien an die Römer: »Was mich betrifft, so ist es besser, in Jesus Christus zu sterben, als ein Herrscher über ein großes Reich zu sein. Er, der für uns starb, ist alles, was ich suche; er, der für uns auferstand, ist all mein Streben...Laß mich der Passion meines Gottes nachfolgen.«[5] Die mittelalterliche Verehrung der menschlichen Natur Christi begann sich jedoch erst im 11. und im Lauf des 12. Jahrhunderts in Klöstern, Benediktinern und Zisterziensern, zu entwickeln. Obwohl das Hauptaugenmerk der frühen monastischen Spiritualität nicht auf dem historischen Jesus lag, lassen sich die Wurzeln der Meditation über das Leben Christi bis zur monastischen *lectio divina* zurückverfolgen. Dies bedeutete eine Übung des persönlichen Lesens, normalerweise der Bibel, was in einer sehr langsamen und meditativen Weise geschah. Obwohl sie nicht auf die Ereignisse in den Evangelien beschränkt war und auch nicht zu einer formalen Methode ausgearbeitet wurde, meditierten die Mönche besonders intensiv über die Abschnitte, in denen die historischen Ereignisse aus dem Leben Christi dargestellt werden.[6] Mit fortschreitender Entwicklung dieser Übung richtete sich die Aufmerksamkeit immer stärker auf die konkreten Einzelheiten dieser Ereignisse. Das regte die Phantasie an, der Christ wurde gedanklich in das Geschehen miteinbezogen und übernahm sogar eine Rolle als Mitwirkender. Hatte er sich erst einmal in das Geschehen hineinversetzt, so reagierte er auf die Szene mit einer Vielfalt menschlicher Gefühle. Dies führte zu einer Identifikation mit Christus und zu dem Wunsch, dessen Tugenden nachzuahmen, vor allem Demut und Armut; und es führte gleichzeitig zur Bereitschaft, ja sogar zum Verlangen, mit Christus in seiner Passion mitzuleiden.

Als Beispiele für diese Entwicklung lassen sich Petrus Damiani (1007–1072), Johannes von Fécamp (990–1078) und Anselm von Canterbury (1033–1109) nennen.[7] Die grundlegenden Elemente dieser Frömmigkeit finden sich in Anselms *Gebeten*. Obwohl Anselm für seine theologischen Abhandlungen, wie beispielsweise das *Proslogion* und *Cur Deus Homo* (Warum Gott Mensch wurde), bekannter ist, leistete er auch einen wichtigen Beitrag zur Christus-Frömmigkeit. Seine *Gebete* lassen sich tatsächlich als eine Parallele auf erbaulichem Niveau zu seiner Theologie der Erlösung ansehen, die er im *Cur Deus Homo* entwickelt hat. Sie zeigen, wie sich diese Frömmigkeit im benediktinischen Mönchtum entwickelte und stellen die Weichen für Entwicklungen, die bei den Mendikanten (Bettelorden) und Laien des späten Mittelalters einsetzten.

Anselm ruft in seinem *Gebet zu Christus* die Erinnerung an wichtige Ereignisse im Leben Christi wach: »So sehr ich kann, wenn auch nicht so viel, wie ich sollte, denke ich an deine Passion, deine Schläge, deine Geißelung, dein

Kreuz, deine Wunden, wie du für mich getötet worden bist, wie du für das Begräbnis vorbereitet wurdest und begraben worden bist.« Im Unterschied zu späteren Stufen dieser Frömmigkeit läßt er die Auferstehung nicht aus: »Und ich denke auch an deine ruhmreiche Auferstehung und wunderbare Himmelfahrt.« Anselm beklagt, daß er nicht wirklich anwesend war und die Einzelheiten des Leidens Christi nicht sehen konnte: »Warum, o meine Seele, warst du nicht dort und bist nicht vom Schwert bitterer Trauer durchbohrt worden, konntes du es nicht ertragen, wie die Seite deines Erlösers von einer Lanze durchbohrt wurde? Warum konntest du es nicht ertragen, wie die Nägel die Hände und Füße deines Schöpfers verletzt haben?« Durch solche rhetorischen Fragen im Rahmen eines Gebetes hat Anselm die Notwendigkeit einer neuen Form der Meditation aufgezeigt, die den Christen zu diesen historischen Ereignissen zurückführen und die spirituelle Kraft dieser Ereignisse gegenwärtig machen sollte. Mit der Formulierung der Fragen in solchen lebendigen Sätzen hat Anselm bereits die Mittel zur Verfügung gestellt, wie man bei dem Ereignis anwesend sein kann, nicht historisch wirklich, sondern in der Vorstellungskraft.

Um tiefer in das Geschehen einzudringen, wendet sich Anselm Maria zu und versucht, an ihrem Mitgefühl für den leidenden Sohn teilzuhaben. Auch dies wurde zu einem wichtigen Element in der späteren Entwicklung der Frömmigkeit und fand z. B. in der Hymne »Stabat Mater« und in den Gemälden und Skulpturen der Pietà seinen Ausdruck. Dann wendet sich Anselm wieder seiner Seele zu: »Warum hast du das Leiden der allerreinsten Jungfrau, seiner würdigen Mutter und deiner gütigen Herrin, nicht geteilt?« Sich Maria zuwendend, sagt er: »Was kann ich zu den Bächen sagen, die aus deinen reinsten Augen flossen, als du deinen einzigen Sohn vor dir sahest, gefesselt, geschlagen und verwundet?«

Anselm trägt noch ein weiteres wesentliches Element bei, das zur endgültigen Haltung bei der Meditation über das Leben Christi werden sollte. Er wünscht sich, ein Mitwirkender im Geschehen zu werden: »Ich wünschte, daß ich meinen Herrn mit dem glücklichen Joseph vom Kreuz abgenommen, ihn in mit Gewürzen durchtränkte Grabtücher gewickelt und ins Grab gelegt hätte.« Er fährt fort: »Ich wünschte, daß ich mit der gesegneten Gruppe der Frauen bei der Erscheinung der Engel gezittert und die Nachricht von der Auferstehung des Herrn vernommen hätte.«

Bernhard von Clairvaux (1090–1153) wird allgemeinhin als wichtigster Förderer der Entwicklung dieser Frömmigkeit im 12. Jahrhundert angesehen.[8] Zwar steht sein Hauptwerk, *Predigten über das Hohelied*, in der klassischen Tradition des auferstandenen Herrn und schöpft aus der Origenes-Tradition der allegorischen Interpretation von Christus als Logos, der Bräutigam der Seele und der Kirche ist. Aber auch in diesen Predigten entwickelt er den Gedanken von der »leiblichen Liebe zu Christus«. »Beachte«, sagt er, »daß die Liebe des Herzens in einer bestimmten Weise leiblich ist, weil unsere Herzen am meisten zum menschlichen Sein Christi hingezogen werden und zu den Dingen, die er tat oder anordnete, als er im Fleische lebte.« Bernhard erteilt den Rat, daß wir diese Liebe pflegen sollten, indem wir uns Christus und die Ereignisse in seinem Leben vorstellen: »Die Seele soll beim Gebet ein heiliges Bild des Gott-Menschen vor sich haben, von seiner Geburt oder Kindheit oder als er lehrte, starb, auferstand und in den Himmel fuhr.« Bernhard führt als Hauptgrund für die Menschwerdung Gottes an, daß Gott »die Zuneigung leiblicher Menschen wiedergewinnen wollte, die anders nicht lieben konnten; so führte er sie zuerst hin zu der heilbringenden Liebe seines eigenen Menschseins und erhob sie dann stufenweise zu einer spirituellen Liebe« (*Predigten über das Hohelied* 20.6). In den Predigten zu den Feiertagen des liturgischen Jahres breitet Bernhard seine eigenen Gedanken darüber aus, wie man sich die menschliche Natur Christi vorstellungsmäßig vergegenwärtigen könne. Die Feiertage beziehen sich auf Ereignisse, über die er ausführlich meditiert und dabei Gefühle hervorruft, die den Gläubigen zur Nachfolge bewegen sollen. So sagt er beispielsweise in einer Weihnachtspredigt: »Wir verehren ihn in der Krippe, wir verehren ihn im Grab. Wir beten ihn fromm an, ihn, der um unseres Heiles willen ein schwaches Kind wurde, der für uns mit Blut bedeckt war, der für uns begraben wurde« (*Über die Geburt des Herrn*, 4). Später in dieser Predigt setzt er sein rhetorisches Geschick ein, um moralische Unterweisungen aus den Einzelheiten der Szene abzuleiten: »Das Kind Christus tröstet nicht den Geschwätzigen; die Tränen Christi trösten nicht diejenigen, die sich an weltlichen Dingen erfreuen; seine Windeln trösten nicht die, die mit reichen Gewändern bekleidet sind; der Stall und die Krippe trösten nicht diejenigen, die gern in den vordersten Reihen in der Synagoge sitzen; aber vielleicht erkennen auch sie eines Tages, daß der universale Trost auf all die herabkommt, die den Herrn in Stille erwarten, die weinen, die armselig gekleidet sind« (*Über die Geburt des Herrn*, 4).

Die Methode wurde vom Zisterzienser Aelred von Rievaulx (1110–1167) weiterentwickelt; er kann als Meister dieser Technik in ihrer ersten Zeit angesehen werden. Seine Begabung läßt sich im folgenden Auszug aus seinem Werk *De Institutione Inclusarum* (Über das Institut der Inklusen, 29) erkennen; er lädt in einer Meditation über die Geburt Christi den Leser ein: »Umarme die süße Krippe, laß Liebe über die Zurückhaltung siegen, laß Zuneigung die Angst vertreiben; drücke deine Lippen gegen diese heiligsten Füße und küsse sie. Dann halte im Geiste Wache wie der Hirte, staune über die Engelschar, vereine dich dem himmlischen Gesang mit deiner Stimme und deinem Herzen: *Ehre sei Gott in der Höhe und Friede auf Erden den Menschen guten Willens* (Lk 2, 14)«. (*De Institutione Inclusarum* 29).

Ein weiteres Glied in der Entwicklungsreihe stellt Eckbert dar (ca. 1132–1184), Abt des Benediktinerklosters Schönau in Deutschland und Bruder und geistlicher Lehrer von Elisabeth von Schönau. Wie Aelred bildet auch Eckbert eine Quelle für Bonaventuras *Lignum vitae* (Das Holz des Lebens). Der folgende Abschnitt stellt ein Beispiel für den lebendigen Gebrauch von Einzelheiten der Passion dar; Eckbert spricht von denen, die Jesus mißhandelt haben: »Sie schändeten mit dem Speichel verunreinigter Lippen, schlugen mit frevlerischen Händen und bedeckten mit einem

Schleier des Spottes dein ehrenwertes Gesicht, auf das die Engel sehnsüchtig zu blicken wünschten, das den Himmel mit Freude erfüllt und das all die wohlgesinnten unter den Menschen in ernstem Gebet anflehen« (*PL* 158, 754AB).

3. Franziskus von Assisi

Vor diesem Hintergrund des 12. Jahrhunderts steht die Gestalt des Franziskus von Assisi (1181–1226). Er lenkte mehr als jeder andere Heilige oder spirituelle Autor religiöse Empfindsamkeit hin zur Verehrung der menschlichen Natur Christi.[9] Obwohl seine Rolle in diesem Prozeß allgemein anerkannt ist, ist es schwierig, sie genau zu beschreiben; denn im Gegensatz zu Bernhard hat er keine Theorie der »leiblichen Liebe zu Christus« vorgelegt; es sind auch keine Predigten wie bei Bernhard vorhanden, die eine Methode der Meditation über historische Ereignisse aus dem Leben Christi entwickeln. Vielmehr war Franziskus vor allem entschlossen, Christus in Armut nachzufolgen und ein Leben zu führen, das, wie er meinte, der Mitte des Evangeliums entsprach. Er versuchte, diese Lebensführung bei sich selbst sogar in konkreten Einzelheiten zu verwirklichen. Zwei Jahre vor seinem Tod schließlich zeigten sich bei ihm die Stigmata, die Zeichen des Leidens Christi an Händen, Füßen und an seiner Seite. Seine Anhänger faßten dies als die endgültige Verkörperung der Nachfolge Christi auf und sahen darin das höchste Zeichen der göttlichen Zustimmung.

Die von Bonaventura (1217–1274) verfaßte Biographie beschreibt, wie Franziskus auf die Idee gekommen ist, einen solchen Lebensstil zu führen:

> Eines Tages, als er andächtig eine Messe zu Ehren der Apostel hörte, wurde das Evangelium vorgelesen, in dem Christus seine Jünger zum Predigen aussendet und ihnen erklärt, wie ein Leben im Sinne des Evangeliums zu führen ist: daß sie »weder Gold noch Silber noch Münzen in ihren Gürteln aufbewahren sollten, und auch keine Geldtasche für ihre Reise haben sollten oder zwei Hemden oder Schuhe oder einen Wanderstab« (Mt 10, 9f). Als er die Bedeutung verstand, war er von Freude erfüllt und sagte: »Das ist es, was ich möchte; das ist es, wonach sich mein ganzes Herz sehnt.«

Bonaventura beschreibt, wie Franziskus vorging, um den Auftrag Christi ganz wörtlich auszuführen: »Er zog sofort seine Schuhe aus, legte seinen Wanderstab beiseite, warf seine Geldtasche und sein Geld fort, als ob es verflucht sei, war mit einem Hemd zufrieden und ersetzte seinen Ledergürtel durch ein Stück Seil« (*Legenda Major*, 3.1; die breiter angelegte Fassung der Lebensbeschreibung des Franziskus, die offiziell anerkannt wurde). Dieser Entschluß wurde bestätigt, als Franziskus und sein erster Nachfolger, Bernhard von Quintavalle, zur St. Nikolaus-Kirche gingen, um den Willen Gottes zu suchen. Franz schlug die Bibel dreimal auf: das erste Mal fand er Mt 19, 21: »Wenn du vollkommen sein möchtest, dann geh, verkaufe alles, was du hast, und gib das Geld den Armen«; das zweite Mal Lk 9, 3: »Nehmt nichts mit auf eure Reise«; und das dritte Mal Mt 16, 24: »Wenn jemand mir

25. *Kruzifix* (Kloster S. Chiara, Assisi)

nachfolgen möchte, der verleugne sich selbst, nehme sein Kreuz und folge mir nach«. »Das ist unser Leben und unsere Regel«, sagte Franziskus,»und das Leben und die Regel aller, die sich unserer Gemeinschaft anschließen möchten« (*Legenda Major* 3.3).

In diesen Evangeliumstexten fand Franziskus die Armut, in der Christus und seine Jünger in den Jahren des öffentlichen Wirkens gelebt hatten. Es war das Leben eines umherziehenden Lehrers und Predigers, der kein festes Zuhause hatte und der sein Amt frei vom materiellen Besitz ausführen konnte. Das ist das Christus-Bild, dem der»arme Mann« Franziskus mit einem gewissen radikalen Festhalten an wörtlichen Bedeutungen nachzufolgen versuchte. Daran erkennen wir die wesentlichen Elemente der aufkommenden Verehrung der menschlichen Natur Christi: das Zurückblicken auf den Christus der Geschichte (hier auf sein öffentliches Wirken), die Konzentration auf konkrete Einzelheiten und die Nachahmung der Tugenden Christi, die sich in diesen Einzelheiten verkörpern. Obwohl hier das zentrale Ereignis das öffentliche Wirken Christi war, lenkte Franziskus die Aufmerksamkeit auch darauf, daß Christus arm geboren wurde und starb. Diese beiden Ereignisse entwickelten sich immer mehr zu den zentralen Themen in der Verehrung der menschlichen Natur Christi. Das überrascht nicht – schon wegen der Dramatik dieser Ereignisse, aber besonders, weil Geburt und Tod die Tatsachen darstellen, die die Geschichtlichkeit der menschlichen Situation bestimmen.

Im Jahr 1223 baute Franziskus eine Krippe für die Christmette in Greccio. Nach Thomas von Celanos *Erster Lebensbeschreibung (= I* Celano *84)* nahm Franziskus mit einem Freund, Johannes von Greccio, Verbindung auf und ließ diesen sich in folgender Weise auf die Christmette vorbereiten: »Wenn du möchtest, daß wir das gegenwärtige Fest unseres Herrn in Greccio feiern, dann beeile dich und bereite sorgfältig vor, was ich dir sage. Denn ich habe etwas vor, was das kleine Kind ins Gedächtnis zurückruft, das in Bethlehem geboren wurde; es soll vor unseren eigenen Augen in gewisser Weise die Ärmlichkeit und völlige Unzulänglichkeit seiner Versorgung zeigen, wie es in einer Krippe lag, wie es neben Ochs und Esel auf Heu gebettet lag.«

Im Jahr 1224, zwei Jahre vor seinem Tod, hatte Franziskus, als er auf dem Berg La Verna in der Toskana fastete und predigte, die Vision eines sechsflügeligen Seraphs in Form des gekreuzigten Christus. In Bonaventuras Biographie wird berichtet:

> An einem Morgen um das Fest der Kreuzerhebung herum, als Franziskus an einem Berghang betete, sah er einen Seraph mit sechs feurigen und glänzenden Flügeln, wie er von der Höhe des Himmels herabstieg. Und als der Seraph in schnellem Flug in der Luft dem Mann Gottes nahe gekommen war, da erschien zwischen den Flügeln die Gestalt eines gekreuzigten Mannes, der seine Hände und Füße in Form eines Kreuzes ausgestreckt hatte und an ein Kreuz gebunden war (*Legenda Major* 13.3).

Als die Vision vorüber war, zeigten sich bei Franziskus die Stigmata, die Wunden aus der Leidensgeschichte Christi, an seinen Händen, Füßen und an seiner Seite. Wegen des Wunderbaren, Anschaulichen und Dramatischen gab dieses Ereignis der Entwicklung der Verehrung des gekreuzigten Christus einen starken Anstoß. Im Lauf des 13. Jahrhunderts wurde die Passion Christi zum Hauptkristallisationspunkt in der Entwicklung der Christus-Frömmigkeit.

Es überrascht daher nicht, daß im franziskanischen Milieu die Meditation über das Leben Christi, vor allem über seine Passion, einen klassischen Ausdruck in Bonaventuras *Lignum vitae* (Das Holz des Lebens) fand. Eine volkstümlichere Fassung wurde vom anonymen Autor der *Meditationen über das Leben Christi* im späten 13. Jahrhundert geschaffen. Diese wurden zum Teil wörtlich in die *Vita Jesu Christi redemptoris nostri* (Das Leben Jesu Christi, unseres Erlösers) des Ludolph von Sachsen eingegliedert, die wiederum die *Spirituellen Übungen* des Ignatius von Loyola beeinflußte. Diese Art der Frömmigkeit war ganz und gar nicht auf Meditationen beschränkt; sie durchdrang vielmehr Hymnen und Andachten, Malerei und Bildhauerei und das allgemeine religiöse Empfinden Westeuropas.

4. Religiöses Bewusstsein und das historische Ereignis

Diese Form der Meditation erhielt im 13. Jahrhundert eine besondere Ausprägung. Als Gebetsmethode enthielt sie zwar eine Meditation, eine Kontemplation und sogar etwas, das man eine Mystik des historischen Ereignisses nennen könnte.[10] Doch hat diese Gebetsmethode für die Geschichte der Spiritualität mehr Bedeutung als nur die einer bestimmten Technik. Sie stellt nämlich eine grundlegende Struktur des religiösen Bewußtseins dar, die sich weiter entwickelte und schließlich das religiöse Leben Westeuropas in der Endphase des Mittelalters durchdrang. Wenn man dieses Phänomen durch das Prisma der Meditation über das Leben Christi betrachtet, kann man die Elemente verstehen, die dieses neue religiöse Empfinden ausmachen.

Im *Lignum vitae* beispielsweise meditiert Bonaventura in direkter und unmittelbarer Weise die Ereignisse im Leben Christi: z. B. seine Geburt in Bethlehem, seine Kreuzigung und Auferstehung in Jerusalem. Bonaventura stützt sich auf die Berichte des Evangeliums, appelliert an die Phantasie, um die Szene vorstellbar zu machen, und lädt den Leser dazu ein, ein Teilnehmer der Handlung zu werden. Wenn der Leser auf diese Weise in das Geschehen eingetreten ist, kann er dessen Bedeutung verstehen, denn es offenbart die nachzuahmenden Tugenden Christi.

Da sich das Werk auf historische Ereignisse konzentriert, unterscheidet es sich von der Meditation über mythische oder kosmisch-archetypische Symbole. Der Meditierende nimmt das Geschehen nicht als etwas zeitlich Entferntes wahr, das man vom Standpunkt der Gegenwart aus betrachtet. Vielmehr ist er im Ereignis gegenwärtig, sei es als Augenzeuge oder Handelnder. Er ist im Ereignis gegenwärtig, und das Ereignis ist in ihm gegenwärtig. Seine Teilnahme eröffnet ihm Bedeutung und Wert des Geschehens.

Dieses religiöse Bewußtsein hat seine säkularen Entsprechungen. Viele Menschen besuchen berühmte historische Schauplätze: die Schlachtfelder von Waterloo oder die Halbinsel Cherbourg; das Forum Romanum, wo große Triumphzüge abgehalten und Caesar ermordet wurde. Wenn man ein Schlachtfeld besucht, so ruft das oft das Gefühl hervor, als ob man dem Ereignis beiwohne und die Bedeutung des Augenblickes spüre, als Tausende feindlich aufeinanderprallten, ihr Leben ließen und dadurch der Lauf der Geschichte verändert wurde. Wenn man in der Dramatik eines solchen Geschehens gefangen ist, kann man dessen Bedeutung wahrnehmen, die den menschlichen Kampf um Macht und Gerechtigkeit enthüllt. Bei einem religiösen Ereignis ist dessen offenbarende Kraft noch größer, denn es zeigt dem Gläubigen den heilsgeschichtlichen Plan Gottes und dadurch Gott selber. Aus diesem Grund pilgerten mittelalterliche Christen zu Wallfahrtsorten, wo Heilige gemartert worden waren oder begraben lagen. Sie wünschten sich vor allem, eine Pilgerreise ins Heilige Land machen zu können, durch die Straßen zu gehen, durch die auch Jesus gelaufen war, und die Stätten seiner Geburt, Kreuzigung und Auferstehung zu besuchen. Wenn sie nicht in der Lage waren, die tatsächliche Reise zu machen, so konnten sie sich wenigstens vorstellen, daß sie im Heiligen Land seien und den großen religiösen Ereignissen, die sich dort abgespielt hatten, beiwohnten. Dieser Gebrauch der Phantasie brachte die Meditationen über das Leben Christi hervor.

5. Geburt und Passion Christi

Die Meditationen in Bonaventuras *Lignum vitae* befassen sich mit dem Leben Christi, angefangen mit der ewigen Geburt des Wortes durch den Vater, seiner Menschwerdung und Geburt, seinem öffentlichen Leben und Wirken und seiner Passion, Auferstehung, Himmelfahrt, dem Letzten Gericht und ewigem Leben im Himmel.[11] Wir greifen zwei Ereignisse der historischen Ebene heraus: die Geburt Christi in Bethlehem und sein Leiden am Kreuz; denn sie spiegeln die grundlegenden Ereignisse eines jeden menschlichen Lebens wider: Geburt und Tod. In dieser Hinsicht bilden sie den Kern der Verehrung der menschlichen Natur Christi. Sie akzentuieren auch die beiden ausgesprochen franziskanischen Entwicklungslinien dieser Verehrung: nämlich die Verehrung des Kindes Jesus vor dem Hintergrund der Weihnachtskrippe und des leidenden Heilands in seiner Passion am Kreuz. Bonaventura benutzt in seinem *Lignum vitae* eine Meditationstechnik, um in das Geschehen der Geburt Christi einzutreten, die der Dramatisierung des Franziskus in Greccio vergleichbar ist. Er faßt als erstes den Evangeliumsbericht aus Lk 2, 1–18, zusammen und betont, wie sehr Franziskus die Armut und Demut erspürt habe: »Christus wollte nicht in einem Haus, sondern in einem Stall zur Welt kommen, in Windeln gewickelt sein, von jungfräulicher Milch genährt werden und in einer Krippe zwischen einem Ochsen und einem Esel liegen.« Er malt die Szene lebhaft aus, teilt deren

Botschaft mit und fordert dann den Leser auf, als Teilnehmer in das Geschehen einzutreten. In einem Abschnitt, der fast wörtlich von Aelred von Rievaulx (s. o., S. 387) übernommen wurde, sagt Bonaventura: »Jetzt, meine Seele, umarme diese göttliche Krippe; drücke deine Lippen gegen die Füße des Knaben und küsse sie.« Der Leser soll sich zu den anderen Teilnehmern des Geschehens gesellen und reagieren, wie sie reagiert haben:»Dann halte im Geist Wache, staune über die sich versammelnden Engel, singe mit ihnen die himmlische Melodie, und singe mit deiner Stimme und deinem Herzen: ›Ehre sei Gott in der Höhe und auf Erden Frieden den Menschen, die guten Willens sind‹ (Lk 2, 14)« (*Lignum vitae* 4).

Bonaventura befaßt sich in gleicher Weise mit dem Leiden und Tod Christi. Inspiriert von den Stigmata des Franziskus und dessen Verehrung des gekreuzigten Christus, widmet Bonaventura der Passion Christi ein Drittel des *Lignum vitae*, das sind insgesamt 16 Meditationen. Er bezieht den Leser in das Geschehen mit ein und läßt ihn sich mit Maria und ihrem Mitgefühl für den leidenden Heiland identifizieren. In diesen Meditationen wird das Leiden Christi an seinen einzelnen Gliedern für sich meditiert und dabei jeweils neu Mitgefühl geweckt. Sich an Maria wendend, sagt Bonaventura:

> Diesen gesegneten und allerheiligsten Leib – den du so rein empfangen, so süß mit deiner Milch genährt hast, den du so oft auf deinem Schoß gehalten und mit deinen Lippen geküßt hast –, auf ihn hast du mit deinen eigenen Augen geschaut, der jetzt von den Schlägen der Geißeln verletzt, jetzt von den Spitzen der Dornen durchbohrt, jetzt vom Pfeil getroffen, jetzt von Händen und Fäusten geschlagen, jetzt von Nägeln durchbohrt und an das Holz des Kreuzes geheftet ist und von seinem eigenen Gewicht herabgezogen wird, während er dort hängt (*Lignum vitae* 28).

Indem wir uns so mit Maria identifizieren, können wir am Leiden Christi partizipieren und die Bedeutung seines Erlösungstodes verstehen.

In ähnlicher Weise beschwört der Autor der *Meditationen über das Leben Christi* die Mystik des historischen Ereignisses.[12] »Mit all deinem Geist«, sagt er,»mußt du dir vorstellen, daß du anwesend bist, und sorgfältig alles betrachten, was gegen den Herrn unternommen wird, und alles, was er sagt und tut und was ihm gegenüber getan und gesagt wird.« Der Autor leitet den Leser dann konkreter an:»Erblicke vor deinem inneren Auge, wie einige das Kreuz in die Erde rammen, andere Nägel und Hämmer in den Händen halten, andere eine Leiter und andere Gegenstände; wieder andere, die Anweisungen geben, was zu tun ist, und weitere, die ihn entkleiden.« Er richtet dann das Augenmerk auf die Dramatik der Handlungen: »Und wieder wird er entkleidet, und jetzt steht er zum dritten Male nackt vor dieser Menschenmenge, und die Wunden sind durch ihr Verkleben mit der Kleidung wieder aufgebrochen.« An dieser Stelle führt er Maria in das Geschehen ein, und wie Bonaventura ruft er durch die Zärtlichkeit und das Mitgefühl der Mutter im Leser Mitgefühl für den leidenden Heiland hervor. Jedoch erschafft der Autor im Gegensatz zu Bonaventura, der sich im Rahmen der Evangeliumsberichte bewegte, in typischer Weise sein eigenes dramatisches Geschehen, das an die Szene des Franziskus erinnert, wie dieser sich vor dem Bischof von Assisi entkleidete:

26. *Die Kreuzigung*, Mittelbild des *Isenheimer Altars* (Matthias Grünewald, ca. 1515)

Jetzt erblickt die Mutter ihren Sohn zum ersten Mal, wie er so ergriffen und für die Todesqualen vorbereitet wird. Sie ist über alle Maßen betrübt und beschämt, als sie ihn völlig nackt erblickt: Sie ließen ihm nicht einmal sein Lendentuch. Deshalb eilt sie zu ihrem Sohn, umarmt ihn und umwickelt ihn mit ihrem Schleier. O, welche Bitterkeit verspürt sie jetzt in ihrer Seele! Ich glaube nicht, daß sie ein Wort zu ihm sagen konnte: Wenn sie mehr hätte tun können, so hätte sie es getan, aber sie konnte ihm weiter nicht mehr helfen. Der Sohn wurde mit Gewalt von ihr weggerissen und an den Fuß des Kreuzes gebracht (*Meditationen* 78).

6. Entwicklung und Wirkung der Passions-Frömmigkeit

Am Ende des 13. Jahrhunderts hatte die Verehrung der menschlichen Natur Christi ihren festen Platz in der westlichen Spiritualität; ihr Schwerpunkt lag auf der Passion Christi. Sie findet sich im späten Mittelalter in zahlreichen volkstümlichen Praktiken wieder, beispielsweise in den Kreuzwegstationen, den Passionshymnen, den schmerzensreichen Geheimnissen des Rosenkranzes, in der demütigen und mitleidenden Nachfolge Christi und in der wachsenden Betonung der Feste im liturgischen Zyklus, die an Christi Leiden und Tod erinnerten. Dieser Verehrung ging eine Umwälzung in der Kunst voraus. Sie leitete zu einer realistischen Darstellung der menschlichen Natur Christi über und führte zu den großen Pietàs Michelangelos und den Kreuzigungsszenen, die in der spätmittelalterlichen Kunst und der Kunst der Renaissance vorherrschend waren.
Im Lauf des Mittelalters durchdrang die Passion Christi die religiöse Psyche der westlichen Christenheit immer tiefer. Es gibt viele Beschreibungen über die Intensität dieser Frömmigkeit im Leben der Heiligen, die teilweise sogar Züge einer morbiden Faszination von Schmerz und Demütigung annahm. Vom psychologischen Standpunkt aus betrachtet stellt diese spätmittelalterliche Passions-Frömmigkeit eines der problematischsten Phänomene in der Geschichte der christlichen Spiritualität dar. Auch von der Lehre und der Spiritualität her gesehen erscheint sie fragwürdig. Denn in einigen Fällen war die Anziehungskraft des Leidens und Todes Christi so stark, daß die Gläubigen die anderen Aspekte der christlichen Geheimnisse und ihren organischen Zusammenhang aus den Augen verloren. Über die Betonung der Leidensgeschichte geriet die Auferstehung in Vergessenheit. Mit der Konzentration auf die leidende menschliche Natur Christi trat die Dreifaltigkeit und ihr Verströmen der göttlichen Liebe in der Schöpfung in den Hintergrund. Die Fixierung auf das bloße Leiden Christi hinderte die Christen daran, die Rolle der Passion im Plan der Erlösung des Kosmos und für die persönliche und gemeinsame spirituelle Entwicklung genügend einzuschätzen.
Eine auffallende Ausnahme in diesem Ungleichgewicht bildet Juliana von Norwich (ca. 1343–1416), deren Visionen von der Passion Christi im 14. Jahrhundert zu den drastischsten in der Geschichte der christlichen Spiritualität gehören; zugleich aber eröffnen sie doch den Weg in die Freude an der

Dreifaltigkeit und am Wert der Schöpfung. So schildert sie eine ihrer Visionen folgendermaßen: »Und dieses Mal sah ich plötzlich, wie das rote Blut unter der Krone hervorrann, heiß und ungehindert und stark fließend, ein lebendiger Strom, genauso wie damals, als die Dornenkrone auf sein gesegnetes Haupt gedrückt wurde.« Die Vision des leidenden Christus führt sie aber nicht noch tiefer in die Erfahrung menschlichen Schmerzes, sondern in das Geheimnis der Trinität, das sie mit Freude erfüllt: »Und in derselben Offenbarung erfüllte plötzlich die Dreifaltigkeit mein Herz mit allergrößter Freude, und ich verstand, daß es so im Himmel ohne Ende für all die sein wird, die dorthin kommen. Denn die Dreifaltigkeit ist Gott, Gott ist die Dreifaltigkeit. Die Dreifaltigkeit ist unser Schöpfer, die Dreifaltigkeit ist unser Beschützer, die Dreifaltigkeit ist unser immerwährender Geliebter, die Dreifaltigkeit ist unsere endlose Freude und unsere Wonne, durch unseren Herrn Jesus Christus und in unserem Herrn Jesus Christus« (*Showings*; Schauungen, Langer Text, 4).

Wie beurteilt man die Passions-Frömmigkeit vom Standpunkt der christlichen Spiritualität aus? Idealerweise sollte diese Frömmigkeit nach mittelalterlichen Berichten den Christen Dankbarkeit für ihre Erlösung durch Christus zu Bewußtsein bringen, Reue über die Sünden bewirken, die Christi Schmerz verursacht haben, und Mitgefühl für sein Leiden wecken, durch das sie in den Erlösungsprozeß der Welt miteinbezogen wurden. Das alles sollte schließlich zur Nachahmung Christi in seinem Leiden und in seinen Tugenden – Geduld, seelische Kraft und Standhaftigkeit – führen. Auch wenn dieses komplizierte Frömmigkeitsbewußtsein auf wohldurchdachte Weise aktiviert wurde, mußte es doch immer noch mit der umfassenderen spirituellen Weltsicht und den Stufen der spirituellen Reise verbunden werden.

Da sich nämlich diese Form der Frömmigkeit auf die menschliche Erfahrung konzentriert, kann sie in einer oberflächlichen Rührseligkeit münden, die nichts mehr mit den tieferen Schichten des Geistes zu tun hat. Wenn sie über die bloße Emotion das Niveau moralischer Werte erreicht, kann sie auch hier noch oberflächlich bleiben. Um ihre höchste religiöse Entwicklungsmöglichkeit zu erreichen, muß sie sich den tieferen Schichten der Wirklichkeit öffnen, die sich in menschlicher Erfahrung und historischen Ereignissen ausdrückten: zum Beispiel der Dynamik der Verwandlung – spirituell und kosmisch –, wie sie im christlichen Verständnis des Todes und der Auferstehung Christi verkörpert wird. Und sogar darüber hinaus muß sie in die tiefere Ebene des mystischen Bewußtseins eindringen, wo sie Gott selbst erfährt, wie er sich in den Ereignissen manifestiert. Gemäß den mittelalterlichen Kategorien der Schriftinterpretation muß sie schließlich alle vier Bedeutungsebenen der Schrift durchschreiten. Beginnend mit der wörtlichen oder historischen Ebene findet diese Schriftinterpretation in den Ereignissen ihren moralischen Sinn. So geht Bonaventura ausdrücklich im *Lignum vitae* vor und stellt Christus in seiner Passion als Vorbild für die Tugenden Geduld und Standfestigkeit dar, die der Leser nachahmen soll. Die moralische Bedeutung ist eng mit der allegorischen verbunden, die sich mit dem Werk Christi in der Heilsgeschichte befaßt, vor allem mit der Verwandlung, die mit dem österlichen Geheimnis von Tod und Auferstehung verbunden ist. Hier bewegt sich der Christ vom bloßen Mitgefühl für das menschliche Leiden Christi weiter zu dessen Werk, zur Erlösung des Kosmos von der Sünde. Auf dieser Stufe ist die höchste Antwort des Christen Dankbarkeit für die Gnade Gottes; diese ist nach Anselms Erlösungstheorie so groß, daß sie Gott dazu brachte, das Leiden auf sich zu nehmen, das notwendigerweise als Strafe für die Sünden der Menschen verlangt war. Die göttliche Gnade schloß also göttliche Gerechtigkeit ein und trug in der menschlichen Natur Christi die schwere Last der Sünde. Auf diese Weise konnte der mittelalterliche Christ mit seiner emotionalen Wahrnehmung wie Juliana von Norwich durch das Blut und den Schmerz in die barmherzige Liebe der Trinität eindringen.

Die vierte Ebene ist die anagogische, die die höchste mystische Bedeutung einschließt: die Vereinigung der Seele mit Gott nach dem Tod oder der Vorgeschmack auf diese Vereinigung in diesem Leben durch mystische Erfahrung. Mit ihrer Vision der Passion Christi drang Juliana zu dieser Stufe vor und machte die Erfahrung der »dreifaltigen« Freude. Bonaventura hat vielleicht mehr als jeder andere mittelalterliche Autor die Rolle beschrieben, die die Verehrung des gekreuzigten Christus auf der letzten Stufe der spirituellen Reise einnimmt. Für ihn symbolisiert der Tod Christi das, was in neueren Schriften der Tod des Ego genannt wird, d. h. des begrenzten oder äußerlichen Selbst, und das Erwachen des tieferen Selbst, das mit Gott verbunden ist. Im Prolog zu *Itinerarium mentis in Deum* (Reise der Seele zu Gott) erzählt er, wie er in La Verna über die Vision meditiert hat, die Franziskus von Assisi dort hatte, als ihm der sechsflügelige Seraph in Form des gekreuzigten Christus erschien. Plötzlich erkannte er, daß die sechs Flügel des Seraph die sechs Stufen der spirituellen Reise symbolisieren und daß der gekreuzigte Christus das Tor zu dieser Reise und auch ihr Ziel ist. Bonaventura schreibt:

Es gibt keinen anderen Weg als durch die brennende Liebe des Gekreuzigten; eine Liebe, die Paulus, als er »zum dritten Himmel emporgetragen wurde, so sehr in Christus verwandelte« (2 Kor 12, 2), daß er sagen konnte: »Ich bin mit Christus gekreuzigt worden. Nicht mehr ich lebe, sondern Christus lebt in mir« (Gal 2, 20). Auch die Seele des Franziskus hat diese Liebe so sehr in sich aufgenommen, daß sein Geist durch sein Fleisch hindurchschien: Zwei Jahre lang, bis zu seinem Tod trug er die geheiligten Stigmata der Passion an seinem Körper. Die sechs Flügel des Seraph stellen deshalb die sechs Stufen der Erleuchtung dar, die mit den Geschöpfen beginnen und zu Gott emporführen, wohin in Wahrheit niemand gelangt, es sei denn durch den Gekreuzigten. Denn »derjenige, der nicht durch die Tür eintritt, sondern einen anderen Weg benutzt, ist ein Dieb und ein Räuber.« Aber »wenn jemand durch diese Tür eintritt«, »wird er ein- und ausgehen und Weide finden« (Joh 10, 1.9). Deshalb sagt Johannes in der Apokalypse: »Selig, wer sein Gewand im Blut des Lammes wäscht: Er hat Anteil am Baum des Lebens, und er wird durch die Tore in die Stadt eintreten können« (Offb 22, 14). Es ist so, als ob Johannes sagen würde, daß niemand durch Kontemplation in das himmlische Jerusalem kann, wenn er nicht durch das Blut des Lammes wie durch eine Tür eintritt (*Reise der Seele zu Gott*, Prolog 3).

Im siebenten Kapitel der *Reise der Seele zu Gott* kehrt Bonaventura wieder zu diesem Thema zurück und befaßt sich mit dem Weg der Seele zu Gott durch Ekstase. Er läßt den Leser den Blick auf die menschliche Natur Christi richten, symbolisiert durch den Gnadenstuhl[13] im Allerheiligsten des Tempels: »Wer auch immer sein Antlitz ganz dem Gnadenstuhl zuwendet und ihn mit Glaube, Hoffnung und Liebe, Frömmigkeit, Bewunderung, Jubel, Dankbarkeit, Lob und Freude erblickt, wie er am Kreuz hängt, der nimmt am Pascha-Mahl teil, d. h. am Passahfest mit Christus«. Bonaventura stützt sich auf die allegorische Bedeutung des Auszugs Israels aus Ägypten und identifiziert sich mit Christus in seinem Tod; so gelangt er auf die anagogische Stufe der Vereinigung mit Gott: »Durch den Stamm des Kreuzes gelangt er über das Rote Meer und geht von Ägypten in die Wüste, wo er das ›verborgene Manna‹ schmecken wird (Offb 2, 17); und mit Christus bleibt er im Grab, als ob er für die äußere Welt tot sei; aber soweit das einem möglich ist, der unterwegs ist, erfährt er das, was Christus am Kreuz zu dem Schächer sagte, der sich ihm zuwandte, ›Heute noch wirst du mit mir im Paradies sein‹ (Lk 23,4 3)« (*Reise der Seele zu Gott* 7.2).

Anmerkungen

1 Zur Behandlung der Verehrung der menschlichen Natur und der Leidensgeschichte Christi im Rahmen spätmittelalterlicher Frömmigkeit vgl. den Artikel von R. Kieckhefer in diesem Band (Hauptströmungen der spätmittelalterlichen Frömmigkeit).

2 Zur Christusfrömmigkeit in der patristischen Epoche vgl. I. Noye u. a., *Jesus in Christian Devotion and Contemplation*, St. Meinrad, IN 1974; vgl. auch F. Di Bernardo, »Passion (Mystique de la)«, *Dict. Sp.* 12, Sp. 312–38.

3 Zur allegorischen Bibelexegese vgl. besonders den Aufsatz von Sandra M. Schneiders, »Heilige Schrift und Spiritualität« im 1. Band der *Geschichte der christlichen Spiritualität*; »allegorisch« bedeutet: eher vom Bibel*wort* ausgehend; »typologisch« hingegen: eher von Ereignissen und Personen, über die die Worte berichten, ausgehend. [JS]

4 Vgl. z. B. Klemens von Rom, *Brief an die Korinther* 2; Ignatius von Antiochien, *Brief an die Kirche zu Smyrna* 1; Irenäus, *Adversus haereses* (Gegen Häresien) 5; Origenes, *In Lucam* (Über das Lukas-Evangelium) 15.3; Augustinus, *Enarrationes in Psalmos* (Die Auslegungen der Psalmen); Gregor von Nazianz, *Oratio* (Rede) 37.17.

5 Ignatius von Antiochien, *Brief an die Kirche der Römer* 6.

6 Zur monastischen Spiritualität im Mittelalter vgl. J. Leclercq, *The Love of Learning and the Desire for God: A Study in Monastic Culture*, New York ²1974.

7 Vgl. Petrus Damiani, *Oratio* (Gebet) 26; Johannes von Fécamp, *Confessio theologica* (Das theologische Bekenntnis); Anselm von Canterbury, *Orationes* (Gebete).

8 Zur Rolle Bernhards von Clairvaux bei der Entwicklung dieser Verehrung vgl. J. Leclercq u. a., *The Spirituality of the Middle Ages*, Bd. 2 von *A History of the Christian Spirituality*, New York 1982, 196–200; ders.,»La Devotion Mediévale envers le Crucifié«, in: *La Maison-Dieu* 75 (1963), 119–21; ders.,»Drogon et S. Bernard«, *Revue Benedictine* 63 (1953), 116–31; ders.,»Saint Bernard and the Monastic Theology of the Twelfth Century«, in: *Saint Bernard Theologian*, 2 Bde., Berryville, VA 1961, 1:1–18.

9 Zum Einfluß auf Franziskus von Assisi vgl. R. McNally, *The Unreformed Church*, New York 1965, 170–74.

10 Ich habe mich an anderer Stelle mit dem Begriff der Mystik des historischen Ereignisses befaßt; vgl. mein Kapitel mit dem Titel»Francis of Assisi: Christian Mysticism at the Crossroads«, in: *Mysticism and Religious Traditions*, hg. von S.T. Katz, New York 1983, 163–191.

11 Als ausführliche Untersuchung von Bonaventuras *Lignum vitae* im Rahmen der mittelalterlichen Verehrung der menschlichen Natur Christi vgl. P. O'Connell,»The *Lignum Vitae* of Saint Bonaventura and the Medieval Devotional Tradition« (Ph.D. diss., Fordham University, 1985).

12 Als Untersuchung der Meditationsmethode in den *Meditationen über das Leben Christi* vgl. J. Vidal, »The Infancy Narrative in Pseudo-Bonaventure's *Meditationes vitae Christi:* A Study in Medieval Franciscan Christ-Piety (ca. 1300)« (Ph.D. diss., Fordham University, 1984).

13 Martin Luther nannte die spätmittelalterliche Darstellung der Trinität, nach der der Vater den gekreuzigten oder den vom Kreuz abgenommenen Christus auf dem Schoß trägt und der Hl. Geist in Taubengestalt über beiden schwebt, Gnadenstuhl. [JS]

Marienfrömmigkeit in der Westkirche

Von Elizabeth A. Johnson

Die Verehrung Marias, der jungfräulichen Mutter Gottes, ist eine der bemerkenswertesten Erscheinungen der mittelalterlichen Spiritualität. Dieses Gebiet ist komplex und vielfältig. Wenn man die Marienfrömmigkeit in einem isolierten Artikel behandelt, besteht die Gefahr, daß sie als die ausschließliche und sich über andere hinwegsetzende Form der Spiritualität jener Zeit angesehen werden könnte und nicht als ein oft gut integrierter Aspekt im Ganzen. Es bleibt jedoch die Tatsache: Der Kult um die Person Marias, der schönen Jungfrau, barmherzigen Mutter und mächtigen Königin, war in dieser Weise in den früheren christlichen Jahrhunderten ohne Beispiel und wurde ein vertrautes und beherrschendes Element im religiösen Leben der Westkirche, und zwar gleichermaßen bei Gelehrten, Mönchen, Mystikern, Priestern, Bischöfen und dem Volk.
Die Entwicklung des Marienkultes verlief in den Jahrhunderten des Hochmittelalters nicht geradlinig; nationale Eigenheiten ließen zu keiner Zeit Uniformität aufkommen. Trotzdem kann man eine übergreifende, sich beschleunigende Bewegung feststellen. Im 11. und 12. Jahrhundert schlug die monastische Frömmigkeit mit ihrer mystischen Kontemplation der Schönheit und des Ruhms der Jungfrau Maria einen neuen Ton affektiver Innigkeit an, der ihre Individualität als Person in den Vordergrund stellte. Obwohl die Menschen mit diesem Aspekt der Frömmigkeit im allgemeinen durch die Teilnahme an Klosterfeierlichkeiten bei Marienfeiertagen in Berührung kamen, blieb er doch in erster Linie dem Kloster vorbehalten. Damals begannen sich die sozialen Verhältnisse zu verändern, was mit dem Aufblühen der Städte und dem Aufbruch im intellektuellen Leben, der sich an den Universitäten vollzog, im Zusammenhang stand. Eine neue Gesellschaftsschicht entstand, die bewußt darauf bedacht war, auch außerhalb der traditionellen Klosterumgebung nach dem Evangelium zu leben. Die Aufgabe, den Laien zu predigen, wurde am Anfang des 13. Jahrhunderts von den neuen Bettelorden übernommen; das Verständnis von Spiritualität insgesamt verlagerte sich auf eine phantasiereichere, menschlich nachvollziehbare Ebene. Man sah Jesus Christus in der Armut seines Menschseins in der Krippe und am Kreuz, beides Geschehnisse, in denen auch Maria in einer Rolle erschien, mit der man sich als Mensch identifizieren konnte. Gleichzeitig war die scholastische Theologie damit befaßt, ein Verständnis von Erlösung zu entwickeln, das für den Einzelnen die Notwendigkeit betonte, für seine Sünden zu sühnen. Damit trat Maria im Frömmigkeitsleben als die Mutter in den Vordergrund, die zwischen dem Sünder und Christus, dem gerechten Richter, vermittelte, eine Mutter, die ein glaubwürdiges Interesse daran hatte, alle ihre Kinder durch die rettende Gnade Christi in die Freuden des Himmels gelangen zu lassen, so unwürdig diese auch sein mochten.

Eine Überfülle an Frömmigkeitsformen verlieh dem Band zwischen der Mutter der Barmherzigkeit und den unvollkommenen Menschen, die Erlösung suchten, Ausdruck und festigte es. Im 14. und 15. Jahrhundert steigerte sich in einem letzten Entwicklungsschritt das Schutzbedürfnis, da Naturkatastrophen wie der Schwarze Tod und weltliche und kirchliche Unruhen wie der Hundertjährige Krieg und das Große Schisma im Westen große Unsicherheit in einer harten Zeit hervorriefen. Der allmächtige Schutz Marias, die selbst großes Leid ertragen hatte und jetzt ruhmvoll gekrönt war, wurde zum Bollwerk gegen die Gefahren, die von allen Seiten drohten. Manchmal sah man in ihrer rettenden Fähigkeit den zentralen Punkt der Frömmigkeit. Das ging so weit, daß sie als handelnde Kraft sogar unabhängig von Gott wirkte. Aber auch wo das nicht der Fall war, wies innige Frömmigkeit, die aus tiefer persönlicher Unsicherheit herrührte und durch Volkspredigten gefördert wurde, Maria, der Himmelskönigin und Zuflucht der Sünder, einen festen Platz in der Mitte des persönlichen Erlösungsprozesses zu.

Die Entwicklung der Marienfrömmigkeit im Hochmittelalter weist verschiedene miteinander verbundene Aspekte auf. Die ursprünglichen aktiven Kräfte der Frömmigkeit verlagerten sich von den Klöstern zu den Bettelorden, zum einfachen Klerus und zu den Menschen selbst. Die Gestalt Marias veränderte sich ebenfalls von der inspirierenden jungfräulichen Mutter Christi zur barmherzigen Mutter der Menschen, die zu deren Gunsten bei Christus vermittelte, und zur souveränen Königin des Himmels und der Erde, die ihre Gläubigen beschützte. Die Spiritualität, die auf ihre Person ausgerichtet war, verlagerte sich von der mystischen Kontemplation zu volkstümlichen Bildern, was mit intensiver Verehrung, Ungezwungenheit und Vertrauen in ihre barmherzige und wirkungsvolle Hilfe einherging.

Wenn man die vielfältigen Ausdrucksformen der Marienfrömmigkeit von Jahrhundert zu Jahrhundert und von Land zu Land vergleicht, so findet man in dieser Epoche eine typische Ausprägung, die im Gegensatz zur Frömmigkeit der vorausgegangenen Zeit stand; nämlich die voll entwickelte Personalisierung Marias und die ebenso voll entwickelte Personalisierung der Beziehung des einzelnen Christen zu ihr. In der patristischen Zeit hatte man die Gestalt Marias in Verbindung mit den großen Ereignissen der Heilsgeschichte betrachtet: Durch ihren Gehorsam dem Willen Gottes gegenüber hatte sie Evas Ungehorsam gesühnt, indem sie die jungfräuliche Mutter des Heilands und, im Lichte von dessen gott-menschlicher Einheit, die jungfräuliche Mutter Gottes wurde. Im Osten wurde sie als die große *Theotokos,* die Gottesgebärerin, gepriesen. Im Westen betrachtete man ihre gnadenreiche Gestalt als einen Typus der Kirche. In beiden Fällen war der Rahmen für Denken und Lobpreis lehrhaft und liturgisch.

Die große *Theotokos,* die man in der hieratischen Kunst zusammen mit ihrem Sohn als ruhig, intellektuell und majestätisch darstellte, wurde zur zärtlichen, menschlichen, ihr Kind stillenden Mutter. Die mit Glauben angefüllte Gestalt Marias als Typus der Kirche wurde zu dem Individuum

Maria personalisiert, das seine eigenen Freuden, Sorgen und seinen Ruhm durchlebte. So konnte sie als Mutter all derer, für die Christus starb, in eine direkte Beziehung zu den Menschen treten. Die Sicht von ihr als einer stark subjektiven Gestalt war typisch für die Frömmigkeit dieses Zeitalters; die Menschen lebten wegen ihrer sündigen Existenz in Angst und suchten engagiert nach der Möglichkeit persönlicher Erlösung. Auf diese Weise wurden die früheren Betrachtungen über die Rolle, die Maria in der objektiven Erlösungsgeschichte spielte, auf ihre subjektive Rolle in der gegenwärtigen Heilsgeschichte des einzelnen Gläubigen hin ausgerichtet. Aus der Magd des Herrn, deren Hauptbeziehung die zu Christus war, wurde Unsere Liebe Frau, ein handelndes Subjekt mit einer gleichermaßen wichtigen Beziehung zu den einzelnen Menschen, die Erlösung suchten. Dieser Übergang von einer objektiven liturgischen Perspektive zu einer subjektiven und persönlichen, der sich in einer Fülle neu geschaffener Frömmigkeitsformen ausdrückte, macht den einzigartigen Charakter der Marienfrömmigkeit aus, die ihre Blütezeit im Mittelalter hatte.

Bei der Untersuchung dieser Entwicklung müssen wir vorsichtig sein mit einer klaren Unterscheidung, die man gerne zwischen der Haltung der gebildeten Elite und der des einfachen Volkes Maria gegenüber treffen möchte. Nach solch einem zweistufigen Modell, das in der Theorie seit Hume[1] ziemlich verbreitet ist, wurde die aufgeklärte Religion der Gebildeten (Mönche, Kirchenführer, scholastische Theologen) zunehmend verdorben und durch Druck, den die vulgären und abergläubischen Vorstellungen der Volksreligion nach oben ausübten, zur Änderung gezwungen. Dieses Modell läßt nicht nur die Veränderungen in der Volksreligion selber unerklärt; es übersieht auch die Tatsache, daß eine Reihe gebildeter christlicher Führungspersönlichkeiten durch erbauliche Predigten, die Finanzierung von heiligen Stätten usw. zum Aufstieg des Marienkultes beitrug. Obwohl die akademische Lehre und die Volksfrömmigkeit nicht in allen Punkten deckungsgleich waren, bestand zwischen ihnen zu ihrer besten Zeit doch eine dialektische Beziehung, eine wirkliche, historisch lebendige, gegenseitige Abhängigkeit, da beide versuchten, in ihrer jeweils unverwechselbaren Weise die eine Vision von Wirklichkeit auszudrücken.

Davon ausgehend, gibt es dennoch einen Aspekt, in dem sich die Marienfrömmigkeit mehr als andere Frömmigkeitsformen der Zeit vom Verständnis der Gebildeten unterschied und ein Eigenleben entwickelte. An den Universitäten machte die scholastische Theologie, die sich mit der Methode der *quaestio*[2] weiterentwickelte, sehr bewußten Gebrauch von der Fähigkeit des Verstandes, um immer genauere Unterscheidungen treffen und Lehrsätze miteinander in einer großen Synthese verbinden zu können, die auf Gott ausgerichtet war und zwischen allen anderen unter Gott Stehenden eine feste Beziehungsordnung aufzeigte. Diese Auffassung ließ wenig Raum für die Beweggründe des Herzens, für Affektivität und das Spiel der Liebe. Die Schwierigkeit vergrößerte sich durch die Tatsache, daß der scholastische Diskurs und die Liturgie sich der lateinischen Sprache bedienten, obwohl sich verschiedene Landessprachen entwickelt hatten, die man in der Predigt und im persönlichen Gebet gebrauchen konnte. Die Kluft zwischen Geist und Herz verlief tief durch das Phänomen der Marienverehrung. Das Ergebnis läßt sich an den Unterschieden feststellen, die zwischen den akademischen Werken über Maria, wo man sie in genau festgelegter Beziehung zu Christus sieht, und den homiletischen oder erbaulichen Werken derselben Zeit bestehen – sogar im Gesamtwerk ein und desselben Autors. Die scholastischen Theologen, die sich nach den Sentenzen[3] des Petrus Lombardus richteten, widmeten den Betrachtungen über Maria wenig Zeit und Raum; in den großen Summae tauchte sie nur im Zusammenhang mit solchen Fragen der Inkarnation auf, die sich mit der Ankunft Christi in der Welt befaßten. Im Gegensatz dazu bejubelten die meditativen Schriften, die z. B. *Spiegel* der Heiligen Jungfrau Maria hießen, überschwenglich deren Gaben und Gnadenfülle, die im Englischen Gruß zum Zeitpunkt der Inkarnation geoffenbart wurden. Die Psalter der Heiligen Jungfrau stellten einen noch intensiveren Ausdruck der Frömmigkeit dar; darin wurden die Psalmen des Alten Testamentes umgeschrieben, so daß deren Lobpreis statt auf Gott auf Maria gerichtet werden konnte. In solch einem Psalter, der unkritischerweise Bonaventura zugeschrieben wird, lesen wir:

> Singt unserer seligen Jungfrau ein neues Lied: Denn sie hat wunderbare Dinge vollbracht.
> Vor den Völkern hat sie ihre Gnade geoffenbart; ihren Namen vernimmt man bis an die Enden der Erde.
> Achte auf die Armen und Elenden, o selige Jungfrau, und gewähre ihnen die Unterstützung deiner heiligen Stärkung. Denn du, o selige Jungfrau, bist süß und wahrhaftig, überaus geduldig und voller Mitgefühl (Psalm 96/97).[4]

Es gab also immer deutlichere Strömungen marianischer Frömmigkeit, die sich im wesentlichen aus der Volksreligion entwickelt hatten.

Vor diesem Hintergrund zeichnen sich die Höhepunkte dreier immer stärker ineinander greifender Aspekte mittelalterlicher Marienfrömmigkeit ab, die im großen und ganzen ihrer chronologischen Entwicklung entsprechen. Das sind der Lobpreis auf die Schönheit der Jungfrau, das Vertrauen auf die Gnade der Mutter und die Bitten um Schutz der Königin.

1. Der Schatz Gottes

Der erste wahrnehmbare Aspekt mittelalterlicher Marienfrömmigkeit entsprang der reinen Freude über die Jungfrau Maria. Seine Grundlage war der Glaube an das, was Gott für sie getan hatte und was sie ihrerseits getan hatte, um Gottes Pläne in der Welt zu verwirklichen. Als demütige Magd wurde sie von Gott besonders geliebt und war sie mit ihrer gläubigen Zustimmung auserwählt worden, seine Mutter zu werden. Sie war der Schatz Gottes, und wo sie war, dort befand sich auch das Herz Gottes. Die Betrachtung der Ereignisse ihres Lebens, ihrer Gnade und Tugenden brachte die Menschen dazu, ihren Namen zu grüßen, von ihrer Schönheit zu singen und sowohl Maria als auch die Größe Gottes zu preisen, der sie so geschaffen und beschenkt hatte. Vor allem die Jungfräulichkeit der Mutterschaft Marias rief freudige Gedanken hervor, denn dies war paradoxerweise der Weg, auf dem Gott sich der Erde näherte. Die Jungfrau gehörte keinem Mann an und kündigte vom bevorstehenden Heil. Von großer Bedeutung war die huldvolle Art ihres freien *fiat* bei der Verkündigung, als ihr der Heilige Geist mitteilte, daß sie Christus empfangen würde. Ihre Reinheit war »so groß, daß man sich nichts Größeres unter Gott vorstellen kann« (Anselm von Canterbury *De conceptu virginali* [Über die jungfräuliche Empfängnis, *PL* 158, 451]). Und das führte offensichtlich und unwiderstehlich dazu, ihre einzigartige Person zu rühmen und darüber zu frohlocken. Kulturgeschichtlich gesehen, spielten das Aufkommen der ritterlichen Verhaltensweisen und die Erfahrung der Minne bei der Formung des Geistes dieser Frömmigkeit keine unbedeutende Rolle.

Der Aufschwung des menschlichen Geistes in der Betrachtung der heiligen Jungfrau findet reichen Ausdruck in lyrischen Hymnen und Gedichten, in Lobpreisgebeten und in Predigten, die anläßlich liturgischer Marienfeste gehalten wurden. »Nichts gleicht Maria; nichts außer Gott ist größer als Maria«, pries Anselm von Canterbury (gest. 1109), dessen Gebete einen Wendepunkt in der spirituellen Geschichte der Marien-Frömmigkeit darstellen; denn »die ganze Natur ist von Gott geschaffen, Gott aber ist aus Maria geboren. Gott hat das All geschaffen: Maria hat Gott geboren. Gott, der alles schuf, hat Sich selber aus Maria gebildet. Und so hat er alles, was Er schuf, neu geschaffen...Gott ist also der Vater aller geschaffenen Dinge und Maria die Mutter aller neugeschaffenen.«[5] Alles, was in der Welt neu und frisch war, wurde mit ihrer neuerschaffenden Gegenwart in Verbindung gebracht. Sie brachte Licht in die dunkle Welt. Ihre fruchtbare Jungfräulichkeit tilgte die Erbsünde und fand die verlorene Welt, so daß Jubel sich im Himmel, auf der Erde und sogar in der Hölle ausbreitete. Was kann man tun, außer über sie erstaunt sein und ihre heilige Jungfräulichkeit verehren, die alle Vorstellung übersteigt? Lobpreis und Huldigung quollen aus den Herzen, die mit liebender Achtung angefüllt waren:

> O Frau, voll, ja übervoll von Gnade, durch Deine überströmende Fülle grünt alles Erschaffene wieder auf. Gebenedeite, übergebenedeite Jungfrau, durch Deinen Segen wird die ganze Natur benedeit, nicht nur das Geschöpf durch den Schöpfer, auch der Schöpfer durch das Geschöpf... Du bist so schön anzuschauen, so liebenswürdig zu betrachten, so freudvoll zu lieben, wohin fliehst Du vor der Fassungskraft meines Herzens?[6]

Vor allem in den Klöstern blühte solch eine überschwengliche, fast mystische Form der Marienfrömmigkeit. Innerhalb des Klosters fanden sich Statuen der Jungfrau in der Kapelle, dem Refektorium und dem Garten; in der Bibliothek gab es Handschriften über sie. Die Mönche sprachen täglich das kleine Offizium der Heiligen Jungfrau Maria, hielten den Samstag ihr zu Ehren als Fasttag, beteten das Ave Maria, sangen ihre Hymnen. Die Gewohnheit der Kontemplation befähigte sie, durch die rauhe Schale der Wirklichkeit in deren spirituelles Herz zu schauen, mit dem Ergebnis, daß das, was am meisten bewundert wurde, eine Widerspiegelung der Schönheit der Jungfrau Maria war: Der klare Teich war ihre Schönheit; der Berg, der sich am Horizont abhebt, ihre Größe; die Frühlingsblumen ihr Tugendkranz. Die Heilige Schrift wurde ebenfalls herangezogen. Monastische Autoren interpretierten das Hohelied marianisch, so daß dessen Erzählung eine Betrachtung über die reizvolle Liebe zwischen Gottsohn und Maria ermöglichte. Darüber hinaus bezog man auf sie eine große Zahl von Metaphern aus dem Alten Testament: der brennende Dornbusch, die Bundeslade, der Meerstern, der verschlossene Garten, das blühende Reis aus der Wurzel Jesse, das Vlies, das Brautzimmer, die Tür, das Morgenrot, die Leiter Jakobs. Das ganze Geheimnis und die Güte der Gegenwart Gottes sah man auf ihrer Person ruhen. Die Jungfräulichkeit als Gegenstand der Meditation hatte in diesem Umfeld eine ganz besondere Bedeutung. Lebendige Frauen aus Fleisch und Blut, sündig und gefährlich für die monastische Berufung, blieben außerhalb des Klosters; in der Jungfrau fand der Mönch das himmlische Ideal der Frau, die sein Herz trösten und sein Gemüt aufrichten konnte. Manchmal überschritt dies die Grenze des gesunden Menschenverstandes und mündete in sinnlichen Meditationen über die Vereinigung, die danach mit Küssen und Umarmungen während der Verkündigung geschah (Amadeus von Lausanne [gest. 1159]), oder in einer ziemlich erotischen Auffassung der Verbindung zwischen Gottsohn und jungfräulicher Braut (Aelred von Rievaulx [gest. 1167]). Im Zeitalter der ritterlichen Minne diente die Jungfrau dem Mönch häufiger als Gegenstück zur Dame des weltlichen Ritters; ihr trug er seine begeisterten und ehrenhaften Dienste und seine Liebe an.

Sowohl zu Lebzeiten als auch nach seinem Tod übte Bernhard von Clairvaux (gest. 1153), ein Mönch von inniger Frömmigkeit und mit einem eloquenten Stil, den größten Einfluß auf die Entwicklung und Förderung dieser affektiven Haltung aus. Obwohl seine theologischen und spirituellen Schriften die Christozentrik seiner eigenen Frömmigkeit klar darlegen und sich seine eigene Vorstellung von Maria fast immer an die traditionellen Formulierungen der Kirche hielt (sogar bis zu dem Punkt, daß er sich gegen das Fest der Unbefleckten Empfängnis aussprach, weil es nicht von der Tradition überliefert sei), trugen seine Predigten an Marienfesten die Leidenschaftlichkeit der Rede über Maria zu neuen Gipfeln.[7] In Bernhards Haltung lag eine Zuneigung, die sich an die Herzen seiner Zuhörer wandte und die, wenn sie mit der typologischen Anwendung von Schrifttexten auf Maria verbunden war, eine ganze Generation zu größerer Verehrung und höherem Lobpreis bewegte. Die klassische Formulierung dieses Aspektes der Marienfrömmigkeit erscheint am Ende von Bernhards zweiter Predigt zum Lobpreis der Jungfrau Maria:

«Der Name der Jungfrau war Maria« (Lk 1, 27), der übersetzt »Meerstern« bedeutet...Sehr treffend wird sie nämlich mit einem Gestirn verglichen, denn wie das Gestirn seinen Strahl aussendet, ohne selbst abzunehmen, so hat die Jungfrau ihren Sohn geboren, ohne ihre Unversehrtheit zu verlieren. Weder nimmt der Strahl dem Stern etwas von seinem Glanz, noch beraubt der Sohn die Jungfrau ihrer Jungfräulichkeit. Sie ist also jener strahlende Stern, der aus Jakob aufgegangen ist, dessen

27. *Krönung und Grablegung Mariens* (Tympanon des linken Portals, Kathedrale von Notre Dame, Paris, um 1210)

Strahl den ganzen Erdenkreis erleuchtet, dessen Glanz am Himmel aufblitzt und bis in die Unterwelt dringt. Er durchflutet auch alle Länder, er erwärmt die Herzen noch mehr als die Körper, er stärkt die Tugenden und läßt die Laster verwelken. Sie ist, sage ich, jener glänzende und alles überstrahlende Stern, zu unserem Heil emporgehoben über dieses große, weithin sich ausdehnende Meer, funkelnd durch Verdienste, Licht spendend durch ihr Vorbild. Ihr Menschen, die ihr erkennt, daß ihr im Strom des irdischen Lebens mehr zwischen Stürmen und Unwettern schwankt als auf festem Boden wandelt, wendet eure Augen nicht ab von dem Glanz dieses Gestirns, wenn ihr von den Stürmen nicht überwältigt werden wollt! Wenn die Winde der Versuchungen sich erheben, wenn du in die Klippen der Trübsale gerätst, dann blick hin auf den Stern, ruf Maria an! Wenn du getrieben wirst auf den Wellen des Stolzes, auf den Wellen des Ehrgeizes, der Schmähungen, der Eifersucht, richte den Blick auf jenen Stern, ruf Maria an! Wenn Zorn, Habgier oder die Verlockungen des Fleisches dein Lebensschiff von seiner Bahn abbringen wollen, schau auf Maria!...Wenn du ihr folgst, weichst du nicht vom rechten Weg ab, wenn du sie bittest, verzweifelst du nicht, wenn du an sie denkst, gehst du nicht fehl. Wenn sie dich hält, fällst du nicht, wenn sie dich schützt, bist du ohne Furcht, wenn sie dich führt, ermattest du nicht, wenn sie dir gnädig ist, gelangst du ans Ziel.[8]

Diese Predigt bestätigte wie sonst nichts im 12. Jahrhundert den Wert bewundernder Betrachtung über die Jungfrau und verband die Herzen mit ihr in persönlicher Zuneigung und persönlichem Vertrauen.
Diese Form der Marienfrömmigkeit beschränkte sich jedoch nicht auf die Klöster. Auch die Menschen außerhalb liebten die Jungfrau; die Meditation über die Ereignisse im Leben Marias brachten ihnen zarte und anregende Gedanken in den harten Alltag mit all seinen Anforderungen. Sie war »Unsere Liebe Frau«, die zusammen mit »Unserem Herrn« den Menschen Kraft und Mut einflößte und staunenden Lobpreis hervorrief. Seit dem Ende des 7. Jahrhunderts beging man wichtige Festtage, die an bestimmte Ereignisse in ihrem Leben erinnerten: ihre Geburt, ihre Reinigung im Tempel zur Zeit der Darstellung des Herrn, die Verkündigung und ihre Himmelfahrt. Im Mittelalter boten Schauspiele, die während der Messe an diesen oder anderen Feiertagen aufgeführt wurden, die Gelegenheit, über Schlüsselereignisse im Leben Marias anschaulich zu meditieren. Die lebendige bildhafte Darstellung ihrer Begegnung mit dem Erzengel Gabriel oder wie sie das neugeborene Kind den Hirten zeigte rief ehrfurchtsvolle Freude hervor und vertiefte das Wissen um ihre besondere Rolle in der Heilsgeschichte. Die großartigen Kathedralen, die man ihr zu Ehren zu bauen begann, stellten in Steinskulpturen und Glasfenstern die innere Qualität ihrer Gegenwart für den Glauben dar. In der Kathedrale von Chartres herrscht Christus allein majestätisch in der Mitte der königlichen Pforte, aber unmittelbar rechts daneben thront er als kleiner König auf Marias Schoß, die darüber hinaus auch noch mit dem Kind in einer Geburtsszene dargestellt ist. Auf dem großen mittleren Nordportal sind Marias Tod und ihre Auferweckung nach dem Tod in Stein gemeißelt; über dieser Szene sitzt sie majestätisch mit Krone rechts von Christus. Diese und eine Unzahl anderer Darstellungen formten die Spiritualität des Volkes, das mit Freude die Geheimnisse ihres Lebens und die Schönheit ihrer Person in Beziehung zu Christus betrachtete.

Obwohl diese Form der lobpreisenden Verehrung auf der Erkenntnis fußte, daß Marias Güte als Jungfrau und Mutter allen Menschen galt, spielte das Bittgebet zu ihr keine große Rolle. Die Menschen liebten sie um ihrer selbst willen, empfanden sie als Gottes größte Schöpfung, in der sie immer neue Wunder entdecken konnten. Das verbreitete Sprechen des Ave Maria, des Gebetes, das aus dem Zusammenfügen des biblischen Grußes des Engels und des Grußes von Marias Cousine Elisabeth gebildet wurde, machten den Lobpreis der Jungfrau zu einem wesentlichen Bestandteil der christlichen Frömmigkeit: »Gegrüßet seist du, Maria, voll der Gnade, der Herr ist mit dir; gesegnet bist du unter den Frauen, und gesegnet ist die Frucht deines Leibes, Jesus.«[9] Die Intention des Gebets zeigte ein großes Gespür für die Schönheit ihrer Seele und ist vor allem hin gerichtet auf die fruchtbare Jungfräulichkeit, die die Herzen zu freudigem Lobpreis bewegte. Die Menschen erfreuten sich an der Lieblichkeit Marias und waren sicher, daß der Lobpreis für die Mutter auch dem Sohn zuteil werden würde, der sie erwählt und zu seiner Mutter gemacht hatte. Die Gläubigen wurden nicht von den zentralen Glaubensanliegen abgelenkt, vielmehr bejahten sie durch diese Frömmigkeit das gute Urteil Gottes, der selbst die schöne jungfräuliche Mutter liebte.

2. Maria als Mittlerin

Ein zweiter Aspekt der mittelalterlichen Marienfrömmigkeit entsprang dem tiefen Bedürfnis nach einem vertrauenswürdigen Mittler der Erlösung; er konzentrierte sich auf die Vorstellung von Maria als der Mutter, die die Verbindung mit der Barmherzigkeit und Gnade Gottes zuverlässig herstellen könnte. Die Vorstellung, die die Gläubigen von ihrer eigenen Situation vor Gott hatten, und ein neues theologisches Verständnis von der Rolle Marias im Erlösungsprozeß griffen jetzt ineinander. Das zeigte sich vor allem in den Predigten und führte zu der Haltung des Vertrauens auf das barmherzige Handeln der Mutter, das großen Einfluß auf die mittelalterliche Spiritualität gewann.

Die Situation des Gläubigen vor Gott war komplex und nicht sehr angenehm. Die Epoche war vom Paradoxon von Gerechtigkeit und Gnade im Erlösungsplan bestimmt. Die Gerechtigkeit Gottes war durch die Sünde verletzt worden, und diese Gerechtigkeit machte es auch Gott unmöglich, ohne Strafe oder geleistete Sühne zu vergeben. Was die Gerechtigkeit Gottes verlangte, ermöglichte die Gnade Gottes durch die Inkarnation und den Tod Jesu Christi. Es war jetzt die Aufgabe der Sünder, die göttliche Gnade in Christus zu erlangen, indem sie durch Taten der Buße und Gebete an der Sühne teilhatten, die Christus der Gerechtigkeit Gottes leistete. Die Bußpraktiken der Kirche förderten diese Auffassung. Bei solch einer Vorstellung konnte man schwerlich das Gefühl haben, jemals genug getan zu haben. Der Sünder stand zitternd vor Gott und war sich des Ausmaßes seiner Sündhaftigkeit bewußt. Gott war reich an Erbarmen, aber er war auch der gerechte Richter. Wer konnte seinem strengen Gericht standhalten? Die Schrecken des Jüngsten Tages wurden anschaulich in Kirchenschnitzereien oder Glasfenstern dargestellt, mit dem Satan, der die Verdammten in seinen Klauen zerfleischte oder sie zum Höllenfeuer führte, während Christus den Vorgang als strenger, gerechter Richter überwachte. Sündenbewußtsein und Furcht vor dem Jüngsten Gericht waren die typischen Merkmale für die geistige Verfassung jener Epoche. Dazu trugen indirekt die Predigten der neuen Bettelorden bei, die die Laien zu einer neuen Stufe persönlichen ethischen Handelns aufriefen und sie ermutigten, Buße zu tun und ihre eigene Erlösung durch gute Taten und Gebet zu fördern. Wie konnte ein gewöhnlicher Mensch die Prüfung bestehen und den Himmel gewinnen?

Die Entwicklung der marianischen Theologie lieferte eine Antwort. Schon vorher hatte man in Maria eine Teihaberin am Erlösungswerk Christi gesehen, weil ihre Gottesmutterschaft sie eng an das Geheimnis der Inkarnation band. Jetzt entwickelte sich die Vorstellung, daß sie durch ihr Leid bei der Kreuzigung (ihre *compassio* – Mitleiden mit Christus) weiterhin am Erlösungsgeschehen teilhatte; die Verehrung ihrer Schmerzen machte die Richtung des Denkens deutlich.[10] Da sie die Mutter Christi war und mit ihm litt, wurde sie auch als zu seiner Rechten im Himmel sitzend verehrt. Wie Anselm eloquent bemerkte, lag die Bedeutung der Geschichte Marias darin, daß die Mutter des Rechtfertigers auch die Mutter des Gerechtfertigten war: »O selige Zuversicht, sichere Zuflucht! Gottes Mutter ist unsere Mutter. Die Mutter Dessen, in Dem allein wir hoffen, Den allein wir fürchten, ist unsere Mutter. Die Mutter Dessen, Der allein retten, allein verdammen kann, ist unsere Mutter.«[11] Ihre geistige Mutterschaft, die alles andere als eine bloß juristische Bindung war, wurde jetzt als eine reale Heils-Beziehung angesehen.

In weitverstandenem Sinne stellte das Maria in bezug auf das Erlösungswerk neben Christus. Christus hatte jetzt wie der erste Adam seine Eva, so daß Maria nicht mehr in erster Linie als ein Typus der Kirche angesehen wurde, sondern als eine individuelle Frau, eine *adiutorium simile sibi* (eine Hilfe, die für sich da steht). Der Versuch, das rechte Verhältnis zwischen Christus und Maria zu bewahren, führte zur Idee der Mediation (Mittlerschaft). Diese Vorstellung wurde in Bernhards Bild vom Aquädukt in bemerkenswerter Weise festgehalten: Die Wasser der göttlichen Gnade haben ihre Quelle in Christus, der der Ursprung des ewigen Lebens ist; sie fließen durch Maria, den Aquädukt, auf die Erde herab. Christus kam durch sie auf die Erde; göttliche Gnade kommt durch sie auf die Erde; die Menschen sollten auf demselben Weg zu Gott zurückkehren.[12] Die Vorstellung verbreitete sich immer mehr, daß Maria als die Mittlerin zwischen Gläubigen und Christus fungierte, während Christus seinerseits der Mittler zwischen Gläubigen und Gott war.

In einem enger verstandenen Sinne konzentrierte sich die Rolle Marias als Mittlerin neben dem Mittler auf das menschliche Bedürfnis nach Erbarmen. Wie eine menschliche Mutter, die nicht will, daß auch nur eines ihrer Kinder verlorengeht, wurde die Mittlerin der Gnaden der Erlösung zur Mutter des Mitgefühls, die treu auf der Seite des Erbarmens für die Sünder steht. In Bernhards Predigt zu diesem Thema wird die Antriebskraft offengelegt, die hinter dieser Entwicklung steht: Es ist Furcht. Er predigte: »Christus allein ist unser gnädiger Retter und genügt allein für unsere Erlösung.«[13] Er ist der mächtige Mittler zwischen Gott und den Menschen. Aber in ihm finden wir auch die göttliche Majestät, die Furcht hervorruft. Obwohl er unser Retter ist und unübertreffliche Barmherzigkeit von ihm ausgeht, müssen wir uns fürchten, denn er ist auch unser Richter. Mit Maria braucht die menschliche Schwäche jedoch keine Angst zu haben. In ihr gibt es nichts Unbarmherziges, nichts Erschreckendes, keine Spur von Unwillen. Sie ist durch und durch Süße, Anmut und Zärtlichkeit. Sie öffnet allen ihre barmherzigen Arme, so daß alle ohne Ausnahme mit ihrer Fülle bedacht werden können. Der Sünder soll bei Maria Zuflucht suchen, deren reine Menschlichkeit auch der Sohn verehrt, denn der Sohn hört auf die Mutter, und der Vater hört auf den Sohn: Es ist diese Leiter, die dem Sünder Hoffnung gibt. Man muß Gott wirklich dankbar sein, daß er den Menschen solch eine Mittlerin geschenkt hat.

Diese Auffassung von Maria als der Mutter der Barmherzigkeit war eng verbunden mit der ambivalenten Stellung des Sünders vor Gott. Alle waren ihre Kinder, die sie durch ihre Verbindung mit Christus erhalten hatte. Sie war übervoll von Erbarmen, Milde und liebender Güte, überhäufte die gesamte Nachkommenschaft mit der Liebe einer vergebenden Mutter und legte insbesondere Fürsprache für deren Erlösung ein. Auf Darstellungen des Jüngsten Gerichts bildete man Maria zunehmend ab als vor Christus kniend, um für die Sünder zu bitten – ein Element der Gnade inmitten des Zeremoniells des Gerichts. Ein Gebet Anselms legt von diesem gütigen Verhalten Marias Zeugnis ab:

> Vor der allmächtigen Gerechtigkeit des gestrengen Richters sehe ich mich, Herrin, und betrachte die unerträgliche Heftigkeit seines Zornes, erwäge meine ungeheuerlichen Sünden und das wohlverdiente Unmaß an Strafen. Solch ein Schrecken verwirrt mich, gütigste Herrin, solch ein Entsetzen packt mich: wessen Vermittlung sollte ich inständiger erflehen, da Dein Schoß die Versöhnung der Welt umhegte?...Wessen Fürbitte würde leichter für den Schuldigen Verzeihung erlangen: Du hast ja an Deiner Brust genährt den gerechten Rächer und den barmherzigen Gnadenspender für alle und jeden.[14]

Das Vertrauen auf Marias barmherzige Fürsprache verband auf diese Weise die Marienfrömmigkeit eng mit der Suche der mittelalterlichen Menschen nach Erlösung. Man rief sie an als Zuflucht der Sünder; ihre Hilfe wurde in Zeiten der Versuchung erfleht, vor allem in der Todesnot. Gelegentlich erwies sich das als höchst problematisch, da Marias Erbarmen wichtiger wurde als das Erbarmen Christi, dem sogar jegliches Erbarmen abgesprochen wurde. So schrieb der anonyme Autor einer einflußreichen Predigt aus dem 13. Jahrhundert, daß das Königreich Gottes in zwei Zonen aufgeteilt sei: Gerechtigkeit und Erbarmen. Die gesegnete Jungfrau »wählte den besseren Teil, denn sie wurde zur Königin des Erbarmens gemacht, während ihr Sohn König der Gerechtigkeit blieb: und Erbarmen ist besser als Gerechtigkeit.«[15]

Den vielleicht stärksten literarischen Einfluß auf das wachsende Vertrauen in Marias barmherzige Fürsprache übte die Theophilus-Legende[16] aus, die auch das Muster für die große Anzahl von späteren Wundergeschichten wurde. Diese Legende kam ursprünglich aus dem Osten, wurde am Ende des 8. Jahrhunderts ins Lateinische übersetzt, erhielt im 10. Jahrhundert Versform und wurde im 13. Jahrhundert zum Drama umgeschrieben. Dessen Vortrag oder Aufführung trugen dazu bei, einen wachsenden Glauben an die nie versagende Wirksamkeit der barmherzigen Fürsprache Marias zu verbreiten. In dieser Geschichte verkaufte ein Mann, der mehr weltliche Macht besitzen wollte, seine Seele dem Teufel. Reichtum und Erfolg stellten sich ein, aber Theophilus wurde von Reue gepeinigt. Als er versuchte, alles rückgängig zu machen, wollte der Teufel den Vertrag jedoch nicht zurückgeben, der den Verzicht auf seine Seele besiegelt hatte. Theophilus wandte sich mit einem überaus bewegenden Gebet um Hilfe an die heilige Jungfrau. Sie verhandelte mit dem Teufel, erhielt den Vertrag zurück, und Theophilus konnte in Frieden sterben. Diese Legende hatte unermeßlichen Einfluß, wurde in Gedichten und Wundersammlungen rezipiert, in der Glasmalerei, in Skulpturen an Kathedralportalen (z. B. Notre-Dame in Paris) und sogar in den Predigten der bedeutendsten Theologen (z. B. Thomas von Aquin). Sie bestärkte die Vorstellung, daß mit Hilfe der himmlischen Fürsprache Marias sogar der Teufel überwunden und Erlösung erreicht werden könne, gleichgültig, wie unwahrscheinlich die Umstände auch sein mochten.

Die Frömmigkeit des Vertrauens auf die Mutter der Barmherzigkeit wurde durch die große Verbreitung anderer Wunderlegenden noch weiter gefördert. Man gab sie zunächst mündlich als breit ausgeschmückte Erzählungen weiter; schließlich erstellte man eine schriftliche Fassung dieser Erzählungen, die von Predigern als empfohlene Beispiele oder anschauliche Geschichten eingesetzt wurden. In diesen verbreiteten Legenden half Maria Königen, Bischöfen und großen Rittern, aber mehr noch dem einfachen Volk, Künstlern, demütigen Mönchen und Nonnen, Reisenden, Müttern mit widerspenstigen Kindern, Schreibern, Akrobaten. Sie half in vielen Bereichen; sie ließ Stürme verstummen, rettete Ertrinkende, half Frauen bei der Geburt, beschützte entführte Kinder, verteidigte die Verleumdeten und Verfolgten und erhielt Geschenke vom einfachen Volk, das sie mit ihrem Segen belohnte. Was aber am wichtigsten war: Sie legte bei Christus Fürsprache für die Sünder ein, erreichte für eine Frau, daß sie noch einmal lebendig wurde, um ihre Sünden beichten zu können, bevor sie, in Gnade, wieder starb, stritt mit dem Teufel um die Seele einer anderen Frau und neigte die Waagschalen, in denen die Verdienste und Sünden einer dritten Frau gegeneinander aufgewogen wurden, zu deren Gunsten. Die Menschen im Mittelalter hatten das Gefühl, daß sie mit Maria immer eine Chance hatten, denn sie stand bei der Ausübung der Barmherzigkeit zuverlässig auf ihrer Seite. Große Zuneigung zu ihr und grenzenloses Vertrauen auf ihre Hilfe waren das Ergebnis.

Das öffentliche liturgische Leben der Kirche verehrte Maria durch den Zyklus der Marienfeiertage; mit ihren Hymnen, Gebeten, Schauspielen und Prozessionen; damit waren Ablässe verbunden, welche die weltlichen Behörden zu etablieren halfen. Mit dem wachsenden Vertrauen auf ihre mütterliche Barmherzigkeit entwickelten sich zahlreiche Formen privater Frömmigkeit. Das Rezitieren des Kleinen Offiziums der Heiligen Jungfrau Maria[17] wurde den Laien empfohlen, auch die Befolgung des Samstagsfastens und der Besuch der Messe zu ihren Ehren. Das Ave Maria wurde viele Male wiederholt und von Kniebeugen oder einem Sich-ganz-auf-den-Boden-Niederwerfen begleitet; aus diesem Wiederholen entwickelte sich allmählich das Muster des Rosenkranzes. Das Ave Maria wurde ebenfalls dreimal beim Läuten der Abendglocken gesprochen, ein Brauch, aus dem das Angelus-Gebet entstanden ist. Aus bestehenden Gebeten, die verlängert und gesungen wurden, leitete man Litaneien des Lobpreises und der Bitte ab. Man propagierte Meditationen über die Freuden und die Schmerzen der Mutter, und in den Städten bildeten sich ihr zu Ehren Bruderschaften. Die marianische Antiphon, das Salve Regina, erhielt einen feierlichen Rahmen, weil sie bei Prozessionen in Klöstern oder Kathedralen gesungen wurde. Dieses Gebet drückt recht gut die vertrauensvolle Haltung der Menschen im Mittelalter Maria gegenüber aus:

> Sei gegrüßt, o Königin, Mutter der Barmherzigkeit, unser Leben, unsre Wonne und unsere Hoffnung, sei gegrüßt. Zu dir rufen wir verbannte Kinder Evas; zu dir seufzen wir trauernd und weinend in diesem Tal der Tränen. Wohlan denn, unsre Fürsprecherin, wende deine barmherzigen Augen uns zu, und nach diesem Elend zeige uns Jesus, die gebenedeite Frucht deines Leibes, Jesus.[18]

Neben der Überfülle an Gebeten und Bräuchen gab es auch heilige Stätten, die Maria geweiht waren und die für die Menschen einen Ort besonderer Verehrung darstellten. Eine solche Stätte konnte ein wertvolles Marienbild enthalten oder eine Reliquie wie beispielsweise Haare von ihr oder ein Stück aus ihrem Gewand. Sie konnte auch der Ort einer Marienerscheinung oder einer von ihr geschenkten Heilung sein. Stätten, an denen die barmherzige Nähe Marias erfahren werden konnte, wurden – wie Walsingham in England, Chartres in Frankreich und Unsere Liebe Frau del Pilar (von der Säule) in Spanien (Saragossa) das Ziel von Pilgerzügen. Solche Unternehmungen waren für den Pilger sowohl körperlich als auch psychisch riskant. Im Idealfall hatten sie ihren Höhepunkt an der heiligen Stätte, wo der Glaube bestärkt, Vergebung gefunden und Gnade erlangt wurde und Solidarität mit den Hoffnungen und Ängsten der anderen Pilger entstand. Alles geschah unter dem Schutz der Mutter Gottes, die auch die barmherzige Mutter der Pilger war. (Prostitution, Diebstahl und andere Mißbräuche gehörten allerdings ebenfalls zu diesen Pilgerfahrten.)

Die wachsende Vielfalt der Frömmigkeitsformen läßt sich kaum aufzählen. Die Menschen drückten in Gebeten und Handlungen ihre Überzeugung aus und bestärkten sich in ihrem Glauben, daß das Vertrauen auf Maria berechtigt war. Mit großer Hoffnung riefen sie die Mutter der Barmherzigkeit an, die Anwältin der Sünder, auf die man sich fest verlassen konnte, um für sich die rettende Gnade der göttlichen Barmherzigkeit zu erhalten. Auf allen Gebieten des Lebens war Maria die Mutter der Menschen, die zuversichtlich an ihre Mittlerschaft ewiger und irdischer Wohltaten glaubten.

3. Königin des Himmels und der Erde

Mit der Zeit durchdrangen sich die Verehrung der Schönheit der Jungfrau und das Vertrauen auf die Barmherzigkeit der Mutter in einer geistigen Bewegung, die beides intensivierte. Aus ihrer Vermischung entstand ein dritter Aspekt mittelalterlicher Marienfrömmigkeit, einer, der am Ende dominieren sollte. Er bezieht sich auf die Verherrlichung der jungfräulichen Mutter als Königin des Himmels und der Erde, was sich verband mit dem Ersuchen um den allmächtigen Schutz der Königin vor Gefahren, die von allen Seiten drohten: privates und allgemeines Unglück im irdischen Bereich und die immer stärker drohende Möglichkeit der ewigen Bestrafung der Hölle. Der Schlüssel zur vollentwickelten Form dieses Aspektes der Frömmigkeit war das tief empfundene Bedürfnis nach Schutz, Hilfe und Unterstützung, das im schwierigen Leben vieler Menschen fast zwanghaft wurde.

Die Grundlage für die Hingabe an die schützende Macht Marias war die Auffassung, die vom einfachen Volk und den Gebildeten gleichermaßen vertreten wurde, daß auf der Erde nicht die anonymen Mächte der Sünde und Gnade wirkten, sondern unsichtbare gute und schlechte Personen. Unter dem einen Gott stehend und seinem allmächtigen Willen unterworfen – obwohl es nicht immer klar war, wie weit diese Unterwerfung ging – war eine große Zahl von Dämonen und Engeln in einen ewigen Kampf entgegengesetzter willentlicher Kräfte verwickelt, die Kriege entfachten oder abwendeten, sowie Stürme, Seuchen und schließlich die ewige Erlösung einer jeden Seele. Insbesondere war die Anwesenheit von Teufeln im Bewußtsein des Spätmittelalters, einer Zeit, die von einer Art satanischem Fieber erfaßt war, etwas sehr Reales. Als Verführer der Seele warteten diese bösen Geister nur auf eine schlechte Tat, um in Erscheinung zu treten und einen Menschen in die Hölle zu bringen.

Besonders aktiv waren sie in der Sterbestunde eines Menschen, denn dies war ihre letzte Möglichkeit zu siegen. Die Menschen sahen sich also im Leben wie im Tod verwickelt in eine Schlacht zwischen den Legionen des Satans und dem allmächtigen Gott, der gerecht und barmherzig war und von dem allein die erhoffte Erlösung kommen konnte. Das Bedürfnis, sich an das wirkungsvollste Hilfsmittel oder die sichere Rettung zu klammern, war groß. Aus diesem Bedürfnis heraus entstanden Frömmigkeitsformen: Gebete zu den Heiligen, Teilnahme an den Sakramenten, das Verteilen von Almosen, öffentliche Buße etc. In diesem Rahmen gewann der Schutz durch Maria, der ruhmreichen Königin des Himmels und der Erde, allerhöchste Bedeutung.

Die Vorstellung von Maria als Königin wurde von Theologen in erbaulichen und homiletischen Schriften stärker entwickelt als in theologischen Werken, was ja auch bei der Idee der barmherzigen Mittlerschaft Marias der Fall war. Ausgangspunkt dieser Vorstellung von Maria als Königin war der liturgisch gefeierte Glaube an ihre Aufnahme in den Himmel. Sie wurde von Christus in den Himmel aufgenommen mit einer Herzlichkeit, die der entsprach, die sie ihm entgegengebracht hatte, als er durch sie auf die Erde kam; sie wurde zur Königin des Himmels und der Erde gekrönt und begann, an seiner Macht über beide Bereiche teilzuhaben. Da diese wunderbare Königin auch die barmherzige Mutter der Menschen war, würde sie, so glaubte man, ihre Macht dazu einsetzen, die Kinder der Welt zu schützen, die sie verehrten und sie in ihren Nöten anriefen. Im Himmel, der nach dem Vorbild eines Königshofes strukturiert war, lebte nicht nur der König, sondern auch seine Königinmutter, die mit seinen Herzensregungen vertraut war und fähig war, einflußreiche Macht zugunsten der ihr Anvertrauten auszuüben. Das rief eine Zuneigung hervor, die treffend in Bernhards Bezeichnung der Verehrer Marias als *servuli* wiedergegeben wird. Diese Verkleinerungsform von *servus* (Diener) bezeichnete in erster Linie nicht unterwürfige Dienerschaft, sondern vielmehr Ergebenheit, Demut und ein Zugehörigkeitsgefühl: Marias Verehrer sind ihre kleinen Pagen, die ihrer Dame folgen und ihrer geliebten Königin unmittelbar dienen.[19]

Soweit die Verehrung des machtvollen Schutzes der Himmelskönigin mit der Heiligen Schrift, der Liturgie und der theologischen Lehre verknüpft war, galt auch von Maria, daß ihr Königin-Sein nicht aus ihrem eigenen Recht heraus stammte, sondern aus ihrem Einfluß auf Christus. Durch ständige Fürsprache strömte seine Gnade in sie. Darüber hinaus war sie eine Fürsprecherin, auf die immer Verlaß war; denn wie konnte er seiner Mutter etwas abschlagen, worum sie ihn bat? Mit der Zeit jedoch, vor allem nach dem 14. Jahrhundert, löste sich die private Frömmigkeit schrittweise von der offiziellen Lehre ab. Wenn es auch nicht ausgesprochen wurde, so sah man in Maria mehr und mehr eine autonom handelnde Persönlichkeit, eine Gegenkraft zu den Ränken der Dämonen und manchmal sogar zum gerechten Gericht Gottes. Sie entwickelte sich zu einem wichtigen Faktor aus eigener Machtvollkommenheit heraus.

Die zunehmende Auffassung von der Macht der himmlischen Königin bildete ein Element in einer viel breiteren Bewegung jener Zeit: Auf der Grundlage der göttlichen Mutterschaft wurde – was Tugend und Privilegierung angeht – der Status der Mutter dem des Sohnes angeglichen. In seiner Predigt über die zwölf Sterne hatte Bernhard Maria bereits als jemanden dargestellt, der sich über die Kirche, deren Typus sie war, erhebt, indem er auf sie die Vorstellung der Frau aus der Offenbarung bezog: bekleidet mit der Sonne und mit dem Mond (d. h. der Kirche) unter ihren Füßen.[20] Schon bald wurde das Prinizip verkündet, daß fast alles, was die Heilige Schrift über Christus sagt, auch auf seine Mutter bezogen werden könne; diese Haltung begann Folgen zu zeitigen. Marias Leid unterm Kreuz war die vermittelnde Erfahrung, mit der sie am Erlösungswerk teilhatte: Deshalb bezeichnete man sie als *salvatrix* und *redemptrix* (Heilbringerin und Erlöserin). Sie saß mit Christus in Herrlichkeit auf dem Thron, war aktiv an der Herrschaft über die Welt beteiligt und ließ Erlösung denjenigen zukommen, die sie anriefen. Deshalb konnte man sagen, daß nur über sie der Zugang zum Himmel möglich war; sie hatte sich erniedrigt, deshalb hatte Gott sie hoch erhoben und ihr, nach dem Namen des Sohnes, einen Namen über

28. *Schutzmantelmadonna* (Jean Milhairet, Chapelle de la Misericorde, Nizza)

alle Namen gegeben; sie hatte tatsächlich mehr für Gott getan, als Gott für sich tun konnte, und wenigstens so viel für Gott, wie dieser für das gesamte Menschengeschlecht getan hatte (Bernhardin von Siena). Voller Gnade und erhaben über alle Geschöpfe, sogar die Engel, herrschen sie und ihr Wollen über Himmel und Erde. Es gibt nichts, was ihr durch ihren Sohn nicht unterworfen ist. Gott selbst ist ihr untertan wie ein Sohn seiner Mutter, der er nichts abschlagen kann. Die Heilige Jungfrau gleicht seine Gerechtigkeit mit ihrer Barmherzigkeit aus und schiebt sein nacktes Schwert, das gegen die Menschheit gezückt war, in die Scheide zurück; sie gibt den Sterblichen Leben, reinigt die Welt und öffnet die Türen des Himmels und der Hölle. In einigen Gegenden übernahm Maria tatsächlich die Funktion des Vaters (sie liebte die Welt so sehr, daß sie ihren einzigen Sohn hingab), des Sohnes (alle Autorität im Himmel und auf Erden wurde ihr übertragen) und des Hl. Geistes (sie war Fürsprecherin und Erleuchterin der Kirche). Auch wo das nicht der Fall war, stellte man sich ihre Macht als sehr groß vor, Gebete um ihre Hilfe entwickelten sich zu einem selbstverständlichen und weitverbreiteten Bestandteil christlichen Lebens. Dante (gest. 1320) gab in seiner *Göttlichen Komödie* diesem Anwachsen der Marienfrömmigkeit Ausdruck, indem er Maria als das wegweisende Licht darstellte, das den Pilger zu Gott führt. Als schöne und strahlende Königin auf dem Thron vermittelt Maria die Vision vom Himmel; die Reise des Pilgers offenbart, daß ihr Einfluß das gesamte Universum durchdringt – Erde, Hölle, Fegefeuer, Himmel. Es scheint nur folgerichtig, daß in dieser Zeit das Te Deum, eine liturgische Hymne zum Lobe Gottes, zum Lobpreis Marias umgeschrieben wurde:

Wir loben dich, o Mutter Gottes; wir bekennen dir,
 Maria, immerwährende Jungfrau.
Du bist die Gemahlin des Ewigen Vaters: Die
 gesamte Erde verehrt dich.
Dir dienen alle Engel und Erzengel, Throne und
 Fürstentümer.
Dir gehorchen alle Mächte und alle Kräfte der Himmel und
 alle Herrschenden.
Vor dir stehen jubelnd alle Chöre der Engel, der Cherubim und
 Seraphim.
Mit nicht verstummender Stimme ruft jedes Engelsgeschöpf
 dir zu:

Heilig, heilig, heilig, Maria, jungfräuliche Mutter Gottes.[21]

Das Ausmaß der Volksverehrung, das Maria im Spätmittelalter zuteil wurde, entsprach ihrer Macht als Königin des Himmels, Königin der Erde, Königin und Herrin der Kirche. Ihre Reliquien und Bilder wurden überall verehrt; man unternahm Pilgerfahrten zu ihren heiligen Stätten; ihr zu Ehren wurden Gebete gesprochen; in Mysteriendramen spielte sie die Hauptrolle; Anrufungen um ihren machtvollen Schutz nahmen zu. Die stets populären Wundergeschichten bieten einen Einblick in die Art, wie sie ihre Macht ausübte; sie war durch kein Gesetz beschränkt, sondern bewegte sich frei mit der Liebe einer Frau. Dies zeigte sich deutlich vor allem in den Geschichten, in denen Maria den in Verruf Geratenen und den offenkundigen Sündern half und ihnen die Möglichkeit der Erlösung bot unter der einzigen Bedingung, daß sie ihr in irgendeiner Weise ergeben wären. Der Kompilator von Coinzy betonte, daß man ein Sünder sein könne, aber man sei »ihr Sünder«. Am Sterbebett und vor dem Richterstuhl Gottes kämpfte sie aus eigener Kraft und verlor niemals. In den Erzählungen der Wundergeschichten beachteten die Teufel nicht, wenn jemand auf dem Sterbebett Gott ein letztes Mal anrief; was sie aber nicht ertragen konnten, war eine Anrufung Marias, die sie »jene Frau« (*illa mulier*) nannten, denn dann würden sie um eine Seele betrogen werden, die sie als rechtmäßig ihre betrachteten. So sagen die Teufel in einem Streitfall:

> Da es sich in diesem Rechtsstreit um eine Entscheidung über das Böse handelt, appellieren wir am besten an das Urteil des hohen Richters, der nicht lügt. Seine Mutter wird bei keinem Gesuch richtig urteilen; aber Gott urteilt über uns so gerecht, daß er uns das uns Zustehende überläßt. Seine Mutter urteilt in einer Weise über uns, daß wir uns am Boden finden, wenn wir denken, wir sind oben. Sie fügt uns immer irgendeinen Schaden zu...Sie ist im Himmel und auf der Erde viel mehr die Herrscherin als Gott. Er liebt sie so und glaubt ihr, was sie sagt, so daß er ihr nicht widersprechen oder etwas, das sie sagt oder tut, nicht anerkennen wird. Sie veranlaßt ihn, alles zu glauben, was sie möchte. Wenn sie sagte, daß schwarz weiß sei und schmutziges Wasser rein, würde Er sagen: »Es ist wahr; meine Mutter sagt es.«[22]

Die Königinmutter des Richters trieb die Teufel in den Wahnsinn. Ihre Macht war die Macht der Liebe; auch wenn sie zugegebenermaßen nicht immer allzu bedenklich in der Ausübung ihrer Macht war, so war sie in ihren Schutzinstinkten überaus zuverlässig. Das inbrünstige Bittgebet war der deutliche fromme Ausdruck dieser Überzeugung.

Diese Hinwendung zur schützenden Macht Marias ließ ein neues Bildnis entstehen: das der Schutzmantelmadonna. Es entsprach der Mischung aus inbrünstigem Bittgebet und tiefem Vertrauen auf ihren Schutz, was in Gebeten und Bildern seinen Ausdruck fand. Ob geschnitzt oder gemalt, die Heilige Jungfrau stand aufrecht und nachdenklich, allein und ohne Christus. Unter dem Schutzschirm, den ihre vom Gewand umhüllten, ausgestreckten Arme bildeten, kauerten eine Familie oder ein Orden, eine Laienbruderschaft, ein König oder die Bevölkerung einer ganzen Stadt. Die umfangreiche Palette mittelalterlicher Gestalten, die besorgt und manchmal angstvoll dreinblickten, wich vor den Schrecken der Übel, die sie außerhalb erwarteten, seien es Pest, Krieg, Versuchung oder Gericht, in den Schutz ihrer allumfassenden Macht zurück. In Nachbildung der biblischen Vorstellung von Christus als der Henne, die ihre Jungen unter ihren Flügeln sammelt, läßt das Bild vom schützenden Mantel Marias ahnen, welch autonome Souveränität sie in der Ausübung ihrer Macht besaß und damit den Lebenden und den Toten ein Segen war.

Über den lyrischen Lobpreis auf die Schönheit der Jungfrau hinaus und jenseits des schlichten Vertrauens auf die Barmherzigkeit der Mutter intensivierte sich die mittelalterliche Marienfrömmigkeit, als es darum ging, den

Schutz der Königin anzurufen. Es bestand die ständig wachsende populäre Neigung, Maria als eine Art unfehlbare Garantie gegen alles Böse anzusehen, auch gegen die gerechtfertigten Folgen der Sünde und des Verbrechens. Ihr wurde im Grunde eine absolute Wirkmacht zugesprochen; der Vorteil, ihre übernatürlichen Kräfte anrufen zu können, überwog oft die üblichen Wege zum Heil, wie beispielsweise ein Leben nach ethischen Normen oder der Empfang der Sakramente. Die Menschen vergaßen immer mehr, daß nach der strikten Lehre die Königin des Himmels und der Erde ganz von Christus abhängig ist und ihnen (wenn überhaupt) nur im Rahmen seines heilbringenden Willens für die Welt helfen konnte. Die vielfältigen Formen und häufigen Praktiken spätmittelalterlicher Marienfrömmigkeit konzentrierten sich vielmehr auf Marias wunderbares, einzigartiges Wesen, dessen machtvolle Gunst man durch inbrünstiges und demütiges Bitten zu gewinnen trachtete.

4. Die Ansichten der Reformer

Bereits bevor sich diese Epoche ihrem Ende zuneigte, erhoben sich kritische Stimmen zur Marienfrömmigkeit. Der große Humanist Erasmus von Rotterdam (gest. 1536) z. B. hatte diese Frömmigkeit ebenfalls gepflegt, war sogar nach Walsingham gepilgert; aber das Studium der Heiligen Schrift und der Kirchenväter und seine eigenen Beobachtungen führten ihn zu einer heftigen Auseinandersetzung mit dem, was er als populären Mißbrauch ansah. Er kritisierte die ständige Anrufung Marias in Notsituationen, die soweit ging, Gott zu übergehen; er widersprach der Vorstellung, daß Christus, der Herrscher des Himmels, seiner Mutter untertan sei; er schimpfte darüber, daß die Menschen der Heiligen Jungfrau Kerzen, Bildnisse und Gesänge weihten, statt ein Leben nach ethischen Normen zu führen; er griff diejenigen heftig an, die meinten, daß die Jungfrau ihnen gnädig sei, wenn sie das Salve Regina sängen – das sie nicht einmal verstanden –, während sie sie gleichzeitig beleidigten, indem sie die Nächte auf obszöne Art und Weise verbrachten. Seine heftigen Wortgefechte gegen leere Handlungen ohne jeglichen wahren religiösen und moralischen Gehalt führten ihn jedoch nicht dazu, mit dem Kult selbst zu brechen. Erasmus verkörpert die interessante Verbindung aus Verehrung der Heiligen Jungfrau einerseits und Kritik an den Auswüchsen andererseits, eine Verbindung, die in der Folgezeit immer wieder auftauchen wird.

Die erste Generation der protestantischen Reformer, alle ursprünglich Katholiken, die demzufolge von einem geistigen Umfeld beeinflußt worden waren, in dem der Marienkult eine große Rolle spielte, gab die Marienfrömmigkeit nicht vollständig auf. Sie interpretierten deren Auswüchse kritisch als Abweichungen von der zentralen Botschaft des Evangeliums, daß die Menschen allein durch den Glauben an Jesus Christus erlöst werden. Martin Luther teilte in späteren Jahren mit, ihm sei die vorherrschende Auffassung gelehrt worden, daß Christus der zornige Richter sei und Maria der Thron der Gnade, über den Erlösung geschenkt würde.[23] In der Auseinandersetzung mit seinen eigenen Ängsten hinsichtlich der Erlösung hatte Luther Christus als den barmherzigen und einzigen Vermittler des Heils wiederentdeckt. Er verfaßte als Werkzeug der fortgesetzten Kritik am übertriebenen Marienkult einen lobenden Kommentar zu Marias biblischem Lobgesang, dem Magnificat, in dem er Maria als Vorbild für demütigen Glauben darstellte: In Erkenntnis ihrer eigenen Unbedeutendheit vertraute die demütige Magd ganz auf Gott und erhielt allein durch die Güte Gottes gnädige und unverdiente Geschenke. Also »sollte sie, und sie selbst wäre es gern, das erste Beispiel der Gnade Gottes sein.«[24] Luther, Calvin und die anderen Reformer erkannten Marias Rolle als jungfräuliche Mutter Jesu Christi weiterhin an, aber sie untersagten es, sich auf ihre Mittlerschaft zu verlassen und ihre Hilfe anzurufen, weil dies Christus, von dem allein Erlösung ausgeht, die Ehre entzog. In späteren Generationen verschwand die Marienfrömmigkeit in den protestantischen Kirchen fast ganz, ein Verlust, der sowohl mit der neuen Form evangelischer Spiritualität zusammenhing, die die Reformer einführten, als auch mit der fortgesetzten Auseinandersetzung mit der römisch-katholischen Kirche, die Maria weiterhin mit wachsender Inbrunst verehrte.

Im ökumenischen Geist der jüngeren Zeit bleiben protestantische Gelehrte, die sich mit der mittelalterlichen Marienfrömmigkeit befaßt haben, bei ihrem negativen Urteil, nicht nur wegen der Auswüchse, sondern wegen der Grundstruktur, die ihrer Meinung nach die Mittlerrolle Christi beeinträchtigt.[25] Besondere Kritik richtet sich gegen die Vorstellung einer Mittlerschaft Marias, durch die die Unmittelbarkeit der Gläubigen zu Christus beeinträchtigt und Maria als zweites handelndes Subjekt in den Erlösungsprozeß eingeführt wird. Ihre Rolle als Mittlerin übte einen Zwang aus, der zur Folge hatte, daß sie aus einer Stellung in Abhängigkeit von Christus zu einer Rolle aufstieg, die der seinen ähnlich ist, dann schließlich insofern in einen Gegensatz zu Christus geriet, als sie in ihrem Verständnis menschlicher Unzulänglichkeit barmherziger war. Das Ergebnis war, daß sie kerygmatische Priorität vor Christus gewann – sie übernahm in der Tat die Funktion des Heilands und erhielt eine so glorreiche Stellung, daß sie fast angebetet wurde. Die Maria der Heiligen Schrift und die mittelalterliche Maria haben nicht viel gemeinsam.

Römisch-katholische Wissenschaftler haben der Kritik an den Mißbräuchen, die in der Marienfrömmigkeit im Mittelalter vorherrschten, zugestimmt, auch wenn sie das Wesen dieser Frömmigkeit insgesamt nicht so negativ wie ihre protestantischen Kollegen beurteilen. Man beklagt in erster Linie, daß sich die Aufmerksamkeit in der Marienfrömmigkeit nicht mehr auf das Geheimnis der Menschwerdung konzentrierte, sondern durch die magische Vorstellung von Maria als »Mama«, die schon alles regeln wird, ersetzt wurde. Aus Lobpreis wurde Forderung, aus Nüchternheit übersprudelnde Phantasie, aus Glauben Aberglauben. Der hervorragende Mariologe René Laurentin stellt hinsichtlich des 14. Jahrhunderts fest: »Abgestoßen vom trockenen Intellektualismus, strebten die Leute auf einer phantasie- und gefühlsbetonten Ebene nach Leben. Während dieser Zeit der Dekadenz hörte die verbreitete Begeisterung für die Heilige Jungfrau niemals auf, aber das verdorbene Futter, mit dem sie genährt wurde, bestand aus kitschigen Wundern, zweideutigen Schlagworten und unlogischem Gefasele.«[26] Zur Zeit der Reformation war eine Reinigung längst überfällig. Obwohl die Theologen Marias einstmalige Besetzung der Rolle Christi und die Verzerrung des Glaubens, der in Verschlechterung und Degeneration mündet, verurteilen, sind auch andere Standpunkte der Interpretation möglich. Religionshistoriker haben in der Vorherrschaft der Himmelskönigin die Wiedererstehung der unterdrückten Mutter-Gottheit vorhistorischer europäischer Stämme gesehen.[27] Anthropologen haben es als Wertschätzung der Menschen für das weibliche Element in der Welt analysiert. Dazu gehören Mitgefühl, Zärtlichkeit, ein bißchen Unberechenbarkeit, Empfindsamkeit gegenüber Leid und die Neigung, sich wegen eines Vergehens zu grämen, statt es zu bestrafen. Diese Einschätzung steht im Einklang mit einer am männlich-weiblichen Dualismus ausgerichteten Mentalität, wonach die männliche Seite die harte Haltung der rechtlichen Autorität und Eigentumsvererbung verkörpert, während die weibliche Seite liebevoll und sanft ist und eine Zufluchtsstätte bietet.[28] Feministische Autoren und Autorinnen vertreten die Auffassung, daß das ganze Phänomen nur möglich war, weil man die patriarchale Familienstruktur, bestehend aus der harten männlichen Autorität, die aber durch die Fürsprache der Mutter, die gütige Liebe für das eigensinnige Kind empfindet, abgemildert wird, auf den Himmel projizierte. In noch weitergehender Kritik werfen sie dem mittelalterlichen Marienkult vor, ein Frauenbild nach männlich orientierten Empfindungen und Bedürfnissen geformt zu haben, das mit der Lage wirklicher Frauen durch die Verherrlichung der einen nichts zu tun hat.[29] Die Interpretationen sind so vielfältig und komplex wie das Phänomen der mittelalterlichen Marienfrömmigkeit selbst. Für die Menschen des Mittelalters bot die Verehrung der Heiligen Jungfrau die Erfahrung einer weiblichen Gestalt, die innerlich mit Gott verbunden war, dazu die Erfahrung von der Macht der Liebe, die die Sünde auslöschen konnte, und die Erfahrung der Gnade, die eine verdiente Strafe abmildern konnte, Erfahrungen, die auf andere Art und Weise unter diesen Zeitumständen nicht verfügbar waren.

Anmerkungen

1 David Hume (1711–1776) trennte in atheistischer Weise radikal sinntragende Aussagen, die auf einer positivistisch verstandenen Empirie beruhten, von »Religion« und »Glaube«, die mit Sinn und Wissenschaft nichts zu tun haben können; er beeinflußte Immanuel Kant.

2 Die scholastische Methode der »quaestio«, Frage, beruht auf einer streng formalen Methode von Fragestellung, Argumenten, Gegenargumenten, Lösung und Widerlegung. [JS]

3 S. o. Anm. 3 zu dem Beitrag »Spiritualität und Spätscholastik« in diesem Band. [JS]

4 *Spiegel der allerseligsten Jungfrau Maria oder Erklärung des Englischen Grußes*; zitiert nach: *The Mirror of the Blessed Virgin Mary and the Psalter of our Lady*, St. Louis, MO 1932, 254.

5 Anselm von Canterbury, »Gebet zur hl. Maria«, in: *Gebete*, hg. von L. Helbling, Einsiedeln 1965, 39.

6 Ebd., 39.

7 Sowohl die liturgische Feier der Unbefleckten Empfängnis als auch die theologische Untermauerung dieser Lehre wurden im Mittelalter viel diskutiert. Ihr Durchbruch geschah mit den Erkenntnissen von Wilhelm von Ware und Duns Scotus (gest. 1308), aber auch dann setzte sich die Auseinandersetzung noch fort, und die Lehre gewann nur langsam an Boden. Wenn man nach Gebeten, Ikonographie und anderen Anzeichen von Spiritualität urteilt, dann stellte die Unbefleckte Empfängnis keinen wichtigen Faktor in der mittelalterlichen Marienverehrung dar.

8 Bernhard von Clairvaux, *In laudibus virginis matris* (Zum Lob der jungfräulichen Mutter), 2. Predigt, in: Bernhard von Clairvaux, *Sämtliche Werke*, Innsbruck 1993, Bd. IV, 75f.

9 Ein zweiter, bittender Teil des Ave Maria stammte aus dem 15. Jahrhundert und existierte in einer großen Vielfalt an Formen. Er erhielt seine endgültige Fassung im 16. Jahrhundert. Vgl. G. Sloyan, »Marian Prayers,« in: *Mariology*, 3:64–87, hg. von J. Carol, Milwaukee, WI 1961.

10 Die Verehrung der Schmerzen Marias entwickelte sich allmählich und ließ neue bildliche Darstellungen ihres Leidens entstehen: die Pietàs, die Abbildung ihres Herzens, von sieben Schwertern durchbohrt, und Gemälde ihrer Wehklage und ihrer Ohnmacht auf Golgatha. In der literarischen Gattung der Klagelieder betrauerte Maria den toten Christus mit einer Heftigkeit, die der Tradition bis dahin unbekannt war; der außergewöhnliche Stil orientierte sich wahrscheinlich an germanischen Klageliedern über die Toten, so wie sie im *Beowulf* oder im *Nibelungenlied* zu finden sind. In einigen Fällen ist ihr großer Kummer so realistisch dargestellt, daß der religiöse Charakter dabei verlorengeht.

11 Anselm von Canterbury, »Gebet zur hl. Maria«, in: *Gebete*, 40f. Anselm hat als erster (in *Cur Deus Homo*) das Verständnis der Epoche von Gottes Gerechtigkeit angesichts menschlicher Sündhaftigkeit systematisiert.

12 Bernhard von Clairvaux, *De aquaeductu*, zitiert nach *Saint Bernard et Notre Dame* (Descleé de Brouwer pour l'Abbaye de Sept-Fons, 1953), 208–13.

13 Bernhard von Clairvaux, *De duodecim praerogativis beatae Mariae virginis*, zitiert nach: ebd., 174–75.

14 Anselm von Canterbury, »Gebet zur hl. Maria«, in: *Gebete*, 31.

15 Diese Predigt schrieb man lange Bonaventura zu, aber jetzt wird sie als im Widerspruch zu seiner Lehre über Maria stehend angesehen. Vgl. H.C. Graef, *Mary: A History of Doctrine and Devotion*, 1:281–90, 2 Bde., New York 1963–65.

16 Z. B. Johannes Herolt, genannt Discipulus, *Wunder der hl. Jungfrau Maria*.

17 Ein Rosenkranz-ähnliches Gebet, das nach den Tageszeiten des offiziellen liturgischen Stundengebetes auf den Tag aufgeteilt wird.

18 Zum hier zitierten »Salve Regina« vgl. den Artikel im Marienlexikon V, St. Ottilien 1993, 648a–650a.

19 Bernhard von Clairvaux, *In Assumptione. Sermo 4, Praeconium virginis*, zitiert nach: *Saint Bernard et Notre Dame*, 376–77.

20 Bernhard von Clairvaux, *De duodecim praerogativis*, zitiert nach: ebd., 178–81.

21 *Spiegel der allerseligsten Jungfrau Maria oder Erklärung des Englischen Grußes*; zitiert nach: *The Mirror of the Blessed Virgin Mary*, 294–95.

22 Zitiert nach: Herolt, *Wunder der hl. Jungfrau Maria* (engl. Ausgabe; London 1928, xxxi).

23 Martin Luther, »Vermahnung an die Geistlichen, versammelt auf dem Reichstag zu Augsburg, Anno 1530«, in: WA 30, II, 237–356.

24 Martin Luther, *Kommentar zum Magnificat*.

25 J. Pelikan, *The Growth of Medieval Theology*, Chicago 1978; H. Oberman, *The Harvest of Medieval Theology*, Cambridge, MA 1963.

26 R. Laurentin, *Queen of Heaven*, London 1956, 60; vgl. auch J. Leclercq, »Grandeur et misère de la dévotion mariale au moyen âge«, in: *La Liturgie et les paradoxes chrétiens*, Paris 1963, 170–204.

27 H.P. Ahsmann, *Le culte de la sainte Vièrge et la littérature française profane du moyen âge*,

Paris 1930; E. Power, »Introduction«, in: Herolt, *Wunder der hl. Jungfrau Maria* (engl. Ausgabe; London 1928, xi–xii).

[28] V. und E. Turner, *Image and Pilgrimage in Christian Culture*.

[29] E.C. McLaughlin, »Equality of Souls, Inequality of Sexes: Women in Medieval Theology«, in: *Religion and Sexism*, hg. von R. Radford Ruther, New York 1974, 213–66; M. Warner, *Alone of All Her Sex: The Myth and the Cult of the Virgin Mary*, New York 1976.

Liturgie und Eucharistie

I. Der Osten

Von Robert Taft

1. Das Umfeld

Liturgie und Frömmigkeit bilden Teile eines größeren historisch-kulturellen Umfeldes. Im mittelalterlichen Osten war dieses Umfeld dem christlichen Leben nicht förderlich. Die Spaltungen, die aufgrund der christologischen Kontroversen im 5. und 6. Jahrhundert entstanden waren, hatten sich verfestigt; die moslemische Eroberung hatte die aufgesplitterten Gemeinschaften zu einer Minderheit in einer überwiegend islamischen Welt gemacht. Verschwunden war die Pracht der städtischen Kreuzwegs- und Basilika-Riten der Spätantike. Das liturgische Leben wurde privater, war auf Familie, Kloster und Kirche beschränkt. Im schrumpfenden Rest des byzantinischen Reiches vollzogen sich ähnliche Veränderungen. Die monumentale Architektur der Justinianischen Zeit wurde von Kirchenbauten abgelöst, die im Vergleich dazu Miniaturausgaben waren. Der Sieg der Mönche in der ikonoklastischen Auseinandersetzung (726–843) hatte die Weltgeistlichen demoralisert. Die Klöster wurden reicher, selbständiger und vor allem in den Städten zahlreicher; in den späteren Jahrhunderten des byzantinischen Reiches errichtete man weitaus mehr Klosterkirchen als andere.[1] Als Konstantinopel nach dem 4. Kreuzzug unter lateinische Herrschaft geriet (1204–1261), waren die Weltgeistlichen nicht in der Lage, den komplexen Ritus der großen Kirche aufrechtzuerhalten, und duldeten stillschweigend, daß die Ämter an die Klöster übergingen. Trotzdem blieben während der paläologischen Dynastie (1259–1453) Kirche und Klöster eine einflußreiche Kraft im Leben der Menschen[2], und die hesychastische spirituelle Wiedergeburt, die in dieser Epoche auf dem Berg Athos begann, sollte sich in der gesamten östlichen orthodoxen Welt ausbreiten.[3] Zu diesem Wiederaufblühen leistete Nikolaus Kabasilas, ein humanistischer Laie in der Zeit um 1350, seinen Beitrag; seine glänzenden Abhandlungen, die das Beste des Humanismus und der hesychastischen Spiritualität miteinander verbinden, machen ihn zum klassischen Vertreter der byzantinischen liturgischen Theologie während der hesychastischen Wiedergeburt.

2. Die Gestalt der Liturgie

Im Spätmittelalter hatten die östlichen eucharistischen Liturgien bereits mehr oder weniger ihre endgültige Form erhalten, indem die grundlegende gemeinsame Struktur der frühen Eucharistie an den drei »wunden Punkten« der wortlosen Handlung ergänzt worden war: (1) beim Einzug in die Kirche, (2) beim Friedenskuß und Überreichen der Opfergaben und (3) bei der Kommunionzeremonie und Entlassung.[4] Diese Handlungen verlangten Feierlichkeit, Gesänge und Gebete; denn die mittelalterliche liturgische Entwicklung wollte immer weniger eine bloße Handlung für sich selbst sprechen lassen.

Die sozio-politische und ökonomische Situation dieser Epoche hatte auch Veränderungen der Größenverhältnisse zur Folge. Die Entwicklung, daß das kirchliche Leben zwischen die Wände immer kleinerer Kirchen zusammengedrängt wurde, war von einem Anwachsen des symbolischen Verständnisses begleitet. Die Riten verloren ihren ursprünglichen praktischen Zweck, blieben aber als Symbolträger bestehen.[5] Das Endergebnis war eine Liturgie, die weniger an die Zeremonie des Kaiserhofs erinnerte, dafür aber intimer war. Ihre Kreuzwegprozessionen umfaßten nicht mehr die ganze Stadt mit ihren liturgischen Örtlichkeiten.[6] Die Zeremonie, die immer noch beeindruckend war, beschränkte sich auf das Kirchengebäude, und Prozessionen wurden auf ein mehrmaliges Erscheinen geweihter Liturgen vor der Trennwand zum Heiligtum reduziert.[7]

Diese Tendenz zu einem kleineren Maßstab brachte eine gewisse Privatisierung der Liturgie mit sich.[8] Die einst großen öffentlichen Prozessionen waren nicht nur auf feierliche Gänge im Inneren winziger Kapellen reduziert; sogar in der Kirche zog sich die rituelle Handlung in ein immer abgeschlosseneres Heiligtum zurück. Das erhöhte Synthronon (Sitz des Priesters) verschwand aus der Apsis – der Zelebrant auf seinem Thron braucht nicht mehr für alle sichtbar zu sein –, und der große Ambo (Predigtpult) in der Mitte des Kirchenschiffes wurde versetzt, verkleinert oder sogar entfernt. Gleiches gilt auch für die Predigt; die Verkündigung des Wortes beschränkte sich auf eine ritualisierte Handlung, gewöhnlich die Lesung eines Textes aus irgendeiner Predigtsammlung. Die starke Zunahme privater Kapellen mit ihren Geistlichen war ein weiteres Zeichen der Wandlung von monumentalen öffentlichen Gottesdiensten zu den eher privaten und monastischen.

3. Liturgische Frömmigkeit: Ritual, Mystagogie und Ikonographie

Liturgien haben sowohl eine innere als auch eine äußere Geschichte, die in dialektischer Spannung zueinander stehen, vor allem im Osten, wo das spirituelle Verständnis des Rituals entscheidend zur Entwicklung seiner symbolischen Form beitrug.[9] So sind die Veränderungen in der byzantinischen Eucharistiefeier während der mittel- und spätbyzantinischen Epoche – die Bereitung der Stücke aus den Opfergaben für die Lebenden und die Toten an der Prothesis, dem Vorbereitungstisch links vom Altar; die Entwicklung des Großen Einzugs und seiner Symbolik; die Vermehrung von Troparien (Gesänge zur Tagesliturgie) mit Begräbnismotiven bei der Gabenbereitung; die Ausarbeitung des Orate-fratres-Textes (der Gebete der Kirchengemeinde, die in der lateinischen Liturgie mit »Betet, Brüder« eingeleitet werden), Gebete vor der Kommunion und die Abschlußriten[10] – ein Anzeichen nicht nur für die rituelle Weiterentwicklung aller mittelalterlichen Liturgien, sondern auch für Entwicklungen in der Frömmigkeit. Die Gaben für die Lebenden und die Toten, die die Menschen zum Gottesdienst mitbrachten, waren ein wichtiger Ausdruck ihrer Teilnahme am liturgischen Geschehen. Die Interpretation der Liturgie als Symbol des irdischen Heilswirkens Jesu beginnt an der Prothesis mit der Kenosis (Entäußerung) seiner Menschwerdung (vgl. Phil 2, 5–8) und seines verborgenen Lebens und setzt sich fort mit der Predigt als Symbol seines öffentlichen Lebens, seinem Erscheinen als Wort während der Prozession mit dem Evangelium oder dem »Kleinen Einzug« und in den Lesungen des Wortgottesdienstes; sie erreicht ihren Höhepunkt im »Großen Einzug«, wenn die Gaben von Brot und Wein hereingetragen werden, während die Gläubigen sich vor dem Erscheinen des Herrn zu Boden werfen und zu seinem Opfer, Tod, Begräbnis und Auferstehung in der Kommunion der heiligen Gaben geführt werden.[11] All dies hatte eine starke Wirkung auf die Volksfrömmigkeit. Das läßt sich an der Haltung tiefster Verehrung ablesen, die die einfachen Menschen bei diesen Teilen der Liturgie an den Tag legten.[12]

Die theologische Interpretation dieser Spiritualität wurde in liturgischen Kommentaren dargelegt und den Menschen durch das Feiern der Zeremonie nahegebracht, aber auch schon in der liturgischen Ordnung und Ausschmückung des Kirchengebäudes, das nicht nur das sichtbare Umfeld des Ritus darstellte, sondern auch eines seiner symbolischen Bestandteile war. Sowohl der Kirchenschmuck als auch das Ritual wirkten zusammen, um eine einheitliche, symbolische Atmosphäre zu schaffen, die dazu bestimmt war, einen Zugang zum Geheimnis der Erlösung in Christus zu ermöglichen. Eucharistie war mehr als das Feiern der christlichen Mahlgemeinschaft, sogar mehr als die Teilnahme am Wort und Mahl des Herrn. Es war Theophanie (Gotteserscheinung), ein Ort der Begegnung mit dem tiefsten Geheimnis Gottes. »Aktive Teilnahme«[13] an der Liturgie bedeutete mehr, als bloß an den Prozessionen teilzunehmen und die Lieder mitzusingen, mehr als aufmerksam den Lesungen und der Predigt zuzuhören, mehr als bloß die Kommunion zu empfangen. Es bedeutete auch einen Aufstieg durch den Glauben von der *historia* zur *theoria* (von der bloßen »Geschichte« zur »Schau«), von den sichtbaren Symbolen und rituellen Formen zur Kontemplation der transzendenten Wirklichkeit, die diesen innewohnt.

Grundlage für diese Sichtweise ist die Überzeugung, daß die sichtbare Welt das Abbild und die Manifestation der unsichtbaren ist; daß das Symbol, auch wenn es sich von seinem Urbild unterscheidet, an dessen Wirklichkeit teilhat und sie mitteilt. Dies ist die Grundlage spiritueller Exegese, Mystagogie (Hinführung zum Geheimnis) und Ikonographie. In dem, was schriftlich und sichtbar dargestellt wird, verbirgt sich eine *Gnosis* (Erkennen), die nur von jemandem wahrgenommen wird, der sich ihr als Glaubender nähert. Durch einen anagogischen (hinaufführenden) Prozeß erhebt

man sich vom Buchstaben zum Geist, von den sichtbaren Riten und Bildern zur Kontemplation des Geheimnisses, das Gott ist.[14]
Diese »alexandrinische«[15] Methode liturgischer Interpretation, bei der die Kontemplation liturgischer Riten die Seele zu den mystischen Wahrheiten der unsichtbaren Welt führt, stellt nur einen Zweig der späteren Synthese dar. Der andere, »antiochenische«,[16] Zweig, der der *historia* mehr Beachtung schenkt, sieht im eucharistischen Ritual eine Darstellung der Selbstopferung Christi durch dessen Passion und dessen Tod. Diese Interpretation der liturgischen *historia* als eine dramatische Neuinszenierung des irdischen Heilswirkens Jesu, die für alle späteren östlichen liturgischen Interpretationen entscheidend war, wurde von Patriarch Germanos I. um 730 in die byzantinische Mystagogie eingeführt und erhielt um 1350 in Nikolaus Kabasilas' *Kommentar zur Göttlichen Liturgie* (*PG* 150, 367–492)[17] und in seinem *Leben in Christus* (*PG* 150, 493–726) ihre klassische liturgische Ausprägung. Kabasilas macht in seinem Kommentar (1.1) von Anfang an deutlich, daß alle Bestandteile der göttlichen Liturgie – die Lesungen, Gebete, Lieder – die Aufgabe haben, »uns zu Gott hinzuwenden« und »uns für den Empfang und die Bewahrung der heiligen Geheimnisse bereit zu machen, was das Ziel der Liturgie ist.« Aber es gibt noch eine weitere Stufe liturgischer Bedeutung, »eine andere Art und Weise, wie diese Formen...uns heiligen.«

Sie besteht darin: daß Christus und die Taten, die er vollbrachte, und das Leiden, das er ertrug, in ihnen verkörpert werden. Es ist tatsächlich der Plan des Erlösungswerkes, der sich in den Psalmen und Lesungen wie auch in allen Handlungen des Priesters während der gesamten Liturgie kundtut...Auch wenn man behauptet, daß die Lesungen und die Psalmen...eingeführt wurden, um uns zur Tugend zu veranlassen..., bedeutet das nicht, daß dieselben Zeremonien uns nicht gleichzeitig zur Tugend anspornen und den Plan des Erlösungswerkes Christi erhellen können...Jedes Teil symbolisiert ein Stück der Werke Christi, seiner Taten oder seines Leidens. So tragen wir beispielsweise das Evangelium zum Altar; danach bringen wir die Gaben. Beides geschieht mit einer Absicht, das eine, daß das Evangelium gelesen werde, das andere, daß das Opfer dargebracht werde; daneben jedoch verkörpert das eine das Erscheinen des Erlösers und das andere das Sich-Offenbaren als Erlöser; das erste noch unklar und unvollkommen zu Beginn seines Lebens, das zweite als die vollkommene und ganze Offenbarung.

Aber dieser darstellende Aspekt des Rituals reduziert es nicht auf ein leeres Spektakel. Die Zeremonie soll zu einem persönlichen Glaubenszeugnis führen.

Genauso wie das Erlösungswerk die Welt erneuerte, als es zum ersten Mal vollbracht wurde, so macht es jetzt, wo es immer vor unseren Augen steht, die Seelen derer, die es erblicken, besser und göttlicher. Ich sage weiter: Es hätte keinem von uns etwas gebracht, wenn es nicht eine Sache der Kontemplation und des Glaubens gewesen wäre...Doch als es verkündet wurde, bewirkte es in den Menschen mit einer gottlosen Seele, die es vorher nicht kannten, eine Verehrung für Christus und einen Glauben und eine Liebe, die vorher nicht da waren. Wenn heute darüber von denen, die schon glauben, mit Inbrunst nachgedacht wird,... festigt es die Gläubigen in ihrem Glauben und läßt ihre Verehrung und Liebe wachsen.

Für Kabasilas hängt das Wirken dieses liturgischen Symbolismus nicht von

29. *Heilige Paraskeva und die Drei Hierarchen* (Basilius der Große, Gregor der Große und Johannes Chrysostomus), Rußland, 14. Jahrhundert, Privatsammlung.

irgendeinem abstrusen Symbolsystem ab. Nichts könnte realistischer und konkreter sein:

Es war notwendig, daß wir nicht nur darüber nachdenken, sondern bis zu einem gewissen Maß auch *sehen* sollten die äußerste Armut dessen, der alles besitzt, das Erscheinen auf Erden von ihm, der überall wohnt, die Schmach des heiligsten Gottes, das Leiden des Unverletzbaren; daß wir sehen sollten, wie sehr er gehaßt wurde und wie sehr er liebte; wie er, der Allerhöchste, sich demütigte; welche Qualen er erduldete, welche Taten er vollbrachte, um für uns seinen heiligen Tisch zu bereiten. Indem wir also die unbeschreibliche Aktualität seines Erlösungswerkes betrachten und über die Fülle der Gnade Gottes staunen, wird bewirkt, daß wir den verehren, der solches Mitgefühl für uns hatte, der uns für so einen hohen Preis erlöste: daß wir ihm unsere Seelen anvertrauen, daß wir ihm unser Leben weihen, daß wir in unseren Herzen die Flamme seiner Liebe entzünden. So vorbereitet, können wir uns dem Feuer der feierlichen Geheimnisse mit Vertrauen und Zuversicht nähern.

Dies ist keine intellektuelle Spiritualität, kein überlegener Gnostizismus einer spirituellen Elite, sondern eine äußerst schöpferische und populäre Frömmigkeit.

Dieselbe Theologie liegt auch der byzantinischen Ikonenverehrung zugrunde; ihre beiden Dimensionen – Kirche und Liturgie als Spiegel des Geheimnisses der Erlösung und Kirche und Liturgie als kosmische und eschatologische Symbole der himmlischen Welt und ihrer Verehrung – zeigen sich bereits am Ende der frühbyzantinischen Epoche in der Theologie des Kirchengebäudes.

Die byzantinischen Kirchen entwickelten schrittweise ein ikonographisches Programm, um den einfachen Gläubigen, die von den literarischen Werken eines Kabasilas nichts wußten, diese Vorstellung zu erläutern.[18] Kosmisch betrachtet, sind Kirchengebäude und Ritual, das in ihm geschieht, ein Bild des gegenwärtigen Zeitalters der Kirche: Die göttliche Gnade wird denen in der Welt (Kirchenschiff) von der göttlichen Wohnung (Heiligtum) und ihrer himmlischen Liturgie her vermittelt; letztere ist zugleich ein Abbild ihrer eigenen zukünftigen (eschatologischen) Vollendung, wenn nämlich die Gläubigen einmal diese Wohnung in Herrlichkeit betreten werden. Heilsgeschichtlich betrachtet, sind das Heiligtum und sein Altar gleichzeitig das Allerheiligste, der Saal des Letzten Abendmahles, Golgatha und das Grab zur Auferstehung, aus dem die Gaben des auferstandenen Herrn – sein Wort, sein Leib und sein Blut – weiter hervorströmen, um die von der Sünde verdunkelte Welt zu erleuchten.

Die Flächen im Inneren der Kirche wurden so mit Bildern verhüllt, daß Gebäude und Ikone eins wurden; dies alles diente der Imagination des christlichen Kosmos, um den sich die byzantinische Liturgie drehte. Von der Zentralkuppel aus beherrscht das Bildnis des Pantokrators den gesamten Grundriß und vereinigt die hierarchische und liturgische Thematik. Die Bewegungsrichtung der hierarchischen Thematik ist vertikal und steigt von der anwesenden betenden Gemeinde, die im Kirchenschiff versammelt ist, auf zu den Rängen der Heiligen, Propheten, Patriarchen und Apostel bis zum Herrn im Himmel mit seinen himmlischen Chören.

Die liturgische Thematik, die sich vom Heiligtum aus nach entfaltet, ist sowohl künstlerisch als auch theologisch mit der hierarchischen verbunden. Allerdings erweckt nur die liturgische Thematik mit ihrem lebendigen Vollzug den Symbolismus der Kirche zum Leben und zeigt, daß dieser mehr ist als nur eine statische Verkörperung des Kosmos, so wie er mit den Augen Gottes gesehen wird. Die Verbindung zwischen der göttlichen und geschaffenen Welt wurde durch Christus und dem Bund seines Blutes hergestellt. Dieses dynamische Band drückt sich sowohl im Aufbau als auch in der Ikonographie der Kirche aus. Das vom Kirchenschiff abgetrennte Heiligtum, in dem das Geheimnis des Bundes erneuert wird, stellt die Verbindung zwischen Himmel und Erde dar. Hinter und über dem Altar, auf der Mauer der zentralen Apsis, ist das Abendmahl mit den Aposteln abgebildet – Christus, der Hohepriester, umgeben von Engeln, spendet den zwölf Aposteln die Eucharistie. Über dem Altar im Kuppeldach erblickt man die Muttergottes, die für uns Fürsprache einlegt. Bei ihr ist das Christuskind, Ausdruck der Menschwerdung, die diese aufopferungsvolle Fürsprache möglich macht. Darüber, am höchsten Punkt des Bogens, befindet sich der »Thron des göttlichen Gerichtes«, wo die Mittlerschaft des Sühnopfers vor Gott für die Menschen eintritt. Vom Heiligtum aus sind Zyklen liturgischer Feste auf Freskenbändern abgebildet, die seitlich auf den Mauern die ganze Kirche durchziehen und die historische Vergangenheit mit der heilsmäßigen Erneuerung der Gegenwart verbinden.

In dieser Umgebung gedachte die liturgische Gemeinschaft des Geheimnisses ihrer Erlösung und war sie in Verbindung mit der Liturgie der himmlischen Kirche, die das Geheimnis des Bundes Christi durch die ausgestreckten Hände seiner Mutter darbot; all das wurde in der sakramentalen Umgebung des ikonographischen Programms vergegenwärtigt. Auch der ungebildete Christ, der in dieser Umgebung seine Andacht verrichtete, während sich die echten Weihrauchwolken mit denen der geschwenkten Weihrauchfässer in der abgebildeten himmlischen Liturgie vermischten, muß etwas von dem begriffen haben, was Symeon von Thessaloniki (gest. 1429), der letzte der klassischen byzantinischen Kommentatoren dieser Zeit, in seiner Abhandlung *Über den heiligen Tempel* (Kap. 131[*PG* 155, 337–40]) schrieb:

> Die Kirche als Haus Gottes ist ein Abbild der gesamten Welt, denn Gott ist überall und über allem...Das Heiligtum ist ein Symbol für die höheren und überhimmlischen Sphären, wo, wie man sagt, der Thron Gottes und seine Wohnung sind. Der Altar steht stellvertretend für diesen Thron...die Kirche steht stellvertretend für die sichtbare Welt...Das Heiligtum empfängt in sich den Bischof, der den Gottmenschen Jesus vertritt, an dessen Allmacht er teilhat. Die anderen heiligen Priester vertreten die Apostel und vor allem die Engel und Erzengel, jeden entsprechend seinem Rang. Ich erwähne die Apostel mit den Engeln, Bischöfen und Priestern, weil es nur eine Kirche gibt, oben und unten, da Gott herabstieg und unter uns lebte und das tat, für das er um unseretwillen gesandt worden war. Und es ist ein einziges Werk, so wie das Opfer unseres Herrn zugleich Kommunion und Kontemplation ist. Und es wird sowohl oben als auch hier unten ausgeführt, aber mit einem Unterschied: oben geschieht es unmittelbar und ohne Symbole, aber hier wird es im Raum der Symbole vollbracht...

Die Griechen haben eine weiter entwickelte und umfangreiche Literatur und ein ikonographisches Erbe hinterlassen, das ihre mittelalterliche liturgische Frömmigkeit ausdrückt. Diese Sicht findet sich aber nicht nur in der byzantinischen Tradition. Allerdings beschränken sich die westsyrischen und armenischen Liturgiekommentatoren, die eher »antiochenisch« in ihrer Methode waren, im großen und ganzen auf eine Exegese des liturgischen Textes und befassen sich nur gelegentlich mit Allegorien oder Deutungen zu rituellen Symbolen. Mittelalterliche koptische Schriften zur Liturgie bestehen fast nur aus beschreibenden Abhandlungen zu liturgischen Anweisungen und kanonischen Fragen; man kann sie schwerlich als mystagogisch bezeichnen. Die Ostsyrer waren unmittelbare Erben des spirituellen Vermächtnisses von Theodor von Mopsuestia (gest. 428), des großen Vertreters der antiochenischen Exegetenschule; die Tradition ihrer liturgischen Spiritualität verläuft von ihm her über Narsai (gest. 502), Gabriel und Abraham Qatraya bar Lipah (7. Jahrhundert) und Pseudo-Georg von Arbela (9. Jahrhundert) bis in die hier behandelte Epoche mit Yohannan bar Zo'bi und Yohannan von Mosul (13. Jahrhundert), 'Abdiso bar Brika von Nisibis (gest. 1318) und Timotheus II. (Katholikos, 1318–1332).[19] Diese späteren Autoren folgen Gabriel Qatraya, was die Interpretation der Liturgie betrifft; sie ist »eine Gedächtnisfeier für das gesamte Heilswirken Gottes, das auf Erden durch Christus vollendet wurde, was, dem Leib entsprechend, mit seiner Geburt begann und weiterführte zu seinem Tod, zur Auferstehung und Himmelfahrt.«[20] Nach Bar Zo'bi ist die Liturgie auch ein Vorgeschmack auf unsere Auferstehung, die der Auferstehung Christi entspricht; und sie ist das Versprechen ewiger Glückseligkeit, das allen Gläubigen gemacht wird. Die Kirche bildet ebenfalls einen Teil der symbolischen Einheit: Das abgetrennte Heiligtum stellt die Zukunft oder die himmlische Welt dar; das Kirchenschiff ist diese Welt; das Bema (erhöhte Ebene im Altarraum) in seiner Mitte ist Jerusalem, Ort der Verkündigung des Wortes. Die feierlichen Prozessionen zwischen Heiligtum und Bema symbolisieren den göttlichen Austausch zwischen Himmel und Erde, den die Liturgie sowohl darstellt als auch bewirkt.

4. Das liturgische Stundengebet und andere Andachten

Obwohl die tägliche Eucharistie sich nie zu einem verbreiteten Brauch im östlichen Gemeindeleben entwickelt hat – sogar die Hagia Sophia in Konstantinopel war nicht für eine tägliche göttliche Liturgie eingerichtet, bis Kaiser Konstantin IX. Monomachos 1044 für diesen Zweck Geld zur Verfügung stellte (*PG* 122, 340) –, bedeutete das nicht, daß an Wochentagen eine liturgische Lücke klaffte.[21] Morgenlob und Abendandacht fanden nicht nur im Kloster statt, sondern waren volkstümliche Frömmigkeitsformen in der Gemeinde und umfaßten Symbol, Zeremonie, Lied und Bitten für die Grundbedürfnisse des Lebens. Es waren die Morgen- und Abendgebete des einfachen Volkes, wie sie jeden Tag zur Morgen- und Abenddämmerung in der Kirche gesprochen wurden.[22]

Andere Liturgieformen wie Bittlitaneien und Kreuzwege in bestimmten Notsituationen vervollständigten das Brauchtum.[23] Die pittoresken Begräbniszeremonien von Jesus am Karfreitag gehören ebenfalls in diese Zeit.[24] Passionsfrömmigkeit war in keinster Weise ein ausschließlich westliches mittelalterliches Phänomen. Sie war im 14. Jahrhundert in Byzanz verbreitet und hatte ganz besonders in Palästina und dem westsyrischen Gebiet Einfluß auf die Liturgie. Unlängst entdeckte mittelalterliche *via crucis* (Kreuzweg)-Fresken in der Kirche St. Macarius in Dayr Abu Maqar im Wadi an-Natrun legen davon Zeugnis ab, daß die Passionsfrömmigkeit auch in der ägyptischen Wüste Verbreitung gefunden hatte.

5. Negative Elemente

Jedoch nicht alles im östlichen Liturgiegeschehen des Mittelalters war Mystagogie und Anagogie, Symbol und Gnade. Die kanonische Literatur bezeugt weitverbreitete liturgische Auswüchse, auch im Klerus.[25] Wir hören von klerikalen Vergehen wie Aberglauben, Magie, Zauberei und Hexerei; von Simonie (Verkauf von geistlichen Werten) beim Umgang mit den Sakramenten, vor allem vom Einsegnen unrechtmäßiger Ehen; von gewalttätigen Auseinandersetzungen, Scherzen und Respektlosigkeit in der Kirche; vom Diebstahl geheiligter Gegenstände, sogar von Obszönitäten während der Feier der Messe; von Entweihung sakramentaler Gaben.[26] Es überrascht nicht, daß man auch das Unterlassen von Predigt und religiöser Unterweisung vermerkt. Aber noch verhängnisvoller war die Vernachlässigung der Sakramente.

6. Rückgang des häufigeren Sakramentenempfangs

Auch für die Gläubigen, die sich nicht solchen Mißbräuchen hingaben, wurde der nur seltene Empfang der Kommunion, was im 4. Jahrhundert begann, zur Tradition. [27] Im mittelbyzantinischen Mönchtum war die Feier der Liturgie täglich oder mehrmals in der Woche nichts Ungewöhnliches, und die tägliche Kommunion war immer noch das eigentliche Ideal. Aber monastische *typica* (Darstellungen des Gewohnheitsrechts) vom 12. bis 14. Jahrhundert zeigen das Zunehmen einer restriktiveren Gewohnheit, und im 15. Jahrhundert werden die Beispiele täglicher Kommunion sogar in Klöstern als Ausnahmen vermerkt. Im Spätmittelalter hatten die Gläubigen in der göttlichen Liturgie lediglich einen Zuschauerstatus, und die Kommunion reduzierte sich auf einen gelegentlichen Akt privater Frömmigkeit, statt die gemeinschaftliche Teilnahme an den gemeinsam dargebrachten Gaben zu sein. Doch ohne Kommunion stellte die göttliche Liturgie im besten Fall eine symbolhafte Wirklichkeit dar, über die man nachdenken konnte; im schlimmsten Fall aber ein steriles Ritual.

7. Die Erneuerung des Hesychasmus

Es überrascht daher nicht, daß sich die hesychastische Erneuerung, die sich eher in den kleineren »Sketen«[28] als den großen zönobitischen Gemeinschaften mit ihrer geregelten Disziplin und ihren formvollendeten Gottesdiensten vollzog, nicht am Ritual orientierte. Der bekannte Gegensatz, der sich im Moskauer Staat im späten 15. Jahrhundert zwischen dem Hesychasmus der Anhänger des Nil Sorskij und dem triumphalen städtischen Mönchtum seines Gegners Joseph von Volokolamsk entzündete, ist ein Beispiel für diese Spannung zwischen innerem Gebet und kunstvollem Ritual. Im Spätmittelalter war die Notwendigkeit innerer Erneuerung größer als die Betonung des rituellen Gebetes; es waren die Hesychasten auf dem Berg Athos und später die *Starzen* in der gesamten slavisch-orthodoxen Welt, die auf diese Notwendigkeit mit einer monastischen Lebensform antworteten, die mehr am Gebet des Herzens orientiert war. Die ununterbrochene Weiterführung dieser Form des monastischen Lebens in Sketis[29], Armenien, Nordmesopotamien und in den Bergen des Libanon und Syriens ist ein weiterer Beleg dafür, daß man die byzantinische oder orientalisch-orthodoxe Frömmigkeit ihrem Wesen nach nicht als ausschließlich »hochkirchlich« oder liturgisch ansehen kann. Von Anfang an haben die zuverlässigsten Quellen des christlichen Ostens immer die Auffassung vertreten, daß sich wahre Liturgie im Inneren vollzieht. Der Hesychasmus erfüllte diese ursprüngliche Sichtweise mit neuem Leben.

Während der hesychastischen Erneuerung war es die Begabung eines Laien, Nikolaus Kabasilas, der die spätere östliche liturgische Theologie zurück zu ihrer inneren Mitte führte, weg von den willkürlichen Exkursen in Äußerlichkeiten und Allegorien, so wie es in der *Protheoria* (1085–1095) (*PG* 140, 417–68) und dem *Liturgischen Kommentar zu Pseudo-Sophronios* (*PG* 87^3, 3981–4001) aus dem 12. Jahrhundert zu sehen ist. Kabasilas' Interpretation liegt in keiner Weise außerhalb der Struktur und der Bedeutung der Riten, und auch seine Kontemplation ist kein Ersatz für die Teilnahme an den Sakramenten, sondern nur ihr Vorspiel (1.1). Für ihn bedeutet die Liturgie nicht nur einfach ein Ritual oder eine Kontemplation, sondern den realen Zugang zu den erlösenden Geheimnissen durch den Empfang der geheiligten Gaben. Kabasilas war sich der praktischen Anforderungen einer solchen Spiritualität wohl bewußt. Wenn das verborgene Geheimnis, das Christus ist, sich in der Menschwerdung offenbart, dann ist es nur im Tun sichtbar, denn die menschliche Natur Christi ist, abgesehen von der Sünde, der unseren gleich. Hier überschneiden sich Christologie und liturgische Spiritualität mit christlicher Ethik: Man kann die Göttlichkeit Christi nur durch seine *Taten* wahrnehmen, und nur durch ein christliches Leben kann man ein wahres Abbild werden, durch das die Wirklichkeit des göttlichen Lebens, das man in der Taufe erhalten hat, durchscheint. Wahre Verehrung, so stellt Kabasilas im *Leben in Christus* (4.8–9) klar, geschieht nicht in unserem liturgischen Gottesdienst, sondern in seinen Auswirkungen auf unser Leben. »Ihm reine Ehrerbietung zu erweisen ist eine Wirkung des heiligen Tisches...Gemäß der rechten Einsicht zu leben und nach Tugend zu streben heißt, Gott zu verehren.«[30]

Anmerkungen

1 Vgl. C. Mango, *Byzantine Architecture*, New York 1976, 197–98 und Kap. 7–8 *passim*.

2 Vgl. D.M. Nicol, *Church and Society in the Last Centuries of Byzantium*, Cambridge 1979, v. a. Kap. 2. Unter dem kaiserlichen Geschlecht der Paläologen erlebte das byzantinische Reich seine letzte Blütezeit bis zur Eroberung von Konstantinopel.

3 Vgl. J. Meyendorff, *St. Gregory Palamas and Orthodox Spirituality*, Crestwood, NY 1974, 56–170 *passim*; ders., *A Study of Gregory Palamas*, London 1974, v. a. Teil 1.

4 Vgl. R. Taft, »How Liturgies Grow: the Evolution of the Byzantine Divine Liturgy«, *Orientalia Christiana Periodica* 43 (1977), 357 ff.

5 Ebd., 359–60.

6 In Konstantinopel wurden die Kreuzwegprozessionen im 10. Jahrhundert noch vollständig durchgeführt; vgl. J. Baldovin, »La liturgie stationnale à Constantinople«, *La Maison-Dieu* 147 (1981), 85–94.

7 Vgl. T.F. Mathews, *The Early Churches of Constantinople: Architecture and Liturgy*, University Park, PA und London 1971, 111–12; Taft, »How Liturgies Grow«, 359.

8 T.F. Mathews, »'Private' Liturgy in Byzantine Architecture: Toward a Reappraisal«, *Cahiers archéologiques* 30 (1982), 125–38; C. Mango, »The Liturgy and the People«, eine Tagung, die im Rahmen des Dumbarton Oaks Symposiums am 10. Mai 1979 abgehalten wurde (nicht veröffentlicht).

9 Zur Geschichte dieses Zusammenspiels von Ritus und Interpretation vgl. H.J. Schultz (Hg.), *Byzantinische Liturgie. Glaubenszeugnis und Symbolgestalt*, 2. überarb. Aufl. Trier 1980.

10 Ein Großteil dieser Entwicklung findet sich detailliert bei R. Taft, *The Great Entrance: A History of the Transfer of Gifts and Other Preanaphoral Rites of the Liturgy of St. John Chrysostom* (Orientalia Christiana Analecta 200), Rom [2]1978; und ders., »How Liturgies Grow«.

11 Zur Geschichte dieser Interpretation vgl. R. Taft, »The Liturgy of the Great Church: An Initial Synthesis of Structure and Interpretation on the Eve of Iconoclasm«, *Dumbarton Oaks Papers* 34–35 (1980–81), 45–75.

12 Vgl. R. Taft, *Great Entrance*, 213–14.

13 Das Wort von der »aktiven Teilnahme«, actuosa participatio«, ist ein Hinweis auf die liturgische Erneuerung des II. Vatikanischen Konzils. [JS]

14 Vgl. zu dieser Frage R. Taft, »The Liturgy of the Great Church«, 58–75; R. Bornert, *Les commentaires Byzantins de la Divine Liturgie du VIIe au XVe siècle* (Archives de l'Orient chrétien 9) Paris 1966; ders., »Die Symbolgestalt der byzantinischen Liturgie«, *Archiv für Liturgiewissenschaft* 12 (1970), 54–70.

15 Nach der altchristlichen Exegetenschule, deren größter Lehrer Origenes war. [JS]

16 Nach der anderen altchristlichen Exegetenschule, zu der man Johannes Chrysostomus rechnen kann. [JS]

17 Kritische Ausgabe, Sources chrétiennes 4bis, Paris 1967; zitiert aus Nikolaus Kabasilas, *Kommentar zur Göttlichen Liturgie*, übers. von J.M. Hussey und P.A. McNulty. Hinweise im Text beziehen sich auf dieses Werk.

18 Vgl. O. Demus, *Byzantine Mosaic Decoration*, New Rochelle, NY 1976; E. Giordani, »Das mittelbyzantinische Ausschmückungssystem als Ausdruck eines hieratischen Bildprogramms«, *Jahrbuch der Österreichischen Byzantinischen Gesellschaft* 1 (1951), 103–34.

19 Zur lateinischen Übersetzung von Gabriel vgl. S.Y.H. Jammo, *La structure de la messe chaldéenne* (Orientalia Christiana Analecta 207), Rom 1979, 29–48; zum Werk Abrahams, das etwas mehr ist als eine Zusammenfassung Gabriels, vgl. R.H. Connolly (Hg.), *Anonymi auctoris Expositio officiorum ecclesiae Georgio Arbelensi vulgo adscripta, accedit Abra-*

hae bar Lipeh Interpretatio officiorum (Corpus scriptorum Christianorum Orientalium 64, 71-72m 76=script. syri. 25, 28–29, 32), Rom, Paris, Leipzig 1911–15. Zu Yohannan bar Zo'bi vgl. A. Khoraiche, »L'explication de tous les mystères divins de Yohannan bar Zo'-bi selon le manuscrit Borgianus syriacus 90«, *Euntes docete* 19 (1966), 386–426. Zum syrischen Text Yohannans von Mosul vgl. E. Millos, *Directorium spirituale ex libris sapientialibus desumptum...* (Rom, Propaganda Fide, 1868). Zur lateinischen Übersetzung von 'Abdiso bar Brika von Nisibis' vgl. J.-M. Vosté, »De expositione officiorum ecclesiasticorum«, *Codificazione canonica orientale*, Fonti, ser. 2, fasc. 15: *Caldei – diritto antico* II, Vatikanstadt, 1940, 82–115. Zu Timotheus II. vgl. die Beschreibung in W. de Vries, »Timotheus II. über 'Die sieben Gründe der kirchlichen Geheimnisse'«, *Orientalia Christiana Periodica* 8 (1942), 40–94.

[20] Zitiert bei W.F. Macomber, »The Liturgy of the Word according to the Commentators of the Chaldean Mass«, in: *The Word in the World: Essays in Honor of Frederick L. Moriarty, S.J.*, hg. von R.J. Clifford, G.W. MacRae, Cambridge, MA 1973, 182, denen ich hier folge.

[21] Vgl. R. Taft, »Die Häufigkeit der Eucharistie im Lauf der Geschichte«, *Concilium* (1982), Heft 2, 86–95.

[22] Vgl. R. Taft, *The Liturgy of the Hours in the Christian East: Origins, Meaning, Place in the Life of the Church*, Cochin 1984.

[23] Vgl. J. Baldovin, »La liturgie stationnale à Constantinople«; und R. Taft, »The Pontifical Liturgy of the Great Church according to the Twelfth-Century Diataxis in Codex *British Museum Add. 34060*«, *Orientalia Christiana Periodica* 46 (1980), 111–12.

[24] R. Taft, *Great Entrance*, 216–19.

[25] M. Nicol, *Church and Society*, 98ff.; L. Oeconomos, »L'état intellectuel et moral des byzantins vers le milieu du XIVe siècle d'après une page de Joseph Bryennios«, *Mélanges Charles Diehl*, Paris 1930, 1:225–33.

[26] C. Cupane, »Una 'classe sociale' dimenticata: il basso clero metropolitano«, in: *Studien zum Patriarchatsregister von Konstantinopel*, hg. von H. Hunger (Österreichsiche Akademie der Wissenschaften, Phil.-hist. Klasse Sitzungsberichte, 383), Wien 1881, 1:66–79.

[27] Vgl. E. Hermann, »Die Häufige Kommunion in den byzantinischen Klöstern«, in: *Mémorial Louis Petit* (Archives de l'Orient chrétien 1), Bukarest 1948, 209–15.

[28] Bewußt richtete sich das erneuerte orthodoxe Mönchtum nach den ersten christlichen Mönchen aus, die in der Wüste Sketis (zwischen Alexandria und Kairo) ein Einsiedlerleben (allerdings in Siedlungen, die gemeinsame Gottesdienste ermöglichten) führten. [JS]

[29] Siehe Anm. 28.

[30] Nikolaus Kabasilas, *Das Leben in Christus*, 126.

II. Der Westen

Von James F. McCue

Die Jahre 1150–1500 bilden keine klar abgrenzbare Epoche in der Geschichte der Entwicklung der Eucharistie. Die meisten Merkmale, die das eucharistische Denken und die eucharistische Frömmigkeit dieser Zeit prägten, waren zumindest teilweise bereits 1150 entwickelt, und diese Entwicklungen gingen nach 1500 weiter. Einige von ihnen setzten sich im nachreformatorischen römischen Katholizismus fast bis zur Gegenwart fort. Um diese Entwicklungen in der eucharistischen Frömmigkeit zu verstehen, ist es notwendig, sie in den Kontext der weiterreichenden Veränderungen einzubetten, die kennzeichnend für die Geschichte des lateinischen Christentums während dieser Zeit sind.

1. Eucharistische Frömmigkeit

Aus der Rückschau ist klar zu erkennen, daß ungefähr seit Mitte des 11. Jahrhunderts die lateinische Kirche in eine neue Phase ihrer Geschichte eintrat. Dieser Übergang hinterließ keine glaubens- oder konfessionsbedingten Spaltungen; vielleicht wird er deshalb weniger wahrgenommen als Konstantin und Nicäa oder die Reformation. Aber in gewisser Weise ist diese Veränderung genauso grundlegend. Obwohl es damals natürlich niemand wissen konnte, hatte Westeuropa zu dieser Zeit die letzte der großen Invasionen erlebt. Die Ausbreitung der osmanischen Türken nach Europa einige Jahrhunderte später ließ dann zwar manchen das Ende der christlichen Welt vorausahnen, aber die tatsächlichen Verwüstungen der Türken in Westeuropa waren gering, verglichen mit den früheren Raubzügen der Germanen, der Normannen oder der Ungarn. Um 1050 waren diese vorüber. Am Ende des Jahrhunderts machten sich europäische Armeen auf den Weg zu einem ersten, erfolglosen, Versuch einer außereuropäischen Eroberung, nämlich zum Ersten Kreuzzug. Während der kommenden vier Jahrhunderte durchlief Europa eine längere Phase der inneren Konsolidierung, bis um 1500 herum eine Epoche der weltweiten Expansion und Machtverlagerung begann, die das Schicksal der gesamten Welt so grundlegend bestimmt hat. Seit ungefähr 1050 läßt sich im lateinischen Europa – auch in der lateinischen Kirche – eine ausgeprägte Tendenz in Richtung Zentralisierung und Rationalisierung feststellen. Wie weit diese Tendenz ging, zeigt sich hinsichtlich der Kirche am deutlichsten an der Reform und Stärkung des Papsttums. Theoretisch beinhaltete dies eine Ausweitung der päpstlichen Ansprüche, die über die des patristischen Papsttums hinausgingen. Praktisch bedeutete dies, daß die Bedeutung des Papsttums im Alltagsleben der Kirchen rasch zunahm. Aber das Papsttum war nicht die einzige Einrichtung, die sich in dieser Zeit veränderte. Es waren auch die Jahre, als Kirchenrechtslehrer den Versuch unternahmen, aus den vielen überlieferten Traditionen des Kirchenrechtes ein einheitliches System zu schaffen. Parallel dazu begannen Theologen damit, die kirchliche Glaubensüberlieferung rational und klar zu strukturieren. Die für das Mittelalter kennzeichnende theologische Gattung, die »Sentenzenkommentare« oder Kompendien theologischer Meinungen, waren Zusammenstellungen der Vielzahl offenbar unvereinbarer Positionen, welche die Vergangenheit hinterlassen hatte; doch hatten sie zum Ziel, diese in eine Art systematischer Einheit zu bringen. Das Ergebnis dieser gleichzeitigen Entwicklungen bestand in der Zentralisierung und Homogenisierung der lateinischen Kirche in einem noch nie dagewesenen Ausmaß; und dies zu einer Zeit, als Westeuropa in politischer und sozialer Hinsicht noch völlig uneinheitlich war. Obwohl zweifellos die tatsächlich gelebte Frömmigkeit vielfältiger war, als uns die schriftlichen Zeugnisse vermuten lassen, ist es ein wichtiger Faktor der westlichen Kirche dieser Zeit, daß sie sich mühte, sich selbst ein einheitliches System zu geben; und dies gelang ihr in einem beträchtlichen Maß.

Es war aber auch eine Zeit großer Gegensätze innerhalb der Kirche: wachsender Wohlstand in Gesellschaft und Kirche auf der einen Seite, auf der anderen Einsiedler und franziskanische Armut. Religiöse Ideale nahmen wenig Rücksicht auf menschliche Schwächen; viele Menschen bemühten sich mit aller Kraft, diese Ideale zu leben; es war aber auch eine Zeit, in der die *Volkskirche* – eine Kirche, die alle Gesellschaftsschichten umfaßt – das allgemein anerkannte Modell für die Kirchenorganisation war. Die religiösen Führer und Eliten jener Zeit beklagten häufig, daß in der Kirche einiges im argen liege und daß das Leben vieler Menschen nur wenig Ähnlichkeit mit den verkündeten Idealen habe; dennoch war es auch eine Zeit, in der wir große Aufbrüche allgemeiner religiöser Begeisterung finden. In unserer Diskussion über die eucharistische und liturgische Frömmigkeit jener Zeit dürfen wir die großen Widersprüche nicht übersehen, die während der ganzen Epoche bestanden, wir dürfen uns aber auch nicht von dem, was allgemein als die Auswüchse der Zeit angesehen wird, so gefangennehmen lassenm, daß wir darüber ihre beeindruckenden Leistungen nicht mehr wahrnehmen.

Diese Zeit war auch eine Epoche, in der die Sakramente im Alltagsleben der Christen immer wichtiger wurden. Die theologischen Abhandlungen schenkten der Analyse der Sakramente wachsende Aufmerksamkeit, so daß es am Ende des 15. Jahrhunderts für einen Theologen wie Gabriel Biel nichts Ungewöhnliches war, dafür vielleicht ein Drittel seines Sentenzenkommentars zu widmen. Es waren vor allem die Sakramente der Beichte und der Eucharistie, die wachsende Beachtung fanden und in eine immer engere Verbindung gebracht wurden, wie wir sehen werden.

Äußerlich betrachtet, veränderte sich die eucharistische Liturgie zwischen dem 12. und 16. Jahrhundert kaum. Latein blieb vom Anfang bis zum Ende der Epoche die Sprache der Eucharistie. Allgemeiner gesagt, war es die Sprache aller etwas feierlichen kirchlichen Veranstaltungen, auch der Universitäten, der akademischen Berufe und der internationalen Beziehungen. Es war jedoch nicht die Sprache der Mehrheit der Bevölkerung; auch eine ganze Zahl Geistlicher hatte mit der Sprache Probleme, in der sie den Gottesdienst hielt. Aber die Messe wurde nicht nur in einer Sprache gefeiert, die die meisten Menschen nicht mehr verstanden, sondern vieles wurde obendrein noch leise gesprochen; die Tradition, daß die heiligsten Teile nicht in die Landessprache übersetzt wurden, auch nicht schriftlich, hielt sich eine sehr lange Zeit, d. h. bis ins 19. Jahrhundert.[1]

Die Stille und die Fremdheit der Sprache hatten jedoch weniger kritische Kommentare zur Folge und verursachten weniger Schwierigkeiten, als man erwarten würde. Der Grund lag vermutlich darin, daß die Stille und die unverständliche, aber geheiligte Sprache in die weitverbreitete Vorstellung von den Sakramenten ganz allgemein und von der Eucharistie im besonderen hineinpaßte. Ein Sakrament wurde in erster Linie nicht als ein Ritual aufgefaßt, an dem man teilnahm, oder (nach einer späteren Auffassung) als das Wort, das sich an einen richtet; es war vielmehr ein machtvolles Geschehen, das unter den entsprechenden Umständen seine Wirkung auf einen ausüben konnte. Die Eucharistie war eine Handlung, die der Priester gemäß dem Gebot Christi für die Menschen vornahm. Es ist bemerkenswert, daß Petrus Lombardus in seinem Werk aus der Mitte des 12. Jahrhunderts, das das theologische Standardlehrbuch an den mittelalterlichen Universitäten wurde, die Eucharistie *benedictio panis* (Brotsegnung) nennen konnte, als ob die Worte der eucharistischen Liturgie sich in erster Linie an das Brot richte und die Gemeinde nur dabeistehe. Das Wichtigste für die Gemeinde war, über die Wohltaten, die man aus der Messe empfangen konnte, nachzusinnen – vor allem über die heiligmachende Gnade – und über den Ursprung dieser Wohltaten, die Passion Christi. Die einzelnen Worte, die der Priester als Teil seiner Handlung sagte, waren kaum von unmittelbarer Bedeutung. Ein extremes, aber aufschlußreiches Beispiel dieser Auffassung von Eucharistie als einem machtvollen Geschehen stellt der Ratschlag eines spätmittelalterlichen Priesters dar, der sich sogar dagegen aussprach, während der Messe Gebete zu sprechen. Auch wenn die Worte des Priesters dem Laien nicht verständlich seien, sollte er oder sie während der Messe keine anderen Gebete sprechen, damit diese die Macht der priesterlichen Worte nicht beeinträchtigen.[2]

Im großen und ganzen stimmen die mittelalterlichen Erklärungen der Eucharistie mit dieser allgemeinen Ausrichtung überein. In Anlehnung an die Tradition des Amalar von Metz hielten die mittelalterlichen Autoren die Messe für eine recht vielschichtige Allegorie, in der man alle Arten von spirituellen und erbaulichen Wahrheiten entdecken konnte. Man sah die Messe in erster Linie als eine dramatische und symbolische Neuinszenierung des Lebens, Leidens, Sterbens und der Auferstehung Jesu. Durch diese Allegorisierung der Liturgie wurde eine andere Art von Verständnis geschaffen; dieses neue Verständnis war in der eucharistischen Praxis der Zeit davor nur implizit gegeben.

Diese Grundzüge waren, wie bereits erwähnt, schon vor der Epoche vorhanden, mit der wir uns hier befassen. Es gab jedoch im Spätmittelalter einige Veränderungen an den äußeren Formen der Liturgie. Zwei davon sind besonders wichtig; sie sind eng mit zwei der auffälligsten Merkmale spätmittelalterlicher eucharistischer Frömmigkeit verbunden. Das eine war die Einführung des Emporhebens der Hostie und des Kelches unmittelbar nach der Konsekration, damit die Menschen beides sehen und verehren konnten. Das andere bestand in einer gewaltigen Vermehrung von Votivmessen und Messen für bestimmte Anliegen.[3]

2. Frömmigkeit der Präsenz

Die eucharistische Frömmigkeit des Spätmittelalters war in erster Linie eine Frömmigkeit der Präsenz. Auch wenn der Empfang der Kommunion während der Messe in dieser Zeit relativ selten geworden war[4], konnte ein franziskanischer Autor aus dem 14. Jahrhundert noch feststellen, daß »die Eucharistie das Sakrament ist, auf das sich die Frömmigkeit der Menschen heutzutage überwiegend gründet.«[5] Teilnahme an der Eucharistie bestand aber, zumindest auf der Ebene der Volksfrömmigkeit, mehr aus dem Anschauen und Anbeten der Hostie als aus der heiligen Kommunion.

Schon im 2. Jahrhundert dokumentiert die theologische Literatur den weitverbreiteten christlichen Glauben, daß in einem gewissen Sinn der Leib und das Blut Christi in den eucharistischen Elementen gegenwärtig seien. Im Mittelalter wurde dies auf eine noch nie dagewesene Weise betont und zu einem Gegenstand der Spekulation. Theologische Auseinandersetzungen im 9. und 11. Jahrhundert befaßten sich mit der Frage, ob der Leib und das Blut Christi in (oder, wie die mittelalterliche Kirche schließlich behauptete, unter der Gestalt von) Brot und Wein gegenwärtig seien. Diese Auseinandersetzungen fanden mit einer äußerst realistischen Interpretation des Sakraments ein Ende, eine Ansicht, die um 1050 eindrucksvoll im anti-berengarischen Eid ihren Ausdruck fand:

> Das Brot und der Wein, die auf dem Altar stehen, [sind] nach der Konsekration nicht nur das Sakrament, sondern auch der wahre Leib und das wahre Blut unseres Herrn Jesus Christus, die nicht nur rituell, sondern wahrhaftig von den Händen des Priesters berührt und gebrochen und von den Zähnen der Gläubigen zerkleinert werden.[6]

Diese Entwicklung war nicht bloß oder in erster Linie ein Ergebnis theologischer Auseinandersetzungen oder päpstlicher oder konziliarer Definitionen. Für viele der vorbildlichen frommen Menschen jener Zeit stand die Gegenwart Christi – die Gegenwart Gottes – in der Eucharistie im Mittelpunkt ihres Glaubens. So hatte beispielsweise in der zweiten Hälfte des 13. Jahrhunderts die hl. Gertrud die Eingebung, daß jedes Mal, wenn ein Mensch die eucharistische Hostie gläubig und andächtig anschaue, sich seine himmlischen Verdienste vermehren würden. Dies wurde teilweise mit der Tatsache begründet, daß das Anschauen der Hostie in gewisser Weise dem Schauen – der Vision – ähnlich sei, d. h. der spezifischen Erfahrung der Seligen.[7] Ein Jahrhundert später lesen wir von Dorothea von Montau, daß sie, als sie die Hostie in den Händen des Priesters, der die Messe feierte, anschaute, in solch eine Verzückung geriet, daß sie manchmal nicht einmal mehr die Hostie anschauen konnte. Ihr zeitgenössischer Biograph berichtet uns – und das ist ein aufschlußreiches Detail –, daß der Anblick des Leibes Christi allein sie nicht mehr zufriedenstellte (*non enim satiabat*) und sie deshalb mehrmals im Jahr das Sakrament zu empfangen wünschte.[8]

Das Sehen der Eucharistie wurde so wichtig, daß sich Theologen immer mehr darüber Gedanken machten, unter welchen Umständen der Anblick der Hostie möglich sein sollte. Es herrschte im Mittelalter allgemein Über-

30. *Ein Priester feiert die hl. Messe* (Initiale, Italien, 15. Jahrhundert)

einstimmung darüber, daß jemand, der eine Todsünde begangen und dafür nicht entsprechend gebüßt hatte, die Eucharistie nicht empfangen konnte – ja dadurch sogar wieder eine Todsünde begehen würde. Deshalb stellte sich die Frage, ob es auch sündig sei, die Hostie nur zu sehen, wenn man sich im Zustand der Todsünde befände. Die Antwort war regelmäßig, daß es keine Sünde sei. Ganz im Gegenteil, der Anblick der Hostie konnte in denjenigen, die ihre Sünden nicht angemessen bereut hatten, die Liebe zu Gott und die rechte innere Haltung für die Reue erwecken.[9]

Es gab zwar theologische Gründe, warum der Empfang – das Verzehren – der Hostie höher einzuschätzen sei als deren Anblick: Die eucharistische Kommunion schenke ihre Gnaden *ex opere operato*, aus der Kraft des Sakraments selbst, was beim bloßen Anblick der Hostie nicht der Fall sei. Dies war jedoch eine theologische Lösung, die der zunehmenden Haltung, den Anblick der Hostie zum zentralen Element der eucharistischen Frömmigkeit zu machen, überhaupt nicht entgegenwirken konnte. Ein katholischer Apologet des 16. Jahrhunderts, der leugnete, daß den Katholiken die Anbetung der Eucharistie wichtiger sei als ihr Empfang, gab aber zugleich zu, daß die Katholiken die Anbetung für weniger *gefährlich* hielten.[10]

Der extreme Buchstabenglaube, mit dem die Volksfrömmigkeit die Wahrheit der Gegenwart Christi in den eucharistischen Elementen verstand, wird in den vielen volkstümlichen Legenden anschaulich gemacht, die im Mittelalter entstanden. In Wilsnack in Deutschland beispielsweise entstand eine regionale Verehrung einer eucharistischen Hostie, die man blutüberströmt gefunden hatte, nachdem ein Feuer die Kirche, in der sie aufbewahrt worden war, zerstört hatte.[11] Eine andere Legende berichtet von einem Mann, der zu krank war, um die Hostie empfangen zu können, aber danach verlangte, sie zu sehen. Sein Wunsch war so stark, daß der Priester sich bereiterklärte, ihm die Hostie auf die Brust zu legen, von wo sie tatsächlich in den Körper eindrang, was von vielen beobachtet wurde.[12]

Die Einführung des Emporhebens der Hostie gegen Ende des 12. Jahrhunderts war eine Reaktion auf die große Bedeutung, die man der eucharistischen Gegenwart beimaß; dies trug wiederum viel dazu bei, diese Bedeutung noch weiter zu verstärken.[13] Das Emporheben, das unmittelbar auf die Konsekration folgte, sollte es den Gläubigen ermöglichen, den Leib und das Blut des Heilands unter den Gestalten von Brot und Wein als gegenwärtig zu sehen. Diese neue Form der eucharistischen Frömmigkeit nahm sehr rasch den Rang einer Tradition ein, die als in der Kirche immer vorhanden eingeschätzt wurde.[14] Die Volksfrömmigkeit entwickelte eine außergewöhnliche Vielfalt an Forderungen und Erwartungen für diejenigen, die die Hostie erblickten. An dem Tag, an dem man die Hostie sah, würde man nicht erblinden oder plötzlich sterben; das Essen würde einem bekommen usw.[15]

Wie zu erwarten, wurden diese volkstümlichen Übertreibungen von vielen Reform-orientierten Autoren im 14. und 15. Jahrhundert kritisiert, aber die Reformer kämpften einen mühsamen Kampf. Es gab zahlreiche Wundergeschichten, die in einigen Fällen zu einschneidenden Veränderungen der Praxis führten, die wiederum von der kirchlichen Hierarchie unterstützt und fester Bestandteil des liturgischen Zyklus wurden. Nach Berichten aus dem 14. Jahrhundert ereignete sich in der italienischen Stadt Bolsena 1263 folgendes: Ein Priester feierte die Eucharistie und war sich nicht sicher, ob er die Hostie schon konsekriert hatte. In einigen Berichten ist auch die Rede davon, daß er die Lehre der Realpräsenz anzweifelte. Aus der Hostie, die er in den Händen hielt, tropfte Blut, und das Blut zeichnete die Gestalt des Heilands auf das Altartuch. Auf diese Art von Volksglauben hatte theologische Nüchternheit vermutlich keine sehr große Wirkung. Als im 14. Jahrundert die kirchlichen Behörden die Feier des Fronleichnamsfestes – des Leibes Christi – bestätigten und verbreiteten, stellte dieses Wunder einen der angegebenen Gründe dafür dar. Mit der Entwicklung des Festes – das man bezeichnenderweise *Fête-Dieu* («das Fest Gottes«) nannte –, wurde die Praxis eingeführt, die Hostie in einer Prozession außerhalb des Kirchengebäudes zu tragen. Darüber hinaus wurde es in Verbindung mit dem Fronleichnamsfest Brauch, die Hostie unabhängig von der eucharistischen Feier zur Anbetung auszustellen.[16] Man kann sagen, daß die Entwicklung des »Zur-Schau-Stellens des geheiligten Sakramentes« und des Segnens – das Segnen der Gemeinde mit der Hostie – die Entwicklung dieses Aspektes mittelalterlicher eucharistischer Frömmigkeit zu einer Art logischem Abschluß brachte. Diese Praktiken ersetzten die Eucharistie nicht, aber sie waren so etwas wie ein konzentrierter Ausdruck dessen, was in der eucharistischen Feier am höchsten bewertet wurde: die Gegenwart Gottes.

3. Eucharistische Gnaden

Es gibt noch ein weiteres wichtiges und typisches Merkmal mittelalterlicher eucharistischer Frömmigkeit. Die Eucharistie wurde nicht nur als der wundersame Akt erfahren, durch den Christus gegenwärtig wird; sie war gleichzeitig auch ein sehr wichtiges und machtvolles Mittel, das es einem ermöglichte, bestimmte Gnaden zu empfangen. Es gab so viele verschiedene Intentionen, für die eine Messe im Mittelalter, vor allem im Spätmittelalter, gelesen werden konnte, daß es schwierig ist, einen übergeordneten Gesichtspunkt herauszukristallisieren. Bestimmte Themen tauchten allerdings immer wieder auf und geben uns die Möglichkeit, allgemeine Tendenzen in einer großen Vielfalt von Motiven zu finden.

Die Messe war vor allem ein Mittel, um spirituelle Wohltaten zu empfangen. Sie war ein Mittel der Gnade, d. h. ein Mittel, durch das Christen Christus ähnlicher und auf eine engere Teilhabe an Gott im Himmel vorbereitet wurden. In der mittelalterlichen lateinischen Frömmigkeit bestand eine ausgeprägte Neigung, sich das christliche Leben als eine Anhäufung von Gnade vorzustellen, die man sich als eine Art von Gott gewährte Energie vorstellte. Ganz allgemein sah man die Sakramente als Gnadenmittel an. Die Eucharistie interpretierte man als das bedeutendste Mittel, durch das solche Gnade gewährt wurde; das war, zumindest theoretisch, ihre wichtigste Wohltat.

Die Eucharistie bildete auch das Mittel, durch das die irdische Kirche spirituelle Wohltaten mit denen teilen konnte, die bereits verstorben waren, aber ihren himmlischen Lohn noch nicht erhalten hatten. Dies stand mit einer wichtigen Entwicklung in der Praxis des Bußsakramentes in Zusammenhang. Im 11. Jahrhundert wurden die Bußtaten, die immer ein Bestandteil der Buße gewesen waren, nach der Absolution und Versöhnung ausgeführt, statt vorher. So entstand die Frage nach der Funktion dieser Taten. Schließlich wurden sie ausgeführt, *nachdem* die Sünden bereits vergeben waren; deshalb konnten sie wohl kaum notwendige Voraussetzungen für die Vergebung sein. Aber was waren sie dann? Die Antwort, die allgemeinhin gegeben wurde, lautete, daß auch nach der Absolution noch ein Bestand an zeitlich-zwischenmenschlichen (d. h. nicht ewigen) Schuldstrafen übrig bleibe und abgeleistet werden müsse und daß die Bußtaten daraufhin ausgerichtet seien.[17] Damit wuchs die Sorge und die Angst vor den Strafen, die auch die Frommen nach diesem Leben erdulden mußten; im Zusammenhang damit stand eine wachsende Zuwendung der Meßgnaden zugunsten der »toten« Seelen im Fegefeuer. Die Lehre vom Fegefeuer und das Ablaßwesen wurden durch diese Veränderung der Praxis und durch die Bemühungen, in dieser Veränderung einen Sinn zu finden, offenbar sehr gefestigt. Messen für die Toten wurden etwas ganz Alltägliches.

Die Messe lieferte auch eine Fülle anderer spiritueller Gnaden; viele Listen solcher Wohltaten sind uns überliefert. Zu den wichtigsten und am häufigsten zitierten gehörten Gnaden, die sich auf die wachsende Angst beziehen, die so sehr ein Merkmal der mittelalterlichen lateinischen Christenheit war. Es wurde die Zusage gegeben, daß Christus im Augenblick des Todes bei einem sein würde, wenn man an einem Tag stürbe, an dem man die Messe gehört habe, so wie man während der Messe auch bei Christus gewesen sei. Noch verheißungsvoller war die Zusage, daß man an einem Tag, an dem man die Messe gehört hatte, nicht plötzlich sterben oder einen schlimmen Tod erleiden würde. Wenn man der Messe andächtig beiwohnen und seine Sünden bereuen würde und man dann an diesem Tag sterben müßte, dann wäre es so, als ob man alle Sakramente der Kirche empfangen hätte.[18]

Die Wohltaten, die man sich durch die Messe versprach, hatten oft einen sehr irdischen Charakter. Man alterte nicht während der Zeit, in der man der Messe beiwohnte. Die weltlichen Angelegenheiten würden durch ein Übermaß an Frömmigkeit keinen Schaden erleiden. Wenn der Glaube stark genug wäre, würde man – in einem ganz und gar weltlichen Sinne – mehr Nutzen aus dem Hören der Messe ziehen können als aus der schweren Arbeit eines ganzen Tages. Die Hostie nach der Konsekration zu sehen schützte nicht nur vor Blindheit; dies garantierte auch eine gute Verdauung. Solche Ansichten wurden natürlich nicht unkritisch oder allgemein hingenommen, aber die bloße Tatsache, daß sie ein so starkes Element des Volksglaubens waren, gibt uns Aufschluß über die allgemeine Orientierung der eucharistischen Frömmigkeit jener Zeit.[19]

Eine der interessanten Geschichten, die erzählt wurden, handelt von einem Ritter, der ständig versucht war, sich selbst das Leben zu nehmen. Das einzige Gegenmittel bestand im täglichen Hören der Messe. Eines Tages, als er sich auf einer Reise befand, konnte er schuldlos die Messe nicht hören. Als er daraufhin wieder Selbstmordneigungen verspürte, fragte er die Umstehenden, ob einer von ihnen, die an diesem Tag die Messe gehört hätten, bereit sei, das, was er von dieser Messe empfangen habe, gegen das Pferd des Ritters einzutauschen. Ein junger Mann stimmte zu, der Austausch wurde vollzogen, und der Ritter wurde augenblicklich von seinen Selbstmordgedanken befreit. Später an diesem Tag erhängte sich, wie zu erwarten war, der junge Mann. Man braucht nicht zu meinen, daß die Hörer oder Erzähler dieser Geschichte all das verstanden, was die Geschichte zur Voraussetzung hatte. So ist es z. B. nicht ersichtlich, ob der Glaube weitverbreitet war, daß zwei Menschen so einfach die von der Messe erhaltenen Gnaden austauschen konnten. Aber die Geschichte bezeugt die Auffassung, daß die Messe ein sehr wirkungsvolles Instrument war zu Gutem, wenn man es richtig benutzte, zu Bösem, wenn man es mißbrauchte.[20]

Diese Auffassung von der Messe als einer Quelle der Kraft wurde durch die liturgische Entwicklung der Votivmesse verstärkt. Man konnte alle möglichen Anliegen durch das Hören der Messe oder sogar durch das Lesen-Lassen einer Messe für die eigenen Anliegen erfüllen lassen; so war es auch angemessen, daß die Ordnung des Kirchenkalenders und der liturgischen Texte etwas von diesen Möglichkeiten reflektierte. Die frühen Sakramentarien (Sammlungen von eucharistischen Texten), das leonische und gelasische (um das Jahr 500), zeigten bereits Tendenzen, die in diese Richtung weisen. Aber erst in der hier behandelten Epoche kamen diese Tendenzen zur vollen Entfaltung.

Zu den wichtigsten Votivmessen gehörte die Messe für die Toten. Obwohl das Gebet für die Verstorbenen keine mittelalterliche Erfindung war, nahm es im Mittelalter einen neuen Charakter an. Man sah im Gebet für die Verstorbenen ein Mittel, das deren Qualen im Fegefeuer, zu denen sie verdammt waren, erleichtern oder sogar beenden konnte; solch ein Gebet konnte verschiedene Formen haben, aber nach allgemeiner Auffassung war die Messe die wirkungsvollste Form des Gebetes für die Verstorbenen. In einer Auflistung aus dem 14. Jahrhundert über die Wirkungen der Messe lesen wir, daß mit jeder Messe ein Sünder bekehrt, eine arme Seele aus dem Fegefeuer befreit und ein gerechter Mensch im Guten bestärkt werde. Es wurden auch weitergesteckte Ziele angestrebt, aber wichtiger als die Arithmetik ist die allgemeine Tendenz: Diejenigen, die uns im Tod vorausgegangen sind, bedürfen unserer Hilfe; die wirkungsvollste Hilfe, die wir ihnen zuteil werden lassen können, ist die Messe.[21]

Wie man sich die Erfüllung eines Anliegens durch die Feier der Eucharistie nun genau vorstellte, z. B. die Befreiung einer Seele aus dem Fegefeuer, ist nicht ganz klar. Thomas von Aquin unterschied zwischen dem Meßopfer an sich und den Gebeten, die die Gläubigen während der Messe sprechen, und meinte, daß diese Gebete und der Grad der Andacht der Anwesenden die

Verschiedenheit der Wirkung ausmachen würde, durch die sich eine Messe von der anderen unterscheidet (*Summa Theologiae*, Suppl. 71, 9 ad 5). Aber es läßt sich nicht beurteilen, wie empfänglich die Volksfrömmigkeit für derartige Differenzierungen war. Im allgemeinen Sprachgebrauch benutzte man den Ausdruck »eine Messe für die Verstorbenen darbringen«; vermutlich drückt sich darin die Haltung aus, daß die Messe etwas ist, was man Gott darbringt, um Gnaden zu erhalten, die nur von ihm kommen können. Die Theologie teilte sicher nicht die Vorstellung, daß das Meßopfer für eine gute Ernte dargebracht werden könne, aber es ist nicht erkennbar, ob Nicht-Theologen diese Dinge mit derselben Klarheit und Deutlichkeit sahen. Die theologische Auffassung von der Messe als Opfer mag streng und klar gewesen sein, aber es ist eine offene Frage, ob diese Auffassung die Volksfrömmigkeit steuern oder bestimmen konnte.[22]

4. Die Vorbereitung auf die Eucharistie

Die mittelalterliche eucharistische Frömmigkeit war auch eine Frömmigkeit der Reinheit und Reinigung. Die Betonung der Gegenwart Christi führte zu einer engen Verbindung mit Haltungen wie Ehrfurcht, Verehrung und Angst. Die mittelalterliche Frömmigkeit umgab die Eucharistie mit einer ganzen Palette von Reinigungsriten. Es war ganz selbstverständlich, daß jemand, der die geheiligten Elemente berühren wollte, vorher seine Hände wusch. Dies erschien so offensichtlich, daß anscheinend keine Notwendigkeit bestand, dafür eine Begründung anzugeben, obwohl es bei Theologen erwähnt sein konnte (Thomas von Aquin *In 4 Sent.* d. 9, q. 1, a. 4). Weniger eindeutig war dagegen die Auffassung, daß man die Kommunion nicht am Tag nach »nächtlicher Beschmutzung«[23] empfangen sollte. Dafür benötigte man eine etwas kompliziertere Begründung. Man behauptete nicht, daß es gänzlich verboten sei, die Kommunion unter solchen Umständen zu empfangen; es sei lediglich unpassend.
Die wichtigste Reinigungswirkung der Eucharistie war die Reinigung von den Sünden. Im frühen 16. Jahrhundert zitierte Martin Luther Ambrosius, einen Autor aus dem 4. Jahrhundert, mit der Aussage, daß wir die Eucharistie täglich empfangen sollten, da wir auch täglich sündigten. Luther wiederholte dies und forderte dazu auf, mit der Eucharistie nicht so umzugehen, als ob sie Gift sei.[24] Er kritisierte hier ein zentrales Motiv des mittelalterlichen eucharistischen Denkens und versuchte, dazu eine Alternative zu schaffen. Mit dem allmählichen Übergang des Sündenbekenntnisses oder der Buße zu dem Ritus der Vergebung alltäglicher Sünden während des 11. und 12. Jahrhunderts veränderte sich die spirituelle Landschaft des lateinischen Christentums.
In der Theologie und im Kanonischen Recht entwickelte man eine scheinbar genaue Definition von Todsünden, die den Status des Gläubigen vor Gott grundlegend verändern, und läßlichen Sünden, die keine solch einschneidenden Konsequenzen haben. Unter normalen Bedingungen waren

alle Gläubigen verpflichtet, *alle* ihre Todsünden dem Priester in der Beichte zu bekennen.
Die Verbindung zwischen diesen Fragen und der Eucharistie bestand darin, daß man allgemein der Meinung war, man dürfe die Eucharistie nicht empfangen, wenn nicht die Todsünden vorher vergeben worden seien. Man begehe sogar noch eine zusätzliche Todsünde, wenn man dieses Verbot übertrete. Obwohl die Auflistungen der Wirkungen der Messe ihr weiterhin die Kraft zusprachen, Vergebung für läßliche Sünden zu gewähren und und noch ausstehende zeitliche Strafen für bereits vergebene Todsünden zu erlassen, sah man in der Eucharistie nicht mehr das Sakrament für die Vergebung von schweren, sondern nur von »gewöhnlichen« Sünden. Mehr noch: Die vielen Probleme, die in Verbindung mit der Beichtpraxis entstanden, hatten Auswirkungen auf die Art und Weise, wie die Eucharistie gefeiert wurde. Man mußte von all seinen Todsünden gereinigt sein, bevor man die Kommunion empfing, damit man nicht Gefahr lief, eine weitere Sünde auf sich zu laden. Aber diese Reinigung erwies sich oft als schwierig und lästig,[25] so daß die Vorbereitung auf die Kommunion ebenfalls lästig wurde und einen oft mit Angst erfüllte. Die Häufigkeit des Kommunionempfangs war in der lateinischen Kirche bereits vor dieser Entwicklung zurückgegangen, was man in der Regel als Zeichen religiöser Gleichgültigkeit angesehen hatte; aber in der hier behandelten Epoche zögerten auch die Frommen oft, die Kommunion zu empfangen.[26] Wie bereits oben angemerkt, erschien es vielen Gläubigen gegen Ende des Mittelalters sicherer, die Eucharistie anzuschauen, als sie zu empfangen.

Obwohl die eucharistische Frömmigkeit des lateinischen Mittelalters sowohl im Protestantismus als auch von den liturgischen Reformern im neueren römischen Katholizismus scharf kritisiert wurde, sollte uns solche Kritik nicht davon abhalten, die positive Rolle anzuerkennen, die diese Frömmigkeit gespielt hat. Es scheint, daß diese Frömmigkeit ein ausgeprägtes Bewußtsein der realen Gegenwart Gottes inmitten des menschlichen Lebens, inmitten der Schöpfung, gefördert hat. Gleichzeitig haben das starke Sündenbewußtsein und die Furcht vor Gott als Richter eine wichtige Spannung aufrechterhalten. Der Gott, der in der Eucharistie gegenwärtig war, war auch der geheimnisvolle Gott, der Gott, den man nicht als selbstverständlich annehmen konnte. In dieser Frömmigkeit erkennen wir die besondere Form, in der das Mittelalter sowohl die Immanenz als auch die Transzendenz Gottes feierlich beging und wahrnahm.

Anmerkungen

1 A. Franz, *Die Messe im deutschen Mittelalter. Beiträge zur Geschichte der Liturgie und des religiösen Volkslebens*, Freiburg 1902 (Reprint Darmstadt 1963), 613–637.

2 Ebd., 25.

[3] Dies sind Meßformulare, die außerhalb des festen Jahreszyklus der Feste und der Sonntage stehen und beliebig, wenn auch an Vorschriften gebunden, zur Meßfeier benutzt werden können. [JS]

[4] Zur Frage des seltenen Empfangs der Kommunion vgl. J. Duhr, »Communion fréquente« in: *Dict. Sp.* 2, 1234–92.

[5] P. Browe, *Die Verehrung der Eucharistie im Mittelalter*, München 1938 (2. unv. Aufl. Rom 1967), 22.

[6] Der Text findet sich in H. Denzinger/ A. Schönmetzer, *Enchiridon symbolorum*, n. 690; Berengar (gest. 1088) vertrat ein eher symbolisches Verständnis der eucharistischen Gegenwart.

[7] E. Dumoutet, *Le désir de voir l'hostie et les origines de la dévotion au Saint-Sacrement*, Paris 1926, 15.

[8] Ebd., 15.

[9] Texte zu dieser Wirkung bei E. Dumoutet, *Le désir*, 18.

[10] Ebd., 35.

[11] Ebd., 81. Mehr mittelalterliche eucharistische Wunderlegenden bei J. Corblet, *Histoire du Sacrament de l'Eucharistie*, 2 Bde., Paris 1883, 1:464–515.

[12] E. Demoutet, *Le désir*, 75 n. 1.

[13] P. Browe, *Die Verehrung der Eucharistie im Mittelalter*, 49.

[14] Texte bei E. Dumoutet, *Le désir*, 57 n. 1

[15] A. Franz, *Die Messe im deutschen Mittelalter*, 56.

[16] Ebd., 154.

[17] Zu dieser Entwicklung vgl. B. Poschmann, *Penance and the Anointing of the Sick*, New York 1964, 157–58.

[18] A. Franz, *Die Messe im deutschen Mittelalter*, 64–65.

[19] Ebd., 69–70.

[20] Zur Geschichte und ihrer Quelle vgl. A. Franz, *Die Messe im deutschen Mittelalter*, 71.

[21] Ebd., 239.

[22] Zu dieser Frage vgl. J.F. McCue, »Luther and Roman Catholicism on the Mass as Sacrifice«, in: *Lutherans and Catholics in Dialogue*, Bd. 3: *The Eucharist as Sacrifice*, New York 1967, 45–74, v. a. 72–73.

[23] Nocturna pollutio, unfreiwilliger Samenerguß. [JS]

[24] Martin Luther, WA, 1.333.7ff.

[25] Dies ist oft dokumentiert worden. Zu neuesten Forschungen vgl. vor allem Th. Tentler, *Sin and Confession on the Eve of Reformation*, Princeton, NJ 1977, v. a. 156–62.

[26] Vgl. J. Duhr, »Communion fréquente«, in: *Dict. Sp.* 2, 1255–56.

Zwei Visionen von Kirche: Der Osten und der Westen am Vorabend der Moderne

Von John Meyendorff

Das mittelalterliche Byzanz betrachtete seine eigene christliche Zivilisation als die höchste Erfüllung der Geschichte. Man glaubte, daß Kaiser Konstantin durch die Gründung eines »neuen Roms« am Bosporus den göttlichen Plan ausgeführt habe, der mit der Inkarnation beabsichtigt war: das Königreich Gottes auf Erden einzuleiten. Das Königreich überdauerte ein ganzes Jahrtausend, ohne daß der grundlegende Inhalt dieser Vision verändert worden wäre – trotz der Herausforderungen von außen und innen. Von innen insofern, als die Bibel, die liturgische Tradition und die immer gegenwärtige prophetische Anwesenheit monastischer Askese auf eine andere Eschatologie hinwiesen: Das Königreich Gottes unterscheide sich vom irdischen Reich und solle noch kommen. Von außen, weil die Grenzen und der Einfluß von Byzanz kleiner wurden; und Gott schien die islamische Eroberung großer traditionell christlicher Gebiete stillschweigend zu dulden. Bis zum 13. Jahrhundert galt dem Osten der christliche Westen als Teil der von Gott geschaffenen *oikoumene:* Die Römer waren Brüder, die geringfügig irrten, weil sie von »barbarischen« Vorstellungen schlecht beeinflußt worden waren, aber sie waren dazu bestimmt, sich wieder einer christlich römischen Welt anzuschließen, wie sie seit dem 4. Jahrhundert gedacht war. Die Byzantiner wurden an diese unauslöschliche Hoffnung erinnert, wann immer sie ihre Sophienkathedrale betraten, liturgische Bestätigungen der Universalität des Kaisers hörten und über die kaiserlichen Gestalten Konstantin und Justinian nachdachten, die auf dem Mosaik über den Türen dargestellt waren.

Die tragischen Ereignisse des 13. Jahrhunderts schienen diesem Traum ein Ende bereitet zu haben. Im Jahr 1204 plünderten lateinische Kreuzritter das »neue Rom«. Ein fränkischer Kaiser saß auf Konstantins Thron, und ein venezianischer Patriarch besetzte den Stuhl des Chrysostomus und Photius. Darüber hinaus eroberten die Mongolen 1240 Rußland – das große und vielversprechende Missionsgebiet des orthodoxen Byzanz – und die Tochter-Kirchen Bulgariens und Serbiens schwankten in ihrer Treue zur Orthodoxie. Es hatte den Anschein, als ob byzantinische kaiserliche Universalismus für immer von eine lateinischen *orbis christianorum* ersetzt worden wäre, der vom Papst geführt wurde und allein dem Mongolenreich und den muslimischen Türken gegenüberstand. Für die Christen im Osten schien die spirituelle, politische und kulturelle Integration in die lateinische Christenheit gegenüber der Herrschaft asiatischer Imperien die einzige Alternative zu sein.

Diese folgenschweren Ereignisse und grundlegenden spirituellen Fragen übten auf die Haltung der Ostchristen zur Eschatologie einen entscheidenden Einfluß aus und zwangen diese, ihre spirituelle Identität neu zu überdenken. Zwar wurde 1261 Konstantinopel von den Griechen zurückerobert, und bis 1453 versuchten schwache Herrscher der paläologischen Dynastie das schwindende Ansehen des »neuen Rom« zu erhalten; aber es gelang ihnen nur symbolisch. Die wahre Kraft und Unverwüstlichkeit des östlichen Christentums gingen von der Kirche selbst aus. In die Führungspositionen kamen Vertreter einer wiederaufgeblühten starken monastischen Bewegung, die mit dem Hesychasmus zusammenhing.

1. Das Wiederaufblühen des Hesychasmus

Es ist oft festgestellt worden, daß der christliche Osten im Gegensatz zum Westen nie religiöse Orden herausgebildet hat, die ihr Amt über Diözesangrenzen hinweg, unabhängig vom örtlichen Bischof, ausgeübt hätten. Das byzantinische kanonische Recht verlangte in der Tat bischöfliche Zuständigkeit für alle monastischen Gemeinschaften; in den Regeln der byzantinischen Mönche finden sich auch kaum erzieherische oder missionarische Aufgabenstellungen, wie sie für die aktiveren lateinischen Orden, seien es mittelalterliche oder moderne, kennzeichnend waren. In der Praxis gab es allerdings Ausnahmen. So hatte sich beispielsweise das Kloster von Studiu (im Westen von Byzanz) unter der Führung seines großen Abtes St.Theodor im späten 8. Jahrhundert zu einer Art »Kirche in der Kirche« entwickelt mit einem besonderen Programm, um auf die Gesellschaft Einfluß zu nehmen. In ähnlicher Weise und sogar in viel größerem Umfang gelang der Bewegung, die man meist »hesychastisch« nennt, im 14. Jahrhundert eine weitverbreitete spirituelle Erneuerung im gesamten orthodoxen Osten. Ihre Rolle läßt sich (z. B.) mit der der Cluniazensischen Reformen im Westen vergleichen. Obwohl die ideologischen Positionen und die historischen Bedingungen der beiden Bewegungen sich deutlich voneinander unterschieden, gelang es in beiden Fällen einer monastischen Führungsschicht, die nach und nach hierarchische Positionen in der Kirche besetzte, eine Reihe von Prioritäten festzulegen, die spirituellen Werten Vorrang gab vor sozialen oder politischen Gegebenheiten.

Die Frühgeschichte des »Hesychasmus« wird an anderer Stelle in dieser Enzyklopädie beschrieben, und seine Lehre, wie sie in den theologischen Schriften des Gregor Palamas zum Ausdruck kommt, findet sich in einem der vorausgegangenen Artikel im vorliegenden Band.[1] Um jedoch den weitverbreiteten spirituellen Einfluß des Hesychasmus ganz zu verstehen, muß man erkennen, daß der Begriff nur in einem sehr weiten Sinn zur Bezeichnung der Bewegung gebraucht werden kann, die uns hier interessiert. Hesychasten oder kontemplativ lebende Einsiedler des Berges Athos vertraten die Auffassung, daß göttliches Leben für diejenigen unmittelbar zugänglich sei, die »in Christus« leben. Zu den Anhängern dieser Vorstellung gehörten Laientheologen (wie Nikolaus Kabasilas), politische Führer ebenso wie Kirchenmänner, die jedoch, als sie die höheren Stufen der kirchlichen oder weltlichen Hierarchien erklommen hatten, nicht mehr als Einsiedler oder Mystiker im eigentlichen Sinn angesehen werden konnten.[2] Sie waren unmittelbar am sozialen, kulturellen und politischen Leben ihrer Zeit beteiligt und verfolgten dabei konkrete, praktische Ziele. Das aber, was sie in diese Aktivitäten einbrachten, waren gemeinsame und im wesentlichen spirituelle Prioritäten, was ihre Identität als Bewegung und die Übereinstimmung ihrer Aktivitäten erklärt.[3]

Die Entscheidungen der »palamitischen« Konzilien von 1341, 1347 und 1351 in Konstantinopel lassen sich auf die im Grunde einfache Behauptung reduzieren, daß Erfahrung und Wissen von Gott allen Christen *unmittelbar* zugänglich ist; daß das Streben nach solcher Erfahrung ein Ausdruck des christlichen Glaubens ist; daß Glaube keine intellektuelle Mutmaßung ist, sondern eine Vision der Wahrheit selbst; daß das auf die Sakramente ausgerichtete Leben der Kirche eine notwendige Bedingung für authentische christliche Erfahrung darstellt. Die eher formalen theologischen Probleme, wie beispielsweise die palamitische Unterscheidung von göttlicher Essenz und göttlichen Energien, waren nur eine terminologische Konsequenz, nicht die Ursache, des auf Erfahrung beruhenden Realismus, der von den Konzilien bestätigt wurde. Die Tatsache, daß diese wichtigen spirituellen Optionen von der byzantinisch orthodoxen Kirche bis Mitte des 15. Jahrhunderts angenommen wurden, hängt sicherlich mit der starken Wiederbelebung des Mönchtums und einer erneuten Anerkennung monastischer spiritueller Führerschaft zusammen. Die Wiederbelebung ihrerseits stand in Verbindung mit den katastrophengleichen Ereignissen, die oben bereits erwähnt wurden: Das Reich und der kulturelle Stolz von Byzanz waren von den lateinischen Eroberungen und der türkischen Herausforderung erschüttert. Es gab keinen Rettungsanker mehr außer der orthodoxen Kirche selbst. Aber die Stärke der Kirche zeigte sich nicht an den Strukturen, die mit dem äußeren Machtbereich verbunden waren, sondern vielmehr an ihren eschatologischen, mystischen und asketischen Traditionen, die von den Mönchen aufrechterhalten wurden.

Um 1338 lieferte Gregor Palamas in seinen *Triaden*, in denen er die Hesychasten gegen den süditalienischen »Philosophen« Barlaam verteidigte, eine sehr aufschlußreiche Liste spiritueller Führer, die er und seine Schüler als die Vorbilder für die Bewegung ansahen. Führend waren in seiner Liste willensstarke und sozial engagierte Bischöfe wie Theoleptus von Philadelphia (1250–1321/26) und vor allem Patriarch Athanasius I. (1289–1293, 1303–1310). Athanasius, ein strenger und asketischer Reformer, war als Patriarch der väterliche Berater von Kaiser Andronikus II. bei politischen Fragen, gab große Summen für humanitäre Zwecke aus, nahm Kirchenmänner, die sich selbst bereicherten, an die Kandare und führte in den Klöstern eine feste Ordnung ein.[4] Andere Patriarchen von Konstantinopel, vor allem in der Zeit nach dem palamitischen Sieg 1347 (Isidor, Kallixtus, Philotheus) folgten dem Beispiel des Athanasius, zumindest der Absicht nach. Die Priorität spiritueller Anliegen, die typisch für die hesychastische Bewegung war, zeigte sich auch im Widerstand – der traditionell für die östlichen

Mönche war – gegen ein humanistisches Interesse an antiker griechischer Kultur und Philosophie. Dabei waren Palamas und seine Schüler nicht bildungsfeindlich. Sie gebrauchten philosophische Sprache und Gedanken in ihren theologischen Argumentationen, aber sie widersetzten sich den Tendenzen, die Byzanz als einen »griechischen« Staat und Konstantinopel als das neue »Athen« ansahen. Dieser aufkommende säkulare Nationalismus der byzantinischen intellektuellen Elite – der das Ende des Mittelalters ankündigte – drückte sich politisch in Versuchen zur Kirchenvereinigung aus; man versuchte sie zu erreichen, indem man die Lehre der lateinischen Theologie überließ, und hoffte, im Gegenzug das eigene kulturelle und politische Überleben sichern zu können. Die Hesychasten widersetzten sich solchen Versuchen und förderten neue Formen eines orthodoxen Universalismus. Auf dem Berg Athos vereinte die gemeinsame Spiritualiät und die Anerkennung gemeinsamer Werte griechische, slavische, moldavische, syrische und georgische Mönche. Es war deshalb unvermeidlich, daß nicht nur der Patriarch von Konstantinopel, der aus ihrer Mitte stammte, sondern auch bulgarische Patriarchen (Euthymius), serbische Erzbischöfe (Sava) und Metropoliten »von Kiew und ganz Rußland« (Cyprian) in der gesamten orthodoxen Welt ähnliche Prioritäten setzten. Dazu gehörten die liturgische Vereinheitlichung auf der Grundlage des *Ordo* (»Typikon«) von Sabbas von Palästina, die gemeinsame treue Ergebenheit gegenüber dem Patriarchen von Konstantinopel (genauso gegenüber der symbolischen Position des Kaisers als dem »Kaiser aller Christen«) und die gemeinsame zurückhaltende Haltung gegenüber Vereinigung mit dem Papsttum, deren Fürsprecher eher politische als theologische Motive hatten.

Ähnlich wie Cluny im 11. Jahrhundert im Westen war der Berg Athos das unbestrittene Zentrum der monastischen Bewegung, obwohl er keine formalen Einflußmöglichkeiten außerhalb seines Bereiches hatte. Der »Heilige Berg«, wie er genannt wurde, liegt in Nordgriechenland. Das gesamte Gebiet der Halbinsel gehörte zahlreichen monastischen Gemeinschaften, die entweder zönobitisch oder als Einsiedler lebten. Jeder Gemeinschaft stand ein eigener Abt vor, aber alle Klöster erkannten die Autorität eines einzigen Hauptabtes an, bekannt als *protos* (der Erste). Sowohl was die Vielfalt monastischer Disziplinen als auch was die allgemeine Lebensweise anbetrifft, ist der Heilige Berg bis heute unverändert geblieben.

Im 14. und 15. Jahrhundert breitete sich das Mönchtum vom Berg Athos auf den Balkan und nach Rußland aus. Das geschah sowohl durch umherziehende Mönche als auch durch die Verbreitung von Büchern. Übersetzungen ins Slavische wurden auf dem Berg Athos, in Konstantinopel oder von Griechisch sprechenden Mönchen in Serbien, Bulgarien oder Rußland angefertigt. Der bloße Umfang dieses neuen Zustroms an griechischer spiritueller Literatur läßt Historiker von einem »zweiten« byzantinischen oder südslavischen Einfluß auf Rußland sprechen (der erste folgte unmittelbar der »Taufe der Rus« 988). Die meisten Übersetzungen betrafen Werke der griechischen, manchmal syrischen Kirchenväter aus der klassischen patristischen Zeit, aber auch mittelalterliche byzantinische Texte, wie beispielsweise die Hymnen Symeons des Neuen Theologen (gest. 1022) oder die Schriften der Hesychasten aus dem 14. Jahrhundert über das Gebet. Die schwierigeren und rein theologischen Abhandlungen wie die Werke des Palamas überforderten die Auffassungsgabe der meisten slavischen Leser und waren im Grunde auch überflüssig, da die Grundgedanken des Hesychasmus bei den Slaven intellektuell nicht bestritten wurden. Sie blieben unübersetzt. Mit Ausnahme der schwierigen theologischen Werke war die durchschnittliche Bibliothek eines serbischen, bulgarischen oder russischen Klosters dieser Zeit hinsichtlich seines Bestandes identisch mit der einer griechischen Klostergemeinschaft auf dem Berg Athos, in Konstantinopel, auf Patmos oder auf dem Berg Sinai.

Die wohl eindrucksvollste Entwicklung in Verbindung mit dem Wiederaufleben des Hesychasmus vollzog sich mit der Ausbreitung des Mönchtums in Nordrußland. Der hl. Sergej von Radonez (ca. 1314–1392) war der anerkannte Vater dieser nördlichen Thebais[5], wie es genannt wurde. Die Dreifaltigkeits»laura«,[6] die er im Nordosten von Moskau gegründet hatte, wurde zum Mutterhaus von über 150 Klöstern, die seine Schüler in den Wäldern im Norden im 14. und 15. Jahrhundert errichteten. Auf Sergej als Vorbild konnten sich sowohl die Einsiedler als auch die Befürworter des Gemeinschaftslebens beziehen.[7] Sein *Leben* – verfaßt von einem Schüler, Epiphanius dem Weisen, und Vorbild für den zeitgenössischen literarischen Stil – beschreibt den Beginn von Sergejs Mönchsleben als eine Zeit der »Einsamkeit« (*bezmolvie*, die slavische Entsprechung zur griechischen *hesychia* Ruhe), in der Sergej sich, in Anlehnung an die ägyptischen Kirchenväter, die mit wilden Tieren lebten, mit einem Bären anfreundete. Der Biograph betont immer wieder die Tugenden der Einfachheit, der Demut und der brüderlichen Liebe, die typisch für Sergej waren, und berichtet von einigen Beispielen mystischer Erfahrung. Außerdem trugen Sergejs Liebe zur körperlichen Arbeit und seine organisatorischen Fähigkeiten dazu bei, daß er, auf direkte Anordnung des Patriarchen von Konstantinopel, die zönobitische Lebensform in sein Kloster einführte. Im Geiste der byzantinischen Hesychasten, seiner Zeitgenossen, wurde Sergej in das soziale und politische Leben seiner Zeit miteinbezogen. Er teilte die Ansichten des Metropoliten Cyprian, eines Bulgaren, der eng mit der kirchlichen Führung in Byzanz verbunden war, unterstützte die Einheit der Kirche Rußlands, deren Diözesen in den sich erbittert bekämpfenden Fürstentümern Moskau und Litauen lagen, und segnete die Moskauer Truppen vor ihrer ersten siegreichen Schlacht gegen die Mongolen (1380).

Die Geschichte des russischen Mönchtums dieser Zeit entsprach deshalb der monastischen Ideologie in den griechisch sprechenden Gebieten: die mystische und eschatologische Ausrichtung führte zu einem Gefühl der spirituellen Unabhängigkeit von historischen Zufälligkeiten, bedeutete aber kein pietistisches Nichteinmischen oder Gleichgültigkeit gegenüber der Geschichte.

Ein weiteres auffälliges Beispiel für den ansteckenden spirituellen Eifer der Epoche stellt das Wiedererwachen missionarischer Aktivitäten dar. Obwohl uns nur Bruchteile der verschiedenen zeitgenössischen Aktionen des Patriarchats von Konstantinopel bekannt sind, bezeugen die Archive die Schaffung neuer Diözesen im entfernten Kaukasus und in der Walachei, dem rumänisch sprechenden Gebiet nördlich der Donau. Im neu kolonisierten russischen Norden war ein Freund von Sergej, der hl. Stephan von Perm (1340–1396), der Griechisch konnte, mit der Übersetzung der Heiligen Schrift und der Liturgie in die Sprache eines finnischen Stammes, der Zyrianer, befaßt; für diese erfand er, bevor er ihr erster Bischof wurde, sogar ein spezielles Alphabet. Demzufolge war die Tradition, die Landessprachen im missionierten Gebiet zu gebrauchen, wie es Kyrill und Method im 9. Jahrhundert auf dem Balkan getan hatten, in der Praxis dieser spätmittelalterlichen Epoche noch voll erhalten.

Das Bild der östlichen christlichen Spiritualität im 14. und 15. Jahrhundert wäre unvollständig, wenn man die Entwicklungen in der Kunst nicht wenigstens erwähnen würde; sie entsprechen den intellektuellen und spirituellen Bewegungen dieser Zeit.

André Grabar charakterisiert die Werke der griechischen Künstler der sogenannten Paläologischen »Renaissance« folgendermaßen: »Sie künden die Entdeckungen Cavallinis und Giottos an, aber auch die der italienischen Maler des 15. Jahrhunderts, die den großen Stil der klassischen Malerei wiederbeleben werden.«[8] Jeder, der mit den Werken der christlichen Kunst des 13., 14. und 15. Jahrhunderts vertraut ist, die in Byzanz und den slavischen Gebieten entstand, ist sich ihres innovativen Stils bewußt, ihres neuen Gefühls für Bewegung und ihrer Lebensnähe. Dies steht in deutlichem Gegensatz zur feierlicheren und strengeren byzantinischen Kunst des 10. oder 11. Jahrhunderts.

Einige moderne Autoren haben versucht, eine direkte Verbindung zwischen der spirituellen Erneuerung, die vom Hesychasmus vorangetrieben wurde, und diesen Entwicklungen in der Kunst zu finden. Im Gegensatz dazu vertreten andere die Auffassung, daß die monastische Askese eine lähmende Wirkung auf die Kunst ausübte und daß die Paläologische »Renaissance« das neuerwachte Interesse byzantinischer Humanisten an der klassischen Antike widerspiegelt. Aber kann eine der beiden vereinfachenden Alternativen eine Kunst erklären, die auf christlicher, oft monastischer Grundlage stand, ohne jemals wirklich eine »Renaissance«-Kunst zu sein? Während der Einfluß der Antike in vielen einzelnen Fällen nicht zu leugnen ist – wie beispielsweise beim berümten Kloster der Chora (Kariye Djami) in Konstantinopel –, gibt es keinen Grund zu glauben, daß solch ein Interesse die slavischen Mäzene und mazedonischen Künstler oder die außergewöhnlichen Leistungen des großen Andrej Rubljev im entfernten Moskauer Staat motiviert haben könnte. Deshalb ist es wahrscheinlicher, daß die künstlerische Wiedergeburt, deren Anfänge im politisch untergehenden Byzanz lag und die sich bei den orthodoxen Slaven ausgebreitet hatte, ein Ausdruck des neuerwachten Bewußtseins war, daß Gemeinschaft mit Gott *möglich* sei, daß diese von einer Antwort des Menschen auf die göttliche Gnade abhänge, daß die griechische Auffassung vom *humanum* (Mensch-

31. *Darstellung des Konzils von 1351* (Ikone)

lichem), die aus der Antike stammte, durch die christliche Erfahrung nicht unterdrückt, sondern erneuert und verklärt werde. So zeigte sich in der künstlerischen Wiedergeburt eine christliche Spiritualität; sie hatte seit ihrem Sieg in der ikonoklastischen (Bewegung gegen die Bilderverehrung) Auseinandersetzung gelernt, sich in Bildern und Farben genauso auszudrücken wie in Worten oder Gedanken, und sie betraf nicht nur einen körperlosen menschlichen Geist, sondern die ganze menschliche Gestalt, die Gott in Jesus Christus angenommen hatte.

2. Der Osten und der Westen: Die allmähliche Trennung

Alle zeitgenössischen Historiker stimmen in einem Punkt überein: Das Schisma zwischen Rom und Byzanz, den beiden Zentren der Christenheit im Hochmittelalter, kann nicht mit einem bestimmten Ereignis oder sogar einem genauen Datum verbunden werden. Es war vielmehr ein Trennungsprozeß – eine »Entfremdung« (so Yves Congar); er begann schon mit den theologischen Spannungen während der Zeit der ökumenischen Konzilien und der Entwicklung einer unterschiedlichen Auffassung über die Rolle der Autorität in der Kirche. Die beiden Hälften der Christenheit brachen die Gemeinschaft bei verschiedenen Gelegenheiten, aber versöhnten sich schließlich wieder, bis ein relativ unbedeutendes Ereignis im Jahr 1054 *de facto* (tatsächlich) den endgültigen Bruch zwischen Rom und Konstantinopel bewirkte. Dies bedeutete nicht, daß die jeweiligen Seiten eine Versöhnung für unmöglich hielten, aber die beiden Visionen von Kirche bewegten sich deutlich in unterschiedliche Richtungen. Mit der Gregorianischen Reform, den Kreuzzügen, der »imperialen« Amtsauffassung Innozenz' III., dem Aufstieg der Scholastik und der Universitäten und im 14. Jahrhundert mit den verschiedenen intellektuellen Strömungen, die ihren Höhepunkt im Konziliarismus und dem großen westlichen Schisma hatten, hielt sich die lateinische Christenheit für ein sich selbst genügendes Beispiel der Einheit. Der Osten reagierte unterdessen recht ablehnend auf die institutionellen Entwicklungen im Westen, vor allem auf das zentralisierte Papsttum; auch die monastische Theologie, die im 14. Jahrhundert in Byzanz dominierte, betonte mehr die empirischen, mystischen und eschatologischen Elemente des christlichen Glaubens und nicht die gesetzmäßigen und rationalen Prinzipien, die in den kirchlichen Einrichtungen und Schulen im Westen vorherrschten.

Theologen beider Seiten polemisierten besonders im Umfeld des Glaubensbekenntnisses von Nikäa-Konstantinopel gegeneinander. Seinem ursrpünglichen Text, der bekräftigte, daß der Heilige Geist »vom Vater« (vgl. Joh 15, 26) ausgeht, war im lateinischen Westen der berühmte Zusatz »filioque« (und vom Sohn) hinzugefügt worden, so daß westliche Christen die »zweifache« Herkunft des Geistes »vom Vater und dem Sohn« bekannten. Was auch immer die eigentliche Absicht dieser Einfügung gewesen sein mochte (die höchstwahrscheinlich im 7. Jahrhundert in Spanien ihren Anfang hatte), ihre Verteidiger rechtfertigten sie mit Hinweisen auf die trinitarische Lehre des Augustinus, der die wesensmäßige Einheit der Gottheit betont hatte, so daß der Vater und der Sohn, die dem Wesen nach eins sind, auch nur einen Ursprung für den Heiligen Geist darstellen. Im Osten sah man hingegen die Auffassung der Kappadokischen Väter (Basilius und seine Freunde im 4. Jahrhundert) über die göttliche Dreieinigkeit als normativ an: Für sie war die personale oder *hypostatische* Identität von Vater, Sohn und Geist die ursprüngliche christliche Offenbarung und Erfahrung, während das gemeinsame göttliche Sein in sich transzendent und unbekannt war und sich nur in Energien zeigte.[9] Hinter dem *Filioque*problem verbarg sich ein unterschiedliches Gottesverständnis. Die beiden Auffassungen – die kappadokische und die augustinische – hatten direkte Auswirkungen auf die christliche Spiritualität.[10] Sie bestanden im Christentum nebeneinander bestanden, bis die Diskussion über die Einfügung des Filioque ihre Unterschiedlichkeit in den Mittelpunkt polemischer Aufmerksamkeit rückte.

Das Hinzufügen des *Filioque* an ein gemeinsames Glaubensbekenntnis, dem ökumenische Konzilien zugestimmt hatten, war in der Tat einseitig vorgenommen worden und warf die Frage nach der kirchlichen Autorität auf. Obwohl es sich spontan und vielleicht aufgrund eines Mißverständnisses in einer abgelegenen Gegend der lateinisch-christlichen Welt ereignet hatte, verlieh ihm die Zustimmung der römischen Bischöfe im 11. Jahrhundert eine neue Dimension. War der Papst kraft seines Amtes als Nachfolger Petri dazu berechtigt, das ökumenische Glaubensbekenntnis aus eigener Machtvollkommenheit zu verändern?

Die dogmatische Problematik des *Filioque* wurde deshalb aus östlicher Sicht zum Prüfstein einer Auseinandersetzung über die Frage der päpstlichen Autorität, was alles sich natürlich auch in vielen anderen Dingen zeigte. Dazu gehörte die Zustimmung Papst Innozenz' III. zur Eroberung Konstantinopels durch die Kreuzritter (1204) und die Ernennung eines lateinischen Patriarchen in der Kaiserstadt. Ein zentraler Punkt christlicher Praxis trat jetzt hervor: Hing der Glaube von einer absoluten, rechtlich definierten Institution wie dem Papsttum ab? Konnte dieser Institution mehr als den Konzilien, den Kirchenvätern vertraut werden, und auch mehr als dem *Wissen* von Gott, über das, wie die Hesychasten darlegten, jeder Christ innerhalb des heiligen Leibes der Kirche verfügte? Hatte Christus dem Apostel Petrus formale und absolute Autorität verliehen, und wurde diese Autorität ausschließlich den Bischöfen von Rom übertragen? Der Osten hatte immer eine gewisse moralische Autorität und Verantwortlichkeit der Päpste anerkannt und sich darauf verlassen, um einen Weltkonsens in kontroversen Angelegenheiten sicherzustellen; aber das mittelalterliche, nachgregorianische Papsttum formulierte seine Ansprüche auf gänzlich neue Weise. Hinter den politischen und kulturellen Konflikten jener Zeit zeichneten sich zwei Sichtweisen von Kirche ab: Nach der einen war die Kirche ein von Gott eingesetzter Wächter über Ordnung und Wahrheit, der einem sichtbaren Oberhaupt gegenüber Gehorsam verlangte; nach der anderen sah man Ordnung und sichtbare Einheit, die früher durch die offensichtlich fehlbare, aber in der Praxis nützliche Macht der christlichen Kaiser garantiert waren, jetzt, bei Zusammenbruch des Reiches, eher als eine mystische Verbindung; in ihr konnten sakramentale Ordnung und dogmatische Integrität wie in den früheren Jahrhunderten der Christenheit nur durch einen Konsens zwischen Episkopat und den Menschen sichergestellt werden.

Der Gegensatz durchzog die vielen Kontakte und Debatten der Epoche. Er läßt sich auch in der Art und Weise feststellen, wie die drei wichtigsten Textstellen des Neuen Testamentes, die sich auf Petrus bezogen (Mt 16, 18–19; Luk 22, 32; Joh 21, 15–17), gedeutet wurden. Die römische Tradition, nach der die Worte Christi, die er an Petrus richtet, ausschließlich auf den Bischof von Rom zu beziehen sind, wurde jetzt vom gesamten Westen akzeptiert. Im Osten faßte man diese petrinischen Textstellen ganz allgemein auf und bezog sie auf das Leben jeder Ortskirche oder sogar jedes einzelnen Gläubigen. So hatte beispielsweise Origenes (3. Jahrhundert) in Petrus ein Vorbild für jeden Gläubigen gesehen: Der Glaube mache aus jedem Jünger Christi einen Felsen. »Und auf jeden solchen Felsen wird die ganze kirchliche Lehre und der entsprechende Lebenswandel aufgebaut.«[11] In der patristischen Tradition wird Petrus häufiger als der erste »Bischof« angesehen, der damit betraut war, als Vorsteher der eucharistischen Versammlung die Herde seiner Ortsgemeinde zu unterweisen und zu nähren. Diese Tradition, die im 3. Jahrhundert von Cyprian von Karthago formuliert wurde, gründete sich auf die Vorstellung, daß der Bischof in jeder »katholischen« Kirche auf dem »Stuhl Petri« sitzt und den Vorsitz über die Gläubigen hat. Dies ist immer noch das in Byzanz anerkannte ekklesiologische Modell. Die Tatsache, daß sich der Körper des hl. Petrus in Rom befand, wo er gestorben war, machte die Stadt zu einem beliebten Wallfahrtszentrum und trug zu ihrem moralischen Ansehen bei; aber die geistige Anwesenheit des »Petrus« war eine erfahrbare Realität in jeder Kirche und verkörperte sich im Amt des Ortsbischofs. Die byzantinischen Autoren des 14. und 15. Jahrhunderts leugneten in ihrer Polemik gegen päpstliche Ansprüche nicht die besondere, herausgehobene Stellung des Petrus unter den Aposteln, aber sie bestritten die Vorstellung, daß die *ausschließliche* Nachfolge des Petrus nur in Rom möglich sei. So schrieb Nikolaus Kabasilas, ein Bischof von Thessaloniki, im 14. Jahrhundert: »Petrus ist tatsächlich beides, Apostel und Führer der Apostel, aber der Papst ist weder ein Apostel (denn die Apostel ernannten Seelsorger und Lehrer, aber keine anderen Apostel) noch Führer der Apostel. Petrus ist der Lehrer der ganzen Welt, aber der Papst ist nur der Bischof von Rom« (PG 149, 704D–705A).

Die wiederholten Versuche, über die Vereinigung der Kirchen zu verhandeln, wurden von den byzantinischen Herrschern unternommen, um militärische und politische Unterstützung des Westens gegen die muslimische Bedrohung zu finden. Die Päpste begrüßten diese Versuche, aber sie bestanden trotzdem auf der formellen und endgültigen Übernahme der dogmatischen Ansicht und der Kirchenstruktur der lateinischen Christenheit. Widerstand regte sich vor allem bei den Kirchenmännern in den griechischen und slavischen Gebieten; die verlangten, daß eine Vereinigung nicht einfach ein Verzicht sei, sondern auf einem öffentlichen und freien Konzil beider Kirchen besprochen werden müsse. Der tote Punkt wurde überwunden, als mit dem Sieg des »Konziliarismus« im Westen eine völlig neue Situation entstand. Unter den Auswirkungen des Großen Schismas, während dessen sich seit 1378 Päpste und Antipäpste bekämpft hatten, erkannte man in Konstanz (1414–1418) die höhere Autorität eines ökumenischen Konzils über das Papsttum an. Papst Martin V., dessen Wahl die streitenden Parteien des Westens zusammengebracht hatte, bestätigte das Dekret *Frequens,* nach dem das Papsttum einem in regelmäßigen Abständen zusammentretenden Konzil verantwortlich sei. Dies ermöglichte auch den einzigen echten und repräsentativen Versuch, ein ökumenisches Konzil abzuhalten, an dem wie im ersten Jahrtausend christlicher Geschichte Delegierte sowohl der Ost- als auch der Westkirche teilnehmen sollten.

Das Konzil trat hintereinander in den beiden italienischen Städten Ferrara und Florenz (1438–1440) zusammen. Diese Treffen waren das Ergebnis eines großen Zugeständnisses des Papstes an die östliche ekklesiologische Sichtweise. Bis dahin hatten die Päpste die Auffassung vertreten, daß über die Unterschiede zwischen Ost- und Westkirche nicht verhandelt werden könne und daß der Osten keine andere Wahl hätte, als den Glauben des Bischofsstuhles Petri und die päpstliche Autorität zu akzeptieren, wie es im Westen existierte. Die beiden Seiten trafen sich in Ferrara und Florenz ohne Vorbedingungen; die lateinische Kirche akzeptierte sogar, daß das Konzil als das »Achte« bezeichnet wurde, d. h. daß man es als Fortsetzung einer gemeinsamen Tradition betrachtete, die sich zuletzt 787 in Nikäa, auf dem »Siebenten« Konzil, gezeigt hatte, das den Ikonoklasmus (Bildersturm) verurteilte. Die westlichen theologischen und ekklesiologischen Entwicklungen zwischen 787 und 1438 wurden somit unausgesprochen in Frage gestellt.

Es gelang jedoch während der langen Debatten in Ferrara und Florenz nicht, die günstige Ausgangssituation für das Anliegen der Vereinigung erfolgreich auszubauen. Der spirituelle Graben zwischen den beiden Welten und die unterschiedliche theologische Methodik erschwerten das gegenseitige Verständnis erheblich.

Die westliche Position auf dem Konzil wurde von Nachfahren der lateinischen Scholastik dargelegt und verteidigt. Sie beriefen sich nicht nur auf die Autorität der Tradition, sondern benutzten philosophische Argumente in einer Art und Weise, die den orthodoxen Byzantinern gänzlich fremd war. »Warum immer Aristoteles, Aristoteles? Aristoteles taugt nichts«, murmelte ein verwirrter Abgesandter aus dem fernen Georgien vor sich hin, als der Dominikaner Johannes von Torquemada einen komplizierten theologischen Sachverhalt darlegte.[12] Die lange Auseinandersetzung um das Fegefeuer stellt ein weiteres Beispiel dafür dar, wie unterschiedlich die Auffassungen gegenüber der grundlegenden christlichen Erfahrung waren. Obwohl beide Seiten darin übereinstimmten, daß es möglich und notwendig sei, für die Toten zu beten, hatten sie doch eine völlig unterschiedliche Sicht zum Wesen der »Reinigung«, die für die toten Seelen gefordert wurde. Die Lateiner mit ihrer juridischen Auffassung bestanden darauf, daß die göttliche Gerechtigkeit Sühne für die begangenen Sünden verlange, für die noch keine angemessene Buße geleistet worden war. Dies war mit der griechischen Vorstellung unvereinbar, die von Gregor von Nyssa stammte, daß die Gemeinschaft mit Gott ein endloses Wachstum an Reinheit sei und daß dieses Wachstum, das den Sinn spirituellen Lebens darstelle, sich auch nach dem Tod fortsetze.[13]

Die östliche Delegation in Florenz vertrat aber keinen einheitlichen Standpunkt. Während die größere Zahl der Delegierten, die auf die theologischen Debatten schlecht vorbereitet waren, vor allem vom Wunsch beherrscht war, der türkischen Bedrohung zu entgehen, gehörten die intellektuellen Wortführer zwei unterschiedlichen Gruppierungen an, die sich bereits vor Debattenbeginn herausgebildet hatten.

Markus Eugenikus, der Metropolit von Ephesus, war der Vertreter des monastischen oder hesychastischen Neuansatzes. Er sah die christliche Wahrheit als zur Gänze geoffenbart und in die Erfahrung eingetreten an, und natürlich war für ihn die orthodoxe Kirche Ort dieser Erfahrung. Auf seiner Werteliste stand der Glauben eindeutig über politischer Zweckmäßigkeit, und das Überleben von Byzanz angesichts des zu erwartenden türkischen Angriffes war kein ausreichender Gegenwert für einen Kompromiß in der Lehre. Er war jedoch kein Fanatiker. Er beteiligte sich ernsthaft an den Vereinigungsverhandlungen und hoffte – vielleicht naiverweise – die Römer überzeugen zu können, daß die Wahrheit in der Orthodoxie lebe. Er hielt auch die offizielle Lobrede auf Papst Eugen IV., als dessen Delegation in Ferrara ankam.

Die andere griechische Gruppierung, die am ehesten von Bessarion vertreten wurde, Metropolit von Nikäa, stand im Einklang mit dem Denken Barlaams des Kalabriers, der ein Jahrhundert vorher der Gegner Gregor Palamas' gewesen war. Bessarions Fraktion hielt nichts von monastischem Mystizismus und hatte sich leidenschaftlich dem Denken und den kulturellen Leistungen der griechischen Antike verschrieben. Bessarion hielt die christliche Offenbarung für untrennbar von ihrer Inkarnation in der griechischen christlichen Philosophie, und er konnte sich das Überleben des Christentums unter islamischem Joch nicht vorstellen. Darüber hinaus überzeugten ihn das philosophische Wiederaufblühen der lateinischen Scholastik und die Bewunderung für alles Griechische, die er im Italien der Renaissance-Zeit feststellte, daß das Heil nur vom Westen kommen könne, ungeachtet des *Filioque.* Diese Ansichten Bessarions wurden von anderen geteilt, insbesondere von Isidor, dem Metropoliten von »Kiew und ganz Rußland«.

Die schließliche Annahme der Einigungsformel durch Bessarion und Isidor Einigungsformel auf Drängen des Kaisers führte dazu, daß die meisten griechischen Abgesandten, die psychisch erschöpft waren, dem Dokument ebenfalls zustimmten. Lediglich Markus Eugenikus weigerte sich. Das Einigungsdekret bestätigte die westlichen Ansichten zum *Filioque:* Der Heilige Geist wurde als vom Vater und vom Sohn »wie von einem Ursprung«

(sicut ab uno principio) herkommend erklärt, und die Einfügung in das Glaubensbekenntnis wurde als »rechtmäßig« verkündet. Das Dekret bekräftigte auch die westliche Lehre vom Fegefeuer und erklärte den Papst letzten Endes zum wahrhaften »Stellvertreter Christi«, der die volle Macht *(plena potestas)* habe, die gesamte Kirche zu regieren und mit geistiger Nahrung zu versorgen. Letzterer Begriff war das entscheidende Stichwort, hinter dem sich das Ende auch des westlichen Konziliarismus verbarg; das Konzil von Florenz lehnte nun die Auffassung ab, der man noch in Konstanz zugestimmt hatte, daß nämlich der Papst einem regelmäßig zusammentretenden Konzil verantwortlich sei.

So ist nach der jüngsten und im allgemeinen höchst positiven Beurteilung des Konzils von Florenz das festgelegte Ziel der Versammlung – die Vereinigung des Westens und Ostens – nicht erreicht worden; fast der gesamte Osten stand hinter der Ablehnung, die Markus von Ephesus artikuliert hatte.[14] Mehr noch, hinsichtlich der beiden Probleme Fegefeuer und päpstliche Autorität bedeutete das Konzilsdekret nicht nur die Ablehnung des Konziliarismus, sondern auch die Übernahme einer Theologie, die hundert Jahre später Martin Luther die Hauptgründe für seinen Widerstand gegen das mittelalterliche lateinische kirchliche System liefern sollte. Geplant als großer Versuch, die christliche Einheit wiederherzustellen, säte das Konzil am Ende die Saat weiterer Spaltungen.

3. Der Osten tritt ein in sein dunkles Zeitalter

Die Einigungsversuche des 14. und 15. Jahrhunderts, die politisch motiviert waren und denen die theologische Offenheit fehlte, die für einen echten Dialog nötig gewesen wäre, konnten die Kluft zwischen Ost und West nicht verkleinern. Das Ergebnis hätte möglicherweise anders ausgesehen, wenn an dieser Begegnung nicht nur politische Kirchenmänner und scholastische Theologen teilgenommen hätten, sondern mehr Vertreter der echten spirituellen Traditionen – beispielsweise im Westen die Anhänger der franziskanischen Spiritualität oder die der rheinischen Mystik. Interessanterweise sind bei jüngsten archäologischen Untersuchungen in einer griechischen Kirche in Konstantinopel Fresken des hl. Franziskus entdeckt worden, und archäologische Studien in Ferrara haben ergeben, daß italienische Einsiedler, die an den Konzilsdebatten in Florenz teilnahmen, von den Vertretern der Kurie offiziell gerügt wurden, weil sie der griechischen Haltung zustimmten.[15] Diese bislang unbekannte Information ist vielleicht doch eine ferne Vorwegnahme des außergewöhnlichen Interesses, das so viele Zeitgenossen im Westen an der Spiritualität des östlichen Mönchtums des 14. Jahrhundert zeigen. Dieses Interesse ist gegenseitig, was beispielsweise in der einfühlsamen Forschungsarbeit des orthodoxen palamitischen Theologen Vladimir Lossky über Meister Eckhart zum Ausdruck kommt.[16]

Trotz solcher Möglichkeiten endeten mit der türkischen Eroberung Konstantinopels 1453 fast alle direkten Kontakte zwischen den Christen im Westen und Osten. Im Westen begann eine Zeit glänzender kultureller Leistungen, aber auch der beginnenden Säkularisation; ihm gelang eine bemerkenswerte missionarische Ausbreitung, aber er hatte tragischerweise an weiteren Schismen zu leiden. Wenn man im Westen auf die Geschichte der Renaissance und die Zeit nach der Renaissance zurückblickt, so stellen wir heute fest, daß dem westlichen Christentum die Spiritualität, Kirchlichkeit und Theologie des Ostens bitter fehlten, um einige seiner eher einseitigen Ausrichtungen auszugleichen. Das östliche Christentum mußte unterdessen auf intellektuellen Fortschritt verzichten, sich in ghettoartigen Gemeinden ansiedeln und um das bloße Überleben in einer islamisch dominierten Welt kämpfen. Es ist fraglich, ob ein Überleben möglich gewesen wäre ohne die außergewöhnliche Fülle der byzantinischen Liturgie und die spirituelle Führerschaft, die von den Anhängern der hesychastischen Wiedergeburt im 14. Jahrhundert ausging und die heute noch in Klöstern lebendig ist. Lediglich Rußland begann bald, sich zu einem eurasichen christlichen Reich zu entwickeln, aber seine Kirche blieb, was das spirituelle Leben angeht, bis zum 19. Jahrhundert von den byzantinischen mittelalterlichen Traditionen ebenso abhängig wie die griechische oder die der Balkanslaven. So verlor die westliche Spiritualität viele ihrer östlichen Wurzeln, während der Osten für sich blieb und weit entfernt von den Ereignissen war, die die Moderne prägten.

Anmerkungen

1 Vgl. J. Gribomont, »Mönchtum und Aszese. I. Östliches Christentum« und K. Ware, »Weisen des Gebets und der Kontemplation. I. In der Ostkirche«, beide im Bd. 1 der *Geschichte der christlichen Spiritualität*, S. 115–137 und 394–411. Vgl. auch in diesem Band »Spirituelles Leben im Palamismus« von George Mantzarides.

2 Vgl. dazu J. Meyendorff, *Byzantine Hesychasm*, London 1974 (Einleitung).

3 Vgl. das Kapitel »Victory of the Hesychasts in Byzantium: Ideological and political consequences« in: J. Meyendorff, *Byzantium and the Rise of Russia*, New York ²1983, 96–118.

4 Zu Athanasius vgl. A.-M. Talbot (Hg.), *The Correspondence of Athanasius I* (Dumbarton Oaks Texts 3), Washington, DC 1975 und J. Boojamra, *Church Reform in the Late Byzantine Empire: A Study for the Patriarchate of Athanasios of Constantinople*, Thessaloniki 1982.

5 Die Thebais (Südägypten, bei Theben) war im Frühchristentum eine Gegend vieler Mönche; der Name galt dann einfachhin für »Mönchs-Gebiet«. [JS]

6 Eine »Laura« (russ. »Lavra«) war eine Kolonie von Mönchs-Einsiedlern, um eine gemeinsame Kirche gelegen. [JS]

7 Zum russischen Mönchtum während dieser Zeit vgl. insbesondere I. Smolitsch, *Russisches Mönchtum: Entstehung, Entwicklung und Wesen, 988–1917*, Würzburg 1953, 79–100; ebenso G.P. Fedotow, *The Russian Religious Mind*, Bd. 2: *The Middle Ages: The Thirteenth to the Fifteenth Centuries*, hg. von J. Meyendorff, Cambridge, MA 1966, 195–264.

8 A. Grabar, »The artistic climate in Byzantium during the Paleologan period«, in: *The Kariye Djami*, hg. von P.A. Underwood, Princeton, NJ 1975, 4:7–8.

9 Vgl. dazu Th. Hopko, »Die Dreieinigkeit. I. Die Dreieinigkeit bei den Kappadokiern«, in: *Geschichte der christlichen Spiritualität*, Bd. 1, 271–285 sowie »Spirituelles Leben im Palamismus« von G. Mantzaridis in diesem Band.

10 Die Polarität zwischen den beiden Vorstellungen ist gut dargelegt im Werk von T. de Rég-

non, *Etudes de théologie positive sur la Sainte Trinité*, Paris, 1893. Zur jüngeren Debatte über diese Frage vgl. K. Rahner, »Der dreifaltige Gott als transzendenter Urgrund der Heilsgeschichte«, in: *Mysterium Salutis*, hg. von J. Feiner und M. Löhrer, Einsiedeln/Zürich/Köln 1967, Bd. 2, 317–401; D. Staniloae, *Theology and the Church*, Crestwood, NY 1981.

11 *Predigten über Matthäus* 12.10, hg. von Klostermann, Leipzig 1935, 85–89 (*PG* 13, 997–1104).

12 Von dem Ereignis wird in den Erinnerungen eines griechischen Delegierten berichtet, Sylvester Syropoulos; vgl. V. Lauvent, *Les »Mémoires« de Sylvestre Syropoulos sur le concile de Florence*, Paris, 1971, 464.

13 Mit anderen Worten: Die ganze Ewigkeit ist ein Wachsen in immer größere Vollkommenheit hinein; deshalb ist es Unsinn, eine bestimmte Fegefeuerzeit anzunehmen, in der der Mensch vom »Unvollkommenen« zum »Vollkommenen« gereinigt würde und dann gleichsam statisch ein Vollkommener bliebe. [JS]

14 J. Gill, *The Council of Florence*, Oxford 1959, vii.

15 C.L. Striker und Y.D. Kuban, »Work at Kalenderhane Camii in Istanbul, Second Preliminary Report«, *Dumbarton Oaks Papers* 22 (1968), 185–93, pls. 23–26. Die Fresken wurden wahrscheinlich während der lateinischen Okkupation gemalt (1204–1261), aber sie wurden nach der Rückkehr der Griechen erhalten. Vgl. auch V. Lauvent, *Les »Mémoires« de Sylvestre Syropoulos*, 342.

16 V. Lossky, *Théologie negative et connaissance de Dieu chez Maître Eckhart*, Paris 1960.

Heilige und Sünder: Römisch-katholische und protestantische Spiritualität im 16. Jahrhundert

Von Jill Raitt

Dieser Essay ist im wahrsten Sinne des Wortes ein Essay, ein Versuch. Es soll hier zunächst der Versuch unternommen werden zu verstehen, was der Begriff »Spiritualität« überhaupt bedeutet, wenn man ihn in bezug auf das 16. Jahrhundert anwendet. Auf dieser Grundlage wird dann herausgearbeitet, welche spirituellen Prinzipien Katholiken und Protestanten gemeinsam haben und durch welche sie sich voneinander unterscheiden. Ich hoffe, daß es mir gelingt, so die Diskussion dieser Fragen anzuregen und den Leser einzuladen, sich im nächsten Band der *Geschichte der christlichen Spiritualität* (vom 16. Jahrhundert bis zur Gegenwart) weiter damit zu befassen.

Der Begriff »Spiritualität« ist schwierig zu beschreiben, geschweige denn zu definieren. Vor allem Protestanten bevorzugen den Begriff »Frömmigkeit« (englisch piety), der im 16. Jahrhundert allgemein gebräuchlich war, da sie unter dem mit »Spiritualität« Gemeinten Mönche, Nonnen, Jesuiten und die falsche Doktrin der Rechtfertigung durch Werke vermuteten. Andererseits berufen sich die Katholiken weiterhin auf die unumstößliche Grundlage der Spiritualität , wie sie sich in solchen Größen wie Bernhard von Clairvaux, Teresa von Avila und Johannes vom Kreuz, Ignatius von Loyola und anderen verkörpert, die in der Tat Mönche, Nonnen und Jesuiten waren!

Um besser zu verstehen, was »spirituell« in Deutschland zu Beginn des 16. Jahrhunderts bedeutete, ist es aufschlußreich, Altenstaigs theologisches Lexikon zu befragen, das 1517 erschienen ist.[1] *Pietas* (Frömmigkeit) wird dort (Fo. CLXXXIX[r]) zunächst in Anlehnung an Bonaventura und Augustinus erklärt. »Frömmigkeit *(pietas)* soll richtig verstanden werden als die Anbetung *(cultus)* Gottes«, schrieb Altenstaig und führte dann auch die klassischen und verbreiteten Bedeutungen an, nämlich Sorge für und Ehrfurcht vor den Eltern und Werke der Barmherzigkeit für die Bedürftigen. In den ersten beiden Fällen, d. h. Anbetung Gottes und Sorge für die Eltern, hat Frömmigkeit (pietas) teil an der Tugend der Gerechtigkeit. Nach dem Naturrecht gebührt sie Gott und den Eltern. Was die Mildtätigkeit gegenüber dem bedürftigen Nächsten angeht, so gehört Frömmigkeit (pietas) zur Gabe der Barmherzigkeit und reicht »vom Abbild Gottes-Sein in dem frommen Menschen bis zum Dienst am Abbild Gottes im Nächsten«. Altenstaig stellt sodann fest, daß pietas (Frömmigkeit) gleichbedeutend mit »Religion« ist, wenn man sie in ihrer ersten Bedeutung versteht, nämlich als Anbetung (latria) Gottes. Altenstaig zitiert weiter Thomas von Aquin, mit dem er alle seine Definitionen abdeckt und der »pietas« besonders mit Ehrfurcht vor und Dienst an den Eltern und dem Land verbindet. Zuletzt zitiert er Cicero, nach dem »pietas« Gerechtigkeit gegenüber den Göttern bedeutet.

Spirituell (Fo. CCXLIII[v]) wird nur als Adverb angeführt und nach Altenstaig in dreierlei Bedeutung gebraucht, wobei er sich hier auf Richard von St. Victor und Gabriel Biel stützt. Als erstes bezieht es sich auf Gnade und Tugenden. Zweitens hängt es mit spirituellen Handlungen wie Predigen, fromme Gespräche führen, Besuche von heiligen Orten, Beten etc. zusammen. *Spirituell* wird als Gegensatz zu *leiblich* gesehen; genauer gesagt sind nach Johannes Gerson spirituelle Menschen solche, die über den Buchstaben hinausgehen und sich über irdische Bindungen erheben zu einer freien und reinen Bindung an die Leuchtkraft der Wahrheit und zu wunderbarer Sehnsucht nach dem Herzen der Wirklichkeit angetrieben werden.

Altenstaig fährt fort und hält sich dabei immer noch an den eloquenten Gerson und dessen Anmerkungen zu Paulus. Wenn jemand ein Unrecht begeht, weist ein spiritueller Mensch den Sünder freundlich auf den rechten Weg hin, weil er weiß, daß ein jeder von Versuchung bedroht ist. Spirituelle Menschen sind solche, die alles spirituell beurteilen, die durch eigenes Leid Mitgefühl lernen. Solche Menschen sind nicht auf ihr eigenes Wohl bedacht, sondern schauen auf Jesus Christus und sind mit Liebe, Demut und »pietas« erfüllt, so daß sie weder eitel noch habgierig sind. Die Gespräche spiritueller Menschen sind so, als ob sie zu den Engeln Gottes im Himmel gehören. Sie lassen sich weder von Segnungen noch von Verwünschungen beeindrucken, sondern geben in allen Dingen ein gutes Beispiel. Sie würden lieber die ganze Welt verlieren, als zulassen, daß ihre Seele Schaden nimmt.

Altenstaig führt noch zwei weitere Bedeutungen an: Die erste bezieht sich auf Paulus. Wenn dieser vom auferstandenen Leib als »spirituellem« spricht, heißt das nicht, daß aus Leibern Geister oder Gespenster werden, sondern daß sie eine Subtilität *(subtilitas)* erlangt haben, eine Eigenschaft, die es Körpern gestattet, durch feste Gegenstände hindurchzugehen, wie es Jesus die 40 Tage vor seiner Himmelfahrt getan hatte. Was die zweite Bedeutung betrifft, zitiert Altenstaig wieder Gerson und unterscheidet zwischen leiblichen und spirituellen Lastern: zu ersteren gehören solche, die ihren Ursprung im Körper haben (z. B. Lust), die letzteren sind solche, die mit dem Geist zusammenhängen (z. B. Zorn, Neid).

Mit Altenstaigs Hilfe lassen sich Frömmigkeit (pietas) und Spiritualität im Sprachgebrauch des beginnenden 16. Jahrhunderts folgendermaßen unterscheiden: Frömmigkeit (pietas) meinte vor allem, Gott, den Eltern und dem Land das geben, was ihnen gebührt. Sie bezeichnete die Pflicht des Christen, die Aufgabe der Kinder, den patriotischen Dienst. Frömmigkeit (pietas) zeigt sich darüber hinaus auch in der Barmherzigkeit gegenüber den Bedürftigen. Sie hat in allen Fällen etwas mit Handlungen zu tun, mit christlichem Verhalten. Wenn man dagegen spirituell ist, so hat das etwas mit einem bestimmten Menschentyp zu tun. Wahrhaft fromme Menschen müssen sich nicht unbedingt ihrer spirituellen Eigenschaften bewußt sein; aber die, die bewußt versuchen, spirituell zu sein, sind sicherlich auch fromm. Was den Umfang der Begriffe angeht, so schließt »fromm« mehr Menschen ein, darunter auch solche, die spirituell sind. »Spirituell« umfaßt weniger Menschen, aber seiner Bedeutung nach sind spirituelle Menschen auch fromm.

Wenn der junge Mönch Martin Luther gebeten worden wäre, diese Begriffe auf die Bevölkerung in und um Erfurt anzuwenden, hätte er möglicherweise die Mehrzahl der Städter als »fromm« bezeichnet, mit einigen wahrhaft spirituellen Menschen darunter; er hätte vielleicht die Mönche der reformierten Augustinereremiten als fromme Männer charakterisiert, die sich große Mühe gaben, spirituell zu sein. Unter den Mönchen gab es einige wirklich spirituelle Männer wie den Generalvikar Johannes Staupitz, dessen Mitgefühl für den Bruder Martin, der sich in einer schwierigen Situation befand, ihm die weise Belehrung eingab, die er Luther erteilte. Staupitz legte ihm nahe, nicht so sehr Vollkommenheit aus eigener Kraft anzustreben, sondern mehr auf die Liebe Christi zu vertrauen; um ihn bei diesem Vorhaben zu unterstützen, ließ er ihn die Heilige Schrift studieren.

Die Schrift brachte Martin Luther Heilung, aber führte ihn in eine Richtung, die Spiritualität und die daraus entwickelte Frömmigkeit (pietas) anders verstand als das Mittelalter, so daß die Nachfahren Luthers den Begriff »Spiritualität« fast nicht mehr gebrauchten und in erster Linie von Frömmigkeit (pietas) sprachen. Luther vertrat mit Nachdruck zwei Prinzipien: (1) Die Sünder sollten ihre Hilflosigkeit erkennen, die Gebote zu erfüllen und sich selbst zu rechtfertigen; (2) Der verzweifelnde Sünder sollte auf das Wort Gottes vertrauen, das Vergebung versprach, die im Tod und der Auferstehung Christi besiegelt sei. Gerechtigkeit werde deshalb durch den Glauben zugeschrieben, könne aber auf keinen Fall als Ergebnis der eigenen Bemühungen verdient oder beansprucht werden.

Luther zog gegen zwei Arten der Rechtfertigung durch gute Werke zu Felde: (1) gegen das System von Verdiensten («de congruo«: nach Angemessenheit; »de condigno«: nach juristischer Entsprechung); die Katholiken glaubten, daß sie sich den Himmel verdienen könnten, wobei ihr Anteil an der Gnade vor der Rechtfertigung »de congruo« war: das zu tun, was man eben kann; mit der Rechtfertigung, mit der eingeflößten übernatürlichen Tugend der Liebe, wurde er »de condigno«; das meint, auch im rechtlichen Sinn ein »Verdienst«; (2) gegen die emotionalen Meditationen der Radikalen, die am Fuß des Kreuzes weinten, statt sich über das Geschenk des Gekreuzigten zu freuen. Luther trat unerbittlich jeder Form der *aktiven* Rechtfertigung entgegen. Er betonte, alles, was Gott vom Sünder verlange, sei die Hingabe an das Geschenk des Glaubens, wodurch die von außen her geschenkte Rechtfertigung Christi dem Menschen zugeschrieben werde. Dann erst könnten sich die gerechtfertigten Gläubigen mit entsprechender Wachsamkeit damit befassen, Christus ähnlich zu werden, indem sie ihren Mitmenschen frohen Herzens dienten. Ihr Beweggrund sollte Dankbarkeit gegenüber Gott für das Geschenk der Rechtfertigung sein, nicht aber der Versuch, Verdienste zu erwerben. Luther erging sich deshalb in Schimpfreden gegen Gelübde, Fasten, Zölibat – insgesamt *(in toto)* monastisches Leben. Er sah darin den Wunsch nach Verdiensten und hielt diese Erscheinungen deshalb für korrupt. Luther selbst hatte bei seinen Bemühungen,

32. *Das Jüngste Gericht* (Michelangelo, Sixtinische Kapelle, ca. 1537–1541)

Gott mit diesen Mitteln zu gefallen, »spirituell« zu sein, nur Mißerfolg gehabt. In den spirituellen Anweisungen, die von den Wüstenvätern über die Klöster und die Bücher von Ordensbrüdern wie Tauler und von Kardinälen wie Johannes Gerson überliefert wurden, sah Luther lediglich die einfache Erklärung eines Amtsträgers oder eines Laien, daß Jesus Christus all das schon getan habe, was getan werden müsse: »Glaube, daß Gott dir wahrhaft vergeben und dich gerechtfertigt hat, und sündige nicht mehr« sei die einzige Anweisung, die jeder bräuchte. Die Predigt stelle Richtlinien auf, wie ein frommes Leben zu führen sei, ein pflichtbewußtes Leben des Gehorsams gegenüber Höherstehenden und der Freundlichkeit gegenüber Tieferstehenden; so diene man Gott, in was für Lebensumständen man sich auch immer befinde. Durch ein solches Leben töte man den »alten Adam« und lebe als neuer Mensch »in Christus«.

Damit könnten jedoch gegenüber Gott keine Ansprüche geltend gemacht werden, denn man bleibe ein Sünder, der immer die Rechtfertigung durch Christus benötige, durch die allein man gerecht oder heilig werden könne. Da es nach Luther auch zur Pflicht derjenigen, die durch Christus gerechtfertigt waren, gehörte, den Obrigkeiten Gehorsam zu leisten, geriet er über den Aufstand der Bauern, die mit der Regierung ihrer Herren nicht mehr einverstanden waren, regelrecht in Wut. So zürnte er auch über diejenigen, die den Anspruch erhoben, der Heilige Geist habe sie zur Ablehnung einer rechtmäßig geordneten Gesellschaft geführt, und schlimmer noch, in einigen Fällen zur Ablehnung sowohl der Heiligen Schrift als auch der Sakramente. Er bezeichnete diese Anzeichen der Radikal-Reformation als »Schwärmerei«. Luther warf den Wiedertäufern (und anderen, die in die allgemeine Kategorie der Radikal-Reformation miteinbezogen sind) vor, die Rechtfertigung falsch darzustellen, weil sie nach seiner Sicht Trost in ihrer Verehrung des gekreuzigten Christus suchten – das bedeutet, in dem, was sie selber getan hätten, statt in dem Werk, das Christus für sie vollbracht habe. Solches Setzen auf fromme Gefühle war in Luthers Augen genauso eine Falle wie das System von Verdiensten; denn beides stellte die eigenen Werke in den Mittelpunkt. Er warf beiden Haltungen »Rechtfertigung durch Werke« vor.

Handelte Luther richtig, als er die spirituellen Übungen und Regeln von katholischen Persönlichkeiten aus dem 16. Jahrhundert wie Ignatius von Loyola verfluchte und Katholiken und Schwärmer in einen Topf warf mit der Aufschrift »gerechtfertigt durch Werke«?

Ignatius von Loyolas Spiritualität, in der er seine Anhänger unterwies, verfügt über zwei theologische Schwerpunkte und eine beherrschende praktische Übung.[2] Der erste Schwerpunkt betrifft eine tiefe Verehrung des Geheimnisses der Trinität. Ignatius meditierte nicht nur darüber, sondern erhielt nach seinen Aufzeichnungen eine »Vision«, ein grundlegendes Verständnis der drei göttlichen Personen, die ihren Höhepunkt in einer weiteren, alles durchdringenden »Erfahrung« vom Wesen Gottes hatte. Im Angesicht dieser »Visionen« konnte Ignatius nur anbetend schauen und Gott loben.

Der zweite Schwerpunkt, der in den *Spirituellen Übungen* deutlicher wird, betrifft die Verehrung der Menschwerdung, der Offenbarung Gottes, des dreieinigen Gottes, im Leben und Erlösungswerk Jesu Christi. Die inneren Beziehungen der Dreifaltigkeit sind mit Christus durch Schöpfung und Erlösung auf die Welt hin ausgeweitet worden. Durch Christus wird die Welt zu Gott zurückgeführt, vor allem die Welt der Menschen. Diese »Mystik der Mittlerschaft Christi« wird ihrerseits ausgeweitet und schließt die Mittlerrolle der Engel, Marias, der Heiligen und in einem christologischen Sinn auch der geschaffenen Welt ein. Dieser größere Kreis des Offenbarungs- und Erlösungswerkes Gottes in Christus findet seinen Mittelpunkt in der Eucharistie, die ja selbst ein Stück Schöpfung ist (Brot und Wein), das erhöht wird zu einem Medium der aktiven Gegenwart Christi.

Die wichtigste praktische Übung nach Ignatius ist die tägliche Selbstprüfung, nicht nur, um sein Gewissen zu erforschen, sondern auch, um die spirituellen Bewegungen der Seele zu erkennen. Diese Selbstprüfung hat einen Zweck: Sie soll eine immer engere Nachfolge Christi bewirken, so daß man sowohl ein Objekt als auch in Christus Mittler der Erlösung wird. Die Idee der *exercitia spiritualia* stammte nicht von Ignatius, sondern läßt sich mindestens bis ins 12. Jahrhundert zurückverfolgen.[3] So wie Ignatius sie lehrte, bestanden sie aus zwei wesentlichen Teilen: (1) Der bekanntere ist sicher die Gewissensprüfung. Ignatius war darauf bedacht, bei der Nachfolge Christi Fortschritte zu erzielen. Er machte sich Aufzeichnungen über seinen Fortschritt und verglich sie von Woche zu Woche und Monat zu Monat.[4] Er wollte an den Tugenden wachsen, die Christus verkörpert hatte, wie das Leben in Armut und Demut und in brüderlicher Liebe. Einerseits wird durch diese Methode das eigene Versagen festgehalten; andererseits – und hierin wurde Ignatius ein Meister – läßt sie die Impulse und die Führung durch den Heiligen Geist erkennen. Beides läßt sich als das Bemühen zusammenfassen, die Bewegungen der Gnade zu verstehen. (2) Dies hat in erster Linie den Sinn, Gott zu loben; dann auch, Gnadenantriebe von menschlichen Impulsen unterscheiden zu können, von Rationalisierungen und versteckten Begierden und auch von Eingebungen des Teufels, die zuerst wie tugendhafte Impulse aussehen. Ignatius' sorgfältige Überwachung seines eigenen spirituellen Lebens, verbunden mit seiner wachsenden Erfahrung als spiritueller Lehrer wird in seinen Regeln zur Unterscheidung der Geister zusammengefaßt.

Sind solche vitale römisch-katholische, spirituelle Praktiken »Rechtfertigung durch Werke«? Oder kann man sie auch als Weg zu wachsendem Hören und Vertrauen auf Gott in Christus ansehen? Für Katholiken ist es wichtig zu erkennen, welche *Intention* im Vorhaben liegt, etwas zu tun. (Daher die »Regeln zur Unterscheidung der Geister« des Ignatius). Spirituelle Unterweisung, wie sie von Ignatius und anderen großen Heiligen vor und nach ihm durchgeführt wurde, versuchte, diese Motive zu klären, so daß die Verehrung Jesu Christi und die Liebe zu Gott und den Mitmenschen an allererster Stelle standen, aber nicht der eigene Vorteil. Und gleichzeitig wurde die Sorge um die eigene Seele als wichtigste Pflicht angesehen, die man nicht vernachlässigen durfte. Askese sollte die eigenen Motive klären helfen, indem sie einen immer stärker der Versuchung durch weltliche und fleischliche Begierden entzog. Das aber geschah nicht, weil die Welt oder der Körper als etwas Böses angesehen wurden – beide waren ja auch Gaben Gottes –, sondern weil diese leicht dazu neigten, Selbstzweck zu werden, Objekte einer Art religiöser Verehrung. Ignatius verlangte deshalb von seinen Exerzitanten (die die *Spirituellen Übungen* machen), Christus in einem solchen Maß den Vorzug zu geben, daß sie gleichermaßen Armut oder Reichtum akzeptierten, Krankheit oder Gesundheit, sogar Leben oder Tod, so daß *nichts* jemals dem ergebenen Dienst an Christus, dem Herrn, vorgezogen wird. Um der Gefahr zu begegnen, Gesundheit, Reichtum und Leben über Gott zu stellen, bat Ignatius seine Exerzitanten, lieber mit dem armen Christus arm zu sein, mit dem gekreuzigten Christus zu leiden und zu sterben, als die geringste Sünde zu begehen – sogar das entsagungsreichere Leben und den Tod einer gesicherten Existenz vorzuziehen aus dem einfachen Grunde, weil ein solches Tun bedeute, so zu leben und zu sterben, wie Christus es tat. Aus diesen Prioritäten stammen die Gelübde der Armut, Keuschheit und des Gehorsams als Mittel für ein Leben, das an Christus orientiert ist und nicht am eigenen Ich.

In dieser Hinsicht – was das an Christus orientierte Leben betrifft – haben die Katholiken und Lutheraner denselben Mittelpunkt, wie verschieden auch immer ihre Wege sein mögen, ein solches Leben zu verwirklichen.

Hinzu kommt ein weiteres: Was die Bewertung der Rolle der Askese betrifft, so scheint sie mit spirituellem Fortschritt verbunden zu sein; und dies nicht nur im römisch-katholischen Westen, sondern auch im orthodoxen Osten und in den großen spirituellen Traditionen des Fernen Ostens und Indiens. Man kann schwerlich sagen, daß strenge Askese für die Spiritualität nicht notwendig sei, wenn doch offenbar die Mehrheit der Menschen dies für notwendig hielt. Kann es denn möglich sein, daß all dieses Bemühen, sich zu reinigen, auf die Welt zu verzichten und ein Leben in Armut, Keuschheit und Gehorsam zu führen, nur vergebliche Anstrengung darstellt? Es braucht nicht eigens hervorgehoben zu werden, daß kluge, erfahrene Katholiken auch wußten, daß keine dieser Anstrengungen ohne Gnade möglich ist. Es handelt sich nicht um das »Tun, was man durch die eigenen natürlichen Kräfte kann«,[5] wie diese nach dem Sündenfall existieren. Luther fragte, ob überhaupt irgendeine Bemühung dieser Art verlangt wird, abgesehen von der Erkenntnis der eigenen Sündhaftigkeit. Bezogen auf die Situation vor der Rechtfertigung lautet seine Antwort nein. Aber Luther erwartete voller Überzeugung christliche Disziplin für das Leben aus der Rechtfertigung, nicht als ein Mittel, um die Gnade Gottes zu verdienen oder Verdienste zu erwerben, sondern als spontane Ergebenheit aus Dankbarkeit Gott gegenüber. Es gehe nicht so sehr darum, daß Askese gut sei, sondern daß eine zu starke Fixierung auf weltliche Dinge oder irgendetwas Geschaffenes einen von Christus und dem Dienst am Nächsten ablenke. Dinge sollte man nicht zu hoch schätzen. Keuschheit sei ebenso in wie außerhalb der Ehe erforderlich. Gehorsam sei die Pflicht eines jeden, der in einer auf Autorität beruhenden Beziehung steht. Luther war kein Antinomist (Gegner jeder gesetzlichen Ordnung).

Hatte Luther recht mit seiner Behauptung, daß die radikalen Reformer und die Katholiken hinsichtlich der Rechtfertigung durch Werke gleichermaßen schuldig waren? Unabhängig davon, ob man mit Luther darin übereinstimmt, daß jegliches Bemühen, Tugenden zu erwerben, Rechtfertigung durch Werke bedeutet, erkannte er richtigerweise die Ähnlichkeit zwischen der römisch-katholischen Praxis und der einiger radikaler spiritueller Reformer. Denn die Radikal-Reformation beruhte zu einem großen Teil auf der Überzeugung, daß die Menschen Verantwortung hätten, daß sie Geschöpfe mit Moral seien und daß sich ihre Moral auf die Freiheit gründe. Der Mensch müsse die richtige Wahl treffen, und diese Wahl sollte sich am Beispiel des gekreuzigten Christus orientieren. Diese Haltung der Nachfolge des gekreuzigten Christus wurde durch die tatsächliche Verfolgung der sogenannten Radikal-Reformatoren und ihrer Anhänger verstärkt. Sie hätten nicht weiterkämpfen können, wenn sie nicht ein Beispiel vor Augen gehabt hätten, das ihnen Mut gab angesichts des drohenden Todes wegen ihrer Überzeugung. Ihre zärtliche Liebe und das Mitgefühl für den gekreuzigten Christus schlossen Dankbarkeit für das Werk Christi nicht aus, das ja auch zu ihren Gunsten geschehen war. Der Hauptunterschied zu den Grundzügen des Christentums – vor allem zum römischen Katholizismus – lag bei den Radikal-Reformatoren in ihrer Auffassung von Autorität. Hinsichtlich der oben gestellten Frage scheint also Luther recht gehabt zu haben, als er eine Ähnlichkeit im Grundanliegen der Katholiken und Radikal-Reformatoren feststellte, nämlich Christus aktiv zu suchen und sich sehr anzustrengen, ihm nachzufolgen. Die andere Frage lautet deshalb, ob eine solches Bemühen negativ als »Rechtfertigung durch Werke« bezeichnet werden muß.

Damit zusammen hängt die Frage nach dem Unterschied zwischen überzeugten Protestanten und römischen Katholiken; hinsichtlich der Frage, was der Christ tun muß, um wahrhaft spirituell zu sein. Für Luther hieß das, sich passiv unter die Gnade zu stellen und aktiv gegenüber dem Nächsten zu sein; dieser Dienst am Nächsten erfordere die gesamte Askese, die im Leben notwendig sei. Für die Katholiken stellte auch der Dienst am Nächsten ein Mittel dar, Gott zu dienen, was entweder direkt geschehen konnte durch »körperliche Werke der Barmherzigkeit« oder indirekt durch Gebet und andere »spirituelle Werke der Barmherzigkeit«. Die Katholiken glauben, daß man auch im Ursprung des spirituellen Lebens aktiv sein soll, nicht passiv, um bestimmte grundlegende Tugenden wie die Demut zu erlangen. Man meditiert und folgt dem Beispiel des gekreuzigten Christus nach und findet in den Sakramenten des Todes und der Auferstehung Christi Kraft. Diese beiden Vorstellungen, die nach Luther in der Reihenfolge stehen sollen: Sakrament als Gnadenspendung und dann erst das Nachfolgen des Beispiels Christi, spielen im Leben eines Katholiken eine ineinandergreifende Rolle. Man empfängt die Sakramente, um für die Nachfolge Christi gestärkt zu sein, und man versucht, Christus nachzufolgen, um in der Christusähnlichkeit zu wachsen, die die Sakramente immer bedeutsamer macht.

Auch Erfahrung stellte ein Problem dar im Leben eines Menschen, der danach strebt, spirituell zu sein. Die auf Erfahrung beruhende Bekehrung Luthers bildete die Grundlage für das Problem, inwieweit Gottes Handeln notwendigerweise zu erfahren sei. Die daraus resultierende Unklarheit bei Luthers Anhängern hinsichtlich der Gültigkeit von Erfahrung wurde bei den Pietisten zugunsten der Erfahrung gelöst und bei den Lutherschülern des 17. Jahrhunderts gegen die Erfahrung.[6] Die römisch-katholische Tradition unterstreicht die Notwendigkeit, mit der Anweisung vertrauenswürdiger spiritueller Führer spirituelle Erfahrung sehr sorgfältig zu beurteilen. Es gebe keine allgemeine Vorschrift, wie man voranzugehen habe oder wie man bete. Wenn die Erfahrung süß ist, wird das als hilfreich angesehen. Wenn diese süße Erfahrung der Gegenwart Gottes aber fehle, dürfe das nicht als Zeichen des Rückschritts oder von Gottes Mißfallen gewertet werden, sondern einfach als Teil des spirituellen Lebens. Ja es könne sogar eine Glaubensprüfung sein, bei der man einfach an Gott festhalten müsse; in einigen Fällen sei es eine weitaus tiefergehende Prüfung, wenn sogar das Gefühl verschwinde, daß man an Gott festhalte. Dann könne man nur hoffen und glauben, daß Gott einen halte. Diese letztere Erfahrung sei die der Leere. Es sei nicht das warme und behagliche Gefühl, in Abrahams Schoß gewiegt zu werden, sondern es sei der nackte Glaube, daß Gott treu ist und ihm vertraut werden kann, wenn nichts auf der Welt oder in einem selbst vertrauenswürdig zu sein scheint. Niemand beschrieb diese Erfahrung eindringlicher als die beiden großen Karmeliten des 16. Jahrhunderts, Teresa von Avila und Johannes vom Kreuz.[7]

Solche »Trockenperioden« zu überstehen ist die strengste Prüfung für den eigenen Glauben, für die Liebe zu Gott. Die Gelehrten haben sich mit der Frage auseinandergesetzt, ob das lutherische »durch den Glauben allein« sich radikal vom römisch-katholischen »mit Liebe erfülltem Glauben« unterscheide oder nicht. Diese Auseinandersetzung ist zu komplex, als daß sie hier dargestellt werden könnte, aber es ist wichtig, die grundsätzliche Einheit aller Christen, Protestanten und Katholiken, herauszustellen, die glauben, daß der Mensch im Augenblick der Rechtfertigung durch den innewohnenden Heiligen Geist von den Sünden gereinigt wird. Es ist dieser Geist, der für den Christen bittet und mit »Seufzen, das wir nicht in Worte fassen können« (Röm 8, 26), für sie eintritt. Es ist derselbe Geist, der die Liebe Gottes in die Herzen der Christen ausgießt und der den Christen wahrhaft *gegeben* ist (Röm 5, 5), ein Wunder, das den Glauben fast übersteigt.

Über den *Prozeß* der Heiligung kann man sich ebenfalls auseinandersetzen, aber nicht darüber, daß im Christen, der voller Glauben und beständig im Dienste Gottes steht, sich etwas verändert hat. Diese gleichen tiefgehenden Überzeugungen sollten ausreichen, um die Christen, seien es Protestanten oder Katholiken, in einer an Christus orientierten Spiritualität zu vereinigen, die vom Heiligen Geist erfüllt ist zum Ruhme Gottes.

Anmerkungen

1 Joannes Altenstaig Vendelicus. *Vocabularius Theologie complectens vocabulorum descriptiones, difinitiones [sic] et significatus ad theologiam utilium...*, Hagenau 1517.
2 Vgl. A. Haas, »The Mysticism of St. Ignatius according to His *Spiritual Diary*«, in: *Ignatius of Loyola, His Personality and Spiritual Heritage, 1556–1956*, hg. von F. Wulf, St. Louis MO, 1977.
3 Vgl. H. Bacht, »Early Monastic Elements in Ignatian Spirituality: Toward Clarifying Some Fundamental Concepts of the Exercises«, in: *Ignatius of Loyola,* 207 mit n. 27.
4 A. Haas, »The Mysticism of St. Ignatius«, 167.
5 Es geht um das interkonfessionell heiß diskutierte Axiom »faciendum, quod est in se«, also: das tun, was zu tun möglich ist; ob dies genügt, damit ein Mensch gerechtfertigt sei. [JS]
6 Zur Behandlung dieser Frage vgl. *The Theologia Germanica of Martin Luther,* New York 1980.
7 Vgl. »Luther und die Anfänge der Reformation« von M. Lienhard in diesem Band zu einer ähnlichen Haltung in der lutherischen Spiritualität.

Herausgeber und Autoren

Jill Raitt, Professorin für die Geschichte des Christentums und Vorsitzende der Abteilung für religionswissenschaftliche Studien an der Universität von Missouri, Columbia.
Bernard McGinn, Professor für Historische Theologie und die Geschichte des Christentums an der Divinity School der Universität von Chicago.
John Meyendorff († 1992) war Professor für Geschichte an der Fordham Universität sowie Professor und Dekan am Orthodoxen Theologischen Seminar St. Vladimir in Crestwood, New York.
William J. Bouwsma, Professor für Geschichte an der Universität von Kalifornien, Berkeley.
Fritz Büsser, em. Professor für Kirchen- und Dogmengeschichte an der Universität Zürich und Direktor des Instituts für Schweizerische Reformationsgeschichte.
Caroline Walker Bynum, Professorin f. Geschichte an der Universität Washington.
William J. Courtenay, Professor für Geschichte an der Universität von Wisconsin, Madison.
Ewert Cousins, Professor für Theologie an der Fordham Universität.
Keith J. Egan, Professor und Vorsitzender an der Abt. für religionswissenschaftliche Studien und Co-Direktor am Zentrum für Spiritualität am Saint Mary's College in Notre Dame, Indiana; Prof. für Theologie an der Notre Dame Universität.
Timothy George, Professor für Kirchengeschichte und Historische Theologie am Southern Baptist Theological Seminar in Louisville, Kentucky.
Otto Gründler, Direktor des Mittelalter-Instituts an der Western Michigan Universität.
Alois Maria Haas, Professor für Ältere Deutsche Literatur, Universität Zürich.
Sergei Hackel, Dozent für Russisch an der Universität Sussex.
J. A. Wayne Hellmann, O.F.M., Professor für Theologie an der St. Louis Universität und Professor für Franziskanische Studien am Franziskanischen Institut, St. Bonaventura Universität.
Elizabeth A. Johnson, C.S.J., Professorin für Systematische Theologie und religions-wissenschaftliche Studien an der Katholischen Universität von Amerika, Washington, D. C.
Richard Kieckhefer, Professor für Religionswissenschaften an der Northwestern Universität.
Marc Lienhard, Professor für Neuere und Neueste Geschichte des Christentums an der Universität Straßburg.
James F. McCue, Professor für Religionswissenschaften an der Universität Iowa.
George Mantzaridis, Professor für Moraltheologie und Christliche Philosophie an der Aristoteles-Universität in Thessaloniki.
Robert Taft, S. J., Professor für Liturgie der Ostkirche am Pontifical Orient Institut in Rom.
George H. Tavard, A.A., Professor für Theologie an der Methodist Theological School, Delaware, Ohio.
James D. Tracy, Professor für Geschichte an der Universität von Minnesota in Minneapolis, Minnesota.
Simon Tugwell, O.P., Dozent für Theologie an der Universität Oxford und an der Päpstlichen Universität St. Thomas, Rom.
Adolar Zumkeller, O.S.A., Direktor des Augustinus-Instituts in Würzburg.

Sachregister

Personenregister

Bildnachweise

1. Christine Godson
2. Photographie Giraudon/Art Resource, New York
3. The National Gallery of Art, Washington, D.C. The Rosenwald Collection
4. The Cleveland Museum of Art. Schenkung von Mr. and Mrs. William Marlatt Fund
5. The Trustees of The British Library
6. The Metropolitan Museum of Art, New York. The Cloisters Collection
7. The Metropolitan Museum of Art, New York. Schenkung von J. Pierpont Morgan, 1917
8. Alinari/Art Resource, New York
9. The Cleveland Museum of Art. Schenkung von John Huntington Art and Polytechnic Trust
10. The National Gallery of Art, Washington, D.C. The Samuel H. Kress Collection.
11. The Metropolitan Museum of Art, New York. Schenkung von Felix M. Warburg und Familie
12. Courtesy of Koninklijke Bibliothek, The Hague
13. Kimbell Art Museum, Forth Worth, Texas
14. Aus: Leonid Ouspensky und Vladimir Lossky, *The Meaning of Icons*, S. 119. St. Vladimir's Seminary Press, Crestwood, New York
15. ebd., S. 210
16. ebd., S. 130
17. Stephanie Klosinski Garbacz
18. Alinari/Art Resource, New York
19. Photographie Giraudon/Art Resource, New York
20. Alinari/Art Resource, New York
21. Bildarchiv Foto Marburg/Art Resource, New York
22. Snack/Art Resource, New York
23. Herald Press
24. Herald Press
25. Alinari/Art Resource, New York
26. Photographie Giraudon/Art Resource, New York
27. Edition Giraudon/Art Resource, New York
28. Photographie Giraudon/Art Resource, New York
29. Stephanie Klosinski Garbacz
30. The Metropolitan Museum of Art, New York. Schenkung von Louis L. Lorillard, 1896
31. Aus: John Meyendorff, *St. Gregory Palamas and Orthodox Spirituality*, S. 102. St. Vladimir's Seminary Press, Crestwood, New York
32. Alinari/Art Resource, New York